U0134198

新史学丛书

谭徐锋 主编

拓地降敌

北宋中叶内臣名将李宪研究

何冠环

—— 著

重庆出版集团 重庆出版社

图书在版编目（CIP）数据

拓地降敌：北宋中叶内臣名将李宪研究 / 何冠环著. — 重庆：
重庆出版社, 2023.11
ISBN 978-7-229-17819-2

Ⅰ.①拓… Ⅱ.①何… Ⅲ.①李宪—人物研究 Ⅳ.①K825.2

中国国家版本馆CIP数据核字（2023）第134306号

拓地降敌：北宋中叶内臣名将李宪研究
TUODI XIANGDI:BEISONG ZHONGYE NEICHEN MINGJIANG LIXIAN YANJIU

何冠环　著

出　　品：華章同人
出版监制：徐宪江　秦　琥
责任编辑：李　翔
特约编辑：史青苗
责任印制：梁善池
营销编辑：刘晓艳
责任校对：陈　丽
书籍设计：周伟伟

重庆出版集团
重庆出版社　出版

（重庆市南岸区南滨路162号1幢）
北京华联印刷有限公司　印刷
重庆出版集团图书发行有限公司　发行
邮购电话：010-85869375
全国新华书店经销
开本：889mm×1194mm　1/32　印张：17.875　字数：374千
2023年11月第1版　2023年11月第1次印刷
定价：98.00元
如有印装质量问题，请致电023-61520678

版权所有，侵权必究

谨以此书敬献

陶晋生老师
罗球庆老师

并纪念亡友
曾瑞龙教授

新史学丛书总序

"为什么叫新史学?"

"什么是新史学丛书?"

十五年来,总有朋友会问这个问题,我也一直在思考和试图解答这个问题。

新史学是一种取向。就作品而言,举凡新视角,新史料,新叙述,只要"言之成理,持之有故",派不分中西古今,人不分新旧少壮,更不论是否成名成家,一切以作品见分晓,一切以给学术界、读书界呈现佳善的学术作品为依归,进而不断汲取更多志同道合者,用绵薄之力,促进历史学界乃至整个人文社会科学界的推陈出新。

新史学是一个过程。一百多年来,新史学不断演进,如果层层堆累,甚至可以在新史学这个名号上不断加新,新新史学,新新新史学……但这只是文字游戏而已。新史学尽管随时关注国际学术前沿,但却并不热衷追逐新潮流,也不那么关注花样翻新,更多考虑是否把此前的优秀作品消化、吸收,不少老书也是新视角,其实不见得被消化。我们不断在引进跟进,但是如何创造性转化,依然任重道远。比如梁启超先生《中国历史研究法》的不少提法,至今依然很有启发，若干理念其实跟最新的史学流派若合符节。要将新史学发扬光大，需要做一个继往开来、温故而知新的工作，无论是欧美近百年来的开创性成果，还是中土近百年以来的前辈硕学之作，比如梁启超、陈寅恪、傅斯年、李济、梁方仲等先生的杰出贡献，都在在值得我们用心聆听与记取。只有在过程中去理解和创新，创新才不会沦为口号，才会变得脚踏实地，成为源头活水，悠远流长。

新史学是一种精神。在有所传承的同时，在引进域外新观念、新方法的同时，落脚点其实是中国史学的开拓，尤其是将注意力更多瞩目于年轻学人，试图在他们小荷才露尖尖角之时，就予以足够的关注，将少年心事当拿云的种种憧憬与构想化为现实，化为作品，化为积累，积跬步以至千里。与此同时，我们也留意到历史系本科、研究生的成长，将史学初阶读物纳入计划，形成新系列，希望由此让史学新鲜人少走弯路。新史学更愿意接受各种不同的声音，在多元互动而不是闭目塞听中走向未来，凡是真诚的声音，都能够在新史学里面得到回应。

新史学丛书愿意秉持这种态度，"上穷碧落下黄泉，动手动脚找材料"，倾尽一切努力，将无尽的优秀作品聚集起来，聚沙成塔，集腋成裘。十五年来，新史学品牌包括"新史学&多元对话系列""中华学人丛书""新史学文丛""新史学译丛""法国大革命史译丛""历史-社会科学译丛"，累计出版近两百种图书。作为再出发，除了"新史学&多元对话系列"保持原貌外，其他丛书统一归入新史学丛书，会涵括本土与引进类著作，经典旧籍的整理，初阶史学读物，甚至部分长篇论文，远近高低各不同，中心是唯"材"是举，也力求在设计美学与阅读体验上多做尝试。

这一过程想必是艰辛的，但由于其开放性，无疑会充满惊喜。我们期待在学术界、读书界的支持下，将新史学丛书进一步提升，新史学尽管起源于欧美，但是我们期待，通过不断的坚守，在中土树立新史学的大旗，推动历史研究、历史阅读的再深化，从历史的角度促进中国学术本土化。

兹事体大，敬请海内外师友不吝赐教、赐稿，各位的鼎力支持，是新史学得以发展的保证与动力。

是为序。

谭徐锋

2022年9月18日于河北旅次

目 录

前言

  宋神宗（1048—1085，1067—1085在位）推行新政，志在富国强兵，从而开疆辟土。熙宁、元丰年间，为神宗执行拓边西北大业的有多员深受他宠信的内臣，其中以李宪（1042—1092）战功最为彪炳。李宪继王韶（1030—1081）后，成为神宗朝主持开拓熙河路的主要执行人。神宗在元丰四年（1081）十一月五路攻西夏失败后，曾一度想委李宪统兵再从泾原路以一边筑城一边进攻的战术再度攻夏。虽然李宪最终没有成为西北各路的统帅以伐夏，但他仍长期担任熙河路的主帅。元丰五年（1082）十一月更史无前例地获授熙河、秦凤路经略安抚制置使，并兼领熙河经制边防财用司，开创了宋代内臣出任方面的先例，若非辅臣极力反对，神宗差一点要委他为宋代第一个内臣节度使〔他的门人童贯（1054—1126）后来成为第一个内臣节度使〕。他更在元丰四年九月从西夏人手上夺取宋西疆重镇兰州（今甘肃兰州市），并一度以之作为熙河路的帅府，且费尽心力长期经营兰州及其附近的堡寨，他可说是今日甘肃省会兰州市建立和发展的功臣之一。他为神宗所信任，年方三十五六，便被破格擢为内臣两省主官的入内押班（宋制一般内臣要年过五十才可擢押班），后来再以战功擢至内臣班官之首的延福宫使、入内副都知和武信军节度观察留后。他在西北战场上屡立战功，并提拔了一大批在哲宗（1077—1100，1085—1100在位）亲政时期及徽宗（1082—1135，1100—1125在位）朝在西边立功的文臣武将，包括在徽宗朝权倾一时的权阉童贯。虽然宋廷文臣以内臣不应掌军的偏见，对李宪受到重用多有微词，但他们不能否认李宪确有将才并多立战功的事实。哲宗元祐时期，在宣仁高太后（1032—1093）垂帘听政下，旧党回朝掌权，尽罢神宗的新政，包括放弃拓边西北的政策，甚至要放弃兰州。而有份参与开边的文臣武将均遭罢黜，李宪在劫难逃，一再受到宋廷文臣的攻击及清算，而被罢职贬官，甚至与另外三名内臣王中正（1026—1099）、石得一（?—1086）及宋用臣（?—1100）被指为神宗朝的"内臣四凶"。李宪在哲宗亲政前便病卒于陈州（今河南周口市淮阳区），得年才五十一。对于哲宗及徽宗而言，他们兄弟恢复拓边西北的政策，无疑失去了一个经验丰富而战功卓著的执行人；而李宪的早逝，倒给出身其门下的童贯出头的机会。事实上，李宪留下的，特别是熙河兰会路的各样资产，就给绍圣、元符到崇宁时期宋廷开边提供了坚实的基础。我们要研究北宋中期开始的拓边西北行动，其中一个关键人物就是李宪。

李宪在绍圣本的《神宗实录》（亦称《旧录》）有传，部分内容为《续资治通鉴长编》（以下简称《长编》）所引用，余不传。现存的《东都事略》及《宋史》均有传，似乎是采自绍兴本《神宗实录》（亦称《新录》）（也许亦取材自绍兴本《哲宗实录》）。惟二书的作者对李宪的评价有颇大的偏见。《东都事略·宦者传》序言便将徽宗朝宦官得势的原因追溯于李宪的掌兵，说："自李宪节制诸将于西边，而童贯因之以

拓地降敌

握兵秉，徽宗既宠用贯而梁师成坐筹帷幄，文武二柄归此两人，宰相特奉行文书而已，内而百司悉以宦者兼领，外而诸路则有廉访承受之官，宦者之势盛矣。"而《宋史·李宪传》则评说："宪以中人为将，虽能拓地降敌，而贪功罔上，伤财害民，终贻患中国云。"（按《宋史·李宪传》的评论因袭《东都事略》）[1]

李宪的事迹更详见于《长编》、《宋会要辑稿》、《宋大诏令集》、宋人文集及笔记。撇除宋代士大夫对他带有偏见的论述，李宪在宋代内臣中可说是继宋初秦翰（952—1015）以后最有代表性的内臣名将。[2]《长编》引述之《神宗旧录》，便称誉他"置阵行师，有名将风烈。至于决胜料敌，虽由中复，皆中机会"[3]人们过去显然低估和忽略了李宪的战功与其将才。李宪长期奋战于西北，因升授入内押班、入内副都知的省职而曾在内廷供职，并不时担任一些非军事性的差遣，惟从他主要担任的职务而论，他属于典型的"武宦"，是宋代内臣统兵并成为封疆大吏的典型例子。

关于李宪的研究，河陇史地研究名家陈守忠教授早年的《兰会及其所经城寨考》一文，不但扼要阐述李宪在元丰年间经营兰会的过

1　王称（？—1200后）：《东都事略》，收入赵铁寒（1908—1976）（主编）：《宋史资料萃编第一辑》（台北：文海出版社，1967年1月），卷一百二十《宦者传·序》《李宪》，叶一上，五下至六下。脱脱（1314—1355）：《宋史》（北京：中华书局点校本，1977年11月），卷四百六十七《宦者传二·李宪》，页13638—13640。

2　有关秦翰的事迹，以及他的内臣名将功业，可参阅何冠环：《宫闱内外：宋代内臣研究》（新北：花木兰文化出版社，2018年3月），第三篇《宋初内臣名将秦翰事迹考》，页55—97。

3　李焘（1115—1184）：《续资治通鉴长编》（北京：中华书局点校本，1979年8月至1995年4月），卷四百七十四，元祐七年六月戊寅条，页11315。

程，而且把李宪大军所经过的城寨今日位置，以实地考察结合文献的方法，大体上都考证出来，对我们研究这段历史有极大的帮助。而且陈教授给李宪公允的评价，指出《宋史》编者以"宪以宦官统兵，故史多贬词。其实宦官不都是坏的，应据史实予以公正的评述"。陈氏还指出，李宪麾下多有《宋史》有传的猛将，包括苗授（1029—1095）、苗履（1060—1100后）父子，王文郁（1034—1099）与李浩（?—1095）。[1]

除了陈氏一文外，台湾大学梁庚尧学长在1987年发表的《北宋元丰伐夏战争的军粮问题》专文，也精辟地论析李宪在元丰四年至五年伐夏战争，于粮运不继的情况下，如何思量进军的策略。[2]

兰州市的文史工作者赵一匡先生也在上世纪八十年代中期先后发表了《宋夏战争中兰州城关堡砦的置建》及《宋夏战争中北宋在兰州的军事措施》两篇短文，既考论李宪收复兰州后，为了巩固降羌之心而所修建的城关堡寨的始末与它们所在，又颇论及李宪"治蕃兵，置将领，酌蕃情而立法"及将蕃汉军各自为军的较为实际的措施。[3]

1　陈守忠：《李宪取兰会及其所经城寨考》，载陈守忠：《河陇史地考述》（兰州：甘肃人民出版社，2007年1月），页129—136。按陈氏此文原载《西北史地》1986年第1期（1986年3月），页85—89、90，题目原作《李宪取兰会及相关城寨遗址考》，后收入陈氏《河陇史地考述》一书。该书初版由兰州大学出版社于1993年出版，修订后再由甘肃人民出版社于2007年出版。

2　参见梁庚尧：《北宋元丰伐夏战争的军粮问题》，载梁庚尧：《宋代社会经济史论集》（台北：允晨文化实业股份有限公司，1997年4月），上册，页59—102。梁氏一文原刊于《陶希圣先生九秩荣庆祝寿论文集：国史释论》（台北：食货出版社，1987年11月）。

3　赵一匡：《宋夏战争中兰州城关堡砦的置建》，《兰州学刊》，1986年6期，页76—79；《宋夏战争中北宋在兰州的军事措施》，《兰州学刊》，1987年1期，页79—88。按赵氏并非专业的宋史学者或历史地理学者，且二文篇幅并不大，所论并未深入。

亡友曾瑞龙教授（1960—2003）在2006年出版的遗著《拓边西北——北宋中后期对夏战争研究》，亦有两章考论李宪的事功，其一是第三章《被遗忘的拓边战役：赵起〈种太尉传〉所见的六逋宗之役》，精辟地考证熙宁十年（1077）三月李宪指挥的六逋宗之役的始末。另一章是附录一《兰州在十一世纪中国的环境开发及其历史经验》，概述李宪开发兰州的经验。[1]而在2007年出版的另一篇曾氏遗著"Song-Tangut Territorial Dispute over Lanzhou: A Legitimation Issue"也讨论了李宪攻取兰州并筑城固守，与西夏争夺兰州的经过。曾氏在该文也讨论了在元祐时期当政的文臣从司马光（1019—1086）、苏辙（1039—1112）到范纯仁（1027—1101）等对西夏的政策，以及朝臣主张及反对放弃兰州的理据。[2]

西北大学的沈琛琤在其硕士学位论文《北宋神宗朝对西北的经略——以战略决策与信息传递为中心》（2010），有颇多篇幅提到李宪在熙宁和元丰时期参预神宗开拓熙河军事行动的事迹。[3]虽然沈氏并

1　曾瑞龙：《拓边西北——北宋中后期对夏战争研究》（香港：中华书局，2006年5月），第三章《被遗忘的拓边战役：赵起〈种太尉传〉所见的六逋宗之役》，页79—123；附录一《兰州在十一世纪中国的环境开发及其历经验》，页235—256。

2　Shui-lung Tsang（曾瑞龙），"Song-Tangut Territorial Dispute over Lanzhou: A Legitimation Issue", in Philip Yuen-sang Leung（梁元生）(ed.), *The Legitimation of New Orders: Case Studies in World History*, Hong Kong: The Chinese University Press, 2007, pp. 53—74.

3　沈琛琤：《北宋神宗朝对西北的经略——以战略决策与信息传递为中心》，西北大学中国古代史硕士学位论文，2010年6月。该文以第三章《北宋中央对军事决策的控制及其与前线的信息交流》，页72—105；第四章《前线的权力分布与实战中的军事指挥》，页107—168，引述李宪的事迹最多。是篇论文蒙香港树仁大学的张宇楷同学替我检索出来，谨此致谢。

未深入探究李宪在神宗开边中的角色，以及评论其将才优劣；惟该文颇能道出神宗"将从中御"的用心及其局限，并一针见血指出神宗虽有将从中御之形，却无将从中御之实，也能指出元丰四年至五年两度伐夏失败，其中重要原因正是战场信息与战略决策的不协调。[1]

香港大学聂丽娜也在2016年发表她在念本科时所撰的《北宋中期宦官官僚化一例：论李宪的拓边御夏》一文。惟该文从史料到立论均有问题。[2]

另外，山东大学历史文化学院许玲在2016年5月提交的硕士学位论文《宦官与宋神宗哲宗两朝政治研究》，其中第三章《神宗哲宗两朝的宦官群体》和第四章《宦官与神哲两朝政治》便以数页篇幅谈到李宪的简略生平和他熙河开边的事迹。另外，她在《结语》也评述李宪与王中正、石得一及宋用臣四人在神宗推行新法中的作用。该论文是通论神宗、哲宗两朝的内臣，自然不能苛求她对李宪或个别的内臣有深入的研究。不过，她指出李宪等是神宗推行新法的重要工具，而

1　沈琛珩：《北宋神宗朝对西北的经略——以战略决策与信息传递为中心》，第四章第三节《元丰灵夏之役》，页153。

2　聂丽娜：《北宋中期宦官官僚化一例：论李宪的拓边御夏》，蔡崇禧等（编）：《研宋三集》（香港：香港研宋学会，2016年6月），页25—45。按聂氏在美国哈佛大学修读博士时另撰有一文，该文只简略地在一两处提及李宪取兰州的史实，却没有分析他的作战策略以及取兰州的过程，而且一开始便将李宪的生卒年弄错，另也不小心将"种"氏诸将写作"種"氏。她也在2015年1月刊出一篇论高遵裕与灵州之战的责任问题的短文，惟该文也没有提及李宪在此役的表现。参见Lina Nie, "A Grand Strategy or a Military Operation? Reconsideration of the Lingzhou Campaign of 1081", *Journal of Song—Yuan Studies*, Vol 45（2015），pp.371—385；聂丽娜：《高遵裕与元丰四年灵州之战》，《宁夏社会科学》，2015年1月，第1期（总188期），页135—138。

李宪等的作为正是皇权的延伸，是可以接受的看法。[1]

陇东学院的张多勇教授和他的团队据他们在2014年4月6日的实地考察，在2016年8月刊出《西夏在马啣山设置的两个军事关隘考察》一文，修正和补充了陈守忠在前引文有关李宪大军经过并与西夏作战的马啣山、龛谷寨、汝遮谷、西市新城的今日所在地理位置。最近期的相关研究则有湖北师范大学尚平教授于2018年8月在兰州举行的宋史研究会第十八届年会宣读的《北宋汝遮城进筑中的地理议论（1082—1096）》专文，尚氏重新考证了汝遮城（绍圣三年建成后改为安西城）的位置，并考察了汝遮城筑城的背景、过程以及汝遮城修筑与北宋制西夏政策调整之间的关系，修正了陈守忠与张多勇的观点。[2]

另外，中国社会科学院历史研究所的林鹄博士于2018年11月3—4日在北京举行的"辽宋金元军事史与《中华思想通史·辽宋金元军事思想》工作坊"研讨会上宣读的《从熙河大捷到永乐惨败——宋神宗对夏策略之检讨》一文（载《工作坊论文集》，页77—88），虽然论述重

1　该篇硕士学位论文由范学辉教授指导，全文不及一百页，其中第三章第一节下第一条为"历任走马承受、御药院、皇城司的李宪"（页58—59），第四章第一节首一条为"李宪与熙河开边"（页65—68），《结语》（页86—91）。参见许玲：《宦官与宋神宗哲宗两朝政治研究》，山东大学历史文化学院中国古代史硕士学位论文，2016年5月。
2　张多勇、庞家伟、李振华、魏建斌：《西夏在马啣山设置的两个军事关隘考察》，《石河子大学学报（哲学社会科学版）》，2016年第4期，页1—5。尚平：《北宋汝遮城进筑中的地理议论（1082—1096）》，载《十至十三世纪西北史地国际学术研讨会暨中国宋史研究会第十八届年会会议论文集》（兰州：西北师范大学历史文化学院，2018年8月），第三组：军事与边疆，页283—298。考尚氏一文并未参考新出土的《宋保康军节度使赠开府仪同三司苗庄敏公墓铭》（以下简称《苗授墓志铭》相关记载。

心在神宗，但也略道及李宪的角色。[1]而上海师范大学古籍整理研究所的雷家圣教授在同一会议宣读的《宋神宗时期的宦官与战争——以李宪、王中正为例》一文（页46—54），则是最近期研究李宪的论著。[2]

至于通俗普及著作方面，近年也有撰写中国宦官的书刊，简介李宪的生平事迹，并给予正面的评价。[3]另在网上也有文章肯定李宪的功绩。

笔者近年致力于宋代内臣的研究，有鉴于李宪的研究尚有继续探索的空间，故拟据现存的史料，在前人相关研究的基础上，尝试全面

1　是次会议由中国社会科学院历史研究所宋辽金元史研究室主办，承林鹄博士惠赐其宣读之鸿文。林氏指出李宪以偏师轻松取得兰州，从后来哲宗朝的历史发展来看，据有兰州是熙河之役后，北宋扭转对西夏局势的关键性第二步，林氏指出原因有三：其一，宋朝虽早在熙宁六年夺取熙河，但新领土的巩固始终困扰宋廷。熙宁十年董毡臣服，熙河路南部受到的威胁得以初步缓解，但面对西夏重兵，熙河北路北翼仍不安全。取得兰州后，困境方稍得纾解。其二，兰州一带土地肥沃，其丢失对土地资源本来匮乏的西夏而言，是重大打击。其三，兰州的获得使熙河连接泾原成为可能，从而为哲宗朝宋军进据天都山，转守为攻，奠定了基础。林氏所论可取。又林文也指出神宗晚年仍委李宪筹划攻取西夏的冒险军事行动，只是英年早逝而止。

2　笔者蒙雷家圣教授惠寄其尚未正式发表的鸿文，诚如雷氏所谦称，因篇幅所限（该文凡9页，一半篇幅论王中正），所考论李宪在神宗朝的军功只是一梗概。雷氏对李宪的评价正面，也指出他是北宋第一个出任路帅的内臣。

3　张云风（编著）：《中国宦官事略》（台北：大地出版社，2004年9月），《李宪：生前有争议，死后称"魁杰"》，页306—312。该书介绍的宋代内臣计有李神祐（？—1016）、王继恩、张崇贵（955—1011）、秦翰、阎文应（？—1039）、李宪、程昉（？—1072）、童贯、梁师成（？—1126）、李彦（？—1126）、康履（？—1129）、冯益（？—1149）、董宋臣（？—1260）等十三人。作者没有列出史料来源，当改写自《宋史·宦者传》。作者能选择李宪，颇有眼光，不过，他却把宋人斥王中正、李宪及宋用臣为"魁杰"的负面评语解读为正面评价。至于网上称许李宪，为他抱不平的文章，就不一一引述。

　　　　　　　　　　　　　　　　　　　　　　　　拓地降敌

考述李宪的事迹，并对他的事功，以及他于北宋代内臣的地位予以客观公允的评价。笔者也希望透过李宪的个案研究，探讨北宋中后期君主与内臣、内臣与文臣武将的关系。笔者认为宋代内臣的情况有其特殊性：君主多以其为心腹以制衡文臣和控制武将，而客观效果是武将与内臣多半和睦相处，武将并不存有歧视内臣的偏见，而只看与他们共事的内臣是否处事公正和有否武干。至于文臣与内臣的关系，却并非铁板一块，宰执与言官多轻视内臣，鉴于汉唐的经验而处处防范内臣掌权，尤其反对授予他们兵权；但与他们共事的地方文臣，常倚靠他们的提拔与推荐而获得升迁，故与他们合作无间。李宪的个案或可让人检视这一现象。

李宪的养子李毂，字志道（高宗继位后避讳以字行，？—1127），在哲宗、徽宗、钦宗（1100—1156，1126—1127在位）到高宗（1107—1187，1127—1162在位）朝仍当权任事，本书也一并考述他的生平事迹，并与其父李宪作一比较。[1]

本书所用的"内臣"称呼，是宋官方所通用的，例如司马光所撰的《百官表总序》便说："自建隆以来，文官知杂御史以上，武官阁门使以上，内臣押班以上，迁除黜免，删其烦冗，存其要实，以伦类相从，以先后相次，为《百官公卿表》。"[2]另外，如《宋会要辑稿·职官

---

1 李毂的生平事迹，王曾瑜教授于2015年所撰的《宋徽宗时的宦官群》鸿文，便以两页篇幅考论其事迹。本章即在王教授的基础上，补充王氏未有引用的《曾公遗录》、《宋会要辑稿》及《忠惠集》等资料，考论李毂的生平。参见王曾瑜：《宋徽宗时的宦官群》，《隋唐辽宋金元史论丛》（上海：上海古籍出版社，2015年，页141—186）。
2 司马光（撰），李文泽、霞绍晖（校点）：《司马光集》（成都：四川大学出版社，2010年2月），第三册，卷六十五《序二·百官表总序》，页1361—1362。

三六·内侍省》所载录的许多官方诏书，便用上"内臣"一词。又北京大学历史系博士研究生曹杰最近期（2018）一篇论内臣寄资制度的文章，也使用"内臣"一词。[1]当然，宋人也常用"宦者""宦官""内侍""阉人""中官""中贵""中人"各种不同的称呼，以区别文臣武将以外的内臣。《东都事略》及《宋史》都立《宦者传》，即以"宦者"称之。本书用"内臣"称呼李宪等，既是行文之方便，也用以表明他们主要服侍内廷的特殊身份而不带贬义。

最后，本书命名为《拓地降敌》，是借用《东都事略》及《宋史》对李宪功绩的概括。[2]另，本书的副题称李宪为"内臣名将"，倒不是笔者杜撰，而是借用前引《神宗旧录·李宪传》所誉李宪"置阵行师，有名将风烈"之词。至于名将的定义，本书所用的是较宽的定义，一如笔者称秦翰为内臣名将，李继隆（950—1005）为外戚名将。倘我们客观地检视李宪的军功与其作为武将的谋略，他与秦翰及李继隆相比，是不遑多让的，[3]而他和许多被宋人视为名将的人，如曹玮（973—

1　徐松（1781—1848）（辑），刘琳、刁忠民、舒大刚、尹波等（校点）：《宋会要辑稿》（上海：上海古籍出版社，2014年6月），第七册，《职官三十六·内侍省》，页3889、3891—3896、3899。曹杰：《品阶管理与内外秩序：宋代内臣寄资制度述论》，《文史》，2018年第1辑（总第122辑）（2018年4月），页171—193。按曹氏此文原为他在2011年8月提交北京师范大学的"白寿彝史学论著奖"参赛论文，原题为《职与阶的互动：宋代内臣寄资现象考论》，曹氏在初稿引言的注1，解释他采用"内臣"一词的原因，是着眼于内臣的身份特征，他认为"内侍"虽然具有"通称"的特征，但是不能体现这一细微的内涵。曹氏在定稿则删去了这番话。

2　《东都事略·李宪传》原作"拓地降虏"，《宋史·李宪传》则改为"拓地降敌"，去除带有贬义的"虏"字。本书依从《宋史》的说法。

3　李裕民教授在评论笔者旧作《攀龙附凤：北宋潞州上党李氏外戚将门研究》（香港：中华书局，2013年5月）时，便肯定笔者称誉李继隆为名将的观点。（转下页）

　　　　　　　　　　　　　　　　　　　　　　　　　　　　　　拓地降敌

1030)、种谔（1027—1083）、刘昌祚（1027—1094）、韩世忠（1089—1151）、刘锜（1098—1062）、吴玠（1093—1139）、吴璘（1102—1167）等相比也毫不逊色。若以战绩而论，他一生从未在沙场败北，这就比种、刘、韩还过之无不及。当然，李宪作为武将的名声，自比不上有小说戏剧渲染，而为后世熟知的杨业（935?—986）、狄青（1008—1057）及岳飞（1103—1142）。然而从成就而言，他收复兰州，开拓熙河，屡败西夏与青唐，虽被贬却仍得善终，似乎又在杨业与岳飞之上。宜乎我们实事求是，去检视李宪的将业是否配称名将。

家师罗球庆教授早年的名作《宋夏战争中的蕃部与堡寨》，全面论及宋夏战争的始末，并开创地提出蕃部与堡寨于宋人对付西夏的作用，其中并提到宋人使用蕃将与蕃兵的手段，以及宋廷从神宗开始，便有"开边派"及"弃地派"的长期争议。家师这些观点一直启迪笔者思考本书的研究方向。[1]

又本书所引的陕西路的部分州军堡寨治所今日所在的地名，也参考了近期乐玲与张萍合著的专文所据GIS技术考得的研究成果。[2]

（接上页）参见李裕民：（《宋代武将研究的杰作——〈攀龙附凤：北宋潞州上党李氏外戚将门研究〉》，《学术论丛》，2013年第6期（总一百三十八期），页60—64。有关李继隆是否当之无愧的名将讨论，见页60—61、63。

1　罗球庆：《宋夏战争中的蕃部与堡寨》，《崇基学报》，新刊号第6卷第2期（1967年），页223—243。

2　乐玲、张萍：《GIS技术支持下的北宋初期丝路要道灵州道复原研究》，《云南大学学报（社会科学版）》，2017年第5期（2017年5月），页55—62。

第一章

给事内廷与出使四方：李宪早年事迹

    李宪字子范，开封府祥符县（今河南开封市祥符区）人。他卒于元祐七年（1092）六月戊寅（廿六），得年五十一。以此逆推，他当生于仁宗庆历二年（1042）。据《东都事略》及《宋史》所记，李宪在皇祐中补入内黄门。皇祐中大概指皇祐三年至四年（1051—1052），则李宪在十岁或十一岁已补入内黄门。入内黄门当是入内内侍省内侍黄门。[1]

    李宪应是以父荫获补此职，考与他齐名的内臣王中正、宋用臣及石得一均是开封人，王中正"因父任补入内黄门"，而宋用臣也"荫隶职内臣"。[2]李宪和王、宋二人出身相同，当是因父荫而入仕。但他的

---

1   《东都事略》，卷一百二十《宦者传·李宪》，叶五下至六下。《宋史》，卷四百六十七《宦者传二·李宪》，页13638。《长编》，卷二百二十，熙宁四年二月壬申条，页5352；卷四百七十四，元祐七年六月戊寅条，页11313—11315。按入内黄门从九品，位入内内侍省内侍班六等中最低等，只比不入等的入内小黄门高。参见龚延明：《宋代官制辞典》（北京：中华书局，1997年4月），第一编《皇帝制度类·九、宦官门》，"入内内侍省内侍黄门"条，页52。

2   《东都事略》，卷一百二十《宦者传·王中正、宋用臣》，叶六下至七上。《宋史》，卷四百六十七《宦者传二·宋用臣、王中正、石得一》，页13641—13642、13645。

养父姓名群书均不载, 而他的墓志铭不传, 故他的父母家世均不详。

　　《东都事略》及《宋史》均记李宪在神宗即位前 "稍迁供奉官", 《长编》记他在熙宁四年 (1071) 时官入内西头供奉官。[1]按神宗于治平四年 (1067) 正月继位, 则李宪在二十五岁或二十六岁时当自从九品的入内黄门迁从八品的入内西头供奉官。[2]

1　《东都事略》, 卷一百二十《宦者传·李宪》, 叶五下。《宋史》, 卷十四《神宗纪一》, 页266—267; 卷四百六十七《宦者传二·李宪》, 页13638。《长编》, 卷二百二十, 熙宁四年二月壬申条, 页5352; 卷二百二十八, 熙宁四年十一月甲申条, 页5541。苏轼 (1037—1101) (撰), 孔凡礼 (点校):《苏轼文集》(北京: 中华书局, 1986年3月), 第二册, 卷十八《碑·富郑公神道碑》, 页533—534。郭思 (?—1130) (撰), 储玲玲 (整理):《林泉高致集》, 收入戴建国 (主编):《全宋笔记》, 第八编第十册 (郑州: 大象出版社, 2017年7月),"画记"条, 页171—173。关于宋用臣在神宗初年的仕历, 据《林泉高致集》的作者郭思所记, 其父郭熙 (1020—1090) 留下的手志载, 郭熙在熙宁元年二月 [按原文作"神宗即位后庚申二月九日, 富相判河阳, 奉中旨津遣上京"。庚申年为元丰三年 (1080)。据《富郑公神道碑》及《宋史·神宗纪一》记, 富弼 (1004—1083) 在治平四年正月神宗即位时复判河阳, 九月辛卯 (廿二) 召入为尚书左仆射, 十月丁未 (初八) 罢判河阳。郭思所记庚申岁似是戊申岁 (熙宁元年) 之笔误], 被时任勾当御书院供奉宋用臣传旨, 召他赴御书院作御前屏帐。可知宋用臣在熙宁元年初担任勾当御书院之差遣。郭思在书中还有两处提到宋用臣, 称宋用臣负责修所谓凉殿即睿思殿。因神宗要在殿中作四面屏风, 又是由宋用臣传命郭熙作。郭思又记宋用臣与杨琰从杭州特地架一亭来, 而新凿一池安其上。神宗惜池中无莲荷。宋用臣以人头保证明天就有莲荷供神宗玩赏。他当晚就买京师盆莲沉于池底, 第二天神宗到来, 见到万柄莲荷倚岸, 于是大喜。宋用臣讨得神宗欢心的本事具见。据《长编》, 宋用臣也在熙宁四年十一月甲申 (初三) 以入内供奉官与右班殿直杨琰为将作监勾当公事, 可能就是指建造池亭之事。按李宪和宋用臣在熙宁四年的职位相当。

2　据《宋史·张茂则传》所载, 仁宗至神宗朝的高级内臣张茂则 (1016—1094) 初补小黄门, 五迁至西头供奉官。倘李宪初授的是比小黄门高一等的入内黄门, 则他当是四迁至入内西头供奉官。参见龚延明:《宋代官制辞典》, 第一编《皇帝制度类·九、宦官门》,"入内内侍省内西头供奉官"条, 页51;《宋史》, 卷四百六十七《宦官传二·张茂则》, 页13641。

第一章 | 给事内廷与出使四方: 李宪早年事迹　　　　013

李宪在仁宗（1010—1063，1022—1063在位）及英宗（1032—1067，1063—1067在位）朝的事迹不详，他在神宗即位时年二十六，据群书所记，他在熙宁四年二月前的仕历，是曾以入内西头供奉官擢永兴军路（治今陕西西安市）及太原府路走马承受，因宪论边事合旨，得到神宗的赏识。是年二月，因边将种谔请筑啰兀城（即嗣武寨，今陕西榆林市镇川镇北石崖地村古城，一作榆林城南湾无定河西岸石崖地村）和抚宁城（今陕西榆林市东南无定河东岸巴塔湾村）以御西夏，神宗动了心，但廷臣自宰相王安石（1021—1086）以下均意见不一。当时右司谏、权发遣延州（今陕西延安市宝塔区延州故城）的赵卨（1026—1090）和担任太原府路走马承受的李宪屡言二城不可守。神宗决定派遣户部副使张景宪（1015—1081）及他的外戚心腹枢密都承旨李评（1032—1083）前往实地察视。二人行未半道，抚宁城已为夏人所攻陷，二人后来的回奏也与赵、李二人的意见相同。[1]

据《宋史》所记，李宪后来从太原（今山西太原市）召还，被神宗委以干当后苑，管理后宫重地的要职。据《宋会要辑稿》的记载，神宗朝中级内臣迁转高级内臣的制度是："其要近职任，则彰善阁、延福宫迁后苑，次龙图、天章、宝文阁、东门司、御药院，乃除带御器械或押

1　《长编》，卷二百二十，熙宁四年二月壬申条，页5352—5353。《东都事略》，卷一百二十《宦者传·李宪》，叶五下。《宋史》，卷四百六十七《宦者传二·李宪》，页13638。《宋会要辑稿》，第五册，《职官一·三省》，页2947。关于宋廷谋取啰兀城的始末，以及神宗的态度，可参阅何冠环：《北宋中后期外戚子弟李端懿、李端愿、李评事迹考述》《北宋绥州高氏蕃官将门研究》，何冠环：《北宋武将研究续编》（新北：花木兰文化出版社，2016年3月），中册，页306—308、412—413。

班，而迁除皆检勘上枢密院。"神宗对他的栽培眷宠可见一斑。[1]神宗稍后便让李宪在他开边河湟的大业中扮演一定角色。

李宪大概在熙宁四年六、七月盛暑间，以入内供奉官奉神宗命，赐诏书及汤药给因病五度上书求罢使相的判大名府（今河北邯郸市大名县）的前任宰相韩琦（1008—1075），以抚问这位扶立英宗和神宗有大勋的元老重臣。[2]

因王安石的极力支持，早于熙宁元年（1068）上《平戎策》，请开西边的河湟以制西夏的计议而受神宗赏识的王韶，在熙宁四年八月，终于得到神宗重用，自著作佐郎、同提举秦州（今甘肃天水市）西路蕃部及市易，擢太子中允、秘阁校理、兼管勾秦凤路缘边安抚司、兼营田市易，主持开边西北的军事行动。神宗委高太后族叔高遵裕（1026—

1　《宋史》，卷四百六十七《宦者传二·李宪》，页13638。《宋会要辑稿》，第七册，《职官三十六·内侍省·后苑造作所》，页3891、3894、3926—3928。考李宪所授的干当后苑即勾当后苑，以避宋高宗赵构讳改。据《宋会要辑稿》所记，大中祥符八年（1015）九月，宋廷诏："入内内侍省自今命使臣勾当后苑、御园、内东门司、龙图阁、太清楼，并报枢密院给宣。"可知勾当后苑是真宗（968—1022，997—1022在位）朝以来入内内侍省的内臣常被委派的重要差遣之一。后苑置造作所，在皇城北，掌管造禁中及皇属婚娶的名物。造作所有监官三人，以内侍充。专典十二人，兵校及役匠四百三十六人。治平四年四月，神宗诏以后苑造作所诸色工匠以三百人为额。熙宁元年八月前后，监造作所的内臣为杨枕，李宪可能是接杨之任。
2　韩琦（撰），李之亮、徐正英（笺注）：《安阳集编年笺注》（成都：巴蜀书社，2000年10月），卷三十六《奏状四·到魏三年乞纳节移邢相第六札子》，页1096—1097。考韩琦此道札子，注者只考出韩撰于熙宁四年而未系月日。按注者引用王珪（1019—1085）之《华阳集》卷三十二《抚问判大名府韩琦兼赐汤药口宣》一段文字："有敕：卿出拥使旌，就更留钥。属暑威之方炽，顾藩事之多勤，缅念忠劳，特申眷抚。"其中所说的"暑威之方炽"，加上神宗赐汤药，很可能韩琦在盛暑六、七月之间连上五奏，而神宗即派李宪前往大名府抚问韩琦。韩琦收到神宗所赐，便第六度上札子求罢并谢恩。

1085）以西京左藏库副使、兼阁门通事舍人、权秦凤路钤辖、同管勾安抚司、兼营田市易，作为王韶的副手。神宗又应王之请，以青唐大首领董毡（1032—1083）[1]、木征（1036—1077）均信佛[2]，于是遣能言善辩的僧智缘（?—1074）乘驿随王韶使唤。[3]宋廷又置洮河安抚司，自古渭

---

1 董毡亦写作董毡，他是青唐政权第一位赞普唃厮罗第三子，母乔氏。他的生平事迹，顾吉辰多年前曾据群书作其编年事辑，近年齐德舜以《宋史·董毡传》为基础，对其生平做了一番考证。参阅顾吉辰：《邈川首领董毡编年事辑》，《西藏研究》，1984年第3期，页31—43；齐德舜：《〈宋史·董毡传〉笺证》，《西藏研究》，2014年第3期（6月），页25—40。

2 沈括（1031—1095）（撰），金良年（点校）：《梦溪笔谈》（北京：中华书局，2015年11月），卷二十五《杂志二》，页249—250。木征是唃厮罗长子瞎毡的长子。木征者，照沈括的说法，华言龙头也，以他是唃厮罗嫡孙，昆弟行最长，故谓龙头，而羌人语倒过来，谓之头龙。他降宋后赐名赵思忠。齐德舜对其生平做了一番考证，可参阅齐德舜：《〈宋史·赵思忠传〉笺证》，《西藏研究》，2011年第2期（4月），页28—35。

3 考智缘《宋史》及《长编》所引之《神宗史》均有传。他是随州人，善医。在嘉祐末年召至京师，舍于相国寺。据说他能从诊脉知人贵贱祸福休咎，诊父之脉而能道其子吉凶。因他所言多有应验，故士大夫争相找他诊脉。王安石与王珪时同为翰林学士，王珪不信，惟王安石信之。王安石执政后，就荐他随王韶招降木征，神宗召见后，起初要授他僧职，王安石以为不须，并说他曾对智缘说，以事功未立而授官，恐致人言。智缘亦同意。建议令市易司优给待遇，俟立功才授官，于是神宗加赐白金以遣，人称"经略大师"。他有辩才，径入蕃中，说服结吴叱腊（即木征）等归降，而他族俞龙珂等皆因他而以蕃字书纳款。但他后来为王韶所忌，说他挑边事，于是在熙宁五年召还，神宗以为右街首座，他在熙宁七年卒。而据范祖禹（1041—1098）所记，他又是道士号真靖大师陈景元（?—1091后）的门下，时人号为安抚大师。周辉（1127—1198后）对他为王安石诊脉事，较《宋史》及《长编》为详，记他在治平中曾为王安石诊脉，说王安石子王雱将登科甲。当时在座的王珪不信，第二年王雱果然登第，智缘自矜其语灵验，就往见王安石请赐文为宠，据说王安石为书曰："妙应大师智缘，诊父之脉，而知其子有成名之喜。翰林王承旨稽古无此，缘曰：昔秦医和诊晋侯之脉，知其良臣将死。夫良臣之命，尚于晋侯脉息见之；因父知子，又何怪乎？"不过，周辉引述其父许宜（字志康）的意见，认为该文并非王安石所撰，只是智缘之徒假借王安石之重名以售其术。周辉亦记智缘曾从王韶经理洮河边事，亦曾获召对诊神宗脉，神宗命以官，（转下页）

　　　　　　　　　　　　　　　　　　　　拓地降敌

寨（今甘肃定西市陇西县）接青唐武胜军（后改镇洮军及熙州，今甘肃定西市临洮县），一应招纳蕃部、市易、募人营田等事，都由王韶主持。至于调发军马及计置粮草等事，宋廷令都由秦凤经略司负责。[1]

（接上页）惟他不就。综合群书所记，智缘颇为王安石信任，故获授命佐王韶经理洮河。他的生平事迹与他于北宋中期熙河地区汉藏关系，朱丽霞有专文考述。至于他出使熙河的角色，廖寅则称他是宋人殖民熙河的工具。参见《长编》，卷二百二十六，熙宁四年八月辛酉条，页5501—5504；卷四百六十五，元祐六年闰八月甲申条，页11122—11124；《宋史》，卷四百六十二《方技传下·僧智缘》，页13524；周辉（撰），刘永翔（校注）：《清波杂志校注》（北京：中华书局，1994年9月），卷十一，第2条"太素脉"，页463—465；朱丽霞：《智缘及其与北宋熙河地区汉藏关系》，《世界宗教研究》2012年第3期，页51—57；廖寅：《传法之外：宋朝与周边民族战争的佛寺僧侣》，《中国文化研究》2014年第4期，页32—41（有关智缘见页34—35）。

1　王韶与新党大将吕惠卿（1035—1111）是同年进士，大概因吕之荐而受王安石赏识。他上书后，神宗用为管干秦凤经略司机宜文字。他向神宗建议在渭州（今甘肃平凉市）至秦州间置市易司，取其良田。神宗加他著作佐郎，命他提举市易。秦凤经略使李师中（1013—1078）反对王韶的做法，但王安石支持王韶，罢李师中，改以窦舜卿（985—1072）代之，又派内侍押班李若愚（?—1072后）按实其事。可窦、李二人的报告都不利王韶，王安石于是罢窦而改以韩缜（1019—1097）代之。韩缜依附王安石，就没有再反对王韶。到熙宁四年八月，王韶乃获开边重任。参见《长编》，卷二百二十六，熙宁四年八月丁巳条，页5501—5504；卷二百六十九，熙宁八年十月己丑条，页6589；《宋史》，卷三百二十八《王韶传》，页10579—10580。关于王安石支持王韶开边之始末，可参阅陈守忠：《王安石变法与熙河之役》，《河陇史地考述》，页115—128。又木征全名为瞎欺丁木征，木征蕃语为大颇颡。嘉祐中宋廷授他河州刺史。参见《宋会要辑稿》，第十六册《蕃夷六·吐蕃》，页9914。熙河之役的论述，除了陈守忠一文外，较早期的还有霍升平、刘军军：《论熙河之役》，《固原师专学报》，第十四卷（总第46期），1993年第3期，页43—47、103。有关王韶的生平及其开边谋议的考论，最近期的研究有廖寅：《北宋军事家王韶研究三题》及雷家圣：《王韶〈平戎策〉的理想与现实——北宋经营熙河路的再探讨》，《十至十三世纪西北史地国际学术研讨会暨中国宋史研究会第十八届年会会议论文集》（兰州：西北师范大学历史文化学院，2018年8月），第三组：军事与边疆，页165—178、179—188；孙家骅、邹锦良（主编）：《王韶研究文献集》（南昌：江西高校出版社，2018年10月）；王可喜（主编）：《王韶家族研究文献集》（南昌：江西高校出版社，2018年10月）。

十二月戊辰（十八），王安石与枢密使文彦博（1006—1097）共同奏呈王韶成功招降了青唐蕃部俞龙珂（?—1099后，后改名包顺）及旺奇巴，称他们举族内属，共得户十二万口。神宗从王安石之请，授俞龙珂殿直蕃巡检，旺奇巴殿侍，并给予钱粮。[1]值得一提的是，李宪对于如何处置自西夏来归的蕃部的态度，在是月曾透过文彦博表示他的意见。据文彦博在是月底的上奏所记，李宪曾到枢密院向他诉说时任鄜延路经略使的赵卨在降羌安置的事上有不恰当之处。关于赵卨的做法，神宗在熙宁五年（1072）正月对王安石说，"赵卨多夺韩绛所与酬奖人官职，然至降羌事，则以为但当善遇之，必得其用"。究竟李宪具体地批评赵卨什么？文彦博没有说，只是他向神宗请求，对降羌"务推恩信，不使一物失所，其去留自便"。他请神宗命令帅臣明白晓谕群羌，欲去欲留，各从其愿。宋廷依从文彦博之议，在是月己丑（初九），诏赵卨询问降羌如有愿归西夏的，先以名闻，命诸路准此做法，并牒宥州（今陕西榆林市靖边县东与内蒙古鄂托克前旗境内，为西夏左厢军治所）夏人，宋廷已令于逐路界首交割，容许降羌自行决定去留。[2]

1　《长编》，卷二百二十八，熙宁四年十二月戊辰条，页5556—5558。
2　文彦博（撰），申利（校注）：《文彦博集校注》（北京：中华书局，2016年2月），下册，卷二十《奏议·奏降羌事·熙宁四年》，页675。《长编》，卷二百二十八，熙宁四年十二月戊午条，页5552—5553；卷二百二十九，熙宁五年正月己丑条，页5565、5567；卷二百三十，熙宁五年二月辛未条，页5604。《宋史》，卷三百五十《王文郁传》，页11075。按文彦博此奏原题撰于熙宁四年，校注者认为当撰于熙宁四年十二月，惟没有言明是十二月哪一日。考文彦博此奏谈到宋廷对群羌欲去欲留，各从其愿后，又说"为连日节假并宴，未及面奏，伏虑迟延，先具此奏闻，候至六日与中书同呈文字。次环庆等路皆不云未便，必恐已行前命，兼河东经略司奏捉到易浪升结愿归夏国，已牒宥州去讫，又云结胜却不愿归西界，亦当不须强遣，皆如朝廷指挥"。（转下页）

这是李宪初次介入西边招降蕃部的事务,他的意见得到文彦博的采纳;不过他这次告了赵卨一状,赵卨后来反对他担任征安南的副帅,二人的嫌隙可能种于此时。

二月癸亥(十三),继韩缜出任秦凤经略安抚使的宿将宣徽南院使郭逵(1022—1088)与王韶亦意见不合,他劾王韶盗贷市易钱,稍后又奏木征来告王韶处事不当,失信于他。王安石却力排众议,一一为王韶辩护,并主张调走郭逵而专任王韶。神宗从王安石的意见,丙寅(十六),神宗擢用知渭州(今甘肃平凉市)、龙图阁直学士蔡挺(1020—1079)为枢密副使,而徙郭逵判渭州。至于秦州之缺,就徙原知郑州(今河南郑州市)的观文殿学士、吏部侍郎吕公弼(998—1073)以宣徽南院使出任。神宗怕吕公弼辞任,就派李宪赍敕书往郑州赐吕,诏他便道上任。李宪的差使很顺利,吕公弼欣然接受秦州之任,并马上登程。神宗大喜,即召吕公弼入对面加慰劳而遣之。据王安

(接上页)文彦博在这里所说的"六日"应该指熙宁五年正月六日,他所提及的结胜,就是《长编》卷二百二十八,熙宁四年十二月戊午(初八)条所记的麟州(今陕西榆林市神木市)蕃部结胜。据《长编》所记,结胜原为西夏钤辖,为宋麟州部将王文郁击败于开光州后降。宋廷授他供奉官,未几有人告发他谋归西夏。神宗认为他力战而降,而家在西夏,他要回去是合理的,因下诏将结胜放归西夏,并量给口券路费,仍令经略司指挥,并牒宥州于界首交割执行。然王安石、文彦博及河东经略使刘庠(1023—1086)等对此番处置却持否定态度。他们认为结胜并不想回复,因夏人杀其爱女,文彦博更批评边帅在处理此事上思虑不同。按《长编》小注记文彦博等提出异议之事据《神宗日录》五年"二十七日",《长编》注者认为"二十七日"前有衍字。笔者认为当是"正月",文彦博此奏当于熙宁四年十二月底至正月六日,文彦博与王安石同上奏后,神宗乃在正月九日下诏赵卨,命他依照降羌意愿定其去留。到熙宁五年二月,因刘庠条上愿归西夏之降羌姓名,神宗在是月辛未(廿一)诏据所奏愿归之蕃户于麟州相对的界上发遣,人支彩绢二匹,小儿一匹,并令保安军(今陕西延安市志丹县)移牒宥州照会西夏。总之,宋廷依从降羌意愿,或遣或留。

石弟王安礼（1035—1096）为吕公弼所撰的行状所记，"会临洮用兵，帅守之臣往往挠谋沮计，倾毁任事。上以公精忠，乃拜宣徽南院使、检校太傅、充秦凤路经略安抚使、知秦州。使者谕旨，召入面加慰劳"。王安礼笔下这个使者就是李宪。吕公弼到任后，"处画条目，巨细皆躬自监督，从宜制变，悉中机会"。吕公弼不但没有留难王韶，还替他收服了董毡。后来王韶功成，神宗以吕在后勤支援有劳，就加吕检校太尉，但他固让不接受。[1] 李宪这次顺利地教吕公弼接替郭逵之职，倒

1　早在熙宁五年正月己亥（十九），王安石留身向神宗奏称，判秦州郭逵刺激僧智缘攻击王韶，而陕西都转运使谢景温（1021—1097）亦妨害王韶任事。他主张用王韶帅秦州，而将郭逵徙往别处。但神宗认为王韶行事轻率，要待他有功才可升任。王安石虽一再为他说项，又说王韶有气略，胜于赵高。最后神宗主张以吕公弼代替郭逵，认为吕易驱策，委以王韶之事他必尽心。王安石也就不坚持，并建议加吕宣徽使之职。王安石在是月戊申（廿八），以谢景温妨碍王韶做事，就请将他罢知襄州（今湖北襄阳市），而以度支副使、兵部郎中楚建中（？—1090）加天章阁待制代为陕西都转运使。同月己酉（廿九），王安石先后两次对神宗批评郭逵及枢密院妄奏王韶过失。二月丁丑（廿七），当仍未调任渭州的郭逵续奏王韶招降俞龙珂甚为屈辱时，王安石便请郭逵具奏屈辱实状以闻。这时王韶即批评郭逵最初不想招降俞龙珂，后来又私使人诱其来秦州，欲以招纳之功归己。王安石一一为王韶辩解，并且有信心吕公弼不会与王韶意见不合。郭逵与王韶之争到是年三月丙申（十六）仍未完全平息，郭逵仍奏劾王韶在使用市易钱上有欺诈，枢臣从文彦博到吴充（1021—1080）都支持郭逵，但王安石与神宗却袒护王韶。四月辛亥（初二），宋廷委光禄寺丞、枢密院宣敕库检用条例官杜纯（1032—1095）往秦州推勘王韶市易钱公事。惟杜在是月丙子（廿七）罢归编敕所。他出使秦州的情况不详。考吕公弼字宝臣，是仁宗朝名相吕夷简（979—1044）次子，官至枢密使。其家世及生平事迹详见王安礼所撰行状。参见《长编》，卷二百二十九，熙宁五年正月己亥条，页5571；戊申至己酉条，页5581—5582；卷二百三十，熙宁五年二月辛亥条，页5585—5586；癸亥至丙寅条，页5593—5601；丁丑至己卯条，页5605—5606；卷二百三十一，熙宁五年三月甲申至丙申条，页5612—5613；卷二百三十一，熙宁五年四月辛亥条，页5627；卷二百三十二，熙宁五年四月丙子条，页5640；王安礼：《王魏公集》，文渊阁《四库全书》本，卷七《宋故推诚保德崇仁翊戴功臣宣徽南院使光禄大夫检校太尉充太乙宫使东平郡开国公食邑六千户实封一千四百户上柱国吕公行状》，（转下页）

　　　　　　　　　　　　　　　　　　　　　拓地降敌

算得上间接帮了王韶一忙。

四月庚申（十一），河北缘边安抚司上奏，称辽人在界河捕鱼而且夺取界河西的宋船，又射伤宋守兵。虽然已命缘边都巡检司以婉词向辽方申戒，但怕辽方不知辽边臣不顾两国和好，纵容小民，渐开边隙。宋廷随即命同天节送伴使晁端礼（1046—1113）等向前来的辽使晓谕，表明宋方立场，以宋方并未挑起事端，盼辽使报告辽朝严加约束边臣。宋廷在此事上不敢掉以轻心，甲戌（廿五），神宗命已升为入内供奉官的李宪往河北缘边安抚司勾当公事。李宪尚未抵河北，知雄州（今河北保定市雄县）张利一（？—1093后）已在翌日（乙亥，廿六）上奏宋廷，辽方有七八千骑过拒马河南两地共输北堑等村地分。他已令归信（今河北保定市雄县西北）和容城（今河北保定市容城县）的知县及县尉领兵至彼处防御。宋廷即诏河北安抚司查察原因以闻。[1]神宗派遣李宪出使河北，就是为了要掌握河北宋辽边境的实际情况。不过，神宗很快又把李宪召还，稍后委以视察西边重任，而以另一宠信的内臣李舜举（？—1082）代替李宪的河北缘边安抚司勾当公事差遣。至于另一内臣石得一，在是月癸亥（十四）自东作坊副使迁皇城副使，仍带御器械。石的地位比李宪稍高。值得注意的是，后来与李宪在西边结缘的王韶就在五月庚辰（初一），开始他西征的第一步，他得到神宗

<hr />

（接上页）叶三十三上下；《宋史》，卷三百二十八《王韶传》，页10580；王章伟：《近代社会的形成——宋代的士族与民间信仰》（新北：花木兰文化出版社，2017年3月），上册，《士族篇》，《宋代新门阀——河南吕氏家族研究》，第二章《河南吕氏家族之发展》，页43—47。

1　《长编》，卷二百三十二，熙宁五年四月庚申条，页5631；甲戌至乙亥条，页5638。

同意，建古渭寨为通远军（今甘肃定西市陇西县），作为开拓之渐。王韶被任为知军。[1]

神宗开边的军事行动进行顺利，青唐蕃部首领俞龙珂在五月庚寅（十一）接受宋廷封赏，获赐名包顺。翌日（辛卯，十二），王安石呈上王韶奏，称已拓地千二百里，招降蕃部三十余万口。癸卯（廿四），神宗委另一亲信内臣六宅副使王中正往秦凤路缘边安抚司勾当公事，以谋收复武胜军。两天后（乙巳，廿六），神宗以将取武胜军，诏令秦州制勘院，所有牵涉王韶市易公事被劾的命官使臣，除有赃罪外，都返原任，以备出征。[2]神宗已不计较王韶在市易钱之过失。

神宗与王安石在六月乙卯（初七），又将招纳蕃部的视线转向环庆路，因庆州（治今甘肃庆阳市庆城县庆城镇庆阳故城）蕃官臧崛等投向西夏，神宗为安全计，即命李宪从河北徙为环庆路勾当公事，赐

1　李舜举是神宗另一宠信的内臣，他是太祖、太宗朝高级内臣李神福（947—1010）曾孙字公辅，开封人，《宋史》有传。据顾炎武（1613—1682）《求古录》所记，李舜举早在英宗晚年已任入内供奉官，他在治平四年正月初便以入内供奉官奉命往泰山南麓祷祀帝岳，于英宗寿圣节日（正月三日）先后往青帝宫及白龙潭祈福。按此时英宗病重，英宗在是月丁巳（初八）崩。神宗在熙宁八年（1075）八月壬辰（初三）称许他多年的劳绩："勾当御药院李舜举服勤左右，多历年所，检身奉上，最为恪谨。"参见《长编》，卷二百三十，熙宁五年二月癸亥条，页5593；卷二百三十三，熙宁五年五月庚辰至辛巳条，页5645—5646；卷二百六十七，熙宁八年八月壬辰条，页6541；《宋史》，卷十三《英宗纪》，页253—254、260；卷四百六十七《宦官传二·李舜举》，页13644—13645；顾炎武：《求古录》，《白龙池宋人题名》，载国家图书馆善本金石组（编）：《宋代石刻文献全编》，第二册（北京：北京图书馆出版社，2003年3月），页550；王昶（1724—1806）（辑）：《金石萃编》，卷一百三十六《宋十四·白龙池题记二十一段》，载《宋代石刻文献全编》，第三册，页278。
2　《长编》，卷二百三十三，熙宁五年五月庚寅至辛卯条，页5653—5655；癸卯至乙巳条，页5665。《宋会要辑稿》，第十六册，《蕃夷六·吐蕃》，页9911。

蕃官军主以下绢米有差，加以安抚。同时责降失察的守臣庆州荔原堡（今甘肃庆阳市华池县南梁乡）都监窦琼和朱辛，以及管勾蕃部公事任怀政。癸亥（十五），环庆路经略司上奏说西夏送还荔原堡逃去熟户嵬通等七十八人。王安石与文彦博等对夏人意图意见不一，神宗就表示已令李宪查探此事原由，要等李宪的报告才作定夺。也许是李宪的建议，宋廷又诏环庆荔原堡和大顺城（今宁夏固原市中河乡大营村硝河西北岸黄嘴古城）的降羌每口给地五十亩，首领加倍。若不足，就以里外官职田及逃绝田充，若仍不足，即官买地给之。总之宋廷不惜钱财，务要和西夏争夺蕃部。[1]

神宗再在七月庚寅（十三）以招纳蕃部之功，晋升王韶及高遵裕官职，王晋为右正言、直集贤院，高擢为引进副使，实授秦凤路钤辖。丙午（廿九），在王安石的极力推许下，王韶再加集贤殿修撰之职。神宗特命已改为秦凤路缘边安抚司勾当公事的李宪赍诰敕往赐王韶，命他"往视师，与韶进取河州"，自此李宪与王韶共事，参预开拓西边之行动。[2]

1　《长编》，卷二百三十四，熙宁五年六月乙卯条，页5674—5675；癸亥至乙丑条，页5679—5681。

2　《长编》，卷二百三十五，熙宁五年七月庚寅条，页5705；丙午条，页5719。《宋史》，卷四百六十七《宦官传二·李宪》，页13638。

第二章

从征熙河：李宪在熙宁中后期的军旅生涯

　　王韶在熙宁五年闰七月壬子（初五），上奏请筑乞神平堡（后改名庆平堡，今甘肃定西市临洮县东南八十里），称得到新附的羌人七千骑来助守。王安石主张优与支赐羌人首领。宋廷随即在翌日（甲寅，初六）诏三司出银绢共十万付与秦凤路缘边安抚司，以备边费。王韶在同日又奏，他遣将破蒙罗角族及抹耳水巴等族，并已筑城渭源堡（今甘肃定西市渭源县城北）及乞神平堡。宋军获其首领器甲，并焚其族帐，洮西大震。神宗即批示王韶尽快将立功将校名单进呈。从后来李宪获厚赏之事推之，他在这场漂亮大胜仗中当立下大功。王韶再上奏，请讨南市，进攻青唐大酋木征。戊辰（廿一），王安石向神宗转奏王韶的意图，并大力支持，认为取木征甚易，而西夏绝不敢来援。[1]

1　《长编》，卷二百三十六，熙宁五年闰七月辛亥至乙卯条，页5730—5731；戊辰条，页5751；卷二百三十七，熙宁五年八月甲申条，页5764。《宋史》，卷三百二十八《王韶传》，页10580。据《长编》及《宋史》所记，王韶在此役指挥若定，居功至伟。当时蕃军处高恃险据守，王韶麾下诸将欲在平地置阵，但王韶判断蕃军不会舍弃险（转下页）

八月初，木征渡过洮河为蒙巴角等族声援，于是蕃族余党复集于抹邦山（即玛尔巴山，在临洮县南三十五里）。王韶对诸将言，若宋军进至武胜军，则抹邦山可一举而定。王韶马上派部将景思立（?—1074）、王存（?—1074）领泾原兵由竹牛岭南路进军，惟虚张声势，迷惑蕃军；王韶本人就领大军偷偷由东谷路直取武胜军。王韶行军未及十里，即遇敌而破之，蕃部首领、木征谋主、包顺兄瞎药（?—1074，后改名包约）等弃城夜遁。甲申（初八），蕃部大首领曲撒四王阿珂出降，宋军收复武胜军。王韶上奏报捷。[1]

李宪作为神宗的心腹内臣，除参预战斗外，在这次西征行动还负有独立禀报军情的任务，虽无监军之名，却有监军之实。[2]八月辛卯

（接上页）要离巢穴与宋军速斗，宋军这样作战必然师老无功，而宋军既入险地，就应据有险要。于是王韶领军绕过蕃军据点，直奔抹邦山，越过竹牛岭，压在敌军之腹背列阵，并下令："兵置死地，敢言退者斩。"蕃军乘高而战，宋军稍却。王韶亲自擐甲麾帐下兵逆袭之，蕃军溃败而走。

1 《长编》，卷二百三十四，熙宁五年六月癸亥条，页5677—5678；卷二百三十七，熙宁五年八月甲申条，页5763—5764；壬辰条，页5769；卷二百三十八，熙宁五年九月丁巳条，页5797；卷二百四十，熙宁五年十一月癸丑条，页5825。《宋史》，卷三百二十八《王韶传》，页10580。考王存是王韶从秦州出师的最早部属，他在熙宁五年六月以权通远军都监奉王韶命破荡不顺命的奄东属户，获宋廷特减免磨勘五年。又据《长编》所记，高遵裕率乞神平堡（九月十二日改名庆平堡）兵夜行，晨至野人关，羌兵迎拒。高领亲兵一鼓而破之，进围武胜军城下，羌兵渡洮河驰去，宋军于是据有其城。另据陈守忠的考证，抹邦山其下有抹邦河，即大南川，今讹为漫巴山、漫巴河。参见陈守忠：《王安石变法与熙河之役》，页122，注2。又瞎药在熙宁五年十一月癸丑（初八）来降，宋廷赐名包约，授内殿崇班、本州蕃部都监。

2 《宋史·李宪传》记李宪奉命"往视师，与韶进取河州"，颇有与王韶地位相当之意。而《东都事略·李宪传》则说李宪"从王韶取河州"，却是说李宪位在王韶之下。参见《东都事略》，卷一百二十《宦者传·李宪》，叶五下；《宋史》，卷四百六十七《宦者传二·李宪》，页13638。

（十五），李宪向神宗奏报，以宋军方筑武胜军，请本路经略、转运司负责供应守城战具。神宗从其请，下诏王韶从速修城，如缺防城器用，就令秦凤路经略司于近里城寨供应，仍差保甲义勇輦运，而免他们今年的校阅。李宪又上言，闻知王韶想返回通远军以备西夏，现已遣部将马忠荡除抹邦山南不归顺的蕃部，他请求神宗让王韶且留在武胜军。王安石为王韶解释，认为王韶要去通远军，必是虚声防备西夏，实在为了袭击在抹邦山不顺的蕃部，以保武胜军。神宗最后折冲李宪与王安石的主张，认为抹邦山去武胜军远，不可令王韶只在一处，须要命他往来经略两处。壬辰（十六），宋廷赏功，赐从征武胜军役在军者袍二万领，改武胜军为镇洮军，以西征先锋引进副使、带御器械高遵裕知镇洮军，命他依旧担任秦凤路钤辖、同管勾缘边安抚司，命所有本军合置官吏，听他奏举。而在镇洮军设置市易司，赐钱帛五十万。后又以司农寺钱二十万缗赐秦凤路缘边安抚司，以三司钱三十万缗赐镇洮军，并为常平本钱。[1]

八月丁酉（廿一），李宪再奏上神宗，称洮河西岸，木征人马出没，他建议令秦凤路就近调发军马，以犄角接应，戎人就会畏服。神宗接受了他的意见。[2]

同月甲辰（廿八），王韶奏报破木征于巩令城，其弟结吴延征举其族二千余人并大首领李楞古、讷芝等出降。九月丙午（初一），宋廷诏以结吴延征为礼宾副使、充镇洮军河西一带蕃部钤辖，另封其母实全

1　《长编》，卷二百三十七，熙宁五年八月辛卯至癸巳条，页5768—5771。陈守忠：《王安石变法与熙河之役》，页122。
2　《长编》，卷二百三十七，熙宁五年八月丁酉条，页5771。

卒为永安县太君，赐以器币。宋廷又在丁未（初二）诏镇洮军献木及运木蕃部，并优与价钱，自今应役使及有所献的并酬其值。戊申（初三），诏秦凤路缘边安抚使晓谕木征，限一月归降。[1]

宋军正在挺进时，主帅王韶却与李宪意见不合。神宗觉察二人的分歧，九月癸亥（十八），他对王安石表示，闻知王韶有书与秦凤帅吕公弼，忧虑麾下诸人"行遣不一"。神宗认为必定是李宪和王中正与王韶有异议。王安石为王韶说话，认为"不知三军之权，而同三军之任则军疑，军事最恶如此"。他以事权应统一，而有信心若专任王韶可破木征。神宗接受他的意见，表示已召还李宪，而王中正修城毕也会召还。[2]

神宗以内臣变相监军，而李宪偏又多有自己的主张，那自然招王韶之忌。为了让王韶立功，神宗就放弃以李宪作为西征军耳目的初衷。关于李宪与王韶失和的原因，孔平仲（？—1102后）所撰《孔氏谈苑》认为肇因于熙宁六年（1073）（按当为七年）木征投降之处置。当木征降于常珂诸城后，王韶奏以部将王君万（？—1080）及韩存宝（？—1081）负责受降，但李宪奏以其部将燕达（？—1088）受降。孔认为王、李二人争功，嫌隙由此启。孔又记神宗曾对吕惠卿（1035—1111）盛称李宪擒木征之功，因李宪的面奏详于王韶的条奏，二人即因争功而致不睦。[3]

1　《长编》，卷二百三十七，熙宁五年八月甲辰条，页5783；卷二百三十八，熙宁五年九月丙午条，页5786；丁未条，页5789、5792；戊申条，页5793。《宋会要辑稿》，第十六册，《蕃夷六·吐蕃》，页9911。

2　《长编》，卷二百三十八，熙宁五年九月癸亥条，页5799—5800。

3　杨倩描、徐立群（点校）：《孔氏谈苑》（与《丁晋公谈录》等合本）（北京：中华书局，2012年6月），卷二《熙河之师》，页205。

不过，笔者认为王、李相争，早在擒木征之前。二人都是强悍自信而好立功名的人，神宗要二人共事，却要李宪独立奏报军情，又如何能令他俯首听命于王韶？二人发生不和是早晚的事。

十月甲申（初九），宋廷赏收复镇洮军之功，高遵裕自横班副使的引进副使、带御器械超擢为横班正使的西上阁门使，领荣州刺史，李宪也自入内东头供奉官越过大使臣，超迁四资为西班诸司副使最低的第二等的礼宾副使。另西京左藏库使孙直超擢为左藏库使，其余使臣、选人、蕃官及效用等官减磨勘年，赐银绢有差。丙申（廿一），比李宪资深的内臣王中正自内藏库副使为礼宾使，领文州刺史、带御器械，赏他收复镇洮军及招降洮西降羌之功。同时宋廷又诏王韶相度镇洮军的献地蕃户，优给酬奖。[1]

值得注意的是，李宪应迁官多少资，王安石便对枢密院之议有所保留。十月壬辰（十七），王安石留身议事时，便向神宗提出李宪论功转一官，减磨勘三年便足够。本来枢密院拟定，李宪依诸司副使例更超转一资，但王认为未有前例，且是否超转一官，亦与李宪所系的利害不多。他问神宗是否知道枢密院这番安排的理据？他说赏功建议是中书与枢密院同进呈，他既论其不可，枢密院依其议改定后，却以此为言，旨在激怒李宪，让他觉得枢密院欲厚赏其功而中书不肯。王安石进一步说神宗信任李宪等内臣，即有人欲借李宪等人之力沮害正论。

1　《长编》，卷二百三十九，熙宁五年十月甲申条，页5809；丙申条，页5817。按礼宾副使为西班诸司副使次低一阶，在供备库副使之上，下为大使臣的内殿承制及内殿崇班。李宪由入内东头供奉官升礼宾副使，共升四资。至于王中正，本来枢密院拟迁他为东染院使、带御器械，但神宗批示只予转五资使额，并除遥郡刺史。

他说李宪之类甚多，希望神宗审察，不当使奸臣得计。王安石既批评文彦博、冯京（1021—1094）以下的枢臣为奸臣，也暗示李宪等内臣不可不察。神宗却称："近习亦有忠信者，不皆为欺，不可以谓皆如恭、显。"依然认为李宪等人可靠可用。[1]王安石后来力阻李宪出任副帅征安南，早就有迹可寻。

李宪奉召还朝后，上奏神宗，为铺兵请命，他称自镇洮军还后，见到从京师发出的银绢纲甚多，所在的铺兵转运不足，皆过期不至。他说每铺五七十里或百里，铺兵极为劳苦。当他们代回后，又无日食，不免沦为乞丐。神宗准奏，于丁酉（廿二）下诏自京师顺天门抵镇洮军，运递铺兵每人特支钱三百，衲袄或皮裘一件，其缺兵之处，令转运司及府界提点司增填。[2]从此事观之，李宪颇体察下情，爱护士卒。

神宗在王安石的建议下，于十月戊戌（廿三）改镇洮军为熙州，仍以镇洮为节度军额，分熙州、河州（今甘肃临夏回族自治州临夏市）、洮州（今甘肃甘南藏族自治州临潭县）、岷州（今甘肃定西市岷县）、通远军为一路，置马步军都总管、经略安抚使，独立于秦凤路，所一应制置事，由本路经略安抚使司详具以闻，而以王韶升任龙图阁待制、熙河路都总管、经略安抚使兼知熙州，另以高遵裕知通远军兼权熙河路总管。宋廷于同月辛丑（廿六），又诏熙河路依陕西缘边四路之例置横烽，遇敌兵入境，就递相接应，其在蕃部地者，就以厢军守之。另外，宋廷以镇洮之役，知德顺军景思立率泾原第六将兼第一等弓箭手

1　《长编》，卷二百三十九，熙宁五年十月壬辰条，页5814—5815。

2　《长编》，卷二百三十九，熙宁五年十月丁酉条，页5818。

五千骑助战，人皆精勇敢战，所向克捷，以木征余党尚在，就特命景思立专以本将军马策应熙州。[1]熙河路建立初步规模。

宋廷在十一月癸亥（十八）审结王韶被郭逵讼其在市易钱违法受赃一案，一如所料，王韶刚立大功，圣眷正隆，王安石又大力为他辩护，结果只被轻罚铜八斤，郭逵却被落宣徽南院使，自判渭州改知潞州（今山西长治市）。[2]

神宗对李宪也恩宠有加，十二月戊戌（廿四），特批李宪给予磨勘，于原先的寄资礼宾副使转七资，超迁为寄资的洛苑副使。[3]

李宪稍后再被神宗委派从王韶征河州。这时熙河路副都总管高遵裕却不同意在熙州防务未固、兵粮未足时便攻进河州。王韶与李宪因高与他们意见相左，于是留下高守熙州，二人率大军取河州。熙宁六年（1073）三月丁未（初四），神宗收到王韶捷报，称宋军在二月丙申（廿二）克服河州，斩首千余级，木征遁走，生擒其妻。同日，蕃兵数千犯香子城（后改宁河寨，今甘肃临夏回族自治州和政县城），掠辎重粮草，宋将田琼率弓箭手七百余人救援，至牛精谷与其子皆战死。王

1　《长编》，卷二百三十九，熙宁五年十月丙申至戊戌条，页5818—5819；辛丑条，页5821。《宋会要辑稿》，第十六册，《蕃夷六·吐蕃》，页9911—9912。

2　《长编》，卷二百四十，熙宁五年十一月癸亥条，页5832—5833；卷二百四十一，熙宁五年十二月乙亥条，页5874。神宗在十二月乙亥（初一）诏赐王韶御制《攻守图》《行军环珠》《武经总要》《神武秘略》《风角集占》《四路战守约束》各一部，并令秦凤路经略司抄录，可见神宗对王韶的眷宠。

3　《长编》，卷二百四十一，熙宁五年十二月丁酉条，页5887。关于李宪授寄资诸司副使的问题，曹杰的前引文对宋代内臣寄资制度有很详尽的考论，他在该文的第二节也引述了李宪多次获授寄资使臣的事例，以引证此一君主优宠亲信内臣的制度，值得参考。参见曹杰：《品阶管理与内外秩序：宋代内臣寄资制度述论》，页176—178。

韶于同月丁酉（廿三），先遣部将供备库副使苗授等领骑至香子城杀退蕃兵。然后率大军随后进讨牛精诸谷，助击蕃部，焚荡族帐，获千余级，即日回香子城，修复城池。戊戌（廿四），再遣部将景思立、王君万通路，斩三千级，复得蕃兵所掠及获牛羊粮斛等无数。群臣向神宗贺喜，神宗对王安石说，若非得他主谋于内，无以成此功。当宋廷议赠田琼官及应否赏田琼所部兵时，王韶奏田琼部兵虽获三百余级，但失主将，请不与赏。枢密副使蔡挺引述李宪的意见，也认为不应给赏；王安石却以为应区别处理：在主将旁而不克救者无赏，不在主将旁而有功者当赏。最后神宗听从王安石的意见。值得注意的是，蔡挺参考了李宪的意见来建议应否赏田琼的部兵，显然神宗依旧授予李宪单独奏事的权力。另外，这次立下大功的勇将苗授，后来成为李宪麾下第一猛将。[1]

1　《长编》，卷二百四十三，熙宁六年三月丁未条，页5912—5914。《宋史》，卷三百五十《苗授传》，页11067；卷四百六十四《外戚传中·高遵裕》，页13578；卷四百六十七《宦者传二·李宪》，页13638。考李宪在熙宁五年十月召还京师后，何时再被派往西边不详。王韶攻河州，李宪即与他同行。另《宋史·李宪传》便记他"与王韶进收河州"，又记他后来复战牛精谷，拔珂诺城搞木征。又关于苗授在攻香子城及进拔河州的战功，新近出土、由林希（1034—1101）所撰的苗授墓志有较详细的记载。据《苗授墓志铭》所载，苗授于廿二日晚率五百骑连夜驰往香子城，苗授勒所部到帐，令诸军当于翌晨破敌。苗部皆贾勇听命，于廿三日晨奋击，大败敌军。据《苗授墓志铭》所载，王韶所奏景思立及王君万所立之功，苗授大有功焉。称其部休整两天后，遇上敌军在架麻平，矢下如雨，部属恐惧，他就鼓励部下不必恐慌，说援军五百且至，于是领部下力战，声震山谷，敌军惊走，最后斩首四千级，获器械等数以万计。按苗授所部五百骑隶景思立军麾下，《苗授墓志铭》将功劳归于苗授，而王韶之奏就将功寄于景思立及王君万名下。可参见本书附录，林希：《宋保康军节度使赠开府仪同三司苗庄敏公墓铭》，载政协辉县市委员会文史资料委员会（编）：《百泉翰墨》（辉县市：政协辉县市委员会文史资料委员会，1996年9月），页12。按此碑文（转下页）

木征后来复入河州，王韶以诸羌结集，包围大军来往根本重地的香子城，只好回军解香子城围，破积庆寺诸羌而还。但神宗对于此役有宋军贪功杀已降蕃兵来冒功甚为不满。[1]

宋廷在熙宁六年三月己未（十六）厚赏苗授、王存、王君万、韩存宝等取河州有功将校十四人。值得注意的是，早在是月辛亥（初八）宋廷在听取功状时，枢密副使蔡挺曾向神宗请旨，究竟应只取王韶所奏，还是一并参照李宪所奏。神宗令只下王韶所奏，说他"正立事，必不肯为私"。王安石即乘机说："王韶是大帅，自合委韶，何用更委李

（接上页）在书中缩小影印出版，极难阅读，蒙全相卿博士扫描此碑文并以电邮传给笔者，笔者透过计算机将影像放大，才能勉强阅读，并解读碑文大部分内容，加以录写，附于本书后。笔者稍后又透过淘宝网购得此书，该碑文附有苗授及林希简史。有关此墓志铭发现及刊出的资料，参见421—422页注1。考苗授为潞州上党（今山西运城市）人，出身将家，其父苗京曾在仁宗朝在麟州（今陕西榆林市神木县）击退入寇的元昊军。苗授以荫出身后，曾入太学随大儒胡瑗（993—1059）。笔者据上述出土的墓志铭，曾撰文考述他的家世及早年生平事迹，题为《北宋中期西北边将苗授早年生平事迹》。该文及《苗授墓志铭》的录文附于本书之后。

1　《长编》，卷二百四十三，熙宁六年三月丁未条，页5912—5913；卷二百四十五，熙宁六年六月丙子条，页5964。神宗在熙宁六年六月丙子（初四）对执政表示，他闻知在这场战斗，宋军贪功，有斩巴毡角部蕃兵以虚报战功，造成蕃部极大愤恨，他以此事为害不细，不可不察。他说应以汉兵为一队，蕃兵为一队。他又命王韶详度此事具条约以闻。神宗如何知悉此事？疑得自李宪的奏报。又据魏泰（1050—1110）所记，有高学究其人，以宗人谒见高遵裕，于是隶名军中。当王韶攻香子城时，高学究随行，是日宋军合战大胜，至晚旋师。寨中官吏及招募人皆贺，独不见高学究。留守熙州的高遵裕以为他战死。不久士卒准备献俘羞馘于庭，以烛检视所杀之敌，却发现高学究之首在。遵裕大骇，即查究所斩之人，有军士马上服罪，说军回时正是日暮，看见高学究独骑，就斩之以冒赏。王韶闻之大怒，即将该军士磔于辕门。此事可见宋军常有滥杀蕃部平民以冒功之恶行，这次竟然杀了高遵裕的宗人来冒功，才被揭发先前的罪行。参见魏泰（著），李裕民（点校）：《东轩笔录》（北京：中华书局，1983年10月），卷七，页76—77。

宪?"王安石不以李宪单独奏事为然。神宗从其请。是月丁卯（廿四），王安石再论李宪独奏边事及王韶连奏经略司事不合体制，文彦博附和，亦认为王韶不当如此。神宗于是下指挥令李宪以后不要联署经略司事，也不要独奏。蔡挺提出若如此，李宪想要奏事都不可得。神宗表示李宪要奏事不妨，但不应独奏及联署经略司兵事。不过，后来这道指挥并未发给李宪。李宪后来依然单独奏上神宗。王安石即指责蔡挺作奸迎合神宗之意。[1]

神宗许李宪单独奏事的用心很明白，虽然口口声声说将取熙河之事托付王安石与王韶，实际上仍要派亲信内臣作为耳目，让他能"将从中御"，直接操控这场军事大行动。王安石及王韶对李宪分其权，自然心中有刺。后来他们与李宪相争，就无可避免。

值得一问的是，李宪这回有否回朝面奏军情？群书没有说得很清楚。考清人武亿（1745—1799）所编的《授堂金石文字续跋》卷十收入一则《孙固题名》，正书在汝州（今河南平顶山市汝州市）净因寺，而稍晚的陆增祥（1816—1882）所撰的《八琼室金石补正》所录的《祔葬陈国公监护等题记》补充了武亿所录的阙文。该题记云：

---

[1] 《长编》，卷二百四十三，熙宁六年三月己未条，页5919—5920。宋廷厚赏取河州将校十四人，以苗授为首，将他自供备库副使超擢为西京左藏库使，另擢同样有功的内殿崇班、阁门祗候王存为内藏库副使，西头供奉官、阁门祗候王君万为崇仪副使，左侍禁韩存宝为供备库副使，左班殿直魏奇为内殿崇班，三班借职刘普为左侍禁，披带班殿侍赵简为左班殿直，左班殿直缴顺为东头供奉官，右班殿直郝贵为西头供奉官，三班借职毛政为右侍禁，三班差使孟志、王维新为左班殿直，三班借差赵亶、下班殿直古庆并为右班殿直。他们除了王存及魏奇很快阵亡外，大部分成为李宪后来开边的得力干将。

宋宗室陈国公，以熙宁六年正月甲寅薨。有诏葬于汝州梁县秦悼王坟之次，及举诸丧祔焉。以龙图阁直学士谏议大夫孙固、西作坊使入内副都知王昭明为监护，以入内供奉官梁佐、卫尉寺丞签书汝州判官刘唐宪专董茔兆之役。自三月庚午经始，迄六月壬午遂克葬。时与执事者凡十三人，提举诸司入内供奉李宪、专管勾诸司入内殿头蒋良臣、都巡（检）内殿崇班刘允和、管辖坟园供奉严雍、梁鲁县巡检供奉王翊、按顿供奉曹轸、侍禁王士章、冬官正杨茂先、梁县尉校书郎吴道。翰林书艺马士明书，玉册官陈永宣刻，住持赐紫沙门净宣立石。[1]

考此则题名所记于熙宁六年正月薨的宗室陈国公，武亿据《宋史·宗室传二》认为是在熙宁三年封陈国公的仲郃（？—1079后）。按仲郃是太宗（939—997，976—997在位）长子楚王元佐（966—1027）曾孙，追封密国公允言（？—1029）孙，赠高密郡公宗望之子。他官至陈州观察使，卒谥良僖。但武亿却失考这位陈国公，其实是太宗弟秦王廷美（947—984）第三子追封颍川郡王德彝（967—1015）的幼子承锡（？—1073）。据《长编》及《宋会要辑稿》的记载，在熙宁六年正月丙辰（十二）［按题记作正月甲寅（初十）］病逝的宗室陈国公是

1　武亿（撰）：《授堂金石文字续跋》（上海：上海古籍出版社，1995年，据上海辞书出版社图书馆藏清道光二十三年刻授堂遗书本影印），卷十《宋·孙固题名》，叶九上至十上。陆增祥（撰）：《八琼室金石补正》，载国家图书馆善本金石组（编）：《宋代石刻文献全编》，第一册（北京：北京图书馆出版社，2003年3月），卷一百四《宋二十三·祔葬陈国公监护等题记》，页333。

拓地降敌

皇叔祖遂州观察使承锡，神宗追赠他镇宁军节度使、同中书门下平章事、陈国公，谥荣僖。神宗于当日还亲临睦亲宅临奠其丧。武亿当时尚未能看到徐松所辑的《宋会要辑稿》，也没有参考《长编》，故未能考出这次病逝的陈国公其实是承锡。按陆增祥已考出这位陈国公就是承锡。[1]

据《长编》所记，负责承锡丧礼的孙固（1016—1090），在熙宁六年九月辛酉（廿一）所带之帖职正是龙图阁直学士，与题记名合。至于内臣王昭明（？—1064后），在熙宁七年十二月甲申（廿一）官入内副都知、左骐骥使，也与题记合（王氏相信后来自西作坊使迁左骐骥使）。按熙宁六年三月庚午即廿七日，六月壬午即初十（按武亿讹作壬子）。李宪当时在入内内侍省的职位仍是入内东头供奉官，也与题记相合。[2]值得一提的是，这次与李宪共事的孙固，后来却处处针对他。

据这则题记，李宪在熙宁六年三月底，曾奉命往汝州参与经办陈国公承锡的丧事。据此，李宪在熙宁六年三月，显然已返京师面奏神宗收复熙河详情，于是获得厚赏。不过，结合下文所述，他大概没有等到六月初十丧事毕，便已赶返西边。

1　《授堂金石文字续跋》，卷十《宋·孙固题名》，叶九下至十上。《宋史》，卷二百四十四《宗室传一·魏王廷美、德彝》，页8666—8670、8673；卷二百四十五《宗室传二·汉王元佐、允言、宗望、仲郐》，页8693—8697、8701。《宋会要辑稿》，第一册，《帝系三·宗室追赠·赠节度使使相》，页84；《帝系四·宗室杂录一》，页110；第三册，《礼四十一·亲临宗室大臣丧·临奠》，页1644。《长编》，卷二百四十二，熙宁六年正月丙辰条，页5893。据《宋会要辑稿》所记，仲郐在熙宁三年六月癸酉（十四），自右龙武卫大将军、果州团练使、齐安郡晋为陈国公。

2　《长编》，卷二百四十七，熙宁六年九月辛酉条，页6014；卷二百五十八，熙宁七年十二月甲申条，页6302—6303。

四月乙亥（初二），宋廷再次度赏功，王韶自右正言、龙图阁待制、集贤殿修撰加官晋职为礼部郎中、枢密直学士，李宪则以环庆路勾当公事、入内东头供奉官超迁十六阶为东染院使、遥郡刺史勾当御药院。知德顺军（今宁夏固原市隆德县城关）、如京副使、兼阁门通事舍人景思立亦超擢东上阁门使河州刺史。而随军回京奏捷的内臣走马承受、入内供奉官李元凯（?—1074）也超授为礼宾副使。王安石请厚赐王韶金钱。刚升了官的李宪又单独上奏宋廷，称收复河州，洮西蕃部尚有逃入山林的，请招降他们。神宗从其请，诏熙河经略司示以蕃部恩信，许他们复业。[1]

王韶与李宪的关系越发不洽，因他向神宗奏称"熙河妨功害能，举目皆是"。当神宗以王韶与高遵裕等不睦之事，在四月丙子（初三）询及王安石意见而引述李宪这番批评时，就大招王安石及王韶之忌。[2]

王韶返回熙州后，再派部将张守约（1017—1091）渡过洮河，略定南山地，斩首七百级，筑康乐城（今甘肃临夏回族自治州康乐县北康

1　《长编》，卷二百四十四，熙宁六年四月乙亥条，页5930—5931。《宋史》，卷四百六十七《宦者传二·李宪》，页13638。考御药院是宋代最重要的内廷机构之一，长官是勾当御药院，是高级内臣序列之一，仅次于省官的押班副都知，常受皇帝指派在宫廷内外、王朝上下、京畿与边地查察事务，那是非皇帝亲信不授的职位，李宪任此职，可见他是神宗心腹亲信。关于御药院的机构与职能，近期的研究可参见丁义珏：《宋代御药院机构与职能考论》，《中华文史论丛》，2018年第2期（总130期）（2018年6月），页223—251。另曹杰认为李宪从寄资的洛苑副使超擢为诸司正使的东染院使，并带寄资遥郡官，升迁速度惊人。同时受赏的将校，还有守香子城有功的文思使奚起，优迁皇城使并许三年后除遥郡刺史。参见曹杰前引文，页176。
2　《长编》，卷二百四十四，熙宁六年四月丙子条，页5932。

拓地降敌

王城遗址）和刘家川堡（后改名当川堡，今甘肃临夏回族自治州康乐县刘家乡）、结河堡（今甘肃定西市临洮县辛甸村）二堡，以通饷道。然后他在四月己亥（廿六）亲自率兵破踏白城（今甘肃临夏市北银川河谷，现改名银川镇），斩首三千级，并城之。[1]

五月丙午（初四），宋廷命知德顺军景思立调知河州，因河州仍在羌人手中，故移宁河寨（即香子城）治事。而以苗授代知德顺军，统率泾原路正兵及弓箭手，策应熙河及泾原路，以都监王宁（？—1074）副之。李宪则担任景思立的河州监军。六月癸酉（初一），为加强景思立的军力，宋廷诏永兴军、秦凤路转运司发北城兵二千予景思立。[2]七月乙卯（十四），宋廷命景思立率兵前往河州修城前，又升景思立为四方馆使河州团练使，王宁为引进副使、带御器械，以赏他们三月以来破荡族帐，策应讨踏白城及定羌城（即阿纳城或河诺城，今甘肃临夏回族自治州广河县城）之功。神宗及王安石也同意王韶的意见，令景思立管勾泾原兵马，王韶就率熙河路及秦凤路兵马为后援。[3]

王韶率兵以奇袭的方式穿越临夏露骨山南入洮州界，破木征弟巴毡角（？—1087后），尽逐南山诸羌。木征震恐，留其部属守河州，自将

1　《长编》，卷二百四十四，熙宁六年四月己亥条，页5945—5946；卷二百四十五，熙宁六年五月丙午条，页5949—5950。陈守忠：《王安石变法与熙河之役》，页122—123。

2　本书附录二《苗授墓志铭》。《长编》，卷二百四十五，熙宁六年五月丙午条，页5949—5950；丁卯条，页5961；六月癸酉条，页5964。按神宗一度想用内臣王中正替王宁策应熙河，但王安石提到王中正与王韶不睦，故王氏去不成熙河，结果事功为李宪所取得。若今番派王中正策应，就会出问题。神宗接纳，改差王中正往麟府募弓箭手及点阅蕃兵。又苗授徙知德顺军后，领兵破邸家族。

3　《长编》，卷二百四十六，熙宁六年七月乙卯条，页5981；己未条，页5983。

精锐尾随宋军伺机攻击。王韶麾下诸将都请直取河州,但王氏考虑宋军兵临河州城下,会被木征军内外夹击,他密分兵令景思立攻河州,而追寻木征军而击走之。八月,宋军抵河州城下,蕃军出降。宋军却夜杀降者二千余人。[1]

九月戊午(十八),王韶再奏上宋廷,称木征族弟瞎吴叱等以岷州来献,神宗赐行营将士特支钱有差。壬戌(廿二),王韶入岷州,瞎吴叱及木令征来降。二人各献大麦万石、牛五百头、羊二千口并甲五十领。神宗依王安石议偿其价。[2]

王韶随后分兵破青龙族于绰罗川,打通熙州路,随即拔取宕州(今甘肃陇南市岩昌县)。叠州(今甘肃甘南藏族自治州迭部县)钦令征、洮州郭厮敦皆相继往王韶军中以城请降,巴毡角亦以其族归。这一次征战,王韶大军共行五十四日,涉地千八百里,收复五州,辟地自临江寨至安城乡,东西千里,共斩首三千余级,获牛羊马以数万计。十月庚辰(十一),熙河路走马承受、内臣李元凯以经略司捷奏抵京。辛巳(十二),王安石领群臣以收复熙州、洮州、岷州、叠州、宕州,幅员

1　《长编》,卷二百四十六,熙宁六年八月丙申条,页5998;卷二百四十七,熙宁六年十月庚午条,页6018;戊戌条,页6032—6033。《宋史》,卷三百二十八《王韶传》,页10580—10581。宋廷后来知道宋军在河州杀降的事,在十月庚午(初一)诏王韶命王君万查实。王韶奏报结果后,宋廷诏停景思立赏赐,他麾下的赵简等十三名将官等候处分。十月戊戌(廿九),宋廷贬通判河州太常博士李山甫为监当官,坐其遍与执政书,饰言边事蔽覆,河州官兵违节制杀降。又关于王韶穿越的露骨山,据陈守忠的考证,当是临夏县的露骨山,此山从现在韩集之大黎架山起,向东延伸至康乐县的莲麓止,横亘数百里,恰好是今日甘南和临夏两自治州的界山。它的主峰在康乐县的草滩,海拔3908米。参见陈守忠:《王安石变法与熙河之役》,页122—123。
2　《长编》,卷二百四十七,熙宁六年九月戊午至壬戌条,页6013—6015。

拓地降敌

二千余里，斩获不顺蕃部万九千余人，招抚大小蕃族三十余万帐，上表称贺。神宗大悦，解所服玉带赐王安石，并令内臣李舜举谕旨。时任泰州通判的刘攽（1022—1088）有诗贺王安石："捷书吉语报安西，辨色彤廷喜气齐。萧相论功非汗马，晋公成事有通犀。尚方制作皆金玉，委佩光华想虹蜺。欲问九环加赐衮，何如判白授封圭。"可说是王安石最得意之时。宋廷赏功，王韶晋为端明殿学士兼龙图阁学士、左谏议大夫，秦凤路副都总管张玉（？—1075）晋宣州观察使，知通远军、权熙河路总管高遵裕徙为岷州刺史知岷州，引进副使张守约代知通远军。李宪亦以监景思立军攻下踏白城之功，赏遥郡团练使寄资，并给全俸。[1]据《宋史·李宪传》的记载，李宪的战功还包括战牛精谷，拔珂诺城。相信他这些战功是随景思立取得的。[2]

李宪在十一月庚申（廿一），大概以西边战事稍定，奉命往太原府及代州（今山西忻州市代县）勾当公事。[3]熙宁七年（1074）正月辛酉（廿三），神宗又诏李宪再任熙河路经略安抚司勾当公事，而且继续兼

1　《长编》，卷二百四十七，熙宁六年十月庚辰至辛巳条，页6022—6024。刘攽（撰），逯铭昕（点校）：《彭城集》（济南：齐鲁书社，2018年9月），卷十五《七言律诗·贺王丞相赐玉带》，页392。《宋会要辑稿》，第八册，《职官五十七·俸禄杂录上》，页4580。按《宋会要辑稿》将李宪授遥郡团练使寄资兼给全俸之事系于十二月庚辰（十二）。又，张玉是狄青（1008—1057）麾下猛将，后追随蔡挺，他是王韶麾下官位最高的战将，以捧日天武四厢都指挥使、秦凤路副都总管、昭州防御使从征，他率秦凤路军自熙州深入洮州、岷州之山林深险、粮道难继之处，最后攻克河州。他后来回任秦凤路，没有参预后来的第二波西征行动。他的生平事迹可参阅何冠环：《狄青麾下两虎将——张玉与贾逵》，载何冠环：《北宋武将研究》（香港：中华书局，2003年6月），页341—384。

2　《宋史》，卷四百六十七《宦者传二·李宪》，页13638。

3　《长编》，卷二百四十八，熙宁六年十一月庚申条，页6048。

秦凤路经略安抚司勾当公事。[1]神宗仍要李宪为他在西边作耳目，为下一步对付西夏准备。

王韶在熙宁七年一月底自熙州入觐，与二府大臣议西夏事。神宗在二月己巳（初一）加王为资政殿学士兼制置泾原秦凤路军马粮草。王韶请筑赞纳克城，神宗同意其请，除了命鄜延路差曲珍（1031—1089）、环庆路差林广（1035—1082）各于本路选募三千五百人随行外。丙子（十四），神宗又特别派李宪往鄜延路按阅诸军及点检器甲。壬午（二十），神宗再命李宪往熙河路勾当公事兼照管修赞纳克城军马，监督此次修城之举。[2]李宪可说马不停蹄，奔驰于陕西三路之间。

宋廷还在筹议筑赞纳克城之时，河州守将景思立却中了董毡大将青宜结鬼章（1017前—1091）的诡计，轻率地率蕃汉兵六千攻鬼章于踏白城，而中了二万鬼章军的埋伏。二月甲申（廿二），景思立、内臣李元凯及副将王宁、王存、魏奇、赵亶、贾翊、蕃将瞎药等战死，仅

---

1 《长编》，卷二百四十九，熙宁七年正月辛酉条，页6071。

2 《长编》，卷二百五十，熙宁七年二月己巳条，页6080—6081；丙子条，页6087；壬午条，页6094；卷二百六十四，熙宁八年五月甲子条，页6457—6458。范纯仁：《范忠宣集》，文渊阁《四库全书》本，卷十三《侍卫亲军马军都虞侯林侯墓志铭》，叶十六上。按《长编》熙宁七年二月己巳条，将环庆路从征的将官写作“林度”，据范纯仁（1027—1101）为林广写的墓志铭，从王韶、李宪西征的环庆勇将，实在是六宅使、环庆路兵马钤辖林广。范纯仁记林广领环庆兵二千五百人从征熙河。林广的战绩是攻踏白城，斩首五百级迁皇城使、果州刺史，攻讨洮州，斩首三百级加带御器械、权发遣环庆路马步军副总管。宋廷在熙宁八年五月甲子（初四）整编环庆军，即诏分环庆兵五万二千六十九，马六千四百七十六为四将，林广以副总管为中军将，都钤辖梁从古副之。林广麾下计有钤辖种古（1024—1093）为第二将，董颖叔副之。都监雷嗣文为第三将，知大顺城窦琼副之。都监李孝孙为第四将，庆州北路都监巡检孙昭谏（1037—1101）副之。

得部将韩存宝、李燊及其弟景思谊(?—1082)得脱。鬼章后来还把景思立及王宁的首级函载之，时时出之以慑制西域于阗等国，诸国皆畏惮之。董毡亦借此一战之胜，得复其国。宋军暂时不能西向，夺取青唐。[1]勇将苗授因奉命修城，没有从征，而得免于难。

宋廷尚不知河州惨败，还继续调动陕西各路兵马协助王韶修城。二月己丑(廿七)，枢密院上言，以泾原弓箭手屡经熙河路策应，除了已差禁军一千人替上番弓箭手归本路外，请求宋廷派内臣往泾原路查察，并商讨该行的赈恤事以闻。神宗同意，批示早前已遣李宪按阅鄜延路诸军，现在可以命他再往泾原路体量商度此事。后来神宗又改变主意，以李宪要往熙河军前移文取索修城用具，就不必亲自往泾原。[2]

谁都看出李宪是神宗在西边的耳目，地位超然。正如沈琛玲的分析，李宪在熙宁六年前后，以环庆路勾当公事的差遣参预了王韶收复熙河的军事行动，熙宁七年又任熙河路勾当公事，虽然名为帅司属

1　《长编》，卷二百五十，熙宁七年二月甲申条，页6098；卷四百二，元祐二年六月甲申条，页9777。关于景思立败于踏白城，李焘认为景思立误信间谍所致。而齐德舜认为宋军失利的原因是多方面的，一个原因是寡不敌众，以宋军六千人对鬼章二万人，而宋军还分为三部，不能集中兵力作战。齐氏认为踏白城之战是熙河之役以来吐蕃诸部对宋军作战取得最大胜利的一场战役，对唃厮啰政权的存亡有极重要意义，从董毡至阿里骨两代，宋军未能插足河湟当与此有关。参见齐德舜：《〈宋史·董毡传〉笺证》，页34。关于鬼章的生平，可参阅祝启源(1943—1998)：《唃厮啰政权名将鬼章生平业绩考述》，原载《藏族史论文集》(成都：四川民族出版社，1988年)，现收入祝启源：《祝启源藏学研究文集》(北京：中国藏学出版社，2002年12月)，页79—87。另张向耀近期也有一篇短文略述鬼章生平，参见张向耀：《北宋时期唃厮啰政权名将鬼章述略》，载《边疆经济与文化》(黑龙江)，2017年第9期(2017年9月)，页57—58。
2　《长编》，卷二百五十，熙宁七年二月己丑条，页6100。

官，但李宪得皇帝亲信而实权至重，有时"得同三军之政"，对王韶作为主帅的统一指挥权有可能造成负面影响，甚至侵夺主帅之权。[1] 故此在二月乙酉（廿三），李宪出使熙河前，王安石与王珪（1019—1085）同奏上神宗，借着李宪往谕王韶应少留效用人以省浮费的问题上，王安石借题发挥，提出主帅权力的重要。神宗起初只令李宪诣王安石，问还有何事要宣谕王韶。王安石对神宗如此宠信李宪不以为然。君臣二人在数天后便为李宪而发生针锋相对的争论。辛卯（廿九），当神宗批示王安石，说已差李宪往熙河勾当公事，当王韶等开军事会议时，李宪的座次可依奉使例行之。王安石反对，认为李宪这样等同干预三军之政，如此任将，恐难责王韶成功。神宗却说是王韶要求李宪到来。王安石反驳军中岂会喜欢内臣在其中？只是不得已接受。他又说王韶昨日知道王珪曾反对李宪出使，还多谢王珪一番。现时王韶所谓请李宪到来，不过是防止有人反对修城，而借李宪来促成其事。神宗

1　沈琛琤的研究指出，宋廷对于勾当公事的职事善否，同样设有监督机构，熙宁九年四月便诏："应朝省寺监遣官出外安抚、体量、察访及勾当公事等，如有措置乖方及违法等，所在监司、州郡长吏并密具以闻，如有隐庇别致发露，量事轻重取旨。"沈氏再指出缘边诸路都总管司走马承受公事与经略安抚司勾当公事这两个差遣，多是以内臣为主的皇帝亲信，被派往沿边参与到前线师府的军政事务管理中去。沈氏认为其设立体现了宋廷一贯的"事为之防，曲为之制"的内制与防弊祖训，一方面有助于拓展信息渠道，扩充皇帝所得消息来源；另一方面则可令前方官员彼此监督和互相制衡，防止前线官员因事权独大造成措置失误或奸欺行为，最终深化中央对沿边军政事务的干预与控制。沈氏此论可取，也道出神宗在多次对外军事行动均以亲信内臣出任勾当公事的原因。当然，神宗对不同内臣的信任程度是不同的，他对李宪及李舜举的信任显然甚大。而宋廷文臣则普遍对内臣出任此职存保留态度，却无可奈何。参见沈琛琤：《北宋神宗朝对西北的经略——以战略决策与信息传递为中心》，第三章第五节《前线与中央间的通信制度与信息传递渠道》，页105。

却说王韶密奏是执政不想李宪在军中，而他实在赖其议事。王安石又说河州之行太速，王韶辩称他被李宪胁迫，故如此仓促。王安石又引述王珪之言，说他曾质问王韶为何选择不佳的出军日期，王韶的回答是李宪想他赶快出兵。王安石再引述王韶之言，说李宪不如王中正，只为李宪厌恶王中正，故王中正不得来。神宗听后不解，反问王韶为何前言不对后语，之前说王中正极疏略，不可与计事。又说李宪极可使令。若遣去，有败事定归罪于李宪，如此即难遣去。但王安石仍坚持最好不要派李宪前往。神宗这时却道出他的用人态度，以人亦无方类，如太宗朝内臣王继恩（？—999）便率军平蜀，岂可以宦官就不能用？他仍说是王韶主动要求李宪襄助。王安石就指出王韶的用心，不过是要神宗一亲信人在军中，以塞谗诉之口而已。神宗又说高遵裕当初不去武胜军及河州，宋廷并未怪罪，而今李宪去河州又有何罪？王安石仍指李宪在河州之役，兵未集乃遽出为仓促之过。当神宗怪王韶言语前后矛盾时，王安石又为他辩护，说王韶没有别的用心，不过想要李宪在军中保证其所为以抗异论，又怕外廷非议他依附宦官，故不想漏其奏请，而更说不欲李宪前往罢了。王安石虽词锋凌厉，极力反对李宪出使，但神宗仍派李宪往熙河。不久，王安石问神宗，李宪是否久留熙河？神宗知道王安石不喜李宪，就回答说李宪事毕即还。[1]

王安石尚不知景思立已战死，仍然重提旧事，坚持说景思立违节

---

1 《长编》，卷二百五十，熙宁七年二月辛卯条，页6102—6104。据《长编》所记，王安石有一次与神宗论及辽人强横时，他解释是因憸巧能凭附帝王左右小人者，必得握兵为用。虽有犯法，必获游说之助以免。王安石后来在自叙说："时景思立凭附李宪干师律，上不肯治，故为上言此。"亦见王安石对李宪的成见。

制不能治，故士卒无忌惮而有河州杀降之事。而他又不能行法，却将犯事者大半释放。王氏又指责李宪昨日奏称河州人攻城两日无功，故杀降是情有可恕，不宜不赏。神宗虽然表示同意他的看法，但仍在二月壬辰（三十），以录郎家族之功，厚赏景思立等诸将，景氏自四方馆使迁引进使忠州防御使，皇城使苗授为西上阁门使，供备库使韩存宝为皇城使、文州刺史，引进副使、带御器械王宁为客省副使，减磨勘三年。神宗要到三月乙未（初三）才知景、王二人已战死。神宗以景思立轻敌致败，就不肯赠他官职。[1]

王韶等赴京奏事还，至兴平县（今陕西咸阳市兴平市）时，知悉河州的变故，马上疾驰返回西边前线。他在三月甲辰（初七）奏报宋廷，他已领兵自秦州赶往熙州。他抵熙州后，部属都在准备守城，他命尽撤城防，选兵二万人，直扑定羌城。三月丙午（初九）渡过洮河。翌日（丁未，初十），遣王君万等先破结河川额勒锦族首领耳金，以断西夏通路，斩千余级。丁巳（二十）王韶大军进至宁河寨，讨布沁巴勒等蕃族于铺心、把离等谷，又斩获千余级。鬼章等军三万余见党援既绝，又怕断南山之路，就拔寨而去，河州围解。木征逃入南山。甲寅（十七），诸将领兵傍南山焚族帐，斩三百余级，即日通路至河州。鬼章等余众退保踏白城西，杓摩雅克等族就退至河州外百余里。宋军胜利在望。[2]

1　《长编》，卷二百五十，熙宁七年二月辛卯至三月乙未条，页6103—6105；卷二百五十一，熙宁七年三月辛丑条，页6109。

2　《长编》，卷二百五十二，熙宁七年四月乙亥条，页6155；丁酉条，页6179。《宋会要辑稿》，第十六册，《蕃夷六·吐蕃》，页9912。《宋史》，卷三百二十八《王韶传》，页10581。

当王韶大军节节胜利时，宋廷因边奏不通，以为木征及鬼章乘胜攻取岷州，枢密副使吴充竟然请弃岷州，冯京也附和，幸而神宗和王安石均反对。李宪这时正顺道按视鄜延军制，行至蒲中（今山西运城市永济市），接到景思立败死的消息，于是奉神宗命疾驰至熙州军中，据《长编》引《宋国史·李宪传》及《东都事略·李宪传》与《宋史·李宪传》载，宋廷先前已出黄旗书敕谕将士，如用命破贼者倍赏。李宪于是晨起帐中，张开神宗所敕字黄旗告吏士说："此旗，上所赐也，视此以战，帝实临之。"于是宋军士气大增，争相用命。李宪在关键时刻做了激励三军的事。[1]三月甲寅（十七），他奉王韶之命，督诸将领兵傍南山焚族帐，斩三百余级，即日通路至河州。鬼章等余众退保踏白城西，杓摩雅克等族则退往河州百余里。[2]然而，正当李宪在西边杀敌立功时，朝中的王安石仍对李宪心怀偏见，三月戊午（廿一），他向神宗奏事时，仍借题发挥，坚称："李宪庇景思立数有大罪，陛下不治；皮公弼交结内臣，开河无状，得罪甚薄。"总之，王安石对神宗宠信的内臣

1　《长编》，卷二百五十一，熙宁七年三月壬寅至甲辰条，页6110—6112；乙丑条，页6139—6140。考《长编》记王韶奏上神宗，说在三月甲寅（廿二），是走马承受公事张佑赍神宗的敕字黄旗付给他，告谕熙河将士："如能协力一心，用命破贼，广有斩获，当比收复河州，倍加酬赏。"于是士皆感奋，军声大振。按李焘留意到带敕字黄旗谕熙河士卒的内臣，就有张佑与李宪两种说法。他不能确定是否同一事。考《宋史·李宪传》没有说是李宪赍敕字黄旗至军中，而是他后来借此晓谕将士。笔者以为李宪一早离京前往熙河，当没有赍带黄旗。带黄旗的当是走马承受张佑，但鼓励士气却是李宪。参见《宋史》，卷四百六十七《宦者传二·李宪》，页13638；《东都事略》，卷一百二十《宦者传·李宪》，叶五下。

2　《宋史》，卷四百六十七《宦者传二·李宪》，页13638。《长编》，卷二百五十二，熙宁七年四月丁酉条，页6179。《宋会要辑稿》，第十六册，《蕃夷六·吐蕃》，页9912。按《长编》及《宋会要》均未具言破南山蕃族等为李宪战功，惟《宋史·李宪传》具言其功。

就要一棍打死。[1]

四月庚午（初三），王韶出军攻河州前，在用人之际，就上言请免勇将韩存宝及李荃失陷主将景思立之罪，因他们在宋军覆没后，能先归保护城池有功。神宗从之，并委王韶密访韩存宝是否反对景思立出军。[2]西上阁门使苗授先拔头筹，一举取得河州外围的南撒宗城，并斩首四百级。宋廷在是月甲戌（初七）命苗授知河州兼管勾洮西缘边安抚司事。宋廷为鼓励士气，又录熙河秦凤路死事之家，分别推恩。只是以景思立轻敌败事，特恤他死战而给予子弟二人恩泽。[3]己卯（十二）又以高遵裕及蕃官包顺（？—1099后）守护岷州之功，高遵裕自岷州刺史加岷州团练使，包顺自西京左藏库使擢内藏库使，赐金带、上好锦袍及绢三百匹。而且依王韶之请，厚恤曾劝景思立勿出兵后来力战而亡的蕃官瞎药（即包约）。[4]

王韶做好了准备后，大举进攻河州。四月己卯（十二）木征遣使往宋军前乞降。王韶为防有诈，于甲申（十七），命李宪再率军自河州间

1　《长编》，卷二百五十一，熙宁七年三月戊午条，页6126。

2　《长编》，卷二百五十二，熙宁七年四月庚午条，页6150。

3　本书附录二《苗授墓志铭》。《长编》，卷二百五十二，熙宁七年四月甲戌条，页6152。据载本来诸将都想直趋河州，但苗授说南撒宗城距甚近，有伏兵，若敌人来犯怎么办？他主张先袭之。众人依从，宋军一战即克之，于是宋军打通往河州之道而破敌。

4　《长编》，卷二百五十二，熙宁七年四月己卯条，页6156—6157。包顺本名俞龙珂，他由王韶亲自招降。他的族群、生平事迹及为宋廷效命所立之功绩，香港中文大学历史系梁若愚2000年呈交的本科毕业论文《包顺事迹钩沉》有很不错的考述，惜该文未正式发表。西北大学王道鹏在2017年10月呈交的博士论文《殊方慕化：宋代西北蕃官的国家认同研究》对包氏家族也略有论述。

精谷出踏白城，与鬼章战，斩千余级。壬午（十五）燕达与苗授进至银川，破敌堡十余，燔七千余帐，斩首七千余级。癸未（十六），王韶再分兵北至黄河，西至南山，复斩千余级。又命李宪领兵入踏白城，祭葬阵亡将士。甲申（十七），李回军到河州。乙酉（十八），进筑阿纳城（即珂诺城）。宋军在此役前后斩七千余级，烧二万帐，获牛羊八万余口。木征是日率诸酋八十余人诣军门降。丙戌（十九），宋军受降毕。王韶即命李宪奉表回京报捷。据《苗授墓志铭》所记，当木征穷蹙时，他派人见李宪，愿请得信使引他归降。木征可能诈降，李宪便问麾下谁敢出使。苗授即说他虽只有一子苗履，但也不敢惜。李宪嘉其有勇，便遣苗履使木征。苗履到木征所在的赵家山，顺利引木征家人来降。[1]

但王韶没有想到，他在朝中最大的支持者王安石却在翌日（丙戌，十八），因高太后等反对新法和久旱之流言，被迫自请解职。神宗无奈，将他罢相出知江宁府（今江苏南京市），而以王之同年好友韩绛（1012—1088）代为首相，以其党吕惠卿为参知政事。神宗又怕王安石罢相会令王韶不安，稍后又赐王安石手诏，命他慰抚王韶。[2]

四月丁酉（三十），李宪抵京报捷，辅臣皆贺。神宗大喜，下诏木征及其母、妻、子，由王韶与李宪发遣，令走马承受长孙良臣（？—1078

1　本书附录二《苗授墓志铭》。《长编》，卷二百五十二，熙宁七年四月甲申条，页6160；丁酉条，页6179。《宋会要辑稿》，第十六册，《蕃夷六·吐蕃》，页9912。《宋史》，卷三百二十八《王韶传》，页10581；卷四百六十七《宦者传二·李宪》，页13638—13639。《东都事略》，卷一百二十《宦者传·李宪》，叶五下。考《东都事略》记"王韶领兵至进释河州围，李宪大破之，回军古河州，木征降"，点出打通河州后李宪的战功。

2　《长编》，卷二百五十二，熙宁七年四月丙戌条，页6168—6170。

后）押引赴阙，令优厚支钱，由沿路供给。王韶覆奏已命阁门祗候麻宗道等管押木征赴阙，并命其子王厚（1054—1116）奉表称贺。神宗赐诏褒奖王韶一番，称许他"将在军，君命有所不受，宁河之行，卿得以矣"，另又下诏曲赦熙河路。[1]

五月庚子（初三），宋廷赏降木征之功，主帅王韶晋为观文殿学士、礼部侍郎，仍兼端明殿、龙图阁学士，赐绢三千匹。长子王廓为大理评事赐进士出身，次子王厚为大理评事。副帅秦凤路副都总管、内

---

[1] 本书附录二《苗授墓志铭》。《长编》，卷二百五十二，熙宁七年四月丁酉条，页6179—6180；卷二百五十六，熙宁七年六月辛亥条，页6255；卷二百五十八，熙宁七年十二月丁卯条，页6295；庚寅条，页6305；卷二百五十九，熙宁七年正月壬寅条，页6316；卷二百六十五，熙宁八年六月癸巳条，页6484；丁未条，页6488；卷二百八十三，熙宁十年六月壬辰条，页6924。《宋会要辑稿》，第十六册，《蕃夷六·吐蕃》，页9912—9914。《宋史》，卷三百五十《苗授附苗履传》，页11068。据《苗授墓志铭》及《宋史·苗履传》所记，押送木征至京的，还有苗履。他后来即以此劳授阁门祗候。神宗为收服木征等蕃部，采怀柔政策，当木征等在六月底抵京师后，在六月丁亥（廿一），诏赐木征名赵思忠，授荣州团练使，母寿安郡君郢成结赐姓李，封遂宁郡太夫人，月赐脂粉钱三十千，妻俞龙七为安定郡君，结施卒为仁和县君，许她们以蕃服入见。又赐其弟董谷名赵继忠，结吴延征名赵济忠，瞎吴叱曰赵绍忠，巴毡角曰赵醇忠（？—1085），巴毡抹曰赵存忠。又赐其长子邦辟勿丁兀名赵怀义（？—1085），次子盖兀名赵秉义，并授右侍禁，另授首领结施抹及阿里骨并为东头供奉官。宋廷在十二月丁卯（初四）诏以木征为秦州钤辖，却不给他任事。同月己丑（廿六），因入内供奉官李翊之奏，称木征一行至新安驿，阿里骨殴伤护送官麻宗道。神宗诏追回阿里骨所授官，并拘禁他，仍令熙河路经略司相度处置。阿里骨到达熙河后，为新知熙州高遵裕所斩杀。（按这个阿里骨并非董毡的养子）熙宁八年正月壬寅（初九），神宗召见结吴延征等于延和殿，授延征崇仪副使，余除官赐袍带有差。神宗后诏木征居于熙州，二妻居于河州。木征曾请管勾熙河路蕃部，经略司以为不可。另宋廷在熙宁八年六月癸巳（初三），授巴毡角以崇仪副使为洮州汉蕃钤辖，唯免其出巡。同月丁未（十七），又赐木征熙河两州地五十顷，内赐其妻包氏并俞龙氏各五顷。木征于熙宁十年（1077）迁合州防御使，六月壬辰（十四）卒。宋廷赠他镇洮军留后，官给丧事，录其子左侍禁邦辟勿丁兀（赵怀义）为内殿承制，次子右侍禁盖兀（赵秉义）为内殿崇班。

园使燕达擢为西上阁门使、英州刺史，而等同监军的李宪以熙河路照管军马事宜、入内东头供奉官超授寄资昭宣使、嘉州防御使。这时李宪的官位已超过本来比他资深的另一内臣王中正。[1]

宋廷陆续抚恤阵亡将校及升赏有功将士。五月辛丑（初四），宋廷遣熙河路走马承受长孙良臣往熙州为踏白城阵亡将士作浮屠道场七昼夜，命河州收瘗暴骨。癸卯（初六），擢升守河州有功的内臣文思副使李祥（？—1096后）为供备库使，供备库副使刘普为文思副使。又特赠王韶二代，其母封永嘉郡夫人，并召入宫，其子妇从入者都赐命妇服。甲辰（初七），在踏白城阵亡的将校，内臣王存、王宁、李元凯、魏奇、林信、王令安、高知方、李怀素、赵闲、陈俊、刘文秀、张恭均获赠官有差。壬子（十五），经王韶核实阵亡的蕃官包约亦获追赠官。甲寅（十七），因王韶之请，皇城使、文州刺史韩存宝获授熙河路都监。六月乙亥（初九），以从王韶兵渡洮河讨杀蕃部通道之功，王君万擢

1　《宋会要辑稿》，第十六册，《蕃夷六·吐蕃》，页9913。《长编》，卷二百五十三，熙宁七年五月庚子条，页6189；甲辰条，页6192。《宋史》，卷三百二十八《王韶传》，页10581；卷四百六十七《宦者传二·李宪》，页13639。按昭宣使在真宗以后是专授予内臣的"班官"使职。据日僧成寻（1011—1081）所记，他在熙宁六年四月甲戌（初一）来到京师见到王中正，当时王氏官位是作坊使、文州刺史。惟《长编》却记王中正在五月甲辰（初七）以在麟州、府州（今陕西榆林市府谷县）及丰州（今内蒙古准格尔旗五字湾镇二长渠行政村内，一说在今陕西榆林市府谷县西北）招弓箭手千四百人及在熙河招千三百六十人之功，自礼宾使、文州刺史加领嘉州团练使。按礼宾使是西班诸司正使次低的一阶，仅高于供备库使，而东西作坊使均是位序第七及第八的高阶正使，王中正自文州刺史迁嘉州团练使，他所带的诸司正使应是高阶的作坊使。疑《长编》所记有误。王中正虽然擢领团练使，惟李宪的昭宣使及所领的防御使为低。参见成寻（撰），王丽萍（校注）：《新校参天台五台山记》（上海：上海古籍出版社，2009年11月），卷八《参天台五台山记第八》，页654—658。

东上阁门使达州团练使,夏元几(?—1079后)为东上阁门使、果州刺史,苗授为四方馆使、荣州刺史,狄咏(?—1097后)为皇城副使兼阁门通事舍人。到七月甲辰(初八),宋廷再诏熙河路破踏白城蕃部之将官使臣,比再复河州之功倍赏之,于是先锋王君万再迁引进使,韩存宝加带御器械,策先锋林广迁皇城使、果州刺史,左肋阵右骐骥使盍可道、右肋阵左藏库使郝进、殿后姚兕(1026—1094)、策殿后姚麟(1038—1105)并迁皇城使,监照管中军将苗授迁引进使、忠州团练使,总管燕达及王君万、韩存宝、苗授、姚兕、姚麟各官其亲属一人。上述获得厚赏的宋将,后来大部分成为李宪熙河兵团的骨干战将。[1]

1　本书附录二《苗授墓志铭》。《长编》,卷二百二十六,熙宁四年九月丙戌条,页5511;卷二百五十二,熙宁七年四月辛卯条,页6174;卷二百五十三,熙宁七年五月辛丑条至癸卯条,页6190;甲辰条,页6192;壬子条至甲寅条,页6194—6195;卷二百五十四,熙宁七年六月乙亥条,页6208;卷二百五十五,熙宁七年八月甲戌条,页6234;甲申条,页6239;癸巳条,页6243;卷二百六十一,熙宁八年三月癸巳条,页6355;卷二百六十四,熙宁八年五月己卯条,页6476。《宋史》,卷三百五十《王君万传、李浩传》,页11070、11078—11079;卷四百六十八《宦者传三·李祥》,页13649。范纯仁:《范忠宣集》,卷十三《侍卫亲军马军都虞候林侯墓志铭》,叶十六上。据范纯仁所记,林广攻踏白城的战绩是斩首五百级。又狄青次子狄咏在六月乙亥(初九)自如京副使迁皇城副使(按《长编》当衍"副"字),到八月甲申(十九)又因王韶之奏其战洮西之功,再授西上阁门副使。又宋廷在八月甲戌(初九),赏讨荡岷州扰边蕃部之功,擢岷州将官皇城副使刘惟吉、内藏库使孙真并为皇城使。到八月癸巳(廿八),宋廷再赐王君万绢五百匹,官其亲属一人,又加他一资。另以讨荡洮州之功,皇城使康从领文州团练使,官其一子,内殿承制张之谏(?—1088后)迁文思副使。宋廷在熙宁八年三月癸巳(初一),诏分熙河路正兵三万二千,参以弓箭手、寨户及蕃兵为四将。以都钤辖王君万为第一将,都监西京左藏库副使王崇拯(?—1101后)副之;钤辖韩存宝为第二将,李浩(?—1095)副之;桑湜(?—1084后)为第三将,都巡检王湛副之;钤辖刘惟吉为第四将,都监马忠副之,王湛为权发遣本路都监。又内臣李祥《宋史》有传,他是开封人,为入内黄门,史称他"资骁锐,善骑射,用材武中选,授泾原仪渭同巡检"。《长编》记在熙宁四年九月丙戌(初五),内侍省殿头"李祥"自请试武艺合格,(转下页)

　　　　　　　　　　　　　　　　　　　　　　　　　　拓地降敌

上文提到，宋人孔平仲记王韶与李宪在降木征之役争功而生嫌隙，他说王韶在奏中称是他令王君万及韩存宝接受木征投降，但李宪却奏称是他与燕达纳其款。孔氏也称神宗曾对吕惠卿称许李宪擒木征之功，因李宪有机会向神宗面奏，所言自然详于王韶的条奏。[1]李宪本是神宗宠信的内臣，神宗当然更相信李宪所言。按《长编》及《宋会要辑稿》引述王韶的奏报，很少道及李宪的具体战功；反而大概据《宋国史》写成的《东都事略》及《宋史》李宪本传才具体交代李宪的战功。王韶是否不经意地少提李宪的战功颇值得思考。诚如笔者前面所述，王韶与李宪的关系一开始就非合作无间。[2]王韶对李宪的态

（接上页）而授缘边同巡检。这个"李详"当是李祥的讹写。他从景思立于河湟，以功迁内殿崇班，为河州驻泊兵马都监。七年五月自文思副使擢供备库使。这里值得一提是李浩，他后来成为李宪取兰州的麾下猛将。他是将家子，与父李定曾从狄青破侬智高。初为广南西路兵马都监，他曾以西北疆事撰《安边策》在熙宁四年入谒王安石。王言之神宗，因召对问横山事，改鄜府路勾当公事，未行。当章惇在熙宁七年初察访荆湖，章荐为辰州（今湖南怀化市沅陵县）准备差使。章惇平定懿州（今湖南芷江侗族自治县）和洽州（即懿州）夷，他功最多。熙宁七年初授太原府路兵马都监，以南江功迁西京作坊副使，仍知沅州（今湖南芷江侗族自治县），李浩力辞，复为太原府路都监，章惇再论其功，四月辛卯（廿四），李以西京左藏库副使擢供备库使、知沅州，稍后再迁引进副使、熙河钤辖，任熙河第二副将。他和王安石与章惇颇有渊源。

1　孔平仲：《孔氏谈苑》，卷二《熙河之师》，页205。考聂丽娜前引文也引用了孔平仲这条记载，不过，她夸大了木征向谁投降的所谓谜团。王韶是主帅，李宪不过是副将，木征向李宪、燕达抑向王君万或韩存宝投降，都可以说向作为主帅的王韶投降。不过正如孔平仲所记，李宪有机会向神宗面奏，自然会提到自己迫木征投降的功劳。称木征向王韶投降自然没说错，《宋史·王韶传》也说木征因"穷蹙丐降"，王韶"俘以献"。参见聂丽娜：《北宋中期宦官官僚化一例：论李宪的拓边御夏》，页32。

2　聂丽娜：《北宋中期宦官官僚化一例：论李宪的拓边御夏》，页33—34。按聂丽娜说王韶与李宪不和的深层次原因是神宗对王韶等边将并不完全信任，故刻意挑选亲信内臣肩负开边任务，而内臣逐渐蚕食武将职权，终令朝臣不满和警惕。惟聂氏的说法只对了一半，首先王韶并非武将，他是有武干的儒臣，可称得上是儒将。（转下页）

度有矛盾的两方面，诚如王安石所说，王韶一方面要靠李宪作为助力及挡箭牌，争取神宗对他的支持并抵消反对他开边的朝中势力。另他也不能抹杀李宪的军事才能及战功，特别是降服木征一役的战功。正如《宋会要辑稿》所说，王韶"领洮河安抚司，李宪为之助"，而降木征，收复洮、河二州，启地二千里，宋廷就以为大庆，虽然用兵熙河以来，每年常费四百余万缗，即到熙宁七年以后，常费稍减至三百六十万缗；但神宗仍认为王韶立下大功，故"王韶由节度推官数年至枢密使，李宪自走马承受至统师"[1]，王韶知道没有李宪的配合，他不能成此大功业。后来其子王厚在徽宗朝开边，便师承其法，主动请徽宗派亲信内臣童贯从征。[2]然而在另一方面，他和王安石等文臣一样，基于文臣的自尊，他要李宪完全服从他的指挥，不可有异议，不可向神宗奏报与他不同的军情和不同的意见。因歧视内臣，他对内臣领兵有所保留，当李宪与他争功、与他有异论时，二人的嫌隙就免不了。偏偏

（接上页）神宗对他是完全信任和支持的，后来还擢他为枢密副使。聂氏以神宗将王韶家人召入京，似有以之为人质嫌疑，显示神宗对王韶的疑忌，未免推论过当，她说神宗夸赞王韶将在外君命有所不受是假话，也不免是捕风捉影的推论。

1　《宋会要辑稿》，第十六册，《蕃夷六·吐蕃》，页9914。

2　关于王厚的事迹和他在徽宗开边的经过，特别是他与童贯合作的情况，可参阅罗家祥：《北宋晚期的政局演变与武将命运——以王厚军事活动为例》，《学术研究》，2011年11期，页98—106；何冠环：《北宋绥州高氏蕃官将门研究》，页446—460。另近年台湾青年学者现任教上海师范大学的雷家圣也以王韶、王厚父子的事迹撰成一文，称王氏父子及种谔家族为军功世家。惟雷氏一文在谈到熙丰开边，却没有提到李宪与王韶、种谔的关系。他又以神宗内召王韶为枢副，是怕他拥兵自重，故收其兵权。此论有值得商榷之处，神宗有李宪作监军，王韶一介文臣，熙河初复，完全无条件成为中唐以后的藩镇。参见雷家圣：《北宋后期的西北战争与军功世家的兴衰——以王韶、种谔家族为例》，《史学汇刊》，第三十三期（2014年12月），页67—92。

拓地降敌

神宗喜欢将从中御，委派亲信内臣随军，让他知悉军情以作出最后决定。幸而王韶与李宪的矛盾，并没有败事，最后二人仍合作成功收复熙河。至于大部分武将对从征内臣的态度，从来便与文臣并不一样，若内臣具有武干，能征善战而处事待人公允，他们便不会有很大的意见，这点后文将会详论。

第三章

经略熙河：李宪在熙宁后期的事迹

　　王韶与李宪之不协，随着李宪还朝而暂时缓和。熙宁七年八月己卯（十四），神宗又差李宪以勾当御药院的身份往相州（今河南安阳市）赐元老重臣韩琦诏书与汤药，抚慰他一番，不允许他再三乞求致仕。这是李宪至少第二次奉神宗之命赐诏书与韩琦。[1]

　　值得一提的是，韩琦的心腹亲信强至（1022—1076）曾撰七律《送传宣李子范供奉归阙》一首赠李宪：

　　　　曾共征西幕府来，相逢今日魏王台。喜情重把论交袂，感

1　考韩琦在熙宁六年二月壬寅（廿八）自大名府移判相州，《安阳集》收有他在熙宁七年（甲寅）秋所撰的三道请致仕札子，分别提到神宗先后派入内东头供奉官、勾当御药院刘有方（?—1100后），勾当内东门司刘惟简（?—1096）及裴昱赐书不允其致仕之请，却没有提及李宪的到来。也许李宪是在裴昱之后再使相州。参见《长编》，卷二百四十二，熙宁六年二月壬寅条，页5907；卷二百五十五，熙宁七年八月己卯条，页6236；《安阳集编年笺注》，下册，卷三十六《奏状四·甲寅秋乞致仕札子》《甲寅秋乞致仕第二札子》《甲寅秋乞致仕第三札子》，页1104—1108；附录三：《韩魏公集家传》，卷十，页1855、1859—1860。

泪频添话旧杯。此别情怀无限恶，他时谈笑尚容陪。马蹄归
趁春风急，应有花先禁苑开。[1]

九月辛酉（廿六），神宗对于青苗钱的处理，作出批示。他说诸路
常平钱谷，近年虽用陕西青苗法而蓄息数目不少，但七分以上散在民
间。倘遇上水旱须加救济，或有缓急朝廷要移用，就会难于征取。神宗
说现时诸路各有灾伤，来年的岁计极为可虑，倘若不从速处置，就怕
州县没有计算已拨出青苗钱过半，而接续下去不停给散，乃导致储备
钱缺乏。他令中书宜从速下指挥诸路州县，已支的现钱谷通数，须留
下一半，方得给散。神宗所以作出这番批示，据司马光引述苏充的说
法，肇因李宪怨王安石反对他领兵南征交趾，于是向神宗言及青苗钱
为民害。神宗原本以内批罢之，王安石坚持不可而止。司马光又记先
前州县所敛的青苗，使者督之，须散尽方止，于是造成官无余蓄。到了
这时，才由神宗下敕留下一半。他说神宗这项决定，是由李宪上言引
发的。李焘对司马光这条记载做了考异，他说司马光有误记，宋廷决
定征交趾时王安石已罢相，李宪怨恨王安石，应该为了当日王安石反对

1　强至：《祠部集》，文渊阁《四库全书》本，卷九《送传宣李子范供奉归阙》，叶十上
下。考李宪字子范，熙宁年间官入内供奉官，而诗中言及他归阙，又言及禁苑，又说曾
共征西幕府来，则强至此首七律所赠的当是李宪无疑。诗中记二人相逢于魏王台，魏
王台即曹操（155—220）在相州（安阳）所建的铜雀、金虎及冰井三台，则李宪必是在
熙宁七年八月奉命赐诏韩琦时与强至相见。关于魏王台所在，参见乐史（930—1007）
（撰），王文楚（点校）：《太平寰宇记》（北京：中华书局，2007年11月），卷五十五《河
北道·相州》，页1136、1139。

他从征熙州，而非后来征交趾。[1]不过，在司马光的眼中，神宗听了李宪的话，纠正青苗法之失，实在是好事。当然，王安石也就非要排去李宪不可。

李宪在是年十月又奉命往延州，将神宗悉心新定的结队法、赏格及置阵形势赐给鄜延帅赵卨，让他研究后推及诸路。神宗又下诏赵曰："阵法之详，已令宪面谕，今所图止是一小阵，卿其从容析问，宪必一一有说。然置阵法度，久其失传，今朕一日据意所得，率尔为法，恐有未尽，宜无避忌，但具奏来。"稍后又再诏赵曰："近令李宪赍新定结队法并赏格付卿，同详议施行可否，及因以团立将兵，更置阵法。想卿必已深悉朝廷经画之意，如日近可以了当，宜令李宪赍赴阙。"神宗派李宪传旨，大概认为他既有丰富的行阵经验，又深谙前代的阵法（见下文），又曾与赵卨共事。而神宗这一自诩杰作的阵法，很可能参考了李宪的意见，故派他去宣谕。赵卨接旨后，自然不敢怠慢，马上详尽提出他的看法，交李宪复旨。[2]

宋廷在十一月己未（廿五）冬至日合祭天地于圜丘，以太祖配而大赦天下。十二月丁卯（初四），文武百官并以南郊赦书加恩。深为神宗欣赏的王韶即在是日被召还升任枢密副使，进入二府担任执政。因

1　《长编》，卷二百五十六，熙宁七年九月辛酉条，页6263。司马光（撰）、邓广铭（1907—1998）、张希清（校注）：《涑水记闻》（北京：中华书局，1989年8月），卷十六，第440条"李宪言青苗钱为民害"，页316。

2　《长编》，卷二百五十七，熙宁七年十月癸巳条，页6282—6284。王应麟（1223—1296）：《玉海》［上海：上海书店据光绪九年（1883）浙江书局刊本影印，1988年3月］，卷一百四十三《兵制·阵法·熙宁议队法 结队图》，叶十七下至十八上。《宋史》，卷一百九十五《兵志九·训练之制·阵法》，页4863。

王韶内召，宋廷以知岷州高遵裕加龙神卫四厢都指挥使军职，徙知熙州，而以客省使、知通远军张守约徙知岷州；另以左藏库副使、河北第十八将杨复兼阁门通事舍人，权知通远军。[1]

已从延州回朝的李宪，也因南郊恩典获神宗特别予以赏赐，十二月己卯（十六）神宗批示："李宪见寄昭宣使，所有南郊支赐，缘宪勾当御药院，三昼夜执事，最为勤劳，难依散官例。"当枢密院上奏遇南郊，昭宣使以上当支银绢各四十匹两时，神宗再批示这只是散官无职事人例，李宪就特赐银绢各七十五两。[2]附带一记，王中正也在是月甲戌（十一）以录秦凤等路招弓箭手之功，自崇仪使迁西作坊使，赐银绢二百。[3]

熙宁八年（1075）正月庚子（初七），枢密副使蔡挺以疾罢枢，同日，参知政事冯京亦罢政。二月癸酉（十一）王安石则从江宁府召还复相。[4]神宗在是月要校试他的八军阵法，委派李宪与枢密院副都承旨张诚一（？—1092后）、枢密院兵房检详官王震、管勾国子监丞郭逢原

1　《长编》，卷二百五十八，熙宁七年十一月己未至十二月丁卯条，页6293—6294；卷二百六十，熙宁八年二月丙戌条，页6346。王韶曾请修建捞南城，神宗诏罢之，只令王修毕熙州及河州二城，减戍省粮，为久安之计，并诏王韶曰："冀卿早还朝宣力也。"十二月丙寅（初三），宋廷即从王韶及都转运使熊本之请，诏省熙、河、岷三州百四十一员，只留下五十七员。望日，王韶尚未至京，即下诏拜他为枢密副使。又高遵裕在熙宁八年二月丙戌（廿四）再升任捧日天武四厢都指挥使为熙河路总管，依旧知熙州。

2　《长编》，卷二百五十八，熙宁七年十二月己巳条，页6297。

3　《长编》，卷二百五十八，熙宁七年十二月甲戌条，页6298。

4　《长编》，卷二百五十九，熙宁八年正月庚子条，页6309—6310；卷二百六十，熙宁八年二月癸酉条，页6336。

（1040—1099）等审视皇城宽广处，选派殿前司马步军二千八百人教练唐代兵法家李靖（571—649）的营阵法。是月戊寅（十六），神宗又命步军副都指挥使杨遂（？—1080）为都大提举官，而以李宪及张诚一为同提举官。神宗还谕李宪等有关八阵法的来历。神宗沉醉于这神奇的八阵法，他曾派李宪往延州询问赵卨的意见，他这次委派李宪为同提举官，是很自然的事。[1]

三月癸巳朔（初一），熙河兵团成军，宋廷诏分熙河路正兵三万三千，参以弓箭手、寨户与蕃兵，编为四将。以熙河路都钤辖王君万为第一将，都监王崇拯副之。钤辖韩存宝为第二将，李浩副之。桑湜为第三将，都巡检王湛（？—1084后）副之。钤辖刘惟吉为第四将，都监马忠副之，王湛仍权发遣本路都监。值得注意的是，从王君万以下，熙河四将的大部分将佐都是后来李宪赖以建功的骨干。当时尚在京

1　《长编》，卷二百六十，熙宁八年二月戊寅条，页6339—6342；卷二百六十四，熙宁八年五月甲戌条，页6465。《玉海》，卷一百四十三《兵制·阵法·熙宁八年法》，叶十九上至二十一上。《宋史》，卷一百九十五《兵志九·训练之制·阵法》，页4865；卷四百六十七《宦者传二·李宪》，页13638。考李宪擢入内押班的年月，《长编》系于熙宁八年五月甲戌（十四）。惟《长编》在熙宁八年二月戊寅条，已称李宪为入内押班。按《宋史》本传记他在升任昭宣使、嘉州防御使后，"还，为入内内侍省押班、干当皇城司"。可以理解是他在延州使还后升任押班，甚有可能在南郊大典加恩时。究竟李宪擢押班在熙宁八年二月前抑五月？待考。又范学辉提到，神宗在这次命李宪等之演练，实在将宋代三衙四厢之制上溯至轩辕黄帝的八阵法，而称此八阵法又辗转由诸葛亮（181—234），再由韩擒虎（538—592）传至李靖。李靖造梅花阵，以变九军之法。参见范学辉：《宋代三衙管军制度研究》（北京：中华书局，2015年4月），第一章《聚兵京师：国依兵而立》，页21—22。又神宗所向往的八阵法与阵图及其果效的讨论，亦可参阅王路平：《宋神宗时期的八阵法与阵图》，《长安大学学报》（社会科学版），第16卷第1期（2014年3月），页105—110。

师的李宪，又获神宗委派，参预宋辽的河东划界交涉。是月庚子（初八），辽国再派使者萧禧前来，商议河东地界问题。神宗于翌日（辛丑，初九）召见辅臣后，即命兵部郎中韩缜与枢密副都承旨张诚一乘驿往河东与辽方会议地界，命他们尽快解决纷争。神宗谕萧禧宋廷已有此安排，请他以此归报辽廷，但萧禧不受命。神宗再派李宪出示萧禧那通赏给韩、张的诏书，表明宋廷许以长连城、六蕃岭为界，而徙并边远探铺舍于近里。但萧禧仍不肯接受宋廷的主张，执议如初，不肯离去。神宗无奈，于是在癸丑（廿一），再命知制诰沈括（1031—1095）及其外戚心腹西上阁门使李评出使辽国面议。沈括奉命后，往枢密院内阅读档案，查出对宋廷有利的证据。辛酉（廿九），神宗召见沈括与李评，沈氏表上所得证据。神宗大喜，亲以笔画于图内，再令李宪持之往中书和枢密院，切责王安石以下辅臣，并命李宪持图出示萧禧，萧禧于是议屈，四月丙寅（初五）终于离去。神宗特命中贵人（可能又是李宪）赐沈括银千两，称没有他就无以折边讼。[1]李宪在这次宋辽河东地界争议中，多次代表神宗传旨，很有可能神宗也问过他的意见，而他代神宗传旨责备王安石，无疑加重了王安石对他的恶感。

李宪在熙宁八年五月甲戌（十四），以入内东头供奉官、寄资昭宣使、嘉州防御使获擢为入内内侍省押班，神宗以当时入内副都知张若

1　《长编》，卷二百六十一，熙宁八年三月癸巳朔条，页6355；庚子至己酉条，页6358—6361；癸丑至甲寅条，页6362—6364；辛酉条，页6367—6369；卷二百六十二，熙宁八年四月丙寅条，页6376—6377。《宋会要辑稿》，第十六册，《蕃夷二·辽下》，页9752—9753。关于沈括与李评出使辽国议河东地界的始末，可参阅何冠环：《北宋中后期外戚子弟李端懿、李端愿、李评事迹考述》，页322—327。

水（？—1076）久病在告，入内内侍省缺官，而李宪于洮西有功，于是超授之。是年李宪才三十四岁。按照宋制，内臣正常年过五十，符合资格才授两省押班。辛巳（廿一），李宪再获授勾当皇城司的重任。六月戊午（廿八），元老重臣韩琦卒于相州。神宗这次没有派两度赍诏韩琦、已升任入内押班的李宪经理丧事，而派首席内臣入内都知张茂则（1016—1094）管勾丧事。[1]

八月戊午（廿九），在步军副都指挥使杨遂、枢密副都承旨张诚一、入内押班李宪的指挥下，宋军二千人大阅八军阵于开封城南荆家陂。到九月乙丑（初六），杨、张、李三将大阅完毕，拆营回军。宋廷赐

_____

1　《长编》，卷一百九十四，嘉祐六年八月丙寅至丁卯条，页4701；卷二百六十四，熙宁八年五月甲戌条，页6465；辛巳条，页6476；卷二百六十五，熙宁八年六月乙卯至戊午条，页6516—6517；卷二百七十六，熙宁九年六月癸巳条，页6747。《宋史》，卷四百六十六《宦者传一·周怀政》，页13614—13615；卷四百六十七《宦者传二·李宪》，页13639。赵抃（1008—1084）：《清献集》，文渊阁《四库全书》本，卷七《奏状乞罢内臣阎士良带御器械·七月三日》，叶二十二上至二十三上；曹杰前引文，页176。考仁宗至和二年（1055）七月，仁宗要擢用他宠信的内臣阎士良（？—1079后）带御器械，以便稍后任他为两省押班。殿中侍御史赵抃便上言称："臣等窃闻内臣士良已得指挥带御器械，伏睹前年，郭申锡上言内臣须经边任五年，又带御器械五年，仍限五十岁以上及历任无赃私罪，方预选充押班。"到嘉祐六年（1061）八月，仁宗要任内臣忠州刺史、供备库使苏安静（？—1061后）为内侍押班，知谏院司马光等便以苏未到五十，不应废格任之，但仁宗不报。可见在正常情况，内臣要每年在五十以上才获选充押班。又张若水于六月乙卯（廿五）以病罢入内副都知，神宗加授他耀州观察使、提举四园苑。张于熙宁九年六月癸巳（初九）病卒。又曹杰认为李宪不足三年便从入内东头供奉官到寄资遥郡官，并在落供奉官后直接成为高阶内臣，成为入内押班，是神宗朝以前不曾有过的迁转速度。不过，早在真宗朝深受真宗所宠的内臣周怀政（979？—1020），他在大中祥符四年（1011）四月以真宗祀汾阴，群臣加官而自内西头供奉官迁东头供奉官，到大中祥符六年（1013）七月因首席内臣刘承珪（950—1013）卒而得以补为内殿崇班入内押班。周怀政在两年多便从入内东头供奉官擢升为入内押班，要比李宪升迁得更快。曹氏失考而已。

　　　　　　　　　　　　　　　　　　　　　拓地降敌

杨、张、李三人银绢各一百，王震、郭逢原、夏元象（?—1082后）、臧景等银绢特支钱有差。[1]顺带一提的是，后来与李宪齐名的内臣宋用臣，在七月辛未（十一）以入内供奉官加礼宾副使，因其监造诸军鞍辔

1　《长编》，卷二百三十五，熙宁五年七月丙申条，页5710；丙午条，页5721—5722；卷二百五十一，熙宁七年三月乙卯条，页6121；卷二百五十四，熙宁七年七月癸卯条，页6219—6220；卷二百六十八，熙宁八年九月乙丑条，页6560；卷二百八十，熙宁十年正月戊戌条，页6853；卷三百，元丰二年九月丁卯条，页7297。洪迈（1123—1202）（撰），李昌宪（整理）：《夷坚志补》，收入戴建国（主编）：《全宋笔记》，第九编第七册（郑州：大象出版社，2018年3月），卷十三，皇城役卒条，页143。宋用臣在熙宁十年（1077）正月甲戌（廿三），以修内城毕工，自六宅副使迁内藏库副使寄资。到元丰二年（1079）九月，他已自入内东头供奉官、寄礼宾使、遥郡刺史，迁寄六宅使、遥郡团练使，给寄资全体。据洪迈《夷坚志》所载，宋用臣在元丰中修皇城，有役卒犯令为宋所诛。但宋不久从役卒所用之游竿柄发现写有四十字类似偈文的句子。其字皆入木，削之越清楚。据说宋用臣悼悔无及，命厚葬之。疑洪迈记宋用臣在元丰中修皇城乃熙宁十年之误。在洪迈笔下，宋用臣并非凶残不恤下之人。又郭逢原为开封人，其父祖任低级武官。父名郭变宗。他登进士第，历任地方簿尉。熙宁初年从王安石游，王氏器重他，后获王安石辟掌法书局。他在熙宁五年七月丙申（十九）以前处州缙云尉（今浙江丽水市缙云县）获荐出行陈州，与当职官排定保甲，同月丙午（廿九）以编修《三司敕令》及《诸司库务岁计条例》删定官上疏，请废枢密院，并归中书，除补武臣悉出宰相，军旅之事各责将帅，合文武于一道，归将相于一职，复兵农于一民。他又说自从神宗心腹外戚枢密都承旨李评累去后，天下有志之士咸相欣庆。郭逢原这番上奏，教神宗甚为不悦，对王安石批评他轻俊。虽然王安石称他人才难得，说他晓事，可以试用。熙宁七年三月乙卯（十八），他以缙云县尉、制置泾原秦凤路军马粮草句当公事获迁一资，仍堂除其差遣，赏他编修《三司敕令》并《诸司库务岁计条例》成。据载他曾参李宪幕，可能始于他担任制置泾原秦凤路军马粮草句当公事时。同年七月癸卯（初七），他又以忠正军节度推官、管勾国子监丞，充编修司农寺条例删定官。后来他又获命校定《李卫公兵法》、元丰敕令格式。神宗召对便殿，问其所修要目，条对明白，又言李靖兵法之要。神宗悦其说，特改大理寺丞，后进《九军营阵图》，奉旨按阅，既而再对，除馆职。但事沮于言者而被徙为国子监丞，屡任内外，并不得志。元祐时期，他被司马光视为元丰党人而抑之。他于元符二年（1099）秋卒，年六十。生平参见黄裳（1044—1130）：《演山集》，文渊阁《四库全书》本，卷三十三《朝散郭公墓志铭·元符二年九月》，叶七下至九下。

一万五千副、皮壳鞍瓦四十面毕工，他在打造军器事上创新擘划，节省官钱贯万不少，而获神宗优予酬奖。[1]

十一月戊寅（二十），宋南疆又起风云，交趾于是日攻陷钦州（今广西钦州市），三天后（庚辰，廿二），又陷廉州（今广西北海市合浦县）。但广南西路经略使刘彝（1017—1086）却不知，还上奏宋廷称交趾暂不与钦、廉两州通和博买。十二月丁酉（初十）交趾更急攻邕州（今广西南宁市）。神宗于是月丁未（二十）及己酉（廿二）才收到钦州及廉州失陷的消息。宋廷随即准备南征事宜，除了改任直昭文馆石鉴（？—1076后）代知桂州（今广西桂林市），代替刘彝外，又令广南西路州县选募壮丁，做好防备。再特命内侍杨税、麦文昺（？—1085后）奉命管押安南行营什物器械，先从水路前去，又以入内供奉官勾当内东门司刘惟简（？—1096）担任广南西路体量勾当公事。[2]神宗这次更重用李宪。十二月辛亥（廿四），宋廷命知延州、天章阁待制、吏部员外郎赵禼为南征主帅，充安南道行营马步军都总管、经略招讨使兼广南西路安抚使，总领九将军讨之，而由李宪副之。征熙河之副总管燕达，以龙神卫四厢都指挥使、忠州刺史任副都总管，另以光禄寺丞温杲管勾机宜文字，并以宝文阁待制兼枢密都承旨李承之（？—1091）代知延州。[3]

1　《长编》，卷二百六十六，熙宁八年七月辛未条，页6524。

2　《长编》，卷二百七十，熙宁八年十一月戊寅条，页6624；甲申条，页6627—6628；卷二百七十一，熙宁八年十二月丁酉条，页6639—6640；丁未至辛亥条，页6645—6649。《宋史》，卷十五《神宗纪二》，页289。

3　《长编》，卷二百七十一，熙宁八年十二月辛亥条，页6649。《宋会要辑稿》，第七册，《职官四十一·宣抚使》，页4007—4008。《宋史》，卷十五《神宗纪二》，页289；卷三百三十二《赵禼传》，页10685。

神宗又命王安石撰写征交趾榜文，值得注意的是，在这道《敕榜交趾》中，李宪的职衔全称是"昭宣使、嘉州防御使、入内内侍省都押班李宪充副使"。[1]现存宋人官私文献中，"都押班"一职甚是罕见。按宋内臣两省都知资深的，从真宗朝的秦翰，到仁宗以后的阎文应（？—1039）、王守忠（？—1054）、张茂则等便曾获授都都知，惟授都押班的，似乎目前仅有李宪一例。值得研究宋代宦官制度史的学者注意。[2]

神宗以李宪为南征军副帅，沿用他以亲信内臣实行将从中御的政策，而李宪在开熙河一役有大功，又似乎与王韶合作无间，故神宗以为用他赏识而似有武干的赵禼，配合西征有功的内臣和武将李宪及燕达，应该是恰当的选择。当李宪的任命宣布后，楚州山阳（今江苏淮安市楚州区）名士徐积（1028—1103）撰诗七律、七绝各一首赠李宪以贺之：

使臣车用赤帷裳，帝选明侯重岭阳。后乘未离淮分野，先声

1　王安石：《临川文集》，文渊阁《四库全书》本，卷四十七《敕榜交趾》，叶三下。魏齐贤（？—1190后）等（编）：《五百家宋播芳大全文粹》，文渊阁《四库全书》本，卷九十一《王介甫·敕榜交趾文》，叶十四下。《涑水记闻》，卷十三，第362条，"讨交趾敕榜"，页250—251。《长编》，卷二百七十一，熙宁八年十二月癸丑条，页6650。考司马光在《涑水记闻》也引述这一篇榜文，而记王王正甫所云。惟司马光所记李宪之职，只是内侍押班，没有"都"字，至于《长编》是条言明此诏是王安石所撰，但所节录的诏书略去了赵、李、燕三人的官职。

2　《长编》，卷六十四，景德三年十一月乙卯条，页1434；卷一百十六，景祐二年六月丁丑条，页2739。《宋史》，卷四百六十七《宦者传二·王守规、张茂则》，页13638、13641。考入内都都知一职是真宗于景德三年（1006）十一月乙卯（十六）特授予入内都知秦翰以宠之。

已遍越封疆。宜教廉吏心如水，但恐贪夫背有霜。大抵当官须去害，人间所在有豺狼！（其一）

　　五船鸣鼓待严装，且赴双莲旧燕堂。不用水沉熏紫绶，过梅林后一身香。（其二）[1]

　　不过，从王安石、王韶等文臣宰执到许多言官，都反对李宪的任命。翰林学士杨绘（1027—1088）便在熙宁九年（1076）初上章反对李宪出任南征副帅。他说：

1　徐积：《节孝集》，文渊阁《四库全书》本，卷十八《送李宪》，叶五下至六上。《东都事略》，卷一百一十七《卓行传·徐积》，叶四下至五上。《长编》，卷三百五十七，元丰八年六月庚午条，页8530。《宋史》，卷四百五十九《卓行传·徐积》，页13473—13474。考徐积于《东都事略·卓行传》及《宋史·卓行传》均有传，是著名的孝子，他三岁丧父，曾从大儒胡瑗学。他登治平四年（按《长编》作治平二年）进士第，未调官而母亡，遂不复仕。他在母终后居丧尽礼，在庐墓侧十余年，晨昏奉几筵，事母如生。传说每年甘露都降于其母坟域必逾月，而木为连理。楚州守臣迎他入学，甘露又降其直舍。州官就奏上宋廷，元丰八年六月庚午（初八），宋廷就诏赐绢及米各三十匹石。值得一提的是，《宋史》记他"中年有赢疾而屏处穷里，但四方事无不知。有客从南越来，徐积与论岭表山川险易，镇戍疏密，口诵手画，若数一二。客叹曰：不出户而知天下，徐公是也"。他的集中收有赠李宪的诗两首，贺李宪之余又暗批评岭南官吏之贪劣，颇合上文所述他对岭南的认识。他与李宪如何认识，文献无征。惟他赠诗李宪，加上前述强至的赠诗，也可旁证李宪在士大夫中并非毫无人缘。另据《三朝名臣言行录》引徐积行状所记，称他于前代名将，特慕三国蜀相诸葛亮（181—234），以其所学之广，所养之厚。他曾说："兵者实大贤盛德之事，非小才小智所能用。不独用之难也，言之亦难。若其所养不至而易言之，鲜不败事。"究竟徐积心目中，李宪算不算近于诸葛亮的名将，惜文献无征，难以确定。参见朱熹（1130—1200）、李幼武（?—1172后）（编），李伟国（校点）：《八朝名臣言行录》，《三朝名臣言行录》，收入朱杰人、严佐之、刘永翔（主编）：《朱子全书》，第十二册（上海：上海古籍出版社，2010年9月），卷十四之四《节孝徐先生积》，页868。

臣又睹招讨副使李宪，年三十五六，官已为防御使，职已为押班，况闻有才，今仗宗庙之威灵，禀陛下之圣策，功其必成。臣愿陛下储思于他日成功之后也。成功之后，赏爵必崇，年又未高，权又益盛。乞陛下处之得其当而已。伏惟陛下聪闻明览，其于古今安危之机，历代兴亡之辙，中贵任权之成败，不假臣缕细而述。谨按唐宪宗命吐突承璀为行营招讨使，于时白居易为翰林学士，上疏切谏，在其集中。臣非不知陛下圣德神功过宪宗远甚，今李宪又止是副使，非如承璀之任。然臣遭逢圣恩，忝在白居易之位。……臣不欲使唐宪宗朝独有翰林学士白居易敢言事，而陛下圣德神功过唐宪宗远甚，乃无翰林学士白居易者。是敢进其区区。伏望陛下赦其狂僭之罪，而赐之深思远虑。[1]

杨绘在此奏中并没有贬低李宪的能力，他只强调李宪尚是三十五

1　赵汝愚（1140—1196）（编），北京大学中国中古史研究中心（校点整理）：《宋朝诸臣奏议》（上海：上海古籍出版社，1999年12月），下册，卷一百四十三《边防门·交趾·上神宗论李宪讨交趾（杨绘）》，页1619。《长编》，卷二百六十，熙宁八年二月辛未条，页6334；卷二百六十二，熙宁八年四月乙亥条，页6399；闰四月乙巳条，页6440；卷二百七十一，熙宁八年十二月甲辰条，页6645。《宋史》，卷三百二十二《杨绘传》，页10448—10450。杨绘《宋史》有传，他字元素，四川绵竹（今四川德阳市绵竹市）人，仁宗朝登进士第。神宗继位后，召修起居注，历任知谏院及知制诰。他多次反对派内臣王中正和李舜举出使陕西。他也与王安石不合，罢为侍读学士，知亳州（今安徽亳州市）、应天府（即宋州，今河南商丘市）、杭州（今浙江杭州市），然后召入为翰林学士。他在熙宁八年二月辛未（初九），以翰林学士提举诸司库务、权发遣开封府。但到四月乙亥（十四），宋廷又改命龙图阁直学士、群牧使李中师（1015—1075），权发遣开封府。李中师在闰四月乙巳（十四）却卒于任上。但宋廷未有再任杨绘为权知开封府，只在十二月甲辰（十七），加他兼侍读。

岁精壮之年，已位居要职，他一旦再立新功，神宗赏爵必厚。他恃宠专权就很难制。这正是文臣的忧虑，故以危言希望说服神宗，收回委任李宪为南征副帅之命。[1]

权监察御史里行蔡承禧（1035—1084）也在九年正月上奏反对李宪的任命，他反对的理由与杨绘不同，他认为李宪任命不经二府，奏事不经二府，是破坏了朝廷纲纪：

> 臣伏睹近日命赵卨为安南招讨使，李宪为之副，外议纷纷，皆云不自二府。此虽陛下择才之明，亦必与大臣商议。又云宪所陈请多不经由二府，径批圣语下招讨司。此果有之乎？是非之间，臣未易以臆决；风传之事，或难尽信，然若无其由，安得此语？臣职居风宪，义不可隐，苟有闻见，宜悉以陈。……故古之知治之君，不以疑大臣为嘉言，以择大臣为重事。若夫道不足

---

[1] 杨绘在熙宁十年三月甲戌（廿四）被御史蔡承禧劾他在京诸司库务任上，接受监临官王永年厚礼，到五月甲子（十五），在御史中丞邓润甫及知杂事蔡确（1037—1093）的奏劾下，自翰林学士、礼部郎中责授为荆南节度副使，不签书公事。他在元丰七年起知兴国军。哲宗继位，改知徐州，复天章阁待制，再知杭州。元祐三年六月卒于任，年六十二。因范氏与杨氏为世姻，他的家人请得范祖禹为他写墓志铭。值得一提的是，蔡承禧和邓润甫都和杨绘奏劾过李宪。关于杨绘的为人与仕历，以及他接受王永年厚赐的经过，魏泰有很详细的描述，魏泰批评杨绘"性少慎，无检操，居荆南，日事游宴，往往与小人接"。杨后来因争风而被鄂州豪民荆南府教授胡师民在宴会中奋拳痛打，几至委顿。魏泰说他身为近臣却不自重，至为小人凌暴，士论尤鄙之。参见《长编》，卷二百八十一，熙宁十年三月甲戌条，页6887—6888；卷二百八十二，熙宁十年五月癸亥至甲子条，页6906—6907；范祖禹：《范太史集》，文渊阁《四库全书》本，卷三十九《天章阁待制杨公墓志铭·元祐四年十一月》，叶十一上至十三下；魏泰：《东轩笔录》，卷七，页77—78。

以简人君之心，行不足以孚天下之众，所措乖戾，所为谄邪，则敷告外廷，去之可也，杀之可也。至于使居其职，而不责以所任之事，使充其位，而不责以所行之言，内计定而外言得以转移，近习进而辅政之语得以侵夺，或文符直行而不领属于公府，或议论阴进而不关决于枢廷，则灭裂纲纪，何莫由此！[1]

蔡承禧反对的是李宪的任命没经二府大臣，而李宪又直接向神宗禀告军情，直接将神宗的批示发下招讨司，那就不只架空了主帅赵卨，也就架空了二府。内臣变相侵夺他们的权力，这是蔡承禧所代表的文臣集团所不能接受的。

赵卨在熙宁九年正月（庚午）十三，点将南征。陕西五路、河北路、河东路及京东路，自泾原路钤辖姚兕、熙河路钤辖李浩、秦凤路都监张之谏（?—1088后）、鄜延路都监曲珍、权发遣丰州张世矩（?—1088）等十二员勇将从征。另刚获重召的种谔（1027—1083）本来获授署广南西路钤辖，但他以与赵卨有嫌隙而不受命，而改知岷州。宋军仍未出动，邕州已于熙宁九年（1076）正月庚辰（廿三）被攻破，知州苏

1　《宋朝诸臣奏议》，上册，卷四十七《百官门·宰执中·上神宗论除授不经二府（蔡承禧）》，页499—500。《长编》，卷二百七十一，熙宁八年十二月庚子条，页6642；卷二百七十二，熙宁九年正月乙亥条，页6670—6672。按蔡承禧之奏，李焘及赵汝愚均不得其时，李焘将之置于熙宁九年正月末。又苏颂（1020—1101）为蔡承禧所撰的墓志铭就只简略地说："又论用兵交趾，不可与争旦夕利，所遣北军，难以深入，及不宜用中人主兵柄。唐季之事，可用鉴也。"苏颂称许他说："凡此皆近臣之所难言者，人皆为之危，而上独称其忠荩，面赐绯衣银鱼，谓曰：聊以旌卿谠直也。"参见苏颂（撰），王同策、管成学、颜中其（点校）：《苏魏公文集》（北京：中华书局，1988年9月），下册，卷五十六《墓志·承议郎集贤校理蔡公墓志铭》，页853—855。

缄（1016—1076）战死。[1]

大军尚未出发前，赵禼与李宪的矛盾已显露，赵上言神宗请限制李宪的权力，他认为："朝廷置招讨使副，其于军事并须共议，至于节制号令，即乞归一。"李宪知道后不满，恃着神宗的信任，就对赵传令说边事只需禀告神宗，不需经过中书和枢密院。赵禼奏上神宗，以朝廷兴举大事，若不经过二府，恐怕类似唐代的墨敕，于事未便。李宪又质问，将来若至军中，神宗有指挥又当如何处置？赵禼回应说，事若未便，而军中不闻神宗之诏，才当便宜从事。赵不肯依从李，于是二人交恶，屡次争辩于神宗前。王安石自然同意蔡承禧及赵禼的意见，他早就不喜李宪任事，就向神宗表示以内臣监军，是唐代的宿弊，不可重蹈。王韶也与王安石一样力争罢去李宪。看到群臣都支持赵禼，神宗无奈，就问赵禼若罢去李宪，谁可代替他。赵推荐老于边事的郭逵，并且愿意退居郭的副手。虽然王安石也不喜郭逵，但在枢密使吴充的力荐下，神宗于是在二月戊子（初二），罢李宪之任，改命宿将宣徽南院使、雄武军留后、判太原府郭逵为主帅，而任赵禼为副帅。另以前宰相、观文殿大学士、知许州（今河南许昌市）韩绛代知太原府。[2]

1　《长编》，卷二百七十二，熙宁九年正月己未条，页6656；庚午条，页6659—6660；庚辰条，页6664—6665。《宋史》，卷十五《神宗纪二》，页289—290。考苏缄是苏颂族叔，为时人奉为儒将，他的生平事迹及战死邕州的经过，可参见伍伯常：《苏缄仕官生涯考述：兼论北宋文臣参与军事的历史现象》，《中国文化研究所学报》，第56期（2013年1月），页101—141。

2　《范太史集》，卷四十《检校司空左武卫上将军郭公墓志铭》，叶十四下至十五上。《长编》，卷二百七十三，熙宁九年二月戊子条，页6674—6675。《宋史》，卷十五《神宗纪二》，页290；卷三百三十二《赵禼传》，页10685；卷四百六十七《宦者传二·李宪》，页13638。孔平仲：《孔氏谈苑》，卷二《熙河之师》，页205。（转下页）

　　　　　　　　　　　　　　　　　　　　拓地降敌

诚如上文所说，与李宪曾共事的赵卨与王韶，其实均与李宪心存芥蒂，只是神宗不察。他们都反对李宪以监军身份夺去他们的权力，即使李宪能征惯战，也不想受制于他。值得一提的是，有关宋交趾之战的始末，学者研究甚多，最早有邓广铭教授（1907—1998），近期则有首都师范大学青年学者陈朝阳博士以及上海师范大学雷家圣教授两篇专文。不过，三位学者都没有注意到这场被雷氏称为"虎头蛇尾的十日战争"，宋军正副帅从赵卨、李宪变为郭逵和赵卨背后的斗争与妥协。[1]

郭逵领兵南征前，于三月庚申（初五）侍宴垂拱殿，神宗赐中军旗物剑甲以宠之。[2]己卯（廿四），在河州逃脱的蕃酋部鬼章入寇鬼牟谷，为熙河钤辖韩存宝败之，宋廷这时又要同时对付西边的鬼章。神宗对李宪不能参预南征，颇有遗憾，于是考虑派他再返西边。值得一提的

（接上页）蔡絛（1097—1158后）（撰），冯惠民、沈锡麟（点校）：《铁围山丛谈》（北京：中华书局，1983年9月），卷二，页35。据蔡絛的说法，因王安石的极力反对，神宗只好罢李宪之任。而郭逵因吴充的推荐而任南征军的主帅，他也一直依吴的态度定进退之策。

1　关于宋与交趾之战争，除了邓氏一文外，十多年前还有郭振铎、张笑梅在1999年所撰一篇，以及2006年黄纯艳、王小宁合撰的另一篇。参见邓广铭：《论十一世纪七十年代中叶北宋王朝与交趾李朝的战争》（未完成稿），收入《邓广铭全集》，第七卷（石家庄：河北教育出版社，2005年7月），页362—385；郭振铎、张笑梅：《论宋代侬智高事件和安南李朝与北宋之战》，《河南大学学报》，第39卷第5期（1999年9月），页5—9；黄纯艳、王小宁：《熙宁战争与宋越关系》，《厦门大学学报》，2006年第6期（总178期），页69—76；陈朝阳：《熙宁末年宋交战争考述》，《中国史研究》，2012年第2期，页147—159；雷家圣：《试论宋神宗熙宁时期的宋越战争》，载邓小南、范立舟（主编）：《宋史会议论文集2014》（北京：中国社会科学出版社，2016年7月），页293—321。

2　《长编》，卷二百七十三，熙宁九年三月庚申条，页6690。

是，庚辰（廿五），神宗擢两员资深的内臣高居简（？—1081）及王中正为内侍押班，王中正和李宪一样，并勾当皇城司。他们都比李宪资格老，却比李升任押班为晚。[1]

六月己亥（十五），宋南征交趾的大军从潭州（今湖南长沙市）出发，直趋桂州。七月大军抵桂州，郭逵命广南东路钤辖和斌（？—1090）及安南道行营战棹都监杨从先（？—1088后）等督水军涉海自广南东路进，诸将率九军自广南西路进。然而，没有李宪随军的南征军在八月便遇上水土不服的问题，神宗批示，闻南征军过岭多疾病，下令宣抚司晓谕宋军不可食生冷并严立酒禁。[2]赵卨曾任郭逵的机宜文

1　《长编》，卷二百七十三，熙宁九年三月己卯至庚辰条，页6695；卷二百七十五，熙宁九年五月戊午条，页6722。按高、王二人均带御器械，高官西京左藏库使，而王官西作坊使嘉州团练使。王中正在五月戊午（初三）以狂人孙真夜越皇城及登文德殿为妖言，他身为勾当皇城司失察之过被罚铜三十斤。

2　《长编》，卷二百七十三，熙宁九年三月癸未条，页6697；卷二百七十六，熙宁九年六月己亥至辛丑条，页6748—6749；卷二百七十七，熙宁九年七月壬午条，页6772；八月戊子条，页6775；卷二百八十八，元丰元年二月戊辰条，页7046；三月己亥条，页7055；卷三百九十四，元祐二年正月乙亥条，页9606—9607；卷三百九十八，元祐二年四月癸巳条，页9705—9706；卷四百，元祐二年五月乙卯条，页9744—9745；卷四百八，元祐三年二月乙巳条，页9941。张师正（？—1086后）（撰），张剑光（整理）：《括异志》，收入戴建国（主编）：《全宋笔记》，第八编第九册（郑州：大象出版社，2017年7月），卷四，页309，杨从先条。据《括异志》的记载，杨从先早年仕途不济，他在至和初年（1054）以殿直监大名马监。翌年却遇上大雪，监牧使臣数人包括他都责冲替。从仁宗末年到神宗初年他晋升至诸司副使。他早在熙宁九年三月便上言从海道出兵为便，他请穿越大洋深入交趾西南隅，绕出敌后，捣其空虚，并以兵邀占城和真腊之众，同力攻讨交趾。神宗纳其言，三月癸未（廿八），以他自西京左藏库副使为安南道行营战棹都监，命他募兵前往。杨从先后来以孤军深入敌境，大小数十战，虽无斩获亦无大损伤。宋军班师后，他却被系狱。神宗在元丰元年（1078）二月戊辰（廿三）诏释之，并诏赴阙加以恩赏。他在三月己亥（廿五）复职为西京左藏库副使，并向神宗奏上他在交趾派人联络占城出兵之事。神宗于是给有功人员升赏。（转下页）

　　　　　　　　　　　　　　　　　　　　　　　　　拓地降敌

字，而郭逵也是他主动推荐的主帅人选，可他和老上司这回却意见不合，而神宗另一宠信的随军内臣李舜举愤恨赵氏排斥李宪，也乘机交斗其间。郭逵要架空赵禼，就分置都总管司，与燕达自为长贰。宋军进止节制，都不知会身为副使的赵禼。赵本来与郭交好，见此他就日向郭输情款，希望郭能释憾，但郭不接受。赵感到不是味儿，就屡次上奏神宗请罢职，但神宗不允。神宗于十月乙巳（廿二）批示郭、赵二人，要他们体认朝寄，各遵职守，凡事从长商议，不可互持偏见，有误国事。[1]安南之役，一开始便因将帅不和而埋下失利的种子，并不因罢去李宪而减少将帅的纷争。

十月丙午（廿三），一直对李宪打压的王安石，因子王雱之死悲伤不胜，力求解职。神宗已厌恶他所为，于是不再挽留，将王罢为镇南军节度使出判江宁府。神宗依次由枢密使吴充继任首相，参知政事王珪

（接上页）杨从先在元祐二年（1087）正月乙亥（廿二），以西染院使、广南东路兵马钤辖率募兵平定新州（今广东云浮市新兴县）土豪岑探起事，宋廷诏赐钱二百万。五月乙卯（十六），以他生擒岑探，未尝杀戮，特迁他一官。宋廷又在元祐三年（1088）二月乙巳（廿八）以杨根究宋将多人擅杀无罪之人之功，再迁他一官。

1　《长编》，卷二百七十八，熙宁九年十月乙巳条，页6803。《宋史》，卷三百三十二《赵禼传》，页10685—10686；卷四百六十七《宦者传二·李舜举》，页13644。据《宋史·赵禼传》所记，赵禼向郭逵提议应趁敌兵形未动前，先抚辑两江峒丁，挑选壮勇，诱之以利，使他们招徕敌人，然后才继之以大军。郭逵不听。赵又欲派人赍敕榜入交趾招纳敌人，郭逵亦不听。当燕达破广源后，赵又以交源间道距交州十二驿，出其不意地掩击，而且水陆并进，三路进讨，就可击溃敌军。他虽力争，但仍不为郭逵接受，他与郭逵的用兵主张一直不合。至于李舜举在征交趾之役，神宗命他为广西勾当公事，军中之政得以讲画，或受命入朝禀受神宗意旨，他其实和李宪从王韶取熙河时一样，是神宗派在军中的耳目。

升任次相，冯京复任为知枢密院事。[1]宋廷这番人事的变动，对李宪稍后获得另一重任是有利的。

十一月癸酉（廿一），内臣王中正以平定茂州（今四川阿坝藏族羌族自治州茂县）蕃部之功，自西作坊使、嘉州团练使、内侍押班擢为昭宣使、内侍副都知，并与一子转官，名位又在李宪之上。其部将刘昌祚（1027—1094）、狄咏、王光祖（？—1090后）等均获擢升。[2]同月壬午（三十），西边又传来捷报，蕃官包顺及知岷州种谔先后破青唐鬼章于多叶谷及铁城，斩首一千级。十二月甲午（十二），因洮东安抚司奏，鬼章领兵入斯纳家，而不知其营寨所在。神宗为除后患，就特命李宪乘驿前往，令他计议秦凤熙河经略司措置边事。翌日（乙未，十三）又诏两路守臣，当李宪抵达，军前一应将官，并听他的指挥。丁酉（十五），又诏李宪赈恤岷州界为鬼章所胁的蕃部而被灾伤者，令量给他们盖屋钱。若有被胁迫而能归顺的蕃部，均释其罪。李宪俨然是全权钦差大臣。[3]

1　《长编》，卷二百七十八，熙宁九年十月丙午条，页6803—6805。

2　《长编》，卷二百五十五，熙宁七年八月己巳条，页6231—6232；卷二百六十三，熙宁八年闰四月癸卯条，页6435—6436；卷二百七十八，熙宁九年十一月癸酉条，页6822—6823。考刘昌祚在熙宁七年时任为秦凤路都监，获知甘谷城（今甘肃定西市通渭县南襄南镇），张诜奏知阶州（今甘肃陇南市武都区）。他在是年八月己巳（初四）以皇城副使兼阁门通事舍人，因讨阶州峰贴硖陇逋族蕃部之劳，而获擢为西京作坊使。到八年闰四月癸卯（十二），秦凤路分置四将，他以秦凤路都监为第四将。

3　《长编》，卷二百七十九，熙宁九年十一月壬午条，页6827；甲午条，页6835；丁酉条，页6837；十二月庚戌条，页6846；卷二百八十，熙宁十年二月戊子条，页6861。《宋会要辑稿》，第十四册，《兵九·出师三·青唐》，页8777。宋廷在十二月庚戌（廿八）再以重赏谕蕃部擒捕鬼章及冷鸡朴。到熙宁十年二月戊子（初七），宋廷收到熙河路经略司的捷报。又《宋会要·兵九》记："神宗熙宁八年，董毡将青宜结鬼章与（转下页）

神宗如此重用李宪，可能是补偿不能派他南征之憾。孔平仲便记神宗对王安石及王韶反对李宪出征感到不平，于是"使宪举河西"。[1]神宗却未料到，李宪的任命一出，马上招致言官的极力反对。十二月辛丑（十九）权御史中丞邓润甫（？—1094）率领其属侍御史周尹（？—1090后）、监察御史里行蔡承禧及彭汝砺（1042—1095）交章上言，反对内臣出任等同大帅的职务：

> 伏见朝廷以熙河路鬼章为寇，遣内侍省押班李宪往，以秦凤、熙河路计议措置边事司为名。中外之论，皆谓宪虽名为计议措置边事，而军前诸将皆受宪节制，其实大帅。然自诗书以降，迄于秦汉魏晋周隋，上下数千载间，不闻有以中人为将帅者。此其何故也？势有所不便也。盖有功则负骄恣，陵轹公卿，何所忌惮，无功则挫损国威，传笑四夷，非细事也。……今陛下更易百度，未尝不以先王为法，而忽降诏命以中人为帅，搢绅士大夫皆莫知所谓。夫以陛下之仁圣神武，驾驭豪杰，虽宪百辈，臣等知其无能为也。然陛下独不长念却虑，为万世之计乎？使后世沿袭故迹，狃以为常，进用中人，掌握兵柄，则天下之患，又将有不可胜言者矣。陛下其忍袭开元故迹，而忘天下之患乎？方今虽乏人，然文武之士布满中外，岂无一人可以任陛下边事？宪出入近密，荷国宠荣，诏下之日，大臣不敢言，小臣不敢议。臣等待

（接上页）冷鸡朴大入寇边，遣内侍省押班李宪捕之。"按李宪使河西在熙宁九年而非八年，《宋会要辑稿》此条有误。
1　孔平仲：《孔氏谈苑》，卷二《熙河之师》，页205。

匮宪府，以言为职，故敢尽其狂愚。……自开元以来，使中人为将，亦或成功，然其患常在于后。今陛下使宪将兵，功之成否，非臣等所能豫料。然以往事鉴之，其必有害。况陛下所行，皆将为法于万世，岂可使国史所书，以中人将兵，自陛下始？艺祖朝中人官不过副使，至于今日，未尝有专为将帅，军前将校皆受其约束者，乞早赐罢。[1]

四人见神宗不报，又再上第二奏，痛陈用李宪掌兵而执掌一方的弊害：

臣等于十九日奏为用李宪专措置熙河事宜，乞寝成命，至今未蒙施行。臣等重念古者奄人以典司内事而已，虽汉唐之始，亦未闻任事。至后世始以政机兵柄假于所私，而汉唐自是衰矣。……陛下既数假宠于宪，则其类莫不畏向而服从之，而其情日自侈大。宪功益高，赏不可不进，及其盛而抑之，则其中必不自满矣。以柔媚之性，日习于侈大，挟不自厌满之心，得所信

1 《长编》，卷二百七十三，熙宁九年三月辛巳条，页6696；卷二百七十九，熙宁九年十二月辛丑条，页6839—6841；卷二百八十四，熙宁十年九月癸亥条，页6962。《宋朝诸臣奏议》，上册，卷六十二《百官门·内侍中·上神宗论遣李宪措置边事》（周尹等），页691—692。吕祖谦（1137—1181）（编），齐治平（点校）：《宋文鉴》（北京：中华书局，1992年3月），中册，卷五十八《奏疏·论李宪》（邓润甫），页867—868。《宋史》，卷三百四十三《邓润甫传》，页10911—10912。考《宋文鉴》将此奏题为邓润甫所撰，而《宋朝诸臣奏议》则作周尹所撰。按周尹于熙宁九年三月辛巳（廿六）自屯田郎中兼侍御史。到十年九月癸亥（十六），出任提点荆湖北路刑狱，他曾上书论四川的茶法与熙河路买马的关系。

拓地降敌

向服从之类以事陛下于中，此不可不戒也。臣等知陛下圣智神武，以犬马用宪，羁縻衔勒，必无狂逸奔踶之忧，而臣等区区诚知过计。然反复思念，自古未有以兵寄奄人而不乱者。夫天下事忽于其始，则其终也必有害。陛下以一方事宜属之宪，后执之为例，则兵权必归焉。陛下以薛昌朝役于宪，人习以为常，则士大夫必见摧伤矣。此必然之效也，惟陛下深念之。故臣等以谓鬼章之患小，用宪之患大；宪功不成其祸小，有成其祸大。……今鬼章狗偷鼠盗，非可畏之与国也；祖宗恩德庇覆之久，陛下作成人才之盛，非无可用之忠臣也。陛下何重于宪，而忽忘天下之士，怠功臣之心，兆后世之患哉？……臣等访闻熙河事宜如渐次衰息，诚如此，宪尤当早赐追还。切恐宪到熙河，复与王中正邀功生事，幸如茂州之赏。[1]

蔡承禧又独上三奏，反对任用李宪为封疆大吏，他第一奏云：

臣伏睹诏除内侍省押班李宪充秦凤路计议措置边事，其一路将领皆取宪约束。……熙州小警，大不过觊幸朝廷之爵禄、岁时之赐与，小不过欲以劫掠本界仓廪牛马。况封疆之臣，所聚者一路之勇，所用者一路之智也。彼夙夜砥砺，欲以捐躯命而承德音，乃使潜气屏息，以顺适奄尹之指令乎？……今虽委

1　《宋朝诸臣奏议》，上册，卷六十二《百官门·内侍中·上神宗论遣李宪措置边事第二状》（周尹等），页692—693。

曲传就，更为计议措置之名，其实使一路将领出于指麾，乃是行招待经略之职。欲以厚诬议者，安可得乎？况今天下之广，士民之众，岂无一宪辈而顾必用之，何示天下以不广哉？[1]

神宗对蔡的上奏没有反应，于是蔡上第二奏，这次他论李宪为何得宠：

> 而宪以敏给辨慧，能当陛下之意。臣进见开陈有时，不能尽事情万一；而宪朝夕得侍清光，详复巧说。臣孤立无蜉蝣蚁子之助，而宪内外之人观望称美，以为才能。[2]

蔡承禧稍后又上第三奏，他虽然承认李宪有才，但更直率批评神宗用李宪之非：

> 臣自闻诏除内侍省押班李宪充秦凤、熙河路计议措置边事，臣两有论列，未奉圣旨指挥。臣窃以陛下通知古今，明晓治体，非不知中人之出为害政，中人之柄兵不可示后世，而必欲使之者，非以其便敏能适于旨令欤？非以其捷给能有以应对欤？非以在熙河曾经行伍之间乎？此圣意孜孜，果于用之，欲以救

1　《宋朝诸臣奏议》，上册，卷六十三《百官门·内侍下·上神宗论遣李宪措置边事》（蔡承禧），页694。按此奏上于熙宁九年十二月，惟何日不详，当是在四人联名上奏之后。

2　《宋朝诸臣奏议》，上册，卷六十三《百官门·内侍下·上神宗论遣李宪措置边事第二状》（蔡承禧），页694—695。按此奏亦上于熙宁九年十二月，惟亦不具日。

拓地降敌

生民一时之患，而至于忘其可虑之远者。臣故仰服陛下垂意于一世之功矣。然而便敏似才，捷给似智，又曾经行伍，必以为有功。臣请言便敏之害于政者。夫中人之中，务于集事而不度事之浅深，一概以束下为能，既居两路经略使之间，则必以陛下之威气使两路经略使不敢议其可否；纵事有未便，则无敢言者矣。无敢言者，虽有害于边防，陛下无由而闻矣。臣请言捷给之害于事者，陛下深居法官之中，群臣进见以时，而宪以亲侍陛下，言之亲莫如宪，日侍左右莫如宪，其为谋固已易于信从。而有尝历熙河，其性慧巧，必能有以投陛下之意，其所言于边防有害，则陛下虽圣明，能悉知之乎？宪之处熙河谓之有功也，岂宪之独能然哉！上有大帅，下有偏裨。熙河军吏以陛下俾亲信之出也，有功必推宪；其无功，敢议宪之闻上乎？故宪能累积以至此，岂宪之必能然哉！……至以中人为专帅而临制两路，虽曰计议，又带措置之名，四夷闻之，岂不轻视中国乎？况今秦凤熙河之凋敝，常俸自已难给，而又一二十旨挥之兵以食之。鬼章者如闻潜已遁去，臣恐宪虑无功，又别生边事以邀觊。伏望圣虑特回德音，以慰安中外，天下幸甚！

对蔡承禧的上奏，神宗同样"皆不听"。[1]蔡承禧等认为神宗不应开创先例派内臣统兵，其实神宗先前早就委任内臣王中正为主帅，讨

1　《长编》，卷二百七十九，熙宁九年十二月辛丑条，页6841—6843。《宋朝诸臣奏议》，上册，卷六十三《百官门·内侍下·上神宗论遣李宪措置边事第三状》（蔡承禧），页695—696。按此奏亦上于熙宁九年十二月，惟亦不具日。

平茂州蕃部之乱。而太宗朝便命内臣王继恩为主帅平定李顺、王小波之蜀乱。神宗信任李宪，不想他再受文臣的约束，以李宪为帅，神宗就可将从中御指挥他行事。

十二月癸卯（廿一），宋南征大军抵富良江（今越南河内市附近一段红河），大破交趾军，交趾主李乾德（李仁宗，1066—1127，1072—1127在位）奉表诣宋军乞降，纳苏、茂、思琅、门谅、广源五州之地，归还所掠子女。郭逵与诸将商议应否率大军渡江，诸将以粮将尽，而大军冒暑涉瘴，死亡已过半，存者皆病瘁。郭逵于是决定班师，接受交趾请和，不再进击交趾老巢。[1]

郭逵这次劳师动众南征，并未直捣交趾，在神宗眼中是失利的。宋人笔记也认为本来宋军可以渡过富良江攻破交趾，却因郭逵墨守吴充的指示而致失机。[2]

熙宁十年（1077）二月戊子（初七），熙河路经略司奏上知岷州种谔及蕃官包顺等于九年十一月于铁城击败鬼章之功，宋廷分别赏功有差。同时又将熙河路一众文武官员，包括熙河路副总管王君万、原知熙州高遵裕、原知河州鲜于师中、权发遣秦凤路转运副使张穆之、通判岷州黄察，以违法结籴及回易公用之过，分别责降处分。神宗又诏

1　《长编》，卷二百七十九，熙宁九年十二月癸卯条，页6843—6844。
2　蔡絛：《铁围山丛谈》，卷二，页35。《长编》卷三百三，元丰三年三月乙丑条，页7364；四月乙未条，页7374。据《长编》所记，言官曾劾吴充给郭逵书，止其进兵。然查考吴充的信，只是劝郭逵以"经久省便"，并非阻止其进兵。虽然吴未为此坐罪，但屡为同列所攻击，他素来病瘤，积累忧畏而病益增。元丰二年（1079）十月曹太后病逝，他为首相而不能临丧，于是力辞相位。章七上而以疾归第，到元丰三年乙丑（初二），神宗终许他罢相。他在四月乙未（初二）病卒。

拓地降敌

李宪于甲午（十三）以秦凤熙河路计议措置边事的身份画定岷州界。[1]
这次熙河秦凤路官员的升降，神宗很有可能参考了已独当一面的李宪
报告而作出裁决。

当李宪尚在西疆措置攻讨蕃部鬼章及冷鸡朴时，他当年在熙河的
搭档，而在南征交趾事上反对他为副帅的王韶，却在二月己亥（十八）
罢枢密副使出知洪州（今江西南昌市）。王韶上奏求退时，提到他反对
用兵交趾，执政（指王安石）等却不满他有异议，当他举出反对理由是
为了欲宽省民力和财用时，同僚就必定以他当年为建功立业而大费财
力开熙河之事来折难他。他又说以前屡与王安石争议熙河之劾狱，现
在再以交趾决里隘（按决里隘是交趾军阻击宋军主力之处）之事与执
政有异论，他若不求退，他日必致不容于朝。他又批评李宪意欲聚兵
六万为攻讨鬼章之计，但他认为"用众不如用寡，兵多则与粮竞，兵少
则与敌竞，愿悔安南之举，惩艾于河西"。王韶既反对用兵交趾，又反
对用兵洮西，但他本人却是靠王安石的支持，不惜财力人力开边熙河
而获得高位的，这番话开罪了几乎所有人，神宗不悦，于是将他罢枢出

1　《长编》，卷二百八十，熙宁十年二月戊子至甲午条，页6861—6863；卷
二百八十九，元丰元年五月丙戌条，页7076。宋廷赏击败鬼章之功，种谔迁一官为引进
副使，东头供奉官、走马承受康识（?—1093后）迁一官加阁门祗候，包顺迁康州刺史，
马忠迁达州刺史，各与两子恩典。木征二子瞎吴叱（赵忠忠）、巴毡角（赵醇忠）分别
授内藏库副使及六宅副使。文思副使魏庆为左藏库副使，包诚为供备库使。至于责
降方面，王君万降为引进使，从遥领达州团练使降领英州刺史，依旧熙河路副总管，
高遵裕落捧日天武四厢都指挥使军职改知颍州（今安徽阜阳市），鲜于师中落集贤
校理职贬监阆州（今四川南充市阆中市）商税，张穆之及黄察均追两官勒停。瞎吴叱
（赵绍忠）在元丰元年五月丙戌（十三）被告发阴与董毡有文字往来，被押赴秦州经
略司监管。

守洪州。十月壬午（初五），王又为侍御史蔡确（1037—1093）劾他怨望，神宗于是再将他落职移知鄂州（今湖北武汉市）。[1]

1　《长编》，卷二百八十，熙宁十年二月己亥条，页6865—6866；卷二百八十五，熙宁十年十月壬午条，页6972—6973；卷二百九十七，元丰二年五月己卯条，页7244。《宋史》，卷三百二十八《王韶传》，页10581—10582。沈琛琤：《北宋神宗朝对西北的经略——以战略决策与信息传递为中心》，第三章第三节《中央对军事情报的采访与核查》，页72。王韶在熙宁十年反对神宗命李宪聚兵六万准备攻讨，沈琛琤认为神宗所以不接受王韶的谏言，因神宗对战事乐观，求战与求胜心切所致。沈氏也得出结论，臣僚所提供的军事战略规划，最后仍是由神宗一人决定的，此说可取。又王韶所言熙河劾狱的事，指本路转运判官马瑊（？—1079后）检拾官吏细故，而王韶以熙河名为一路，而实无租，军食者要仰给他道，官吏故此要从他途取得收入。他要罢免马瑊，但王安石却护佑马瑊，于是二人意见相左，他屡次以母老乞罢，但神宗一直挽留他。王安石罢相后，他却开罪了神宗和吴充等而被罢。他失宠后，被蔡确劾他《谢到任鄂州表》满怀怨愤，有指斥神宗之词。蔡又说王所为，不过阿庇旧日将校。王自罢枢后，言行颇不寻常，曾上《法身三门》一篇，且云发明自身之学：一曰鸿枢独化之门，二曰万灵朝正之门，三曰金刚巨力之门。又将之摹印遍寄宰执，人都说他病狂。元丰二年五月己卯（十二），神宗顾念王韶开熙河之功，将他复职为观文殿学士，自鄂州徙知洪州。据南宋沙门释普济（？—1252后）的记载，王韶到洪州后，忽而信佛，还延请临济宗的黄龙祖心禅师问道，有所感而述《投机颂》曰："昼曾忘食夜忘眠，捧得骊珠欲上天。却向自身都放下，四棱塌地恰团圆。"据说他呈给祖心禅师后，大师深肯之。这里似是说王韶有悔当年志切功名。不过，魏泰的《东轩笔录》却记他一日拜问祖心说："昔未闻道，罪障固多，今闻道矣，罪障灭乎？"祖心却回答说："今有人贫，日负债，及贵而遇债主，其债偿乎，否也。"王韶回答说："必还。"祖心仍说："然则虽闻道矣，奈债主不相放耶！"据载王韶听后快然不悦，未几，疽发于脑多卒。魏泰即以这是王韶在熙河多杀伐之报，虽信佛仍不可解。南宋人也因袭此说，洪迈（1123—1202）记王韶长子王厚晚年归京师，一日家集，菜碟的萝卜数十茎忽然起立而行于案上。据说王厚怒形于色，将这些怪萝卜吃掉，却立时呕吐，明日便死去。而他的幼弟王寀在宣和初年为兵部侍郎，却坐天神降其家而被杀。洪迈以王韶二子均不得其死，人以为是王韶用兵多杀之报。参见释普济（撰），苏渊雷（1908—1995）（点校）：《五灯会元》（北京：中华书局，1984年10月），卷十七《南岳下十三世上·黄龙心禅师法嗣·观文王韶居士》，页1139；魏泰：《东轩笔录》，卷十五，页172；洪迈（撰），李昌宪（整理）：《夷坚志·丁志》，收入戴建国（主编）：《全宋笔记》，第九辑第四册，卷七，"王厚萝卜"，页269。

拓地降敌

二月丙午（廿五），郭逵的捷报到，首相吴充等上表贺平安南。神宗下诏曲赦广南西路诸州军官吏等过犯，并罢安南道经略招讨都总管司及荆湖南路宣抚司，又改广源州为顺州，以骁将皇城使、知邕州陶弼（1015—1078）为西上阁门使、知顺州；并诏李乾德许依旧入贡，而送还所掠省地人口。神宗以战事告终，就徙南征军主帅郭逵判潭州，副使赵卨知桂州。此时神宗尚不清楚交趾之役宋军的伤亡得失。[1]

李宪在是年三月成功组织了六遍宗之役，大破蕃部冷鸡朴十万余人。据曾瑞龙的考证，李宪将熙河路九将编为前、左、右、中、后五军约六万人：中军将王君万、苗授，副将张若讷（？—1100后）领熙州兵，前军将姚麟（？—1105）、副将孙咸宁（？—1100后）领泾原兵，左军将种谔、副将杨万领岷州兵，右军将韩存宝、副将李浩领河州兵，后军将刘昌祚、副将夏元象领秦凤兵。宋军可说是精锐尽出，当时的勇将尽在李宪的麾下。战斗之初，数量众多的敌军猛攻宋右军，韩存宝几不能支，驰报李宪的中军求援。因右翼军失利，前军也受到猛攻，令中军也受到波及，中军将王君万甚至也在战斗中受重伤。这时李宪见形势危急，就当机立断，抛开成见，急召他素来不喜的种谔，以左军加上姚麟前军的骑兵发动反击，一举反败为胜。其中种谔左军的战功最高，他的副将杨万和从征的蕃部包顺与姚麟的前军合击破敌，大胜。据载这时从征的蕃部木征也请战，众将不放心，以为不可。但李宪认为不妨，说羌戎天性畏服贵种，由木征带队有利。果然当木征盛装以出，诸羌耸视，更无斗志。宋军此役共获首级及生降羌人以万计，而右军

1　《长编》，卷二百八十，熙宁十年二月丙午条，页6867—6868；己酉条，页6877。

副将李浩擒斩蕃酋冷鸡朴及李密撒。董毡见此大惧，李宪作书谕之，于是董遣使入贡。[1]五月庚申（十一），李宪奏上攻讨山后生羌并擒获冷鸡朴的功状。神宗大喜，熙河、秦凤路的文武官员自熙河经略使张诜（1016—1087）、中军将王君万、蕃官包顺以下均获升赏，而李宪也在壬戌（十三）自昭宣使、嘉州防御使、入内押班擢为宣政使、宣州防御使、入内副都知，名位上又超过王中正。这大批获得李宪推功升赏的文武官员将校成为李宪熙河兵团的骨干。他们受益于李宪的指挥与推荐，对李宪并不存有言官、文官那种不信任或偏见。种谔本不为李宪所喜，但李仍重用他，当他立功后，又公道大方地推荐他越级升迁。[2]

1　参见本书附录二《苗授墓志铭》；《宋史》，卷三百三十五《种世衡传附种谔传》，页10746；卷三百四十九《姚麟传》，页11058；卷三百五十《苗授传、李浩传》，页11068、11079。此场战役的始末，曾瑞龙据罕见的《种太尉传》作了极精辟的考证。参见曾瑞龙：《拓边西北——北宋中后期对夏战争研究》，第三章《被遗忘的拓边战役：赵起〈种太尉传〉所见的六逋宗之役》，页79—123，作战过程见页93—102。又《种太尉传》全文可参阅汤开建：《熙丰时期宋夏横山之争的三份重要文献》，载汤（著）：《唐宋元间西北史地丛稿》（北京：商务印书馆，2013年12月），页325—334。关于李宪指挥的六逋宗之役的记述，见页328。考《长编》漏去了苗授参战之记载，但《种太尉传》就明确记"苗授、王君万以熙州兵颖中军"，另新出土的《苗授墓志铭》，也同样记苗授"副李宪为中军总管，击生羌露骨山，斩万余级，获吐蕃大首领冷鸡朴等，蕃族十万七千余帐来附。宪表公功居右"。《宋史·苗授传》似乎沿袭《苗授墓志铭》所记，说苗授"副李宪讨生羌于露骨山，斩首万级，获其大酋冷鸡朴，羌族十万七千帐内附，威震洮西"。

2　本书附录二《苗授墓志铭》。《长编》，卷二百五十五，熙宁七年八月己巳条，页6231；卷二百八十一，熙宁十年三月甲寅条，页6881；戊午条，页6883；卷二百八十二，熙宁十年五月戊午至壬戌条，页6903—6904；卷二百八十四，熙宁十年九月癸丑条，页6960；卷二百八十六，熙宁十年十二月甲申条，页6996；卷三百，元丰二年九月己丑条，页7303。《宋史》，卷三百四十九《姚麟传》，页11058；卷三百五十《苗授传、李浩传》，页11068、11079；四百六十七《宦官传二·李宪》，页13639。《宋会要辑稿》，第十四册，《兵九·出师三·青唐》，页8777。获赏的文武官员包括熙河路（转下页）

值得一提的是，此役获胜，诚如曾瑞龙在该文的结论所言："六逋宗之役是宦官李宪措置熙河边事的主战役。经此一役，宋军大致上稳定了熙河路南部洮岷一带的统治，而唃厮罗王朝与宋廷的关系也由对抗重新倾向和好，为元丰灵夏之役的军事合作打下基础。"曾氏也指出，李宪和种谔都是很有才干的人，他们的战功所以被史臣低调处理，因

（接上页）经略使张诜，自司封郎中、天章阁待制擢右谏议大夫；权发遣秦凤路转运副使赵济复为太子中允迁一资；权转运判官、太子中舍孙迥减磨勘二年；权提点刑狱、主客郎中郑民宪降敕奖谕；中军将引进使、英州刺史王君万勇战重伤，复客省使、达州团练使，赐绢二百；苗授拜昌州团练使，擢龙神卫四厢都指挥使；副将崇仪使张若讷迁内藏库使；前军将皇城使姚麟擢西上閤门使、英州刺史；副将内殿承制孙咸宁（？—1096后）为礼宾副使、兼合门通事舍人；左军将引进副使种谔为东上閤门使、文州刺史；副将西京作坊使杨万（？—1079后）为宫苑使；右军将皇城使、文州刺史韩存宝为西上閤门使、忠州团练使；副将引进副使李浩为东上閤门使、果州团练使；后军副将左藏库使夏元象为皇城使、康州刺史；左军内臣西京左藏库副使徐禹臣（？—1077后）、右军内臣内殿崇班黄承惊（？—1100后）等七人转官减磨勘年及循资有差。另蕃官皇城使、康州刺史包顺二子各获转一资。其子东头供奉官结逋脚再在九月癸丑（初六）获迁内殿崇班。神宗对包顺最为优宠，元丰二年九月己丑（廿四），因洮西安抚司言，包顺请用南郊敕书封赠父母，神宗批示包顺自熙河开拓之初，率众来附，又秉心忠义，前后战功为一路属羌之最，虽无旧例仍许其请。另殿前虎翼军都指挥使张崇，于十二月甲申（初八）又获论功换文思使。曾瑞龙认为诸将中因种谔斩级最多，而李浩擒杀冷鸡朴，故二人赏功最高，自引进副使越过客省副使及西上合门使径升东上閤门使（按《苗授墓志铭》《宋史·姚麟传、苗授传》则分别说是姚麟及苗授擒获冷鸡朴）。又王中正在熙宁十年三月戊午（初八）自内侍副都知徙为入内副都知，职位与李宪相同，但李宪的班官及散官比他高。又原内侍右班副都知王守规（1011—1077）及入内都知蓝元震（？—1077）于是年初去世，两省都知阙人，故李宪得以战功补为入内副都知。参见曾瑞龙：《拓边西北——北宋中后期对夏战争研究》（香港：中华书局，2006年5月），第三章《被遗忘的拓边战役：赵起〈种太尉传〉所见的六逋宗之役》，页95—98。又徐禹臣及张承鉴均为内臣，徐禹臣早在熙宁七年（1074）八月己巳（初四），因讨阶州峰贴硖陇逋族蕃部之劳，以走马承受、内供奉官擢为供备库副使寄资。至于张承鉴为内臣，以及他后来的事迹，可参考注210—211页注3。

李宪以宦者帅熙河，种谔被认为开边生事，都很有争论性。[1]当然，李宪的卓著战功及优秀的指挥能力是被神宗所肯定的。

李宪立功西边，可言官仍然针对他统兵。监察御史里行彭汝砺又带着对内臣的偏见与歧视上奏，既痛陈入内都知张茂则之权，也对李宪统一路之权表示异议：

> 臣昔者论不当付寺人以兵，陛下以为非是，及李宪师出，果获鬼章，自洮以西，遂至无事，而臣言绌矣。而臣之言，非以宪为不足以成功，其虑亦不在宪，故臣言自绌，于疑犹信。天下之事，固有趣时而为之者，然其大纲，亦不可以一概言也。……彼其类非无聪明贤者，无故使以刑徒失身，废绝其类，至踰千百焉，此非先王以仁爱人之道也。古人惟酒浆、醯醢、司服、守祧而已，其他莫与焉。今以一道之权予之，此非先王以义制事之意也。宪辟薛昌朝不听，切齿扼腕，以谓为腐儒所卖，自是不复回顾士人矣。张茂则以河事颇颍作气，官属罕见其面，虽达官大吏，俯首不敢与抗，而奸诈之人稍后趋附，以侥幸万一之利。陛下以是观之，使其有可以轻士之势，其心如何也？且朝廷比年之役，其最贻陛下忧者，洮西、闽、蜀，其最系议论者，惟浚川之役。今日之役最为大者，洮河之役。数者皆在寺人，是陛下所爱亲尊宠之，士大夫无一可属任者矣。且彼其初非无敏健精悍可用之力，及

1　曾瑞龙：《拓边西北——北宋中后期对夏战争研究》，第三章《被遗忘的拓边战役：赵起〈种太尉传〉所见的六逼宗之役》，页115—116。

拓地降敌

稍任事者，则窥觎玩弄，藉蹈士大夫矣。……陛下试取汉唐以
来宦官之事观之，亦足以知矣。

彭汝砺如此不识时务也并不公正地批评刚立大功的李宪，据曾肇
（1047—1107）所记，神宗初时不怿，出语诘责；但彭拱立不动，伺间
又再说，神宗终为之改容。据说当日在殿庭旁观的人都为彭担心，然后
又皆叹服。[1]

另一监察御史里行蔡承禧稍后又上奏，这次他以李宪之任熙河出
于二府之进拟为忧：

向者，熙河出兵，用内臣李宪为熙、秦处置，人皆以为出于
圣断，二府不得已而从命，及推原其因，乃自二府进拟。夫中人
之进，自古人主有便于一己之指令，遂屈群议而用之者有矣。今
二府乃自进拟，固非所宜。夫登对之人，欲以备不次之用，而进
无可称述之人；宫寺之官，本以充人主给使之职，而乃以大臣所
进拟。臣虑庸庸之人，汲引渐满中外，而人主动作，则左右小臣
皆为大臣窥察，启臣下表里邪恶之渐。惟幸陛下考察之。[2]

---

1 《长编》，卷二百七十九，熙宁九年十二月辛丑条小注，页6843；卷二百八十二，熙
宁十年五月壬戌条，页6904—6905。《宋朝诸臣奏议》，上册，卷六十三《百官门·内侍
下·上神宗论遣李宪措置边事》（彭汝砺），页696—697。《宋史》，卷三百四十六《彭
汝砺传》，页10974。
2 《长编》，卷二百八十二，熙宁十年五月丙寅条，页6908—6910。

神宗对李宪宠信有加，当然不会为言官的话动摇，而继续将西边之事委托他。五月辛未（廿二），又令李宪等候董毡有消息，及措置鬼章有眉目，就将之发来赴阙。神宗以上次未能制二人死，今日他们归顺之期难以久等，令李宪推赏有功部属后，就将最新情况报上。六月壬辰（十四），李宪上奏为蕃官包顺等表功。另又奏请五军诸军并弓箭手、将校及兵级等获首级及轻重伤敌之功。神宗诏授包顺荣州团练使，又与一子转资，包诚（？—1097）授文思使，瞎吴叱（赵绍忠）授崇仪使，而将校等均以功转资及赐绢有差。[1]

宋廷在五月开始也陆续赏南征之功，副总管燕达是月丁卯（十八）以收复广源州之功，自忠州刺史超擢荣州防御使权领步军司。六月己卯（初一），随军的三名内臣入内东头供奉官勾当御药院、安南行营勾当公事李舜举，走马承受、东头供奉官刘惟简、韩永式（？—1086后）并转两官寄资。但到七月乙亥（廿七），宋廷终于追究南征不毕全功之过，侍御史知杂事蔡确劾奏郭逵经制安南，以疾先还，而赵卨措置粮草乖方，以致粮草不继，不能平敌。宋廷贬郭逵自宣徽南院使、雄武军留后为左卫将军、西京（即洛阳）安置。赵卨则自吏部员外郎、天章阁待制贬为左正言、直龙图阁、知桂州。八月辛巳（初四），李舜举以正副帅郭逵、赵卨均被责，自请黜降。神宗于是收回先前所加其两官及夺资一官，刘惟简及韩永式亦追回一官。癸未（初六）燕达也请收回他的升赏，惟神宗以责在郭逵，而燕达攻取广源州、决里隘、

---

1 《长编》，卷二百八十二，熙宁十年五月辛未条，页6918；卷二百八十三，熙宁十年六月壬辰条，页6924—6925。

拓地降敌

富良江各有战功，就不许他辞去所升授的官职。[1]

神宗看到李宪在西边的成功，却见到征安南之失利。据宋人所记，议者归咎于王安石用郭逵而不用李宪，神宗以为然，更加以李宪可用。不过，据说以王安石为代表的文臣却不这样看，王笑称："使逵无功，胜宪有功，使宦者得志，吾属异日受祸矣。"考王安石这时罢相在外，不在朝中，他有否这样说实有疑问；不过，他对李宪深存偏见却是不争的事。文臣用人不以国家利益的态度，实在不能教人信服。[2]

神宗已毫无悬念地将西边的开拓任务交予李宪，由于当时熙河路用度不足，为了让熙河路不必全仰赖外州供应财用，大概是李宪的建议，就成立经制熙河路边防财用司，而由李宪领之。[3]

神宗特别挑选了富有财赋经验而支持新政的能臣赵济（?—1088后）充当李宪经营熙河的主要助手。赵济字畏之，开封封丘（今河南新

---

1 《长编》，卷二百八十二，熙宁十年五月丁卯条，页6910；卷二百八十三，熙宁十年六月己卯条，页6921；乙亥条，页6940；卷二百八十四，熙宁十年八月辛巳条，页6946；癸未条，页6949。

2 孔平仲：《孔氏谈苑》，卷二《熙河之师》，页205。孙升（1037—1099）（撰）、杨描倩、徐立群（点校）：《孙公谈圃》（与《丁晋公谈录》等两种合本）（北京：中华书局，2012年6月），卷下，页140。按孙升在同一条记，一日有朝士在中书称李宪名字，王安石厉声叱责是何人作此语，接着王将此朝士贬出朝为监临官。考王安石在安南之役结束前已罢相出判江宁府，所谓在中书叱朝士之事大有疑问。

3 关于经制财用司的设置，叶适（1150—1223）提到当年李宪经营熙河，才有所谓经制财用者，后来童贯继之，亦称为经制。他说经制财用司所描画的，以足一方之用，而不是南宋时所谓经制之义。稍后的黄震（1213—1280）亦主叶适之说。参见叶适（撰）、刘公纯等（点校）：《叶适集》（北京：中华书局，1961年12月），第三册《水心别集》，卷十一《经制总钱》，页774；黄震（撰）、王廷洽（整理）：《黄氏日抄》，收入戴建国（主编）：《全宋笔记》，第十编第十册（郑州：大象出版社，2018年4月），卷六十八《经总制钱》，页482—483。

乡市封丘县）人，他系出名门，祖赵贺是仁宗朝名臣，官至给事中、判宗正寺，赠司空，《宋史》有传；父赵宗道（字子渊，999—1071），亦为仁宗至英宗时的理财治郡的能臣，官至祠部郎中、集贤校理。熙宁四年七月壬子（廿九）赵宗道卒时，其四子大理寺丞赵咸（？—1082后）请得其父的友婿、时任大名府留守的韩琦为亡父撰写墓志铭。（按赵宗道妻安平县君崔氏（998—1066）是韩琦妻父崔立女）赵济是赵宗道的幼子（赵宗道共有五子三女），其母在熙宁二年十一月下葬时（按崔氏卒于治平三年十月十三日）任著作佐郎，到父于熙宁四年七月亡时已任太子中允、权发遣淮南、同提点刑狱公事。

　　他也是宋初治蜀名臣张咏（946—1015）的孙婿。韩琦称誉他兄弟都"谨蹈门法，以材自奋"。赵济自述在嘉祐丁酉岁（即嘉祐二年，1057）"初试吏于蔡"，这当是赵济在仁宗朝出仕任职于蔡州的最早记载，他说后来担任左侍禁前高邮军兵马监押的林观与他有同僚之谊，而他"后八年卜居洛阳"（当为治平二年，1065），又与林观长兄、时任右侍禁勾当西京洛阳监的林规同郡过从，乃知道林氏世次历史，故后来在熙宁六年为二人之父、真宗朝三司使林特（？—1026）之从子林倩（989—1072）撰写墓志铭。据此，我们可以知道赵济在嘉祐二年已出仕，而在治平二年或三年卜居洛阳（按赵母卒于治平三年，赵在治平二年卜居洛阳未知是否辞官奉母，还是他在治平三年才卜居洛阳，待考）。[1]据《萍洲可谈》的记载，因王安石推行新法，欲用人材，就擢用

1　考赵济早年的仕历不详，据《金石萃编》所载，由时任通判永兴军的张子定所撰的《兴庆池禊宴诗序》，曾记在庆历壬午岁（即二年，1042）由时任知永兴军的资政殿大学士、尚书左丞范雍（981—1046）领头在清明节举行兴庆池禊宴，与会赋诗的（转下页）

选人为监司。神宗在熙宁二年（1069）于诸路置提举常平广惠仓，赵济

（接上页）永兴军府路属僚中就有大理寺丞、知万年县事赵济其人。这个赵济是否就是赵宗道的幼子赵济？若这个在庆历二年官大理寺丞、知万年县的赵济是同一人，则他在熙宁二年（1069）经二十七年才迁至著作佐郎，实在有点不合理，虽然从年龄上，庆历二年知万年县的赵济也可能在年过半百之龄担任李宪之副手。参见赵济（撰）：《宋故银青光禄大夫检校太子宾客左骁卫将军兼御史大夫致仕上骑都尉河南郡开国侯食邑一千七百户林公墓志铭并序》（以下简称《林倩墓志铭》），载李伟国（点校）：《中华石刻数据库》，熙宁213（李伟国称此拓本录自上海市哲学社会规划重大课题《全宋石刻文献（墓志铭之部）；此墓志亦见载《中华林氏（浙南）源流网·宋朝墓志》；王昶（1724—1806）（撰）：《金石萃编》（清嘉庆十年经训堂刻本），载国家图书馆善本金石组（编）：《宋代石刻文献全编》，第三册，卷一百三十三《宋十一·兴庆池禊宴诗》，页207—208；《安阳集编年笺注》，下册，卷四十九《墓志四·故尚书祠部郎中集贤校理致仕赵君墓志铭》，页1521—1530；卷五十《墓志五·故枢密直学士礼部尚书赠左仆射张公神道碑铭》，页1559—1577；王得臣（1036—1116）（撰），俞宗宪（点校）：《麈史》（上海：上海古籍出版社，1986年10月），《点校说明》，页1—2；卷中《度量》，页28；《论文》，页56；江少虞（?—1145后）：《宋朝事实类苑》（上海：上海古籍出版社，1981年7月），卷十四《德量智识·张乖崖·九》，页165；《长编》，卷三百九十五，元祐二年二月乙未条，页9632；《宋史》，卷三百一《赵贺传》，页9999—10001；郭茂育、刘继保（编著）：《宋代墓志辑释》（郑州：中州古籍出版社，2016年2月），第一〇三篇《宋故朝奉郎守尚书祠部郎中充集贤校理致仕柱国赐绯鱼袋赵君（宗道）墓志铭并序》，页234—236。陆增祥（撰）：《八琼室金石补正》，载国家图书馆善本金石组（编）：《宋代石刻文献全编》，第一册，卷一百三《宋二十二·祠部郎中赵宗道妻崔氏墓志》，页326—328；《尚书祠部郎中赵宗道墓志》，页329—332。按赵宗道之墓志于洛阳出土，志文47行，满行46字，正书。志石长宽均94厘米，清陆增祥的《八琼室金石补正》卷一百三，既收录赵宗道的墓志，也收录其妻崔氏的墓志。郭茂育之书既载录赵宗道墓志拓片，又附录录文，可与《安阳集》校勘。按崔氏的墓志由崔氏的姨甥都官员外郎张吉甫撰，权陕州观察推官张曜书并篆盖。据赵宗道夫妇二人的墓志，赵宗道女婿三人，分别是屯田员外郎张仲松、比部员外郎吕昌晖、赞善大夫张德源。赵宗道有孙二十四人。赵家是当时有名的士族，族人姻亲多人任显官。赵济是张咏孙婿，以及其家与韩家交好之事，始见载于王得臣的《麈史》。然后《宋朝事实类苑》沿袭其说。据俞宗宪的考证，王得臣字彦辅，安州安陆（今湖北孝感市安陆市）人。嘉祐四年（1059）进士及第，历任地方，曾任管干京西漕司文字，可能曾在此任上与赵济同事。另他在元祐丁卯（二年）知唐州（今河南南阳市唐河县），（转下页）

与刘谊当时只是雄州（今河北保定市雄县）防御推官，就被特擢为常平官，赵即以著作佐郎同管勾淮南常平等事。不过，赵济却敢于在四年（1071）二月劾奏属于淮南东路管辖的判亳州（今安徽亳州市）、武宁军节度使、同平章事、元老重臣富弼（1004—1083），说他不肯在部内推行青苗法，以大臣而格新法，认为法行当自贵近者开始，若朝廷置之不问，就无以令天下。神宗诏江淮发运司遣官劾亳州属县官吏阻遏愿请青苗钱人户事状以闻。富弼随即上奏，愿独领罪责。南宋人王明清（1127—1204后）的《挥麈录》收录富弼此奏，富名为自劾，其实严厉地批评王安石"学强辩胜，年壮气豪。议论方鄙于古人，措置肯谐于僚党"，又说王"平居之间，则口笔丘、旦；有为之际，则身心管、商。至乃忽故事于祖宗，肆巧议诸中外。喜怒惟我，进退其人"。但他的话改变不了神宗的态度。当此案仍在审理时，神宗嘉许赵济敢言事，赐绯章服。三月庚戌（廿五），又擢他为太子中允、权发遣淮南同提点刑狱公事。一向秉承王安石行事的侍御史邓绾（1028—1086）在四月上奏，请付有司鞫治富弼以下官员。神宗只令案结后将富弼之过以闻。六月甲戌（廿一），此案审结，神宗顾及富弼的面子，只罢在五月已请假

（接上页）而赵济在同年二月被贬监唐州酒税，二人甚有可能在这时会面并谈及张咏之事。王得臣到绍圣四年（1097）致仕，政和六年（1116）卒。该书是他晚年所编写的。他与赵济是同时代人，而且有交。据王得臣所记，赵济亲口告诉他，当年张咏守成都，检阅士卒时，竟然有人向张山呼万岁三声，幸而张机智地立即下马向东北山呼万岁，才揽辔前行，众人皆不敢言。赵济又对王得臣说，他也将张咏这一件险事，告诉后来为张咏写神道碑铭的韩琦。韩表示，若他是张咏，也不知如何措置。又张咏的孙子张尧夫曾为韩琦守大名府的属僚，来书求韩为其祖写神道碑铭，张尧夫与赵济大概也是世交相识。

拓地降敌

就洛阳养病的富弼的同平章事, 改左仆射, 徙知京西北路的汝州, 惟其属下官员自通判亳州唐谠以下均受责。而赵济在六月丁丑 (廿四) 又兼提举本路盐事, 成为此案的受益人。[1]赵济劾奏富弼, 反对新法的

1　《宋朝诸臣奏议》, 下册, 卷一百十五《财赋门·新法七·上神宗论亳州青苗狱乞独降责·熙宁四年二月上》, 页1257。《苏轼文集》, 第二册, 卷十八《碑·富郑公神道碑》, 页535、537。邵伯温 (1056—1134) (撰), 李剑雄、刘德权 (点校):《邵氏闻见录》(北京:中华书局, 1983年8月), 卷九, 页93。《长编》, 卷二百二十, 熙宁四年二月辛酉条, 页5341;卷二百二十一, 熙宁四年三月庚戌条, 页5393;卷二百二十三, 熙宁四年五月辛亥条, 页5437;卷二百二十四, 熙宁四年六月甲戌条, 页5454—5455;丁丑条, 页5462;卷二百三十一, 熙宁五年三月戊戌条注, 页5616。王明清:《挥麈录·余话》(上海:上海书店出版社, 2001年8月), 卷一, 第373条, 页225。吴曾:《能改斋漫录》(上海:上海古籍出版社, 1979年11月), 下册, 卷十三《记事·置天下常平仓》, 页392。朱彧 (?—1148后) (撰), 李伟国 (点校):《萍洲可谈》(与《后山谈丛》合本) (北京:中华书局, 2007年11月), 卷三, 页165。王应麟 (1223—1296):《玉海》(上海:上海书店据清光绪九年浙江书本刊本影印, 1988年3月), 卷一百八十一《食货·盐铁茶法·天圣详定盐法》, 叶三十一上 (页3333)。《宋史》, 卷十四《神宗纪一》, 页272;卷十五《神宗纪二》, 页280;卷三百一十三《富弼传》, 页10256。据《能改斋漫录》所记, 神宗在熙宁二年 (1069) 始命诸路各置提举常平广惠仓, 负责相度农田水利差役利害二员, 以朝官为之;管干一员, 以京官为之。小路共二员, 而开封府界一员, 共置四十一人。赵济当是在熙宁二年后以京官的著作佐郎获委为同管勾 (干) 淮南常平等事。又按《长编》在四年三月庚戌条只简略地记赵济 "先劾奏亳州官吏不行新法", 没点富弼的名字。到六月甲戌条, 就详细记载富弼被罢使相, 以及其属官通判亳州职方郎中唐谭、签书判官都官员外郎萧愫、屯田员外郎徐公衮、节度支使石夷庚、永城等七县令佐等十八人均冲替, 坐不行新法之过。另《邵氏闻见录》记富弼在熙宁二年判亳州, 为提举常平仓赵济言其沮革新法而被罢使相, 以左仆射判汝州。大概邵伯温把富弼在熙宁二年十月丙申 (初三) 罢为武宁军节度使、同平章事、判亳州, 然后给赵济劾奏, 再在四年六月罢使相判汝州三事弄为一事, 以致给人误会赵济在熙宁二年即奏劾富弼。另《长编》在熙宁五年三月戊戌条, 记富弼以司空同平章事、武宁军节度使致仕时, 小注引《林希野史》, 记富弼判亳州翌年, 青苗法方行, 使者四出, 但富弼尤不乐, 于是亳州诸县不敢散青苗钱。这时管勾官赵济路过永城, 民遮道请赵济给青苗钱, 赵即驰入京师请对, 面陈富弼废格诏命。据载神宗闻奏喜, 面赐赵济绯鱼, 除赵济本路提刑。

人自然对他多有微词，说他迎合神宗与王安石，南宋人笔记还记富弼对张方平（1007—1091）说，是王安石指使赵济劾奏他的。[1]但以赵济的家世与门风，其家又与元老重臣韩琦有旧，他又不似那些新进的人要靠投机而求晋升。他累任地方要职，农田水利、常平刑狱与盐政均有经验。据他在熙宁六年二月底为林观、林规之父林倩撰墓志铭所署职衔，是"前权发遣淮南路提点诸州军刑狱公事兼本路劝农事、提举河渠及常平仓、管勾农田水利、差役、专切提举本路盐事、将仕郎、守太子中允赐绯鱼袋借紫"。到熙宁七年八月己丑（廿四），宋廷命他以权发遣京东转运副使提举招兵。同年十月丁卯（初三）他上奏宋廷，以连接京师与山东的广济河通流货财，但为利甚薄，朝廷昨以河水浅涩而滞留，纲运遂废。他说辇运司以上供粮六十二万石，令认折斛钱

---

1 据朱弁（?—1144）的记载，富弼被劾不行新法而被贬知汝州，他路过陈州，与当时知陈州的另一元老重臣张方平见面。富感叹说他三次举荐王安石，称许他才可大用，没想到今日竟然如此。言下之意，就是说他被贬与王安石有关。据载张方平回答说富弼不识人，说他当年曾知贡举，特辟王安石为点检试卷官，王每向他议事时，然整个试院中无一人中其意。张于是从此不再与他来往。据说富弼听到张这番话后，不语久之。朱弁说当时富弼的孙儿和张方平的子弟都在照壁后，亲闻二人之言。照朱弁的说法，富弼之贬，是王安石指使赵济为之。另外苏辙孙苏籀（1090—1164）也有相近的记载，只是误记富弼罢政过南京（应天府）。而特别记张方平以南音对富弼说，问他王安石这样对付他，富不惭惶吗？当富问张如何看王安石时，张就说当初见王读书，也属意于他，但在试院见王议论乖僻，就自此疏远他。参见朱弁（撰）、张剑光（整理）：《曲洧旧闻》，收入戴建国（主编）：《全宋笔记》，第三编第七册（郑州：大象出版社，2008年1月），卷七，页20；苏籀：《栾城先生遗言》，载《全宋笔记》，第三编第七册，页155。关于富弼对熙丰变法的负面态度，特别是对青苗法的抗拒，余中星在他的硕士学位论文《富弼研究》有所讨论，也提及赵济弹劾富的事。参见张其凡（1949—2016）（主编）：《北宋中后期政治探索》（香港：华夏文化艺术出版社，2005年7月），卷一《富弼研究》，页41—51。

拓地降敌

三十六万缗，自此造成民间物贱而伤农，又急速亏损沿河课利。他请求重行修浚，以便公私。宋廷纳其议，诏知定陶县张士澄与同勾当修内司杨琰相度修广济河。[1]从此事看出赵济是肯办实事的能吏，并且长于粮运工作。他到熙宁十年前已任权发遣秦凤等路转运副使。

据刘安世（1048—1125）在元祐四年（1089）三月所忆述，在熙宁中，知相州安阳县路昌衡（？—1103）行为不检，本路监司将行按劾，路即请寻医治病，而得免被劾。他怀疑是相州指使刘龟年发其阴事，后来陕西用兵，刘龟年刚好派往秦州夕阳镇为监押，路昌衡就指名刘负责抽差其部押运粮草，想借军法来陷死他，以泄其怨。刘知道路的用心，就告知时任秦凤路转运副使的赵济，赵济将他留下不遣，救了他一命。刘安世说此事喧腾，无人不知。从此一小事看到，赵济是保护下属的好上司，属于旧党的刘安世事隔多年，还言及赵济的善举，可见赵的官声当时不错，才被神宗委以重任。赵济在熙宁八年（1075）五月丁丑（十七），以失察宗室赵世居谋叛，自京东西路转运副使太常丞上降一官，不过，并没有影响神宗对他的信任。[2]

---

1 赵济：《林倩墓志铭》。《长编》，卷二百五十五，熙宁七年八月己丑条，页6241；卷二百五十七，熙宁七年十月丁卯条，页6269—6270。《宋史》，卷九十四《河渠志四·广济河》，页2339。考广济河接连曹州、郓州及济州，属京东西路所辖。

2 《长编》，卷二百六十四，熙宁八年五月丁丑条，页6470—6471；卷二百七十九，熙宁九年十二月庚寅条，页6831；卷二百八十六，熙宁十年十二月癸卯条，页7001；卷四百二十四，元祐四年三月乙酉条，页10248—10249。刘安世：《尽言集》，文渊阁《四库全书》本，卷八《论王子韶路昌衡差除不当·第八》，叶八上下。考路昌衡在何年月对付部属刘龟年，他当时的官位为何？ 待考。刘安世言及是时陕西用兵，可能是熙宁六年或七年王韶、李宪开边时。附带一谈，当赵济任秦凤路转运副使时，其兄赵咸在熙宁九年七月壬午（廿八），以殿中丞任河东经略司上管勾机宜文字，（转下页）

熙宁十年八月癸未（初六），神宗诏李宪与赵济同经制熙河边防财利，许他们荐举勾当公事的文武官五员，如果事干涉经略安抚司，就联名上书以闻。值得注意的是，之前被贬知颍州（今安徽阜阳市颍州区）的高遵裕，相信是在李宪的保奏下，调回西边复知庆州。十一月辛亥（初四），李宪又保奏奉职刘戒、屈万宁、吴猛有战功与武艺。神宗引试延和殿，屈、吴二人不应格，但神宗仍以他们有战功而各迁一官。乙卯（初八），李宪又奏上知岷州种谔、熙河路钤辖韩存宝、庄宅使郝贵（？—1087后）于南川寨御敌之功，三将获赐银绢及减磨勘之奖赏。癸亥（十六），李宪本人也以招降董毡及鬼章之功，赏赐衣带、鞯马及与一子（疑即李毂）转资，麾下的客省使达州团练使熙河路钤辖王君万擢本路都钤辖，内臣内殿承制张承鉴（？—1100后）转两官，余人迁秩有差。庚午（廿三）西蕃邈川大首领董毡与都首领鬼章各授廓州（今青海黄南藏族自治州尖扎县北）刺史，董毡养子阿里骨（1040—1095）为松州（今四川阿坝藏族羌族自治州东北部的古城松潘县）刺史。拔藏党令结等四人并授郎将，小首领与副军主。本来自踏白城一战后，神宗深轸鬼章之患，曾下诏有人获鬼章，授官诸司正使，金帛各数千，特委李宪等购之十余年却不能得，最后神宗改变主意，以汉官位羁縻之。[1]十二月癸未（初七），神宗再诏经制熙河路边防财用司

（接上页）他在十二月奉命根括打量代州界的禁地顷亩数。神宗诏除给起移弓箭手外，余皆招置弓箭手。到熙宁十年十二月癸卯（廿七），河北东路经略使韩绛上奏，以赵咸任权通判代州根括地毕，请给他推恩。神宗诏迁赵咸一官升一任。赵咸与赵济兄弟在熙宁时期都是有成绩的边吏，受到王安石与韩绛赏识的人。

1　《长编》，卷二百八十四，熙宁十年八月壬午至癸未条，页6948—6949；卷二百八十五，熙宁十年十一月辛亥至乙卯条，页6987—6988；癸亥至庚午条，（转下页）

条上利害事中内有可行的，宜先行于下，农事就可及时规划，以助边费。李宪随即条上可施行的十四事于中书，神宗依其所奏行之。丁亥（十一），神宗再以秦凤等路提点刑狱、驾部员外郎霍翔（?—1086后）为李宪的助手，任霍为同管勾经制熙河路边防财用事，他所提举官庄及营田弓箭手公事并罢，悉归本司。[1]

为了妥善措置熙河的财用，李宪这时回到京师，向神宗面奏他的建议。神宗于十二月甲午（十八），诏以近日发下经制熙河路财用司划一治田等事宜，闻说所降的指挥已递入熙州治所，以本司官李宪正在京师，令别录一本从速抄下，庶令及时可以执行。李宪接诏后上奏解释

（接上页）页6991；卷二百八十六，熙宁十年十二月丁亥条，页6997；卷三百四十，元丰六年十月庚子条，页8192；卷四百二，元祐二年六月甲申条，页9777。《宋会要辑稿》，第七册，《职官四十四·经制司》，页4225。王巩（1048—1117）（撰），张其凡（1949—2016）、张睿（点校）：《清虚杂著三编·甲申杂记》（与《王文正公遗事》合本）（北京：中华书局，2017年7月），第四条，"阿李国本不当立"，页265—266。考宋廷在十二月戊子（十二）又晋董毡为西平军节度使。阿里骨是青唐唃厮啰政权第三代赞普，他本是于阗人，因其母掌牛瞎逋（章穆辖卜）尝侍董毡故，董将他收为养子。后来董毡得风痹病卧帐内，委政于阿里骨，甚亲信之。阿里骨又得幸于董妻乔氏，内外咸服，于是起夺位之心。阿里骨又派人暗杀董子奇鼎，除去夺位的障碍。据王巩引刘昱的说法，阿李国（即阿里骨）本不当立，因私其国母而得立，其大臣温溪心一直不服，曾向宋廷请内附。关于阿里骨的生平事迹，顾吉辰多年前曾撰其编年事辑，齐德舜近年又对其生平做了一番考证。可参阅顾吉辰：《阿里骨编年事辑》，《青海师专学报》，1987年第二期，页26—35；齐德舜：《〈宋史·阿里骨传〉笺证》，《西藏研究》，2012年第二期（4月），页28—36。

[1] 《宋会要辑稿》，第七册，《职官四十四·经制司》，页4225。《长编》，卷二百七十七，熙宁九年九月戊午条，页6782；卷二百八十，熙宁十年二月丁亥条，页6860—6861；卷二百八十六，熙宁十年十二月甲申条，页6996；丁亥条，页6997。考霍翔早在熙宁九年九月戊午（初五）即以驾部员外郎、知都水监丞提举疏浚汴河。熙宁十年二月他以熙河路相度官庄，上言请先在熙州城下营田，出租地百十顷置官庄，差现任京官及使臣勾当，与弓箭手共治。宋廷从之，仍以他提点秦凤路刑狱，兼提举官庄。

他的方案：

> 奉敕差专切经制熙河路经久边防及财用条陈置司事：一
> 曰，备战蕃兵春秋逐族番休，勾抽点阅犒设；二曰，弓箭手以万
> 人，马以六千匹为额，以渐减戍兵，于要害处筑护耕堡，农隙委
> 官点阅；三曰，熙河、岷州、通远军各置榷场，贸易百货，以来远
> 人，获利助边；四曰，一路城垒依缓急先后兴功修筑，以简中保
> 宁指挥充役；五曰，于本路择水草便利处，约以古法，置监牧养
> 牛羊等。

李宪这番切实可行的建议，明显参照了前人的开边经验而按实际
环境加以改进。神宗自然嘉纳，诏榷场以市易司为名，其余各条立法以
闻。神宗又在同月辛丑（廿五），命李宪的爱将、熙河路都钤辖王君万
兼同管勾经制本路边防财用事。王君万请推示恩信，诱结董毡等部族
首领。宋廷即诏熙河路经略司开谕蕃部首领，有愿补汉官的以闻。宋
廷又诏经制熙河路边防财用司兼管秦凤路财利事，现置市易务，不隶
都提举市易司。为此，令熙河及秦凤路市易务并罢。癸卯（廿七），李宪
上言称熙河州军城寨各有蕃部弓箭手官庄，而营田水利等事务繁多，
他请求常平司在每州军差通判或职官一员，逐城寨选使臣一员充管勾
官。神宗从之。事实上神宗对他的建议几乎言听计从，给他便宜行事
的大权。神宗更晋升李宪的班官自宣政使为宣庆使。[1]

1　本书附录二《苗授墓志铭》。《长编》，卷二百八十六，熙宁十年十二月（转下页）

李宪立功升官，神宗委以全权经制熙河之任，但文臣却以此为忧，担心神宗进一步用兵西边。是月甲辰（廿八），元老重臣宣徽南院使张方平上奏论事，他历数熙宁以来用兵之弊，提醒神宗不要因李宪一时的胜利而再寻求进一步的拓边与武功：

> 于是王韶作祸于熙河，章惇造衅于横山，熊本发难于渝泸。然此等皆残杀已降，俘累老弱，困敝腹心，而取空虚无用之地，以为武功，使陛下受此虚名，而忽于实祸。勉强砥砺，奋于功名，故沈起、刘彝复发于安南，使十余万人暴露瘴毒，死者十而五六，道路之人毙于轮送，资粮器械不见敌而尽。以为用兵之意必且少衰，而李宪之师复出于洮州矣。今师徒克捷，锐气方盛，陛下喜于一胜，必有轻视四夷，陵侮敌国之意。天意难测，臣实畏之。[1]

（接上页）甲午至癸卯条，页6999—7002。顺带一提是神宗在十二月丁酉（廿一）将勇将苗授自河州徙知雄州，惟据《苗授墓志铭》所记，苗授徙知雄州在元丰元年，另神宗将他的管军职位迁一级为捧日天武四厢都指挥使，而以另一骁将西上阁门使、秦凤路钤辖刘昌祚徙知河州。苗授在元丰二年再迁步军都虞侯，四年前再迁马军都虞侯。

[1]　《长编》，卷二百八十六，熙宁十年十二月甲辰条，页7005—7009。张方平（撰），郑涵（点校）：《张方平集》（郑州：中州古籍出版社，1992年10月），《佚著辑录》，《上神宗谏用兵》，页771—775。《宋朝诸臣奏议》，下册，卷一百二十一《兵门·兵议下·上神宗谏用兵》（张方平），页1331—1333。据李焘及赵汝愚所记，此篇奏章其实是张方平托苏轼（1037—1101）所作，据说神宗阅后颇为感动，但并不依从。直到后来永乐城之败，才思其言。另据郑涵所注，该文本见于四部丛刊影印宋刊《经进东坡文集事略》卷四十。而据《宋朝诸臣奏议》校注者所考，此文亦见《苏东坡全集·续集》卷一，题作《代张方平谏用兵书》。该文亦见苏轼（撰），孔凡礼（点校）：《苏轼文集》（北京：中华书局，1986年3月），第三册，卷三十七《奏议·代张方平谏用（转下页）

神宗刚雄心勃勃地开展他的不世大业，张方平所代表的儒家士大夫反对用兵的诤言自然听不入耳。

神宗在熙宁后期不理朝臣的反对，专任李宪经制熙河、秦凤诸路。在神宗的眼中，李宪忠心可靠而有军事才能，以前让他协助文臣王韶及赵卨，却最终无法衷诚合作。那就不如让李宪独当一面，由神宗自己直接指挥他行事。至于文臣那番内臣带兵必招祸之论，神宗是不认同的。事实上李屡立战功，不负神宗的重托，除打败及降服青唐大酋木征、董毡及鬼章，击杀冷鸡朴外，又以领经制熙河路边防财用司的职位，全面开拓经营发展王韶夺取的熙河诸州，赢得神宗完全的信任。神宗当然并不满足于此，他在元丰时期交给李宪的下一个任务，便是继续经营熙河，以之作为基地，谋攻取西夏。

（接上页）兵书·熙宁十年》，页1048—1050。南宋人楼昉（？—1193后）对苏轼此奏评为："苏轼说利害深切，得老臣谏君之体。"参见楼昉：《崇古文诀》，文渊阁《四库全书》本，卷二十五《宋文·苏轼·代张方平谏用兵书》，叶九上下、十二上下。

拓地降敌

第四章

开源节流：元丰初年李宪经营熙河考

神宗在翌年（1078）改元元丰。此后八年神宗继续推行没有王安石的新政。江小涛最近曾撰文概述元丰政局，指出神宗以乾纲独断的从容自信，通过调整中枢人事，深化各项新政，以实现他富国强兵的理想，唯为了开边而用兵西北的行动却遇到困难与挫折。[1]关于神宗在元丰时期委任李宪经略西北的始末，本书将分四章加以探讨。本章先讨论元丰初年神宗命李宪经营熙河、秦凤两路，作为进攻西夏的基地的过程。

元丰元年正月辛酉（十五），神宗诏李宪掌管的经制熙河路边防

1　江小涛：《元丰政局述论》，载中国社会科学院历史所（编）：《隋唐辽宋金元史论丛》，第七辑（上海：上海古籍出版社，2017年6月），页136—157。江氏一文共分四节：（1）论元丰年间中枢的人事调整；（2）聚敛色彩愈愈浓厚的财政举措；（3）对官僚体制的调整（即元丰更定官制）；（4）西北战事的艰难与挫折，特别是元丰四年五路伐夏的失败，以及元丰五年永乐城之败。江氏在第四节略谈到李宪收复兰州之事，以及李在灵州之役失败后，请求再从泾原出兵伐夏之议。江氏在该节曾指出"我们无需过分指责宋神宗以宦者主兵事的做法，因为宦者里面未必没有知兵者"。不过，江氏并没有注意及考究知兵宦者李宪在元丰后期经略西北的角色。

财用司兼秦凤路财用司,改为财利司,旨在开发财源支持即将进行的军事行动。乙丑(十九),又诏该司根括冒充耕地为官庄,以年半为限期许民自陈,而内地的方田之制就不在此处实行。青苗法的举贷只限支钱,纳日计市值,容许以粮折纳,只收息二分,愿纳钱者增一分息。神宗在熙河采用较弹性的经济政策。戊辰(廿二),宋廷下诏奖励李宪的得力助手太常博士、秦凤路转运副使、同经制熙河路边防财用赵济,待经画就绪,便除他馆职。闰正月丁酉(廿二),宋廷又诏废除提点熙河蕃部司,统一事权。宋廷这两项诏旨,应该都出于李宪的建议。同月癸卯(廿八),李宪上奏指出本司的同经制官及同管勾经制官分别巡察所至的州军,均各称行司官吏,造成上下难以遵禀。他请求神宗,今后同经制官以下凡遇分巡,若事干边防、蕃部、弓箭手及差移官吏、勾抽役兵及改易措置,都需向本司与长吏从长商议,令上下易于禀从。即是说这些事务都要得到李宪的同意。神宗信任李宪,自然从其议,并且在李宪的经制熙河路边防财用等事之头衔前再加"都大"两字,以重其权,又令本司管勾官并申本路状。[1]

二月丙午朔(初一),都大提举市易司俞充(1033—1081)上言,指出永兴军路当两川、秦凤、熙河、泾原、环庆之冲要,请求也置市易务,与经制熙河路边防财用司所置的市易务相为表里,以助客旅往来,又请许借内藏钱四十万缗为本钱,等收到秦州等市易钱后归还。神宗诏李宪所领的财用司提出意见。李覆奏反对,表示担心该处的市易务由

1 《长编》,卷二百八十七,元丰元年正月辛酉条,页7015;乙丑至戊辰条,页7017—7018;闰正月丁酉条,页7033;癸卯条,页7035。

他官典领，而各司钱物本分彼此，往来货物或有相害。他请与本司经制再研究，而提出设置之次第。神宗从之。李宪明显不希望其他地方分享其市易利益。他在五月甲戌（初一）又请本路商贩依秦凤路例，以商贩贩物至极边，获利已甚厚，不需减收其关税。神宗从之，惟免除其入中粮草。[1]

李宪一直留意西夏的动向，这也是神宗交给他的任务。四月庚申（十七），他麾下的入内供奉官、熙河路都总管司走马承受长孙良臣上奏宋廷，称闻知夏人于宋界内堀坑，画上十字，立下草封，恐怕边臣因循浸成边事。神宗诏熙河经略司查察，若属实，就令鄜延路经略司移牒诫约之。大概是李宪的推荐，神宗在五月庚辰（初七），以熙河路钤辖兼第二将、四方馆使李浩训兵精熟，诏许其留任。[2]

李宪在五月壬午（初九）奏上宋廷，报告熙河土田分等情况：近城第一等为官庄，第二等为合种，第三等出租，第四等募人耕种，第五年开始起税。他建议以近城沃土八百顷为官庄，有余的就募弓箭手，再有余的募人合种及出租赋。官庄每五十顷就差派治田使臣一员，立下赏罚格治之。神宗自然接受他切实可行的建议。六月丙辰（十四），因实行中出现问题，李宪马上修正治田方案。他上奏起初以熙河路弓箭手四人同治官庄一顷，但闻知他们颇困于役使，导致缺少二千人。他

1　《长编》，卷二百八十八，元丰元年二月丙午条，页7040；卷二百八十九，元丰元年五月甲戌条，页7073。

2　《长编》，卷二百八十九，元丰元年四月庚申条，页7068；五月庚辰条，页7074；卷二百九十九，元丰二年八月丙午条，页7281。李浩以熙宁十年的战功，在元丰二年八月丙午（十一），自东上阁门使、熙河路钤辖擢为四方馆使。

请求罢四人治田的命令，到收成时听暂时应役外，其余时间都毋得役使。另外，他以秦凤路转运使司纲运所的兵级，已诏隶本司。他请查明元额，下陕西转运使司简选厢军替换，以充治田之务。[1]李宪在新得边地所采取的军事屯田方法，与后代的做法甚为相似。开发熙河，让该地区能自给自足，宋廷就能进行下一步的军事行动。

为了守御熙州，李宪上言指熙州为一路根本，但汉蕃民居及军营、寺观都在城外，无所障护，他请求在熙州西南壁旧罗城基增筑，并加建女墙三丈。神宗准奏，六月乙巳（初三），诏熙州增筑西南外罗城，并渐置楼橹。这次筑城共役使兵夫四十四万。[2]

值得注意的是，在六月丙寅（廿四），神宗命太子中允、秘阁校理、同知谏院徐禧（1043—1082后），为计议环庆等路措置边防事，筹议攻夏。[3]可惜事后证明徐禧既不是李宪，也不如王韶，他只是纸上谈兵误己误国的书生。宰相王珪知神宗打算攻西夏，稍后也推荐太常丞、集贤殿修撰俞充为右正言、天章阁待制、知庆州，以迎合上意。考俞充在元丰元年八月壬子（十一）便获擢知庆州出任环庆帅。不幸俞充也是徐禧一类人。[4]

1　《长编》，卷二百八十九，元丰元年五月壬午条，页7075；卷二百九十，元丰元年六月丙辰条，页7089。

2　《长编》，卷二百九十，元丰元年六月乙巳条，页7086。

3　《长编》，卷二百九十，元丰元年六月丙寅条，页7092；卷二百九十七，元丰二年三月丙戌条，页7222。徐禧在元丰二年三月丙戌（十七），再加官职为右正言、直龙图阁、权发遣渭州，赐绯章服，其计议措置边防事的差遣如旧。

4　《长编》，卷二百五十四，熙宁七年七月乙卯条，页6223；卷二百五十八，熙宁七年十二月庚午条，页6297；卷二百五十九，熙宁八年正月庚子条，页6309—6310；卷二百八十，熙宁十年正月丙子条，页6854；卷二百八十三，熙宁十年七月（转下页）

拓地降敌

八月己酉（初八），李宪再上奏，以奉旨均定熙河、岷州、通远军公使钱，他请以转运司岁所支四州军公使数并拨付本司均支外，尚少钱二万缗。他以本司认定帖支数足，请罢逐州军回易。他奏请定下熙州公使钱四万五千缗，专犒设蕃部，河州、岷州及通远军各一万二千缗，其中二千缗专犒设蕃部。神宗从其请。值得一提的是，李宪的养子李毂同日以入内高品上言，称奉命编排赐董毡等的礼物，请下所属的

（接上页）壬申条，页6939；卷二百八十四，熙宁十年八月丙戌条，页6950；九月乙丑条，页6963—6964；壬申至癸酉条，页6966；卷二百八十五，熙宁十年十月庚寅条，页6977—6979；戊戌条，页6981—6982；卷二百八十六，熙宁十年十二月辛巳条，页6994；癸卯条，页7002；卷二百九十一，元丰元年八月壬子条，页7115—7116；卷三百十三，元丰四年六月壬戌条注，页7585。《宋史》，卷三百三十三《俞充传》，页10702。考俞充早在熙宁七年七月乙卯（十九），即以检正中书吏房公事、太子中允，获用为权发遣淮南东路转运副使，加集贤校理。十二月庚午（初七），他再授权同判军器监。到熙宁八年正月庚子（初七），他再授权发遣成都府路转运副使。熙宁十年正月，因冯京表奏在平定茂州蛮供应军需有功，再升一任。三月癸酉（廿三），召充权判都水监。他在成都时，与内臣王中正深相交结，至使妻出拜，又帮助王中正讨击茂州蛮有功。当王中正还京师，就力荐俞充可用，故召入权判都水监。是年七月壬申（廿四），他再自太常丞、集贤校理、权判都水监擢为直史馆、检正中书五房公事，仍权判都水监。不过，是年八月，监察御史里行黄廉（1034—1092）便劾他"结中人，徼幸富贵，不宜使佐其瞻之地"。御史彭汝砺也在九月乙丑（十八）劾他居亲丧却往访州官拥妓沽醉，又说他依威怙势，与在位相（指王珪）交结，多售官庄，因怕人攻击，就托他人姓氏，转以质易。彭又劾他强借富人钱不还，乡人衔之，只争相以匿名投状，诉其罪于州，说他巧事中官（指王中正），以盗名誉。神宗诏俞充就指控自辩。俞在是年九月壬申（廿五），仍以权判都水监往治荥泽河，他随后上言汴口的人员使用问题。十月丙戌（初九）他作出自辩。彭汝砺在庚寅（十三）仍奏称"充之材行，如陛下知之为详"，又揭发他以妻拜王中正求媚事，并说俞充不孝，罢运判未几却得省判。不过，俞在十月戊戌（廿一）仍获授兼都大提举市易司。宋廷到十二月辛巳（初五）才罢他都检正之职，却授他集贤殿修撰、都大提举市易司兼在京诸司库务。是月癸卯（廿七），神宗又诏称彭汝砺所言俞充事，是闻于虞部员外郎宋均国，神宗下令宋均国分析闻奏，一意维护俞充，台官始终打不倒他。他是凭新法并交结权贵而获得晋升的人。

供应赴资善堂进行编排。神宗从之。命董毡赐诏,鬼章赐敕。[1]这年李宪才三十七岁,却已许收养儿子,且李毂已出仕,实在是罕有的例子。

李宪为了充实他的熙河管治团队,八月壬子(十一),又奏请让他得力的助手,同管勾经制、提点刑狱霍翔常在熙河,更不分巡别地。神宗从之,诏霍翔免去秦凤路提点刑狱之差遣,而其序官、服色及俸给仍旧。为了弄清楚熙河一年来的开支情况,癸丑(十二),神宗命令李宪另一得力助手太常博士、陕西路转运副使赵济具实数以闻。甲寅(十三),相信是李宪的推荐,神宗再擢赵济为右正言、直龙图阁、知熙州,代替张诜。霍翔与赵济一直是李宪在熙河最得力的文臣助手。[2]

李宪在熙河进一步开拓财源,十一月乙亥(初五),他请移岷州滔山镇钱监,于岷州置铁钱监,并在通远军威远镇钱监改铸铜钱,比之冶铁,岁收净利至十四万余缗。李宪又请求取永兴军华州(今陕西渭

1　《长编》,卷二百九十一,元丰元年八月己酉条,页7114;卷二百九十四,元丰元年十一月甲戌条,页7163。《宋会要辑稿》,第十六册,《蕃夷六·吐蕃》,页9915。按李宪在是年十一月甲戌(初四)又上奏,以宋廷有旨许岷州以旧钱本回易,以犒设蕃部。他以河州和岷州已有公使钱及犒设钱,而岷州却许回易,请求罢之。神宗从其请,罢岷州回易,而河、岷州犒设钱旧定为各二千缗,现令岷州更加二千缗,河州一千缗,并给经略司钱专犒设蕃部探测边事,他人不得挪用。

2　《长编》,卷二百七十九,熙宁九年十二月庚寅条,页6831;卷二百八十六,熙宁十年十二月癸卯条,页7001;卷二百九十一,元丰元年八月壬子条,页7117;癸丑至甲寅条,页7119—7120;卷二百九十四,元丰元年十一月己丑条,页7170。当赵济获得重用为知熙州时,其兄赵咸也在元丰元年十一月时见任提举河东路常平等事,并专责提举河东路编排置办两九军兵仗。有兄在河东任职,赵济在熙河办事也就多了一番照应。考赵咸早在熙宁九年十二月庚寅(初八)以殿中丞任河东经略司管勾机宜文字,奏上根括打量代州界禁地项亩数。熙宁十年十二月辛丑(廿五),因韩绛上言,奏他根括地毕之功,于是自殿中丞、权通判代州迁一官升一任。

南市华县）铁监作匠到来教习。神宗诏从之。神宗在乙酉（十五）因闻说熙河路商货所至州军，并由市易司榷买，神宗令提举成都府（今四川成都市）等路茶场司李稷（？—1082）研究是否属实。李宪覆奏熙、河、岷州及通远军等处商人贩卖匹帛，确是由熙河经制司令市易务拘买。神宗于是命李宪具奏其事以闻。神宗对于李宪拓大财源的做法并没有禁止。[1]

元丰二年（1079）二月辛丑（初二），李宪奏上神宗，蕃官内藏库使李蔺毡讷支（？—1099）等愿助筑熙州外城。神宗诏日给运土人米一升，不得抑限科定赴役人数。在神宗的首肯下，李宪翌年在河州和岷州筑城，也找到蕃官赵醇忠和赵结成玛以土人襄助。[2]

李宪再在是月戊辰（廿九），以经制熙河路边防财用司的名义，奏上改革熙河财政十事：第一，请收熙、河、岷州、通远军官员职田以募弓箭手，而按官员的所授田多寡，每顷岁折换本司钱十千。第二，已拘收的三州一军公使醋坊归本司资助，请以逐处月收课利，约定监官三等食钱，月终计算，于醋坊净利钱内给纳。第三，岷州盐官镇、通远军盐川寨两处盐场，近日拨属本司，岁入增利，请求从今年别立界，到岁终较其登耗，以施赏罚。第四，请于凤翔府（今陕西宝鸡市凤翔县）增

1　《长编》，卷二百九十四，元丰元年十一月乙亥条，页7164；乙酉条，页7166。《宋会要辑稿》，第十一册，《食货三十七·市易》，页6820。关于北宋陕西钱监的情况，特别是华州钱监、通远军威远镇钱监、岷州滔山监、凤翔府郿县斜谷钱监的情况，可参考汪圣铎：《两宋货币史》（修订版）（北京：社会科学文献出版社，2016年3月），上册，第一编第二章《钱监的设置与分布》，页52—55、66—68。据汪氏的研究，李宪请将通远军威远镇钱监改铸铜钱，到元丰二年二月获得神宗的准许。

2　《长编》，卷二百九十六，元丰二年二月辛丑条，页7204。

置市易务，与秦州、熙州等五市易务相为表里，移用变易。第五，请本路州军岁遣官置场和籴，遇到谷价贵即出粜收息，若收息钱万缗以上的官员就减磨勘一年，当中属选人的就免试与优便差遣，每二万缗循一资。第六，四处市易务各增加监官一员兼领市籴，而可减罢本司准备差使四人。第七，通远军威远寨钱监改铸铜钱，罢凤翔府郿县创置之钱监。第八，秦凤路坑冶如不许本司经制，就请令转运司拨还已兴置的本钱；如许经制，就请发遣陈述坑冶选人杨徽赴本司；其坑冶如系本司创置，就请隶属本司。第九，岷州麻川、荔川、闾川寨、通远军熟羊寨，请置牧养十监，便募兵为监牧指挥，其营田请依官庄例募永济卒二百人，其永济卒通以千人为额，以十六官庄四营田工役，其请给并从本司自办。第十，遇急事请依茶场司例，允许权差待阙得替官勾当。最后李宪又请筑河州西原北河堡。神宗览奏后从其议。[1]

在李宪的安排下，已输诚的董毡派使臣大首领景青宜党令支来贡方物。神宗在三月庚午（初一）接见并问其来意，景青回答说因董毡蒙恩许贡，故遣使来谢。神宗于癸未（十四）赐董毡进奉马四百六十三匹价钱一万一千二百缗，银彩各千，对衣、金带、银器、衣着等。又以李宪所奏景青宜党令支之劳，补珍州刺史，副使刘勇丹结吉授扶州（今四川阿坝藏族羌族自治州九寨沟县）刺史，余者有官迁一资，未有的补职名有差。另外岁增大首领大彩十七匹，小首领五匹，散茶各十斤。[2]

1　《长编》，卷二百九十六，元丰二年二月戊辰条，页7213—7214。《宋会要辑稿》，第十一册，《食货二十四·盐法三·盐法杂录》，页6521。
2　《长编》，卷二百八十，熙宁十年二月戊子条，页6861；卷二百九十七，（转下页）

拓地降敌

李宪正在努力经营熙河时，他麾下两员大将种谔和杨万却因与经制边防财利司数次论辩公事而生嫌隙。李宪怕出事，四月庚子（初二），就请神宗将种谔自岷州徙泾州（今甘肃平凉市泾川县），以内藏库使张若讷代知岷州，而以礼宾副使康识（？—1093后）代杨万知通远军。然一波刚平，一波又起。是月乙巳（初七），提举成都府等路茶场李稷却劾李宪的经制司擅权买熙、河、岷州和通远军商所入货。神宗诏李宪具析事情以闻。李宪覆奏说自置经制司以来，除蕃商水银及盐川寨、盐官镇两榷场依法禁私贩外，市易买卖都任由商贩自愿交易，未尝拘拦。他自以识见疏浅，怕最后难逃吏议，请只降罪于他，把一切责任揽在身上而保护下属。神宗览奏后就召李宪回京师，命令转运使蒋之奇（1031—1104）根治此案，劾有罪之人。又诏蒋宜以朝廷所定之事目推治此案，不要牵扯别事。首先被治罪的李宪僚属是熙河路副都总管王君万和前知熙州高遵裕，他们均以借给籴边储钱而违法回易，而王君万被指教唆蕃官木丹，指控负责审理此案的转运判官孙迥（？—

（接上页）元丰二年三月庚午条，页7216；癸未条，页7221；卷二百九十八，元丰二年六月甲寅条，页7256—7257；卷三百五十，元丰七年十二月癸巳条，页8397。考景青宜党令支在六月甲寅（十七）离京师返青唐前获神宗召见，慰谕一番，叫他告知董毡，这次他所遣贡奉人甚为恭恪。宋廷已许他纳款，此后他可以多次遣人来自由贸易，又叫他好好守护祖田。景青等皆唯唯奉诏，又乘机奏本土永宁寨赐蕃僧实宁巴、李锡新等已授紫衣，请再授他们师号，另通远军来远寨蕃官吴恩又请授本族巡检，神宗令押伴官具奏以闻，最后皆从其请。考宋廷在元丰七年十二月癸巳（廿八），诏废通远军来远寨。考后来成为李宪麾下得力战将的康识是河南人，早在熙宁九年十一月辛巳（廿九），以东头供奉官走马承受佐崇仪副使知岷州种谔，在铁城破鬼章兵，斩首八百级。熙河经略司在熙宁十年二月戊子（初七）上奏其功，康识改一官为内殿崇班加阁门祗候，种谔升引进副使。

1091后）曾对他加刑。最后宋廷命李稷审得其实，五月乙未（廿八），王君万被降一官，改任凤翔府铃辖，而已调任知淮阳军（今江苏邳州市）的高遵裕展三期叙官。此案在六月戊戌（初一）审结，李宪与属官马申（？—1090后）、赵济、霍翔坐奏事不实，判徒二年。

神宗自然护庇李宪等，七月戊辰（初二），李宪的助手同管勾经制熙河路边防财用、驾部员外郎霍翔，首先复职为秦凤路提点刑狱。壬申（初六），神宗以权陕西转运判官、太常博士叶康直（1028—1091）兼同管勾经制熙河路边防财用使，代替王君万。叶后来成为李所信任的重要僚属。[1]李宪及其属下这次为了开拓熙河财源，做了违法的事，而给文臣抓住把柄，跌了一跤，幸而神宗眷宠不衰，才保住职位。李宪

1　《长编》，卷二百三十六，熙宁五年闰七月戊申朔条，页5725；卷二百四十八，熙宁六年十二月乙酉条，页6060；卷二百五十二，熙宁七年四月丙戌条，页6171；丙申条，页6178；卷二百六十四，熙宁八年五月己丑条，页6481；卷二百九十七，元丰二年四月庚子至乙巳条，页7229—7231；卷二百九十八，元丰二年五月乙未条，页7252；卷二百九十九，元丰二年七月戊辰条，页7264；壬申条，页7267。《宋史》，卷一百八十六《食货志下八·商税》，页4543；卷四百二十六《循吏传·叶康直》，页12706—12707。宋廷原本委永兴军等路提点刑狱主客郎中王孝先（？—1089后）审理王君万一案，但王孝先大概考虑王君万背后的李宪因素，"观望不尽力"。结果他也被降一官。神宗在霍翔复官时批示说，霍翔当初请求免出巡，宋廷怕他职事不专，才罢他所领的提点刑狱。霍这次被贬，闻说他意气沮丧，无心经营经制司的职务，故复他旧职，让他安心供职，并令他任满后不另差人。叶康直是建州（今福建南平市）人，擢进士第，知光化县（今湖北襄阳市老河口市西北）而有政绩，为当地人所歌颂，在熙宁六年十二月乙酉（十七），从判司农寺曾布（1036—1107）辟，任司农寺勾当事，担任曾的僚属。他在熙宁八年五月己丑（廿九），又以永兴军等路转运判官奉诏往鄜延环庆路赈济饥民。《宋史》将他列入《循吏传》。另蒋之奇早年附和王安石行役法，他在熙宁五年闰七月戊申朔（初一），得以自权淮南转运判官、金部员外郎、权发遣转运副使，到熙宁七年四月丙戌（十九），他以权发遣淮南东路转运副使、提举楚州市易司奏劾著作佐郎、监楚州市易务王景彰违法事。但蒋不久因丁忧去职，他是神宗信任的人。

　　　　　　　　　　　　　　　　　　　　　　拓地降敌

稍后再上奏，申说转运使常苦无钱，惟有以盐钞和籴，于是就给富人收蓄盐钞，坐牟厚利，而计置司积钱买货物，又需借盐钞轻便易携带，他请宋廷颁下政策。神宗依从李的建议，于七月乙亥（初九），诏陕西转运司，年额盐钞特许熙河路边防财用司认数收买。庚辰（十四），为了杜绝走私，李宪又上奏指历来卢甘、丁吴、于阗、西蕃各族以麝香、水银、朱砂、牛黄、真珠、生金、犀玉、珊瑚、茸褐、驼褐、三雅褐、花蕊布、碯砂、阿魏、木香、安息香、黄连、牦牛尾、狨毛、羚羊角、竹牛角、红绿皮交易，而那些中介的博买牙人见利钱厚，就与蕃部私下交易，抄小路入秦州，避过抽取商税。他请求宋廷下诏，令秦、熙、河、岷州、通远军的五处市易务，募博买牙人，招徕蕃货往市易务贩卖。如有人敢走私，许人告发，每估值一千的就官给赏钱二千。这样就可招徕远人，可以好好的稳住遗利，以资助边计。神宗对李宪详细无遗的建议自然准奏。[1]

李宪又在七月丁亥（廿一），为他的爱将王君万请命，请给他差事。神宗命王为专管勾熙河路新置监牧及给散蕃部马种。以王君万之前被籍没家财以偿还所贷的结籴钱，尚欠官本万余缗，这次给他新的差遣，庶可补助他归还债务。[2]

李宪回到京师，他的家人却闹家务，事缘其妻王氏的母亲到开封

1　《长编》，卷二百九十九，元丰二年七月乙亥条，页7268。《宋会要辑稿》，第十一册，《食货二十四·盐法三·盐法杂录》，页6521。《宋史》，卷一百八十六《食货志下八·市易》，页4552。按《宋会要辑稿》以此诏系于七月甲戌（初八）。

2　《长编》，卷二百九十九，元丰二年七月丁亥条，页7273。《宋史》，卷三百五十《王君万传附王赡传》，页11070。王君万被籍没家财以抵亏空，据说他愤甚，一年不到便死了。他负债三年后才获免除，相信是李宪的帮助。

府讼告李宪的婢女（当是李所宠爱的）谋害王氏。时任知开封府的翰林学士、司封员外郎蔡延庆（1029—1090）大概畏惧李宪的权势，竟避开职责不去接受此诉讼，又说王氏的状词涉及外事。曾经上奏反对李宪统军的开封府推官蔡承禧力争之，并与蔡延庆更相论奏。神宗于是下审刑院与刑部讨论，二司认为应受理。权监察御史里行舒亶（1041—1103）上言劾开封府官吏观望畏缩，对于狱辞所言竟置不问。神宗下诏开封府尽理根治，然开封府仍以按御宝所批专勘公事为名追查。神宗再批示，斥开封府官员回避畏忌，不敢据告发的事施行审讯，下令开封府具析事实以闻，并令左右厅推官及判官同审理外，其余官员依常事行遣。舒亶又上言劾蔡延庆于审案期间故意避事，是为了脱去别人（指李宪）的怨怒，请将他重谴。八月壬寅（初七），蔡延庆落职知滁州（今安徽滁州市），李宪妻王氏一案移大理寺审理。[1]

李宪妻王氏一案让人看到文臣对他不同的态度：蔡延庆等深知李宪是神宗宠信而轻易惹不起的内臣，然蔡承禧等却不避权势，穷究到底。值得一提的是李宪的妻子王氏，她出于何家史所不载。她与当时两名高级内臣王昭明及王中正，尤其后者有何关系待考。

神宗在九月戊寅（十三），命前参政、资政殿学士、鄜延路经略使吕惠卿兼措置陕西缘边四路边防事，诏诸路措置未了之事，各令勾当公事官齐送吕惠卿看详以闻。八月庚申（廿五）前，李麾下的勇将种谔以东上阁门使、文州刺史权鄜延路副都总管。吕惠卿这时成为李宪和

---

1 《长编》，卷二百九十九，元丰二年八月壬寅条，页7279。《宋会要辑稿》，第八册，《职官六十六·黜降官三》，页4827。

　　　　　　　　　　　　　　　　　　　　　　　拓地降敌

种谔的顶头上司。[1]

十月庚戌（十五），以曹太皇太后（1016—1079）病重，神宗颁下赦罪德音诏，稍后便诏李宪等所坐的是公罪，宜依十月十五日的德音恩赦释之。乙卯（二十），曹太后病逝。刚召回的李宪，除获赦免先前的罪外，又获委为曹太后的山陵都大管勾，至于另一员入内副都知王中正就被命为山陵案行副使，而另一员神宗宠信的内臣入内东头供奉官、寄六宅使、庆州团练使宋用臣，被委为都大提举修奉皇堂并修梓宫。而首席内臣张茂则主管殿莜事。[2]

在李宪及熙河路帅臣的经营下，西疆暂得安宁，元丰三年（1080）正月辛卯（廿七），首先是于阗国大首领阿令其额温等来贡方物，然后在癸巳（廿九）熙河路经略司奏称，邈川城主温讷支郢成派首领阿笃等求赠官职。宋廷诏补温讷支郢成为会州（今甘肃白银市靖远县）团练使、邈川蕃部都巡检使，温溪心为内殿崇班，温声腊抹为右班殿直并邈川蕃部同巡检，阿笃授本族副军主，僧禄尊为禄斯结族都虞侯，月给茶帛有差。[3]

1　《长编》，卷二百九十九，元丰二年八月庚申条，页7288；卷三百，元丰二年九月戊寅条，页7302。

2　《长编》，卷二百九十七，元丰二年三月乙巳条注，页7231；卷三百，元丰二年十月庚戌至庚申条，页7312—7316；卷三百三，元丰三年三月庚寅条，页7373。《宋会要辑稿》，第三册，《礼三十二·后丧·慈圣光献皇后》，页1467—1468；《礼三十七·后陵·慈圣光献皇后陵》，页1593—1594。据李焘所考，神宗诏以德音释李宪等罪，应为是年的十月庚戌（十五），即为曹太后的病而颁下的德音诏。又元丰三年三月庚寅（廿七），宋用臣以修皇堂有功，于见寄使额上迁五资。

3　《长编》，卷三百二，元丰三年正月辛卯至癸巳条，页7350—7351；卷三百三，元丰三年三月己丑条，页7372；卷三百五，元丰三年六月戊戌条，页7417。宋廷在（转下页）

四月丙申（初三），李宪的上司、鄜延路经略使、兼措置陕西缘边四路边防吕惠卿上奏宋廷，已分定熙河路战守兵马九将所领兵四万一千三百八十九，马万二千四百十八，辎重八万三千一百三，州军、城寨、关堡守城兵五万一千一百九十四。宋廷从其奏。这是后来李宪所领熙河九军的总兵力。两天后（戊戌，初五），相信因李宪保荐，当初获罪的属下经制熙河路边防财用司勾当公事、奉礼郎马申晋升为太子中舍、权发遣陕西转运判官、兼同管勾边防财用。宋廷又诏陕西转运使，熙河一路的钱帛、刍粮都归经制司管认，另经制财用职事上举废官吏，亦令经制司施行。乙巳（十二），宋廷又委通判熙州秘书丞胡宗哲（？—1099后）同管勾经制熙河路边防财用事。胡宗哲也是李宪后来的得力助手。[1]

（接上页）元丰三年三月己丑（廿六），诏于阗国进奉使所卖乳香，要偿现钱。其乳香所过地方的官吏有失察，令转运使劾其罪。宋廷又在六月戊戌（初七），因熙河路言温讷支郢成归附，请录其族人及首领官职，于是补温讷支郢成的叔父溪心、弟阿令京为西头供奉官，溪心的儿子乐厮波温、弟阿罗为右班殿直，族弟溪巴温为三班奉职，妹婿搭令波为借职，月给茶彩有差。

1　《长编》，卷三百三，元丰三年四月丙申条，页7375；戊戌条，页7379；乙巳条，页7381；卷三百九，元丰三年闰九月辛丑条，页7496；卷三百十一，元丰四年三月癸卯条，页7551；卷三百十二，元丰四年四月辛酉条，页7560；卷三百九十一，元祐元年十一月丙子条，页9520；卷四百十三，元祐三年八月辛丑条，页10045；卷四百十五，元祐三年十月甲寅条，页10072—10074；卷四百五十七，元祐六年四月乙未条，页10938；卷四百八十一，元祐八年二月甲戌条，页11459；卷五百六，元符二年二月丙戌条，页12085。《宋会要辑稿》，第八册，《职官六十八·黜降官五》，页4878。朱彧：《萍洲可谈》，卷一，页109；卷三，页163、169。《宋史》，卷三百十八《胡宿传附胡宗愈胡宗回传》，页10366—10372。考马申在元丰三年闰九月辛丑（十二），给事中知谏院蔡卞（1048—1117）所劾，说他才品素下，神宗就罢他陕西转运判官之差遣，只委他权发遣同经制熙河路边防财用事。胡宗哲当是仁宗朝枢密使胡宿（995—1067）从子，与胡宗愈（1029—1094）及胡宗回可能是兄弟或族兄弟。据《萍洲可谈》的记载，（转下页）

　　　　　　　　　　　　　　　　　　　　　　拓地降敌

神宗对李宪的工作很支持，五月癸亥（初一），权管勾熙河路经略司赵济上言，以熙州杂支钱只有六十余千，籴买钱只有八百余千，马料仅够支两月，熙州所辖的其他州军亦差不多。神宗即批示熙州及转运司，各以见在仓库钱对比去年李稷未到任以前的数目奏上。不过，为了防止经制财用司官员滥职，神宗也在是月辛未（初九），令经制熙河路边防财用司与其他相近的机构隶御史台检察。[1]

赵济在六月丙午（十五）上奏，称收到董毡的信，董表示想建一城，请求宋廷给他修城铁器及援兵。神宗诏赵济谕董，修城铁器已令熙河供应，要他先具数量来。到他修城时，当令熙河经略司派兵

（接上页）常州胡氏贵盛，自胡宿任枢密使，胡宗愈继起任尚书右丞，胡宗回、胡宗师（？—1103后）、胡宗炎（？—1104后）、胡奕修皆至两制，另胡宗质四子同时出任监司。按朱彧妻父胡宗尧也是胡宿子，另朱亦记也有胡宗甫其人，当是胡氏宗人。据载胡家贵且富，东南称胡家为"富贵胡家"。又胡家女婿亦多有名人。惟朱氏一书没有提及胡宗哲。据《长编》所记，胡宗师在元丰四年三月癸卯（十六）以开封府推官，被劾没有认真查究参知政事章惇之父章俞侵占民田一案，而被责冲替。胡宗师似乎是倾向新党的人，故不受旧党所用。他到元祐六年（1091）四月乙未（初六）才以江南东路转运副使为户部员外郎，到元祐八年二月甲戌（廿七）再徙为成都府路转运副使。他在元祐时期并未受重用。到哲宗亲政，他就得到重用，元符二年二月丙戌（十三），他已擢至朝散大夫、光禄卿、直龙图阁、权知郓州。而胡宗炎在元丰四年四月丁酉（初四）则以承议郎上言京师之夷门山为都城形胜之地，不宜任由人取土。宋廷从其言。考胡宗炎在元祐元年十一月丙子（廿二），自新知大宗正丞获旧党重臣平章军国重事的文彦博推荐，授将作少监。元祐三年八月辛丑（廿八），右正言刘安世攻击首相吕公著擢用亲属时，就说胡宗炎是吕的姻家而获擢将作少监，另说他是刚在四月擢为尚书右丞胡宗愈之弟而近授开封府推官。是年十月甲寅（十二），刘安世再劾胡宗愈时，又称胡宗愈侄女适吕公著的亲孙，又指言官丁骘是他的妻族而获荐，并再提胡宗愈任右丞，便自擢其弟胡宗炎为开封府推官。胡宗炎在崇宁三年（1104）十一月最后以直龙图阁知颍昌府，因被言者劾他庸懦不足当藩翰之任而被罢，宋廷令他提举南京鸿庆宫休致。胡家兄弟大部分与旧党宰执有亲属关系而受到擢用。

1　《长编》，卷三百四，元丰三年五月癸亥条，页7392；辛未条，页7405—7406。

照应。[1]

李宪在六月戊申（十七）痛失爱将王君万，他上奏宋廷为王求恩典，他以王君万自开拓熙河以来，功劳为最，不幸病死，他官司所负的结籴钱已将他的家产没入。他的儿子王赡（？—1101）刚授官又被拘收，他请求神宗怜悯，授王赡熙河路一将副差遣。但侍御史知杂事何正臣（？—1099）却劾李宪以内臣越分干请属下官职，不知忌惮，说他卖恩作福，取媚于人。何又说王君万是边地豪强，若依李宪之议，岂不触动与他同类的人求官？他请置李宪以典刑。神宗处理得很特别，他当然不会听何的话将李责降，而只将何正臣之奏，命抄写给李宪看。[2]

李宪这次为王君万及其子求恩典，完全是上司对下属照顾应有之义，何正臣则是基于对内臣的偏见而小题大做，不顾在边地奋战的将校士气。宋廷的文臣对李宪的成见，随着李的权力增高而扩大。

神宗于六月壬子（廿一）终于为李宪处理了先前的家务，元丰二年发给大理寺处理李宪妻王氏的案件，在是日审结。当初王氏告李宪闺门事，开封府审治李宪子妇时，她曾自诬有罪。神宗察其冤，移大理寺审讯，负责此案的祠部员外郎、权发遣大理少卿杨汲（？—1092后）找到佐证查得事实真相，但王氏执其说越坚，杨于是取内侍省宿历

1　《长编》，卷三百五，元丰三年六月丙午条，页7425。《宋会要辑稿》，第十六册，《蕃夷六·吐蕃》，页9916。
2　《长编》，卷三百五，元丰三年六月戊申条，页7426—7427。《宋史》，卷三百五十《王君万传附王赡传》，页11069—11072。考王君万的儿子王赡，《长编》《曾公遗录》均讹写为"王瞻"，他是哲宗后期开边有功取得鄯州（今青海西宁市）的主要边将，他因李宪的提拔而晋身。他的事迹可参阅何冠环：《北宋绥州高氏蕃官将门研究》，页445—455。

检验之，证明她诬告，还李宪清白。神宗释怀，对杨汲说，李宪是他亲近之人，若有不得直，刑滥就从此开始。为奖赏杨的功劳，就特赐他紫章服。[1]

神宗帮李宪脱罪，可保不了李的部属赵济。是月癸丑（廿二），陕西转运司劾赵济私役兵防及用官钱买女口，诏罢其知熙州之任，留在秦州听旨。乙卯（廿四）改以知沧州（今河北沧州市）、屯田郎中、直集贤院张頵（？—1090），加祠部郎中、直龙图阁代知熙州。但御史满中

1　《长编》，卷二百六十四，熙宁八年五月甲戌条，页6464；卷二百九十五，元丰元年十二月戊午条，页7185—7186；卷三百二，元丰三年二月己未条，页7359；卷三百五，元丰三年六月壬子条，页7428；卷三百二十九，元丰五年九月辛卯条，页7929；卷三百九十八，元祐二年四月丙戌条，页9700—9701。《宋史》，卷三百五十五《杨汲传》，页11187。考杨汲字潜古，泉州晋江人，《宋史》卷三百五十五有传。他是吕惠卿的表亲。他登进士第便调任赵州司法参军，后由吕惠卿荐与王安石及韩绛，得以主管开封府界常平，后权都水丞，与侯叔献行汴水淤田法，熙宁八年五月得到神宗嘉许。他在元丰元年十二月戊午（十八）便以太常博士、权判都水监擢为大理少卿。大理正卿为权知审刑院度支郎中崔台符（？—1087），另一少卿是屯田郎中、直史馆、权发遣江淮等路发运副使塞周辅（1023—1088）。不过，崔台符及杨汲与权发遣大理寺丞贾种民与权监察御史里行何正臣，却在元丰三年二月己未（廿五）以治陈世儒狱时失察，各被罚铜十斤。可见杨汲并不是精于断狱的人。至于李宪妻王氏告李宪何事？之前的说法是王氏母告李宪婢欲谋害王氏，而蔡延庆以案涉外事而不敢审理，根据《长编》此条的记载，此事涉李宪的子妇以至李宪本人。笔者怀疑王氏讼告李宪私通子妇（不知是否李毅之妻），怕事而使其婢谋害之。至于杨汲以什么证据得到实情，而去内侍省取的宿夜纪录属于何人，是李宪的还是李毅的？也没有说明。笔者怀疑杨汲所取的是李宪在内侍省的宿历，以证明他没有私通子妇。显然，杨汲明白神宗有心保护李宪，于是他的调查方向是为李脱罪。他按神宗的意旨办事，稍后便被擢为大理卿。他在元丰五年（1082）九月辛卯（十三），便以大理卿上奏言狱空，神宗诏付史馆。元祐二年（1087）四月，他却被言官王岩叟劾他"治狱不公，高下其手，贼害善良，而世以为酷吏者三人，崔台符、杨汲、王孝先也"。王岩叟的说法可能有偏颇，但杨汲显然不是治狱宽大而公正的人，他这次审理事涉李宪的狱事，就不像平素的治狱手法。杨汲治狱种种劣绩，在元祐时便被言官痛劾，详见下文。

行（？—1090后）却认为张天性偏躁，动多猜忌，以前在广南已计较私忿，而熙河边要之地，需得有持重有常的人担任。神宗从之，于七月癸亥（初二），罢张之任，而改以李宪的旧部宿将步军都虞侯、昌州团练使、知雄州苗授代知熙州权发遣熙河路经略安抚马步军都总管司。戊寅（十七），再命苗授同经制熙河边防财用事。因王君万之死，己卯（十八），宋廷接受李宪的提议，命同管勾经制熙河路边防财用、秘书丞胡宗哲兼管勾新置监牧及给散蕃部马种事。苗授在上任道中丁母忧，累请辞官终丧，但神宗不许。[1]李宪暂时失去了赵济，却得以调回爱将苗授效力，神宗也算得体谅了。

七月壬申（十一），熙河路走马承受内臣乐士宣（？—1118后）上奏，称青唐酋鬼章又致书知河州刘昌祚，既出言不逊，又大集兵马，未知去向。神宗闻奏即命熙河经略司具奏其事并查探鬼章去向。庚寅（廿九），熙河路经略司又上奏称收到西界首领禹藏结逋药和蕃部巴鞠等的情报，说西夏集兵，准备修筑撒逋达宗城于河州界，黄河之南和洮河之西。神宗即命熙河路多备兵马以制止之。[2]

神宗考虑到西边乏人，于八月癸巳（初三）诏陕西转运使蒋之奇见勘熙州赵济之公事已日久，令所干系的人宜先次释放。丙申（初六），

1　本书附录二《苗授墓志铭》。《长编》，卷三百五，元丰三年六月癸丑至乙卯条，页7428—7429；卷三百六，元丰三年七月戊寅至己卯条，页7442—7443；卷四百四十九，元祐五年十月己亥条，页10790。《宋史》，卷三百五十《苗授传》，页11068。考十年后，在元祐五年十月，御史中丞苏辙上奏反对张颉知沧州时，就重提及当年臣僚反对张颉知熙州的理由，认为他不可付以边事。
2　《长编》，卷三百六，元丰三年七月壬申条，页7438；庚寅条，页7449。《宋会要辑稿》，第十六册，《蕃夷六·吐蕃》，页9916。

　　　　　　　　　　　　　　　　　　　　拓地降敌

前提举熙州市易汲逢，原本坐以前界市易息滚入后界之过，神宗只轻罚赎铜十斤，改勒停为冲替。总之神宗对熙河的官员的过失，都宽大处理。[1]

神宗在九月壬申（十三），因李宪奏上其经制司属下收课利之功，将右正言、直龙图阁赵济擢为右司谏仍升一任，已故的王君万迁一子官，驾部员外郎霍翔迁主客郎中，权发遣永兴军等路提点刑狱叶康直减磨勘二年。神宗又特赐仍在京师的李宪北园瑞应坊园宅一区。[2]李宪待下有恩，于此可见一斑。

闰九月辛亥（廿二），内臣李舜举以侍神宗左右岁久，清谨无过，获神宗擢为文思使、遥郡刺史、带御器械。[3]神宗稍后即打算用李舜举帮助李宪进一步拓展西边。

十一月丙申（初八），以赵济为首的一班熙河官员之前被鞫之罪成：刚升官的赵济坐遣熙河指使，西头供奉官张祚、三班借职吕忧以私役禁军至京师买婢及奏熙州钱数马料不实之罪，落直龙图阁并追三官勒停，太常博士、前管勾机宜文字许醇和经制熙河路边防财用司勾当公事赵辉各以搬家人为名假赵济逾数，各追一官并勒停。熙河都

---

1 《长编》，卷三百七，元丰三年八月癸巳条，页7452；丙申条，页7455。

2 《长编》，卷三百五，元丰三年六月丙午条，页7424；卷三百七，元丰三年八月辛亥条，页7467；卷三百八，元丰三年九月壬申条，页7482；卷三百十，元丰三年十二月乙酉条，页7528。《宋史》，卷四百六十七《宦者传二·李宪》，页13639。考叶康直在三月前，即元丰三年六月丙午（十五），便以提点永兴军路刑狱兼提举本路义勇与保甲。本来陕西路教阅以四年为限，但他在是年八月辛亥（廿一）建议陕西义勇、节级、保界及中保长，只作三年教阅。神宗从其请，诏河北及陕西路教阅不过三年。从此事可以看到叶是实事求是的人，他这次获减磨勘二年，当是赏其劳。

3 《长编》，卷三百九，元丰三年闰九月辛亥条，页7498。

监第二将、西染院使许利见，泾原都监第六将、崇仪使张恩等知而故纵，各追一官。[1]

李宪属下不乏以权谋私之辈，神宗可不姑息，然神宗对李宪仍信任不替。神宗在十二月乙酉（廿七）又给李宪一项差事。因修建尚书省需要大量上好的巨材，他颁诏称方今天下，独有熙河山林久在羌中，养成最为浩瀚的巨材，可以取足以修建尚书省之数。他令李宪兼专切提举本路采买木植，令其奏上合需置的官属及制定约束之法，一体奏上以闻，又以熙河路以东涉历的路分，应按此是特殊职事，他司不得随便干预。[2]

正如《宋史》所说，李宪自兼熙河的经制财用司后，裁减熙河冗费十之六，当时宋廷用兵连年，度支调度已不继，李宪却能在熙河开源节流。他又岁运西山巨木给京师作营缮之用，他治理熙州的成绩是有目共睹的。时任泰州通判的刘邠曾撰《熙州行》七言长诗，既歌颂神宗及王安石决策英明，又大大称许王韶等收复熙州之功及认定熙州足以自给和戍守：

1　《长编》，卷二百九十九，元丰二年八月辛丑条，页7278—7279；卷三百十，元丰三年十一月丙申条，页7513—7514；卷三百三，元丰三年四月乙未条，页7375；卷三百四，元丰三年五月甲申条，页7410。《宋会要辑稿》，第八册，《职官六十六·黜降官三》，页4830。考泾原在元丰二年八月辛丑（初六），将正兵及汉蕃弓箭手编为十一将，第一、第二将驻渭州，第三将驻原州，第四将驻绥宁寨，第五将驻镇戎军（治今宁夏回族自治区固原市原州故城），第六将彭阳城，第七将驻德顺军，第八将驻水洛城，第九将驻静边寨，第十将驻隆德寨，第十一将驻永兴军奉天县。考当时泾原路总管兼第一将是四方馆使、忠州团练使韩存宝，第六将是张恩，第七将德顺军是勇将姚麟。韩在元丰三年五月甲申（廿二）受命为都大经制泸州蛮贼事，统军南征。
2　《长编》，卷三百十，元丰三年十一月乙酉条，页7528—7529。

　　　　　　　　　　　　　　　　　　　　　　　拓地降敌

自敌请盟供贡职，关西二纪剽兵革。敌人岁来受金帛。地虽国本常不惜。帝家将军勇无敌，谋如转圜心匪席。精神动天天不隔，凿空借筹皆硕画。贾生属国试五饵，买臣朔方发十策。偏师倏然尽四海，一月三捷犹余力。百蛮解辫慕冠带，五郡扫地开城壁。葱岭陂陀蒲类深，回笑秦并与禹绩。尚书论功易等差，御史行封自明白。武功虵爵十万金，彻侯印组丈二尺。奋行过望理自尔，少从进熟来无极。忆昔汉武开西域，天下骚然苦征役。哀痛轮台置肥美，割弃造阳损斗僻。岂知洮河宜种稻，此去凉州皆白麦。女桑被野水泉甘，吴儿力耕秦妇织。行子虽为万里程，居人坐盈九年食。熙州欢娱军事息，天王圣明丞相直。[1]

刘邠在诗中没有提到李宪的功劳，但公道在帝心。神宗不久又委李宪以攻夏之重任。

1　《宋史》，卷四百六十七《宦者传二·李宪》，页13639。刘攽：《彭城集》，卷八《七言古诗·熙州行》，页186。按刘邠此诗作于何年月不载，看诗的内容，似撰于王韶向宋廷报捷，神宗重赏王韶等之时。

第五章

攻取兰州：元丰四年李宪征西夏事迹考

　　本章续谈李宪在元丰四年（1081）收复兰州的始末。神宗于元丰四年正月辛卯（初三），因韩存宝征泸州（今四川泸州市）蛮乞弟失利，改派步军都虞侯、环庆路副都总管林广代替韩存宝，又命侍御史知杂事何正臣及入内供奉官、勾当御药院梁从政（?—1106后）前往泸州勚韩存宝。丁酉（初九），宋廷下诏以韩存宝不候朝旨，擅自退兵，逗挠怯避，而监军内臣韩永式同议军事，竟然同意退兵，令何、梁二人俟林广至，就于军前宣谕二韩罪状，并正典刑。韩存宝是王韶及李宪当日开河州及洮州的部将。近在帝侧的李宪大概已知韩凶多吉少。[1]

　　正月庚子（十二），知熙州苗授兼管的经制熙河路边防财用司上奏，指知岷州张若讷和通判王彭年（?—1084后）及多名将官等违例看妓乐宴会，已查明属实，请罢二人之任而另差官。李宪为他的部属申理，称张若讷等因部将借职郭英讼本辖将官，本司却奏别差官而不指明所犯情节。他说张若讷所管洮东安抚司，实系方面人望，若只以部

1　《长编》，卷三百一十一，元丰四年正月辛卯至丁酉条，页7531—7535。

将的指控，轻易令他去职，如何能弹压辖下汉蕃人等？他请下本路经略司尽理查勘。神宗接受李的求情。张若讷曾是苗授的副将，苗授自然不会违逆他的老上司李宪的意见，最后张等只被轻罚铜。[1]李宪竭力保护他麾下的战将，大概知道不日便要奉命出师。

大概也是李宪的进言，神宗在己酉（廿一）诏经制熙河路边防财用司，推行优惠便民的政策，容许本路的弓箭手依官价自买及格堪披带的马匹，当赴官呈上印信毕，就给赴关买马场日支价钱，以充买马司年额之数。[2]

从三月开始，神宗已一再收到边臣有关西夏内乱的谍报。四月庚申（初三），神宗收到熙河路苗授、鄜延路沈括、秦凤路曾孝宽（1025—1090）、环庆路俞充等四路陕西帅臣，以及河东路王克臣的急奏，称西夏主惠宗秉常（1061—1086，1067—1086在位）被弑（其实只是被囚），外戚梁氏专权，西夏内部离心。鄜延路副总管兼第一将种谔更在同日上奏，请神宗乘机兴兵伐夏，他甚至大言愿统鄜延路九将兵，由神宗选内臣监军，文武将佐由他自辟，只需带十数日之粮，就可直取兴州（即西夏都城兴庆府，今宁夏银川市）与灵州（今宁夏吴忠市利通区古城镇）。神宗受种谔的大言影响，深信这是讨伐西夏的良机。为策万全，他在四月壬申（十五），再批示已升任泾原路经略使的卢秉（？—1092），要他速委边吏侦查此事是否属实以闻，并命他将结果通报秦凤、环庆、熙河及河东各经略司。癸酉（十六），神宗批示已遣内

---

1 《长编》，卷三百十一，元丰四年正月庚子条，页7538。

2 《长编》，卷三百十一，元丰四年正月己酉条，页7540。

臣王中正往鄜延及环庆路体量经制边事，并密诏两路经略司供给王所需要的钱物。甲戌（十七），又批示于陕西及河东五路聚集军马，令二府各委官员准备钱粮器械。丙子（十九），种谔再上言请趁西夏国乱发兵取之，他重申不用远调兵赋，只需发鄜延路九将兵出击就可直捣西夏巢穴。神宗不再犹豫，即命他与知延州沈括密议点集兵马并密具出兵计划以闻。庚辰（廿三），鄜延路经略司又奏上秉常如何为其母梁太后（？—1085）所杀。五月戊申（廿二），知熙州苗授又引述西界大首领禹臧花麻的文字，称秉常母子不协而杀其宰相的事。神宗即令苗授遣人向禹臧查探真相并厚赐他。神宗越发心动时，一直测知神宗打算伐夏的知庆州俞充一再上书，陈述攻取西夏之利，称既可雪仁宗朝宝元、康定之耻，又可以成国家万世之利，而费用不过赐给秉常五年之数。他要求入朝面奏方略。神宗命他令本路走马承受或机宜官入奏。不过这个热衷功名的人却在六月壬戌（初七）暴卒于庆州。[1]

1　俞充在元丰四年四月乙亥（十八），以坐举知绵州神泉县的胡献犯赃罪，追两官，自承议郎降授通直郎，但免勒停仍任天章阁待制、知庆州，充环庆帅如故，以神宗即将伐夏故。关于俞充的人品，时人多以他为功名之士，为求进而不惜奉承神宗宠信的内臣。据魏泰所记，俞充（按魏泰讹写为余充）向来交结逢迎王中正，王中正就常在神宗前称许他。他风涎暴卒，神宗有一次向王中正言及俞之死，王中正却说俞"充素通理性，至其卒时，并无疾痛，倏忽而逝"。另陆游也记王中正称许俞充不但"吏事过人远甚，参禅亦超然悟解。今谈笑而终，略无疾恙"。据说神宗亦称叹。神宗后来以王中正之言问另一内臣刘惟简（陆游所记此内臣是素来敢言的李舜举），刘就实说俞充只是猝死，而非王中正所言那样。不过，有"无为子"之称，并以礼学知名的名臣杨杰，却写了三首挽诗，既表扬俞充之功，又哀悼他不寿。第一首挽诗称许俞充"材与时相会，声华孰可攀。东堂升秘籍，内阁叙清班"。第二首提到他"熙宁治百川，献议辟民田。平昔不毛地，于今大有年。至忠期报国，上策在安边。士论追贤业，临风一泫然"。第三首更说他任边帅之才能及功绩，说他"节制当方面，恩威号令明。黠羌知效顺，（转下页）

　　　　　　　　　　　　　　　　　拓地降敌

兴兵伐夏是头等大事，神宗自然不会忘记重用李宪。六月丙寅（十一），神宗将留在京师多时的李宪遣还，命他赴熙河路经制司管勾职事，并且调广勇军右二十指挥于熙州，由他统率。李宪在出发赴熙州前，于是月辛未（十六）又称广勇军自创置以来，未尝出征，他请于宣武、神勇及殿前虎翼军各差一指挥，作为他的亲兵。神宗诏改差殿前司的步军精锐虎翼右厢第十四指挥作他的亲兵，至于他所请的牙队，待殿前司管军同意才札与李宪知悉。[1]此一事具见李宪的细心。

早在是年二月壬戌（初五）已自提举崇福宫、西上阁门使、荣州刺史复知代州的骁将高遵裕，于六月戊寅（廿三），再晋岷州团练使、知庆州，代替暴卒的俞充。神宗命他早日到任。高正是神宗准备使用伐夏的战将。就在神宗兴师之际，开熙河的功臣王韶于己卯（廿四）病卒于洪州，神宗大概为了鼓舞士气，就给王很高的恤典：辍视朝，赠金紫

（接上页）叛俗乞归耕"。而哀叹"一夕流星陨，中年逝水倾。佑堂严岁享，耆旧致精诚"。可见俞充在时人的评价不尽负面。参见《长编》，卷三百十二，元丰四年四月壬申至丙子条，页7566—7569；己亥条，页7571；五月戊申条，页7578；卷三百十三，元丰四年六月壬戌条，页7584—7586；《宋史》，卷三百三十三《俞充传》，页10702；魏泰：《东轩笔录》，卷十，页113；杨杰（?—1093后）（撰），曹小云（校笺）：《无为集校笺》（合肥：黄山书社，2014年12月），卷六《律诗·天章俞待制挽诗三首》，页24—225；陆游（1125—1210）（撰），李剑雄、刘德权（点校）：《老学庵笔记》（北京：中华书局，1979年11月），卷十，页131—132。

1　《长编》，卷三百十三，元丰四年六月丙寅条，页7586；辛未条，页7590。《宋会要辑稿》，第十四册，《刑法七·军制一》，页8585。《宋史》，卷一百八十八《兵志二·禁军下·步军》，页4619。据范学辉的考证，神宗派给李宪的亲兵，是《宋会要·刑法七》和《宋史·兵志》所记的殿前虎翼军右厢第十四指挥，而不是《长编》所记的"虎翼右一厢四指挥"。李宪所领的亲兵只有一指挥，而非四指挥。又虎翼军有两支，分隶殿前司与步军司。参见范学辉：《宋代三衙管军制度研究》，第九章《北宋三衙直辖所部的编制与兵力》，页500—501、503。

光禄大夫,谥襄敏,官其子六人,赐三女冠帔,封其长女为瑞昌县君。[1]

神宗于六月辛巳(廿六),颁下手诏予李宪等,指示出兵方略。他令熙河路及朝廷所遣的四将汉蕃军马,都付都大经制并同经制李宪和苗授,按阶级法总领,另照应董毡出兵,等到蕃中所约时日,而斟酌机会调发并随处驻扎。如董毡想宋军过界合攻西夏,就选官率本路部分蕃弓箭手,计算足够人数前往。若夏国母梁太后前来,或只派大兵来,就只派大军等到董毡军与敌交锋,夏人有退败之势,有隙可寻时,然后相机与本路诸将出界合力杀敌。若董毡犹豫不肯出兵,就相机移兵讨除。神宗以临敌利害,事干机速,中复不及的,就许二人随宜措置施行。至于钱帛粮草,就委李的部属经制司管勾官马申及胡宗哲计度应付。神宗允许先以支计案充,如不足就以封桩阙额禁军衣粮并封桩钱帛充数,再有不足,就以经制司本息充,再不足,就以茶场司钱谷充。[2]

神宗在六月壬午(廿七),又授力主伐夏的种谔为鄜延路经略安抚副使,命他与经略安抚使沈括同议进兵。同时又以内臣昭宣使王中正为同签书泾原路总管司公事,若宋军出师,就命他与泾原路总管兼泾原第一将刘昌祚前往。神宗又发开封府界及京东西诸将兵马分与鄜延与环庆两路,以东上阁门使姚麟权环庆路总管,若出师,就命姚麟

1 　《长编》,卷三百十一,元丰四年二月壬戌条,页7544;卷三百十三,元丰四年六月戊寅至己卯条,页7592。

2 　《长编》,卷三百十三,元丰四年六月辛巳条,页7592—7593。《宋会要辑稿》,第十四册,《兵八·出师二·夏州》,页8767。《宋史》,卷四百八十六《外国传二·夏国下》,页14010。按《宋会要辑稿》将神宗这批示系于六月庚辰(廿五)。

与知庆州高遵裕同往。至于鄜延、环庆及泾原三路招纳蕃部的费用,就许支封桩钱。泾原路令王中正候编排本路军马毕便赴阙,于京师以七百料钱以下,选募马步军万五千人,开封府界及本路选募义勇、保甲万人。神宗诏如泾原路五千人不足,就从秦凤路选募。癸未(廿八),神宗诏已发遣二十三将军马赴鄜延、环庆及熙河,又选募二万五千人赴泾原,命令各路经略司各具军器什物阙数以闻。又诏军器什物可并以舟船载至西京界,令陕西及京西转运使速增递铺人车,以备运送。[1]

诚如梁庚尧的研究所指出的,在军粮储备不见得十分充实的情况下,神宗过度乐观以为可一举得胜,就挑起战火,大举伐夏。[2]据《长编》及《宋史》所记,神宗兴师攻夏,知枢密院事孙固反对,他以"举兵易,解祸难",前后论之甚切,但神宗执意甚坚。孙固问神宗谁可任主帅,神宗回答说"吾以属李宪"。孙固闻之更为反对,痛陈:"伐国大事,而使宦者为之,士大夫孰肯为用?"神宗见孙固拂他的意甚为不悦,孙固请辞职,但神宗不许。孙固稍后又问今举五路大军而无大

1　《长编》,卷三百十三,元丰四年六月壬午至癸未条,页7593—7595。考神宗令发开封府界及京东西在营兵马共十九将往陕西,其中开封府界第一、第三、第五、第六将,京东第一至第五将,京西第三将共十将兵力赴鄜延路;开封府界第七、第九至十一将,京东第六至第九将,京西第六将共九将兵力赴环庆路。其余的四将赴熙河路,此四将来自何处及其番号待考。又神宗在李宪赴熙河前,将殿前司的步军精锐虎翼右一厢四指挥作他的亲兵,这应不包括调往熙河的四将。关于各路将数及各将的原驻地,李昌宪有专文考述。参见李昌宪:《宋代驻兵驻地考述》,载邓广铭、王云海(1924—2000)等(主编):《宋史研究论文集》(一九九二年年会编刊)(开封:河南大学出版社,1993年12月),页320—340。

2　参见梁庚尧:《北宋元丰伐夏战争的军粮问题》,页59—87。梁氏此文对神宗五路伐夏及永乐筑城的经过有详细的论述。

帅，就算成功也兵必为乱。但神宗不肯另委大帅，同知枢密院事吕公著（1018—1089）进言，说既无大帅就不如不举兵。神宗不从，却因孙固等的反对，最终没有坚持委用李宪为伐夏的主帅。[1]

神宗是否真的想用李宪为主帅？当日神宗命李宪为南征军副帅，已因文臣反对而作罢，他后来以"计议秦凤熙河经略司措置边事"的名义给李宪经略熙河，也招致言官多番反对。神宗若真的以举国之师委李宪，恐怕整个二府大臣都会反对。李宪其实甚有帅才，而且也很得军心；但他的内臣身份就是一极大的障碍。李宪为此原因而不能肩此重任，实在是无奈的。

神宗在七月己丑（初四）先任命皇城使、康州刺史、知保安军（今陕西延安市志丹县）的夏元象为权鄜延路副总管，作为种谔的副将。庚寅（初五）再诏鄜延、环庆、泾原及河东路进兵入西夏界，依宋廷所

1　《长编》，卷三百一十三，元丰四年六月甲申条，页7596。《宋史》，卷三百四十一《孙固传》，页10875—10876。吕公著字晦叔，是吕公弼弟，王安石的同年进士及好友，但与王安石政见不合。他后来在元祐初年继司马光为首相。他的家世及生平事迹，许多研究河南吕氏的著作都提及，也有年青学人写过硕士学位论文，可以参考；不过，这些著作并未有深入探讨吕公著在熙丰时期以及元祐时期的对外政策，特别是他拜相后与旧党僚对西夏政策的异同。最近期研究吕公著在元祐时期的作为有王化雨一文，王氏认为吕公著对时局的复杂性有较清楚的认识，主张以相对温和的方式处理各种矛盾，以维持稳定。惜他本身操守不足，另由于高太后及其他旧党掣肘，吕公著未能做到消弭矛盾，反而令自己陷身党争旋涡中。王氏所论合理。参见王章伟：《近代社会的形成——宋代的士族与民间信仰》，上册，《士族篇》，《宋代新门阀——河南吕氏家族研究》，第二章《河南吕氏家族之发展》，页43—52；方亚兰：《吕公著研究》，上海师范大学（人文与传播学院）古代史硕士学位论文，2011年2月；王化雨：《吕公著与元祐政局》，载姜锡东（主编）：《宋史研究论丛》，第二十一辑（北京：科学出版社，2017年12月），页3—23。

立的各项军令指挥划一行事，其中一条是若立功当比王韶、李宪开熙河时更赏功三倍，若临敌不用命就全家诛杀。另又诏环庆及泾原路经略司支封桩钱十万缗以招纳蕃部。神宗又分别于辛卯（初六）及壬辰（初七）批示鄜延路及麟府路的相应行动。到癸巳（初八），神宗更特别指示李宪方略，指熙河地形据西夏上游，水陆均可进攻，命李宪等广募向导，多设奇计。虽然李军现于河州界与董毡准备合力攻取，但仍宜相度置船筏于洮水上游，或运输军粮，或载战士，或备火攻。所用之木材，可于抹邦山取办。至于兵匠，就宜取于凤翔府船务。若已有兵马分配不足，可发秦凤路四将相兼。若部署做好，就即日约董毡一同攻击西夏界中新修的邈川地内城砦。若夏人赴援，即遵守近日所降的命令，鼓励将士合力奋击。若大兵不至，就相度机便，率兵东下，径取敌巢穴，或北取甘州（治今甘肃张掖市甘州区）、凉州（治今甘肃武威市凉州区），出敌之背，与诸道之师合力攻讨。早前命派蕃弓箭手给董毡助战的指挥现撤回，其他的并依鄜延等路的划一指挥。丁未（廿二），神宗再诏李宪可乘机取径道攻取敌巢穴，或北取凉州，与董毡会兵。为此，先前所许的拨兵修寨的命令就撤回，命他告知董毡。神宗又批示，入西蕃抚谕使苗履等回奏，说已约好董毡点集六部族兵马十三万，于八月中分三路与宋军会合。神宗又令李宪将此军情照会泾原、环庆、鄜延路经略司及王中正。[1]

---

1 《长编》，卷三百十一，元丰四年二月乙酉条，页7547；卷三百十四，元丰四年七月己丑至癸巳条，页7600—7604；丁未条，页7608；卷三百二十五，元丰五年四月甲寅条，页7816；卷三百二十八，元丰五年七月甲申条，页7892—7893；卷三百三十二，元丰六年正月己丑条，页7998—7999。考夏元象早在元丰四年二月乙酉（廿八），（转下页）

据陈守忠先生的分析，神宗这次派给李宪的任务，并没有肯定的目标，如攻取灵州，只是命他"相度机便，率兵东下，径取敌巢穴，或北取甘州、凉州，出敌之背，与诸道之师合力攻讨"。据陈氏所考，李宪所统率的熙秦七军号称十万，实际的兵力只有约五万人，只是配合以泾原和环庆军为主力的一路偏师，[1]李宪从开始就没有主帅的身份与格局。神宗发动泾原、环庆、鄜延、麟府及熙河五路伐夏，他自己像太宗一样制订方略，实行将从中御，却没有委任一名统率全军的主帅，不幸重蹈当年太宗雍熙三路伐辽而不任主帅的覆辙。

神宗为了激励士气，于七月甲午（初九），厚赐李宪以下的熙河、鄜延、泾原、环庆及麟府各路帅臣以及在麟府路的王中正，各赐金带十五条，银带、锦袄七百和银器万两，另交椅、水罐、手巾筒和水叉五十副，鞍辔缨二十副、象笏三十面。但也在征夏前整顿军纪，拿泸州的败将韩存宝开刀，七月甲辰（十九）诏斩韩存宝于泸州，照管军马的内臣入内东头供奉官韩永式除名，配沙门岛（今山东烟台市长岛县西北庙岛）。李宪远在熙河，这次就救不了他的部将。神宗再在丙午（廿一）批示韩存宝被诛，因其出师逗挠，遇敌不击，杀戮降附，招纵首恶，并命将此批示札下鄜延、环庆、泾原路经略司以及熙河路经制司。

（接上页）见任知保安军。他上奏夏国主派奸细招蕃官左藏库使、鄜延路都监刘绍能（？—1083后）及阁门祗候李德平。鄜延经略司请将刘李调往他路。但神宗不允，反而升刘绍能为本路钤辖。宋廷却在元丰五年四月甲寅（初三）以刘绍能涉嫌通敌，命御史宇文昌龄鞫于鄜州。七月甲申（初五），诏移刘环庆路。但十七天后又将他调回鄜延路。元丰六年（1083）正月己丑（十三）狱毕，证明他无罪。已升任鄜延路经略副使的种谔及原任经略使的沈括等，以轻信管勾机宜汉光诬知遇敌不战及与夏人交通，均被责。

1　陈守忠：《李宪取兰会及其所经城寨考》，页130。

神宗在七月丁未（廿二）又诏鄜延、环庆、泾原、熙河及麟府路，各给诸司使至内殿崇班敕告，自东头供奉官至三班奉职、军头二百道，鄜延路别给三班借职至殿侍、军大将札子一百道，如军前有效命奋力的，可以激励众心者，随功大小补职，就填写给付。神宗的用意很清楚，在出师攻夏前，向诸将申明：有功重赏，不用心即严惩，甚至按以军法。[1]

就在李宪大军出发前，他的部将苗履在庚戌（廿五）奏上最新军情，说西蕃大首领经沁伊达木凌节赍阿里骨所写的蕃书称，在七月戊子（初三），斫龙城蕃家守把堡子南宗的西啰谷，有西夏三头项人设伏，劫掠蕃兵。夏兵斩首三百而降百二十三人。[2]

值得一提的是，神宗在癸丑（廿八）诏原本隶种谔的麟府张世矩改隶王中正，另以王中正措置麟府兵马，兼管鄜延、环庆及泾原三路兵马。这项命令大大提高了王中正的权力，但王还不是主帅。司马光《涑水记闻》记："元丰四年秋，朝廷大举讨夏国，命内臣李宪措置秦凤、熙河，节制环庆、泾原，照应河东、鄜延路军马；昭宣使、眉州防御使王中正措置河东路，节制鄜延，照应环庆等路军马。"他的说法似乎是说李宪的权力等同主帅，而王中正就等同副帅。另《东都事略·李

---

1 韩存宝在八月丙寅（十二）伏诛，而韩永式被流配沙门岛两年半后，在元丰六年十二月壬申（初二）以大赦恩典，自沙门岛徙送唐州牢城，特免刺面，后三徙配汝州牢城。到元祐元年（1086）正月乙未（初六），其母引大赦恩典求将他释放，宋廷准所请，让他自便居住。参见《长编》，卷三百十四，元丰四年七月甲午条，页7604；甲辰至丙午条，页7606—7607；戊申条，页7609；卷三百十五，元丰四年八月丙寅条，页7626；卷三百四十一，元丰六年十二月壬申条，页8205；卷三百六十四，元祐元年正月乙未条，页8698。
2 《长编》，卷三百十四，元丰四年七月庚戌条，页7611。

宪传》也记："神宗问罪西夏，命五路出师，宪领熙河兼秦凤，建大将旗鼓，节制诸军。"然《长编》、《宋会要辑稿》及《宋史》等书均没有记载李宪有节制五路的权力，反而王中正有节制四路兵马（熙河路除外）的权力。如上所言，李宪一军只是偏师，神宗并没有以他为主帅的打算。司马光及王称所说似不确。[1]

神宗于八月乙卯（初一），在主攻的环庆及泾原两路，再命两员勇将统军：提举永兴秦凤路保甲的西上阁门使狄咏为权环庆路副总管，东上阁门使、秦凤路副总管姚麟权泾原路副总管。神宗下令：若出兵，狄咏、姚麟随高遵裕及刘昌祚行。[2]

五路之中，以李宪熙河路之师最早出动，神宗对他这一路的进军情况甚表关注，八月丙辰（初二），他下诏质问已令李宪约好董毡在八月中出兵，为何李宪至今未奏上措置进兵次第？他严令若小有稽缓致误师期，必正军法，并诏下李的副手同经制通直郎马申等。[3]神宗稍后又接到秦凤路经略使曾孝宽的奏报，曾对先前要秦凤路抽拔四将兵给李宪，大有保留。他说秦凤只有五将，一将已差往戍守甘谷城（今甘肃定西市通渭县南襄南镇，又名马家店），若其余四将调归李宪熙河，同是极边的秦州及诸城堡寨就无兵防卫。神宗不满，命曾等具析事实以闻。[4]大概李宪以秦凤军未至，所以他未贸然出兵。他收到神宗严旨

1 　《长编》，卷三百十四，元丰四年七月戊申条，页7609；癸丑条，页7612。《涑水记闻》，卷十四，第385条，"王中正攻西夏"，页277。《东都事略》，卷一百二十《宦者传·李宪》，叶六上。

2 　《长编》，卷三百十五，元丰四年八月乙卯条，页7615。

3 　《长编》，卷三百十五，元丰四年八月丙辰条，页7617。

4 　《长编》，卷三百十五，元丰四年八月己未条，页7618。

后，马上覆奏其军事布置。辛酉（初七），神宗给李宪手诏，满意他的报告。对他以屯结的汉蕃军马分置将佐，部分阵队，并审定出兵方向，和他计度夏军所屯重兵之所，以及他所论诸道进兵首尾之势，大为称许。

神宗进一步表明战场的事，朝廷既授权将帅，他们就要趋利避害。帝主既难以居中预度，就要李宪临敌自行决定。神宗认为上策是："奋张威武，鼓励三军之士，往指枭巢，与诸将合力，俘执丑类，然后巡视右郡，居要害者，城而守之，是为上策也。"神宗再告诫他若未能讨平大敌，而看不到有辟地守御之的方法，若谋算在西夏境内筑城，就必会自贻患悔，切宜审慎。神宗又令他提出其他制敌方略，或攻或守，都可以一试，并重申秦凤军已有命令归他指挥，可以便宜施行，而军中所需，已命有司一一供应。乙丑（十一），神宗再批示，早已命秦凤一路兵给李宪节制，忧虑秦凤路犹留军不发而误熙河军出师之期。神宗再下诏李宪的都大经制司，重申朝廷属任之意，许其节制处分。神宗批示，熙河路既部署好兵马，必须应董毡所约期出兵。至于蕃中出兵与否无可为据，宜令经略司选使臣一二人入蕃军照验，仍约阿里骨派首领一二人与宋军同出，就不分彼此，不误大事。丙寅（十二），神宗再诏诸路进讨行营的汉蕃兵，只要能出力破敌，就不要令他们费私财。神宗指明由李宪、王中正和高遵裕照管此事，要他们体量行动大小和进兵远近，量给所费令其足用。总之，神宗为打胜仗就不吝赏赐。[1]为配合李宪出兵，宋廷在八月癸

---

1 《长编》，卷三百十五，元丰四年八月辛酉条，页7621；乙丑至丙寅条，（转下页）

酉（十九），诏其部属马申及胡宗哲兼权管勾熙河、秦凤路转运判官公事，令其行移文字，并以熙河、秦凤路转运司为名。神宗对李宪的出师可说是极大的支持及信任。[1]

由种谔指挥的宋军在八月壬戌（初八），已从鄜延一路发动攻击，种谔派诸将出夏界，遇夏军而破之，斩首千级，初战得胜。[2]李宪的大军随后亦出境攻夏。关于李宪的行军路线及进攻方向，陈守忠指出熙河经制司的帅府设在熙州，李宪若兵渡黄河，越过祁连山之险（乌鞘岭、古浪峡），以攻打凉州，或青唐董毡所辖地盘（今青海湟水流域），出大斗拔谷（今扁都口）以取甘州。这样越国袭远，首先是地形复杂，然后是无法解决的后勤供应问题。以李宪五万之师去完成如此艰巨的任务，几乎是不可能的，所以李宪还是选择了"东上会师"的战略。当然东上会师要深入夏境作战。陈氏指出早在庆历三年（1043）元昊袭取甘州和凉州时，即举兵攻兰州诸羌，南侵至马衔山（亦作马啣山），以兰州、龛谷（亦称康谷，今甘肃兰州市榆中县小康营）为据点。王韶在熙宁四、五年开拓熙河，虽从渭水上游推进至洮水流域，

（接上页）页7424—7425。《宋会要辑稿》，第十四册，《兵八·出师二·夏州》，页8768。不著撰人（编），司义祖（点校）：《宋大诏令集》（北京：中华书局，1962月10月），卷二百十三《政事六十六·备御上》，《赐李宪手诏·元丰四年八月辛酉》，页810。

1　《长编》，卷三百十五，元丰四年八月癸酉条，页7630。沈琛琤认为神宗给予李宪统率熙河、秦凤两路兵马的权力，被赋予了广泛且自主的便宜指挥之权，较其他各路主帅尤为殊异。惟沈氏没有注意到其实在战时，神宗给王中正和高遵裕一样节制两路以上的权力，与李宪无异，沈氏在后文仍提到王中正亦暂时被赋予李宪相当的事权。参见沈琛琤：《北宋神宗朝对西北的经略——以战略决策与信息传递为中心》，第四章第三节《元丰灵夏之役》，页130—132。

2　《长编》，卷三百十五，元丰四年八月壬戌条，页7624。

但未能越过马衔山。而宋夏之间形成隔马衔山而对峙的局面。陈氏分析，李宪要越过马衔山向西夏发动进攻，选择好的进军路线是关系成败的第一着。假如按神宗前诏所示"相度置船筏于洮水上流"进军，由洮水入黄河，那要经过现在的刘家峡、盐锅峡、八盘峡以达兰州，但河道狭窄，水势湍急，不能行船，只能通木排和牛皮筏。陈氏指出运兵打仗岂有用木排和皮筏的道理，那会被敌人在峡中歼灭的。此路不通，李宪只能选择越过马衔山口，由陆路进军的路线。[1]

　　李宪知兵，自然选择相对安全的陆路路线。据陈氏所考，由临洮越马衔山至兰州和榆中，当时的主要道路有三条：一是由临洮城向北经中孚，过七道岭（其上有摩云关）经西果园沟谷达兰州（由七道岭

1　据陈守忠的考证，马衔山为祁连山余脉，东西走向，横亘在今日甘肃定西市临洮县与兰州市、榆中县之间。主峰在今兰州市榆中县正南方，海拔3670米。其支脉兴隆山也在3000米以上。马衔山亦写作马啣山，张多勇的描述更详尽，张氏指出西夏占据兰州和定西城后，就以马衔山为界，构筑兰州至定西防区。马衔山是甘肃兰州南部的屏障，呈西北至东南走向，长约120千米，其山势走向大体可分为并列的两支，两支中间有一河流称为官滩沟（今雷坛河上游支流），而从阿干镇至银山至马坡至上庄至黄坪，是一条通道。皋兰山、兴隆山均为北部一支的余脉。主峰在南部一支，西北至刘家峡北部的雾宿山，是洮河与黄河兰州段支流的分水岭；东南延伸至定西市安定区与渭源县、陇西县之间的胡麻岭，是祖厉河与渭河的分水岭，跨越永靖、临洮、西固、七里河、榆中、安定、渭源、陇西等八县区。其高耸的地势和严寒的气候，以及独特的地貌景观与兰州周围的黄土高原区截然不同，而与青藏高原相近。该处剥蚀严重，地表破碎，山高谷深，但山顶平坦如川，宽8至10千米，长40至50千米。在海拔3500米以上有冰缘，海拔2300米至3500米为高山草甸，是历代甘肃施政官员看重的养马基地。据张氏所记，这里现存明朝肃王"牧马官滩"界碑一通，官滩沟的得名盖源于此。因受地质运动和外力作用的双重影响，马衔山以北地势较低，河谷宽阔，由黄河及其支泡河谷与黄土高原的丘陵组成的低地，可以称为定西兰州盆地。参见陈守忠：《李宪取兰会及其所经城寨考》，页130—131；张多勇、庞家伟、李振华、魏建斌：《西夏在马啣山设置的两个军事关隘考察》，页1—2。

经阿干镇、东果园沟谷亦通），即现在的公路线，此为西道，但宋时七道岭仍是大森林，山大沟深，容易被敌据险设伏，掉入口袋阵。二是由临洮城向北至今的康家崖，折而向东入改河河谷，再穿越马衔山口直下榆中城，此为中道，最为捷轻，但亦最险，因要从马衔山主峰右侧穿过山口，再穿越其支脉兴隆山山口达榆中。三是由临洮北三十里墩向东入大柳林沟沟谷，迂回经站滩、云谷，达榆中新营镇至凫谷寨（今兰州市榆中县小康营乡），此为南道，虽然迂回，但所经已是马衔山余脉，车马大道多半从山梁经过，虽有山口但不甚险。李宪正是选择此一南道。据陈氏所言，《长编》及《宋史》所记李宪行军路线虽简略，但据李宪首战克西市新城（今甘肃兰州市榆中县三角城），然后驻兵汝（女）遮谷，与他们实地调查情况对证是完全可以肯定的。张多勇则认为李宪夺取兰州，翻越马啣山（马衔山），必须经过凡川会（今兰州榆中县所在的苑川），但史书未记载李宪在凡川会有战事。[1]

---

1 据张多勇的说法，古代翻越马衔山有四个关口：一是从兰州西固翻越关山，经大岭至永靖，过黄河古渡——风林渡达河州，亦可沿此路西去青海，与今日通用的道路大体相合。二是从七里河西果园翻越摩云关，经中孚至临洮，与今天通临洮的道路基本相合。三是从榆中县新营经黄坪、临洮县云谷、站滩至峡口，这条道路宋代称为汝遮谷，又有一分支凫谷川。四是从定西安定区的内官营翻越胡麻岭，至临洮县的站滩。张氏指出这些关口都有隧道贯通，原来的关隘已不再起作用。至于汝遮谷，陈守忠认为是今榆中县宛川河谷由夏官营至桑园峡一段谷地，他认为能驻扎数万军队的地点就只能在今夏官（关）营一带。唯张多勇在2014年4月6日实地考察，却以为陈说有误，汝遮谷应在榆中县新营乡的清水河谷地。而不在夏关营。至于三角城，张氏在同日前往考察，三角城古城位于定西市榆中县三角城乡三角城村。现仅存北墙50米，北城壕与东城壕拐角处明显。东护城河清晰，宽38米，深1.5米，南墙东边现存50米，夯层17—23厘米。张氏指根据护城河，复原古城南北距100米，东西距170米。地理坐标：35°53′04.8″N，104°09′02.7″E。海拔1844米，附近不见文化遗物，墙体（转下页）

　　　　　　　　　　　　　　　　　　　　　　　　拓地降敌

李宪总领的七军在八月丁丑（廿三）进至西市新城，遇敌约二万余骑，宋军掩击败之，擒首领三人，杀获首领二十余人，斩首二千余级，夺马五百余匹，初战获胜。神宗因尚未收到捷报，在庚辰（廿六）还下诏，指示李宪等本来约好在八月辛未（十七）与董毡人马攻讨夏军，现时因鄜延路会师之期尚在九月下旬之初，故命李宪等若出界遇到敌军并将之击败，就引兵深入。若遭到阻遏，不能长驱而进，就选择可方便控制的地方，并当馈运之所在权立营寨，以待诸路会师之期以首尾相应。神宗又发一诏给李宪，说今次兴兵，对付的并非普通敌人。进图西夏百年之国，绝非细事，若不能上下毕力，将士协力，何能共济？神宗表示要不惜爵赏，激励三军士气，使之冒锋摧敌。倘能初战取胜，则其他就可迎刃而解。他再嘱李宪不要吝啬金帛，旌拊战士。只要能激发众心，皆可令李便宜从事。神宗对李宪期许甚大，李宪也没有让神宗失望，在神宗发出诏书的同日，已进兵女遮谷，与夏军相遇并破之，斩获甚众。[1]神宗大概没有想到，李宪行军迅速，击败敌军，夺

（接上页）风化严重，张氏考定当属于西夏城墙。至于龛谷寨，陈守忠与张多勇均认为是小康营。张多勇在2014年4月6日曾往小康营考察。该处古城仍然保存，城东有一山谷，今名龛谷峡，峡中有溪流，名龛谷河。古城所在地现名周家村庄，属榆中县小康营乡小康营行政村。龛谷峡地势险要，扼峡谷之咽喉。入龛谷峡五千米，所见修筑一水库，道路今已不能通行。龛谷寨位于兰州盆地的南缘，龛谷关位于马衔山北部山系的一条支脉上，是翻越马衔山汝遮谷信道的一条分支。参见陈守忠：《李宪取兰会及其所经城寨考》，页131—132；张多勇、庞家伟、李振华、魏建斌：《西夏在马啣山设置的两个军事关隘考察》，页2—4。至于汝遮谷的所在的考证另参见注225。

1　本书附录二《苗授墓志铭》。《长编》，卷三百十五，元丰四年八月丁丑至庚辰条，页7632—7634。《宋会要辑稿》，第十四册，《兵八·出师二·夏州》，页8768—8769。《宋史》，卷十六《神宗纪三》，页305；卷三百五十《苗授传·赵隆传》，页11068、11090；卷四百六十七《宦者传二·李宪》，页13639。据《苗授墓志铭》和（转下页）

取要地, 做得比预期的还要好。

值得注意的是, 关于李宪的进军路线, 尚平最近期的研究却与陈守忠与张多勇的看法有异。他经考证, 指出《长编》《宋史》所记与汝遮城相关的若干地名如女遮谷、汝遮、努札川其实是同一地方, 而非陈守忠所言汝遮与女遮为两地, 以为汝遮为努札的讹化, 其地在今定西市附近; 而女遮谷在兰州与榆中之间。他认为女遮谷即为汝遮城(安西城), 女遮与汝遮实为一词。他又考证西市新城即是西使城(后赐名定西城, 今甘肃定西市)。西市新城在兰州以东百五十里, 在通远军北一百二十里。据此, 他认为李宪大军在元丰四年八月实由通远军(即古渭寨, 今甘肃定西市陇西县)出发, 向兰州方向出军, 夺取不远的西市新城, 而非陈守忠所论在熙州出发。按尚氏没有看到的《苗授墓志铭》曾记:"四年秋, 王师西讨。公与宪出古渭路, 取定西城, 尽荡禹藏花麻诸帐。降其众五万户, 还城兰州, 号熙河兰会路。"证李宪大军实出古渭路, 先取不远的定西城(西市新城改名), 而非自熙州出军。[1]

李宪下一步的军事行动就是约好董毡一同进兵, 九月甲申(初

(接上页)《宋史·苗授传》所记, 苗授与李宪出古渭路, 取定西城(即西市城)。苗授是熙河军的中军主将, 大概由他率军取得西征头功, 又据《宋史》所载, 后来在徽宗朝在西边一再立功, 原属姚麟麾下的勇将赵隆也参预这场西市之役。赵隆后来官至捧日天武四厢都指挥使、温州防御使, 约卒于政和八年(即重和元年, 1118)五月前, 宋廷赠镇潼军节度使。参见《宋会要辑稿》, 第四册, 《仪制十一·武臣追赠·军职防御使》, 页2541。

1 尚平:《北宋汝遮城进筑中的地理议论(1082—1096)》, 页283—287。本书附录二《苗授墓志铭》。

拓地降敌

一），他上奏神宗，称已派使臣史诚赉书与鬼章约会兵的地方，但他仍在观察蕃兵的动向。乙酉（初二），李宪所辖的熙河路经略司再报告董毡派首领李叱纳钦（？—1084后）等入贡，称董毡已遣首领洛施军笃乔阿公及亲兵首领抹征尊等，于七月辛丑（十六）已部三万余人赴党龙耳江、篯南及陇朱、珂诺等处进击西夏。然不待董毡兵马出动，李宪大军已在九月初二攻入兰州。神宗因未收到捷报，为怕夏军并力阻挡李宪军，还命令王中正及高遵裕移节制的兵马上近边下寨，以牵制夏军。另又将入西蕃抚谕的洛苑使苗履及左侍禁、李宪弟李宇各迁一官。戊子（初五），李宪攻取兰州后，再乘胜追击，命兰州新归顺首领巴令渴等三族，领所部兵攻克夏撒逋宗城，斩获三十余级，夺其渡船，敌军入河死者四五百人，获老小二百余口，牛马孳畜二千余。是日，神宗收到先前李宪收复西市新城的捷报。神宗大喜，就赐诏嘉许李宪，说当初宋军尚未出境时，朝廷内外莫不以夏羌锋锐为忧，生怕宋军难于轻易取胜。李宪现在出师首遇坚城，就能一鼓破之，可见将帅有略。他嘱李宪以汉蕃士卒勇于赴敌，所宜加劳，更要再激励兵众，以防止敌军闻此沮败而并力来拒宋军。庚寅（初七），神宗再以李宪军深入夏境，怕后继无援，就命留守熙州的胡宗哲于见在熙河路未出界的将兵，调发两将由乾州路入为后援。[1]李宪是神宗亲点的心腹内臣，他一

1　《长编》，卷三百十六，元丰四年九月甲申至庚寅条，页7637—7640；辛丑条，页7646；戊申条，页7651。《宋会要辑稿》，第十六册，《蕃夷六·吐蕃》，页9916。《宋史》，卷十六《神宗纪三》，页305；卷四百六十七《宦者传二·李宪》，页13639。按神宗在九月己酉（廿六）给沈括的诏书称，他据熙河经制司所奏，所获夏国首领卧勃哆等述说西夏军情。他说在夏国日，夏方自听闻宋军四出后，就分遣诸监军司兵马委诸夏帅统领，以抵抗宋军，并有戒令，命各分作三处：一以当战，一以旁伏，一俟宋（转下页）

路的成败关乎神宗的面子，是故神宗对李军的行动至为关切。他对李宪初战得胜，自然喜不自胜。

李宪在乙未（十二）及丙申（十三）再奏上在女遮谷及兰州两役的详细捷报。他报告宋军在八月庚辰（廿六）驻兵女遮谷，副将苗授率汉蕃军袭击夏军在西市新城溃败的余党于山谷间，斩百级，获马牛孳畜甚众，又降蕃部尨波给家等二十二族首领，共千九百余户，他们已剪发及刺手。李宪给他们归顺旗及锦袍及银带赐物。李宪又奏称大军过尨谷川，那是夏主秉常御庄之地，极有窖藏，而有敌垒一所，城甚完坚，却无人戍守，惟有弓箭及铁杵甚多。他已派每一军副将分兵打开窖藏的谷物及防城弓箭之类。神宗才在一天前以疾不御殿，收到这番捷报，人逢喜事，当日他便重御垂拱殿。第二天，他再收到李宪收复兰州的详细捷报。李宪奏称宋军在九月乙酉（初二）收复兰州，并报告兰州古城东西约六百余步，南北约三百余步。宋军自西市新城约百五十余里行军至金城，有天涧五六重，仅通一人一马。自夏军败走后，所至的部族皆降附。李宪以招纳的降羌已多，若不筑城兰州，就无以固降羌之心。为了筑兰州城及通过堡，已派前军副将苗履、中军副将王文郁都大管勾修筑，而由前军将李浩专责提举。李宪再奏请神宗，将兰州建为熙河路的帅府，以镇洮军（即熙州）为列郡，并推荐由李浩出任熙河兰会路安抚副使兼知兰州，而以王文郁、苗履为本路钤辖，并请恢复赵济的职务，命他兼熙河及秦凤两路财利事，负责军需。

（接上页）军兵营垒未定，伺隙乱之。神宗说现在追验西市新市之战，就如其说。据此，李宪所奏取西市新城的捷报，还包括此一西夏降人的情报。又李宪攻取撒逋宗城的捷报，到九月辛丑（十八）才达至宋廷。

神宗对李宪的建议全部接纳，并令李宪据军前的情况事处理兰州之问题，暂时粗修之为宋军驻兵之所，不过就不要过度花费，等到宋军抚定黄河以南诸郡再措置。据曾瑞龙所考，本来李宪初时修筑兰州的规划宏大，可是王安石弟王安礼（1034—1095）认为宜"筑之费，使城小而坚，则易为守"。神宗同意，又从李宪之请，将赵济复为通直郎权管勾熙河路转运司，李浩、王文郁及苗履权领所请之职任，当李宪行营东上之日，就留守兰州以固根本。至于李浩需要办事的人，就命他在军前权选委勾当。[1]

李宪取兰州，并布置长久治理之格局，特别是将熙河路扩大为熙

1　曾瑞龙认为宋廷所以省减修建兰州城的规模，是受到当时宋夏军事对峙形势的制约。他也举出神宗在元丰五年批示兰州推迟修建外围的女遮堡，而全力修浚护城壕，也是出于同样的考虑。又关于苗履及王文郁的战功，据《苗授墓志铭》及《宋史·苗授传》所记，宋军击敌于女（汝）遮谷以及焚南牟两役，都是由苗授指挥的。而李宪率军讨灵武，王文郁从征，并招得羌户万余。按王文郁在熙宁初年从内殿崇班、阁门祗候擢为内殿承制、阁门祗候。在熙宁元年至熙宁三年五月前任知制诰的苏颂为他及其他三人撰写制词。他在熙宁四年三月即以麟府部将，率兵出界遇敌立下战功。王文郁略地至西夏之开光州，擒夏将王胜。他当由内殿承制擢诸司副使。他在熙宁五年八月癸巳（十七）即以西作坊副使、阁门通事舍人，任辽国正旦副使。和他一起出使的，还有后来任其上司的皇城副使刘舜卿，担任辽国母正旦副使。王文郁后来调往鄜延路，在熙宁九年二月前任权知鄜州。参见本书附录二《苗授墓志铭》；《长编》卷二百二十一，熙宁四年三月辛卯条，页5373；卷二百二十八，熙宁四年十二月戊午条，页5552；卷二百三十七，熙宁五年八月癸巳条，页5770；卷二百七十三，熙宁九年二月癸丑条，页6688；卷三百一十六，元丰四年九月甲午至戊戌条，页7640—7641。苏颂：《苏魏公集》，上册，卷三十一《左藏库副使曹继明可供备库使西京左藏库使雍规可文思使内殿崇班阁门祗候王文郁可内殿承制依旧阁门祗候内殿崇班韩见素可内殿承制》，页450；下册，附录《苏颂年表》（颜中其编），页1241—1242。《宋会要辑稿》，第十五册，《方域八·修城上·兰州城》，页9438；《宋史》，卷三百五十《苗授传、王文郁传》，页11068、11075。曾瑞龙：《拓边西北——北宋中后期对夏战争研究》，附录一《兰州在十一世纪中国的环境开发及其历史经验》，页243。

河兰会路，而以兰州为帅府的建议，是北宋中期拓边西北其中最重要的一事，也是神宗这次不惜一切出师讨西夏，后来惟一的收获。曾瑞龙指出，李宪进入兰州之后即修筑城墙，"不但具有抵御外敌的军事意义，还具有心理保障的作用，对归附的少数民族极具意义"。李宪为何要以兰州为帅府？曾氏认为先前以熙州为帅府，"其控制洮水上下游及秦州往河州大路所构成的一个十字路口，进可攻，退可守。以兰州为帅府之后，宋军就进一步控制黄河上游，为全面往西北拓殖打下基础。当然，帅府放在前线，摆出全面进攻的姿态，也要考虑战斗风险"[1]。论甚是，也可看到李宪甚有战略眼光。

神宗当初命李宪从熙河以偏师出兵，并没有明确指示要李取兰州。李宪行军迅速而袭取兰州，建为帅府。神宗自然十分满意。李宪在戊戌（十五）再上言，解释他为何不待宋廷之命而取兰州，他说奉命为致敌之计，攻取兰州，内所以自固，外不妨致敌，兼且已精选汉蕃劲兵五七千骑，谋直取敌巢，因恐错过时机才如此行事。神宗自然不会怪罪他，而诏谕今时宋军既已城亭鄣，外縶其手足，又为战栈，内冲夏人腹心，称许他于谋攻之术尽于此，希望他能再做得更好。[2]

不过，李宪并无遵神宗的指示，马上进行下一步的军事行动。庚子（十七），李宪上言已按朝议选将领兵照应修建西使新城，他说待船筏稍具，就会募敢死之士，选汉蕃劲骑五七千，谋直趋敌巢之兴州及灵州。而兰州是驻兵之所，待粗修完留兵守之。神宗不满李宪的动作

1　曾瑞龙：《拓边西北——北宋中后期对夏战争研究》，附录一《兰州在十一世纪中国的环境开发及其历史经验》，页242—243。

2　《长编》，卷三百十六，元丰四年九月戊戌条，页7642。

　　　　　　　　　　　　　　　　　　　　　　　　　　拓地降敌

迟缓，即下诏表示现在诸路兵早晚出师，直趋兴州与灵州，以荡平西夏。兼且据董毡的蕃字书，董也称会率兵往灵州破夏。神宗批评李宪还说什么待船筏稍具，选五七千骑前往，即是说不会全军进发。他下令李宪等乘此机会与诸路军协力，扑灭敌巢。假若以兴州和灵州道路阻远，即令全军过河攻取凉州，不得只派偏裨前往。神宗又赐杂色战袍、勒巾百副、银缠杆枪五十条，都是白厘牛尾缨绂，给李宪奖励行营汉蕃战士破敌有功及新附降人得力者。辛丑（十八），神宗再催促李宪进军，说李宪已驻兵兰州十日，虽说在此兴修城池，安置戍垒；但神宗以此事可委官经办，不需要留下大军来办理。神宗批评李宪总两路蕃汉兵十余万，才入夏境百余里，便想停止，正是犯了画一拘束之弊，他限令李宪在指挥到时，火速部署诸将，迤逦进军。神宗要李宪选择或东上灵州与诸路军会合，或是北渡河以趋凉州，并要他激励士气，乘时奋取，不得迟疑。同日，李宪在九月戊子（初五）攻克撒逋宗城的捷报刚好抵京。神宗就没怪罪李宪，而按李所请优赏有功将士。[1]

同月甲辰（廿一），神宗再颁诏李宪，说近日据东北诸路的奏报，夏人已举一国之兵约三四十万以抗宋军。现时西南地方完全空虚，若不由本路及董毡之军深入以分夏军之势，就得考虑合兵东向以御西夏大军。他命李宪宜依照累次所降命令以处分部勒行营将兵，并认真约好董毡兵马前去招抚讨除敌军，或至灵州，或往凉州。神宗嘱李宪务攻其必救，就可于宋军攻其首尾之势有助，而告诫他不得观望迁延而

1　《长编》，卷三百十六，元丰四年九月庚子至辛丑条，页7644—7646。

有误国事。[1]

神宗在诸路大军大举出动之前，在丙午（廿三）又敕榜招谕西夏，以高官厚爵及赏赐招降西夏臣民。是日，王中正军兵六万、民夫六万发麟州（今陕西榆林市神木县），高遵裕军蕃汉步骑八万七千人、民夫九万五千人发庆州，种谔以鄜延兵五万四千、畿内七将兵三万九千，分为七军方阵而进，自绥德城（今陕西榆林市绥德县）出塞。翌日（丁未，廿四），种军攻围夏要塞米脂寨（今陕西榆林市米脂县城）。[2]

李宪大军东上前，为了巩固新的帅府兰州，在庚戌（廿七）上言，指兰州西使城川原地极肥美，并据边面，必须多募强壮，以备戍守。又以熙河民兵以北关最得力，且地接皋兰，岁入特别厚，刍粟充实，人马骁勇。现在既收复兰州，就可广行招募。他请在兰州留置官庄地，并募弓箭手，每人给田二顷。因初置州城，难得耕牛器具，若募新的农民，必定不能依时种植。他请依熙河路旧例，容许泾原、秦凤、环庆及熙河路弓箭手到来投换，他们所带旧户田耕种二年，即收入官，另外招弓箭手。神宗采纳他的建议，并且在壬子（廿九）以熙河行营兵出外暴露多时，特派入内东头供奉官甘师颜乘传抚问，并赐李宪以下将官等茶药、银合，兵员以下给特支钱。值得一提的是，种谔的大军在前一日攻破米脂寨西夏援军，杀获甚众，打了一场漂亮的大胜仗。到十月丁巳（初四），米脂寨守将出降。[3]

1　《长编》，卷三百十六，元丰四年九月甲辰条，页7648。

2　《长编》，卷三百十六，元丰四年九月丙午至丁未条，页7650—7651。

3　《长编》，卷三百十六，元丰四年九月庚戌至壬子条，页7652—7654；卷三百十七，元丰四年十月乙卯至丁卯条，页7657。曾瑞龙：《拓边西北——北宋中后期（转下页）

李宪在十月乙卯（初二），将后方布置妥当外，便派大将李浩留守兰州，他自己就率全军东上。[1]神宗在己未（初六），因担忧诸军粮运不继，在未知李宪进军近况下再发一诏，称闻悉李军粮草不继，已将负责粮运的熙河、秦凤转运判官马申等下狱。他命令李宪等不得进兵，要等候粮运稍办才依前诏行动。神宗稍后又再加一诏，慰抚李宪一番，称从九月辛丑（十八）至甲辰（廿一）御前及朝旨所以相继督迫进军者，是怕将帅有当进不进之失，而止于筑城数垒而已。他现在听闻军中有苦见粮无旬日之备，岂有命宋军深入之理？神宗表示转漕之司实有罪，朝廷已遣使按问。因刍粮不办，致妨碍进军，这就不是将帅之责任。他抚慰李宪不应太有恐惧，谕他安心措置，不要惊恐而沮士气。神宗又说，"王师之出，有征无战，安可自顾有可虞之道，而欲勉副朝命，以希万一之幸哉？尔其再三审念之"。神宗对李宪可谓体谅备至，怕他在粮运不继下急于出军而招败师。[2]

神宗发出诏书第二天（庚申，初七），李宪大军已进至汝（女）遮

（接上页）对夏战争研究》，附录一《兰州在十一世纪中国的环境开发及其历史经验》，页244—247。据曾瑞龙的意见，说兰州土地肥沃的奏报，其实是指兰州属下的西使城（后改为定西城），曾氏又指出西使城外另外两处肥美之地是在兰州东西面的智固与胜如，二地原是西夏御庄所在。曾氏评说李宪建议充分利用弓箭手来开发兰州，是恰当的做法。李宪恐怕兰州没有耕牛和农具，导致耕种失时，而主张尽快从泾原各路原有的弓箭手中选募愿意来兰州开垦，是务实的措施。

1　《长编》，卷三百十七，元丰四年十月乙卯条，页7656—7657。李宪出发前，又以宋廷给他赏予来投有功的生羌的空名宣札为数已不多，请神宗续给。神宗于是诏给他空名宣札三百、告身一百。

2　《长编》，卷三百十七，元丰四年十月己未条，页7660。《宋会要辑稿》，第十四册，《兵八·出师二·夏州》，页8769。

谷,此处夏军数万,牛羊驼畜充满山谷,于二十里外下寨,前据大涧两重,后倚南山石峡。夏军迎战,自午时至酉时,夏军不敌,退保大涧。李宪用兵谨慎,怕有伏兵,就没有追袭,而只在夜间与夏军隔岸互射,夏军畏惧连夜遁去。宋军在此役斩获六百余级,夺马数百匹。神宗在壬戌(初九),还颁诏予泾原总管刘昌祚及副总管姚麟,谕他们领兵出界,若前路相去不远,就与李宪军会合,结为一大阵,听李宪节制。又从李宪之请求,诏负责熙秦大军粮运的赵济和胡宗哲从速应办军需。神宗还担心李宪的进军情况,盖宋廷要至是月丙子(廿三)才收到李宪高川石峡(即南山石峡,今甘肃定西市鲁家沟)的捷报。[1]

1　《长编》,卷三百十七,元丰四年十月庚申至壬戌条,页7666—7667。《宋会要辑稿》,第十四册,《兵八·出师二·夏州》,页8769。《宋史》,卷十六《神宗纪三》,页305;卷四百六十七《宦者传二·李宪》,页13639。考李宪大军在八月及十月两次战于女遮谷或汝遮谷,据陈守忠的考证,由于吐蕃地名译音上的混淆。自755年安史之乱后,河西和陇右被吐蕃占领达九十余年,吐蕃王国瓦解后部族离散并分居各地,李宪进军所过,由兰州至打罗城川(今讹为打拉池,在今甘肃白银市靖远县共和乡)沿途降服的一些部族都是为西夏控制的吐蕃部族而非党项族。在甘肃境内,吐蕃人所称的地名至今相沿不改。宋人记载的女遮谷与驽札谷、女遮堡与驽札堡,因译音相近,遂致相混。陈氏指出他循当日李宪进军路线实地勘察是完全清楚的。确切的女遮谷,即前面所说李宪由西使新城向兰州进兵途中驻军休整的苑川河谷,距兰州很近,只有四五十里。而另一个女遮谷,据陈的考证,实是驽札川(谷),即今甘肃定西市关川河谷(祖厉河的支流)。陈氏认为李宪在十月所战的汝遮谷就是驽札谷。不过,据张多勇在2014年4月6日的实地考察,认为李宪此时经过的汝遮谷当非陈守忠所认为的夏家营,而是兰州市榆中县新营乡的清水河谷地,"因地处马啣山北麓,受苑川河上源清水河侵蚀下切,形成狭窄险要的天然峡谷,控扼马啣山南北通道之咽喉,形同遮障,故名汝遮谷"。张氏又指出,汝遮谷与龛谷峡是榆中盆地南通马啣山的两个通道。而汝遮寨应在今日金崖上古城,控扼汝遮谷下谷口,与上谷口凡川会互成犄角。张氏又认为李宪在十月与夏人交战的汝遮谷是在苑川河的上游的峡谷,应在今日兰州市永登县高崖附近,而尚未进入定西市的关川河。张氏认为李宪在八月和七月所战的汝遮谷,肯定不是同一地方,但属于同一条河流的上下游,这也反证汝遮谷就是苑川(转下页)

李宪熙秦军节节胜利,而种谔的鄜延军也不遑多让,继夺得米脂寨后,十月癸亥(初十)又取得石州(疑陕西榆林市横山区石马洼一带,今芦河与无定河交汇处)。而泾原军在刘昌祚及姚麟指挥下,在乙丑(十二)亦大破由夏统军外戚梁氏之夏军于磨脐隘。不过,王中正一路的粮运及行军便出了严重问题。而他与种谔也为争功而各自为战。神宗没有委任能号令全军的主帅,已隐隐种下后来失利的种子。[1]

种谔一军在十月戊辰(十五)攻入夏州(今陕西榆林市靖边县以北五十五公里白城子),己巳(十六)又攻入银州(今陕西榆林市横山县党岔乡党岔村大寨梁,在无定河与榆溪河交汇处的西南岸,城居毛乌素沙漠与黄土高原的分界线上,无定河在其东北两公里处接纳榆溪河)。王中正在庚午(十七)随后入夏州,但得不到任何战利品。癸酉(二十),王中正军至宥州(今陕西榆林市靖边县东与内蒙古鄂托克前旗境内,为西夏左厢军治所),将城中居民五百余家尽行屠杀以取其财物牛马,军于城东二日,杀所得马牛以充食。王中正军这样做,既失人心也暴露其粮运不继的问题。同日,高遵裕军至韦州(今宁夏吴忠市同心县韦州乡古城)及所在的监军司,他令将士不要毁官寺民居以示招怀。而李宪一军在乙亥(廿二)进至屈吴山(今甘肃白银市靖远县东),遇到夏军,斩获四百级,生擒百人,获牛马羊万余,宋军于打

(接上页)河上游的清水河峡谷。参见陈守忠:《李宪取兰会及其所经城寨考》,页132—134;张多勇、庞家伟、李振华、魏建斌:《西夏在马啣山设置的两个军事关隘考察》,页2—3。

1　《长编》,卷三百十七,元丰四年十月癸亥条,页7669;乙丑条,页7674—7678;卷三百十八,元丰四年十月丙寅至丁卯条,页7680—7681;丙子条,页7692。《宋会要辑稿》,第十四册,《兵八·出师二·夏州》,页8769。

啰川下寨，营打啰城（即会州）。西蕃的禹藏郚成四（亦作裕藏颖沁萨勒，?—1085后）自夏军寨派人以蕃首请发兵接应，李宪分遣人招纳。禹藏郚成四以汪家等族大首领六人并蕃部及其母妻男等三十余人来降，并带来西夏给他们的印信及宣告数道。[1]

李宪在十一月丁亥（初五）向宋廷详述在屈吴山破敌之过程，他并向神宗奏报，称郚成四于西域一带世为酋豪，族望最大，今既内附，就依旨授他内殿崇班，其余六人与右班殿直及三班差使，遣其家属老小复归西使城及夽谷堡族帐，而郚成四等就令随军。神宗在是日诏李宪军因分已画地分开讨夏，就不用节制泾原路军马，泾原刘昌祚一军就归高遵裕节制。[2]

据毕仲游（1047—1121）的记载，刘昌祚的泾原军行军二十日抵达鸣沙（今宁夏中宁县鸣沙镇）时，却遇上缺粮的险境，幸而从征的泾原转运司属官令狐俅（1041—1110）看到远方有野火烧燃，就判断是夏人想烧毁粮窖而未尽，于是亲率蕃汉部兵，冒险离开大军数十里，直达火烧处。宋军把火救熄，果然发现粮窖，内有菽麦八千斛，于是解决了军粮的问题，而能顺利进军到灵州。[3]

高遵裕的环庆军与刘昌祚的泾原军在十一月癸未（初一）开始部

1　《长编》，卷三百十八，元丰四年十月戊辰至庚午条，页7682—7683；癸酉条，页7686；乙亥至丙子条，页7691—7692；己卯条，页7694；卷三百十九，元丰四年十一月丁亥条，页7707。《宋史》，卷十六《神宗纪三》，页305；卷四百六十七《宦者传二·李宪》，页13639。

2　《长编》，卷三百十九，元丰四年十一月丁亥条，页7706—7707。

3　毕仲游（撰），陈斌（校点）：《西台集》（与《贵耳集》合本）（郑州：中州古籍出版社，2005年4月），卷十二《奉议郎令狐端夫墓志铭》，页212—213。

署攻击灵州，但二人意见不合，有权节制泾原军的高遵裕为了争功，处处排挤刘昌祚，甚至要以军法处斩刘，因而激起泾原军愤恨，以致两军貌合神离，各自为战。高本人亦进退无方，军中并无攻城器具。而王中正一军却以粮尽及士卒多病，首先退还延州，还未与夏军战斗，士卒已死亡者近二万，民夫逃归大半，死者近三千人。神宗五路伐夏，以王中正一军表现最差。[1]

神宗尚并不知高、刘两军的问题，他以李宪一军的表现最好，就在己丑（初七），诏诸将，以环庆、泾原及熙河军马并趋灵州，说他闻知西夏聚重兵抵抗，若灵州坚守，而宋军深入却粮运已远的话，就不必一定要攻下灵州。考虑到劳费日久，神宗令高遵裕和李宪好好计议，当击败来援灵州之敌后，应分兵留攻灵州，其余兵马就趁着黄河冰合，挑选精兵直攻西夏首都兴州。倘攻下兴州，灵州就会不攻自破。李宪同日又上奏报告他一军的进展及战绩，他说大军至天都山（今宁夏回族自治区中卫市海源县境）下营，在啰遍川（《长编》作罗遍川）击败夏军。这里是西夏所称的南牟内府库（亦称南牟会，夏主建有行宫，在今宁夏回族自治区中卫市海原县境），内有七殿，其府库、馆舍皆已焚之。宋军到啰遍州捕获西夏间谍，审问得知夏酋威明和统军星多哩鼎的人马辎重，在李军不远处。于是李派兵追袭，斩级千余，生擒百余人，掳获牛羊孳畜万计。李宪又奏离天都山至满丁川，夏酋威明部众败散，他再派兵追袭，又斩获五百级，生擒二十余人，夺马二百余匹，牛羊孳畜约七千。神宗收到李宪的捷报后大喜，即颁诏嘉奖，说李

1　《长编》，卷三百十九，元丰四年十一月癸未至戊子条，页7699—7707。

宪军过天都山，斩戮甚众，而赵济供应粮草办集，以李军东去灵州只数舍（即数十里），应该很快就能与泾原和环庆军会师。他要李宪更加鼓励将士气力，与两路军同心协谋破敌。神宗又乐观地重申前议，若李军攻灵州兵马有余力，宜趁着黄河冰凝结，分劲兵骁将北渡，攻击兴州。若兴州能攻陷，灵州虽坚，仍会自溃。[1]

当神宗乐观地以为破灵州在望时，鄜延路经略使沈括及赵济兄、提举河东路常平等事赵咸，却奏上两路粮运往灵州前线的严重问题。神宗只得严令诸路转运司办好粮运工作。比较之下，李宪麾下的粮官权管勾熙河秦凤路转运司公事赵济便能干得多。他在庚寅（初八）上奏，称他随大军至七朱川负责粮运工作，并无阙误。他报告都大经制司需要一个月的人粮和马食，他已牒本司，将先差下急夫搬运人马食三万，干粮一百五十万斤，自通远军装发，赴西宁寨会合，可足够现时人马一月之备。现时见粮食存备足五十日支用，大军要深入进攻，都不会有问题。神宗收到他的奏报后批示，说赵济虽一面已告知本司，但考虑道路遗坠，怕有不达。他命宋廷可依赵济所奏，下本司及泾原路经略、转运司照会，于粮草所经本路城寨地分，催驱发遣。神宗对赵济转运粮草的表现是满意的。据《长编》引《宋国史·赵济传》所记，赵济随李宪筑定西城，又城建兰州，由天都山取道泾原路以归，往返累近百余日。当时陕西数次调役，旷日持久，民夫且溃。赵济考虑到难以控制，若民夫自溃，则以后不可能再使他们复役，于是赵济把民夫都放

1 　《长编》，卷三百十九，元丰四年十一月己丑条，页7709。《东都事略》，卷一百二十八《附录六·夏国传二》，叶六上。《宋史》，卷十六《神宗纪三》，页305—306。考《东都事略》记李宪追袭过天都山至啰逋山乃还，取兰州，城之。这里作啰逋山。

归，停止以马负粮。后来李宪大军还，便因民夫已遣散，不致兵民争粮而大军得以不饥，足见赵济确是一位办事得力的良吏。李宪的军事行动得以成功，负责后勤工作的赵济功不可没。附带一谈，赵济兄赵咸在这次大举也以河东路转运判官随军，负责转运河东路的军储，可惜他随的却是无能的王中正，而他应变能力也不及赵济，他在是年十一月王中正一军失利后没有被严究，还能复职已是幸运了。[1]

1　《长编》，卷二百六十八，熙宁八年九月癸未条，页6572；卷二百八十，熙宁十年二月己酉条，页6877；卷三百十七，元丰四年十月乙丑条，页7674—7676；卷三百十八，元丰四年十月丙寅条，页7680—7681；卷三百十九，元丰四年十一月甲申条，页7700—7702；己丑至庚寅条，页7709—7711。按王中正大军在元丰四年十月丙寅（十三）进至横山下的神堆驿，民夫见兵陷沙漠，听说此去绥德城甚近，在两日内亡归者二千余人。赵咸与另一转运判官庄公岳（?—1084后）虽斩杀私逃的民夫，仍阻止不了民夫的逃亡潮。宋廷在十一月壬申（初二）下诏，以赵咸和庄公岳原无朝旨令就鄜延粮草通融支用，现既以馈运不继，又妄如陈奏，而又走失人夫万数，委赵高遣官押送二人往就近州军械系，令沈括选官鞫之。赵咸等后自诉深入敌境，暴露得疾，请求免械系。神宗批示令在外审问。可能是赵济为其兄说情乃免械系之刑。赵、庄二人申诉得直，神宗以过不在他们二人，就只将二人降一官，职事如故。赵咸在是月己丑（初七）以提举河东路常平等事上奏，认为诸路进攻兴州并非上策，他主张于夏州及宥州之间，相地形险阻，量度远近，修立堡寨，储蓄粮草，以次修完夏宥两州，然后移挪兵粮，以为根本，俟其足备，就徐图进取。按赵咸这番计议接近沈括的意见，却与后来李宪的不同。又据黄庭坚（1045—1105）为其叔父黄廉所撰的行状所记，当时任权发遣河东提点刑狱兼提举义勇保甲的黄廉，一直反对王中正加倍征发军粮，也规劝转运使陈安石不要事事依从王中正。当王中正出师时，赵咸与庄公岳随军，而黄廉就在塞内负责接续馈饷。黄廉想派部分的随军使臣保护粮道，却发觉二百员随军使臣尽数跟了庄、赵二人，无一人在。当时宋军已出界百余里，黄虽移文追之，皆不报。他决定亲自往前方取回部分使臣，勾当公事孔文仲劝他不要冒险前去，说使臣从军，责不在他。黄不听，带十数骑尽夜追上王中正大军。王中正等见他前来大惊，黄廉即痛骂赵咸与庄公岳，然后带回使臣五十余人。据黄庭坚所记，赵咸在这次出师，只听令于王中正，而不敢有所违逆。按庄公岳早在熙宁八年九月任知司农寺丞，负责追讨祥符县所欠之青苗钱。他在十年二月己酉（廿八），因坐申请卖庙，在秘书丞上罚展磨勘三年。（转下页）

李宪委之留守兰州的部将李浩也立了新功,他在十一月己亥
(十七)上奏,兰州已招到西使城界归顺的西番注丁擦令归等三族大
首领厮多罗潘等三百集户,千三百余口,内三百余人强壮,千余口老小
妇女,他已犒设并给例物,并各令依旧居住。李浩执行了李宪招纳蕃
部以固守兰州的政策。[1]

当李宪一军仍顺利进军时,种谔一军却以粮运不至而致士卒饥
困,行八日至盐州(治今陕西榆林市定边县红柳沟镇沙场村沙场古
城),遭遇大雪而死者二三。部将刘归仁率众南奔,相继而溃入塞者
三万人。幸而知延州沈括处置得宜,才不致激成更大的兵变。但鄜延
军也随河东军之后,失去了战斗能力。[2]

神宗在十一月辛丑(十九)还发出诏书给李宪,以熙秦军出师以
来,暴露在外已久,现虽驻在泾原路近边,但虑他们休息不足。为此,
命李宪等与泾原路经略使卢秉计议,分遣部队于近便在粮草州军城
寨歇泊,命将佐存恤士卒,赡养士气。若灵州未攻下,而粮草有备,就
从速进兵协助攻取;若灵州已拔,就依从之前的命令,据所分地清荡
敌境。神宗又将此诏发下给卢秉,若李宪军有暴露寒冻,就计划加以
供应。按神宗的计划,是以李宪一军作为攻灵州的总预备军,辅助主
攻的泾原和环庆军。就在同日,留守兰州的李浩又奏报宋廷,他已陆

(接上页)后来累迁为地方监司官。参见黄庭坚(撰),刘琳、李勇先、王蓉贵(校点):
《黄庭坚全集》(成都:四川大学出版社,2001年5月),第三册,《宋黄文节公全集·别
集》,卷九《行状·叔父给事行状·元祐八年五月日撰》,页1651—1652。

1 《长编》,卷三百一十九,元丰四年十一月己亥条,页7716。

2 《长编》,卷三百一十九,元丰四年十一月丁酉条,页7715—7716。

续招降到在西使城，由夏监军司所辖的西蕃剡毛鬼、驴耳、金星、啰述等四部族大首领，蕃铃辖约苏（药熟）等二百三十余户，二千余口。李浩已给他们犒设和支给例物，并各令归回本族，其中有会州人户，已权给官地居住。他已申报李宪所统的熙河路都大经制司，请按次第给予他们补职名。神宗诏送李宪裁定。[1]

神宗没有想到，就在同日，进攻灵州已十八天的环庆军和泾原军兵败，被迫退师韦州，宋军溃死者甚众。总领两军的高遵裕在这次兵败负最大责任，他嫉贤忌能，指挥无方，料敌不明以致惨败。[2]神宗尚

---

1 《长编》，卷二百六十四，熙宁八年五月再戌条，页6478；卷二百六十六，熙宁八年七月己巳条，页6523；卷二百六十八，熙宁八年九月辛巳条，页6570—6571；卷二百七十三，熙宁九年三月丁丑条，页6692—6693；卷二百九十六，元丰二年二月庚申条，页7213；卷二百九十七，元丰二年三月庚寅条，页7223；卷二百九十九，元丰二年七月戊辰条，页7264；八月丙辰条，页7286；卷三百四，元丰三年五月癸未条，页7409；卷三百一十二，元丰四年四月壬申条，页7566；卷三百二十，元丰四年十一月辛丑条，页7719—7720。《宋会要辑稿》，第十六册，《蕃夷六·吐蕃》，页9916。卢秉是地方能吏，也是懂得迎合权贵的人。他早在熙宁八年五月丙戌（廿六），以提举两浙路盐课增羡，自淮南东路提点刑狱太常博士升一任为祠部员外郎。他在同年七月己巳（初九）权江淮等路发运副使。九月，他又按劾秀州通判张若济赃罪，以攻吕惠卿。熙宁九年三月丁丑（廿二），因判都水监侯叔献（？—1076）在淮南按督河役感疾，宋廷又命卢秉权管勾真扬通泰等四州开河。卢秉在元丰二年三月庚寅（廿一）被罢都大提举遵洛入汴，由内臣宋用臣代其职。但仍任权江淮发运副使。八月丙辰（廿一），他再自刑部员外郎加集贤殿修撰。到元丰三年五月辛巳（十九），他以权江淮发运副使上言粮船从黄河入汴河的规模及需用的船工数目，宋廷从其议。他至元丰四年四月前，已升任泾原经略使。

2 《长编》，卷三百二十，元丰四年十一月辛丑条，页7720—7721。关于高遵裕兵败灵州的经过，以及宋军退兵受到夏军追击的情况，游师雄（1037—1097）为高遵裕部将，后官至供备库副使的安惇（1043—1095）〔按其父为仁宗朝步军都虞候安俊（？—1059）〕所撰的墓志铭有颇详细的记载，似未为《长编》等书所采用。另此墓铭的书写者为熟知边事的张舜民（？—1101后）。参见郭茂育、刘继保（编著）：（转下页）

不知宋军失利，还在甲辰（廿二）应李宪之请，下诏命他尽快班师回本路，休养生息，并将有功将士按品第上奏，而所有行营的汉蕃将士，给予犒赏，并大开恩信，招纳新收土地的生羌，并密定置戍他们之所，又计度版筑城寨之具，等待春暖时兴作。另据王巩（1048—1117）所记，神宗还召执政诣天章阁，讨论行新官制，并提议任用刘挚（1030—1098）为礼部郎中，著作郎用苏轼，太常少卿用范纯仁。神宗并说，他已与高遵裕约好，于某日下灵武，等到高报捷，就行大庆并行新官制。[1]神宗对取灵州仍充满信心。

远在兰州的李浩自然也不知宋军惨败灵州城下之事，他在丙午（廿四）又上奏他经营兰州的进展，称兰州与西使城界连熙河，通远军又新收复，它们都多荒闲地，他已依朝旨招弓箭手。然短时间难以足数，他请权许人开耕，等候招到弓箭手然后支拨，务求得广刍粟，以充实塞下。神宗诏李宪相度施行。[2]

神宗见环庆及泾原两路攻灵州多时未见捷报（他未收到败报），又近期没收到两军消息，兼且收到李宪早前奏称泾原钤辖彭孙（？—1090后）所部的泾原兵夫为夏军抄掠，他怕攻灵州的宋军有失，在戊申（廿六）又改变主意，以事体至急，虽然李宪屡次奏请欲归熙河路处理事务，但李军驻石门子（即平夏城，治今宁夏固原市黄铎堡平夏故

（接上页）《宋代墓志辑释》，第一六〇篇，《宋故供备库副使新就差提点右厢诸监上轻车都尉安府君（念）墓志铭并序》，页362—363。

1　《长编》，卷三百二十，元丰四年十一月甲辰条，页7725—7726。王巩（撰）、张其凡（1949—2016）、张睿（点校）：《清虚杂著三编·闻见近录》（与《王文正公遗事》合本）（北京：中华书局，2017年7月），第74条，"神宗议官制除目"，页244。

2　《长编》，卷三百二十，元丰四年十一月丙午条，页7728。

拓地降敌

城址)歇泊已多日，而郭茂恂已运粮至本处。神宗命李宪可带三五百人骑，取近便城寨返本路，分派本路兵马照管抚定所分地。而命其副将苗授从速领见在的行营将佐兵马，裹护民夫与粮草直往灵州，协助高遵裕攻取。如高遵裕相度班师，就应抄便路接应。神宗又命一行人马出发前，就差熙河路走马承受乐士宣赐将士钱绢等，并命熙河路转运判官赵济与张太宁各部押本路民夫粮草，随军前往。神宗因刚收到高遵裕请诸路应援之飞奏，又在翌日（己酉，廿七）再诏李宪，若熙河所分地有需要措置的事，不可以委将佐办理。当要事办妥后，就要他总率苗授以下兵将速往灵州应援。神宗又命他权泾原路经略使方便指挥众军。[1]然而，李宪以军粮不继，就不肯冒险进军。熙河一军始终没有进军灵州，应援泾原及环庆军。[2]

据《苗授墓志铭》所记，神宗在是冬，再诏促苗授率军趋灵武，增援高遵裕。苗授军止于通渭寨（今甘肃定西市通渭县），条上进退利害，其言切至。神宗终于在十二月甲寅（初二）收到灵州兵败的消息，

1　《长编》，卷三百二十，元丰四年十一月戊申至己酉条，页7731—7732。据《括异志》所记，张太宁是宿州人，家富于财，登进士第，他在熙宁六年丁内艰，大概在熙宁末起复，他官至职方郎中。参见张师正：《括异志》，卷二，页290，"张职方"条。
2　邵伯温在记灵武之役的始末时，就特别记诸路军进攻灵州时，李宪的熙河兵不至。意指李宪故意逗留不前。另程颐（1033—1107）在元丰年间对吕大临（1044—1091）谈到元丰四年取兴灵事，也认为李宪志在固守兰会，怕进军会覆其功，故必不肯向兴灵进军。梁庚尧在考述李宪一路的战况时，便指出李宪一直遇到粮运不继问题，就以各种理由借口，推迟进军灵州，到后来运粮的役夫溃散，军队要继续前进已无可能，他就下令原地休整。参见邵伯温：《邵氏闻见录》，卷十三，页142；程颢（1032—1085）、程颐（著），王孝鱼（校点）：《二程集》（北京：中华书局，1981年7月），《河南程氏遗书》，卷二上，页45；梁庚尧：《北宋元丰伐夏战争的军粮问题》，页64—65。

他以环庆及泾原行营已回师准备返宋境，就命李宪及苗授停止前往灵州，经葫芦河（今清水河，北流至青铜峡入黄河）返回本路抚定所分之地。丁巳（初五），神宗再诏李宪，以其大军已西归，刍粮自可于所在仓场供给，原来跟随的人夫就不需要。神宗以百姓运粮多时，需要休息以备将来之用。他命李宪相度并牒转运司，除委用必须的使人外，其他民夫都放散令归家。[1]上文曾提到，因赵济先前已释放民夫归家，故李宪大军退师时早已遣散民夫，而没有出现兵民争粮的问题。

据《宣和画谱》的记载，神宗本来对这样退兵心有不甘。他曾下诏说有敢议班师者以军法从事。由于师老粮乏，宋军主帅想就此退兵，却没有人敢说敢行。只有地位低微的"小行人"（按即走马承受）乐士宣自荐于帅府，从边地乘驿，经七昼夜驰往京师向神宗奏上军情及诸将请求，终获神宗接纳。这里没有记载派乐士宣的宋军主帅是谁？但此条记载一开始就记神宗"尝命李宪等以五路之兵进攻灵武，期于一举成捷"，而乐士宣从元丰三年七月已担任熙河路走马承受，派乐士宣请求班师的宋军主帅很有可能就是李宪，实际上诸将中也只有李宪可以上奏说服神宗班师。[2]

1　本书附录二《苗授墓志铭》。《长编》，卷三百二十一，元丰四年十二月甲寅条，页7736；丁巳条，页7738。《宋史》，卷四百六十七《宦者传二·李宪》，页13639。《宋会要辑稿》，第七册，《职官四十一·经略使》，页4038。

2　据《宣和画谱》所记，乐士宣字德臣，开封人，喜爱诗书及丹青，画花鸟尤其得意。他在徽宗初年任内侍押班，官至西京作坊使，以虔州观察使致仕，在宣和年间前已卒，赠少保。而据《长编》所记，乐士宣在熙宁八年六月戊午（廿八）任太原府路走马承受，到元丰三年七月壬申（十一）已调任熙河路走马承受，到元丰六年五月戊子（十三），一直在李宪麾下。他的主帅显然就是李宪，他驰往的帅府，当是兰州。又神宗在十一月廿六之诏其实已提到高遵裕若想班师，当如何措置。可见神宗那时（转下页）

李宪知道神宗对这次兵败心有不甘，在戊午（初六）上奏（按可能也由乐士宣代奏）请暂赴京师禀奏攻取之策。神宗其实也想听他的爱将的意见，但马上再议兴师，恐怕招致群臣的反对，于是下诏抚慰他一番，称现时士卒冻殍之际，需要休养生息，以备敌人报复反击。神宗命李宪安抚军心，以待他日之用。又吩咐边务当禀者，就命走马承受附递以闻。乙丑（十三），神宗以李宪自出界讨夏，收复土地，皆有功绩，特赐他银绢各二千，并降敕奖谕，稍后再降恩命。据《长编》所记，知枢密院事孙固在神宗表示后悔没听他的话出兵时，就乘机对神宗说，兵法期而后至者斩，当初议五路合攻，会于灵州。现只有李宪军没有赴灵州，他却自行开拓兰州和会州，想以此弭责，实在不可赦，请神宗诛之。李宪进军兰州，并作为总后备军接应攻灵州的宋军，是神宗所批准的，神宗以李宪有功无过，当然不会听孙固的话去处分李宪，只令人诘问李宪擅自还师之由。神宗对李宪信任不替，也许他后悔当日没有坚持以李宪总领全军。事实上五路大军只有李宪一路取胜而收复失地，后来并全师而还。据赵涤贤的考证，五路伐夏的宋军死者总数在八万左右，但赵氏指出："李宪军不但充分地利用了西夏的御庄

（接上页）已不坚持进兵，神宗于十二月初二收到兵败的报告。从十一月廿六到十二月初二刚好是七天，乐士宣很有可能就是在这七天奉命驰往京师奏告军情，而教神宗接受退兵的建议。参见佚名（？—1125年后）（撰），俞剑华（注释）：《宣和画谱》（南京：江苏美术出版社，2007年6月），卷十九《花鸟五·内臣乐士宣》，页401—402；《长编》，卷二百六十五，熙宁八年六月戊午条，页6517；卷三百六，元丰三年七月壬申条，页7438；卷三百二十，元丰四年十一月戊申条，页7731；卷三百二十二，元丰五年正月辛亥条，页7771；卷三百三十，元丰五年十月己未条，页7950；卷三百三十五，元丰六年五月戊子条，页8067。

大量窖谷，所向无敌，节节胜利[在因粮于敌和战功赫赫方面极似刘
(昌祚)军]，而且似始终没有遭受意外灾难，它具备的有利条件比刘
军多一个。因此，其死者人数少于(种)谔军，就更明显了。"赵氏的论
证道出李宪一军战功优于诸军的事实。然而孙固这番偏颇不公之论，
后来却成为元祐时期宋廷文臣清算李宪的理据。[1]

　　李宪为固守兰州，在外围的地方也增加大量军事设施，其中最
重要的是道路的建筑，特别是西使城与兰州的道路。神宗在十二月丙
寅(十四)，当收到兰州西使城修葺完毕并供戍守后，便下诏李宪等，
以西使城其间有须增置堡寨及通接道路的地方，就命经制司相度施
行，其以东地方，以灵州未下，就暂时不要开展，令李宪部休整，别听
朝旨。神宗本来说不用李宪来京师禀奏军情，但很快又改变主意。同
日又诏李宪以现领的职事交割与苗授，叫他量带官吏随从，从速乘驿
马，由便道往环庆路博询将吏，找出宋军攻不下灵州的原因，并要他
提出详尽的方略，筹策条画，另经过泾原时，亦可询问其将吏有关利
害，亲自带来京师论奏。[2]

　　宋廷在是月丁卯(十五)开始处分败军之将：高遵裕降为西上阁

1　《长编》，卷三百二十一，元丰四年十二月戊午条，页7740；乙丑条，页7743。《宋
史》，卷三百四十一《孙固传》，页10876；卷四百六十七《宦者传二·李宪》，页13640。
赵涤贤指出李宪军也曾发生粮饷不继的问题，又在兰州以北地区行动，正值隆冬之
际，饥寒交迫在一定程度上仍存在，其死者人数不可能太少；不过，赵氏也同意李宪
军无水浸之患，也就大大减轻死亡人数。按赵氏并未考出李宪军伤亡人数，也没有留
意赵济等输粮有效，而且李军并不冒进，就大大减少了伤亡人数。参见赵涤贤：《从宋
元丰中灵州永乐两次战役宋军死者人数考》，《学术月刊》，1994年第6期，页82—83。
2　《长编》，卷三百二十一，元丰四年十二月丙寅条，页7743—7744。

门使,徙知坊州(今陕西延安市黄陵县东北),刘昌祚及姚麟各降三官,改差为永兴军路钤辖,彭孙降为东头供奉官责为熙河路准备差使,不久添差金州(今陕西安康市)监当。彭从此成为李宪熙河兵团一员。另一方面,攻取米脂寨有功的种谔则在戊辰(十六)获擢为凤州团练使、特加龙神卫四厢都指挥使,位列管军。同时也以李宪麾下的转运判官马申及胡宗哲运粮不继,有妨进军,诏权发遣秦凤路提点刑狱杜常(1031—1109),本来要依前降的朝旨予二人枷项审讯的处分,但今次依赵济兄赵咸等特例特予免枷,只令他们在外受审,同时罢其职务。神宗可能看在李宪面上就对二人从宽发落。神宗当然不会忘记奖赏李宪,十二月己巳(十九),神宗将李的班官自宣庆使升为高一级的景福殿使,而将他自宣州观察使升为武信军节度观察留后。李宪以敌巢未覆,烽堠未宁,就恳辞神宗先前赏给他恩典。神宗又将他的副将苗授自马军都虞侯、昌州刺史擢为殿前都虞后,领沂州防御使。[1]

神宗对五路伐夏失败心有不甘,同月辛未(廿一),林广破泸州蛮乞弟(?—1086)于纳江。捷报传来,神宗以无南顾之忧,乃促使李宪要再举兵攻夏。[2]

---

1 《长编》,卷三百二十一,元丰四年十二月丁卯至己巳条,页7744—7746。神宗在翌年六月乙卯(初五)乃下赐银绢的恩命。

2 关于乞弟反宋,以及宋廷派韩存宝与林广平乱始末,秦观(1049—1100)所撰知泸州任伋(1018—1081)的墓志铭,有很详细的记载,有些地方与宋官方所记不同。秦观记韩存宝在元丰二年七月以泾原路副总管领陕右兵五千经制泸州事。韩至泸州,逗留不进,暗中派人诱使乞弟以书来降,然后分屯兵马奏功。但事为神宗所知,于是改派林广代之。惟林广兵抵乞弟之巢穴时,蛮兵却空壁遁去。林广不得已,于是纳其降而还。神宗也就不再追究。其实林广并没有大破乞弟军。宋廷此后将泸州守将加沿边安抚之名,专治军政。部使(本路转运使)不得与之。依秦观之分析,这次乞弟起事,(转下页)

李宪在三天后（甲戌，廿四）请宋廷差派兰州官员，神宗按他的推荐，以四方馆使、熙河路副总管兼知河州的李浩正式调知兰州，命他修毕会州后就充兰会经略安抚副使，奉议郎孙路（?—1104）通判兰州，洛苑使兼阁门通事舍人王文郁、宫苑使苗履为熙河路分兵官。另赐名西使城为定西城，巩哥关（按元丰六年改为东关堡，今甘肃兰州市东岗镇）、龛谷堡、楚陇城并改为寨。李宪又应之前宋廷要他具析擅归本路的理由，回奏说因粮草紧张，大军不可久留，所以迤逦迎接粮运，他请求恕宥。枢密院据神宗之前所降诏旨，回答说已令李宪往环庆及泾原路博访筹策，详细讲明用兵利害，并令他带同赴阙。神宗再诏李宪，要他加力图效，以赎所得之罪。[1]神宗如此作态，无非是应付孙固等人，他当然不会问罪李宪。

李宪很快便奏上教神宗称善无以加的再举之策，神宗于同月戊寅（廿八）诏李宪不须再往环庆和泾原，要他携此策赴阙，面奏军机。李

（接上页）责在转运使处理蛮事不当，故宋廷处死韩存宝，流韩永式（秦讹写为韩承式）于沙门岛之外，也将转运使董钺除名。至于乞弟，枢密院在元祐元年十二月戊戌（十四）奏称，据泸南安抚司走马承受马伯虎及权安抚使李琮的奏报，乞弟在元祐元年正月已死，继任者为阿机。参见《宋史》，卷十六《神宗纪三》，页306；《长编》，卷三百二十一，元丰四年十二月庚午条，页7747；卷三百九十三，元祐元年十二月戊戌条，页9556；秦观（撰），徐培均（笺注）：《淮海集笺注》（上海：上海古籍出版社，1994年10月），中册，卷三十三《志铭·泸州使君任公墓表》，页1102—1105。

1　《长编》，卷三百二十一，元丰四年十二月甲戌条，页7748—7749；戊寅条，页7752—7753；卷三百二十三，元丰五年二月乙亥条，页7790。《宋会要辑稿》，第七册，《职官四十一·经略使》，页4038；第十四册，《刑法六·矜贷》，页8540。《宋史》，卷三百三十二《孙路传》，页10687；卷四百六十七《宦者传二·李宪》，页13640。按熙河路都大经制司在元丰五年二月乙亥（廿三）上奏，称经相度后，通远军去定西城路为便，就请自汝（女）遮堡以西隶通远军，龛谷寨以北隶兰州。宋廷从其请。

　　　　　　　　　　　　　　　拓地降敌

宪这篇兵策,除继承又批判了宋人一向所奉行的"据险建堡寨以纳蕃部"的策略外,也据实际的环境条件提出将来攻取西夏的可行战术战法,特别是如何解决粮运不继的问题,也间接批评了神宗五路伐夏而主攻灵州的战法的失算,赖《长编》及《宋会要辑稿》保存这篇兵策,让我们得见李宪的将才,兹录如下:

> 昨诸路各以一道之师出界,兵势既分,贼已熟见虚实。将来再举,须合诸道兵,攻其必救,使之莫测。若并兵一道,则有数者之利,如仍旧分路,则利悉为害。为今之策,须于泾原会合并攻,自熙宁寨进置堡障,直抵鸣沙城,以为驻兵之地。如此,则灵州不攻自拔,河外贼巢必可扑灭。

> 缘鸣沙城西扼灵州口,复据上游,北临大河,与灵武对垒。臣观河南故地,惟兰会至灵州川原宽广,土脉膏腴。今兰州西使既已筑城,独灵州未。然自兰会至天都,北入灵州,贼中窖积,悉经官军开发,所余无几。今若扼其川口,据其上游,并出锐兵讨杀,使左右前后不得耕获,则灵州一带窖积既空,复无岁望,贼党离析,其为利一也。

> 自熙宁寨至鸣沙城约四百余里,可置十余堡,乘时进筑,则自天都以至会州,悉在腹里,其间族落,既有保护之势,必皆内附,其为利二也。

> 北与灵武对垒,直趋贼巢,复已不远。兼兴州素无城堡,候冬深河冻,审见贼形,即出兵于灵州侧,择其地利,诱致贼众,并力除荡,然后乘胜分兵,北趋灵武,其为利三也。

臣观鄜延进攻，每至吉那，虽称克复，其实一到而已。盖官军既去，贼党蹑踪住坐，与不讨定，其实无异。若未拔兴、灵，其环庆、鄜延克复之地，虽亭障环列，峰堠棋布，亦难守御。缘两处土多沙脉，古称旱海，不可种艺，修置城垒，须近里辇运。朝廷方恤民力罢困，如诸路并修堡寨，不惟财力愈殚，适更生患。以是计之，先于泾原进兵，可以困贼，其为利四也。

兼灵州以水溉田，四面泥淹，春夏不可进师，秋冬之交，地冻可行，又城坚有备，卒难攻拔。臣以谓今图必破兴、灵之策，先须计泾原钱帛、刍粟，复令河东、鄜延、环庆、熙河四路扬声进攻，各选步兵一二万，骑兵六七千，独熙河更选骁勇蕃兵五六千，以备变号易服，出贼不意。其非行营兵马，亦令逐路团结，常备出战，以为番休及缓急声援。其四路所选兵，合泾原之师为十万。先自熙宁寨进攻，筑堡于没烟口以诱贼。臣度夏贼以泾原、环庆之师无功，必有轻侮之心，如分兵合击，决可荡平。然后进至天都筑堡，接鸣沙城，候河冻北渡，以覆贼巢。如此，则可往来折运，不须并起诸路夫役，粮道无抄略之虞，其为利五也。

臣自至石门，观两路措置乖谬，必知无补。顾本司兵势，又难有功，审度事机，须图再举，遂以目睹利害，画为此策。文墨不能尽陈，乞许臣赴阙，面受成算，及悉言诸道进师之害。[1]

1　《长编》，卷三百二十一，元丰四年十二月戊寅条，页7750—7753。《宋史》，卷四百六十七《宦者传二·李宪》，页13640。《宋会要辑稿》，第十五册，《兵二十八·备边二》，页9223—9224。按沈琱珵也将李宪这篇再举之策全文引录，（转下页）

拓地降敌

李宪这一篇陈奏，大大打动了神宗再举之心。一方面李宪所说的似乎言之成理；另一方面他这次攻取兰州，拓土克敌，战绩骄人，可证他绝非纸上谈兵。正如凌嵘的考证，灵武之役虽然失利，神宗始终没有后悔用兵，他对灵武之役的战略意图仍予以肯定，而他特别指出："灵州之役，士气至今不挫，由熙州成功故也。"当李宪适时上奏后，神宗就马上有积极的响应。[1]

（接上页）参见沈琛琤：《北宋神宗朝对西北的经略——以战略决策与信息传递为中心》，第四章第三节《元丰灵夏之役》，页157—158。

1　凌嵘：《关于宋神宗元丰用兵的几点辨析》，载李伟国、顾宏义（主编）：《裴汝诚教授八秩庆论文集》（北京：中华书局，2011年10月），页381—383。凌嵘便以李宪上奏请再度兴师，而神宗积极响应的事实，来证明神宗从未后悔出兵伐夏。

第六章

从泾原进筑到熙河拓展：
元丰五年李宪经营兰州事迹考

彭百川（？—1209后）据《长编》辑成的《太平治迹统类》，在卷十五特立一节《李宪再举取灵武》，专门记述李宪在元丰五年（1082）的拓边事业。[1]证诸史实，李宪在元丰五年初，原本计划从泾原路进筑，直抵鸣沙城，以攻取西夏腹地灵武。后来神宗改变主意，不再支持李宪此一鸿图，李宪便改为全力经营兰州，作为拓展熙河路的基石。

神宗在元丰五年正月辛丑（十九）因曾布（1036—1107）的奏劾，以失律罪将高遵裕再贬为郢州团练副使，员外本州安置。高在贬所曾上书为自己辩护，提到西征军不胜的理由，他也归罪别人，惟对李宪一军没有任何指责。但议者以他责无旁贷。因用人要紧，神宗在甲辰（廿二）又将刘昌祚和姚麟复为泾原路钤辖。[2]

李宪在同月乙巳（廿三）向神宗报告巡察兰州一带城寨的情况，

1　彭百川：《太平治迹统类》（扬州：江苏广陵古籍刻印社影印适园丛书本，1999年12月），卷十五，《李宪再举取灵武》，叶二十六上至二十七下（页301—302）。

2　《长编》，卷三百二十二，元丰五年正月辛丑至甲辰条，页7762—7765。

他说奉旨查察之前，有关甘谷城状况有不同的奏报，此种情况在缘边城寨的探报亦多有。他已查明是甘谷城报事蕃部误指地名，并无别情，请求不用根治，以免影响探事者的工作。他又说最近差部将康识往定西城一带，自通远军榆木垒堡，按兰州界通过四堡，都是需要控扼而应当首先动工的地方，请下经制边防财用司办理。[1]宋廷在己酉（廿七）即以熙河路总管李浩为熙河兰会路安抚副使、副总管兼知兰州。辛亥（廿九），神宗诏再议西征，以鄜延路经略安抚副使种谔知渭州，并特任李宪自都大专切经制熙河路边防财利事为泾原路经略安抚制置使，正式成为比帅臣经略安抚使权力更大的制置使，他的副手知兰州李浩兼权泾原路经略安抚副使。神宗又规定种谔和李浩均辖于李宪的制置司下。因李宪的推荐，曾从军有功，饶州乐平（今江西景德镇市乐平市）人进士钟传（？—1107）授兰州军事推官、泾原路安抚制置司管勾机宜文字，担任李宪的幕僚。[2]

南宋人章如愚（？—1205后）据《资治通鉴》所考，制置使始置于唐宣宗大中五年（851），以白敏中（792—861）充招讨党项行营都统制置等使，制置使之名始此。章氏以宋朝不常置此使，它掌经画边鄙军

1 《长编》，卷三百二十二，元丰五年正月乙巳条，页7766。

2 《长编》，卷三百二十二，元丰五年正月己酉至辛亥条，页7769—7770。《宋会要辑稿》，第七册，《职官四十一·经略使》，页4038。《宋史》，卷十六《神宗纪三》，页306；卷三百四十八《钟传传》，页11037—11038。按李宪因辞掉神宗给他的加官，故新差遣之本官仍为宣庆使、宣州观察使、入内副都知。钟传字弱翁，《宋史》有传。他和郭逢原都先后参李宪幕。他后来在西北拓边的事迹，可参阅曾瑞龙：《拓边西北——北宋中后期对夏战争研究》，附录二：《兰州堡寨群与泾原路战线的联接问题：钟传的浅井作战》，页257—286。

旅之事。他据《四朝志》，以徽宗政和中，熙秦用兵，乃以内侍童贯为之，到宣和末年又以姚古（?—1127后）为京畿辅郡兵马制置使，而据《钦宗实录》，靖康初年种师道（1051—1126）为河东路制置使，钱盖（?—1129后）为陕西五路制置使。惟章氏未有注意到，早在神宗元丰五年正月神宗已授李宪为制置使，早于童贯。而据龚延明先生所考，早在唐德宗建中四年（783）五月，已置淄青兖郓招讨制置使，而北宋前期以文臣为群牧制置使、江淮制置茶盐使、陕西制置使（制置陕西青白盐）。以武臣为制置使领军事起于熙宁、元丰之后，他举第一个例子就是《长编》卷三百二十二辛卯条所记的泾原路经略安抚制置使，即是李宪所领的新职。[1]神宗为了提高李宪的权力，就破例授他武臣以前未有之制置使职。

值得一提的是，李宪出任制置使的同日，他的副将、权发遣熙河路经略安抚都总管司公事苗授上言，投诉熙河路走马承受内臣乐士宣不理本军师行日久，士卒疲乏，却奏劾苗授援灵州之师未有行日。他说乐士宣明知苗军情况，却不恤军事成败，惟倚诏作威作福，望风旨

1　按白敏中在大中五年三月以司空同平章事，充招讨党项行营都统、制置等使，南北两路供军使兼邠宁节度使。又南宋人吴曾所撰的《能改斋漫录》，则认为宋朝设制置使，始于太宗朝杨允恭（944—999）为江淮发运制置使。张邦基（?—1148后）所撰的《墨庄漫录》亦记太宗淳化五年（994），授杨西京作坊使，乃立制置发运使额。参见司马光：《资治通鉴》（北京：中华书局点校本，1956年），卷二百四十九《唐纪六十五·宣宗大中五年》，页8045；吴曾：《能改斋漫录》，上册，卷一《事始·本朝制置使》，页13。参见张邦基（撰），孔凡礼（点校）：《墨庄漫录》（与《过庭录》《可书》合本）（北京：中华书局，2002年8月），卷四《发运使建官及职事》，页117；章如愚：《山堂先生群书考索》，文渊阁《四库全书》本，后集卷十三《制置使》，叶二十四下；龚延明：《宋代官制辞典》，第八编，《三、制置、宣谕、招讨、经略安抚使门》，页453。

以固宠，不能以实上闻，欲陷他于死地。苗授以此为由，要求神宗将他徙往本路。神宗安抚苗授一番，说军中事乐士宣自当闻奏，但谕苗可以安心供职。[1]苗授的后台是李宪，乐士宣要在苗授前作威是不智的。苗敢于奏劾乐士宣，自然得到李宪的支持。李宪显然没有偏袒麾下的内臣，他得到军心，此事也可作旁证。

二月甲寅（初二），宋廷诏李宪计度熙河路洮河与黄河通接，是否可以造蒙冲战舰运粮济兵。因此事涉及熙河路的职权，李宪在乙卯（初三），就他新职的权力范围上奏询问。他以依照前敕，差他权泾原路经略制置使，他询问原领的熙河路都大经制并节制秦凤路军马的职务，要不要兼领？而陕西诸路经略及转运司负责供应熙河一路的兵马粮草，他请求陕西诸路经略司、监司都许他弹劾，以下的职官都许他遣官劾罪。而陕西及河东的见任官员，均许他不拘常制选委。虽有违碍，都请立即发遣。若有人敢占留的，并以违制论。他又请神宗差近上禁军一指挥作为他的牙队亲兵。神宗诏李宪依旧兼熙河及秦凤两职，所请的牙队就派神卫军充，其余均依其奏请。丙辰（初四），神宗又特任内臣文思使、文州刺史、内侍押班李舜举为照管泾原路经略制置司一行军马参议军吏大事，作为李宪的副手。神宗为激励士气及招降夏人，又诏给泾原路经略制置司空名诸司使至内殿崇班告敕一百，东头供奉官至三班奉职二百，三班奉职至殿侍，军大将札子三百，度僧牒衣紫衣师名敕一百，三司银器二万两，陕西买马司马千匹。又命其应供给的辎重、骡、橐驼等，令致远等务尽数起发。又命少府监负责铸造本

1　《长编》，卷三百二十二，元丰五年正月辛亥条，页7771。

族巡检铜朱记、蕃部本族巡检印、毡帐、锦袍、金银带应赐物，并予预给。另给兵幕一千、枪五千、弓三千、箭二十万。神宗诏李宪准以是月乙丑（十三）进兵。[1]

神宗准备再出兵之前，于二月戊午（初六），命苗授修缮熙州东岳庙以迎福佑。己巳（十七），又命令诸路转运使选各路厢军及都水监所辖河兵约四万人赴陕西集结，负责粮运，厢军及河兵并隶李宪的泾原路制置司。[2]

李宪准备大举，打算将他的得力大将知兰州李浩调往他的制置司。二月癸亥（十一），李宪上奏以姚麟久更边任，兼有材武，请将他除熙河兰会钤辖于兰州驻扎。倘李浩赴制置司，就可由姚麟权知兰州。神宗从其奏。乙丑（十三），神宗又诏熙河路经略都总管司至路分都监，上面加上"兰会"二字。另又诏李宪详审他麾下功优赏轻者以闻。总之，神宗在李宪出师前，为他安好其兰州老家。这时熙河路经略安抚司又上奏，报告定西城不断有夏骑杀略商人和巡逻戍卒，并闻说西夏的衙头命令随意入宋境劫盗。神宗诏李宪，以羌人之性是畏强凌弱，若不令守将相度机会将之剿杀，就会被视为畏怯，启侮不止。这

1　《长编》，卷三百二十三，元丰五年二月甲寅至丙辰条，页7777—7778。《宋会要辑稿》，第七册，《职官四十一·经略使》，页4038；第十二册，《食货五十·船、战船附》，页7123。《宋史》，卷四百六十七《宦者传二·李舜举》，页13644。考《宋会要辑稿》是条错系于元丰四年十二月乙卯（初三），据《长编》李宪是在元丰五年二月乙卯（初三）上奏，按李宪获授制置使在正月辛亥（廿九），不在元丰四年十二月乙卯（初三）。

2　《长编》，卷三百二十三，元丰五年二月戊午至己未条，页7781。董毡从元丰四年到五年一直采取联宋攻夏的政策，西夏采取软硬兼施又打击又拉拢的手段应付，但董毡不为所动，坚持联宋攻夏。可参齐德舜：《〈宋史·董毡传〉笺证》，页37—38。

样就会让敌计得逞，道路就越来越艰难。要他从速发出指挥，措置此问题。[1]

同月丁卯（十五），神宗又给李宪诏书，以董毡曾遣亲信首领部勒兵马来助攻西夏，牵制了西夏军西部一大部分兵力，使得李宪顺利攻取兰州，事功可纪，董与立功首领都应受赏，命李宪委派苗授遣人因赏赐告谕董毡、鬼章和阿里骨。另外又诏李宪原议建立的提举熙河等路弓箭手营田蕃部共为一司，隶属李宪新领的泾原路制置司；并许李宪奏举勾当公事官一员，准备差使使臣三员，并给公使钱千缗，让李宪直接管理他经营开发熙河的措施，而不假手于人。同日，秦凤路提点刑狱康识上奏熙河路四州弓箭手所借牛、器物及钱财的问题，以开拓之初，弓箭手久在军前，现方得休养，请予以宽限偿还之期。神宗支持李宪的屯田开边计划，就许展限两年。[2]

癸酉（廿一），宋廷为安抚青唐诸酋，杜绝后顾之忧，以便全力对付西夏，就不惜金钱，下诏封赏群酋：名位最高的西蕃邈川首领、西平军节度使押蕃落等使董毡封武威郡王，赐金束带一、银器二千两，色绢绸三千匹，岁增赐大彩五百匹，角茶五千斤。阿里骨授肃州团练使，鬼章授甘州团练使，心牟钦毡（？—1099）授伊州刺史，各赐金束带一、银器二百两、彩绢三百匹；进奉使李叱纳钦授廓州刺史，增岁赐茶彩有差。宋廷又诏以后青宜结鬼章只称鬼章，阿令骨称阿里骨。[3]宋廷

1　《长编》，卷三百二十三，元丰五年二月癸亥至乙丑条，页7783—7784。

2　《长编》，卷三百二十三，元丰五年二月丁卯条，页7784—7787。《宋会要辑稿》，第十六册，《蕃夷六·吐蕃》，页9917。

3　《长编》，卷三百二十三，元丰五年二月癸酉条，页7789；卷三百二十四，（转下页）

这项以夷制夷的政策，即使不是李宪提出，也当是他同意的。

抚定了西边的蕃部，李宪就着手集结陕西诸路的人马，神宗在是月乙亥（廿三），因鄜延路经略司上言，诏诸路依泾原路制置司的奏告，调发包括弓箭手、步兵和蕃兵的兵马，而搬运辎重的民夫就令泾原路制置司差发。[1]

神宗与李宪的宏图大计却为朝内外的文臣反对。判河南府的元老重臣文彦博早在元丰四年十二月底便派他的长孙文永世赍表往京师，反对再出兵伐夏。他以先前"数路进军，兴动大众，弥历累月，馈挽不赀。诸路之民，疲于供给。将士尽忠竭力，为朝廷奋不顾身，间关死亡，冲冒寒苦，备极勤劳，臣以谓国威既已振矣，将士之力亦已殚矣，百姓供馈亦已竭矣"。他认为再度出师，"士气已衰而再鼓，民力已困而调发，复兴诸路深入，而转饷益远，如此则师之胜败恐未可知"。他又说听闻陕西百姓因兵事而致流离，而且菽粟之价腾涌。今冬二麦多不下种，而明春农事方兴，又复调发不已，必定供应不前。他又说闻知陕西、河东粮运人夫虽费不赀，而逃逸者甚众，甚至有部夫官逃窜。他请神宗"慎择将兵者，如轻险而求侥幸之功者，当勿用之"。李宪的名字已是呼之欲出。[2]

（接上页）元丰五年三月丙戌条，页7801。《东都事略》，卷一百二十九《附录七·西蕃传》，叶三下。《宋会要辑稿》，第十六册，《蕃夷六·吐蕃》，页9917。神宗在三月丙戌（初五），又以阿里骨在羌中地位居鬼章之上，说他在兰州之战，又能竭力督励诸羌，坚约不回，就除他肃州防御使。

1　《长编》，卷三百二十三，元丰五年二月乙亥条，页7790。

2　《文彦博集校注》，下册，卷二十五《奏议·论西事·其三》，页735—737。《宋朝诸臣奏议》，下册，卷一百三十八《边防门·辽夏十·上神宗论关中事宜·元丰（转下页）

拓地降敌

神宗在二月丁丑（廿五），思虑良久，才手诏回答文彦博，并命文的次子文贻庆（？—1091后）赐他，承认："朕涉道日浅，昧于知人，不能图任将帅，以天锡可乘之时，上为祖宗殄灭一方世仇，深用厚颜。爰自六军还塞，将士已惮劳，黎民已告病，今日之势，岂复可远举深入哉，惟固境自全而已。"神宗又言不由衷地解释他委用李宪，"特命于泾原制置者，第使之城数亭障，制贼冲轶耳，非复有前日图也。所以张大其名，若入讨之为者，盖兵法有之，用而示之不用，不用固有示之用耳。庶或可震之，乘威寻盟，则朝廷因得复羁縻之也"。文彦博随即在三月连上两道谢表，表示理解神宗的意旨。[1]

李宪出师的事一波三折，他的大将知兰州李浩在三月乙酉（初四）招纳黄河北蕃部嘛陵的亲家翁哩那没桑一家十五口，却中了西夏的圈套，奉命以船接取的部属东头供奉官孙晞（？—1082）并当值士兵二人被擒。李宪以熙河路都大经制司上奏宋廷，以李浩轻率欠考虑，请由本司取勘。神宗在乙未（十四）以西边的防务未宁，而招纳蕃部的事也得小心在意，先诏熙河路提点刑狱司，以河州官吏和募得的守城义勇及保甲修城，就特免取勘。然后又诏李宪，说蕃酋裕勒藏喀木等送来的蕃字请降书，观其陈情，甚有归顺之意，命他趁屯兵防及立堡障之便，从速处理应接。不过，李宪在庚子（十九）却覆奏，说根据李浩的报告，裕勒藏喀木约三月辛卯（初十）于坚博投附，其实是诈降，与诱擒孙晞之情无异，他已令李浩不得擅拨兵马接应。但神宗却以为

（接上页）四年十二月上》（文彦博），页1548。

1　《长编》，卷三百二十三，元丰五年二月丁丑条，页7792—7793。《文彦博集校注》，下册，卷二十五《奏议·谢赐答诏》其一、其二，页738—740。

李宪应一面察辨真伪，一方面暗中防备，相度招纳，不要实时以为那是夏人奸谋而不去接应。他以宋廷经制西夏，招纳降附，自是一事。若是蕃部实情投附，而自己有疑阻，就会令羌人更靠附西夏，实在于边防有害。他命李宪据此谕详加施行。神宗一直希望联合西蕃之力对抗西夏，当熙河路经略司在戊戌（十七）上奏，称董毡和阿里骨派人送来蕃字书，说他们已拒绝与夏人通好，且训练兵马准备。神宗即回复说当李宪和苗授出师有期，就会预先告之。[1]

　　李宪在同月辛丑（二十）奏上神宗他在鄜延路部署的兵马，共分为五军，共享文武官员二百四员。他说虽已奏请差使臣一百人下本路担任团结诸军，但他请求若使臣人数不足，权许依去年七月九日指挥，而不必依常制抽差补填所缺人数。神宗允许，诏三班院选差使臣五十人应付鄜延路的差使，若不足就差禁军的散直充数。癸卯（廿二），因种谔自言与泾原帅（当指李宪）素来不合，不能共事，请免知渭州之任。神宗于是将种谔调回鄜延路旧任，而改命新知润州（今江苏镇江市）集贤殿修撰、原任泾原经略使的卢秉为宝文阁待制、知渭

1　《长编》，卷三百二十四，元丰五年三月乙酉条，页7795；乙未至庚子条，页7803—7805；卷三百二十七，元丰五年六月壬戌条，页7877；卷三百三十一，元丰五年十一月辛巳条，页7969。《宋会要辑稿》，第八册，《职官六十六·黜降官三》，页4835。据熙河兰会路经略司在六月壬戌（十二）的奏报，那个被西夏诱擒的供奉官孙晞已被杀，其部属殿侍马凌则逃回。宋廷赠孙晞皇城副使，官其二子，赐银绢、酒米有差以恤之。顺带一提，在是月己亥（十八），宋廷据泾原路经略司的奏报损失人马多少，去处分泾原一路的将官，除刘昌祚和姚麟已降官外，其余将校包括曾在李宪麾下的内臣李祥等议各追一官。是年十一月辛巳（初四），宋廷正式下诏处分李祥等人，李祥自皇城使、沂州团练使追一官。

　　　　　　　　　　　　　　　　　　　　　　　拓地降敌

州。神宗命他并听李宪节制。[1]

神宗以李浩经营兰州所费浩大，在四月丙辰（初五）以手诏批评了李宪一番。说兰州乃新造之区，财用艰急，若不节约，何能持久？他说近日李浩奏请委差准备将领和无用职官八十余人。他严厉批评李浩只知道效法熙河路以前的奸利故辙，务在援引亲旧，而不恤朝廷安境的长久大计。他又对李宪说，熙河从开始以来的经营弊害，是李所亲历的，后来多致人言，就是由于冗费不节。他要李宪好好检讨并且早日裁定，并且诘问李浩为何不经长司（即李宪）而擅自奏问？[2]

癸亥（十二），神宗又对李宪所奏关于出兵时的粮运问题批示并赞赏一番，说他所奏将来随军的粮食，若由转运司拘泥固执地经制，就需索浩大，虽倾尽关中之力，佐以此路金谷，亦未能应付所办，就必无可举兵之理。而李宪提出自行筹置粮米五十万石，干粮二十万斤，并自行从本司运载出塞。神宗首肯之余，就夸奖若非是李宪这样左右忠力之臣，岂能操心任责如此？神宗诏李宪，已指挥本司责勒转运判官叶康直等，需限于六月底，依李宪所要之数，将军粮运至镇戎军（治今宁夏固原市原州故城）、高平寨（疑即高平军，今宁夏固原市杨郎乡北曹洼古城）和熙宁寨（今宁夏固原市城北头营正东一公里处陆家古城

1　卢秉在元丰五年正月辛亥（廿九）自知渭州、朝请郎、集贤殿修撰为朝奉大夫、知润州。御史王祖道劾奏当王师西讨时，卢秉当一路之冲，在大兵启行时，却不能绥靖，而张皇役民，昼夜城守，给道路传以为笑。王以卢措置无状，众所周知，而卢刚求得一便郡，宋廷又给他迁秩，实在不妥。但神宗不听。卢徙知润州才两月，又调回渭州。参见《长编》，卷三百二十二，元丰五年正月辛亥条，页7769；卷三百二十四，元丰五年三月辛丑至癸卯条，页7806—7807。

2　《长编》，卷三百二十五，元丰五年四月丙辰条，页7817。

堡,今名胡大堡)三处桩积。命李宪照会他们疾速督促施行。神宗又批示,惟有李宪所求的赏军金帛,未有快近取办之处,虽已令尽行筹集应付,但仍怕其数未足。若从关东运来,以道路遥远,恐不赶及。神宗就命李宪再切实经度如何办理,具析上奏。同日,神宗又将办粮不力的权管勾泾原路转运判官兼同管勾经制熙河路边防财用、承议郎胡宗哲降授承事郎,权发遣同经制熙河路边防财用事、通直郎马申降授承务郎,二人均展磨勘八年。总之,神宗对李宪出兵的种种提议及要求,都尽量满足。[1]

神宗一直希望董毡能出兵配合攻西夏。四月丙寅(十五),又手诏李宪,说听闻西夏又派人往见董毡,许给他斫龙以西之地,另又闻辽人也派人到青唐,劝说青唐与西夏讲和。神宗说近日阿里骨屡次请问宋军出师之期而未得确实回报,他怕羌情生疑,而给西夏乘隙坏了宋与青唐之间的盟约。他命李宪可于秋初从速定下一日期,并且遣人探问上面提及的事实,不要让董毡听信辽人的话与西夏议和,其他的事可与之斟酌。两天后(戊辰,十七),神宗又答应李宪的要求,诏调发在京的拱圣、骁骑、云骑、武骑军各一指挥,殿前、步军司虎翼军各五

---

1 按叶康直曾随刘昌祚出兵,到元丰四年十二月辛酉(初九)返渭州。他在元丰五年正月庚子(廿四)以权发遣泾原路转运副使上奏,称兵势贵聚而恶分,认为宜诸路并进,相为犄角,则易打败敌人。辛亥(廿九),神宗批示他以泾原路转运副使权管勾环庆路转运判官公事。这里称他为转运判官可能指他在环庆的差遣。叶在元丰五年二月上奏神宗,他计算运粮厢兵要数十万,神宗即命诸处役兵暂遣,集中人力赴陕西。参见《长编》,卷三百二十一,元丰四年十二月辛酉条,页7741;卷三百二十二,元丰五年正月辛亥条,页7770;卷三百二十三,元丰五年二月己未条,页7781;卷三百二十五,元丰五年四月癸亥条,页7819—7820;卷三百二十二,元丰五年正月庚子条,页7762;《宋会要辑稿》,第八册,《职官六十六·黜降官三》,页4833。

拓地降敌

指挥使,接替兰州瘦病不能服役的守军。以熙河兰会路经略司说,本来想在熙河州的守军对替兰州的守军,但以本管的兵不多,请求由别处调发。神宗又命原戍兰州而不堪作战的赢卒,就往陇州(今陕西宝鸡市陇县)、凤翔府驻泊,并委官训练。[1]

李宪在是月己巳(十八)终于绘画并奏上将来进兵出塞、筑立堡障及破敌的方略,请神宗裁定。神宗信任李宪,委以便宜从事之权,且手诏李宪,表明不会将从中御:

> 地之险易,所向先后,自非目击与敌变化,謦欬之间首末已异,岂隃度于千里之外,得能之乎?理固难中覆也。惟是探要钩暌,敌之强弱与夫待我显伏情状,内顾己之兵食足以加贼、继饷,使军不虚发,财不徒费,发必可以摧敌,费必有济国事,乃委注之深意,惟将帅博谋善图之![2]

神宗大概不欲将西夏想结好董毡之事增加李宪的工作,同日便亲自批示苗授,称闻知西夏求和于董毡之情甚急,累请不成,又邀辽使同往,神宗觉得以平日西夏与青唐强弱大小之势论之,西夏没有理由自屈如此,怀疑背后必有深关国之存亡利害的理由,神宗以苗授所部接羌境,必知道其情状,西夏一定大惧西蕃与宋军合力覆其巢穴。神

1　《长编》,卷三百二十五,元丰五年四月丙寅至戊辰条,页7820—7821。《宋会要辑稿》,第十六册,《蕃夷六·吐蕃》,页9917。
2　《长编》,卷三百二十五,元丰五年四月己巳条,页7821。

宗命他精绘地形，博谋于智者，从速上闻。[1]

神宗命李宪再举，除了较早前元老重臣文彦博反对外，神宗赏识的同知枢密院事吕公著也上言力谏，神宗不悦。吕就在四月丁丑（廿六）求罢，力请代替刚召入为门下侍郎的章惇（1035—1105）出守北方重镇定州（今河北保定市定州市）。[2]

神宗大概为了鼓励李宪西征军的士气，翌日（戊寅，廿七）便厚赏平定泸州乞弟（？—1084）之乱、自主帅林广以下的将校。林广稍后上章宋廷，为他的前任韩存宝申冤，他说韩虽有罪，但功亦多，以现时诸将而论，韩不至于死。事实上韩的确死得有点冤枉，当日若李宪在神宗侧，为他说情，也许能救他一命。[3]

神宗也注意到李宪的根据地熙河的财粮情况，五月辛巳（初一）便诏苗授和赵济，指熙河路财粮现时极为艰急，而所修的堡障处多驻

1　《长编》，卷三百二十五，元丰五年四月己巳条，页7822。

2　《长编》，卷三百二十五，元丰五年四月丁丑条，页7828—7829。

3　《长编》，卷三百二十五，元丰五年四月戊寅条，页7830—7831；卷三百二十八，元丰五年七月己丑条，页7896；卷四百五，元祐二年九月庚申条，页9867—9868；卷四百三十二，元祐四年八月辛酉条，页10429—10431。宋廷赏功，平定泸州的主帅林广，自步军都虞候、英州刺史迁马军都虞候、卫州防御使，都大经制泸州夷贼司、走马承受公事兼照管一行军马、入内东头供奉官麦文昺迁两官寄资，皇城使、忠州团练使姚兕领果州防御使，东上阁门使王光祖为四方馆使。因林广不久病卒，为韩存宝申冤，要到神宗死后，在元祐初年才由其子韩资提出。左司谏丁骘在元祐二年（1087）九月庚申（十一）便上奏，指韩存宝被刑之初，只因原审他的何正臣希神宗意，并不推原本情，而曲加锻炼，将韩置之重法。丁指责何"勇于谋身，轻绝人命，致先朝有误杀之名"，请求恢复韩之官爵，而治何正臣之罪。何正臣后来以宝文阁待制历知洪州与饶州（今江西上饶市），到元祐四年九月，才被左谏议大夫梁焘（1034—1097）及右正言刘安世（1048—1125）追究他当年陷死韩存宝之过，而被落职提举洞霄宫。

防御拓边军马，然近塞地方又无急警，既不能因时省费，以待不虞，又于农事方作之时，调发力田之民服役，神宗批评这样的处置不妥，要二人需用心地体度边费，为朝廷爱惜财用。[1]

因西征而调发军粮所造成的问题，范仲淹（989—1052）的第四子、环庆路转运判官范纯粹（1046—1117）在五月乙酉（初五）便上奏力陈其弊，并批评李宪以集中泾原一路边筑城边进攻西夏的方略有误：

> 臣伏见朝廷聚兵一道，以事西讨，将修筑堡寨，趱积刍粮，为进攻必取之计。臣以非才，职专馈饷，虽前后累与同职官条具事状，仰烦圣听，然其所论皆区区馈运职事之所当言者，至于攻讨得失之势，城堡利害之实，师期之缓急，民情之休戚，所以系朝廷天下之体者，则非臣之职，而前此未之言也。……臣窃闻去年边事之初，议者谓夏人悟乱，囚辱其长，众怨亲叛，席卷可平。朝廷大治兵师，诸道并进，所向力战，而贼巢不拔，则是与夫议者之言有间矣。今朝廷会兵泾原，欲为且城且战之计。臣以谓精骑二十万，聚于一方，声势重大，彼必清野，以避我锋，决于他路犯边，以为牵制。万一乘虚入寇，则事有可忧。兼泾原进筑之众，所食粮米日将万斛，所筑城堡不过一二。而地理渐远，馈运无可继之策；时日渐久，丁夫有奔溃之虞。于此之时，势必中罢，岂不负陛下兴举之意，而系敌人观望乎？刓所成堡障，

1　《长编》，卷三百二十五，元丰五年五月辛巳条，页7838。

深在贼疆，存守久长，岂敢自保？此又不可不虑者也！朝廷休养民力，充实府库久矣，去岁兵师一出，而公私困弊，若此其甚。今者再议大举，人气事力大非去岁之比。若今岁事功不就，即来岁又将如何？国才民力将何以继？此臣所谓攻守得失之势，城壁利害之实者也。

范纯粹也批评李宪的进军日期之不当，以及征召关中民夫运粮将会造成社会经济民生之问题，他指出：

臣准制置司牒，坐到发诸路兵马之期皆在六月，窃计出兵之日，决是初秋。去岁泾原、环庆两路各以九月出兵，比至中冬，渐以还塞，然犹士卒疾冻，十七四五。今七月行师，方是苦暑，以二十万之众，冒犯炎日，或被坚御寇，或负重力役，渴饮难周，疟疾多有，复当大雨时行之月，岂无霖潦之虞？臣恐疾病伤残，有甚前日，内外重兵，上系国体，此臣所谓师期之缓急者也。

臣窃见去年调夫出界，其近上等第人户有至独出数十夫之家，其贫下户人亦须数户共出一夫，雇直至及百贯。又诸路转运司接续调发，至于再三，其间冻馁艰苦，遇贼被害，死亡凋散，久未可完，今兹再籍，百姓已谙事势，人心骇畏，颇有逃散。麰麦在陇，秋禾将耘，妨夺农时，适于此日。缘军大计，动须人力，臣等蒙朝廷诚以军法，责令趋办，若人户大段流移，关内骚动，根本之地，事有可忧。异日言者必以臣等为归咎之地，一身之责无足自爱，其如国事何？此臣所谓民情之休戚者也。[1]

范纯粹的奏疏从四方面指出李宪自泾原出师的计划会招致的严重后果。他的理由具体而明确，胜过文彦博及吕公著之前的泛泛之论，那是神宗不能不重新考虑的。[2]客观而论，从纯战略战术的角度来看，李宪的计划若在后勤方面有充分准备和配合，向着西夏的要害地区横山步步进筑，未必不能成功。吕卓民便指出，哲宗绍圣以后，宋军改变策略，"采取浅攻近掠，步步进逼的方法，即由边面采取军事行动，由近而远，徐图进攻，据险筑城，渐次深入，以蚕食西夏所占领土。每夺取一地皆修筑城寨以巩固之，位置重要者，更设州、军进行镇守。这一策略和做法，取得了较大的成就。自绍圣三年（1096）至元符二年（1099）的四年间，就收复了横山地区的大片土地，并在新复的土

1　《长编》，卷三百二十六，元丰五年五月乙酉条，页7841—7842；卷三百二十七，元丰五年六月己未条，页7875。考范纯粹在六月己未（初九）自环庆路转运判官权管勾陕西路转运判官。

2　据范纯仁的曾孙范公偁（?—1147后）的记述，当神宗听从李宪的建议，准备再兴师伐夏，为免有人反对，就下诏天下敢有言班师者族。范纯粹仍连上章，言三十六不可，皆指斥时事，他上章时甚至多次牒永兴军拘管其家，以俟神宗之命。据说神宗览奏后默然，召内臣李舜聪（李舜举之兄）问范纯粹所言是否事实，又说范纯粹劾李宪假神宗之令天下人，若有，如何处之。李舜聪大概不敢开罪李宪，就模棱两可地说："此事虽未皆有，盖不尽无。"于是神宗大悟，诏即日班师，而赦范纯粹罪，还擢他直龙图阁、环庆路经略安抚使。范公偁此记自然有溢美其祖之嫌，亦反映在南宋时士大夫对李宪的负面看法。参见范公偁（撰），孔凡礼（点校）：《过庭录》（与《墨庄漫录》《可书》合本）（北京：中华书局，2002年8月），《侍郎请班师西夏》，页337；《长编》，卷三百三十，元丰五年十月乙丑条，页7955。

地上，陕西、河东建州一、军二、关三、城九、寨二十八、堡十"。[1]李宪的继承人童贯便在徽宗朝依着李宪的方案成功地进筑横山，将西夏迫得喘不过气来。不过，从儒家士大夫的立场，为了满足神宗开疆辟土的大志或欲望，而不惜牺牲老百姓的民力财力以至性命，是绝不可取的。是故宋代士大夫对于李宪的征伐方略难有好评。[2]关于李宪的出兵泾原方略，梁庚尧指出，以李宪提出集结的军队人数而论，已是泾原路在元丰四年出师的三倍有多。如此众多的人马牲口，消耗的粮草数量必然甚巨。李宪批评泾原路转运司过去无法筹措偌大的军粮，而说可自任计置米粮五十万石及二十万斤，由本司运出塞。梁氏批评李宪这番话不过在强调自己竭智尽忠，争取神宗的宠信，并不真的做得到。宋人批评李宪罔上害民，这当是最有力的论据。[3]

不幸的是，像范纯粹这样头脑清醒，常虑百姓福祉的士大夫并非多数，爱迎合神宗拓边而望建立个人功名事业的人不在少数。神宗这时又看上了吕惠卿所荐、志大才疏而好纸上谈兵的徐禧。五月己丑（初

1　关于横山的地理位置及战略价值，吕卓民指出："横山东至麟府，西至原渭，主要在今陕北境内，包括甘肃东北部部分地区，是宋夏之间一条天然军事分界线，其地理位置对宋与西夏都有很重要的军事价值：西夏既视横山为其生命线，又把横山作为南下侵宋的前哨基地。夏军每次大举攻宋，都先在横山地区聚兵就粮，恃横山蕃部为先锋。所以北宋认为西夏'若失横山之势，可谓断其右臂矣，彼无聚兵就粮之地，其欲犯塞难矣'。北宋也把横山地区作为抵御西夏入侵的屏障。""北宋认识到横山地区的重要性，便把夺取横山作为巩固边防，进攻西夏的战略步骤，全力经营横山，西夏亦以倾国之力与之抗争。"参见吕卓民：《宋代陕北城寨考》，原载《西北历史研究》，1988年号，现收入吕卓民：《西北史地论稿》（北京：中国社会科学出版社，2011年3月），页49—50。

2　《东都事略》，卷一百二十八《附录六·夏国传二》，叶四下。

3　梁庚尧：《北宋元丰伐夏战争的军粮问题》，页76—77。

九），神宗将徐禧擢为试给事中，稍后委他筹划另一进筑城寨的方案，可惜徐禧并无王韶及李宪一点的才干和将略。[1]

　　神宗这时仍未接受范纯粹罢兵的谏言，五月辛卯（十一），因收到环庆路经略司的奏报，说蕃官阿齐探知西夏梁太后自三月初已点集河南、西凉府（即凉州）、啰庞界、甘州（治今甘肃张掖市甘州区）、肃州（治今甘肃酒泉市肃州区）、瓜州（治今甘肃酒泉市瓜州县锁阳城镇锁阳城遗址）、沙州（治今甘肃酒泉市敦煌市沙州镇）的民夫十人发九人，打算从诸路入寇，人马已发赴兴州。神宗以四月丁丑（廿六）夏军二万余人侵犯淮安镇，而自从去年宋军发动攻夏以来，一直忧虑夏军回避不出战，以致不能有斩获。神宗认为果真的如情报所说，夏军今番主动出击，就是宋军取胜的良机。神宗因下诏给鄜延沈括、泾原李宪和熙河苗授，要他们把握机会，当然要探得确实情报，准备有素，然后以本路兵马合成大阵，守扼要害，伺夏军深入就痛行掩杀。[2]

　　五月丙申（十六），司天监上言七月辛巳（初二）是出兵吉日。神宗乃下诏进兵日依李宪所奏的七月初二。同日，李宪的泾原路制置司上言，已牒鄜延路四军和环庆路两军，为减少非战斗人员，负责膳食的火头并于禁军步兵内差派，至于僦役、辎重，无厢军，就由义勇和保甲充任。他怕两路未肯照办，就请降朝旨。神宗从之。神宗随即诏陕西都转运司，负责粮运而由诸州差雇车乘的人，所过州交替每人日支米二升、钱五十，到边境止。而运粮出界，就只差厢军。[3]

1　《长编》，卷三百二十六，元丰五年五月己丑条，页7845—7846。

2　《长编》，卷三百二十六，元丰五年五月辛卯条，页7848。

3　《长编》，卷三百二十六，元丰五年五月丙申条，页7851—7852。考李宪（转下页）

神宗在五天后（辛丑，廿一），却忽然诏罢李宪自泾原进筑城堡以攻西夏的行动。他下诏陕西路都总管司，说泾原路进筑城寨，财用虽已略具，但尚须措置诸路团结兵马。他令李宪的泾原制置司不得勾抽他路兵马，而原先差发的将兵并就近里休整，至于为这次再举而差发的文武官员，就遣还原差来处。[1]

为何神宗在万事似已具备，连出师日期都择好之际，忽然停止出师？《长编》记陕西转运司这时以役兵不足用，请下诸州征发和雇的民夫。知永兴军吕大防（1027—1097）上奏，称依前诏不再调民夫出塞，但现时漕檄雇夫就非科差不可。他说从之就违诏，不从就恐怕误了出师日期。神宗令吕大防从前诏行事。据载神宗因派遣查察情况的使者回来，亟奏不可进筑，于是议罢兵。[2]

这位在关键时刻竟然能令神宗改变主意的使者是谁？群书都记神宗这名特使是他另一个心腹内臣内侍押班李舜举。《涑水记闻》记本来神宗已诏更不调民运粮，李宪却牒都转运司调民夫运粮，而以和雇为名，官日给钱二百，并使人逼都转运司接受其命令，李宪称他受神宗密诏，威胁说若大军缺乏军粮可斩转运使以下。陕西都转运使被迫执行调民夫运粮之令，结果民间骚然，出钱百缗不能雇一夫，民人相

（接上页）出兵的日期，曾在五月丁未（十四）上奏神宗，说五路军马会合之地，远近不齐，不可一一择日。虽然拟七月辛巳（初二）中军起发为准，但未必最好，他请下司天监详定。据载司天监太史局在十六日奏称已集众官定夺，将本京六壬加临，得到七月初二辰（辛巳）为出兵吉日，同三省奉旨所进兵同，故依李宪所奏。

1　《长编》，卷三百二十五，元丰五年四月丁丑条注，页7828—7829；卷三百二十六，元丰五年五月辛丑条，页7853。

2　同上。

拓地降敌

聚立栅于山泽中，不受征调。吏人前往征调，就辄殴之。解州（今山西运城市西南）州官即使枷知县以督之，仍不能征集。后来甚至由知州及通判自行往县督之，均不成功。到出动州巡检及县尉前往相逼，民人就执梃相斗，州县无可奈何。据载因之前出师兵败，冻馁死者十之五六，存者均畏行而无斗志，仓库蓄积皆竭。司马光记群臣不敢谏，只有文彦博和吕公著上言进谏，神宗却不听。直到李舜举从泾原来，对神宗泣告："必若出师，关中必乱。"神宗才相信，召吕公著慰劳之。司马光又记，李舜举入见神宗后，在宫外见到宰相王珪。王珪讨好他说："朝廷以边事属押班及李留后（按指李宪），无西顾之忧矣。"李舜举却毫不客气面折王珪说："四郊多垒，此卿大夫之辱也。相公当国，而以边事属二内臣可乎？内臣正宜供禁庭洒扫之职耳，岂可当将帅之任邪？"据说闻者都为王珪惭愧。而宋廷在六月就诏罢泾原之役；不过，神宗却改而采纳种谔的建议，从鄜延修六寨以包围横山之地，还遣派反对李宪的李舜举与升任直龙图阁的徐禧往视之，并命徐禧节制军事，即以徐禧取代李宪主持再举之计划。[1]

有关神宗因听了李舜举的回奏而放弃李宪的计划，《长编》和《宋史》都沿用《涑水记闻》的说法，惟李焘未能确定李舜举入奏的确实月日。另外吕大防弟吕大临（1044—1091）也主此说。[2]

1　梁庚尧指出，范纯粹及其他陕西转运使所担心民间因强令运粮而骚动的事终于发生，吕惠卿在元丰七年（1084）赴太原府任后也指出当年河东民夫运粮形同差发的惨况。参见《涑水记闻》，卷十四，第390条，"李宪建议再举灵武"，页282—283；《长编》，卷三百二十七，元丰五年六月乙卯条，页7869—7870；梁庚尧：《北宋元丰伐夏战争的军粮问题》，页80—82。

2　《长编》，卷三百二十五，元丰五年四月丁丑条注，页7828—7829。（转下页）

神宗为何改而考虑种谔的计划？据赵起的《种太尉传》记载，宋廷初议从李宪之策，自泾原役兵百万，进筑十五城以趋灵州。相信是李宪的推荐，宋廷要种谔负责经略渭州，协办此大计。种谔早就与李宪意见不合，他到长安后，连上十一章反对李的计划，而坚持其取横山的策略，他主张先城银州，次迁宥州于乌延，再城夏州，然后北城盐州，据乌白二池，招纳蕃部。但神宗似乎尚未完全放弃原先的计划，五月甲辰（廿四），神宗诏泾原路经略司给封桩军赏二十万匹与转运司，用作筑城修堡。丙午（廿六），又将李宪属下的泾原路转运副使、通直郎李察（？—1091后）命为权发遣陕西路转运使，协助转运军粮。然同日种谔便以鄜延路经略副使的身份与正使兼知延州沈括再上详尽的规画，并间接批评了李宪的计划。神宗动心，于是诏徐禧和李舜举前往鄜延路议边事，限他们受命后五日上道。神宗在是月戊申（廿八），再诏陕西都转运司先前支司农寺钱二百万缗、内藏库银三百万两、盐

（接上页）《宋史》，卷四百六十七《宦者传二·李宪、李舜举》，页13640、13644。李焘认为《涑水记闻》记神宗慰抚吕公著的说法有误，因李舜举上奏时，吕已在五月丙申（十六）入辞，然后离开京师去了定州。另神宗有诏罢泾原进筑是在五月辛丑（廿一），而非六月。又吕大临也记："昨春边事权罢，是皆李舜举之力也。今不幸适丧此人，亦深足怜也，此等事皆是重不幸。"而熟悉边事的张舜民（？—1103后）在二十年后，于建中靖国元年（1101）以吏部侍郎上奏徽宗反对进筑城寨时，也引用神宗原本想自泾原路胡卢河川筑十五堡以通灵州，但以其功赏浩大而最后罢之。张舜民当然不敢说神宗怕大动干戈会引来动乱，他只说神宗不再修筑城寨，是怕边臣贪赏而生事。他又说李宪进筑兰州，虽不依法行事，然勤劬逾时，最后神宗也不赏他。张舜民此话倒非事实，神宗后来厚赏李宪及其部下筑兰州之功。参见吕大临等（撰），陈俊民（辑校）：《蓝田吕氏遗著辑校》（北京：中华书局，1993年11月），《东见录》，页531；《宋朝诸臣奏议》，下册，卷一百四十《边防门·辽夏十二·上徽宗论进筑非便·建中靖国元年上》（张舜民），页1584—1585。

钞二百万缗，均给诸路。鄜延、环庆及泾原三路委转运司，秦凤路委都转运司，熙河路委经制司，宋廷命趁着夏熟，于缘边市籴军粮封桩，以备军事之需。因神宗改变主意，李宪筹措多时的计划被搁置，而李宪的制置司也相应地不再拥有陕西诸路的财赋大权。[1]

　　神宗以粮运不继而放弃从泾原兴师，当然要找代罪羊出一口气。刚好泾原总管司承受文字梁同奏劾泾原转运副使叶康直转饷粮米，却腐恶不可食，而十之八九为粟，难以教士卒效力。神宗收到奏报大怒，以从关右运来的粮每斛数千钱，而挽输之费倍之，现时贵籴远饷，反而不可用，枉自劳弊民夫于路，以叶罪大可斩。幸而尚书右丞王安礼为叶说话，说梁同一面之词未得其实，请求按视。神宗于是在六月甲寅（初四）派新任陕西转运判官张太宁与周参查究此事，并将叶系于渭州狱以待簿责，并限十月结案。后来审验得米十八九，神宗意始解，将叶释放，将他复职。叶康直逃过一劫，除了王安礼为他申理外，据宋人笔记所载，是靠李宪扣起了原先要将他处斩的命令，他才逃出生天。这也看出李宪待属下厚道的一面。[2]

1　《长编》，卷三百二十六，元丰五年五月甲辰至戊申条，页7856—7860。赵起：《种太尉传》，载汤开建（著）：《唐宋元间西北史地丛稿》，页330。沈琛琤：《北宋神宗朝对西北的经略——以战略决策与信息传递为中心》，第四章第三节《元丰灵夏之役》，页158—160。考沈琛琤注意到《种太尉传》的相关记载。

2　《长编》，卷三百二十七，元丰五年六月甲寅至乙卯条，页7866—7868；卷三百二十七，元丰五年六月巳未条，页7875；卷三百四十五，元丰七年四月甲戌条，页8272；丁丑条，页8273。《宋史》，卷三百二十七《王安石传附王安礼传》，页10556；卷四百二十六《循吏传·叶康直》，页12706—12707。孔平仲：《孔氏谈苑》，卷二《李宪专理西方之事》，页215—216。据孔平仲所记，李宪专领西方之事，属下叶康直以粮草不继，一日有御宝札子付李宪："叶康直遽斩送奏。"李宪却秘而不宣，（转下页）

李宪为了稍后重返熙河而开拓兰州的工作,是日又以熙河经略安抚司的名义上奏,以兰州内外官属,依法当拨地为圭田。他以兰州为新造之区,居民未集,耕垦人牛之具皆强役之,就请求计数给以钱钞,而留其地为营田,或募弓箭手。神宗依从其议。[1]

六月乙卯(初五),神宗诏李宪赴阙,但稍后又批示说,先前据李宪的奏请,从泾原路自熙宁寨进置堡障,直抵鸣沙城(今宁夏中卫市中宁县鸣沙镇),作为驻兵讨夏之地,朝廷亦悉力应付。近日李舜举却奏财粮未备,人夫畏行。他说朝廷以李舜举所言忠实可听信,故已下令遣散人夫,更不追集诸路兵,即是已罢深入攻取之策。神宗下令,若夏人犯边,自当应敌掩击,则守御亦有定计。他说查察了鄜延路只以本路兵力,便于百里之外进筑城寨,讨荡屯聚的敌马。现时泾原如再兼熙河、秦凤两路兵力,而不少于七八万兵。他以若去边面不远,进筑堡寨自可只用厢军运输,岂须更仰赖民夫?或说敌马啸聚,正是我所欲讨杀之机会,这样的举动尚且不可为。而李宪初议大军直抵鸣沙城,万一夫溃粮绝,取悔更大。他命李宪依前诏从速申说利害以闻。神

(接上页)他估计到晚上就别有指挥。果然到半夜就收到急诏:"叶康直刺面配永兴军牢城。"李宪认为这还不是最后的诏旨,又持之不发。第二天早上,第三度札子到,令将叶康直枷项送渭州取勘。李宪召来叶康直,将三道札子示之,说要给他上枷。于是将他送到渭州取勘,终于叶无罪释放,任使如故。若无李宪的保护,叶可能已被斩。又张大宁在六月乙卯(初五)以承事郎权勾当秦凤路常平等事移永兴军路,兼提举熙河等三路弓箭手营田蕃部。张是李宪的属下,他维护叶康直是理所当然的事。叶康直复职为泾原路转运副使后,在六月己未(初九),再从泾原路转运副使、权发遣陕西路转运副使。到元丰七年四月甲戌(初五)他仍任职陕西转运副使,是月丁丑(初八),宋廷命他专计置鄜延路粮草。

1 《长编》,卷三百二十七,元丰五年六月甲寅条,页7867—7868。

宗更明言若真的举作艰难，即罢李宪泾原路经略制置使，返熙河兰会路经制司本任，命他等过了防秋才赴阙。[1]

为何神宗忽然放弃筹备了近半年的泾原进筑计划？神宗上述的批示只说出部分的原因，包括认为种谔的方案更省费可行。[2]《长编》除引述司马光《涑水记闻》的说法，认为是文彦博、吕公著加上李舜举力陈关中的危情而打动神宗外，还提到尚书右丞王安礼在神宗举棋不定的关键时刻，没有附和宰相王珪一味迎合神宗，而坚决反对再举兵，最后说服神宗收回成命。据载神宗曾出示李宪刚奏上的策书，李宪因闻知神宗有罢兵之意，于是上奏力陈："昨欲行军，糗粮已具，下至士卒药石，无不有也。一闻罢师，士皆丧气。"神宗对王安礼表示，李宪虽然是宦者，犹想做事以分朝廷之忧，他反问王安礼等难道没有此意？神宗引用唐宪宗（778—820，806—820在位）欲平淮蔡之乱，却只有裴度（765—839）之谋与宪宗合，而最后赖裴度平定吴元济（?—817），他可惜裴度之谋议不出于公卿之中，而在于阉寺之间。王安礼直率地回答神宗的批评，他说西夏之强，不是淮西可比，更不客气地指李宪之庸，非裴度之匹，而李宪麾下诸将，并无裴度麾下李光颜（762—826）、李愬（773—820）、李佑等之勇，而李宪所统五路之兵，

1　《长编》，卷三百二十五，元丰五年四月丁丑条注，页7828—7829；卷三百二十七，元丰五年六月乙卯条，页7868—7869。《宋会要辑稿》，第十五册，《兵二十八·备边二》，页9222—9223。李埴（1161—1238）（撰），燕永成（校正）：《皇宋十朝纲要校正》（北京：中华书局，2013年6月），卷十下《神宗》，页308。

2　沈琛玮认为种谔所提出的方案是长期且渐进的规划，人力物资牵涉较轻，可行性更高，故最终被宋廷采纳并付诸实施。此说可取。参见沈琛玮：《北宋神宗朝对西北的经略——以战略决策与信息传递为中心》，第四章第三节《元丰灵夏之役》，页160。

并无魏博、朔方之节制。加上军兴以来，士卒羸耗，器械散亡几尽，应该休养生息，用兵非良策。王安礼更翻李宪旧账，说早时神宗曾屡派李宪出师取灵州，但他一再推辞，现时明知不可，却强欲请行，此正是以奸言以欺上，不可不察。据说神宗听罢，怅然感悟，不复议再举之事。[1]

　　大概为了安抚李宪，神宗在同日除批示停止泾原路进筑城寨外，就将李宪在元丰四年十二月己巳（十七）未施行的功赏落实，晋升李宪为景福殿使、武信军留后，并赐银绢各二千匹两。[2]武信军留后是李宪所授的最高官职，故宋人称他为李留后。神宗又命在是年四月擢为中书舍人的大文豪曾巩（1019—1083）为他撰写授武信军留后的制文，神宗对李宪的功劳表扬了一番：

　　　　敕：王师西出，士大夫皆奋力行阵，有尺寸之功者，朕无不录。况议劳数实有大于此者，其于信赏，朕敢忘哉？具官某，比

1　《长编》，卷三百二十七，元丰五年六月乙卯条，页7870—7871。《宋史》，卷三百二十七《王安石传附王安礼传》，页10556。关于神宗与王安礼议论应否依从李宪的方案出兵泾原，凌焯的短文也有所讨论，凌氏据此认为出师灵武的决策及最坚决的实行者是神宗而非左右执政。凌氏认为神宗放弃李宪的计划，除了因李舜举的入奏，让神宗知道"财粮未备，人夫惮行"的不利情况外，还因神宗已发现李宪的战役部署弊病百出，从之胜算很小，而种谔的筑城横山尽得地利及以逸待劳的方案似较可行。不过，笔者认为神宗并没有判断李宪或种谔方案孰优孰劣的能力，神宗好谋而无断，因为反对李宪的人多，故他采纳看来可行的种谔方案。参见凌焯：《关于宋神宗元丰用兵的几点辨析》，页382—383。

2　《长编》，卷三百二十七，元丰五年六月乙卯条，页7873。《宋会要辑稿》，第十六册，《方域十九·诸寨杂录·城寨住役》，页9653。《宋史》，卷四百六十七《宦者传二·李宪》，页13640。

自临洮，率众躬将。摧殚丑虏，恢复故疆。鼓行羌中，屡以捷告。
考按阀阅，朕用宠嘉。秘殿荣名，便藩留务。兼是茂渥，以奖尔
庸。其往懋哉，益思来效。可。[1]

神宗在短短数月内改变原先认可的泾原进筑计划，其实正反映
他好谋而无断的性格弱点。神宗好大喜功，好谈兵事而从无行阵经
验，一心想趁西夏主秉常被囚，国中内乱的机会而一举灭夏，但他在
元丰四年五路伐夏的计划既欠周详，没有充分考虑粮运不继与在异
地作战的问题，更用人不当，甚至没能委出统率全军有威望的主帅，
以协调各路，防止诸将各自为战及争功之弊。在整个灵州之役的过程
中，我们看到神宗不断发出指令指挥作战，有时一日数诏。他一方面
声称不干预前线将领作战，但我们看到神宗其实是事事干预，将中从
御。然神宗远在京师，对前线的情况只能靠常常要十多天才送达京
师，而且不一定准确的战报得知，然后再下判断下一步该如何。正如
沈琛琤很有见地指出，神宗的将从中御只得其形，而并不得到其实。
在战场瞬息万变的情况下，神宗靠过时的战报去指挥前敌将领作战，

1　曾巩（撰）、陈杏珍、晁继周（点校）：《曾巩集》（北京：中华书局，1984年11月），
上册，卷二十一·制诰三十六首·李宪武胜军节度观察留后制》，页342。李震：《曾巩
年谱》（苏州：苏州大学出版社，1997年12月），卷四，页433—435。群书均以李宪拜武
信军留后，《曾巩集》作武胜军，疑有误。按武信军即遂州（今四川遂宁市），而武胜
军即邓州（今河南南阳市邓州市），李宪初授留后，应授边地遂州武信军，而不应授近
畿的邓州武胜军。又据清人何焯（1661—1722）《义门读书记》的说法，此制文宋本
原注有"李宪昨熙河路出界讨贼，收复境土，皆有功捷"，而今本缺此几句。参见何焯
（撰），崔高维（校点）：《义门读书记》（北京：中华书局，1987年6月），中册，卷四十三
《元丰类稿·文·李宪武胜军节度观察留后制》，页793。

注定是有问题的。灵州之役惨败后，他没有认真总结经验，却因心有不甘，而接受了有取兰州之功而他深所信任的李宪的泾原进筑方略。李宪从他与神宗的个人关系，到他过去的战功，以及所奏上的方略，本来都给神宗很大的信心。但神宗一听到臣下如范纯粹及王安礼言之成理的反对意见，以及他另一宠信的内臣李舜举的泣谏，就马上动摇，放弃筹措已久的计划，稍后却又接受种谔表面看来可行之方略。后来虽因李宪入见而一度心动，但很快又改变主意。这让我们看得出神宗好谋而无断的弱点，不幸他这种弱点和用人不当很快导致另一场惨败。

神宗在六月己未（初九），分别委任原泾原转运副使叶康直权发遣陕西路转运副使，原环庆路转运判官范纯粹为权管勾陕西路转运判官，原鄜延路转运判官李稷充陕西路转运判官。壬戌（十二），再加李舜举自文州刺史为嘉州团练使。他们都是神宗下一波攻夏行动使用的人。[1]

神宗遣李宪返熙河同时，也要熙河守臣做好防御工作。六月甲子（十四），就诏李宪的看家人、熙河路转运判官赵济，称听闻西夏兵马啸聚熙河边界，随时来攻，要他做好防备，要他按视兰州及定西城等处守御器具，何处完备，何处有阙，何处应该调发的。[2]

神宗虽然放弃李宪之泾原进筑方略，但对李宪的信任其实不衰，他在四天后（戊辰，十八）因论西事时，仍然高度评价李宪之功，说：

1　《长编》，卷三百二十七，元丰五年六月己未条，页7875；壬戌条，页7877。

2　《长编》，卷三百二十七，元丰五年六月甲子条，页7878。

"灵州之役，士气至今不挫者，由熙州成功故也。"他在丁丑（廿七），还将最新的军情告知尚在泾原的李宪，并问他若西夏举国入寇，泾原一路如何防御，如何可获大胜？叫他博谋诸将，加上他帅府的方略以闻。[1]

李宪一方面措置即将来临的战事，另一方面他的熙河部属又悉心计划开拓熙河的营田事。七月丙戌（初七），提举熙河等路弓箭手营田蕃部康识上言，说与兼提举营田张大宁（？—1086后）同议立法，请将新收复之地，差官按《千字文》的排序分划经界，选知农事厢军耕佃，每顷一人。其部辖人员、节级及雇助人功每年计人赏罚，并采用熙河实行的官庄法，其余的并招募弓箭手，人给二顷，有马的加五十亩。营田每五十亩为一营，派熟悉农事官一员勾当，容许本司不拘常制举选人及使臣充任，请依照陕西路营田司法办理。不足五十亩的，就委附近城寨官兼营，月给食钱三千。宋廷从其议。[2]

神宗经营横山，正在用人之际，平定泸州的勇将、曾隶李宪麾下的马军都虞候林广被召问方略，神宗命他还旧任，复为环庆路总管，却不料他于七月己丑（初十）卒于道上。至于灵州之役的败将王中正，神宗不打算再起用，王也识趣地自言目疾，请罢内职。癸巳（十四），神宗罢他入内副都知及提举皇城司职，授昭宣使、金州观察使、提举西

1　《长编》，卷三百二十七，元丰五年六月戊辰条，页7880；丁丑条，页7885。神宗在六月丁丑（廿七），告诉李宪收到环庆路怀安等镇寨侦察到西夏诸监军司并僧道均已点集，约期七月会于葫芦河川，打算进攻泾原。泾原路广川平野，最宜敌马长驱奔驰，加上去年宋军出塞，于磨移隘之捷，杀其贵将，夏人衔恨最深。谍报应该不假，若夏人举国入寇，其兵将就不少于二十万。
2　《长编》，卷三百二十八，元丰五年七月丙戌条，页7894。

太一宫，任便居住。他的入内副都知遗缺，稍后就由内侍副都知石得一升任。同日，神宗下诏赵济，要他在防秋之时，募人赶在七月前完成修筑兰州城橹。[1]

李宪在丁酉（十八）奉命赴阙前，应神宗之诏，上言论军情。他分析夏军盘泊所在，惟有铁毛山、天都山及没烟、葫芦河数处，兵力不下数万。他以为今之计，需命他麾下的苗授和李浩将兵于定西城和兰州以为照应，然后他统三四军，会合熙秦之师，直捣铁毛山和谔格什。若夏军退保天都山，就合兵进讨。他所谋置的城寨，就等候出境随机处划，可以则兴筑，不可得就班师。他说其言可采的话，除了不追认先前要求由鄜延及环庆的差夫外，其他就请依以前的计议施行，就可成事。李宪显然想打动神宗重新考虑他的计划。但神宗不允，诏称李宪所图的至小，奏请朝廷应副的事大。重申六月之诏，罢去他泾原路经略制置使之职，令他回任熙河兰会路都大经略司，过了防秋再赴阙。李宪又请发关中民运粮兰州，作五个月的粮储，神宗本来答应了，但王安礼反对，以民夫自灵州之役后，宁死不肯从役。今日关辅以西丁壮转徙，以致物价昂贵，如今要调难用之夫，辇至贵之物，越过敌境，实在不可。王安礼以兰州戍兵数量应不太多，他们果然能守，现有的粮就足够。守不住，多了的粮反而资敌。他请由李宪自行解决粮运问题。李宪知道宋廷不允其请，就改以兵卒来运输。[2]

1　《长编》，卷三百二十八，元丰五年七月己丑条，页7896；癸巳条，页7898；庚子条，页7904。按石得一在七月庚子（廿一）自西京左藏库使、吉州刺史、内侍副都知，迁东作坊使、入内副都知、嘉州刺史。
2　《长编》，卷三百二十八，元丰五年七月丁酉条，页7902；己酉条注，页7909。

拓地降敌

因夏军集结，战事一触即发，神宗在戊戌（十九），诏泾原、环庆、熙河兰会路都大经制司，泾原路经略制置司，以众多夏军屯于塞上，而鄜延路建议进城山界，故需要诸路兵马声援。令泾原于镇戎军、定川寨（今宁夏固原市中河乡大营村硝河西北岸黄嘴古城）、熙宁寨、高平寨各驻一军，由刘昌祚率军三万以上统领。环庆路就于大顺城（今宁夏固原市中河乡大营村硝河西北岸黄嘴古城）、荔原堡（今甘肃庆阳市华池县南梁乡）、柔远寨（今甘肃庆阳市华池县城所在地柔远镇）、安疆寨（今甘肃庆阳市华池县紫坊乡高庄行政村郭畔自然村之城子山古城）各驻一将，令经略司委一上将率兵马二万以上统领之。至于熙河路兰州以东，之前拟修的堡寨，内三处未曾动工，就由都大经制司研究挪移本路将兵防秋，而将鄜延路差到的厢军代替动工。壬寅（廿三），又特别令泾原路钤辖姚麟知镇戎军。为了加强兰州的防御，同日又令兰州置马军广锐两指挥，步军保捷两指挥，各以五百人为额，而先前所置的保宁两指挥，各以四百人为额。牢城一指挥，就许诸军投换。[1]

七月丙午（廿七），神宗将李宪先前所领的泾原路安抚制置司使所辟置的官属悉数罢除；但三天后（己酉，三十），因收到泾原路经略司报告，说谍知西夏十二监军司人马带五月粮，于葫芦河集结。而西

1　《长编》，卷三百二十八，元丰五年七月戊戌条，页7903；壬寅条，页7906；戊申条，页7908。按知兰州李浩为了修城，曾违令擅自役使将下兵来搬木踏堑，在七月戊申（廿九）就被宋廷申斥，诏自今不许擅役将下兵修城。关于环庆路先后所置的十一将的驻地，李昌宪前引的专文曾加以详考，他以大顺城为环庆第三将驻地，惟荔原堡、柔远寨及安疆寨所驻为何将，就没有说明。参见李昌宪：《宋代将兵驻地考述》，页325、335。

夏梁太后及国主秉常七月底渡过黄河，打算在八月克日进攻镇戎军大川。神宗想起李宪，马上命本来奉诏于是月丁酉（十九）赴阙的李宪暂时留在泾原照管边事，并令他从速派人深入夏境侦察，如确有其事，就追回先前的秦凤、熙河团结的诸将兵马，以及环庆的二万人马，令姚兕统领，趁此机会合力驱赶夏军；不过，神宗又告诫诸将，须得其虚实才可进军。神宗又令兰州严加防备。神宗稍后又发诏给环庆、秦凤、熙河兰会经略司，要应李宪之指令追回戍兵，如敢妄有占留，发遣迟缓的就以军法处置。[1]神宗到了此刻，仍是觉得李宪最可靠。为此，神宗又保留着李宪所领的泾原安抚制置司，李照旧领制置使，方便李宪措置军事行动。[2]

为了提高士气，神宗在八月辛亥（初二），应李宪麾下勇将泾原路制置司行营总管刘昌祚的请求，奖赏他的部下在灵州之役中于磨移隘大破夏军之功。当刘抵镇戎军，神宗又应他的请求，赐公使钱二千缗。癸丑（初四），赵济也向宋廷报告，称他在七月甲辰（廿五）至熨斗坪，闻得在癸亥（廿四）有夏军五百余骑至堡外杀伤汉蕃人口，驱掩士马而去。他又谍知铁牟山（即铁毛山）夏军已集结数万，打算以本路及泾原、秦凤蕃兵约期出其不意，会合掩击。神宗自然批准，诏泾原路经略制置司、熙河兰会路都大经制司，如侦察敌情有实，并度兵力可胜，就便宜施行。甲寅（初五），赵济又报告熙河路的汝遮川、觚洛宗二城堡未筑，他顾及今年防秋而须兴工，为省财力办事，已牒告转运使李

1　《长编》，卷三百二十八，元丰五年七月丙午条，页7907；己酉条，页7908—7909。
2　《长编》，卷三百二十九，元丰五年八月乙卯条注，页7917。

察集结河东京西厢军九千接续来施工。神宗自然同意。[1]

神宗在八月丙辰（初七）为实现种谔和沈括谋取横山的计划，开展第一轮筑城永乐（在今陕西榆林市大盐湾乡，无定河东岸。董秀珍2003年一说在陕西榆林市米脂县龙镇马湖峪村，无定河西岸，南距米脂城25公里，北距故银州城25公里）的军事行动，负责此行动的徐禧、李舜举及沈括在是日于延州出发，统率蕃汉十余军所将士卒共八万人，连同一倍的役夫负粮者前往。宋军由李浦（？—1100后）将前军，吕真（？—1099后）佐之；曲珍将中军，高永能（1013—1082）佐之；王湛将后军，景思谊（？—1082）佐之，而由李稷负责馈饷及治理筑城，所有的谋划进止，都由徐禧专决，这次行动的原议人沈括反而无权，而另一原议人种谔由于素不为徐禧所喜，就被徐奏诏留守延州。种在是月辛未（廿二）还被追究先前兵败的责任而被降授文州刺史。同日，宋廷也将已失宠的王中正贬降为嘉州团练使。[2]

这场神宗寄望甚殷的军事行动，一开始就因神宗用人不当而注定失败。沈括有见识却不获授权，执掌大权的徐禧则狂妄自大而无

---

1 《长编》，卷三百二十九，元丰五年八月辛亥至乙卯条，页7914—7917。《宋会要辑稿》，第十五册，《兵十四·便宜行事》，页8881。

2 《长编》，卷三百四，元丰三年五月癸未条，页7409；卷三百二十九，元丰五年八月丙辰至辛未条，页7921—7923。考曲珍在元丰三年二月已任权鄜延路钤辖，是诸将中资格最老和官职最高的。关于永乐城的所在，众说纷纭。吕卓民在2006年所撰一文，认为永乐城当在今陕西榆林市东南上盐湾乡上盐湾村，其村东北侧的古城遗址即是昔日永乐城的遗存。参见吕卓民：《宋永乐城考》，原载《西部考古》第一辑（2006），现收入吕卓民：《西北史地论稿》，页120—126；董秀珍：《陕北境内宋与西夏缘边城堡位置考》，收入姬乃军（主编）：《延安文博》（西安：陕西旅游出版社，2003年10月），页45。

识，李舜举作为神宗的心腹监军，但无武干，而李稷也是刚愎自用败事的庸才。虽然从征的将校多是能征惯战的勇将，包括绥州蕃官高氏将家的第三代领军人高永能、勇将曲珍、吕真及景思立之弟景思谊，但在徐禧瞎指挥下，除了曲珍、王湛及吕真侥幸逃脱外，其余众人包括徐禧本人，均不幸败军身死，连带颇为宋廷士大夫欣赏的内臣李舜举也赔上了性命。宋军在九月甲申（初六）筑好永乐城，夏军三十万即来攻，到戊戌（二十）才十四天便城陷，几乎全军覆没。永乐城之役，比灵州之役败得更惨，对神宗的身心打击更大。考神宗在九月己卯（初一）不豫，要罢朝三日，到辛卯（十三）才稍康复，他后来正是受不了打击而旧病复发。[1]徐禧、李稷是文臣中最坏的配搭，他们并无王韶儒将之才而自以为是，偏偏作为监军内臣的李舜举又没有李宪独立判断军情而阻止主帅蛮干胡来的能力。闻鼙鼓而思良将，当永乐城覆师时，神宗大概会想到王韶与李宪。文彦博早在是年秋曾上言指出："谋攻料敌，老将所难，不当与渐进白面书生惟务高谈虚论，容易而计划之。"可惜当神宗知道白面书生徐禧败死覆师时已太迟。[2]

当宋夏两军尚在永乐城激战时，赵济在九月乙酉（初七）上言奉

1　《长编》，卷三百二十九，元丰五年九月己卯朔条，页7935；辛卯条，页7929；卷三百四十五，元丰七年四月辛未条，页8271。何冠环：《北宋绥州高氏蕃官将门研究》，页425—434。有关这场永乐之战的始末，论者甚多。笔者在考论北宋绥州高氏蕃官一文中曾详论之。王湛在永乐一役逃脱后，以后累立功官至西上合门使，元丰七年（1084）四月辛未（初二），以出界之战功领成州团练使。

2　《长编》，卷三百二十九，元丰五年九月丙午条，页7941—7942。《文彦博集校注》，下册，卷二十五《奏议·谢赐答诏》，页738—739。考文彦博此一奏议，《长编》记是在元丰五年秋上；惟《文彦博集》却在题下注元丰五年三月上。文彦博此奏当是在徐禧出发往延州前上。

苗授的关牒，分遣使臣取不系团结的汉蕃弓箭手尽赴行营，以御夏军或有的攻击。神宗尚不知永乐城下的状况，还诏苗授所征集之人，如无益于事，就不必再追集，命指挥到日，就据边情便宜施行，并令抄送此诏与在泾原的李宪知悉。丁酉（十九），神宗还批示知熙州苗授，以兵久暴露，不但浪费供馈，还兼孤军在野而楚栋陇堡小而难容，怕一旦遇上敌骑，既不能野战，兼且苗授是帅臣在外，熙州的根本空虚，就命他从速分派军马回驻熙州及通远军，令他径归帅府治事，通远军就令其子苗履总领照管。神宗并不知永乐城已危在旦夕，极需援军救应。[1]

神宗在九月庚子（廿二）诏河东及陕西援兵并隶种谔统制，又让种便宜以厚赏鼓励诸军前进。壬寅（廿四），神宗为了督责负责转运河东军粮的赵咸和庄公岳（？—1084后），就接受御史王桓所劾，以先前大军出塞，粮运不继而人夫亡者过半，而赵、庄二人奏上不实，将二人各降一官。癸卯（廿五），神宗诏种谔出征时，以胡宗回（？—1112）权管勾延州事。[2]神宗也急诏张世矩率河东兵，李宪将环庆兵数万往援永乐城，然李宪军赶到延州，才知道永乐城已失陷。[3]

---

1 《长编》，卷三百二十九，元丰五年九月乙酉条，页7931；丁酉条，页7934。《宋会要辑稿》，第十五册，《兵十四·便宜行事》，页8881—8882。按《宋会要辑稿》将此事系于九月壬辰（十四）。

2 《长编》，卷三百二十九，元丰五年九月庚子至癸卯条，页7938—7940；卷三百三十一，元丰五年十二月壬戌条，页7986；卷三百四十八，元丰七年九月庚申条，页8360。赵咸仍留任河东提举常平等事之监司职，宋廷在十二月壬戌（十六）又命他兼提举本路都作院。庄公岳后来一直留任河东，他在元丰七年九月庚申（廿三），以河东权转运判官奉议郎，坐不供应麟府州的赏功绢，而被罚铜二十斤。

3 《涑水记闻》，卷十四，第391条，"徐禧等筑永乐城"，页284。（转下页）

神宗到十月戊申（初一），事隔十天后，才收到永乐城陷，蕃汉官二百三十人，兵一万二千三百余人皆阵亡的报告。神宗为之涕泣悲愤，不食。早朝见到辅臣更恸哭，悲伤之情教臣下不敢仰视。他既而叹息内只有吕公著，外只有赵卨上言反对永乐城用兵。他稍后即徙赵卨知庆州，扼守西夏前线，并将吕惠卿徙知延州代替沈括。沈括这时还以援兵皆属李宪及种谔节制，上奏请准许他从征破敌，将功赎罪。神宗不允，认为沈括罪不可恕，甲寅（初七），将沈括重贬为均州团练副使、员外郎，随州（今湖北随州市）安置。[1]

神宗担心西夏会很快兴师报怨，就着手做好各样防御工作。一方面继续笼络董毡，在十月乙卯（初八）赐他讨西夏有功首领官告三十一，并赐绢有差；另一方面，戊午（十一），将当初力谏用兵的权管勾陕西转运通判而被降授宣德郎的范纯粹，复为奉议郎升任陕西转运副使。神宗特别关注兰州的防御，同日批示苗授，以兰州城壕至今尚未开浚，很快黄河便会冰合，兰州甚近夏界，于边防甚为不便。神宗说李浩先前所请修的洛施、乩洛宗两堡，虽已规画好，但闻知本路禁军累经和雇与版筑之役，人力疲弊，需要休息。他们并工营建的兰州及龛谷，已有金汤之固。为此，洛施二堡可俟明春有余力再为之。因兵

（接上页）《宋史》，卷四百八十六《外国传二·夏国下》，页14012。

1　《长编》，卷三百三十，元丰五年十月戊申条，页7945—7946；甲寅条，页7948。据毕仲游的记载，死于永乐城的宋军将校，当中还有郭逵的儿子郭忠谏。参见毕仲游：《西台集》，卷十四《田孺人墓志铭》，页240—241。关于永乐城一役宋军死亡的数目，赵涤贤考证，宋军死者包括城外战死者，城内渴死者和城陷时战死者，总数当为三万余人。参见赵涤贤：《北宋元丰中灵州永乐两次战役宋军死者人数考》，《学术月刊》，1994年第6期，页82—83。

民力已困，己未（十二），熙河兰会路走马承受乐士宣又奏请罢明年修汝遮堡，神宗即命李宪相度以闻。但神宗以防务要紧，稍后再命李宪随后经营之。[1]

值得一提的是，十月丙辰（初九），皇城使、海州团练使、入内副都知苏利涉（1019—1082）卒，赠奉国节度使，谥勤懿。[2]苏之逝世，加上王中正之前被罢副都知，以及李舜举死于永乐城，宋宫高级内臣连续失去三人。李宪成为张茂则以下名位最高的内臣。

神宗考虑兰州的安危，还是要李宪亲自措置才放心。于是在十月辛酉（十四）批示，以西夏攻陷永乐城，得志之后就扬言要收复去年所失之地，故明年春初秋末之际最要防备。神宗说熙河路新得的兰州、定西城及诸寨，都是去年李宪总兵出塞所得之地，于今保守得失利害最为关切。神宗说若非李宪身任其事，他人就不可倚仗。他命李宪回到泾原，当安顿兵马后，即返回熙河，营建照管，让新收复之地，战守之具皆达到十分。他吩咐李宪如想搬家，可以从速具奏，当令他在京中的儿子李毂由水路运送。神宗之意就是要李宪长期在熙河为他御边。李宪为了加强兰州的防御，请求神宗罢去李浩原领的泾原制置司职任，随他返回兰州。同日神宗罢泾原制置司官属。壬戌（十五），神宗委原泾原路经略安抚制置司行营总管刘昌祚为泾原路总管兼第一将权知镇戎军，代替李浩。癸亥（十六），就罢李浩泾原路安抚副使，待罢泾原制置司后，就让他返兰州本任。庚午（廿三），李浩返回兰州并

1　《长编》，卷三百三十，元丰五年十月乙卯至己未条，页7948—7950。《宋会要辑稿》，第十六册，《方域二十·诸堡·觚洛宗堡》，页9687。

2　《长编》，卷三百三十，元丰五年十月丙辰条，页7949。

视事。李浩甫到任，就奏请诸路杂犯罪刺配人、一二千里者免决，充兰州本城厢军。神宗准奏。癸酉（廿六），宋廷又诏给内藏钱百万缗与熙河路。同日，熙河兰会经略司奏报，已相度移筑三岔旧堡于平川宁羌寨（即萌邪门三岔新城，今陕西榆林市定边县和甘肃庆阳市环县交界处吕家河南岸冯阳庄村古城），城围定为五百步。宋廷准奏。[1]

为加强熙河路的建设与管理，宋廷在十一月戊寅（初一），应陕西转运副使李察之请，和鄜延、环庆及泾原三路一样，分别委任监司官一员，专负责计置应付本路诸将及防城军器杂物。稍后，又诏特许熙河兰会路四州军的弓箭手及鄜延路沿边城寨汉蕃户借贷钱谷。另又以兰州粮贵，命本州等守御兵见管七千，除留下壮健的四千守城外，其余都令于里近州军就食。为应付西夏的攻击，李宪继续执行笼络董毡的政策。同日，熙河兰会路经略司便上奏宋廷，说董毡、阿里骨及鬼章三人自言击破西夏的斫龙和踧移城。宋廷即诏经制司命阿里骨具奏有功首领姓名，然后各赐银绢有差。[2]

因神宗听闻李宪的爱将李浩性多偏执，之前已被指役使军士过当，多有怨言。为了兰州的防务，神宗就特别在十一月丙戌（初九）赐诏李宪，命他别选人代知兰州。李宪属意王文郁。王文郁在元丰六年二月丙辰（初九）获委知兰州。[3]

1　《长编》，卷三百二十九，元丰五年八月乙卯条注，页7917；卷三百三十，元丰五年十月辛酉至癸亥条，页7952—7953；庚午条，页7958；癸酉条，页7963。《宋会要辑稿》，第十四册，《刑法四·配隶》，页8461。

2　《长编》，卷三百三十一，元丰五年十一月戊寅条，页7966；己卯条，页7968；壬辰条，7974。

3　《长编》，卷三百三十一，元丰五年十一月丙戌条，页7971。

拓地降敌

李宪又在十一月癸巳（十六）上言，为随大军出境，负责指引保甲人夫发掘西夏粟窖并搬运，却被夏军所杀的主簿李宗杰乞恩，宋廷诏依军主簿陈彦长例，让李的儿子承继其职，并支赐赙物。但李宪对于不听其令遣兵的知秦州吕公孺（1021—1090）就严劾，吕不服，也上奏论曲直。最后神宗在是月甲午（十七）将吕徙知相州。[1]

神宗为提高及加强李宪在西边的权力，在十一月乙未（十八）特任李宪为熙河、秦凤路经略安抚制置使，他原领的熙河经制边防财用司依旧。本来神宗以李宪因长期在西边而请罢入内副都知的内职，故想带有补偿的将他自节度观察留后擢为节度使知熙州。但尚书右丞王安礼引用真宗朝宰相王旦（957—1017）反对内臣刘承珪（950—1013）在病笃时求为节度使的前例，极力反对神宗擢李宪为节度使，并说李宪虽有战功，也真的贤能，但也不可开先例。尚书左丞蒲宗孟（1028—

1　《长编》，卷三百三十一，元丰五年十一月癸巳至甲午条，页7974—7975；卷三四十，元丰六年十月庚子条，页8191；卷三百四十一，元丰六年十一月丙辰条，页8198。《宋史》，卷三百十一《吕夷简传附吕公孺传》，页10215。吕公孺字稚兴，是吕夷简季子，吕公弼弟，官至户部尚书，得年七十。宋人对他为政多有好评。他的家世与事迹可参阅王章伟：《近代社会的形成——宋代的士族与民间信仰》，上册，《士族篇》，《宋代新门阀——河南吕氏家族研究》，第二章《河南吕氏家族之发展》，页43—45。又接吕公孺秦州之任的，据李之亮的考证，从元丰五年十一月至六年六月二十三日的，是枢密副使蔡挺子通直郎直龙图阁蔡烨（1040—1083）［按刘挚所撰墓志铭作蔡奕，据刘成国的考证，刘挚作蔡奕，出于四库本避清圣祖玄烨（1654—1722）的讳字］。蔡烨卒于任上，据《长编》卷三四十，继任的是原提举秦凤路刑狱吕温卿。到元丰六年十一月，再由刘瑾（1023—1086）自福州徙知。参见李之亮：《宋川陕大郡守臣易替考》（成都：巴蜀书社，2001年5月），"秦州"，页468；刘挚：《忠肃集》，卷十二《墓志铭·直龙图阁蔡君墓志铭》，页248—252；刘成国：《王安石年谱长编》（北京：中华书局，2018年1月），第四册，卷五"熙宁五年（1071）"，页1282—1283。

1093）却迎合神宗说只要擢用人才，就无所不可。当王安礼严词痛斥蒲后，神宗就没有坚持要授李宪为节度使，只继续让他挂着入内副都知的头衔；不过，李宪获授的两路的经略安抚制置使，就让他在元丰五年底到元丰八年初成为西边独当一面的封疆大吏。[1] 聂丽娜以李宪长期以武官身份扼守西边，是宋代宦官守边官僚化的典型例子。其实她不知道，早在真宗朝，深受真宗信任的首席内臣昭宣使、诚州团练使、内侍省左右班都知张崇贵（955—1011），便长期以鄜延路都铃辖的高级兵职兼提举榷场的差遣，执掌西蕃及西夏事务。张崇贵与李宪不同的地方，他上面还有文臣担任的帅臣知延州兼鄜延路经略安抚使兼都部署［长期是元老重臣向敏中（949—1020）］，李宪却是集军政财大权于一身的帅臣，直接向神宗负责。[2]

1　《长编》，卷三百三十一，元丰五年十一月乙未条，页7976—7977；卷三百五十六，元丰八年五月庚戌条，页8517—8518。《宋史》，卷三百二十七《王安石传附王安礼传》，页10556；卷四百四十五《文苑传·叶梦得》，页13133。据李焘引述《王珪旧传》所考，神宗欲迁李宪官职，宰相王珪奏此非祖宗故事，问神宗不鉴汉唐之乱乎？神宗结果打消了主意，并批示王珪奖励他，并令永为甲令，世世守之。惟李焘未审这里所说的李宪官职是什么？据叶梦得（1077—1148）所说，王珪曾反对神宗授李宪担任只有现任宰执才任的宣抚使，可能指此。

2　聂丽娜的文章认为以李宪的个案反映出宋代宦官守边官僚化或武官化，其实她并不认识宋代内臣的官职差遣之别。以李宪为例，他在元丰五年十一月时，本官是景福殿使（高级内臣获授的班官）、遥领的官是武信军留后，之前所任的入内副都知是内职，而较早前授的熙河路经制司使、泾原路经略安抚制置使及是年十一月特授的熙河、秦凤路经略安抚制置使，都属于地方帅臣的差遣。帅臣在仁宗以后多以文臣担任，但间有武臣出任。内臣担任帅臣的只有太宗朝的王继恩等少数例子。参见聂丽娜：《北宋中期宦官官僚化一例：论李宪的拓边御夏》，页35—36、42—43。关于张崇贵的事迹，可参阅《宋史》，卷四百六十六《宦者传一·张崇贵》，页13617—13619。又笔者前引的论秦翰文章，也有不少篇幅考述张崇贵的生平事迹。何冠环：《宋初内臣名将秦翰事迹考》，页26、33、445—451。

夏军已准备发动对兰州的攻击，夏人以战书系矢，射到镇戎军境上。知军刘昌祚将西夏的战书向经略使卢秉报告，卢却将战书毁弃。夏人又遣所俘的宋囚携战书给卢，并以夏国南都统昂星嵬名济之名义移牒泾原，卢这次不敢不奏。牒文表面称夏愿议和，却盛气凌人。神宗在十一月乙巳（廿八）又收到内臣阎仁武的奏报，说在十月壬申（廿五），兰州北有夏军五十余人，隔着黄河呼叫，说夏军已击败鄜延路兵（指永乐城宋兵），等到黄河结冰就会到兰州。神宗诏苗授宜大造守城器具，又提醒苗授，夏将星多哩鼎闻说用兵凶忍，在永乐之役，率先领兵到来围城的是梁默宁凌。梁逡巡永乐城下十余日，每日命万余人持锹镢撅城，将被城上宋兵击死的夏兵移去，或覆之以毡，不让宋军看到。后来星多哩鼎领兵至，就驱率蕃丁蚁附而进，死者列布城下，但他并不掩尸，还昼夜急攻，终令新造的永乐城不守。神宗要苗授知道，并密谕兰州守将广备守具。[1]

李宪回到兰州后，在十二月癸丑（初七）以都大经制熙河兰会路边防财用的名义，向神宗报告本路的兵力调配及详细的防御计划。他说本路每将见管正兵、蕃汉弓箭手，尽数于所驻州军团结为五军，仍从熙河兰会一路施行。五军各差都司总领蕃兵将二员，如一州蕃兵达千人，就给公使钱一千至三千缗，许将官便宜支取。他又建议趁明春夏军未聚，先筑汝遮堡，因它最为夏军要冲，而该堡围须及千步，并接连胜如堡，其间筑一通过小堡。其次是展拓定西城及兰州故址，然后筑巩心（今讹为拱星墩，今甘肃兰州城关区）诸堡。他又指出通远军

---

1 《长编》，卷三百三十一，元丰五年十一月乙巳条，页7978—7980。

当熙河、秦凤四达的要冲，人物稠穰，原是古渭州，旧隶平凉县。他请神宗将之从军升为州，并赐州名，而将定西城改为通远军，汝遮堡改为定西城，这样折冲制胜的形势就成就了。稍后他再上言，说之前所以请复古渭州及易置通远军和定西城，和列置兰州堡障之事，因为熙河一路的形势，全靠新收复的州城作为屏蔽。况且所得之地，川原宽平，土性甚美，属羌数万已就耕作，而新招的弓箭手五千，于膏沃的土田占籍未遍，需要增修城垒，让他们有怀土之心，这样不但地利可助边储，亦杜绝敌人谋取旧地之计。他说到达熙州后，见钱粮殊未有备。现时又要在汝遮、洛施及乜洛宗三处兴工。汝遮川西接定西城，北通胜如堡，东北扼石硖夏骑来路。其中洛施及乜洛宗两堡，东接兰州，北临黄河，每年黄河结冰，需要借洛施等处控遏敌马驰冲。他指出明年若不乘春先筑汝遮一带，次完成兰州管下之堡障，恐怕夏秋敌军必寇定西城。他说较早前本路经略司奏请迁三岔堡，拓展定西城。他认为三岔堡地在宋军掌握中，虽费财力，而不为用。至于定西城亦须等汝遮亭障既立，乃可乘势拓展。他请神宗特降指挥批准所请，又请赐钱帛一二百万缗及厢军万人，从速至熙河路协防。神宗收到李宪这份对熙河全面规画的奏议后，就诏遣内侍及大使臣各两员，往陕西及河东督领厢军万人，限二月内到熙河兰会路，李宪所求的钱帛就于秦凤路桩留钱及漕臣李元辅（？—1087后）转易川陕钱物内各支五十万缗。得到神宗的全力支持，李宪在元丰六年（1083）开始就全面开拓以兰州为中心的熙河兰会路。[1]

1　《长编》，卷三百三十一，元丰五年十二月癸丑条，页7982—7983；（转下页）

　　　　　　　　　　　　　　　　　　　　　　拓地降敌

尚平曾高度评价李宪所议修汝遮城的卓越战略眼光，他指出在从元丰四年至五年，李宪已意识到在定西城与兰州之间最重要的军城当是位于汝遮谷的大城。尚氏指出汝遮城所在的巉口及汝遮谷具有多方面的地理优势：第一，汝遮谷与定西城所在的关川河谷与其北的榆中谷地是陇中西部较为富庶之地。第二，汝遮谷位于榆中谷地与定西城河谷交汇带间，因此，汝遮谷即是榆中的屏障，也是定西城的屏障，同时也是这两地的联结点，若从军事地理角度看，汝遮城的修建能够同时充实榆中与定西的防御。第三，汝遮谷不仅连接定西城与兰州和榆中，同时还是陇中西部由兰州、榆中、定西通往会州与兴州最快捷、最重要的通道。汝遮谷附近相当于一个大型的三岔路口，由于距离今日定西市很近，汝遮谷和定西城在当时陇中西部交通地理上的地位等于交通枢纽。汝遮谷尤其成为兰会地区军事地理的枢要之地，是宋夏双方争陇中西部控制权中至为重要的地带。[1]

（接上页）戊辰条，页7989；丙子条，页7992；卷三百十三，元丰六年二月丁未条，页8013。《皇宋十朝纲要校正》，卷八《神宗·废置升改府州》，页273；《宋会要辑稿》，第八册，《职官六十六·黜降官三》，页4845；第十五册，《方域八·修城上·定西城》，页9435。考元丰五年十二月戊辰（廿二），户部上言称昨遣李元辅经制变运西川钱物赴陕西路，今日收到的数目是：金银物帛八百十六万一千七百八十四匹，钱三百四十六万二千余贯。宋廷支给李宪的一部份钱，就从这里拨充。考李元辅即以转易川陕钱物有劳迁官。但到元祐二年七月却被御史所劾，说他侵渔冒赏，转官及减磨勘都被追夺一半。又李宪请改诸州军名，据《皇宋十朝纲要》所记，他请改通远军为州，以定西城为通远军，筑汝遮堡为定西城。不知何故，"然造不成"。又《长编》引《实录》所记，元丰五年末废兰州胜如堡和质孤堡，但未记在何月日废之。然李宪奏中仍提及胜如堡。按《长编》又记在元丰六年二月丁未（初一）宋廷赏赐苗授以下，以他们筑堡之功，其中包括胜如堡。李焘即认为《实录》所记废胜如堡疑有误。

1　尚平：《北宋汝遮城进筑中的地理议论（1082—1096）》，页288—292。

第七章

功在西疆：
李宪从元丰六年至八年治理熙河兰会事迹考

李宪自元丰六年二月获神宗授以治理开发熙河兰会四州一军的全权，迄元丰八年（1085）三月神宗病逝止。他的任务至为艰巨，于这一大片新收复的西疆，对外方面，首要是做好防御工作，尽快修筑兰州等州军及其外围的堡障，以抵挡西夏自北面随时的攻击。其次是李宪要继续结好在西面的董毡、阿里骨等西蕃，以防他们联合西夏，让宋军腹背受敌。对内方面，李宪要筹集经费，借贷农具及本钱，以招募蕃部及弓箭手开发这一片可耕作的沃土，增加本路财政收入，以减轻官员的俸禄及驻军的粮饷全仰赖宋廷的供应。李宪也增设榷场，透过与西蕃各部的贸易，获得新的财源。李宪不但晓有武略，他的行政能力也是杰出的。从元丰六年到八年，李宪不但进一步开拓熙河兰州，建立制度，他指挥的熙河兵团还多次重挫来犯兰州的夏军，为永乐城之败雪耻，他还与神宗计议进一步攻击西夏的计划，并曾指挥精骑渡过黄河，深入夏境击败敌军。

李宪在熙河有一个长期追随他，深获他信任而有能力和效率的军政班子。他起初将熙河帅府从熙州移到兰州，后来大概考虑安全问题，就将帅府移返熙州。他麾下的武将僚属方面，从苗授、苗履父子，李浩、王文郁、王赡、康识、赵隆（？—1118）、王恩（？—1105后）到蕃官李忠杰（？—1101）等，都是能征惯战的勇将，屡次挫败西夏来犯；文臣的僚属方面，从赵济、胡宗哲、马申、李察、张大宁、孙路到钟传和穆衍（1032—1094），都是理财治郡、善抚蕃部与设谋划策的能吏，为开发及治理熙河定下良好的规模。李宪知人善任，并一直保护提拔其属僚，故深得下属的支持。朝中文臣特别是主政的辅臣及言官对他的偏见敌视，并不见于他统辖的西疆内。当然神宗对他极大的信任与支持，是他这数年成功治理熙河的另一主要原因。

李宪在元丰六年正月乙酉（初九），继续向宋廷要求贷钱给兰州及定西城新招的弓箭手每人十五贯，给他们买种粮和牛具，俟垦地有收成时偿还。神宗不但接受李的请求，还增赐给每人十五贯。[1]不过，神宗为表示不事事祖护李宪，于是月庚子（廿四），当枢密院上奏以李宪已到磨勘时，便批示称李宪之前拘栏商人货榷买的事上，所报不实，虽然有恩旨迁官，但仍要他延磨勘一年以示薄责。[2]

神宗对于李宪做得不足的地方毫不姑息，正月乙巳（廿九），宋廷收到夏军渡过黄河，直抵兰州城下的报告，他以这支夏军为数不少，而兰州守军竟然不预知，是侦察的人全不得力，他要李宪一面问责一面奏明。另一方面对有功的将史，神宗就不吝厚赏。二月丁未（初一），神

1　《长编》，卷三百三十二，元丰六年正月乙酉条，页7998。
2　《长编》，卷三百三十二，元丰六年正月庚子条，页8005。

宗赐熙河兰会经略使苗授对衣、金带及银绢五百，同经制通直郎赵济三百，马申二百，其余官吏有差，赏他们筑通远军榆木岔、熨斗平及兰州胜如堡等有劳。神宗这时尚未知悉，夏军数十万已在同日乘冰冻渡过黄河入寇兰州，杀将官杨定，夺两关门，几乎夺取西城门。李浩本来打算闭城距守，副将熙河兰会钤辖王文郁请出兵击之。李浩表示城中骑兵不满数百，安可出战？王文郁认为敌众我寡，正当折其锋以安众心，然后才可坚守，这正是三国时魏将张辽（？—222）保全合肥（今安徽合肥市）之道。走马承受阎仁武却说奉诏令宋军坚守，不可出战，如王文郁必定要开关出战，他就会劾奏。王文郁坚持说现披城出战，以一当千，势有万死，他不怕被劾奏。况且守则没有必固之势，战则有可乘之机。他坚请出战，得到李浩的同意。王于是募死士七百余人，夜缒城而下，持短兵纵骑突袭夏军。夏军不防，惊溃而渡黄河，由于忽然冰陷，故溺死者众，王文郁救回被夏军所虏的兵民入城。人皆将王文郁比拟唐初名将尉迟敬德（585—658）。靠着李浩的决定和王文郁的奋战，兰州转危为安。[1]

神宗尚不知夏军已进攻兰州，为了增强兰州的防御能力，二月己酉（初三）又依从枢密院的建议，命李宪委官与知兰州李浩详细计议，是否可以在靠近黄河的地方，开凿壕沟引河水作为阻隔敌骑的屏

1　《长编》，卷三百三十二，元丰六年正月乙巳条，页8009；卷三百三十三，元丰六年二月丁未条，页8013；丙辰条，页8018。《皇宋十朝纲要校正》，卷十下《神宗》，页309。《宋史》，卷十六《神宗纪三》，页309；卷三百五十《王文郁传》，页11075；卷四百八十六《外国传二·夏国二》，页14013。吴广成（撰），龚世俊等（校注）：《西夏书事校证》（兰州：甘肃文化出版社，1995年5月），卷二十六，夏大安九年（1083），页300。

障。后来李宪覆奏，以兰州地势偏高，最后没有实行。[1]壬子（初六），神宗又诏京西、河东、泾原、秦凤及熙河路所团结的厢军尽数派往兰州，协助兰州的守军。另诏李宪的熙河兰会制置司计置兰州人一万，马二千的粮草，于熙州、河州、通远军等次路的州军划括官私骆驼三千头与经略司，令从熙州折运，若事力不足，就调发义勇和保甲。又诏左司郎中吴雍（？—1084后）监督赵济和马申往来催驱搬运。李宪同日也向宋廷报告他的出兵计划：等到定西城的展拓工作完成，他就会选派熙河、秦凤兵和泾原刘昌祚所将的各万骑，掩击天都山夏军。神宗诏遣入内供奉官冯景往谕李宪，以天都山去熙河甚远，李宪如何营办粮草？神宗觉得应严加守备，以逸待劳，或可成功，命李再加以研究，若形势有利兴举，就即具奏行军措置的详细计划以闻。[2]

　　二月丙辰（初四），神宗收到兰州被攻击的战报，他将李宪降一阶为宣庆使、经略安抚都总管，苗授罚铜三十斤，李浩降一阶为四方馆使、阶州刺史，坐夏军犯兰州几夺西门始觉，而将守城有功的王文郁擢为西上阁门使、知兰州，代替李浩。李宪知道兰州是西夏必争之地，见夏军退至黄河外而不进，一定再会大举，乃令部属增城守堑壁，准备好防城的楼橹。[3]

1　《长编》，卷三百三十三，元丰六年二月己酉条，页8014。

2　《长编》，卷三百三十三，元丰六年二月壬子条，页8017；卷三百四十八，元丰七年八月甲戌条，页8345。《宋会要辑稿》，第十二册，《食货四十三·漕运二》，页6963。考吴雍在元丰七年八月甲戌（初七）前已升任秦凤路经略使。

3　《长编》，卷三百三十三，元丰六年二月丙辰条，页8018。《宋会要辑稿》，第八册，《职官六十六·黜降官三》，页4836。《宋史》，卷十六《神宗纪三》，页309；卷四百六十七《宦者传二·李宪》，页13640。

二月癸亥（十七），李宪请在定西城置主簿一员，并指出定西城最扼西夏要冲，是夏军曾设置监军之地。他说会优先展筑，然后并力修筑兰州，已命部将洛苑使康识移兵兴役。神宗诏从之。[1]神宗再在庚午（廿四）给熙河提供更多的军用物资，以熙河路的守具欠缺毡与皮，即命漕臣王钦臣（1034—1101）准备毡三千领、牛皮一万张，跟随州县的民夫搬运至熙河。李宪又上言，计置兰州需粮十万，请求发保甲或公私骆驼搬运。他又说担心征调民夫搬运，会妨碍春耕，称他已修整好粮船，从洮河运粮至吹龙寨，待厢军到来转运至兰州。神宗即批示如骆驼及舟船搬运不足，就要依前诏仍旧调发义勇和保甲搬运。神宗再批示，以熙河路正修葺边备，支用浩大。虽然最近已支钱二百万缗，但现时本路百物腾贵，支用未足，特以坊场积剩钱一百万缗赐之。另为增加本路官员收入，就诏熙河路权增公使钱三千缗，通远军二千缗。辛未（廿五），为了转运熙河粮饷时行使职权的方便，神宗命同经制熙河路边防财用赵济兼陕西转运判官，计置环庆路粮草；陕西转运副使李察计置秦凤路粮草，兼供应熙河路需索；提举熙河秦凤泾原路弓箭手营田张大宁权同经制熙河路边防财用。[2]总之，神宗投入大量人力

1　《长编》，卷三百三十三，元丰六年二月癸亥条，页8022。《宋会要辑稿》，第七册，《职官四十八·县尉》，页4357。

2　《长编》，卷三百三十三，元丰六年二月庚午至辛未条，页8024—8025。《宋会要辑稿》，第十二册，《食货四十三·漕运二》，页6963—6964；《食货四十七·水运二》，页7048；《食货四十八·陆运》，页7087。据《陇右金石录》所收的《新修岷州广仁禅院记》所载，王钦臣在元丰七年八月十七日撰写碑文所系之官职是"行奉议郎权发遣陕府西路计度转运副使公事兼劝农使轻车都尉借紫"。他在元丰六年当是陕西转运副使。参见张维（1890—1950）（纂）：《陇右金石录》，收入国家图书馆善本金石组（编）：《宋代石刻文献全编》（北京：北京图书馆出版社，2003年3月），（转下页）

物力，全力支持李宪开发治理熙河。

　　神宗也注意到李宪的部下有时过度劳役兵民，二月甲戌（廿八），神宗下诏降罪兰州守将李浩、刘振民和王安民，以他们留下不堪披带的病卒于极边难得粮草处。神宗告诫李浩，他之前已坐斥候不明之过降官，今次再犯就会从重治罪，而刘、王二将就从轻各罚铜三十斤。[1]

　　神宗也在三月丙子（初一），将措置盐事有劳的权发遣陕西转运使、通直郎李察迁一官。翌日（丁丑，初二），神宗以定西城虽已兴功展拓，但夏军近在熙河结集，怕守军未足以支撑，就特委李宪远置斥堠预作警戒。[2]宋廷正在用人之际，勇将种谔却病重，神宗在丙戌（十一）只好命范纯粹尽快赶往延州权管勾经略安抚司事，若范真的有疾不能前往，就命李察代理。[3]神宗的忧虑成真，夏军果然在是月再进攻兰州。李浩与王文郁募兵开城接战及上城守宿，另派人率蕃兵于马家谷守隘，终于力战击退夏军。战后，熙河制置司在是月辛卯（十六）申报宋廷，说奉命修筑的巩哥关的城基因险峻削，而土多沙致壁垒不坚，已差苗履别择地形增展城守。同日，宋廷收到捷报，神宗以李浩率将士守城有功，将他复官为陇州团练使，战功最优的王文郁擢东上阁门使，与其一子官。王文郁所召募立一等功的十二员将官以接战得力，与十四员守城得力的将官各迁一资。获第二等功十九员，

（接上页）第四册，《宋上》，《广仁禅院碑》，页782。

1　《长编》，卷三百三十三，元丰六年二月甲戌条，页8027。《宋会要辑稿》，第八册，《职官六十六·黜降官三》，页4836。

2　《长编》，卷三百三十四，元丰六年三月丙子至丁丑条。页8030。

3　《长编》，卷三百三十四，元丰六年三月丙戌条，页8033—8034；四月辛亥条，页8047。按种谔于四月辛亥（初六）卒。

其中守城二员及率蕃兵于马家谷御敌者就减磨勘三年。蕃官及蕃兵百九十三人，第一等迁一资，愿赐绢者给二十匹，第二等十五匹，第三等十匹。诸军弓箭手四百六十人、敢勇等三十六人，第功迁资，赐绢如同蕃官。[1]己亥（廿四），宋廷再赏功，一直追随李宪而多立功的赵济，自陕西转运判官、通直郎加直龙图阁、知熙州，代替召入京师执掌禁旅、李宪麾下的首席大将、原知熙州的殿前都虞候苗授。[2]

　　李宪为广储边粮，于四月戊申（初三）奏请宋廷，支给泾原的静边寨（今甘肃平凉市静宁县红土嘴，又名鲍家嘴头）别籍桩管米三万石、现钱公据百万缗。神宗准奏。李宪随即在同月壬子（初七）再上一奏，称前所获赐的一百万缗，已令属僚内臣张承鉴计置前去，但又怕缓不济急，他请按此数目别赐现钱公据，每道只以十万缗为率，仍加息一分，那就可以很快得到使用。神宗有求必应，诏再赐续起的常平及坊场积钱五十万缗，限十日出给公据，并命使臣带至熙河经制司。若积剩钱未至，就以元丰库鄜延路入便见在钱借支。[3]

1　《长编》，卷三百三十四，元丰六年三月辛卯条，页8035。《皇宋十朝纲要校正》，卷十下《神宗》，页309。《宋史》，卷十六《神宗纪三》，页309。按《长编》及《宋史》均将夏军进攻兰州系于三月辛卯（十六），但李焘以三月辛卯（十六）是宋廷赏功颁诏之日，而非夏军入寇兰州之时。

2　《长编》，卷三百三十四，元丰六年三月己亥条，页8039；卷三百三十九，元丰六年九月乙卯条，页8166；本书附录二《苗授墓志铭》。考苗授在元丰六年何月日内召不详，他在九月乙卯（十三）已以殿前都虞候都大提举编栏的身份负责京师新城的开挖外壕的兴役。又据《苗授墓志铭》所记，苗授以疾求罢知熙州边任，神宗于是将他召还京师执掌禁旅。

3　《长编》，卷二百八十二，熙宁十年五月庚申条，页6904；卷二百八十五，熙宁十年十一月癸亥条，页6991；卷三百三十四，元丰六年四月戊申条，页8044；壬子条，页8047；卷五百二十，元符三年正月乙酉条，页12376。考张承鉴早在熙宁十年（转下页）

　　　　　　　　　　　　　　　　　　　　　　　　　　　　拓地降敌

值得一提的是，在四月辛亥（初六），曾为李宪麾下的悍将鄜延经略使、知延州、龙神卫四厢都指挥使种谔卒于任上。同月丙辰（十一），曾为李宪撰写制文的试中书舍人曾巩卒。宋廷对种谔在鄜延的工作不满意，两天后（戊午，十三），神宗将泾原路总管刘昌祚自西上阁门使、果州团练使擢为龙神卫四厢都指挥使，调知延州，并诏他一改种谔在鄜延的弊政。泾原经略安抚使卢秉一月后上奏宋廷，要求差种谔兄、永兴军兵马钤辖种诊（？—1083后）充泾原路都钤辖兼第一将，代替刘昌祚；神宗却以种诊已年老，筋力已疲，难当将领差遣，诏卢秉别选官闻奏。[1]

六天后（甲子，十九）李浩败夏军于巴义谷（溪）。夏军兵聚于巴义谷，准备进攻兰州。李浩侦知夏军所在，就潜师掩击，夏军退出，李浩率军追入夏界，夏军从吃罗、瓦井来援，与宋军大战，大败。本来李浩有功，却被劾已罢知兰州却仍带本路钤辖擅奏赴阙之罪，但李宪为他的爱将申诉，说李浩自辨虽奏请赴阙，却并未离任。神宗接纳李浩的申诉，说李浩于法当以擅去官守论，但以他未离本路，另以他刚出塞有功，就仅罚铜二十斤。另外，大概以战事方殷，李宪想招纳更多猛将至熙河，就奏请将鄜延路都监、礼宾使王愍（？—1099后）调来兰州。

（接上页）五月庚申（十一），便在李宪麾下，在六逋宗之役以内殿崇班在右军立功而获转官内殿承制。十一月癸亥（十六）再录抚接董毡入汉之功，再获转两官。他在此时的官职不详，应至少是诸司副使。他在元符三年（1100）正月乙酉（十八），以左藏库使、带御器械获选为内侍省押班。

1　《长编》，卷三百三十四，元丰六年四月辛亥至壬戌条，页8047—8049；卷三百三十五，元丰六年五月戊戌条，页8072。按卢秉上奏请徙种诊至泾原，在元丰六年五月戊戌（廿三）。

权鄜延经略使的范纯粹力争要留下王愍，李宪却以王已到熙河，请把他留为熙河路都监。戊辰（廿三），神宗裁决王返回鄜延路，并赐装钱二百千。李宪这次暂时求才不成功。[1]

因李宪奏上李浩等出境击败夏军于巴义谷的战功，宋廷于四月庚午（廿五）厚赏熙河汉蕃诸将，连李宪本人也复为景福殿使，李浩以功升引进使、高州防御使，蕃官皇城使、环州刺史李忠杰领光州团练使、皇城使、商州团练使苗履领吉州防御使，蕃官赵醇忠为皇城使、荣州刺史，王君万子王赡自六宅使迁皇城使，康识自洛苑使迁左骐骥使，蕃官庄宅使阿雅卜为右骐骥使，蕃官供备库副使韩绪（？—1087后）、蕃官赵惟吉（？—1084后）、董行谦、包正并为西京左藏库副使，内殿崇班焦颖叔为内殿承制。[2]

神宗厚赏熙河文武官员之余，也没有放松监管，特别是偌大的财政开支用度。五月丁丑（初二），宋廷便诏熙河路经制司，谕未用兵以前，每年经画得到的财利，各有定额，兼且创立该司之前，主管的人

1　《长编》，卷三百三十四，元丰六年四月甲子至戊辰条，页8051—8052。《宋会要辑稿》，第八册，《职官六十六·黜降官三》，页4836；第十四册，《刑法七·军制》，页8586。《皇朝十朝纲要校正》，卷十下《神宗》，页309。《东都事略》，卷一百二十《宦者传·李宪》，叶六下。《宋史》，卷十六《神宗纪三》，页310；卷三百五十《李浩传》，页11079；卷四百六十七《宦者传二·李宪》，页13640。《西夏书事校证》，卷二十六，夏大安九年（1083），页301。按《皇宋十朝纲要》将李浩败夏军事系于四月癸亥（十六）。

2　《长编》，卷三百三十四，元丰六年四月庚午条，页8054。《宋史》，卷三百五十《王君万传附王赡传》，页11070。《东都事略》，卷一百二十《宦者传·李宪》，叶六下。考《东都事略·李宪传》记李宪被降职为宣庆使后"而败贼于定西城"，疑即指宋败夏军于巴义谷一事。

拓地降敌

（指李宪等）都各曾用所得的课息等第推赏。自从元丰四年后，每年并不见本司于年终具报上件所入增、亏并见在及销破的数目，因由未知。宋廷诏下本司火急分析闻奏。神宗可不容许李宪治下的经制司账目不清。[1]

因宋廷曾有旨委李宪派人假道董毡出使鞑靼，五月己卯（初四），于阗大首领阿辛经熙州来朝。神宗问其去国岁月，所经何国及有否被抄略。他说去国四年，道涂居一半，历黄头回纥、青唐，但怕被辽人抄略而已。神宗于是命他图上诸国距宋境远近，神宗再诏将该图交付李宪，助他将来联络鞑靼诸国之用。[2]

李宪修堡的工作这时又出了问题，兰州的质孤、胜如、熨斗平堡子被证明不堪守御，遭到毁废。神宗最后宽大处理，五月戊子（十三），诏负责规划及督工的李宪、苗授、李浩、康识特赦罪开释，惟苗授、乐士宣及阎仁武所赐敕书、银绢被追还。[3]幸而楚栋陇堡在

---

1 《长编》，卷三百三十五，元丰六年五月丁丑条，页8062。
2 《长编》，卷三百三十五，元丰六年五月己卯条，页8063。《宋史》，卷四百九十《外国传六·于阗》，页14109。据李华瑞引述任树民的意见，"于阗大首领绘给宋廷的西域诸国地理道路图，是指分布在今新疆、青海西部和甘肃玉门关以西的诸如回纥、于阗、龟兹、沙州、黑汗、鞑靼等国。于阗派人向宋廷进献的西域图和提供的西域通道沿途部落方国的国情及其相互关系等情报，不仅为宋王朝制定西北边疆防务和安辑内属蕃部乃至试图打通西域通道的战略决策，奉献出了珍贵的参考数据，而且还为北宋对西北边疆地理地图文献的收集与绘制，作出了积极的贡献"。按神宗要将此图册降付给李宪，因李宪是西北地区的最高负责人。参见李华瑞：《论北宋经营陆路东西交通》，载李华瑞：《宋夏史探研集》（北京：科学出版社，2016年6月），页230。
3 《长编》，卷三百三十五，元丰六年五月戊子条，页8067；癸巳条，页8069—8070。另蕃官李忠杰子李阿迈以随李浩出界斩获夏军首级之功，在是月癸巳（十八）自内殿承制、阎门祗候擢为内藏库副使。

壬辰（十七）修好，才挽回众人的一点面子，宋廷赐名通西寨，隶通远军。[1]城堡修好，就需充实军储，宋廷在癸巳（十八）诏拨京西提举司钱二十五万缗，供给兰州购买粮草。另又诏陕西转运、提举司、熙河兰会路经制司，乘农作丰熟，需研究州县城寨所需的紧慢，各限以数目，自己委官收籴粮谷，每月逐司各具数字以闻。[2]

夏军忽然在五月甲午（十九）又犯兰州，并攻破西关，杀守将左侍禁韦定（《宋史·夏国传》作韦禁），掳略和雇运粮的于阗人与骆驼。夏人围城九日，与宋守军大战才被击退。熙河兰会路制置司奏上宋廷，神宗诏依永乐城阵亡者例，赠韦定为文思使，所掳略于阗人畜，就令制置司优恤之。翌日（乙未，二十），有鉴于兰州的城关易为人攻击，宋廷诏兰州得展筑北城，而以南城若依旧，则城围太广，难于守御，若平居多置守兵，又会耗费粮食。谕展筑北城完工时，即废南城。另又从李宪的请求，降空头宣三百，以备奖赏有功将士。[3]

李宪在六月戊申（初三）再次为他的部将同总领熙州蕃兵将王赡申诉，王赡以其亡父王君万当年被转运使孙迥劾其与张穆之违法结籴，现时所欠还有六万余贯，计算折会外，计钱为二万三千余贯。李宪说王赡曾于元丰四年五月往内登闻院呈进状，请求将他在经制司功利与子转一官，及其父遗表特与二人恩泽所得折除上件的欠钱，但被中书判状不行。李宪表扬王赡自军兴以来，累立战功，实为出众。称他所

1 《长编》，卷三百三十五，元丰六年五月壬辰条，页8069。

2 《长编》，卷三百三十五，元丰六年五月癸巳条，页8070。

3 《长编》，卷三百三十五，元丰六年五月甲午条，页8071。《宋史》，卷十六《神宗纪三》，页310；卷四百八十六《外国传二·夏国下》，页14013。

拓地降敌

欠钱物，无从可得。他请求神宗怜悯王君万开拓熙河的战功，以及王赡现今累立战功，将他的家业正行估纳入官，免除他所欠的官债。神宗准奏，批示要再检示元丰四年五月内王赡再进状陈乞的事理，并依其所求施行。在李宪两度求告下，王赡终于解决了多年来因亡父被责赔偿官府的欠债。[1]李宪一直关顾属下的利益，故得到部属的拥戴，此事又是一证。

李宪在闰六月丙子（初二），又为部属蕃官李忠杰争取更高的封赏，他以李忠杰讨西夏有功，应该不止迁一资自刺史为团练使，而应迁四资。他请将回授三资与其子内藏库副使李阿迈，将他迁六宅使。宋廷从之。神宗又在三天后（己卯，初五），以熙河兰会路安抚司近遣左侍禁杨吉等出界讨夏人，冒险过河，兵少而斩获多，就诏制置司于赏格外优赐之，而溺死的人就厚加抚恤。两天后（辛巳，初七），李宪报告擒获西夏探事宜部落子策木多莽，以此人善斫造蕃鞍，为边人称赞，李请将他押赴京师制造军器所。神宗从之。后来军器所言策木多莽所造的鞍两面实可用。神宗诏免其死，刺配钦州牢城。李宪在两天后（癸未，初九），再为属下三班奉职张义甫求恩典，以张为秦凤路兵马钤辖兼第三将张之谏之子，请准张以其父回授官职而减他三年磨勘，李宪请再以张押队所获减二年恩例，合并将他迁一官。神宗以张义甫身有军功，及用父之战功回授，就特许将他迁一官。[2]

闰六月戊子（十四），熙河发生了一件奇异的事。李宪奏上神宗，

1　《长编》，卷三百三十五，元丰六年六月戊申条，页8076—8077。

2　《长编》，卷三百三十六，元丰六年闰六月丙子至癸未条，页8091—8095。

称捕获撰匿名书人李方。此人究竟写了什么要惊动李宪上奏？据神宗批示说，此书"辞诋欺万状，慢上侮下，无所不至"。神宗以只惩以徒坐，不足惩其奸凶。他令熙河提点刑狱、经制司审核其真伪，犯人李方即行处斩。[1]似乎这个李方所写的，是批评神宗的施政，也许包括神宗开边的政策。值得注意的是，李宪以神宗亲信内臣的身份出守西疆，他的任务还包括刺探各样的情报。

是月乙未（廿一），宋廷收到李宪申报杨吉等募蕃兵过河讨西夏的功状。神宗诏杨吉优迁供备库副使兼阁门通事舍人，郭胜及王师道为阁门祗候，蕃官吹凌密为三班差使，策木多格为下班殿侍，马凌于所当迁五资上与诸子承袭，其余所俘获功依例支赐，阿锡达等七人于所当转职名上亦与诸子承袭。另所有赗赠：马凌授三百匹，阿锡达百匹，都虞候至蕃敢勇各五十匹，至于不获首级的蕃军使依条承袭。主将王文郁赐敕奖谕。[2]

王文郁受奖同日，赵济却以疏忽之过受责。事缘赵济在熙州捕获逃军元德，此人却诈称是使臣郭諲，假传李宪命令开熙州城门。赵济后来发现他是假冒，就将之付有司。赵济将此事奏报枢密院，枢密院奏上神宗，以熙州极边，而赵济只凭元德诈称是李宪所遣，即开门听出，何以伺察奸细？请神宗发落。神宗诏赵济自今以后，凡事要审得属实，不可轻易相信。神宗令赵遍下此指挥予所辖州军城寨官吏。元德就令李宪劾罪，斩讫闻奏。赵济随即再具案上奏。神宗诏李宪等，以

1　《长编》，卷三百三十六，元丰六年闰六月戊子条，页8097—8098。
2　《长编》，卷三百三十六，元丰六年闰六月乙未条，页8102。

拓地降敌

元德一案，只怕有隐伏交通外界的奸细迹状，可更切实劾治。如没有发现他情，就将元德处斩。神宗又诏责赵济不能辨察，又不能审问，实为谬昏。不过，神宗没有重责他，只罚铜四十斤。[1]为什么一向精明的赵济这次那么大意？笔者认为李宪一贯在熙河派他的亲随以这种方式向属下传达密令，赵济才会一时失察，误信那个并无正式凭信而自称是李宪派来的密使的话。枢密院本来想重责赵济，神宗大概为了李宪的缘故就薄责赵济了事。[2]

闰六月丙申（廿二），当年被赵济奏劾的元老重臣富弼病逝洛阳。富弼去世前曾上疏论治乱之要，他说神宗旁多沽激取虚名的小人，亦有希利禄求实欲者。他的遗表批评："去岁朝廷纳边臣妄议，大举戈甲以讨西戎，事出仓卒，人情汹涌，忧在不测，卒致师徒溃败，两路骚然。"他说若非神宗"遽止再举之师，则祸难之至，可胜道哉？"他隐隐批评了李宪再举之议。他又提出所忧虑的最是西事，"不惟夏人以前日之怨，必思报复，兼其缘边旧地，未敢安居，况国家兴置城寨在其境内，既未闻恩诏洗荡，还其旧封，则异日冲犯边城，深未可保"。他所指的危地，当然以兰州为最。他怕辽国又会乘机助西夏入寇。他说西夏入界及永乐城陷所导致的伤亡不下数十万，只是帅臣监司州县之吏不能以实数上报朝廷。他又把西边说成："边兵寡弱，村落萧条，士无斗志，难复为用，久戍未解，粮饷不时，东兵在行者或归或留，不无怅

1　《长编》，卷三百三十六，元丰六年闰六月乙未条，页8102—8103。

2　当时的知枢密院事是素来不喜李宪的孙固，赵济是李的得力助手，也许孙固为了挫李宪的威风而想重罚赵济。孙固在元丰六年七月丙辰（十三）以疾去位，出知河阳府。参见《长编》，卷三百三十七，元丰六年七月丙辰条，页8118。

望,但虑再有征发,其心易摇,而百姓畏恐穷困,前日继有调发,已不从命,度此事势,可不深虑哉!是岂讳过取败,不思救祸之时乎?"他又痛陈国家竭公私之力讨伐西夏,不曾伤夏人一二。反而夏人得到宋方的降卒、兵械、金帛、粮食等不可胜数,还增强其国力,以之给邻国来借兵求援,以为边患。他又说若夏军犯境,官兵既不足用,民兵又不可发,如何抵御。总之,富弼把西边的宋军说得一无是处,他似乎不知道宋军至少在兰州曾多次击退夏军的来犯。富弼在遗奏中痛陈陕西州郡连年仅薄稔,大兵过后,公私虚耗,兵无见粮,而逃溃之卒与阻饥之民渐成群党。他慨言农村有缺粮之危机,一有边警就会出事。他又痛言:"前日西师之举,秦晋之民肝脑涂地,毒亦甚矣。乡村保聚,哭声相闻,亦知朝廷曾降诏敕,更不调发民夫,旋再谋兴举,复行差雇,方闻泾原罢师,鄜延又自兴筑,是以人心危疑,莫肯保信,此尤非今日之便。"他又说:"臣闻陕西之民,昨经出塞,死亡之余,再团保甲,数少过半,继又修治教场,将聚之教习,州县奉行,急于星火,非惟人情遑骇,难将驱之战斗,亦以贫穷至甚,无食可供。""据王明清《挥麈录》所记,他在遗表还说:"宫闱之臣,不可使之专总兵柄。人心不服,易以败事。"李宪的名字已是呼之欲出。总之,富弼怕神宗志切复仇,再动干戈,故以陕西之穷危情况劝止神宗。[1]

其实,富弼是过虑了,经过永乐城一役,神宗虽然心有不甘,到执政晚期仍想攻灭西夏,但他已没有再兴师大举的雄心,他派李宪经略

1　《长编》,卷三百三十六,元丰六年闰六月丙申条,页8103—8111。王明清:《挥麈录·余话》,卷一,第373条,页225。

　　　　　　　　　　　　　　　　　　　拓地降敌

熙河，无非是防御性的，为了保有在五路伐夏中获得的惟一战利品兰州。李宪在熙河的作为都是秉神宗的意旨行事。而且富弼所顾虑的问题，李宪都有解决的方法。

韩维（1017—1098）和苏轼稍后分别为富弼撰写墓志铭和神道碑铭，他们都借题发挥，批评新法，反对开边。他们也旧事重提，言及当年赵济奏劾富弼不行青苗法而被贬之事。[1]

七月丙辰（十三），对李宪有很大成见的知枢密院孙固以疾求罢，神宗加他为通议大夫观、文殿学士出、知河阳（即孟州，今河南焦作市孟州市），而由同知枢密院事韩缜继为知枢密院事，试户部尚书安焘（1031—1105）代为同知枢密院事。这番人事的变化对李宪在熙河的施政减少了一点阻力。[2]是日，李宪奏上两事：首先是查出蕃部当支抹虚报西夏与董毡书打算一同入寇；另外是请求在兰州添置市易务，拨支本钱，计置货物，应接汉蕃人户交易，以助边计。宋廷诏李宪将当支抹械送董毡及阿里骨处置，而同意增置兰州交易务。[3]

李宪在六天后（壬戌，十九）奏上一篇极详尽的熙河军制的规划书，分职分门、搜阅门及杂条门三部，分别论析如何使用蕃兵作战，包括将蕃兵独立置将，以及蕃兵的指挥系统、蕃兵的等第各项具体而微的制度，那是研究宋代蕃兵问题很重要的一份文献，研究宋代蕃兵的

1　韩维：《南阳集》，文渊阁《四库全书》本，卷二十九《富文忠公墓志铭并序》，叶二十七上。《苏轼文集》，第二册，卷十八《碑·富郑公神道碑》，页535、537。

2　《长编》，卷三百三十六，元丰六年七月丙辰条，页8118。《宋史》，卷十六《神宗纪三》，页310。

3　《长编》，卷三百三十六，元丰六年七月丙辰条，页8119。《宋会要辑稿》，第十六册，《蕃夷六·吐蕃》，页9917—9918。

学者, 除了台湾的江天健看出其重要性外, 大陆的学者过去似乎注意尚嫌不足, 尤其是李宪对宋代建立及完善蕃兵制度的贡献。[1]这篇奏议充分反映了李宪的兵略, 有赖《长编》将之保存下来:

> 臣昨奏熙、兰、岷、通远四州蕃兵, 地里相远, 当逐处各为一军, 庶就近易于团结, 仍得蕃情安便。兼兰州及定西管下新归顺蕃部数内, 强壮人马甚众, 亦当团结, 与四州军蕃兵通作五军, 庶缓急之际, 各有汉蕃两军相参为用。乞且于熙河兰会一路条画以闻, 先次推行, 已蒙依奏。臣今具条画, 以谓蕃兵置将, 事贵简而易行, 法贵详而难犯。臣今斟酌蕃情, 拟定条画事法凡三门。

1　早期研究北宋蕃兵的, 是任树民1993年一篇专文, 但任氏没有注意李宪的奏议。近年研究宋代蕃兵的赵炳林, 他与其导师刘建丽在2004年合撰的一篇简论, 也没有引用李宪这篇奏议。他稍后在其硕士学位论文则只引用了该奏议的一小部分, 而且没有提到这是李宪的意见。陈武强在2009年所撰一篇专论, 则多处引用并点出李宪这篇《条画事法》奏议。另高君智于2012年所撰的一篇论北宋经略河湟的汉法政策而道及的蕃兵组织管理的短文时, 略提及李宪根据新边形势需要, 所制定的《熙河蕃兵法》之重要性。台湾学者江天健则早在1995年在其所撰的专文《北宋蕃兵》有关章节, 引用李宪这篇奏议。参阅任树民:《北宋西北边防军中的一支劲旅——蕃兵》,《西北民族研究》, 1993年第2期, 页108—118; 刘建丽、赵炳林:《略论宋代蕃兵制度》,《中国边疆史地研究》, 第14卷第4期(2004年12月), 页30—39; 赵炳林:《宋代蕃兵研究》, (西北师范大学中国古代史硕士学位论文, 2005年4月), 第二章第二节《蕃兵制度的完善》, 页19; 第三章第七节《蕃兵的教阅》, 页29; 陈武强:《宋代蕃兵制度考略》,《西藏研究》, 2008年第4期(8月), 页48—55, 有关李宪条画的见页50—54; 高君智:《试论北宋经略河湟的汉法政策》,《青海民族大学学报(社会科学版)》, 第38卷第3期(2012年7月), 页105; 江天健:《北宋蕃兵》, 原刊《"国立"新竹师范学院学报》第8期, 1995年1月, 现收入宋史座谈会(编):《宋史研究集》第27辑(台北:"国立"编译馆, 1997年12月), 页199—200、215(注79)。

应五州军各置都同总领蕃兵将二员，并本州军驻扎，总领本州军管内诸部族出战蕃兵并供赡人马。仍各置管押蕃兵使臣十员，内四员委本将选择，从经略使司审察奏差，余六员许本将所在驻扎州军，于经略、总管、缘边安抚司准备差使指挥，及管下城、寨、关、堡使臣内选择兼充。平居不妨本职，遇有事宜出入，将下一面勾抽。总领将凡遇边警，禀帅司不及，即与所驻扎州军守臣、正兵将副及管勾缘边安抚司官共审度，如可御敌，即遣汉蕃两将人马共力枝梧；若辄分彼我，致有误事，即依节制法均责，仍一面具事宜申经略司。诸将各于所管蕃部内，籍善探事人姓名，以备遣使。所探到事，除申经略司外，仍与驻扎州军正兵将副互相关报。蕃部公事干本将，即许都同总领将施行，余依旧。经略、经制、缘边安抚司所属州军行遣总领将，系知州军兼领而应巡按搜阅者，许权交割州军事与通判轮出。诸将下管勾部族近上蕃官，遇点集出入，与管押蕃兵使臣参领所管本族兵马。诸将驻扎州军及辖下关、城、堡、寨，如于本将职事不协力，沮害事法，内城寨官许同总领将奏劾施行，州军当职官即具事状闻奏。

出战蕃兵自备人马衣甲、器械数目，令将官置籍；因巡按搜阅点检出战衣甲器械，令将官预修备。除逐族蕃兵有自备外，其所阙及合用旗号，申经略司计置，仍置库拘收，遇点集，据阙给借。蕃兵自来轮差在缘边巡绰、坐团、卓望者，听依旧例差拨。出战蕃兵凡以事故出外，令关白本族蕃官，仍不得出本州军界。其蕃兵下供赡人数内，有壮勇堪充出战者，许临时拣选，抵替不得力蕃兵。诸将遇出兵，许选劲骑充踏白马官。押蕃使臣、蕃官、诸司副使以上，不以亲手斩获首级数计功，依正兵队获首级分数论赏。五州军出战，蕃兵人马自为一将，遇出战即以正兵继蕃兵，其旗帜与本州军正兵旗身同色，旗脚以间色为别。已上谓之职分门。

出战蕃兵分为四等：以胆勇、武艺卓然者为奇兵；以有战功、武艺精熟者为第一等；以未尝立功而武艺精熟者为第二等；以武艺生疏者为第三等。委逐族蕃官首领依格推排，总领将别置籍，依等第单名拘管，遇有增减，于簿内开收。诸将出战蕃兵，分为左右前后四部，遇点集出入，逐族各随所属蕃官，每部差管押蕃兵使臣二人，毋得将一族人马分为两部。总领每季分诣逐族就近点阅，止随蕃兵所习按试。如第一等内武艺卓然者，别为一等充奇兵，每将以二百人为额；第二等内出众者，升为第一等，每将以三百人为额；第三等内出众者，升为第二等，每将以五百人为额。候点阅讫，等第支赏并酒食犒设：奇兵支银椀，第一等、第二等支银楪有差。选充奇兵及第一等、第二等者，并支颜色战衣袍并丝勒巾，以鼓激众心。

蕃兵就委本族蕃官首领教阅，遇将官巡按，如武艺精熟，人马骁锐出众，即令将官保明，申经略司旌赏。总领将并管押使臣，如能说蕃官首领纠出未充蕃丁之家，及招募人马有增数者，理为劳绩，岁终委经略司据所增申奏。以千人为率，每一马仍当一人。每增及二百人已上，总领将减磨勘三年，使臣减磨勘二年，若有逃亡亏数，每一百人，将官展磨勘三年，使臣展磨勘二年。诸族都管蕃官如于本族根括及招募到人马，岁终委将官具所增数申经略司酬赏。出战部落子人马不结入四部，于蕃兵籍内别拘收，遇出战，即别为一队，所有教阅将官巡按、升进等第、特支管犒之类，并如蕃兵法。诸州军出战部落子人马，在熙、兰、岷、通远四州军住坐者，并隶逐州军，总领将就便巡按搜阅。其河州虽有管押部落子将，亦合隶总领将。因巡按点阅蕃兵，内有年老或病患不堪征役之人，令本家少壮人丁承替者，即时于籍内改正姓名，每季分诣点阅毕，具所管部族有无增减人马数，申经略司考较闻奏。已上谓之搜阅门。

蕃官首领根括募到族下人马，每季及岁会具所增数目，及教习族下人马精锐合系经略司支赏者，本司预具数乞支降，委官置库主管，如别移用，以违制论。系籍出战蕃兵，通所管部落子一千人以上、不满二千人，每年支公使钱一千贯；二千人以上、不满三千人，支二千贯；三千人以上，支三千贯止。以系省钱充，仍分上下半年，各并委总领将从宜支使。诸将合用酒，许于驻扎州军寄造。诸将公使库钱物，许驻扎州军正兵将下选差员寮十将等给役使，仍于本将差押蕃兵使臣主管公使库。

诸将如遇点集出入，或巡按点阅部族，所在州军城寨议公事，集蕃官及犒设蕃部，并许支破酒食。以公使钱非理费用，及别有馈送，论如监主自盗法。总领将遇军行，于驻扎州军将下出战土兵或汉弓箭手内，差马军二队充带器械马随行。蕃兵将各置行遣吏人等取受财，并依河仓法。诸将许于诸军内差译语官十人，仍于汉弓箭手内更差十人。诸将许差医人医兽。如遇军

行,差都教头、壕寨击金鼓人、执门角旗人数有差。诸将籍定出
战蕃兵,除缓急事宜及逐季点阅外,并不得别差使。如违,以违
制论,不以赦降原免。诸将并管押使臣,如因巡教点集,受蕃官
已下献送,论如监主自盗法。已上谓之杂条门。[1]

神宗览奏后,完全接受这一全面而具体的建议。

八月己卯(初六),神宗收到谍报,辽人遣使西夏及青唐宗哥城
(今青海海东市平安区),他怀疑是西夏干求辽国,欲求辽国襄助,
与董毡和解。神宗于是下诏李宪,命他选择使臣前往开谕董毡和阿里
骨,指出辽国与宗哥城相去甚远,利害不能相及,他们最好还是恪守
与宋朝所订的盟约,协力出兵对付西夏。[2]

两天后(辛巳,初八),李宪又上言补充前议,再论蕃兵之使用及
编制:

> 本路虽有九将之名,其实多阙数,缓急不给驱策。又汉蕃
> 兵马杂为一军,今未论出战,而其它为害已多。盖由汉蕃语言不
> 通,部分居止以至饮食悉皆不便。非李靖所谓"蕃落自为一法"
> 之意。臣今至熙州,已各定五军将、副及都、同总领蕃兵将,用

1　《长编》,卷三百三十七,元丰六年七月壬戌条,页8126—8131。《宋史》,卷
一百九十一《兵志五·乡兵二·蕃兵》,页4760。按《宋史·兵志五》仅节录了李宪奏章
的一小部分。
2　《长编》,卷三百三十八,元丰六年八月己卯条,页8139。《宋会要辑稿》,第十六
册,《蕃夷六·吐蕃》,页9918。

拓地降敌

逐州军正兵、汉弓箭手各为一军，其蕃兵亦各为一军。临敌之际，须至首用蕃兵，次用汉兵继之，庶气势相临，虽遇坚敌，亦无退却之患，兼不妨汉蕃迭相为用。欲乞将本路正兵、汉弓箭手只为五将，所贵军分整足，兼可减并将、副及部将员数。

神宗自然接纳他这番可行及完备的建议。[1]后来宋廷在西边使用蕃兵，大体依从李宪所定的规模。

西夏早在闰六月已遣使入贡，以宋廷归还原属西夏的地方包括兰州为条件，与宋议和；但神宗并不答应，只诏陕西及河东经略司，于新收复城寨，命勿出境二三里，而给夏人的岁赐照旧。[2]夏人无法通过谈判取回兰州，就集结军队，打算以武力夺回兰州。九月戊申（初六），神宗于战云密布之时，手诏权发遣鄜延经略安抚司刘昌祚，说诸路探报夏人已点集六七十万人，虽然这支夏军精冗相杂，但若夏军专攻一路，仍十倍于宋军。万一夏军突入近里州军，就不知如何遏逐。神宗要各路帅臣奏上所见夏人企图及防御方略，并做好准备。神宗又将李宪所献的兰州地图付枢密院作制定攻守之策的参考。己酉（初七），宋廷又诏诸路经略安抚、转运司，若要急用保甲，就牒提举保甲司随时应付：战守防御，就差武艺高强及第一等者；要役使的就以次等差。同日，权发遣陕西转运副使范纯粹上言，说奉旨令鄜延、环庆、泾原、

1　《长编》，卷三百三十八，元丰六年八月辛巳条，页8141—8142。《宋史》，卷一百八十八《兵志二·禁军下》，页4628—4629；卷一百九十一《兵志五·乡兵二·蕃兵》，页4760—4761。
2　《宋史》，卷四百八十六《外国传二·夏国下》，页14013—14014。

秦凤路经略司以及熙河兰会路安抚制置司, 于军需钱内拨现钱二十万贯, 差官趁时籴买粮草封桩。他提出根据城寨的紧慢程度, 由他与刘昌祚以合理的办法处理。[1]

李宪自然明白兰州仍是夏人最主要的攻击目标, 除了处理军需问题外, 他也尽力加强兰州的兵力。九月丙辰(十四), 他请把兰州驻扎的秦凤路驻扎东兵两指挥改隶熙河兰会路, 另他又为蕃官六宅使李阿迈(李忠杰子)报功, 说他部五十骑出界刺探敌情, 获首级而回。神宗从其请, 将李阿迈减磨勘四年。十月戊寅(初六), 李宪又为多年来一直为他筹置军粮的僚属马申及胡宗哲争取复官升职: 马申复通直郎, 胡宗哲复承议郎, 二人并权发遣同经制熙河兰会路边防财用事。顺带一提, 当年帮助李宪脱罪的杨汲, 也在是月乙酉(十三), 因之前上言大理寺断绝狱空, 神宗将他自朝奉郎试大理卿擢试刑部侍郎。[2]

十月己丑(十七), 神宗再下诏诸路帅臣, 说西夏近遣使上表谢恩, 及乞求取回宋军所占的城寨疆土。宋廷已回诏不允, 但虑西夏别有图谋, 已将回诏抄录予陕西、河东逐路经略制置使司, 嘱他们常派人探伺, 随时准备防御。神宗在翌日(庚寅, 十八)再手诏付刘昌祚, 重申他的命令, 并特录赐西夏诏书予刘昌祚。[3]

1　《长编》, 卷三百三十九, 元丰六年九月戊申至己酉条, 页8162—8163。
2　《长编》, 卷三百三十九, 元丰六年九月丙辰条, 页8167; 卷三百四十, 元丰六年十月戊寅条, 页8179—8180; 乙酉条, 页8185; 卷三百五十, 元丰七年十二月庚辰条, 页8394。杨汲后来步步高升, 到元丰七年十二月庚辰(十五), 已擢至户部侍郎。不过, 他在是日却坐请复铜禁, 而不知增钱监用铜已多, 宋廷将他展磨勘二年以责之。
3　按神宗在十月癸酉(初一)因夏主秉常遣使上表请复修职贡, 而请宋廷归还旧疆。神宗自然不肯归还辛苦得来的兰州及其他地方, 即日以强硬的态度回复秉常, (转下页)

　　　　　　　　　　　　　　　　　　　　　　拓地降敌

一直臣服宋廷的董毡在十月病死，其养子阿里骨得到董妻乔氏的支持，并厚贿诸族首领得以继立。阿里骨秘不发表，未马上报告宋廷，其朝贡宋廷仍用董毡的名义。他一开始就不驯服，后来更一度联西夏以抗宋。[1]

十一月丙午（初五），李宪向宋廷报告本路修堡的进展，他说今年获得差发三路团结厢军，修筑新境一带州城堡寨，但以所役工极众，只是胜灵、西关、临洮和皋兰四堡，尚且要役用五六十万工，若只用保宁六指挥兵修筑，必定难以完成。倘朝廷明春要继续修筑，他请量赐钱帛，乘时计置钱物。他又请于河东和陕西近里团结役兵中，每路差一千五百人相兼工役。神宗也算慷慨，就令熙河兰会路见在军需钱物内挪拨钱粮帛十五万贯、石、匹。如仍不足，就据数目于邻近路分军需内拨取。其余都如李宪所奏办理。[2]

神宗意欲联合回鹘及鞑靼各部对付西夏。他又手诏李宪，说回鹘与吐蕃在近世以来，代为亲家，而回鹘东境与鞑靼相连。近日诸路探报多称夏人亦苦被其侵扰，不如以二国姻亲之故，趁着现时宋廷与吐蕃连和之际，假道与之通信，厚以金帛相结，使其为宋廷所用，而这样

（接上页）坚持不归还所占的地方。参见《宋史》，卷十六《神宗纪三》，页311；《长编》，卷三百四十，元丰六年十月己丑至庚寅条，页8187；《宋大诏令集》，卷二百十三《政事六十六·备御上》，《赐刘昌祚诏·元丰六年十月庚寅》，页810；卷二百三十六《政事八十九·四裔九·西夏四》，《赐夏主秉常诏·元丰六年十月癸酉》，页919。

1　《长编》，卷三百四十，元丰六年十月庚子条，页8192。关于阿里骨后来联合西夏对抗宋廷的原因，张向耀举出四项理由：一是他并非唃厮罗家族血统出身，二是他为了转移族内矛盾，三是为了收复熙河六州失地，四是因宋室对其继立不满。参见张向耀：《试述阿里骨抗宋战争》，《兰台世界》，2016年第4期，页94—96。

2　《长编》，卷三百四十一，元丰六年十一月丙午条，页8196。

也可以牵制西夏的兵力，不敢悉数南侵。况且闻知鞑靼之俗，犷悍喜斗，轻死好利，素来不向夏人屈服。若不吝金缯，厚加恩意，或可打动他们。神宗命李宪选择深晓蕃情及懂羌语的使臣三两人，并知会阿里骨，令他选遣二三亲信首领同往，谕他们多发劲兵，深入夏境攻讨。为此，宜邀回鹘首领来朝受赏，令李宪详议以闻。神宗稍后又诏李宪，引用中唐名将剑南节度使韦皋（745—805）在成都，联合南诏对付吐蕃，导致吐蕃势衰的故事，认为以鞑靼今日之强及与西夏之仇，胜过当年与韦皋合击吐蕃的南诏第六代国主的异牟寻（754—808），鼓励李宪好好经营联回鹘对付西夏之大计。[1]

李宪收到神宗手诏后，马上覆奏，顺着神宗的思路，申论其以夷攻夷的策略：

> 自古控驭戎夷，使其左枝右梧，为备不暇，盖由首先结其旁国，绝其外交，然后连横之势常在中国，彼有犄角之患。昔南诏之患，韦皋驭得其术，故西复巂州，自是吐蕃日加穷蹙。以今夏贼之强固不逮吐蕃，若以青唐、回鹘、鞑靼连横之势，岂易枝梧？况鞑靼人马犷悍，过于西戎，兼于夏人仇怨已深，万一使为我用，不独争张夏人兵力，不得悉众南下，兼可以伺其间隙，使为捣虚之计，如去岁举国啸聚于天都，则河西贼众为之一空。若以青唐、回鹘、鞑靼三国人马并攻其背，就使未能远趋贺兰，其

---

1 《长编》，卷三百四十六，元丰七年六月己巳条，页8301—8302。按神宗这道手诏的年月不详，当在李宪在元丰六年十一月丁卯（廿六）派皇甫旦出使回鹘鞑靼前。

甘、凉、瓜、沙必可荡尽。臣仰奉睿训,审究利害,惟患将命未有
可副遣使之人。缘深入绝域,经涉三国,万一疏虞,适以为累。
夙夜思虑,致力经营。

李宪的覆奏,大大加强了神宗以夷攻夷策略的信心。十一月丁卯
(廿六),李宪终于选派三班奉职皇甫旦(?—1085后)出使青唐,见董
毡(按宋廷不知董已死)及阿里骨,并招谕辖毡各部赴阙。[1]

己巳(廿八),李宪又奏上他在兰州备战的情况,并报上兰州实际
的兵力。他说宋廷估计兰州守御须及一万人,今在州的宋军总计只有
六千六百余人,若临事才请增兵,怕误了大事。他说熙河制置司契勘兰
州,依百步法,只合用六千四百五十六人,本司通计仅及八千人,自可
有备。他说内臣走马承受阎仁武责在监守兰州,却心存畏怯,故他牒
另一内臣梁安礼(?—1100后)前来,考虑阎仁武素无胆量,遇事自为
张皇,故将他调回熙州。李宪又说已派其弟李宇前往兰州照管,故可
以不用阎仁武在兰州。李宪又请宋廷严责其子李毅兼程而来。为固守
兰州,李宪兄弟父子尽数上阵。神宗感其忠诚,批示说李毅已出门,不

1　《长编》,卷二百六十三,熙宁八年闰四月癸卯条,页6435—6436;卷三百四十一,
元丰六年十一月丁卯条,页8203;卷三百四十六,元丰七年六月己巳条,页8302。《宋
会要辑稿》,第十六册,《蕃夷四·回鹘》,页9772。考皇甫旦在熙宁八年闰四月癸卯
(十二),当秦凤路重编为四将时,他以阶州(今甘肃陇南市武都区)驻泊都监任第四
将副将,任刘昌祚的副手。他在出使前上表自陈,说他初为三班借职,累立战功,擢至
如京副使秦州第四将。他驻阶州时以专杀叛卒孙化之罪,配沙门岛。他后来获赦许以
效用立功,但累从偏帅,不得一当前敌。今次李宪选他出使,就请叙官。宋廷就以他远
使干办,特迁他一官。

须再下指挥催促。而梁安礼既随将官往兰州，阎仁武就依李所请，将他调回熙州守备。[1]

十二月辛未（初一），李宪所辖的提举熙河等路弓箭手营田蕃部司上言，称新收复境土的城寨已渐次修毕，可以兴置营田。其中定西城、通西寨、宠谷寨、榆木岔堡四处营田，现缺农作厢军二百人、部辖人员军典十六人。他请依熙河路修城、凤翔府简中保宁指挥的简填缺额法，许本司于秦凤、泾原、熙河三路厢军及马递铺卒选募，每人给衣装钱二千。神宗批准所请之余，又给李宪诏书，称他近日据边地广泛传闻，夏军已点集，称准备入寇。而西夏来贺的正旦进奉使却在临近的日期未见入宋界，一定是因其归还旧地的请求不获许，故有所行动，神宗嘱咐李宪要防他们豕突为患，神宗更着意叮嘱李宪，"尔宜深以大寇为念，寅夜广思追逐计策，勿使枝备小大失称，以误国重事"[2]。神宗对他的爱将期许之深可见一斑。

神宗因不知董毡已死，于翌日（癸酉，初三）又诏李宪，说西夏时贡不至，可能已有所行动。他说近日已赐敕书与董毡及阿里骨，嘱李宪多加估量各种可能：如董毡未与西夏言和，诏书、国信和物色，就先发

---

1 《长编》，卷三百九，元丰三年闰九月辛亥条，页7498；卷三百四十一，元丰六年十一月己巳条，页8204；卷三百五十四，元丰八年四月辛未条，页8473；卷三百九十一，元祐元年十一月丙辰条，页9505；卷五百二十，元符三年正月乙酉条，页12376—12377。按梁安礼在元丰三年闰九月辛亥（廿二）时任泾原路走马承受，因李宪在元丰五年后兼管泾原路，故可将梁调用。梁在元丰八年四月辛未（初八）自入内内侍省转出，到元祐元年（1086）十一月已任庄宅使。元符三年（1100）正月，一度被枢密院考虑擢为内侍省押班，以他经历边任有战功，但徽宗以其人才性行难以与选而罢。

2 《长编》，卷三百四十一，元丰六年十二月辛未条，页8204—8205。《宋大诏令集》，卷二百十三《政事六十六·备御上》，《赐李宪诏·元丰六年十二月辛未》，页810。

去辖鞘、回鹘四部首领；并赐与董毡及阿里骨，委曲晓谕二人，及早让四部首领归族下点集兵马，前去抗御夏人。等到立下大功，斩获敌军万数以上，到时亦有恩命给董、阿二人。他命李宪将其余事项仔细对二人开谕，不要相信夏人的奸谋，而破坏汉蕃两家长久的盟约。又命李宪特赐董毡杂花晕锦、旋栏金束带、银器、衣着有差。神宗非常着意与董毡联手抗夏。同日，又发第二诏给李宪，说收到录奏的董毡、阿里骨蕃字书，观其情辞，忠智兼尽。而观其回奏，委曲之中，颇能理解宋廷的意向。神宗说夏人奸谋不小，直欲并攻一路，深入腹里，袭中国之虚。他再三叮嘱，切不可以平日用千百骑抄掠我方之敌待之，需要大为准备，广作防御，不让敌人得志，贻患他日。神宗以当年六谷部首领潘罗支（？—1004）效忠宋廷，击杀夏主李继迁（963—1004）于三十九井而获厚赏的事，要李宪以此激励董毡和阿里骨效命，深入夏境击敌立功。神宗一诏未毕，又发第三诏，提醒李宪防备夏军中最为凶黠之将仁多凌丁（或作人多凌丁，？—1084），说他多在西夏西南边出入，预料该处的蕃部必有能识其状貌的。他命李宪宜多委选将佐，广募蕃兵有能别识他的人，令他们密结敢死队，找机会生擒或斩杀仁多凌丁，若能成功，就以团练使、蕃部钤辖及皇城使蕃兵将官酬赏之。[1]

　　神宗再在两天后（乙亥，初五）赐李宪第四诏，称最近收到麟府、鄜延、环庆、泾原四路探子回报，说西夏已点集河南、河北诸监司人马，大概有一半数量，约在十二月乙酉（十五）于葫芦河渡河，虽说只

1　《长编》，卷三百四十一，元丰六年十二月癸酉条，页8205—8207。《宋大诏令集》，卷二百一十三《政事六十六·备御上》，《赐李宪诏·元丰六年十二月癸酉》，页810—811。《宋会要辑稿》，第十六册，《蕃夷六·吐蕃》，页9918。

是过路，但未知其目的。惟其聚兵之处必是确实，令李宪广为防备，并命他令下于熙河兰会路经略安抚司知闻，做好防备，不可误了朝廷大事。[1]

翌日（丙子，初六），随皇甫旦来阙的青唐、回鹘与鞑靼进奉使辞行，神宗对他们抚慰一番，神宗问其国种落人口多少，使臣回奏有三十万，壮而可用的有二十万。董毡的使臣又说他们坚拒与西夏通好，又曾出战，夺得西夏城堡及获其首级。神宗不知董已死，即谕他们回报董，要尽心守御。因厚赠使者以归，并授回鹘、鞑靼首领五人为军主，其都军主李察尔节授本部副都指挥使，岁给彩二十匹。神宗再命皇甫旦往青唐，赍诏谕董毡与阿里骨，要他们谕回鹘出兵深入夏境。神宗这时仍奢望借蕃部之力抵抗西夏的入侵；不过，据说李宪不悦皇甫旦出使不出于己，于是命负责文字的属僚钟传与李宇作奏，说皇甫旦难以成事，所谓约青唐出兵必无可为之理，与他前奏的意见不同。[2]

十二月丙戌（十六），兰州的堡寨大致已修好，李宪便奏上修兰州堡寨文武功状，为属下请功，在大战在即时振奋士气。神宗诏可，以第一等迁一官、银绢六十匹，第二等迁一官，第三等减磨勘三年。迁官

1　《宋大诏令集》，卷二百一十三《政事六十六·备御上》，《赐李宪诏·元丰六年十二月乙亥》，页811。《长编》，卷三百四十一，元丰六年十二月乙亥条，页8207。

2　《长编》，卷三百四十一，元丰六年十二月乙亥至丙子条，页8207—8208；卷三百四十六，元丰七年六月己巳条，页8302。《宋会要辑稿》，第十六册，《蕃夷四·回鹘》，页9772。马端临（1254—1323）（著），上海师范大学古籍研究所暨华东师范大学古籍研究所（点校）：《文献通考》（北京：中华书局点校本，2011年9月），第十四册，卷三百四十七《四裔考二十四·回纥》，页9642。《宋史》，卷四百九十《外国传六·回纥》，页14117。考群书除《长编》外，均记李宪在元丰七年才奉敕遣皇甫旦使聘阿里骨，使谕回鹘令发兵深入夏境。大概皇甫旦在元丰七年初才由熙州出发往青唐。

拓地降敌

人若是现任朝奉大夫及诸司使以上，并回授与子有官者。至于提举并应副粮草官依第一等，不入等的人就赏支银绢六十匹。其中筑兰州有功的骁将孙昭谏（1037—1101）自西京左藏库副使迁文思副使移知陇州。[1]乙未（廿五），熙河经略司又为累有战功的蕃官坚多克报功，宋廷授其为通远军密栋族巡检。[2]就在是月底，夏军已大举入寇兰州。[3]顺带一提，当李宪在西边废寝忘食地备战时，后来被朝臣斥为神宗内臣四凶之一的宋用臣，于是月甲申（十四），以修尚书省之功，被擢为昭宣

1　《长编》，卷三百四十一，元丰六年十二月丙戌条，页8213。孙昭谏是仁宗朝马军副都指挥使范恪（1101—1160）的女婿，据他的墓志铭所记，他在元丰五年，以内殿承制"从经制李宪收复兰会贼兵"，而赏功迁西京左藏库副使。墓志记："七年，筑兰州，又迁文思副使，遂移知陇州、阶州、岢岚军，所至咸有美绩，民颂不忘。元祐七年，以皇城副使知环州。"疑所谓"七年"筑兰州是六之讹写。他在哲宗及徽宗朝是一名有智有勇的边将，官至皇城使领惠州刺史。他是曾追随李宪立功的一员勇将，虽然不及苗授父子、李浩、王文郁等长期追随李宪。参见王藏（?—1101后）：《宋故皇城使持节惠州诸军事惠州刺史监凤翔府终南上清太平宫护军孙公（昭谏）墓志铭》；王振（?—1101后）：《宋故长安县君（孙昭谏夫人）范氏墓志铭》，载刘兆鹤、吴敏霞（编）：《陕西金石文献汇集·户县碑刻》（西安：三秦出版社，2005年1月），页316—319。又孙昭谏夫妇生平可参见何冠环：《范仲淹麾下大将范恪事迹考》，载何（著）：《北宋武将研究续编》，下册（新北：花木兰文化出版社，2016年3月），第十五编第十五册，页575—582。

2　《长编》，卷三百四十一，元丰六年十二月乙未条，页8215。

3　《宋史》，卷四百六十七《宦者传二·李宪》，页13640。《皇宋十朝纲要校正》，卷十下《神宗》，页310。《长编》，卷三百四十二，元丰七年正月甲辰条，页8219。陈均（1174—1244）（编），许沛藻、金圆、顾吉辰、孙菊园（点校）：《皇朝编年纲目备要》（北京：中华书局，2006年12月），下册，卷二十一，页511。按西夏进攻兰州的具体日子不载，《皇宋十朝纲要校正》及《皇朝编年纲目备要》均记在十二月。而《宋史·李宪传》记在"明年冬"。相信是十二月乙未（廿五）以后。按神宗于元丰七年正月甲辰（初四）手诏李宪，说已知夏军渡河进攻兰州。从兰州急奏开封约要十日，很有可能夏军就在十二月乙未（廿五）或丙申（廿六）便渡河攻兰州。

使寄资及迁一子官。[1]他舒舒服服在京中任职升官，比起李宪在边上效命就幸运得多了。

元丰七年（1084）正月甲辰（初四），神宗收到在熙州的李宪急奏，知道夏军已渡河进攻兰州。他马上手诏李宪，说他素有准备，固然甚善；但要他深戒麾下将佐，更需谨重，不要轻冒敌锋，误国重事。要他多方处置，并告谕城中军民，坚心一志守御。神宗许诺俟击退敌军后当有重赏，令他谕其他被寇的城寨依此诏办理，又命李宪每日飞奏军情前来。同日，当神宗收到走马承受阎仁武急奏，说来攻兰州的夏骑多达数万，又再叮嘱李宪要多方万全处置，不要仓卒行事，而累兰州失守。[2]神宗吸收永乐城之战的教训，当然倍加紧张与谨慎。当然，李宪绝非徐禧可比，他辛苦经营两年多的兰州城也绝对比永乐城坚固。

三天后（丁未，初七），神宗再手诏李宪，以夏军包围兰州，日久不退，宋廷除了降旨令诸路各出兵牵制外，命李宪从速派谙事可靠之熟羌，檄董毡与阿里骨出兵夹击夏军。另要李宪广求间道，探候兰州城中消息。又命他谕在兰州之官吏伺察奸细，而守城兵民须轮番休息，勿使倦怠，要他稳审处置，勿误大事。[3]

四天后（辛亥，十一），神宗见兰州信息不通已近旬日，忧虑之余，

1　《长编》，卷三百四十一，元丰六年十二月甲申条，页8210。

2　《长编》，卷三百四十二，元丰七年正月甲辰条，页8219—8220。《宋大诏令集》，卷二百十四《政事六十七·备御下》，《赐李宪诏·元丰七年正月甲辰》，页812。

3　《长编》，卷三百四十二，元丰七年正月丁未条，页8220。《皇宋十朝纲要校正》，卷十下《神宗》，页310。

拓地降敌

即命李宪从速以重赏募人间道前去兰州打探消息，并依旧将每日急报战况奏上。本路所有现屯戍可调遣应援的兵将，宜更筹策方略，令其前去救援，奋击夏军，以保万全。[1]其实兰州守军早在神宗发出此诏前已击败夏军，夏军已解围而去。[2]

神宗在正月癸丑（十三）收到李宪的捷报，兰州守军击退来攻、号称步骑八十万的夏军。西夏这次倾国而来，志在夺回兰州。可守将王文郁早有准备，当谍知夏人会大举入寇时，就清野以待。夏军来攻，王文郁率守军据坚城拒守，杀伤甚多，夏军力攻十天不克，粮尽而去。宋军收夏军尸，作封土而成的高冢"京观"。这场兰州之战，以宋胜夏败告终。神宗喜不自胜之余，手诏李宪以西夏今次倾国而来，所费已大。夏军自入宋境，盘桓十天卒无所得，大部分受伤而归，宋军至此已收全功。他命李宪遍谕诸将，不要以不能随后追击，多所斩获为恨。随即又诏李宪，赞扬兰州官员军民各怀忠义，面对夏军如此坚悍凶恶，仍能安保兰州无虞。神宗谕除了已命人赐官吏银合、茶药及赐士卒银椀，并据将士于城上城下用力轻重等第支给绢匹外，令李宪从速编排诸司所有绢十万匹，以备使臣到来宣赐。并令李宪具文武官员功状，火

1　《长编》，卷三百四十二，元丰七年正月辛亥条，页8222—8223。

2　《宋史》，卷三百五十《王文郁传》，页11075；卷四百八十六《外国传二·夏国下》，页14014。据《宋史·王文郁传》所记，夏军围攻兰州九日不克而退兵，惟夏军败退的月日不详。《宋史·夏国传下》仅记："七年正月，围兰州，李宪战却之。"考群书所记，夏军在元丰七年正月癸丑（十三）败退，其实当日只是神宗收到捷报而下诏李宪之日，按李宪在正月甲辰（初四）急奏兰州军情，阎仁武再在同日奏上夏骑充斥兰州。即此日夏军仍围攻兰州未退。而李宪的捷报在正月癸丑（十三）抵京师，若快马七天可从兰州至开封，可能夏军在正月丙午（初六）解围而去。

急上奏，当以优赏。又命兰州城内宜内墭下阔二丈，上收五尺马面，中间更增散楼子一座五间，并添置炮台为便。神宗又遣入内供奉官石璘（？—1100后）传旨抚问守城将校，并赐参战的蕃官银合、茶药及诸军特支。[1]

这场大战的规模意义不下于永乐城之战，[2]《东都事略》、《皇宋十朝纲要》及《宋史》所记甚略，幸《长编》对此役经过记之甚详。另据《皇朝编年纲目备要》所载，夏军攻城，志在必取，"矢如雨雹，

1　《长编》，卷三百四十二，元丰七年正月癸丑条，页8224；卷三百五十四，元丰八年四月辛未条，页8473；卷五百六，元符二年二月丙子条，页12050；卷五百十五，元符二年九月庚子朔条，页12235。《皇宋十朝纲要校正》，卷十下《神宗》，页310。《宋大诏令集》，卷二百十四《政事六十七·备御下》，《赐李宪诏·元丰七年正月癸丑》，页812。《东都事略》，卷一百二十《宦者传·李宪》，叶六下。《宋史》，卷十六《神宗纪三》，页311；卷四百六十七《宦者传二·李宪》，页13640；卷四百八十六《外国传二·夏国下》，页14014。《宋会要辑稿》，第三册，《礼二十九·历代大行丧礼上·神宗》，页1355；第十册，《食货四·屯田杂录》，页6035。又考传旨的入内供奉官，《长编》是条作"石磷"，但据《长编》卷三百五十四元丰八年四月辛未条，及《宋会要辑稿》，疑为"石磷"的讹写。考内臣石璘在元丰八年（1085）四月辛未（初八），入内侍省申报，将他与李宪子李毅等十四人改转外任，到八月乙丑（初四），他以左藏库副使为神宗丧礼的大升攀巡检。他在元符二年（1099）二月丙子（初三）已升任皇城使并进秩一等。三年三月丙子（初九）又奉命往河北措置屯田。又据宋人笔记所载，石璘曾带御器械，是中官而"老于禁掖供奉"，曾对廷臣何正臣自言及神宗曾观禁中银杏花盛开之事。参见张邦基：《墨庄漫录》，卷五，"银杏适裕陵意开花"条，页150—151。
2　研究宋夏战争或宋夏关系的学者，并没有特别注意在元丰六年十二月底至七年正月初的兰州之役。研究宋夏战史的王天顺在1993年于其专著中仅以两页描述此场战役，而研究宋夏关系的专家李华瑞教授，五年后在其大著《宋夏关系史》也仅以三页半的篇幅论述此场战役的始末。参见王天顺：《西夏战史》（银川：宁夏人民出版社，1993年10月），第五章第五节《夏宋边境东西两翼的战争》，页210—212；李华瑞：《宋夏关系史》（保定：河北人民出版社，1998年9月），第六章第九节《兰州之战》，页190—193。

云梯革洞，百道并进，凡十昼夜不克，粮尽引去，城外得贼尸五万"[1]。夏军不大可能有如此重大的伤亡，可能是李宪为了讨好神宗而夸大战功。不过，这次夏军倾尽全力攻城而失败却是事实。李宪打胜此仗，不但保存了兰州，挫了西夏的锐气，也大大挽回神宗在永乐城之战失败的面子，难怪神宗重加奖赏李宪以下立功臣僚将士。

神宗再在翌日（甲寅，十四）手诏李宪，以夏军虽败去，但敌军主将仁多凌丁倔强任气，不忿失败，恐怕会找机会出其不意入寇。他要李宪宜多方广布斥候，督责守将，不要疏忽防御。神宗并颁下弓箭、火炮箭百万，以备御夏军。另神宗又诏河东路及泾原路兵马不用再赴兰州接应。[2]

翌日（乙卯，十五），神宗再手诏李宪，说西夏连年不时点集兵丁，其民固已大受其弊，而今围攻兰州失利兼兵众伤败之余，军心士气摧丧，在理可知。兼且今次领军的敌酋仁多凌丁残忍，虐待其民。今日他不能如其欲，上则必得罪于其国中，下须逗其躁心。神宗以羌人必有不自安者，说可以乘机诱以巨利，诱之归宋，要李宪广为招徕以削弱夏人之势。另又令宋军时出精锐于塞外，挠其春耕，此为最为困敌之计，命李宪图之。又赐李宪钱一百万缗、绢五十万匹，为修筑城垣及备御及锡赉蕃部来归之费。同日，神宗又诏李宪，说西夏今次挫败后，闻国中

---

1 《皇朝编年纲目备要》下册，卷二十一，页511。《宋史》，卷三百五十《王文郁传》，页11075。考《宋史·王文郁传》也记宋军"杀伤如积"，而战后宋军"收其尸为京观"，也记宋军杀伤夏军甚众，但有否五万之多成疑。

2 《长编》，卷三百四十二，元丰七年正月甲寅条，页8225—8226。《宋大诏令集》，卷二百十四《政事六十七·备御下》，《赐李宪诏·元丰七年正月甲寅》，页812。

欲内附者甚多，未知虚实。可命守将多方招徕，或专遣一二近上而有机智的官员如康识辈主其事，此法于现时的边计不为小补，兼且它影响西夏的强弱，实用不细。神宗又在两天后（丁巳，十七），诏户部支积剩钱百万缗，付熙河兰会经略安抚司，于新复的土地计置粮草，修补守具。[1]今次李宪为神宗挣了面子，打了大胜仗，自然更有求必应。

正月己未（十九），陕西转运副使范纯粹上奏，以军兴故，经略司专治兵旅而令管勾转运司，这种情况至今未罢，他请求恢复旧制，互不统属。神宗却手诏回复，以兵食相资实为一事，他举李宪的例子，以熙河路因总于李宪，故能首尾相关，财用出约就能稍为节省。他说以此观之，诸路无有不可相兼领之理，并令自今陕西军需经费，经略司与转运司可随路通管，其余的职事就不得侵领。因李宪在熙河的管治成功，神宗就认为有需要的话，帅臣可通管财权。不过，神宗后来又接受另一陕西转运副使王钦臣的意见，同意不施行先前的命令，仍旧分开经略司及转运司的职权。当然，熙河一路仍是由李宪总领。[2]

辛酉（廿一），兰会路沿边安抚司又奏请，所获赐的药箭二十五万支，却没有解药。万一夏军围城，守军射出药箭，却被夏人拾得回射入城，中箭兵士如何是好？神宗即诏后苑东门药库给熙河解药五十斤。同日神宗又手诏李宪，说兰州敌军已败退多时，为何城守有功的人，至今

1　《长编》，卷三百四十二，元丰七年正月乙卯至丁巳条，页8226—8227。《宋大诏令集》，卷二百十四《政事六十七·备御下》，《赐李宪诏·元丰七年正月乙卯》，页812—813。《宋会要辑稿》，第十一册，《食货三十九·市籴粮草一》，页6871—6872。

2　《长编》，卷三百四十二，元丰七年正月己未条，页8227—8228。《宋会要辑稿》，第十一册，《食货三十九·市籴粮草一》，页6872。

拓地降敌

仍未见他第功奏上？令他速具飞递以闻。神宗又说熙河一路地形据西夏上游，夏人的奸心日有窥伺，理须守御亭障百样具备；可令役兵并力修治熙州至十分坚固外，其余堡寨亦需要增修，要使熙河一路内外都有坚城之恃，所有需要的守御器仗，如非本路可办的，要他一一细细奏来，当由京师发去。神宗有感今次兰州得以固守，是内臣入内供奉官勾当龙图天章宝文阁冯景元最先建议修置兰州城，于是特转他一官仍寄资。不过，神宗却在是月甲子（廿四）罚知渭州卢秉和知延州刘昌祚各罚铜二十斤，坐二人得到兰州被围关报，却不实时出兵牵制。当然打胜了仗，神宗心情好，就只薄责二人。稍后又将卢秉徙知湖州（今浙江湖州市），而将李宪的旧相识知庆州赵卨徙知渭州代之。[1]

两天后（丙寅，廿六），神宗再手诏李宪，以夏军初攻兰州，城垒兵防未十分可恃，所以人情不得不惴恐。现时夏军已解围而去，则前日忧虞戒心未易可忘。他指示李宪除了兵防以县官财用所系，未可增加外，其他城守之具和壁垒的缮治，都要尽快为之。除了熙州以根源所系，已先次修治而甚固善外，其余都是近里所系重要处，情况亦宜速

1 《长编》，卷三百四十二，元丰七年正月辛酉至甲子条，页8229—8230；卷三百四十三，元丰七年二月庚午至壬申条，页8235—8236。《宋大诏令集》，卷二百十四《政事六十七·备御下》，《赐李宪诏·元丰七年正月辛酉》，页813。宋廷在元丰七年二月庚午（初一）徙卢秉知湖州，壬申（初三），以赵卨代知渭州。据范纯仁为环州通判、朝奉郎郭子彦（1033—1085）撰的墓志铭所记，赵卨任环庆帅时，夏人入寇兰州，他命本路兵自环州入援，以牵制夏军，赵并命郭子彦督粮道。可见赵虽与李宪不洽，但公事上仍尽心尽力。参见郭茂育、刘继保（编著）：《宋代墓志辑释》，第一三五篇，《宋故朝奉郎通判环州军州兼管内劝农事轻车都尉赐绯鱼袋郭府君（子彦）墓志铭并序》，页304—305。

具奏以闻，不可日稽一日，有误重事。[1]

神宗于二月庚午（初一），终于收到李宪所上的奏功状。神宗诏以李宪保守一路有劳，降敕奖谕，赐银绢三千。兰州统领、东上阁门使王文郁擢四方馆使、荣州团练使，皇城使康识为东上阁门使、嘉州刺史，走马承受梁安礼迁三资，同总领蕃兵将、西京左藏库副使韩绪迁二资，阁门祗候马仲良及李宪子、勾当公事李毂迁一资寄资。诸将功第一等的，西染院使河州巡检王恩等八人各迁二资，减磨勘二年。第二等，供奉官崔朝等六人各迁二资；第三等，承奉郎王秉等五人及监司张太宁、马申、胡宗哲、管勾文字李宇各迁一资，李宪的幕僚兰州推官选人钟传循二资，内侍省高品、准备差遣罗承宪换入内高品。其余以格推赏。阵亡诸军赙绢：军士三十匹，下至递铺二十匹。[2]神宗爱屋及乌，这次特别给李宪的子弟迁官，而李宪以其弟为管勾文字，看出他上奏作书都不假手外人。立功诸将中，以善射著名的勇将王恩在此役中搏战城下，身中两箭，仍拔出复斗，意气更厉。他在元符元年初以军功升任马军都虞候泾原路副都总管，徽宗朝再立功西边，擢至殿帅拜武信军节度使，他也是李宪所提拔的人。[3]

1　《长编》，卷三百四十二，元丰七年正月丙寅条，页8231—8232。《宋大诏令集》，卷二百十四《政事六十七·备御下》，《赐李宪诏·元丰七年正月丙寅》，页813。

2　《长编》，卷三百四十三，元丰七年二月庚午条，页8234—8235。《宋会要辑稿》，第十五册，《兵十八·军赏一》，页8982。《宋史》，卷三百四十八《钟传传》，页11037。据李焘的考证，元丰七年正月廿五日，神宗手札以入内内侍省内侍殿头、勾当延福宫李毂守兰州有功，今来赴阙，可特迁东头供奉官，仍特添差勾当后苑。惟李毂于二月二十四日乃除熙河路勾当公事，李焘亦不知为何有此记载不同。

3　《长编》，卷四百九十四，元符元年正月戊寅条，页11739—11740；二月甲申条，页11746。《宋史》，卷三百五十《王恩传》，页11088—11089。考元符元年正月（转下页）

拓地降敌

神宗于翌日（辛未，初二）再发一诏，说闻知夏军犯兰州时，有凤翔府库员及节级从城中降敌，他命李宪查究他们投敌的原因，及他们与夏人的亲属关系。[1]

李宪在壬申（初三）随即又上出兵讨伐西夏及挠夏人农耕的计策。神宗诏谕李宪，以卢秉收到兰州关牒却不上闻，又不出兵牵制，已将他罢职改以赵卨代之。他命李宪与赵卨商议，分别派熙河的李浩及泾原的姚麟领兵出界讨伐西夏，每路出界的将兵，宜寻找合适机会突击，不要调民夫运粮。翌日（癸酉，初四）神宗又诏录兰州守城有功将士，若有不愿转资的，就赐绢二十匹代替。[2]

神宗仍然期望青唐会与宋连手攻打西夏。二月庚辰（十一），李宪奏上宋廷，称董毡派人带蕃书来约期出师，而他已回蕃书，约董毡引兵深入摩灭缅药家（?—1092后）。神宗诏复李宪，说宋廷素知董毡能力多少，不能大抗西夏，只要他们不与夏人结和，已于边防有助。他命李宪以后致蕃书，不须过度督责青唐出兵。李宪随即为部下申言，说本路下番土兵，自军兴以来，未尝更代，请给他们回营休整，神宗即命新发往永兴军的驻泊将兵，可权差半将往替代下番人。李宪又以夏军围兰州，将士随机应变，杀敌数万，而城池无损。他请优赏官吏，并录举人郑晖等功。神宗允其所求，诏推恩官吏，郑晖等授诸州文学。[3]

（接上页）戊寅（廿九），当泾原路请派近上兵官，知枢密院事曾布评王恩为少壮，可驱策，兼颇得边人情，置之于京师实可惜。二月戊寅（初五），就派他以马军都虞候、信州团练使为泾原路副都总管。

1　《长编》，卷三百四十三，元丰七年二月辛未条，页8235。

2　《长编》，卷三百四十三，元丰七年二月壬申至癸酉条，页8236—8237。

3　《长编》，卷三百四十三，元丰七年二月庚辰条，页8241。《宋会要辑稿》，（转下页）

神宗遍赏李宪麾下诸将，教人不解的是，翌日（辛巳，十二）却将李的两员大将李浩和苗履降职：李浩自引进使降一阶为四方馆使，苗履自皇城使降一阶为左藏库使，理由是他们所奏夏军"犯兰州事异同"。二人的《宋史》本传都没有交代他们降职的原因。惟一的解释是他们如实地报告兰州的战情，与李宪所奏的不同，间接说李宪夸大战果。神宗为庇护李宪，就只好说两人所奏不实而责之。附带一提，就在同日，当年追随李宪的漕臣霍翔，从提点成都府路刑狱、朝散大夫获命提举京东路保马，其资任请给与恩数同三路提举保甲，并赐紫章服。三月癸丑（十四），宋廷又命他兼提举保甲。他虽然离开熙河，但仍在京东路负责保马保甲事务为神宗效力，而且颇有建树。[1]

赵卨大概不想再与李宪共事，就上章请免徙知渭州。二月乙酉（十六），神宗手诏李宪，告知此事，并说不得已只好让卢秉复知渭州。神宗在同日，又接受御史朱京的劾奏，将不肯服从李宪指挥的知秦州、天章阁待制刘瑾徙知应天府。翌日（丙戌，十七），李宪又请派李浩出兵，假装将攻取灵州。李宪此举大概是想给他的大将立功，补

（接上页）第十四册，《兵五·屯戍上》，页8704；第十六册，《蕃夷六·吐蕃》，页9918。

1　《长编》，卷三百四十三，元丰七年二月丁丑条，页8238；辛巳条，页8242；卷三百四十四，元丰七年三月癸丑条，页8258；卷三百四十七，元丰七年七月庚申条，页8335。《宋史》，卷三百五十《苗履传、李浩传》，页11068—11069，11079。按《长编》此条记苗履自皇城副使降左藏库使，大误，苗履早已升至诸司正使之宫苑使多时，他降职前应为皇城使。又霍翔在七年七月庚申（廿三）以提举京东路保马上言，京东路已买保马万千匹，及据淄州淄川与登州蓬莱等县有弓手愿养保马，已印络，他又奏现劝谕弓手愿养马的人，等候的人多。不久，他又上奏弓手愿养保马，每县不限人数，每名各养一匹。宋廷从之。

拓地降敌

偿之前的委屈。但神宗不允出兵，诏李宪只依原先的计划，先派人破坏夏人的春耕及招纳不附西夏的蕃部。[1]神宗稍后收到李宪关于其浅攻扰夏人春耕的计划后，再在戊子（十九）手诏李宪，说他的计划论理固然甚好，但所未可知的是宋军出境在十万人以下是否可以引致西夏全国动员？又天都山蕃部老小若闻宋军大出，会否震惊而奔渡黄河，而不是移往会州之侧，使宋军能予以招纳。神宗又言，若使此等聚落，如宋人所料，团聚不散，而所谓二十二铃辖者，真的可以一呼便使之归附？神宗认为李宪这个计划首尾未够详密，倒不如像去年三月中及暮秋派李浩、苗履及杨吉等出塞那样，以忽往倏归、速去速返之方式还更便捷。[2]

李宪在癸巳（廿四）又上奏，称其子李毂已渐可驱使，请神宗给

1　《长编》卷三百四十三，元丰七年二月乙酉至丙戌条，页8246—8247；卷三百四十八，元丰七年九月辛丑条，页8355。关于刘瑾被徙离秦州的原因，依朱京的说法，刘瑾"恨愎傲虐"，故请另派忠厚可属任者代之。然据1964年出土于江西永新县的刘瑾墓志铭所载，当他调知秦州后，"秦凤大军之后，中贵人领制置使，秦凤兵亦听节度，一有调发，则帅臣守空境，噤不敢言。又财用窘迫，科余于市，才与半价。公为帅，数与制置转运使争，文奏交舞。朝廷移公应天府，公授命喜曰：吾知忠国爱民而已，遑他恤哉?士大夫皆多公之刚方不挠也"。据陈柏泉的考证，这个领制置使兼管秦凤的中贵人就是李宪，身为仁宗朝宰相刘沆（995—1060）长子的刘瑾不服他的指挥，神宗就借御史之言，将他调走，而改派宝文阁待制吴雍接任秦州。值得注意的是，在元祐二年一月撰写刘瑾墓志铭的是新党大将吕惠卿，书写的是另一新党分子蔡卞。这时旧党已回朝当权，尽贬新党。吕惠卿在墓志提到中贵人制置秦凤各路之事，既没有点李宪的名，也没有批评李宪有何不法。换了由旧党的人写墓志，可能没有这样客气。参见李之亮：《宋川陕大郡守臣易替考》，"秦州"，页468；陈柏泉（编著）：《江西出土墓志选编》（南昌：江西教育出版社，1991年4月），第19篇，《天章阁待制刘瑾墓志铭·元祐二年一月》，页45—52。

2　《长编》，卷三百四十三，元丰七年二月戊子条，页8248。

他一份随行的差遣,让李宪身边有一个可倚信的人。神宗同意,特授李毂充熙河兰会经略安抚制置司勾当公事,与李宇作为李宪最贴身的亲信。神宗又颁诏,说收到李宪具奏,说拟在熙河岷州、通远军及河州修筑的三关堡,然合用守御的器具万数件,都非熙河路可办到。神宗批示首先择紧急要用的一大批最新式的攻守武器包括火药武器赐之,并令李宪督促役兵,修治城堡。神宗说距黄河结冰的空隙时日不到百十日,要李宪上下竭力,教工作日见成绩。神宗又在翌日(甲午,廿五),批准熙河经略司的请求,让守城有功但未能捕获逃亡的虎翼军指挥使郝贵将功折罪。[1]总之,神宗尽可能满足李宪在人事及器物上的各项请求。神宗在先前紧张备御之余,是月丁酉(廿八),又诏鄜延、环庆及熙河经略司,说西夏经兰州挫败,而很快又到夏暑,非出兵之时,要各路考虑实际需要,据差戍的先后,将戍边兵马减遣归营。值得一提的是,长期追随李宪,后召入京执掌禁军的苗授,在是月丙申(廿七)自殿前都虞候、沂州防御使升一级为步军副都指挥使加容州观察使,接替在是月丁亥(十八)病逝的步军副都指挥使刘永年(1030—1084)的遗缺。他又权马军司公事,一人兼管马军与步军,深

1　《长编》,卷三百四十三,元丰七年二月癸巳至甲午条,页8248—8249。考郝贵在熙宁十年十一月曾守御河州南川寨有功。又按神宗拨给李宪大批新式武器,计黄桦神臂弓、黄桦乌梢金线弓各三千张,斩马刀、臂阵刀各一万柄,新样齐头刀一万五千口,黑漆独辕弩二千枝,黑漆床座一千副,竹手牌五千面,起节长梢弩五千枝,锥枪一万条,毡二万领,黑漆栾竹长牌一千面,躬甲弓长箭二十万只,神臂弓箭三万只,独辕弓箭二十万只,马黄弩箭五十万只,神臂弓火箭十万只,火药弓箭二万只,铁甲三千领,皮笠子一万顶,火药火炮箭二千只,火弹二千枚,铁额子五千枚。

　　　　　　　　　　　　　拓地降敌

熙、河、岷、通远军四州军百物腾贵,米斛四百七十足。幸而今年种植夏冬二麦有十分之希望,因经制司全无籴本,他请在赏功有剩的绢内支拨绢二十五万匹,征调借支钱五万贯,并在采买木植司借支钱五万贯,另请在榷茶司于熙州借拨现钱十五万贯,通以五十万贯、匹,趁此机会收积军费。神宗一如以往,批准李宪的要求。[1]

六月己巳(初一),神宗下诏御史中丞、侍御史及殿中侍御史往御史台劾出使回鹘鞑靼无功而涉嫌欺骗朝廷、刚被押赴京下狱的右班殿直皇甫旦。神宗并命中书舍人蔡京(1047—1126)和右司员外郎路昌衡同审。[2]皇甫旦是李宪所派的,皇甫旦出了事,宋廷言官自然乘机牵连李宪。

神宗于两天后(辛未,初三)再赐董毡及阿里骨所部受伤的族人绢千匹。四天后(乙亥,初七),神宗才收到董毡已死的消息,他马上手诏李宪,说他近闻董毡已于年前十月亡殁,兼且知悉阿里骨曾使人谕其大臣邈川大首领温锡沁(即温溪心),令他西望烧香的事。神宗以董毡世受宋廷爵命,他的存亡理须知晓,他问李宪曾否得到青唐遣人传报,另有否伺问现今谁人继位,要李宪从速报告。[3]

---

1 《长编》,卷三百四十五,元丰七年五月丙寅条,页8293—8294。

2 《长编》,卷三百四十六,元丰七年六月己巳条,页8301。《宋会要辑稿》,第十六册,《蕃夷四·回鹘》,页9772。

3 《长编》,卷三百四十六,元丰七年六月辛未条,页8305;乙亥条,页8307—8308。《宋会要辑稿》,第十六册,《蕃夷六·吐蕃》,页9918。王巩:《清虚杂著三编·甲申杂记》第四条,"阿李国本不当立",页265—266。据王巩的说法,阿里骨立后,其大臣温稽心(即温溪心)常不协,曾密遣腹心诣王文郁,乞内附。王文郁请于朝,神宗说他欲引宋廷为援,令但善加慰抚而已。王巩说此亦以夷狄攻夷狄之道,边臣老将多叹服神宗之见,于是终元丰之世置而不论。

因鄜延路有警，神宗在癸未（十五）诏李宪，以他所选兰州守城的小使臣五人，往安疆（今甘肃庆阳市华池县紫坊乡高庄行政村郭畔自然村之城子山古城）、米脂、塞门（今陕西延安市安塞县北塞木城子）、浮图（今陕西榆林市子洲县城西张家寨村）及义合寨（在今陕西榆林市绥德县东义合镇）计度守备，现委鄜延帅刘昌祚以其名闻，令李宪不可占留任何中选的人。[1]乙未（廿七），神宗又手诏李宪，说今年仲夏以后，阴气反常，淫雨作沴，深虑秋杪夏人又会聚众来犯，要李宪加以防范。令熙河路经略司、安抚制置司检核朝廷前后累降的指挥，防备大敌，要小心约束。此月已月日不多，要早晚加虑，诸事谨为提防，措置切宜谨重，勿贻宋廷西顾之念。在神宗心目中，他辛苦得来的熙河新土不容有失。[2]

神宗于七月己亥（初二）又手诏李宪，命他经办购买良玉的差事，以朝廷奉祀所用的珪璧璋瓒，常乏良玉使用，虽然近年于阗等国有进贡献，但品色低下。神宗命他挑选与诸蕃相熟的汉蕃玉商，厚给其值，广为购买良玉，另不妨向阿里骨致意求之。[3]庚申（廿三），神宗继元丰四年十月，再次给空名宣札三百予熙河兰会路经略司，让李宪封赏蕃部及立功将校。[4]神宗亦关注熙河的厢军的问题，翌日（辛酉，廿四），神宗手诏李宪，说查察到诸路团结厢军服役已日久，人力疲敝，兼且

1　《长编》，卷三百四十六，元丰七年六月癸未条，页8311。《宋会要辑稿》，第十册，《选举二十八·举官二》，页5795。

2　《长编》，卷三百四十六，元丰七年六月乙未条，页8316。

3　《长编》，卷三百四十七，元丰七年七月己亥条，页8320。

4　《长编》，卷三百四十七，元丰七年七月庚申条，页8334。

廪耗费用亦不少。他说若不趁工役稍宽之际逐次减放，就会费用滋广。他要李宪宜在八月底工程有头绪时，按远近有次序地遣归这些服役的厢军。[1]

李宪在八月戊辰（初一）再次为麾下的将校请命。他上奏宋廷，说岷州蕃兵将西京左藏库副使赵惟吉及康谷寨主夏亮，坐前任跟随现知岷州、皇城使张若讷役使禁军修教场而责冲替，请许其自新。神宗诏赵惟吉及夏亮留任，只责展磨勘二年，另也未有为此贬责张若讷。辛未（初四），李宪又为在兰州之役把守关隘伏击夏军得力的蕃官三班奉职章鄂特请功，神宗于是诏章鄂特迁一资，换本族巡检。[2]

是月丙子（初九），神宗又为购置良马的事诏问李宪的意见，称西边用兵不已，而战斗之中，战马为急。然现在诸路都奏缺马。神宗询问除了令本路收购战马外，如何可广置骏马入塞? 神宗说李宪目击其事，

1　《长编》，卷三百四十七，元丰七年七月辛酉条，页8336。

2　《长编》，卷三百四十八，元丰七年八月戊辰条，页8341；辛未条，页8344。按赵惟吉在元丰六年四月曾在巴义谷击退夏军一役中立功受赏。又据《陇右金石录》所收的《新修岷州广仁禅院记》所载，在张若讷的主持下，岷州在元丰七年八月十四日修好了由种谔在熙宁九年三年始修的广仁禅院，得以吸引信仰佛教的蕃部豪酋如赵醇忠、包顺及包诚等。张若讷当时的全部官职差遣为皇城使、持节嘉州诸军事、嘉州刺史、充本州防御使、知岷州军州、兼管内劝农事、兼管勾洮东沿边安抚司公事、骑都尉、清河县开国伯食邑九百户。他的副手通判岷州仍是奉议郎王彭年。而在李宪麾下的另一都大经制熙河路边防财用司勾当公事是文臣奉议郎、赐绯鱼袋周琮。参见张维（纂）：《陇右金石录》，收入国家图书馆善本金石组（编）：《宋代石刻文献全编》，第四册，《宋上》，《广仁禅院碑》，页782—783。考岷州广仁禅院碑，汤开建教授早年曾作了一番考证，并论熙河之役后北宋对吐蕃的政策。参见汤开建：《宋岷州广仁禅院碑初探——兼谈熙河之役复北宋对吐蕃政策》，原载《西藏研究》1988年第1期，现收入汤（著）：《宋金时期安多吐蕃部落史研究》（上海：上海古籍出版社，2007年2月），页254—280。

当知其详,可速具方略以闻,不可有任何隐瞒。辛巳(十四),由于御史台鞫问皇甫旦狱,要李宪当面对质,神宗只好召李宪来京师,命他暂将职事交给知熙州赵济处理,有关本路防秋之事,都委赵济经画。[1]

李宪奉旨赴京不久,宋廷于是月戊子(廿一),又诏熙河兰会经略安抚司查探从兰州过黄河到灵州,与及从黄河至兴州有几多通道,另将其地理远近迂直的情况以闻。[2]

神宗不久收到诸路的谍报,称西夏广造攻城用具,倾国点集士兵,声言再入寇兰州。神宗在是月甲午(廿七)批示赵济等,说担心兰州守臣将士因上次的胜利而有轻敌之心,或会被诱出战而失利。神宗令李宪的大将康识往兰州与守将经画准备,并募人深入夏境刺探消息,如夏人果入寇,就要比去年更为谨慎,并督管守御兵将,昼夜悉力应付以取胜,又度人情需要,时与犒赏,并命等到冰融,才可离兰州往他处巡察。[3]

李宪另一负责财赋的副手、权发遣同经制熙河兰会路边防财用马申,为了较灵活地使用经费,以准备未来可能的战事,就请免除熙河路封桩新复五州军额禁军的薪给。神宗在翌日(乙未,廿八)批示,诏自今再不封桩储备此项开支,其已封桩的钱,就拨与经制司。第二天(丙申,廿九),神宗还慷慨地诏再支常积剩钱五十万缗,付熙河兰会

1　《长编》,卷三百四十八,元丰七年八月丙子至辛巳条,页8346—8347;九月庚申条,页8360。

2　《长编》,卷三百四十八,元丰七年八月戊子条,页8349—8350。

3　《长编》,卷三百四十八,元丰七年八月甲午条,页8352。

路经制司购买粮草。[1]

丁酉（三十），宋廷收到李宪较早前熙河路经略安抚制置司的奏报，说收到西蕃董毡部的蕃字文书，说西夏曾遣首领来青唐城，想同青唐首领一同来宋议通和事。神宗诏前已降下指挥，令派一使臣为引伴与夏使等赴阙。可再下指挥，令熙河经略司审验是否真的有夏国表文及陈奏事，即如已降的指挥所谕，倘夏人与边臣商量，仍得先具奏宋廷。[2]

枢密院在九月戊戌（初一）上言，怀疑西夏通过青唐来求和的事的真伪，认为西夏可能以此让宋人松懈边备。神宗于是诏熙河制置司务须加以防备，不得因此稍为松弛。神宗经考虑后，觉得与夏或战或和的事，还得交他信任的李宪处理，于是在翌日（己亥，初二）诏已到秦州的李宪不用赴阙，返回熙河本任，依旧管勾经略安抚司职事，等候应接青唐与夏国首领议事毕，依前降的指挥办理。[3]

九月辛丑（初四），宋廷收到经制熙河兰会路边防财用司所上的岁计合用钱帛粮草报告。神宗诏批出每岁给熙河兰会路钱二百万缗，以本司十案息钱、川路苗役积剩钱、续起常平积剩钱各二十万、榷茶司钱六十万、川路计置物帛赴凤翔府封桩坊场钱三十五万、陕西三铜钱监的铜锡本脚钱二十四万八千、在京封桩券马钱十万、裁减汴纲钱十万二千拨充。神宗又命来年开始，户部岁给公据关送，到元丰十年

---

1 《长编》，卷三百四十八，元丰七年八月乙未至丙申条，页8353。

2 《长编》，卷三百四十八，元丰七年八月丙申条，页8353—8354。

3 《长编》，卷三百四十八，元丰七年九月戊戌至己亥条，页8354；卷三百四十八，元丰七年九月庚申条，页8360。

终，命熙河经制司具奏支存数以闻。[1]神宗如此慷慨，正因新收复的熙河兰会路，是他十年拓边西北的最大成绩，而为他建功的李宪，自然要全力支持。

神宗如此支持熙河，李宪、赵济以下的文武臣僚自然尽力报效。是月丙午（初九），赵济即报告宋廷，已预差李浩及苗履统领汉蕃兵四将兵马，以备出入征战。[2]

神宗在九月癸丑（十六）大概因操劳过度，旧病复发，但他在戊午（廿一）却宣称病愈，仍力疾视事。[3]关于神宗的得病，宋人笔记称起于元丰五年九月永乐城惨败时深受刺激，从此郁郁不乐以致成疾。[4]

是月庚申（廿三），因李宪对御史台质问他于皇甫旦的事之责任，

1　《长编》，卷三百四十八，元丰七年九月辛丑条，页8354—8355；卷三百五十，元丰七年十一月乙巳条，页8385。考神宗在元丰七年十一月乙巳（初九），诏每岁赐钱二百万缗，付熙河兰会路边防财用司充经费，当是同一事，以诏令形式确定神宗之前的批示。又据吕陶（1027—1103）在元祐初年所奏，兴州（今陕西汉中市略阳县）青阳镇铜锡场，旧属利州路，本路转运司就差青阳监程官兼管，后因李宪申请拨隶熙河经制司，及自奏举监官，就得不到收益。参见吕陶：《浄德集》，文渊阁《四库全书》本，卷四，叶十六下至十七上。关于兴州州治顺政县有青阳一铜场的情况，可参王存（1023—1101）（撰），王文楚、魏嵩山（点校）：《元丰九域志》（北京：中华书局，1984年12月），上册，卷八《利州路·兴州》，页360。

2　《长编》，卷三百四十八，元丰七年九月丙午条，页8357。

3　《长编》，卷三百四十八，元丰七年九月癸丑至戊午条，页8359；卷三百五十，元丰七年十二月戊辰条，页8390。考《长编》记神宗在秋宴时感疾，始有建储之意，大概是指九月时。

4　邵伯温：《邵氏闻见录》，卷五，页42。考到了南宋中后期，大儒黄震（1213—1280）仍主邵伯温之说，称"熙河之败，丧师十万，神宗临朝大恸，自此得疾而终"。不过，黄氏将永乐城之败误作熙河之败。参见黄震（撰），王廷洽（整理）：《黄氏日抄》，收入戴建国（主编）：《全宋笔记》，第十编第九册（郑州：大象出版社，2018年4月），卷三十八《读本朝诸儒理学书六·晦庵先生语类二》，"祖宗"条，页168。

三问而不承认，御史台向神宗上奏，称按律三问不承即加追摄。神宗无法袒护李宪，就诏以众证来结案，因遣原审此案的殿中侍御史蹇序辰和右司员外郎路昌衡前往熙州劾李宪在熙河贪功生事，稍后又改令二人等往秦州移文劾李宪，不用往熙州。[1]宋廷言官早就不满李宪恃宠独领西北大权，今次李宪对台官的质问，爱理不理，自然更令言官不平，一定要抓着李宪在此案的把柄，把他整治一番。

就在李宪遭到麻烦时，他的麾下熙河第五副将、定西城守将秦贵在是月乙丑（廿八），击退来犯的夏军，为李宪挣了面子。李宪随即奏上神宗，为秦贵表功，并报告夏人攻击熙河州军的情况。[2]

马申在十月己巳（初三）奏上宋廷，称籴买全在冬春之交，请求户部在十月后印给次年盐钞，在正月前发至本路。但户部以熙河路预先获得盐钞，招诱商人运粮入中，就会影响秦凤等四路的钞价。户部请仍旧依秦凤等路，由吏部派使臣于正月下旬才押赴熙河经制司。神宗从之。这次户部不卖李宪的账。[3]

西夏在是月向陕西诸路发动攻击，十月壬申（初六），夏军犯泾原，烧柴草积，民多以火死亡。同日，夏军寇静边寨，泾原钤辖彭孙击退之，并击杀夏将仁多凌丁。[4]夏军转而攻击熙州，神宗于乙亥（初

1　《长编》，卷三百四十八，元丰七年九月庚申条，页8360。《宋会要辑稿》，第八册，《职官五十二·遣使》，页4451。

2　《长编》，卷三百四十八，元丰七年九月乙丑条，页8362；卷三百四十九，元丰七年十月戊子条，页8375；癸巳条，页8376—8377。《皇宋十朝纲要校正》，卷十下《神宗》，页311。

3　《长编》，卷三百四十九，元丰七年十月己巳条，页8366。

4　《长编》，卷三百四十九，元丰七年十月壬申条，页8367—8368；丁亥条，（转下页）

九）诏知延州刘昌祚，命他从速放散在熙河的鄜延路守御保甲。另又诏内藏库支绸绢各五十万匹，于熙河经略司封桩，增加其财政储备。[1]

神宗于戊寅（十二）诏奖赏守护定西城有功的军民，守城汉蕃诸军及百姓妇女，在城上与夏人斗者，人支绢十五，运什物者七匹，城下供馈杂役的，男子五匹，妇人三匹。[2]七天后（乙酉，十九），因陕西转运司报告夏军已退兵，请减边兵，枢密院评估后，就奏上神宗，说西夏攻击泾原和熙河，势已败北，必不能再大举。而泾原、秦凤防秋军马并在极边，坐耗刍粟，建议委诸路经略司研究，抽回兵马各归近里。病中的神宗从之。[3]

神宗在己丑（廿三）收到李宪有关夏军攻击定西城及其他堡寨的报告，知道夏军除大入定西城地界，攻击城垒外，还分兵攻龛谷寨，烧毁族帐事。神宗说闻知夏军已遁走，而御敌有功而受伤的汉蕃军民，已下本司保奏其劳。神宗谕已差内侍刘友端（？—1100后）乘驿往熙河路支散茶药，及赐银绢。神宗令李宪宜查勘该用以赏赐之数，令于侧近处经办，勿令不足。有轻重伤中等，于格外别赏的人，可依之前所降朝旨，取近日随功状轻重大小保明闻奏，勿使有差漏遗落。[4]

四天后（癸巳，廿七），神宗再手诏李宪，对他的心腹吐露其欲消

（接上页）页8375；卷三百四十九，元丰七年十月乙未条，页8377—8378；卷三百五十，元丰七年十一月丁酉至戊戌条，页8381—8382。泾原路经略司在是月丁亥（廿一）奏上宋廷，宋廷诏给烧死的男丁绢七匹，小儿五匹抚恤之。

1 《长编》，卷三百四十九，元丰七年十月乙亥条，页8368—8369。

2 《长编》，卷三百四十九，元丰七年十月戊寅条，页8370。

3 《长编》，卷三百四十九，元丰七年十月乙酉条，页8372。

4 《长编》，卷三百四十九，元丰七年十月己丑条，页8375。

灭西夏的心事。他一方面称许李宪所上有关西夏国中虚实、形势强弱及国中用事首领举动妄谬之分析，认为西夏国情大概如此。另一方面，神宗却认识到西夏自祖宗以来，一直为西边巨患，已历八十年。朝廷倾全国之力，竭四方之财，以供馈饷，仍然日夜惴惴然，惟恐其寇边。今天不趁此机会，朝廷内外并力一心，多方为谋经略，除此祸害，则祖宗大耻，无日可雪；四方生灵赋役，无日可宽；而一时主边的将帅得罪天下后世，无时可除。他说俯仰思之，故今日对李宪有此申谕。他说昨日收到泾原奏，查探得往兴州与灵州的迁直道径，才知兰州渡过黄河去敌巢甚近。他认为如在四、五月间，乘夏人马未健，加以无点集兵马备我之际，宋军预先在黄河西岸，以兰州营造为名，广置排栅，克期放下河中，造成浮桥，以熙河路预集选士健骑数万人，一举前去荡除敌巢，纵不能擒戮夏主，亦足以残破其国，使其终不能自立。神宗问李宪觉得此计如何，又嘱他密谋于心，然后覆奏，并命亲信谨密的人亲书奏来，不可有少许泄露。神宗说当年王浚（206—286）取吴，高颎（541—607）平陈，曹彬（931—999）等下江南，莫不出于此计，终能立奇功，除一时巨患。神宗嘱李宪宜亲阅此数事之故实，加意筹谋审念之。神宗又说已收到李宪呈上译录的蕃部温锡心（沁）（即温溪心）等蕃字书，以及遣来蕃僧禄尊口陈的边谋，甚悉其详。若青唐真的能如约出兵，就大利也。但不知羌酋的信用所在，要李宪更加意置心经营。神宗以时难得而易失，这是古今通患。夏将仁多凌丁若真的如所谋，从中而起归顺，外以宋兵接应，如本月二十日所谕，合势而东，则大势可成。神宗再三嘱咐，此事之成，在李宪能否多方以智图之，则巨患可除，国愤可纾。[1]

读毕神宗这篇手诏，除可见他与李宪那番无比亲信的关系外，也可见神宗对不能一举攻灭西夏之事耿耿于怀。他读到李宪教他心花怒开的灭夏谋议，就一派乐观，认为来年四五月间有望成事。然而，天不假他以年，神宗复发的旧疾让他撑不过来年三月，他的灭夏大计也因此成空。宋人后来痛斥李宪"罔上害民"，李的"罔上"是否指他几番让神宗对伐夏充满信心的谋议，那就见仁见智。

李宪于同日奏上熙河第五副将秦贵守卫定西城的功状。他奏称西夏围定西城，秦贵等奋死御敌，请推恩，并第上立功蕃官左藏库使坚多克等杂功六百二十三人。神宗宠信李宪有加，即依他的保奏，诏秦贵守定西城有功迁一官，并赐绢三十匹，秦贵子赐绢十五匹，内殿崇班韦万等十八人，以分地救护南北门钓桥，韦万、崔纲、李忠、寇士元各迁一官，阎倍等十人各减磨勘二年，陈临等四人各减一年，余赏赐有差。[2]

1　《长编》，卷三百四十九，元丰七年十月癸巳条，页8375—8376。按凌郁及朱义群也据神宗给李宪这篇手诏，论证神宗至死并未厌兵及从未颇悔用兵。朱义群最近一文，引用李华瑞及方震华的相关论述，指出灵州及永乐两役之败，宋方的损失并不如反战的官员所宣称之大。神宗其实并未放弃制服西夏之打算，当他走出战败的阴影，就命李宪从兰州出击，渡黄河击西夏。朱氏以神宗此诏，他用武开边的热情，溢于言表。参见凌郁：《关于宋神宗元丰用兵的几点辨析》，页383；朱义群：《"绍述"压力下的元祐之政——论北宋元祐年间的政治路线及其合理化论述》，《中国史研究》，2017年第3期（总155期）（2017年8月），页126；李华瑞：《宋夏关系史》，第六章第九节《兰州之战》，页192—193；方震华：《战争与政争的纠葛——北宋永乐城之役的纪事》，《汉学研究》，第29卷第3期（2011年9月），页125—154。

2　《长编》，卷三百四十九，元丰七年十月癸巳条，页8376—8377。

同月乙未（廿九），神宗收到泾原路经略使卢秉所奏上彭孙破夏军于静边寨的捷报，神宗才知夏军名将仁多凌丁被彭孙击杀于阵。神宗即优迁彭孙果州团练使、本路都钤辖，副将郭振迁三官就差本路都监，余下的立有杂功的将校下卢秉，并委彭孙分三等以闻。[1]

十一月己亥（初三），神宗因西夏入寇诸路应援的问题，重新定下制度，诏陕西、河东等诸路，若西夏举国入寇一路，如日前犯兰州之北，方得关报余路出兵牵制，不须差定军马常在极边，其集的敌骑抄略，就只依例互相关报。[2]

同月壬寅（初六），管勾熙河兰会经略司机宜文字穆衍上言，以夏人将入朝，请杀其礼待之，使青唐没有较量轻重之别。但宋廷没有接受他的意见。值得注意的是，穆衍本来是种谔的参军，元丰四年种谔伐夏失利回师后，他曾力谏种谔不要勉强应援在灵州的泾原、坏庆两军。他何时成为李宪的幕僚不详，《宋史》本传失载，也许是李宪礼贤下士聘他入幕的。他在元祐时期当主政文臣议弃熙州和兰州时，他便极力反对。观他的言行，他是认同李宪的策略的。[3]

两天后（甲辰，初八），李宪再为定西城的部下申诉，他称夏军攻

1　《长编》，卷三百四十九，元丰七年十月乙未条，页8377—8378；卷三百五十，元丰七年十一月丁酉至戊戌条，页8381—8382。

2　《长编》，卷三百五十，元丰七年十一月己亥条，页8382。

3　《长编》，卷三百五十，元丰七年十一月壬寅条，页8383。《宋史》，卷三百三十二《穆衍传》，页10691—10692。穆衍字昌叔，河内人，后徙河中府（今山西运城市永济市西）。他登进士第入仕，曾随韩绛宣抚陕西。元丰四年种谔领兵西征，他参其军。他在何时及何种情况下任熙河路机宜，是否李宪礼聘他到来，群书不载。他任熙河兰会经略司机宜文字，上司应是赵济，然赵济之上即是李宪，故他也应算是钟传、李宇外另一名李宪主要幕僚。

定西城时，定西城两监押并熨斗平堡侍禁阎佶将护人马照应，内击伤及获级与战死禁军等一百九人，已赏三十。他请推恩，其中定西城监押李中及寇士元初不审敌势与斗，损折人马，然又与敌死战并有斩获，请以功补过。神宗从之。[1]

同日，西夏主秉常遣使臣谟固咩迷乞遇赏表入贡，以卑辞向宋乞和，但仍要求宋朝归还夏国疆土城寨。神宗不置可否，而录其表文付李宪，并诏李宪，以详阅其文，看出夏人仍未改前请，兼称是董毡使人招徕，并妄言宋廷许其通使之意，那与阿里骨所言的大段草略不同。神宗吩咐李宪，待该使到来，详细开谕宋廷之意。[2]

宋廷在是月乙丑（廿八），再以李宪的奏功，封赏在定西城御敌有功的一批蕃将：供备库使颖沁萨勒超授皇城使，文思副使结博约特为西京左藏库副使，韩绪、坚多克并为皇城副使，西头供奉官遵博纳芝为内殿承制。以他们在夏军攻定西城时，清野力战，而坚多克力战受重伤故。[3]

十二月戊辰（初三），神宗觉得体中不佳，有建储之意，并且表示要复用司马光和吕公著作为太子哲宗的师保。[4]

是月辛未（初六），李宪奏上军情，称夏军聚于黄河北，宋军将有机可乘，他想派遣相当兵马突袭。神宗即给李宪手诏，称许李宪麾下将帅有能如此，他复何忧，他说夏之覆亡有矣。他说披阅李宪的密奏

---

1 《长编》，卷三百五十，元丰七年十一月甲辰条，页8384。

2 《长编》，卷三百五十，元丰七年十一月甲辰条，页8384—8385。

3 《长编》，卷三百五十，元丰七年十一月乙丑条，页8389。

4 《长编》，卷三百五十，元丰七年十二月戊辰条，页8390—8392。

拓地降敌

再三，不忘嘉叹，唯希望李更加详审布置，举无虚发，大破敌人，令汉威远扬，羌人震惊。神宗认为骑兵须用二万以上，步兵则勿教远行，但教劲骑四处取利抄略，或选健将部众东上，进迫敌巢，让夏人上下震恐奔骇，则不世之功庶可立。神宗又特别安抚李宪，说牵涉他的制狱虽未结案，但其犯之过，神宗保证朝廷必止于凭律用法，不至于异常加罪。神宗要他安心展布四体经营这次行动，因今次所为，至关重大，并非寻常边事可比。神宗嘱李宪宜审念之，敬之重之，切勿亏损他以前的成绩，让夏人有机会入寇。神宗对李宪的攻夏计划充满期待，可惜，他没料到这是他给李宪的最后一道手诏，不到三个月他便病逝而壮志难酬。[1]

神宗在是月甲戌（初九）又诏陕西买马的事隶经制熙河兰会路边防财用司，三天后（丁丑，十二），又诏将幵封府界诸县收入剩余的二十万缗，赐熙河兰会路修汝遮城之用，令户部印给公据，经制司召人到来领取。[2]神宗继续支持李宪治理熙河。

宋廷继续与青唐维持良好关系，是月辛巳（十六），阿里骨差首领携蕃字文书并擒获的西夏蕃部二人至熙州，李宪上奏后，神宗诏将蕃部依蕃丁例刺配。癸未（十八），青唐进奉大首领萨卜赛死于京师的都亭驿，宋廷诏赐赙绢百匹，另将他朝辞所赏的例物给他家人。[3]

神宗在元丰八年（1085）正月戊戌（初三）病重，不能视事。是月辛酉（廿六），宰执入福宁殿，宰相王珪上言，李宪早前所上宋军于熙

1　《长编》，卷三百五十，元丰七年十二月辛未条，页8393。

2　《长编》，卷三百五十，元丰七年十二月甲戌至丁丑条，页8394。

3　《长编》，卷三百五十，元丰七年十二月辛巳至癸未条，页8395。

河入界攻袭夏人赏功状，欲候于御殿，请神宗裁决。神宗从之。[1]按李宪大概在元丰八年正月中，据先前神宗的手诏指示组织这次奇袭，当时诸将以为夏军累败，以为边境无事。但李宪对诸将说："贼之不得志于我也，归无以借手，将伺我意，以轻骑出吾不意。"不久，李宪收到谍报，说夏军有点集，于是他亲自指挥，派总领熙州蕃兵将皇城使吕吉等，率精骑万人渡过黄河，并派其子李毂随行，深入夏军进行突袭，行五百里遇敌，自水渡、克抢井、罗抃龙井、罗噶尔转战，大败夏军，斩首四千七百余级，并临阵斩其将色辰岱楚，又获牛马驼马器甲凡八八万余。神宗力疾做出批示，首先依李宪的奏功，厚赏他麾下立功的汉蕃将校。二月辛巳（十七），宋廷以吕吉领高州刺史，同总领熙州蕃兵将皇城使王赡领嘉州刺史，河州蕃兵将皇城使、光州团练使李忠杰领雄州防御使，又以一官回授其子。岷州蕃兵将皇城使、沂州团练使、带御器械、权本路都监内臣李祥升任钤辖，蕃官皇城使、阶州防御使包顺授其子一官，蕃官皇城使、岷州刺史包诚领恩州团练使，蕃官皇城使、荣州刺史赵醇忠领光州团练使，蕃官皇城使、庆州刺史李蔺毡讷支领康州团练使，皇城使、丹州刺史温玉领荣州团练使，蕃官皇城使、颖沁萨勒领荣州刺史，蕃官左藏库使若俎没移为皇城使，其余立功将校以功迁者一百二十四人。[2]这一仗是李宪为神宗打败夏军最后

1　《长编》，卷三百五十一，元丰八年正月辛酉条，页8406。

2　《长编》，卷三百三十一，元丰五年十一月辛巳条，页7969；卷三百五十一，元丰八年二月辛巳条，页8408；卷三百五十三，元丰八年三月壬寅条，页8460—8461。《东都事略》，卷一百二十《宦者传·李宪》，页六下；《皇宋十朝纲要校正》，卷十下《神宗》，页312。《宋史》，卷四百六十八《宦者传三·李祥》，页13649。考李宪派精骑过河的事不详年月，相信是王珪在正月底上奏前十日左右。《皇宋十朝纲要校正》（转下页）

拓地降敌

一役，神宗也不吝厚赏李宪麾下的将校。

二月癸巳（廿九），神宗已疾甚，王珪等请由高太后权同听政，高太后起初辞却，她的亲信首席内臣入内都知张茂则力劝之，她才答允。三月甲午（初一），神宗正式立哲宗为太子。就在朝廷纷乱之际，宋廷在同日颁下皇甫旦一案所牵涉诸人的处分：李宪等人坐奏边功不实，李宪罢入内副都知，自武信军留后降为宣州观察使，其所有熙河兰会路差遣则依旧，以他先前遣将过河击西夏有功，就特免勒停。安州观察支使、管勾机宜文字钟传，就除名勒停，郴州（今湖南郴州市）编管；东头供奉官、阁门祗候、书写机宜文字李宇，追夺阁门祗候。右侍禁点检文字蒋用，左班殿直、熙河北关守把兼制置司译语米安，并追一官，罚铜十斤，免勒停。罪首的右班殿直皇甫旦就除名勒停，南安军（今江西赣州市大余县）编管。左侍禁、通远军榆木岔堡巡检何贵，西头供奉官、熙河路监牧指使张守禁并降一官，免勒停。[1]这次宋廷结

（接上页）将此事系于八年三月，大误。考《东都事略》及《宋史》李宪本传均记在兰州战后，李"宪选精骑度河，与贼遇，破之"，当指此事。又据《长编》及《宋史·李宪传》的记载，李祥在元丰五年十一月辛巳（初四）以出界攻夏所部兵失亡多，自皇城使、沂州团练使降一官为简州刺史（考《长编》将李祥讹写为"李详"），徙为熙河兰会路都监总领岷州兵。李祥从泾原调回熙河，相信是李宪的主意。李祥这次以领兵赴援兰州之功，复团练使外，不久进阶州防御使。

1 《长编》，卷三百五十二，元丰八年三月甲午条，页8417、8448—8450。《东都事略》，卷一百二十《宦者传·李宪》，叶六下。《宋会要辑稿》，第八册，《职官六十六·黜降官三》，页4861—4862。《皇宋十朝纲要校正》，卷十下《神宗》，页312。《宋史》，卷十六《神宗纪三》，页313；卷三百四十八《钟传传》，页11037；卷四百六十七《宦者传二·李宪》，页13640。李焘在《长编》是条的注中详考李宪等被责的始末和各种不同的记载。李焘以李宪在三月甲午（初一）并未立即降为永兴军都部署，其在熙河的差遣如旧，又考证章惇作王珪挽词所说，章惇及王珪在元丰（转下页）

案,除了钟传和皇甫旦的处分较重外,李宪及其他人都只是轻责,大概因神宗尚在,王珪等就不敢过度责罚他的宠臣而刺激他的健康。

神宗终于在三月戊戌(初五)驾崩,哲宗继位,以年幼由高太后垂帘听政,[1]开始了元祐更化的时期。旧党不久回朝秉政,李宪很快便被投闲置散,进而备受朝中文臣的清算与攻击。

(接上页)七年春侍宴,王珪在神宗前力数李宪招权怙势,而章惇又言神宗用李宪的事不可为后法,神宗颔之,而说当罢李宪内职的说法不实。又《宋史·钟传传》只简略地记钟传"坐对狱不实,羁管郴州"而未言其详。而《东都事略·李宪传》及《宋史·李宪传》则只云李宪"坐妄奏功状,罢内省职事",没有具体言明李宪罢内职的真实原因。

1 《长编》,卷三百五十三,元丰八年三月丁酉至戊戌条,页8455—8456。

第八章

将军一去：高太后垂帘前期的李宪与熙河

　　高太后垂帘听政后，重用旧党（或曾瑞龙称的政治保守主义者），而尽罢神宗所重用的新党或支持神宗拓边政策的人（包括李宪）。正如曾瑞龙在他那篇精彩而概括的专文《从妥协退让到领土扩张：论宋哲宗朝对西夏外交政策的转变与军事战略的兼容性》所论，当政的元祐文臣从传统的弭兵思想出发，反对侵略，主张与西夏议和而罢兵，而不惜放弃熙丰时期取得的土地，以示诚意。曾氏把主张与反对弃地的文臣的理由一一列出，并指出不少旧党的议论盲点：他们常根据过时的资料来作出判断。曾氏指出"这次争论终于理性、克制和妥协规范了当时的思维领域"，最后旧党的主政者总算没有放弃兰州。曾氏也指出因宋廷对外的消极防御战略，却令曾经与宋联合对抗西夏的青唐，在阿里骨掌权后，反过来联夏攻宋。这种不利于宋的形势，直至高太后逝世，哲宗亲政，复用新党，重新采用扩张政策，才扭转过来。[1]

1　早在1986年，罗家祥教授一篇谈"元祐之政"的专文，除了剖析所谓（转下页）

李宪从元丰八年三月高太后临朝至元祐七年（1092）他病逝贬所止，一直被投闲置散，毫无作为。宋廷对新得领土应弃应守的大争论中，以至应采什么的对外政策的议论中，李宪只是靠边站的旁观者，不但没被咨询，还被言官指为黩武穷兵、劳民伤财的罪魁，更被言官斥为神宗朝的内臣四凶之一，而遭到贬官问罪，以致郁郁以终。他当年苦心经营的熙河兰州，在他及其副手知熙州赵济被罢黜后，宋廷先

（接上页）元祐之政外，在该文的第二节《元祐时期的民族政策》，便一针见血指出："元祐年间所奉行的消极政策，是以司马光为首的旧党的一贯主张，也是对国家大事了无所知的高太后主政的必然产物。"罗氏一文析述析论旧党诸臣首先罢黜熙丰时期积极参与边事的官员，确立消极防守的政治导向，并对元祐时期委任的边将进行严厉钳制，另将元丰时期血战所得的战略要地拱手送还西夏。罗氏对元祐诸臣的做法严厉批评，斥其不智和不成理由。另张劲在2005年发表的硕士学位论文《从更化到绍述——宋哲宗朝的时代与政治》，其中第三章《元祐困局》也有两节专门探讨元祐旧党诸臣对西夏采妥协退让政策及其失败，值得参考。张劲对元祐大臣昧于边事，作出荒谬的决策有很不客气的批评。最近台湾大学的方震华教授进一步探讨这一问题，他以"和战与道德"的框架，评论元祐年间弃地争议的问题。他指出起初旧党主政者多以道德为考虑，强调朝廷的决策必须基于道德上的正当性，而非现实的利益。但转折点是元祐五年到六年，因西夏一再入侵，当初主张弃地的人都改取强硬政策，事实证明主张弃地来与西夏议和的人都是一厢情愿。不过，方氏没有注意，其实司马光、范纯仁的取态也非一面倒的主张弃地，他们都有保留，特别是兰州，他们并不主张放弃。参见张劲：《从更化到绍述——宋哲宗朝的时代与政治》，载张其凡（1949—2016）（主编）：《北宋中后期政治探索》（香港：华夏文化艺术出版社，2005年7月），卷四，页317—442。有关元祐诸臣对西夏政策的讨论，参见页377—389；曾瑞龙：《拓边西北——北宋中后期对夏战争研究》，第四章《从妥协退让到领土扩张：论宋哲宗朝对西夏外交政策的转变与军事战略的兼容性》，页125—164。有关元祐初年保留与放弃新得领土争论的考述，见页126—138；罗家祥：《宋哲宗"元祐之政"剖析》，原刊《华中师范大学学报》1986年第5期，现收入罗家祥：《宋代政治与学术论稿》（香港：华夏文化艺术出版社，2008年9月），页331—356。有关元祐旧党的对外政策，见页347—356；方震华：《和战与道德——北宋元祐年间弃地论的分析》，《汉学研究》，第33卷第1期（2015年3月），页67—91，有关元祐弃地论，见第四节《和谈与弃地》，页77—87。

后以武臣刘昌祚和刘舜卿（1032—1092）为熙河帅，他们改变了李宪所行的许多政策，幸而靠李宪的旧部一力支撑，力拒西夏多番来犯，总算守住得来不易的兰州，而且在洮州一战，擒获青唐大酋鬼章，大大振奋了熙河宋军的士气，也以辉煌的战绩显示了保有熙河兰州的重要，从而令朝中主张弃守熙河的人少了借口。当文臣范育（？—1095）在元祐四年七月接任熙河帅后，他恪守并发展李宪所订的策略，熙河兰州乃得以保存。

本章主要讨论从元丰八年三月高太后垂帘，至元祐四年七月范育接任熙河帅前的一段牵涉宋廷新旧党、熙河边臣、西夏及青唐蕃部四方纠结不清的历史。

李宪在哲宗继位之初，并未马上受到整肃。元丰八年三月壬寅（初九），宋廷还因他在正月率军渡河大破夏人的功劳，将他复官为武信军留后。他麾下有功将校也获升赏：知兰州王文郁自四方馆使、荣州团练使迁引进使，康识自东上阁门使、嘉州刺史领荣州团练使，东头供奉官宋安道（？—1085后）为内殿崇班，蕃官皇城使、忠州刺史卢稜领康州团练使，皇城使曹令稜领嘉州刺史，皇城使阿克密领昌州刺史。[1]不过，高太后并未恢复李宪入内副都知的省职，三月己未（廿六），诏将他原领的职任，改差入内押班梁从吉（？—1090）接管。因李宪仍管理青唐事务，同日就命李宪选使臣往青唐，以蕃字书连同神宗

1　《长编》，卷三百五十三，元丰八年三月壬寅条，页8460—8461；卷三百六十，元丰八年十月丙子条，页8606。宋廷再在是年十月丙子（十五），追论蕃官左藏库副使赵怀义、西头供奉官刘永渊及西京左藏库使高遵裕在此役渡河进讨之功，各加恩转两官。

原本赐西蕃阿里骨的金带、锦衣、银、帛、茶等赐之。[1]高太后再在四月辛未（初八），将一大批神宗宠信使用的内臣包括宋用臣、刘惟简以及李宪子李毂调出两省，出外任职，而改委自己亲信的内臣阎安（?—1105后）、冯宗道（?—1098）、老宗元、梁惟简接替勾当御药院、勾当内东门司等重要职务。另张茂则就擢为宁国军留后，官位与李宪相当。五月甲午（初二），再授梁从吉自昭宣使、昌州刺史提举皇城司，代替宋用臣。[2]

五月戊戌（初六），宋廷主政的文臣为了讨好高太后，将元丰四年五路伐夏的败将高遵裕复为右屯卫将军，管勾西京中岳庙，任便居住。不过，高遵裕在三个月后便病卒。[3]壬寅（初十），因李宪等筑熙州、兰州、通远军城堡毕功，宋廷赏功，赐李宪银绢各一百五十匹两，他的副手赵济就赐银绢各一百匹两，另降诏奖谕。这是李宪受到宋廷

1　《长编》，卷三百五十三，元丰八年三月己未条，页8463—8464。《宋会要辑稿》，第三册，《礼二十九·历代大行皇帝丧礼上·神宗》，页1353。

2　《长编》，卷三百五十四，元丰八年四月辛未条，页8473；乙亥条，页8474；卷三百五十六，元丰八年五月甲午条，页8507；卷三百五十九，元丰八年八月丁亥条，页8586；卷三百六十三，元丰八年十二月甲申条，页8683；卷三百六十五，元祐元年二月乙丑条，页8755。《宋史》，卷四百六十七《宦者传二·张茂则》，页13641。按张茂则的班官延福宫使及省职入内都知均比李宪高，惟有遥领的官利州观察使要比李宪的武信军留后低一级。这番擢升，张茂则在各方面都比李宪高。高太后在八月丁亥（廿六）更下诏表扬张茂则，称他"宿卫宫省，更历四朝，清谨忠勤，宜在褒劝。以其子左藏库副使张巽为西上阁门副使"。到十二月甲申（廿四），更授他为入内内侍省都都知。（按《长编》于十二月甲申作内侍省都都知，元祐元年二月乙丑条作入内都都知，《宋史·张茂则传》则作两省都都知）在高太后眼中，张茂则比李宪忠诚可靠得多。

3　《长编》，卷三百五十六，元丰八年五月戊戌条，页8513；卷三百五十九，元丰八年八月庚午条，页8581。高遵裕在是年八月庚午（初九）卒，宋廷赠他永州防御使。

　　　　　　　　　　　　　　　　　　　　　　　　　拓地降敌

最后的奖赏。[1]

同月庚戌（十八），首相王珪病故，戊午（廿六），蔡确继为首相，而高太后就特别拜刚回朝的司马光为门下侍郎，展开了旧党回朝执政的序幕。[2]

司马光对李宪等的态度如何？在《司马光集》中收有一篇他原本在元丰五年秋预作，而在这年三月戊戌（初五）神宗崩时留以示子孙的遗表，表文其中一节云：

> 又有奸诈之臣，如种谔、薛向、王韶、李宪、王中正之徒，行险徼幸，怀谖罔上，轻动干戈，妄扰蛮夷。夫兵者，国之大事，废兴存亡，于是乎在。而谔等苟营一身之官赏，不顾百姓之死亡，国家之利病，轻虑浅谋，发于造次，深入自溃，仅同儿戏。使兵夫数十万，暴骸于旷野，弃捐于异域。昔王恢为马邑之谋，单于觉之遁去，时汉军无所失亡，但无功矣。武帝犹以为不诛恢，无以谢天下。今溃败亡失，狼藉如此，而建议行师之人，

1　《长编》，卷三百五十六，元丰八年五月庚子至壬寅条，页8514—8515。《宋史》，卷十七《哲宗纪一》，页319。考李宪的旧部霍翔也在同月庚子（初八），自朝奉大夫、提举京东路保马兼甲知密州（今山东潍坊市诸城市）。

2　《长编》，卷三百五十六，元丰八年五月庚戌条，页8517—8518、8520—8521。关于高太后为何擢用已离开朝廷多年，身体状况不佳而从未出任二府大臣的司马光，而不用健康经验地位均比司马光优胜的文彦博，冀小斌的司马光研究有颇独到的分析，可以参考。See Xiao—bin Ji, *Politics and Conservatism in Northern Song China:The Career and Thought of Sima Guang*（A.D. 1019—1086），Hong Kong: The Chinese University Press, 2005, Chap. 8，"The Tragedy of Success: Sima Guang's Last Eighteen Months", pp. 165—171.

晏然曾无愧畏，为更蒙宠任。窃见国家至仁，重惜人命，诸州论囚，有法应流而误入死者，举州官吏皆坐停废。奈何使数十万人无罪就死，反无所坐乎？此所以使狂躁贪冒之人竞为尝试之说，而无所惩艾者也。若举事屡如此，其于国家岂不可忧乎？[1]

这时种谔与王韶已死，王中正已罢废，惟有李宪尚在，司马光回朝，肯定不会放过被他斥为奸诈之臣的李宪。李宪也知几，一朝天子一朝臣，他很快便以疾乞罢职。宋廷见他识趣，于六月戊寅（十六），将他升一阶班官为延福宫使，而罢其熙河兰会路经略安抚制置使的差遣，徙为永兴军路副都总管，离开他任职多年的西疆。他离去不久，枢密院便收到边报，说夏军至河东、泾原及熙河宋境杀害吏民。值得一提的是，与李宪早年有诗文交的著名楚州孝子徐积，因州官表扬其孝道感天而降甘露于其母之坟域及其直舍，宋廷在是月庚午（初八）就特赐他绢三十匹及米三十石。倘李宪仍当权得宠，也许徐积获赐不止此。[2]

神宗另外两员得宠的内臣石得一与宋用臣，也一样被投闲置散，

1　《司马光集》，第二册，卷五十七《表·遗表》，页1202、1204—1205。据司马光在这表之序称，元丰五年秋，他言语涩，疑为中风之象，他怕早晚会发作而卒，于是预先写好这篇遗表，放在寝室，并吩咐子弟，若他死了，便将此表给范纯仁（尧夫）及范祖禹（梦得），由他们呈上神宗。但神宗却在元丰八年三月五日驾崩，司马光以此表无用，就留示其子孙，使之了解其事君之心迹。

2　《长编》，卷三百五十七，元丰八年六月庚午条，页8530；戊寅条，页8537；丙戌条，页8547—8548。《东都事略》，卷一百二十《宦者传·李宪》，叶六下。《宋史》，卷十七《哲宗纪一》，页319；卷四百六十七《宦者传二·李宪》，页13640。

高太后在六月戊子（廿六）命石为神宗的永裕陵使，宋为副使。回朝的重臣资政殿大学士吕公著在两天后（庚寅，廿八）上奏言事，即点了李宪及宋用臣的名，说："内臣之生事敛怨，如李宪、宋用臣等，皆从罢去。中外闻之，无不欣喜踊跃。"就为李宪被黜定了调。御史随即再向宋用臣开刀，八月丁亥（十六），殿中侍御史黄降（后改名黄隐，？—1106后）严劾宋用臣营缮私第及别治园池，说他偷盗官物，累赃不少，又说闻知他取洛口金泉法酒贩卖获利。请委官查究其罪。[1]

在是年九月己酉（十八）擢侍御史、对熙丰新进及新法满腔怨恨而后来成为元祐朔党领袖的刘挚，[2]在十月初上奏论役法时，便点了

1　《长编》，卷三百五十七，元丰八年六月戊子至庚寅条，页8549—8550；卷三百五十九，元丰八年八月癸酉条，页8581；丁亥条，页8588；卷三百六十九，元祐元年闰二月丙午条，页8904。《宋朝诸臣奏议》，下册，卷一百十七《财赋门·新法九·上哲宗论更张新法当须有术》（吕公著），页1285。《宋史》，卷十七《哲宗纪一》，页319。吕公著在七月戊戌（初六）拜尚书左丞，位列执政。值得一提的是，当年讨好神宗而在断狱事上帮过李宪的巧宦杨汲，在高太后临朝时，仍左右逢源，他在元丰八年八月癸酉（十二），获得一份优差，自刑部侍郎甫获委为太皇太后的贺辽主生辰使。不过，在元祐元年闰二月丙午（十八），监察御史孙升论大理刑狱之长时，就点了他的名，说他与崔台符、蹇周辅、王孝先等，都不足见神宗忠厚之意，请高太后罢去他们。另据张晓宇的考证，弹劾用臣的黄降字仲光，福建兴化军莆田人，治平四年登第。他在元丰五年正月任监察御史里行，四月实任监察御史，元丰八年五月升殿中侍御史。他先后劾奏韩缜与用臣。十二月迁国子司业而罢言责。元祐元年初，据说他以讳韩缜之名而改名为黄隐。同年十月言官刘挚、吕陶及上官均劾他在太学妄用己意，排斥王安石新学，最后他在元祐二年八月徙为鸿胪少卿，不久再被逐出朝。他以党附程颐（1033—1107）攻击苏轼而被排斥。张晓宇指出黄隐事件反映出旧党在打击新党的同时，内部也互相倾轧。参见张晓宇：《从黄隐事件再论元祐初期政局与党争》，《中国文化研究所学报》，第六十六期（2018年1月），页1—20。
2　《长编》，卷三百五十九，元丰八年九月己酉条，页8597。关于刘挚的生平事迹、著作与政治立场，特别是他在熙丰及元祐时期的表现，他的《忠肃集》点校者陈晓平有一篇很精要的考论。陈氏指出，"刘挚虽不是一个有远见卓识的政治家，（转下页）

李宪的主要助手赵济的名。他对于赵济当年劝富弼不行青苗法，以致亳州大批官吏贬职之事耿耿于怀。刘指斥："夫赏罚号令，乃陛下所以砥砺天下而鼓动四方以劝信者。今有人焉，能舞公事以倾勋旧，能兴大狱以逐官吏，其事是耶？乃其职尔，何至超任以为职司耶？赵济是也。"[1]赵济当年劝富弼的事开罪了旧党臣僚，加上他与李宪的关系，他被旧党主政者罢斥是早晚的事。

宋廷开始算李宪的账，十月己丑（廿八），诏李宪依赦勿问，特罢其内职，他因功所除授观察留后的告令，需缴纳于尚书省。以李宪奏事不实，不应引常赦不原之例。[2]

李宪被贬，当在他意料之中，最令他心痛的，是有廷臣随即提出放弃他与将士血战得回来的熙河与兰州。李宪被罢内职的同日，资政殿大学士兼侍读韩维上言，认为宋廷自得熙河之地，岁费缗钱五六百万，后得兰州，又费百万以上。他以所得的地愈多，所费越广，拓地之无利亦明矣。他说议者或以兰州趋夏人巢穴至近，最为形胜之

（接上页）但在反新法的政治手段确实比司马光圆熟。他总在正统儒学中寻找一些冠冕堂皇的理论来掩饰自己的真实目的并杜塞反对派借以攻击的口实"。该文先刊于《忠肃集》的附录四，稍后再经修订，再刊于裴汝诚的八秩寿庆纪念论文集。参见陈晓平：《论刘挚及其著作》，载刘挚（撰），裴汝诚、陈晓平（点校）：《忠肃集》（北京：中华书局，2002年9月），附录四，页676—723；李伟国、顾宏义（主编）：《裴汝诚教授八秩寿庆论文集》（北京：中华书局，2011年10月），页427—457。

1　《忠肃集》，卷三《奏议·论助役法分析第二疏》，页58；《乞慎择读官奏》，页61—62。《长编》，卷三百六十，元丰八年十月癸未条，页8616—8617。考刘挚此奏未系年月，而刘挚集同卷另一疏《乞慎择读官奏》则置于在此奏之后，而《乞慎择读官奏》一疏，《长编》系于元丰八年十月癸未（廿二）条，而李焘称刘挚上言在此日前，故推断此奏当上于十月初或十月中。

2　《长编》，卷三百六十，元丰八年十月己丑条，页8622。

地。其余亦是要害之地，可以增置城堡，弃之不便。韩维却不同意，他以高太后若要再兴师收复灵夏之地，则可存兰州等地，若无此意，就不应再劳民伤财，奉空虚之地，就像再添熙河一样无用之地。[1]

处理完李宪后，宋廷到是年十一月也将石得一和宋用臣降职。十一月壬寅（十二）石得一被罢入内副都知，他的所有差遣都由入内押班梁从吉接替。两天后（甲辰，十四），宋用臣也因被言官劾其兴利苛细之罪，降职为皇城使出监滁州酒税务。到此所谓神宗内臣四凶均被贬责。顺带一提的是，李宪熙河麾下首席大将、步军副都指挥使苗授是时也以疾请罢职求宫观闲职。宋廷给他病假，不允他罢职，还将他晋为威武军节度观察留后。哲宗为神宗修建永裕陵，命他为都护。[2]

李宪虽然被投闲置散，幸而以赵济为首的熙河文武官员没有放弃松懈其职守。另宋廷也没有实时接受韩维弃熙河兰州的意见。十二月丙寅（初六），因谍报夏人有入寇之意，宋廷即诏熙河路经略使赵济派康识前往兰州，并选将官前往定西城，经画提防西夏。如夏人来攻城，即坚守应敌，以取全胜，勿被敌诱而轻易出兵，并预为清野之计，等夏军回兵，就审量追击。[3]宋廷这时已放弃李宪先前派精骑渡河主

1 《长编》，卷三百六十，元丰八年十月己丑条，页8623—8624。

2 本书附录二《苗授墓志铭》。《长编》，卷三百六十一，元丰八年十一月壬寅至甲辰条，页8637—8639；卷三百六十四，元祐元年正月癸卯条，页8710—8711；《宋史》，卷三百五十《苗授传》，页11068。按中书省在元祐元年正月癸卯（十四）再上奏，称已点磨得宋用臣在导洛入汴工程以及京城所出纳违法等事。高太后即诏宋授授皇城使，添差监滁州酒税，其根究钱物未明的事件，就交由户部结案，并命本部具措置的事件闻奏。

3 《长编》，卷三百六十二，元丰八年十二月丙寅条，页8662。《皇宋十朝纲要校正》，卷十下《神宗》，页315。按《皇宋十朝纲要》将宋廷收到夏人欲犯兰州（转下页）

动出击的策略，只被动消极地防守。

十二月丙子（十六），赵济奏上宋廷，称西蕃阿里骨派首领结斯鸡送上蕃字书，译文称："蕃家王子结施揽哥邦彪钱阿里骨文字，送与熙州赵龙图：探得缅药家煞点集人马，告汉家边上做大准备，早奏知东京阿舅官家着。"赵济奏称他亦回信给阿里骨，称："亦探得缅药家煞点集，已着将官做了大准备，更体探缅药家煞待于其处作过报来。"宋廷即诏赵济，说他回复阿里骨文字前，却不先奏上宋廷而就称阿里骨为蕃家王子。这次姑且不问罪，命他以后与阿里骨的往回文字即依已回报的称呼。[1]

哲宗于翌年改元元祐，是年（1086）二月壬戌（初三），司马光继韩维后，又上奏论如何处理西夏请求归还故地的问题。他以神宗在夏主秉常被囚时兴兵讨伐西夏，诸将取其土地，建米脂、义合、浮图、葭芦、吴堡、安疆等寨，都是借口，用为己功，都是为其身谋，并非为国计。他说闻知此数寨，都孤悬边外，难以应援，而田非肥良，不可以耕垦，而地非险要，不足以守御。朝廷得之，徒分屯兵马，坐费刍粮，有久戍远输之累，无拓土辟境之实。他主张废米脂诸寨，命延州与庆州将城寨毁撤，将原地归还西夏。至于定西城与兰州，并非西夏本土，司马光认为可以保留以为后图，俟夏人再请，才议应留或与。他又以经略司现称熙河兰会，然会州尚在化外，如此称呼就会启敌疑心，他请不如改为熙河岷兰经略司。比起韩维，司马光的意见较为务实，他也提到

（接上页）的谍报，而诏赵济严备的事系于十二月癸酉（十三）条。

1　《长编》，卷三百六十三，元丰八年十二月丙子条，页8676。

西夏以举国之众，攻围兰州，期于必取，而赖兰州的将士坚守，得以保全，以使夏人锐气小挫，不敢轻易犯边。他也明白此数寨，中国得之虽无利，但对西夏却为害颇多，因诸地深入其境，近其腹心之地，西夏常惧中国一朝讨袭，就无以抵御，所以才必欲得之，不肯放弃。他以为既然打算与西夏议和，就宜因其顾虑，归还数寨。但司马光认识到兰州的战略价值，仍主张加以保留。[1]对于司马光的观点，曾瑞龙认为他低估了宋军守御兰州的能力，也对兰州的重大战略价值认识不足，并且

1　《长编》，卷三百六十四，元祐元年二月壬戌条，页8749—8752。《宋史》，卷四百八十六《外国传二·夏国下》，页14015。《司马光集》，第二册，卷五十《章奏三五·论西夏札子》，页1051—1057。李昌宪在1998年所撰的《司马光评传》全面肯定了司马光归还六寨以换取西夏议和的主张。冀小斌在2005年所撰的司马光研究，则以司马光与文彦博力排众议与夏言和，却以失去多处边地的高昂代价取得。方诚峰在其专著中，从元祐更化与司马光的设计的视角，探讨宋与西夏关系的问题。方氏认为司马光是主张与夏息兵议和，以弃地换取和平的主导者。方氏指出，司马光态度强硬，但未阻止争论，廷臣中附和司马光的有苏辙、苏轼、王岩叟、刘奉和傅尧俞。刘挚与苏轼虽同意弃地，却不同意无条件全部归还西夏，要看西夏的效顺态度而决定。至于安焘就绝不同意司马光无条件以土地换和平的策略。范纯仁和范纯粹兄弟就接近司马光的主张，以土地换取陷蕃人口。与司马光想法一致的文彦博是使宋廷决议弃地的关键。不过，方氏并没有详加考析宋廷诸臣的意见，是否合理和接近事实。另外，朱义群近期一篇论元祐之政的专文也析论高太后及以司马光为首的元祐大臣，"从元丰新政转向元祐更化的过程中，始终面临熙丰之人所制造的要求绍述的舆论压力。司马光为此先后提出两种论述以使其全盘否定熙丰之政主张合理化，而最终诉诸神宗遗意的论述成为更化的主要理论基础"，但如此一来，却自相矛盾，当司马光逝世而旧党内讧后，就被新党以诽谤先帝之名所攻击。参见李昌宪：《司马光评传》（南京：南京大学出版社，1998年12月），第六章第七节《力主和戎，以安中国》，页256—260；方诚峰：《北宋晚期的政治体制与政治文化》（北京：北京大学出版社，2015年12月），第一章第四节《元祐更化与司马光的设计》，页31—34；Xiao—bin Ji, op.cit., p.178；朱义群：《"绍述"压力下的元祐之政——论北宋元祐年间的政治路线及其合理化论述》，《中国史研究》，2017年第3期（总155期）（2017年8月），页121—140。

对宋廷开边而长期占领的实力没有信心，是故司马光主张以归还土地予西夏的退让政策以换取和平。[1]

宋廷对于李宪当年所辖的熙河经制司，得到许多财赋上的特殊优待，认为需要有所改变。二月庚午（十一），都大提举成都府、永兴军路榷茶公事陆师闵（？—1086后）上言，称以往每年拨茶一万驮与熙河路经制司，充折岁额钱，请施行。宋廷诏每年依旧供应熙河经制司钱三十万贯，所有支茶充折就不行，其他供应经制司钱六十万贯，就仍依元丰七年九月四日指挥行，宋廷重申每年支付熙河钱二百万贯，由户部及四川、陕西各司分担。[2]

侍御史刘挚就此问题再对李宪批评不已。二月癸酉（十四），他上言论四川路茶法时，便批评以前的做法不妥，他以问题出于"岂非以蜀之茶法与熙河兰会之经制相为用者欤？蜀茶之利，以给熙河兰会者天下之三。熙河兰会之费不止，而蜀茶之害未可息也"。他认为熙河兰会之费用，今昔宜有不同。他重提旧事，严厉批评特别是李宪总揽大权时之弊，他以"昔者事边之外，前有王韶，后有李宪，提兵革财用之大权，朝廷捐金帛市租，莫知纪极，听其自用，不领于有司，无所会计。非徒私二家也，于是依倚苟合之客，图功兴事，以利相市之徒，公取公予，莫见其迹。则熙河兰会大费外，又有以泄之者如此也"。他认为现时制之于有司，没有王、李二人的横蠹，倘于边计外，凡是冗名滥费都

1 Shui—lung Tsang（曾瑞龙），"Song—Tangut Territorial Dispute over Lanzhou: A Legitimation Issue"，pp. 61—63.
2 《长编》，卷三百六十五，元祐元年二月庚午条，页8769—8770。

大为节约, 则蜀之茶就可以驰禁。[1]

当宋廷文臣相继提出要改李宪熙河之政时, 稍令李宪安慰的是, 关于应否放弃新得的城寨的问题, 尚书左丞李清臣(1032—1102)在二月乙亥(十六)上言, 他以西夏虽通问使, 却未就贡职, 察其深意, 实在是缓兵之策, 看宋强弱而定。若朝廷有厌兵之论, 则自弃新疆, 坐收全胜。若依旧固守, 则等今秋物力稍完, 必定左右攻劫, 使边臣应接仓皇。纵使未能袭破城寨, 也能使宋廷上下恐动, 自谋退保。他料夏人计必出于此。他建议询问久在西边的吕大防与范纯仁的意见, 以定新得城寨可守可弃之决策。高太后从其请, 遣中使手诏问二人的意见。吕大防因高太后的诏问, 于二月丙子(十七)上奏论应否归还新的土地予西夏, 他不同意韩维及司马光的看法, 提出不必放弃已得的城寨, 他分析说:

> 又诏问向者所得边地, 虽建立城寨, 亦虑孤僻, 不易应援。弃之则弱国威, 守之则终恐戎人在念。臣窃谓新收疆土, 议者多言可弃, 盖思之未熟也。诏旨以为弱国威而已, 又有取侮于四夷之端焉, 不可不审计也。况兰州西使之地, 本非夏国封境, 又其君长尝受朝廷禄秩, 元昊以来, 方盗据其地。延庆城寨则接近汉界, 一旦既得而弃之, 未见其可。今日措置之宜, 只可降诏下本路, 将会州一处, 更不攻取, 改熙河兰会路为熙河兰州路。其

1　《长编》, 卷三百六十六, 元祐元年二月癸酉条, 页8778—8780。《忠肃集》, 卷五《奏议·论川蜀茶法疏》, 页107—109。

兰州及延庆两路新建城寨，只据见得地界守御，亦可以稍安敌情，而为议和之计矣。议者不过谓戍兵少则不足以战，多则无力以供馈。臣愚以为绥、兰之地并塞美田，其增招民兵，垦辟以足食，则供馈之费省，专事守计，少存战兵，则骑兵可大减矣。其增招民兵，垦辟旷土，分守战之计，减供馈之费，如以为可，即乞下臣条析子细利害。……元昊既得甘凉，遂有窥陇蜀之志，后缘唃氏中强，无以进取。今青唐乖乱，其势渐分，若中国又失洮兰之土，则他日陇蜀之患，不可不预为之防。[1]

1　《长编》，卷三百六十六，元祐元年二月乙亥至丙子条，页8792—8795。关于吕大防的政治生涯，以及他在神宗哲宗朝新旧党争中的角色，可参阅朱义群：《北宋宰相吕大防研究》，载李华瑞（编）：《宋辽西夏金史青蓝集》（北京：中国社会科学出版社，2017年5月），页463—489。至于他对变法的保守态度，以及他对西夏的态度，包括在元祐时期反对弃地的争议上的立场，参见页463—472。该文当是朱氏在2013年首都师范大学本科毕业论文《北宋宰相吕大防研究》改写。朱义群另有一篇研究吕大防的文章，于2017年9月刊出，内容与前引文大致相同。参见朱义群：《北宋宰相吕大防的政治生涯析论》，载姜锡东（主编）：《宋史研究论丛》第二十辑（2017年上半年刊）（北京：科学出版社，2017年9月），页51—77。值得一提的是，吕大防的蓝田吕氏家族墓地在2005年冬在陕西省西安市蓝田县西北2.5公里的五里头村村北一座果园，因一座古墓被盗而被发现，陕西省考古研究所从2006年12月至2009年12月，历经三年的发掘，共清理吕氏墓葬二十九座，分别属于吕氏家族自神宗熙宁七年（1074）至徽宗政和七年（1117）五代人的墓茔。出土文物665件，其中包括出土砖石墓志24合。考古人员确定三号墓主为吕大防墓（衣冠冢），二号墓主为吕大临（1042—1092）。参与这次发掘的陕西省考古研究所研究员张蕴，先后撰写了六篇相关报告（其中有通俗性的），而文物出版社在2018年9月出版了共四册的吕氏家族墓园报告，对于研究吕大防家族有重要参考价值。参见张蕴：《九泉之下的名门望族——陕西蓝田北宋吕氏家族墓地》，《中国文物报》（北京），2009年9月11日，第4版；张蕴、卫峰：《蓝田五里头：北宋"考古学家"的家族墓地》，《中国文化遗产》，2010年2期，页78—85；张蕴、刘思哲：《陕西蓝田县五里头北宋吕氏家族墓地》，《考古》，2010年第8期（总718期），页46—52，另图版12—14；张蕴：《古砚遗芳：记蓝田北宋吕氏墓出土文物》，《收藏家》，（转下页）

至于范纯仁的回奏，就乖巧得多，论到弃地可否，他就说不可徒然便与，可以交换陷蕃军民生口。他坦言所知边事，只熟知环庆及粗知鄜延，其他路分非他所知。他又说不知神宗举兵讨因由，及西夏后来乞和请地并答诏阻绝的本末。他主张从长计议。惟据李华瑞的研究，范纯仁其实早在元丰八年十月便首倡弃地议和，而得到司马光和韩维的赞同。惟当高太后再问他意见时，他就提出须有条件下交还四塞。[1]

宋廷的文臣无论司马光或吕大防，都承认当年李宪取兰州的选择是明智的，兰州既非西夏本来的领土，又土地肥美，可供耕作，而地势险要可扼西夏咽喉，只要委人经略得宜，就可守可攻，没有理由轻言放弃。

宋廷倒没有改变李宪所奉行的以青唐制西夏的政策，早在二月戊辰（初九），阿里骨进奉使抵京师。辛未（十二），枢密院便上奏，称已自董毡的遗书及阿里骨的上书，正式获知董毡已死，阿里骨嗣位的事实。宋廷即诏由阿里骨承袭其职。丁丑（十八），正式授阿里骨为河西节度使、西蕃邈川首领、宁塞郡公。宋廷文臣虽然不喜李宪，但也得

（接上页）2014年9期，页29—31；张蕴：《陕西蓝田吕氏家族墓园考古：北宋金石学家长眠之地》，《大众考古》，2015年第2期，页27—33；张蕴：《蓝田墓地与北宋藏家吕大临的〈考古图〉》，《美成在久》，2016年1期，页6—19；陕西省考古研究院等：《蓝田吕氏家族墓园》（北京：文物出版社，2018年9月）。

1　《长编》，卷三百六十六，元祐元年二月丙子条，页8795—8797。彭百川：《太平治迹统类》，卷二十《哲宗弃四寨》，叶十九上下（页362）。李华瑞：《论宋哲宗元祐时期对西夏的政策》，《中州学刊》，1998年第6期，页145—149，后收入李（著）：《西夏史探赜》（兰州：甘肃文化出版社，2017年8月），页76—83。

靠他麾下熟悉蕃情的人处置青唐之事。辛巳（廿二），枢密院上言，以所收到青唐蕃字书都是阿里骨自言之辞，青唐在他管事后，蕃情是否顺帖，董毡左右亲信及内外主兵的酋首，是否服从阿里骨指挥，均未可知，故请令赵济选派曾往青唐的使臣负责押解入蕃支赐，而密谕使臣入界后就暗中察访事实以闻。宋廷从之，丁亥（廿八），命所除阿里骨之官诰及每年所支之茶绢及支赐衣带，等候赵济奏到后取旨照办。然不知何故，宋廷忽然在同日，徙步军都虞候、雄州团练使刘昌祚知熙州，代替赵济。[1]

因言官不断的攻击，新党首领首相蔡确自请罢职，高太后从其请，闰二月庚寅（初二），蔡确以正议大夫充观文殿大学士，出知陈州，司马光授左仆射兼门下侍郎，继任首相。据时任中书舍人的林希（1034—1101）所记，司马光就任相职，"顶光帽而坐，气洁清而莹，精神康安，却自言足肿，疮面大如手掌，黄水出未上止，足弱无力"。司马光甫登相位，对新党中人并不放过，新党大将吕惠卿就在同日自太原府徙知扬州，而知瀛州谢景温徙知太原府。值得一提的是，李宪的旧部霍翔被三省翻他提举保马事务的旧账，被罢为管勾太平观。宋廷在壬辰（初四），擢吕公著为门下侍郎。同日，宋廷特别恩恤刚过世的监熙州市易务左侍禁李公度，他在任内，市籴场收息，计缗钱十八万余，

1　《长编》，卷三百六十四，元祐元年正月甲寅条，页8728；卷三百六十五，元祐元年正月辛未条，页8771；卷三百六十六，元祐元年二月丁丑条，页8798；辛巳条，页8800；卷三百六十七，元祐元年二月丁亥条，页8820—8821。《宋会要辑稿》，第十六册，《蕃夷六·吐蕃》，页9918—9919。阿里骨早在正月甲寅（廿五）遣使入贡，二月戊辰（初九）抵京师。

宋廷录其男李适为三班差使。李公度可能与李宪的关系不深，故蒙厚恤。[1]

赵济在刘昌祚未到任前，仍以权管勾熙河兰会路经略安抚司公事处理青唐事务，他在闰二月丙午（十八）上奏宋廷，称已译到阿里骨蕃字乞通和事。宋廷诏赵济等候阿里骨再来言及缅药家求通和事时，即令他就鄜延路说谕。[2]

高太后再在闰二月辛亥（廿三）罢章惇枢密使。乙卯（廿七），升同知枢密院事安焘为知枢密院事，而以试吏部尚书兼侍讲范纯仁为同知枢密院事。安、范二人均不同意放弃兰州，尤其安焘态度强硬，不少言官对他们的任命并不认同。安焘最后只允留任同知枢密院事。[3]

三月辛未（十四），枢密院上言，称权通判熙州朱衍奏，兰州乞招置蕃落广锐土兵一万人为额，并许陕西诸州土兵换养马一千五百匹，

1　《长编》，卷三百六十八，元祐元年闰二月庚寅条，页8854—8855；壬辰条，页8863、8866。林希（撰），黄宝华（整理）：《林文节元祐日记》，收入戴建国（主编）：《全宋笔记》，第八编第十册（郑州：大象出版社，2017年7月），页255。考霍翔在元丰八年五月庚子（初八），自朝奉大夫、提举京东路保马兼保甲知密州（今山东潍坊市诸城市）（见267页注1），就在蔡确被罢的同日，被三省劾他与吕公雅提举保马不循诏旨，以至减朝廷元立年限之半，而他们督责收买，急图己功，令两路惨然，民力困弊。虽然早前已将他们移任，但他们欺罔居民之罪，若不加以黜责，无以惩处。宋廷于是将霍翔罢为管勾太平观，吕公雅添差监舒州盐酒税务。按林希的《林文节元祐日记》也记霍翔罢为管勾太平观，但所记日子有误，称罢在辛巳日。考元祐元年闰二月庚寅蔡确罢相，林希却误写为庚辰，而吕惠卿徙知扬州，又讹写为辛巳。按闰二月并无庚辰及辛巳日。
2　《长编》，卷三百六十九，元祐元年闰二月丙午条，页8905。《宋会要辑稿》，第十六册，《蕃夷六·吐蕃》，页9919。
3　《长编》，卷三百六十九，元祐元年闰二月乙卯条，页8944—8945；卷三百七十二，元祐元年三月壬申条，页9001。《宋史》，卷十七《哲宗纪一》，页321。

共治田一顷。五千人为一将，分为三番。二番在屯，一番在城防守教阅，每旬更休。宋廷诏新知熙州刘昌祚及相度措置熙河兰会路财用事所的赵济，各将研究的意见上奏以闻。赵济很快便晓得这位新的上司对熙河的建制有根本性的更变。[1]

关于兰州弃留的问题，环庆路经略使范纯粹在三月壬申（十五）上奏表示他的意见，他认为从西夏所得的旧城堡寨，如河东路的葭芦、吴堡，鄜延路的米脂、义合、浮图，环庆路的安疆等寨，都是深入夏境，于汉界地利形势略无所利，而所费刍粮皆是倍价计置，及年年劳烦税户远入运输，而运送钱帛、器械，置官遣戍都辛苦。他认为现在放弃它们，实在并无关害，只是鄜延路塞门一寨，平川广阔，去帅府延州地理甚近。延州别无地理控扼之险，自得塞门寨，就增远四十里，可为中路屏蔽，粗为边防之门，他认为值得保留。但他对兰会之地就认为耗蠹尤深，不主张保留。[2]

癸酉（十六），户部上言熙河兰会路经略司奏，缴到阿里骨奏董毡的遗表进奉，请给他回赐。宋廷诏董已死更不支赐，阿里骨就依元丰元年所降的指挥，赐绢百匹。同日，赵济上奏青唐军情，称他选得奉职高升负责押送赐物前往青唐，高升亲见阿里骨坐在董毡厅，大首领鬼章与给逋、厮结四等二人并在左右，以往侍奉董毡的人现在尽事阿里骨。高升又问得首领及蕃部，说董临死时，召诸族首领赴青唐城，约以阿里骨继承他。现在首领及蕃部都服从阿里骨。宋廷满意赵济的报

1　《长编》，卷三百七十一，元祐元年三月辛未条，页8991。考《长编》记朱衍的职衔是权通判施州，按熙河路没有施州，当是熙州同音抄写之讹。

2　《长编》，卷三百七十二，元祐元年三月壬申条，页9009—9010。

告,诏依旧除阿里骨节度使,每年支赐茶、绢、衣带等,并依二月辛未(十二)的指挥。[1]

宋廷在两天后(乙亥,十八)做出一冲着李宪而来的重大决定,接受刘昌祚的请求,诏罢熙河兰会路经制财用司,其本路财利职事并入陕西转运司,如有合需措置的事,就速具奏闻。所有熙河路合得钱物,许兑那应付,即不得将之充别路支费,经制司旧官等候交与转运司方可离任。另于本路朝廷封桩内支拨三万贯与刘昌祚,充经略司准备支用。[2]早在神宗在世之时,不少文臣特别是漕臣都反对李宪在熙宁十年八月建立的经制财用司,该司几乎成为熙河路的独立王国,不受陕西转运司的管辖。因神宗容许李宪独揽熙河军政财大权,方便他统军筹饷,才在体制之外成立了这一独有的统管熙河财赋的机构,并由统领熙河军政的李宪及其主要助手赵济兼任。取消此一机构,是否真的是刘昌祚的主意,还是他奉朝命而行?[3]似乎是后者居多。此一番变

<hr>

1 《长编》,卷三百七十二,元祐元年三月癸酉条,页9012—9013。《宋会要辑稿》,第十六册,《蕃夷六·吐蕃》,页9919。据周密(1232—1298)引述李公麟(1049—1106)《五马图》所记,在元祐元年四月庚寅(初三),左骐骥院收到董毡所进的名马锦膊骢一匹,八岁,四尺六寸。疑这是阿里骨以董毡遗命进奉宋廷之物。参见周密(撰),黄宝华(整理):《云烟过眼录》,收入戴建国(主编):《全宋笔记》,第八编第一册(郑州:大象出版社,2017年7月),卷上,页29—30。

2 《长编》,卷三百七十二,元祐元年三月乙亥条,页9017。《皇宋十朝纲要校正》,卷十二《哲宗》,页338。《宋史》,卷十七《哲宗纪一》,页321。

3 《长编》,卷三百八十二,元祐元年七月癸亥条,页9312。按《长编》引张舜民(?—1103后)所撰《穆衍墓志》的记载,元祐元年穆衍与孙路同往熙河措置边防财用,当时盛传朝廷将弃熙河,穆的同僚对他说:"此行有可以自致,不然反为累也。"穆慢慢回答说:"顺利害何如耳。王事靡监,遑为身谋?"据说他还朝后,就请以经制事还漕司,条罢兵为公私害者二十七事,岁减经费一百九十余万缗。据张舜民的说法,(转下页)

革，自然是有点拆李宪台的意味，但人去茶凉，早已失势的他只能徒呼奈何。宋廷下一步大有可能是放弃李宪辛苦经营的兰州。

宋廷在三月己卯（廿二），将提议罢熙河经制财用司的新知熙州刘昌祚加马军都虞候，徙知渭州，接替在三月乙丑（初八）病故的朝议大夫、枢密直学士、泾原路经略安抚使刘庠（1023—1086）。本来宋廷在是月庚午（十三）已委知泾州、环庆路钤辖、四方馆使谢麟（?—1093后）权管勾泾原路经略使司事，但最后仍委任知熙州不到两月的刘昌祚接任泾原帅。另宋廷以四方馆使、英州刺史、知雄州刘舜卿，徙知熙州，并加他高州刺史，擢龙神卫四厢都指挥使。[1]笔者认为刘昌祚匆匆离开熙河，很有可能是因他主张罢废经制财用司之举，开罪了整个熙河的文武官员，宋廷大概认为他很难与赵济等合作下去，刚好刘庠病逝，渭州缺帅，就将人地相宜的刘昌祚回调泾原，而不让谢麟真除。

宋廷再在三月乙酉（廿八），诏罢提举熙河等路弓箭手营田蕃部司。[2]这是李宪当日悉心创立以招纳蕃兵的机构，宋廷主政文臣对蕃兵的作用既不认识也没兴趣，故轻易将之废除。

宋廷的旧党在四月己丑（初二），再将他们不喜的次相韩缜逐走，韩以光禄大夫、观文殿大学士罢知颍昌府（即许州）。高太后接受司马

（接上页）请罢经制司出于穆衍的建议。此说待考。

1　《长编》，卷三百七十一，元祐元年三月乙丑条，页8984；庚午条，页8990；卷三百七十三，元祐元年三月己卯条，页9024。吕陶：《净德集》，卷二十一《墓志铭·枢密刘公墓志铭》，页229、236。《宋史》，卷三百四十九《刘昌祚传、刘舜卿传》，页11055、11062—11063。考《宋史·刘昌祚传》没有记载刘昌祚短暂徙知熙州兼且请罢经制财用司的事。

2　《长编》，卷三百七十三，元祐元年三月乙酉条，页9041。

光之建议，遣中使召元老重臣文彦博回朝。[1]

李宪眼看他辛苦建立的熙河基业，给宋廷主政文臣逐一罢弃，大概他受不了一连串的打击，就在是月辛卯（初四）上奏称病，请以半俸乞求致仕。元祐元年他不过四十五岁，尚在壮年，他求退所称之病，可能一半是心病。他又请回避陕西转运副使路昌衡，大概因路昌衡曾在皇甫旦一案鞫问过他。他不忿，故有此请。宋廷诏差他提举崇福宫，仍令在西京居住，避开在陕西的路昌衡。巧合的是，李宪致仕之日，却是讨厌他的王安石病逝于江宁府之时。[2]

右司谏苏辙在新复疆土的问题上主张放弃。四月庚子（十三），他上奏论役法时指出："闻西边熙、兰等州及安疆、米脂等寨，每年费用约计三百六十七万贯，此钱大半出于苗役宽剩，今苗役既罢，故议者欲指坊场、河渡钱以供其费，致使衙前须至并差乡户。……臣访闻兰州等处道里险远，决为难守，朝廷见议弃捐，以安中国；三年之后，边境已定，即非久远不绝之费，所用钱数虽多，亦有限量。"[3]

五天后（乙巳，十八），楚州孝子徐积又获得右正言王觌（？—1103后）及殿中侍御史林旦（？—1096后）推荐，授扬州司户参军，充楚州（今江苏淮安市淮安区）州学教授。然在同日，李宪却以用兵失利的

---

1 《长编》，卷三百七十四，元祐元年四月己丑条，页9053—9054。

2 《东都事略》，卷一百二十《宦者传·李宪》，叶六下。《宋史》，卷四百六十七《宦者传二·李宪》，页13640。《长编》，卷三百七十四，元祐元年四月辛卯条，页9069—9070。

3 《长编》，卷三百七十五，元祐元年四月庚子条，页9092—9094。苏辙（著），曾枣庄、马德富（校点）：《栾城集》（上海：上海古籍出版社，1987年3月），中册，卷三十八《右司谏论时事十四首·乞令户部役法所会议状·十三日》，页833—835。

罪名，降一官为宣州观察使，令提举亳州明道宫，另外三名神宗宠信的内臣，王中正降遥郡团练、刺史两官，提举兖州太极宫，李、王二人仍许本处居住。石得一降为左藏库使管勾西京崇福宫，宋用臣降为皇城使，差遣如故。三天后（戊申，廿一）宋用臣再被移添差监太平州（今安徽马鞍山市当涂县）茶盐矾酒税务。四人为何被责降？事缘升任御史中丞的刘挚及升任殿中侍御史林旦在较早前严劾王中正、李宪、宋用臣及石得一四人，高太后明知四人得宠是神宗之故，但碍于御史的言论，就对四人作出一定的处分。其中刘挚措词激烈，他不敢批评神宗授李宪大权之非，而只将李宪专领熙河大权归过于李宪的专权。他对李宪开拓熙河之功只字不提，反而带着主观偏见痛斥李宪：

李宪之于熙河，贪功生事，一出欺罔。朝廷之威福柄令持于其手；官吏之废置用舍出于其口。监司、帅守而下，事宪如父兄，而宪之颐指气役之也如奴隶。县官财用听其取与。内之府库金帛转输万里，外之生灵膏血渔敛百端。倾之于宪，如委诸壑，出没吞吐，神鬼莫见，而一切不会于有司。兴、灵之役，宪首违戒约，避会师之期，乃顿兵以城兰州，遗患今日。及永乐之围，宪又逗留，不急赴援，使十数万众肝脑涂地。罪恶贯盈，然不失于总兵一路，此国法不正者二也。……是四人者，权势烽焰，震灼中外，毒流于民，怨归于国。宰相、执政知而不以告于上，谏官、御史惧而不敢论其非。……伏乞圣慈以臣章付外议，正四罪，暴之天下而窜殛之，以明国宪，以服天下。

刘挚起初见高太后没有实时的诏旨处分四人，于是再上一奏，力称：

> 臣近以内臣王中正、李宪、宋用臣、石得一四人大罪未正，曾具弹劾，未蒙诏旨。谨按中正等罪状已列前奏，皆古之所谓元恶大憝，流毒至今，内外叹愤。御史以触邪怨绳为职，臣而不言，谁肯忤权要，招怨仇，为陛下言哉？夫四人之恶，陛下固已知其详，今若止于褫夺一二官资或罢差遣，逐人拥高赀大第，志得气伏，虽使之致仕居家，亦适所以遂其所欲而已。臣见内臣甘承立昨于荆湖扰民，近日陛下睿断，更不勘结，投之遐荒。远近人情，莫不忻快。陛下谓中正等杀人伤财，残民害物，其罪与承立谁为轻重？若不将四人比类承立行遣，乃是国家大公法独行之于承立一小官，而屈之于中正等四贵臣也。事系政体，伏望圣明法舜之治四凶，行流放窜殛之事，以成先朝之志，明国典而谢天下。

有分推荐徐积的林旦，这回也附和他的上司，力言李宪等妄作。[1]

1　《长编》，卷二百十四，熙宁三年八月癸亥条，页5199；卷二百十五，熙宁三年九月乙未条，页5237；卷二百十九，熙宁四年正月丁未条，页5325—5326；卷二百六十二，熙宁八年四月丁亥条，页6409；卷三百七十三，元祐元年三月己卯条，页9025；丙戌条，页9048；卷三百七十五，元祐元年四月乙巳条，页9101、9105—9109；卷三百七十六，元祐元年四月戊申条，页9113；辛亥条，页9118—9119。《忠肃集》附录一《刘挚奏议·劾王中正等》，页506—509。《宋朝诸臣奏议》，上册，卷六十三《百官门·内侍下·上哲宗弹奏王中正等四宦官之罪·元祐元年四月上》，页697—698。《东都事略》，（转下页）

宋廷言官早便不满李宪等四人得神宗之宠信，这次由刘挚发难，自然额手称庆。他们并非公道客观论评李宪等之功过，而是出于文臣之意

（接上页）卷一百二十《宦者传·李宪》，叶六下。《宋会要辑稿》，第八册，《职官六十六·黜降官三》，页4843。《皇宋十朝纲要校正》，卷十二《哲宗》，页338。《宋史》，卷十七《哲宗纪一》，页322；卷三百四十三《林希传附林旦传》，页10913—10915；卷四百六十七《宦者传二·李宪、王中正》，页13640、13643。赵彦卫（1140—1210）（撰），傅根清（点校）：《云麓漫钞》（北京：中华书局，1996年8月），卷十，页173。刘敞：《彭城集》，卷三十二《记·象山县西谷记》，页876—878；卷三十六《墓表·林氏母黄夫人墓表》，页950—952。《曾巩集》，卷四十五《天长县君黄氏墓志铭》，页608—609。按林旦字次中，福州长乐（今福建福州市长乐区）人，林希之二弟。他们兄弟与属于旧党的刘敞有深交，刘敞曾为他们的祖母黄氏（991—1067，按赵彦卫以黄氏为林母，当误记）撰写墓志铭，又表扬林旦任象山令的政绩。据刘敞及赵彦卫所记，林希、林旦的祖父林某（赵作林高）及父林概都以进士擢第。他们年才十二三，其父以集贤校理终于京师，祖父亦病终。其祖母天长县君黄氏携他们兄弟四人扶柩返福州归葬，道过苏州，林希、林旦兄弟以文上谒时知苏州的蒋堂（980—1054），蒋堂奇之，就将他们留下，并给戴城桥官屋（后号孺学坊）他们居住与读书，又为他们葬祖父及父亲于宝华山。蒋堂还命其子及其侄蒋之奇（1031—1104）与二林一同读书。因蒋堂的提携，二人均登进士。据刘敞所记，林希登进士后，任宣州泾县（今安徽宣城市泾县）主簿编校集贤院书籍，治平四年（1067）正月，黄氏卒于京师，林希护其丧归苏州，祔于其祖之墓，并请刘敞写墓表及曾巩写墓铭。至于林旦登进士第后，据刘敞及曾巩所记，任明州象山（今浙江宁波市象山县）令，据称他"以文学为政，邑民宜之"，而颇有政声。他稍后由著作佐郎主管淮南常平事。他在熙宁三年八月以太子中允擢监察御史里行，九月判司农寺。但他在四年正月丁未（廿一），因连上六疏劾奏王安石的鹰犬李定不孝，开罪了王安石，被责为著作佐郎知黄县。他后来获授句当进奏院，但在熙宁八年四月丁亥（廿六），又给知通进银台司陈绎（?—1086后）劾他任台官时，坐言事不实降黜，请别与差遣。宋廷于是罢他句当进奏院差遣。累年才获签书淮南判官。后入为太常博士，转工部及考功员外郎。他在元祐元年三月己卯（廿二）获御史中丞刘挚之举，擢为殿中侍御史，他在同月丙戌（廿九）又上奏严劾蔡确、章惇、吕惠卿及王安礼，称四人为天下共知的大奸，又指张璪与李清臣附会其间。林希与林旦兄弟游走于新旧党之间，并不属于新党的核心分子，林旦在元祐时期即为旧党所用之言官，他在元祐元年不断上言论事，但讽刺的是，在是年九月却给上司刘挚及王岩叟指其兄林希为张璪一党，而张璪则透过其兄交结他。事见下文。

拓地降敌

气，要给神宗朝权倾一时的宦官一点颜色。

　　值得一提的是，曾任李宪机宜文字的穆衍，在是月壬子（廿五），以朝奉大夫、权都大提举清河辇运司、权陕西转运判官。据《宋史》本传及《长编》引穆衍墓志的记载，在元祐元年，穆衍与措置熙河经制财用孙路相度边防财用，当时朝中大臣欲弃兰州，但仍未议定。穆的同事认为势在必行，但他与孙路更论疆界事时，坚决主张不可放弃，以"兰州弃则熙州危，熙河弃则关中摇动。唐自失河湟，吐蕃、回鹘一有不顺，则警及国门。逮今二百余年，非先帝（按指神宗）英武，其孰能克复。今一旦委之，无厌之欲，恐不足以止寇，徒滋后患矣"。据载他的话说服了曾在元丰四年十二月通判兰州的孙路，孙后来力主守兰州。人以为熙州、兰州最终保存，是穆衍之力。[1]

---

[1]　《苏轼文集》，第三册，卷三十九《制敕·穆衍金部员外郎、孙路陕西运判》，页1108。《长编》，卷三百七十六，元祐元年四月壬子条，页9122；卷三百八十二，元祐元年七月癸亥条注，页9312。《宋史》，卷三百三十二《孙路传、穆衍传》，页10687—10688、10691。据《宋史·孙路传》的记载，孙路在元祐初为吏部及礼部员外郎及侍讲徐王府。司马光将弃河湟，与司马光友善的起居舍人邢恕（?—1100后）以此非细事，当访之边人。他以孙路在边四年，其行止可信。于是司马光马上召问，孙挟地图示司马光，指出通远军至熙州才通一径，熙州之北已接夏境。他说今日北关辟土百八十里，濒大河，城兰州，然后可以屏蔽，若褫以予敌，一道即危。据说司马光憣然说，幸而问他，不然就几误大事。弃兰州之议遂止。究竟是穆衍先说服了孙路，还是孙路早就不主张弃兰州，待考。又苏轼曾为孙路及穆衍撰写两道制文，穆衍的是他加金部员外郎制，孙路的是授其陕西转运判官，考苏轼任中书舍人在元祐元年三月至九月，则二制词当撰于是年三月至九月，即是说孙、穆二人当在元祐元年三月后奉使熙河，而孙以陕西转运判官经制熙河财用。苏轼为穆衍写的制词强调："货币之人，所以权轻重，通有无，而非以求富也。"为孙路写的则提示他"关右之民，困役伤财。譬之七年之病，而求三年之艾，朕日夜以思，庶几其民勇而知方。以尔出入秦陇，悉其利病，往行所知，以称朕意"。

高太后于五月丁巳（初一），因司马光久疾，而韩缜被罢，就以门下侍郎吕公著为右仆射兼中书侍郎为次相，又特授元老重臣文彦博为太师平章军国重事，位列宰相之上。同日，又任资政殿大学士、正议大夫兼侍讲韩维为门下侍郎。文、韩二人均主张放弃兰州。[1]

宋廷言官对高太后仅将李宪等降官奉祠的处分并不满意，壬戌（初六），林旦又上奏，称李宪等四人是元恶大憝，实天下所共弃，他说纵使不杀他们，也当将他们编管。李宪和宋用臣已赐的园宅，应该收回，而石得一在御前忠佐司的亲随，亦该编配夺职。奏上后，高太后只将石的亲信多人降职，没有依林旦所言，收回李宪的园宅。[2]

苏辙不能教训李宪等，似心有不忿，是月乙亥（十九），他上奏严劾吕惠卿时，又借题发挥，说："朝廷废吴居厚、吕嘉问、蹇周辅、宋用臣、李宪、王中正等，或以牟利，或以黩兵，一事害民，皆不得逃谴。"大概苏辙给李宪的罪名，应是其黩兵一项。[3]

宋廷文臣最终没有放过李宪在熙河的亲信赵济。五月戊寅（廿二），赵济以直龙图阁调知河东路的解州，离开任职近十年的熙河。左司谏工岩叟（1044—1094）仍穷追猛打，再劾赵济先以赃污坐废于家，后来靠李宪一言而得以复为帅臣。王又污蔑赵济从未以职事为忧，只

---

1 《长编》，卷三百七十六，元祐元年四月辛亥条，页9117；卷三百七十七，元祐元年五月丁巳条，页9147—9148。文彦博在四月辛亥（廿四）自河东节度使、守太师、开府仪同三司致仕，潞国公来朝入对。六天后乃拜平章军国重事。

2 《长编》，卷三百七十七，元祐元年五月壬戌条，页9156。

3 《长编》，卷三百七十八，元祐元年五月乙亥条，页9183。《栾城集》，中册，卷三十八《右司谏论时事十四首·乞诛窜吕惠卿状·十九日》，页846—847。苏辙此奏，亦为魏泰《东轩笔录》所引用，参见魏泰：《东轩笔录》，卷十四，页155—157。

日与将士蒲博为戏，无帅臣体。请削他职置之散地。王含血喷人，不承认赵济多年来在熙河尽心尽力，并与将士同甘共苦。宋廷听从王的意见，就在是月癸未（廿七），再将赵济落直龙图阁，差管中岳庙的闲职。[1]刚在三月辛未（十四）获擢为中书舍人的苏轼负责撰写赵济贬降的两道制词，第一道批评他"论定而官不浮，则民服。汝长西师，历年于此矣，考之清议，不曰汝宜，尚界一城，以观来效"。完全否定他守西边的功劳。第二道更严责他，称"有司言汝罪恶有状，小人有不忍为而汝为之。朕惟羞污搢绅，重置汝于理。其退处散地，以励风俗"。苏轼不喜赵济，斥他为小人，也许和当年赵济参劾过苏轼所尊崇并为他撰写神道碑铭的元老重臣富弼有关。按苏轼在富弼神道碑铭便强调富弼"勋在史官，德在生民，天子虚己听公，西戎北狄视公进退，以为中国轻重。然一赵济敢摇之，惟神宗日月之明，知公愈深"。苏轼之轻视赵济可见。[2]

1　《长编》，卷三百七十八，元祐元年五月戊寅条，页9183—9184。

2　《苏轼文集》，第二册，卷十八《碑·富郑公神道碑》，页535、537；第三册，卷三十八《制敕·赵济知解州制》，页1085；《赵济落直龙图阁管勾中岳庙制》，页1089。孔凡礼：《苏轼年谱》（北京：中华书局，1998年2月），中册，卷二十五，页711、738。考苏轼在元祐元年三月辛未（十四）任中书舍人，到同年九月丁卯（十二）升任翰林学士。他在这半年，撰写外制制词。又苏轼在所撰的富弼神道碑铭便提到当年赵济劾富弼的事。在苏轼眼中，赵济此举有迎合神宗及王安石之嫌，而他是后辈小臣，不应对元老重臣如富弼如此不敬。南宋人笔记称苏轼写富弼的神道碑铭，在元祐间负责修《神宗国史》的张耒（文潜）看了初稿，到论赵济之处，就说苏轼之文固然好，但认为加"一"字更佳。于是改成："及英宗、神宗之世，公老矣。功在史官，德在生民，北狄西戎，视公进退，以为中国轻重，'而一赵济敢摇之'。"赵济前的"一"字就是文字的关纽；不过，徐度的《却扫篇》则记，本来苏轼的初稿是而"一赵济能摇之"，张耒建议改"能"字为"敢"字。最后苏轼依其议改定。南宋士大夫议论赵济的，（转下页）

赵济长期负责联络青唐的蕃部，让他们联宋抗夏。他的去职，熙州就失去了一个青唐信赖的宋廷边臣，后来阿里骨改变联宋的策略，改投向西夏攻宋，宋廷轻率地罢去能吏赵济，是自食其果。事实上，元祐时期像刘挚、王岩叟这些不分是非曲直，只知排除异己的人，是祸国殃民而不自知的庸臣。

刘挚于是月壬午（廿六）对李宪仍穷追猛打，他闻知李宪请求在西京或郑州居住，就乘机上言说：

> 臣昨者弹劾宪及中正、用臣、得一等四人之罪，皆天下切齿
> 以为元恶大奸者。而陛下以天地为度，特宽两观之诛，止于夺其
> 一二官秩，付以优闲之职，公议郁郁，殊不厌服。臣愚诚不欲伤

（接上页）首先少不了理学家杨时（1053—1135）的弟子罗从彦（1072—1135）以及稍后的朱熹，罗从彦在其集中引述赵济劾富弼以大臣格新法的事，而朱熹谈及苏轼的富公碑时，就提及"可以字正富公碑中，赵济能摇之类"的话。另南宋初楼钥（1137—1213）谈到富弼的书帖时，也引用苏轼这一警句，说："公在当时犹山岳焉，一赵济敢摇之。"而南宋晚期诗人刘克庄（1187—1269）一首七律，即讽刺赵济说："斜飞庆历皇华远，捷出熙宁使指新。但记欧公更此职，不知赵济是何人（为常平劾富公者）。剡章遍及孤寒士，奋笔先诛聚敛臣。自叹暮年衰飒甚，美君老手独埋轮。"总之，苏轼此文有关赵济参富弼的事，一直颇受南宋人注意，而赵济就被视为投机小人。参见徐度（约1106—1186）（撰），朱凯、姜汉椿（整理）：《却扫编》，收入戴建国（主编）：《全宋笔记》，第三编第十册（郑州：大象出版社，2008年1月），卷下，页159；陈长方（?—1138后）（撰），许沛藻（整理）：《步里客谈》，收入戴建国（主编）：《全宋笔记》，第四编第四册（郑州：大象出版社，2008年9月），卷下，页12；楼钥：《攻媿集》，《丛书集成初编》本（北京：中华书局，1985年北京新一版），卷七十八《富郑公帖》，页1059。罗从彦：《豫章文集》，文渊阁《四库全书》本，卷七《集录·遵尧录六·富弼》，叶十九下。朱熹（1130—1200）（撰），郭齐、尹波（点校）：《朱熹集》（成都：四川教育出版社，1996年10月），第六册，卷六十四《书·答巩仲至丰》，页3346。刘克庄：《后村集》，文渊阁《四库全书》本，卷十三《送李漕用之二首》，叶十四上下。

陛下包含保全之恩，故未敢再三论列。然小人之情，窥测上指，见陛下至仁，曲为贷免，便以为已无大罪，因可以侥幸，故辄陈请。伏缘臣子之义，一被迁降，即当皇恐奔走上道，深自推省。岂得偃蹇不伏，自求私便？按宪之罪，在四人最为深重。今又敢慢弃君命，诈疾免行，公然骄欺，无复忌惮。中外愤嫉，益以不平。伏望圣断，暴宪之恶，别行窜放。所贵国法稍正，而陛下威令稍行，以戒欺君罔上之人。

刘挚意犹未尽，在奏章的贴黄又补充说：

> 臣奏谓宪等事状，比之甘承立，其罪尤重，而行遣不同，缘国法施于小官，而不行于权臣，是政令二三也，则何以服天下？今宪又敢偃蹇自便，慢陛下之命，伏乞照会比类承立事理施行。[1]

高太后其实明白李宪要求往西京或郑州居住，不过是应前诏所允许的来求请，根本不是什么大过恶，也非李宪故意欺诈朝廷。刘挚小题大做，无限上纲，欲加之罪，只反映他心胸狭窄，不识大体，只将心中厌恶内臣的情绪借题发挥。他说李宪在四人中罪恶最大，其实李宪反而是立功最大的人。高太后为此，并没有听信刘的话，再处分李宪。

1　《长编》，卷三百七十八，元祐元年五月壬午条，页9188—9189。《忠肃集》，附录一《刘挚奏议·劾李宪》，页512—513。

我们读到刘挚及王岩叟这些所谓元祐大臣的劾奏文字如此不堪，当能明白为何元祐以后党争激化。刘、王之辈当然是始作俑者。

除了罢免赵济外，宋廷也将李宪的大将李浩调离熙河，徙往鄜延路任马步军副都总管。宋廷再在刘挚上奏劾李宪的同日，应李浩的要求，再徙为河东路马步军副总管，因李浩请求避开鄜延帅赵卨。赵卨一向与李宪有隙，李浩是长期跟随李宪的心腹大将，宜李浩要求回避。[1]而大概在同一时间，宋廷又把李宪另一员大将康识调离熙河，命权发遣鄜州（今陕西延安市富县），当制的苏轼借王命，对康识和同时委权知泾州的张之谏，除称许："才力之选，卓然有闻。治办之效，见于已试。"但指出宋廷："虽招携来远，不求边功，尔当积谷训兵，常若寇至。"即要他们做好防御工作，不要生事。[2]

宋廷将赵济等人罢去，并没有考虑对青唐的影响。六月壬寅（十六）还下诏对阿里骨告诫一番，说他继位之初，"当推广恩信，惠养一方。今闻卿自管勾以来，颇峻刑杀，部族之众，谅不皇宁"，要他"以仁厚为先，无恃宠荣，务安种落，副朝廷所以封立之惠"。[3]丁未（廿一），宋廷又因鬼章之进奉使大首领李赊罗抹（?—1088后）等人求官职，而授他们本族副军主，岁支角茶十斤，大彩十匹，余并依元丰

1　《长编》，卷三百七十八，元祐元年五月壬午条，页9191。《宋史》，卷三百三十《李浩传》，页11079。按《宋史·李浩传》只简略地记李浩在哲宗即位后拜忠州防御使、捧日天武四厢都指挥使、马军都虞候，历鄜延、太原路副都总管，但未记他何时调离熙河。

2　《苏轼文集》，第三册，卷三十九《制敕·张之谏权知泾州康识权发遣鄜州》，页1120。他撰写张之谏及康识的制词当在三月中至九月初。参见孔凡礼：《苏轼年谱》，中册，卷二十五，页711、738。

3　《长编》，卷三百八十，元祐元年六月壬寅条，页9220—9221。

拓地降敌

七年例，又诏大首领已有军制职名的人转两资，小首领各转一资。[1] 这些蕃部贪得无厌，宋廷主政之人却不知驾驭他们既要恩威并济，也要靠熟知其情的人时加安抚，时加督责，像这样的浮言训斥只会产生反效果。

宋廷文臣于五寨一城的弃守争论，从六月开始，主张放弃的一派占了上风。司马光于六月壬寅（十六）因西夏遣使来贡，就上言以西夏既然请和，就不应"见小忘大，守近遗远，惜此不毛无用之地，结成覆军杀将之祸"。他更力请询问四朝元老，熟知敌情的文彦博的意见。文彦博本来与司马光意见一致，首相加上平章军国重事的分量，就"众不能夺"，高太后也不能不听。关于司马光主张对西夏退让求和的原因，据宋衍申的分析，首先，司马光认为他刚回朝，百事待举，反对势力仍大，而他觉得宋军这时并不具进攻西夏的条件，故想用"让外"的方法，腾出精力来"安内"。其次，宋氏认为司马光对西夏存有一种恐惧的心理，既因当年他追随庞籍（988—1063）通判麟州时，经历嘉祐二年（1057）五月窟（屈）野河之败，又看到数年前永乐城之惨败，于是司马光认为主战不如主和。最后，宋氏指出司马光对边防军事并不在行，他以为六处要塞只是荒漠之地，弃之不妨，留之反是负担，若留之令西夏不悦，会得不偿失。但司马光不了解，六处要塞一旦归于西夏，就成为西夏进攻宋朝的桥头堡，占有进一步威胁宋朝的有利地形。[2] 宋衍申的分析可取，司马光虽是一代大历史学家，但他对当下的

1　《长编》，卷三百八十，元祐元年六月丁未条，页9235。

2　《长编》，卷三百八十，元祐元年六月壬寅条，页9221—9222。宋衍申：《司马光传》（北京：北京出版社，1990年1月），第二章第五节《在庞籍的幕下》，页76—80；（转下页）

边情并未确切了解，而他信赖的文彦博对边事也不具备真知灼见。

熙河的蕃部仍不断来归顺，六月戊申（廿二），熙河兰会经略司上言，汪洛施族蕃部斯多格等，探报了西夏的信实，现携老少前来归顺，请与推恩。宋廷诏授斯多格副军主，鄂鄂尔都虞候。[1]此时宋廷若弃熙河兰州，就不知如何接纳这些对宋有利来归的蕃部。

然而朝中的言官并不这样想，就是素有名望的右司谏苏辙，在六月甲寅（廿八）的上奏，也倾向放弃兰州等地。他首先引述主张放弃和主张保留兰州等地的两方意见，按后者正代表李宪、熙河守臣及其支持者的意见：

> 先帝因夏国内乱，用兵攻讨，于熙河路增置兰州，于鄜延路增置安疆、米脂等五寨。议者讲求利害，久而不决。其一曰，兰州、五寨所在嶮远，馈运不便。若竭力固守，坐困中国，羌人得以养勇，窥伺间隙。要之久远不得不弃。危而后弃，不如方今无事，举而弃之，犹足以示国恩。其二曰，此地皆西边要害，朝廷用兵费财，仅而得之，聚兵积粟，为金汤之固。兰州下临黄河，当西戎咽喉之地，土多衍沃，略置堡障，可以招募弓箭手，为耕战之备。自开拓以来，平治径路，皆通行大兵，若举而弃之，熙河必有昼闭之警。所谓借寇兵，资盗粮，其势必为后患。

（接上页）第七章第二节《罢废熙丰变法（一）》，页320—322。

[1]　《长编》，卷三百八十，元祐元年六月戊申条，页9238。

　　　　　　　　　　　　　　　　　　　　拓地降敌

苏辙却认为既然西夏已遣使求和，请还旧地。若宋固守侵地，就会负不直之谤，敌人就有借口动武，而令关右之民再遭兵祸。他继而论说弃守兰州的幸与不幸，其立足点就是宋军无法固守，不能战胜西夏。在李宪等人眼中，苏辙这番言论，无疑是长他人志气，灭自己威风：

> 今夫固守兰州，增筑堡寨，招置土兵，方其未成，而西戎不顺，求助北敌，并出为患。屯戍日益，飞挽不继，敌兵乘胜，师丧国蹙，兰州不守，熙河危急，此守之不幸者也。割弃兰州，专守熙河，仓庾有素，兵马有备，戎人怀惠，不复作过，此弃之幸者也。……若夫固守兰州，增筑堡寨，招置大兵，且耕且战，西戎怀怨，未能忘争，时出掳掠，胜负相半，耕者不安，馈运难继，耗蠹中国，民不得休息，此守之幸者也。割弃兰州，专守熙河，西戎据兰州之坚城，道熙河之夷路，我师不利，复以秦凤为境，修筑废垒，复置烽堠，人力既劳，费亦不小，此弃之不幸者也。夫守之虽幸，然兵难一交，仇怨不解，屯兵馈粮，无有休日。熙河因此物价翔贵，见今守而不战，岁费已三百余万贯矣。战若不止，戍兵必倍，粮草衣食，随亦增广，民力不支，则土崩之祸或不可测也。弃之虽不幸，然所弃本界外无用之地，秦凤之间，兵民习熟，近而易守，转输所至，如枕席之上，比之熙兰，难易十倍，有守边之劳，而无腹心之患，与平日无异也。夫以守之幸，较弃之不幸，利害如此，而况守未必幸，而弃未必不幸乎？

苏辙说了一大番弃与守的幸与不幸后，就提出放弃兰州，然后"谨择名将，以守熙河，厚养属国，多置弓箭手，于熙兰往还要路为一大城，度可屯二三千人，以塞其入寇之道。于秦凤以来多置番伏之兵，以为熙河缓急救应之备"。苏辙又在奏章的贴黄中补说，有议者称若弃兰州，则熙河必不可守，熙河不守，则西蕃之马无由复至，而夏人必为蜀道之梗。他不同意此论，力斥这是劫持朝廷以守兰州之说，不是为国之谋。他又说闻知熙河属国，强族甚多，宋廷养之甚厚，必定不愿为西夏所有。若帅臣能以恩信结之，统之而戍兵，怙之以弓箭手，又于熙兰要路控以坚城，西夏未易窥伺，而不怕西蕃之马不到。对于台谏近日痛劾韩缜当年弃河东之地予辽，他辩说此与兰州之事不可同日而语。他最后重申兰州等处，本西夏旧地，得之有费无益。不过，苏辙这番妙论，研究元祐困局的张劲便毫不客气批评他"这番议论之愚蠢迂腐，令人看了大概都不免要打个寒战，抹一额汗"，说苏"居然自鸣得意地认为只要边境线退到秦凤一带就可以无患，真是痴人说梦。稍为有点正常逻辑的人，都知道要在条件许可的情况下，将战火尽量引到敌国境内，以减少己方损失"，张并讥讽苏"连侵略者惯于以战养战的常识都不懂，就在朝廷上夸夸其谈，元祐旧党的政治才识可见一斑，其施政之荒谬就不难想见了"。[1]

---

1 《长编》，卷三百八十一，元祐元年六月甲申条，页9278—9283。《栾城集》，中册，卷三十九《右司谏论时事十五首·论兰州等地状·六月二十八日》，页857—862。张劲：《从更化到绍述——宋哲宗朝的时代与政治》，页381—383。张劲指出："秦凤是宋朝腹地，一直是中原王朝的固有领土，转输物资当然是比熙兰容易得多，但战火一旦烧到这里，这里的土地、物资和人口到底还能不能由宋朝有效控制就要打个问号了，而战争将要造成的破坏之严重，更非熙兰可比。"张劲也批评苏辙为了"自我（转下页）

拓地降敌

文彦博在同月又上奏言兰州事，然正如曾瑞龙所说，这位年逾八旬的老臣，所据以论奏的资料大部分过时，还不如苏辙至少把弃与守的不同意见说出来。他居然说："今所得堡塞并兰会，并荒徼沙漠之地，本无城邑人烟，惟是朝廷创筑城堡，屯兵戍守，岁费百万以上，困竭中国生民膏血，以奉无用之地，但恐不能支久，即须自弃。如向时啰兀城之比。"他又胡说兰州本属董毡，夏人得之已三十八年，董原本不借其地，夏人亦不曾筑堡塞戍守，只有小小颓废池堑，如中国荒僻村落，而宋廷不知它不过是中国小小郡县，徒烦兵守而所费不菲。他又说不知会州在何处，又信口雌黄地说当年李宪因怯懦，不曾领兵赴灵州，只领兵马过兰州废垒下，于是欺罔张大，说收复兰会，以图苟免他不至灵州之罪。他又批评熙河兰州可以屯田之论。又恃老卖老，说近年以来，为新进书生，不晓蕃情边事兵政者，误朝廷多矣。其实他才是不晓蕃情的老顽固。总之，他力主放弃兰州。[1]

在朝中像文彦博这样昧于边情却不肯下问的人不少，惟有担任边臣的人才知个中艰难。接替赵济任措置熙河兰会路经制财用的陕西转运判官孙路，在七月辛酉（初六）即上言报告兰州的情况，他说兰州、定西城一带新开土地，除已招置弓箭手外，有旷土万余顷，未曾修筑堡障，而有敌马抄掠之虞。他请自兰州东关堡东修葺质孤、胜如护

（接上页）标榜，拒绝将其力主的西北弃地与神宗熙宁年间的河东弃地相提并论"，他指出"元祐旧党要将数十万军民长期浴血奋战得来的以一批坚固城堡为核心的大片西北战略要地，拱手割让给长期处于交战状态的西夏，还大言不惭地说不能与河东划界相提并论，只能让人再一次替他们汗颜了"。

1　《长编》，卷三百八十一，元祐元年六月甲申条，页9283—9284。《文彦博集校注》，下册，卷二十六《奏议·论西边事·元祐元年六月》，页743—746。

耕两堡,并于禹藏六族中森摩干滩内、定西城东、玉楼山各筑堡护耕,令差役人共与本地的弓箭手相兼守御。这些情况都不是文彦博之流所能了解的。宋廷即诏熙河帅刘舜卿相度,如应修筑,即渐次兴修。[1]

苏辙在壬戌(初七)再上一奏,重申前议,认为应趁西夏遣使请和,将兰州等地归还,以安边息民。他说夏使已到,但执政大臣于弃守之论仍未决定,故再上奏论之。这次他又附和文彦博的说法,说当日取兰州及五寨地,都非神宗本意,又说神宗始议取灵武,是李宪畏懦不敢前去,于是以兵取兰州。又说兰州及五寨,取之则非神宗本意,弃之则出神宗遗意。他还批评议者不深究本末,妄立坚守之议,以避弃地之名,不度民力,不为国计,其意只是为私己自便。[2]

右司谏王岩叟也上奏主张弃兰州,他的论据仍然是守兰会将坐敝中国,又说自开边之初,其费用不可以数言,罢兵之后,岁费仍不减数百万,认为不应以中原生灵膏血涂穷荒不毛之地。御史中丞刘挚也不甘后人,上书力主放弃兰州等地;不过,他的理据并无新意,仍是老生常谈。[3]

同知枢密院事范纯仁终于表态,他在七月癸亥(初八),提出上中下三策以应西夏求地之请。上策是以所得西夏土地,交换陷蕃人口,如此可罢兵息民。中策是留下兰州和定西城,以二地原是西蕃故地,后来才属西夏。虽然西夏坚意欲取回,但宋廷亦有留下之名。宋廷可

1　《长编》,卷三百八十二,元祐元年七月辛酉条,页9302。
2　《长编》,卷三百八十一,元祐元年七月壬戌条,页9304—9305。《栾城集》,中册,卷三十九《右司谏论时事十五首·再论兰州等地状·七月七日》,页862—864。
3　《长编》,卷三百八十二,元祐元年七月壬戌条,页9306—9309。

以慢慢委边帅与夏人婉顺商量，虽然未即可罢兵，但夏人应该难以猖獗。至于下策，是留下塞门、吴堡及义合三寨，只放弃远处难守的二三城寨，但范氏觉得此策并不可取。他表示与安焘都主张中策。至于安焘的主张要比苏辙等明智，他表示羌情无厌，当要使他们知宋廷放过他们而罢兵，而不应让他们知道宋廷厌兵。他对主弃地的人说，自灵武以东，都是宋朝故地，神宗兴师问罪而复之，何能说窃人之财而不还？安焘主张只还四寨。[1]

与范纯仁关系亲密，一直代他撰写奏表的的毕仲游，曾撰写《熙河兰会议》一文，反对弃熙河，他说这与汉元帝（前74—前33）弃朱崖，汉光武帝（前5—57）弃西域，本朝弃灵武有三不同，他计算得失利害，仍主张不弃熙河：

> 今日弃熙河兰会，则与未得不同。彻旧障而为新障，弃之则新障已没，而旧障未完，一不同也。伐其山林，平其道路，弃之则无险阻，而敌人将牧马于阶城之境外，二不同也。立城郭，置仓廪，实以谷粟钱币而弃之，则瘠中国而肥寇仇，三不同也。然此犹小小者矣。盖熙河兰会，虽羁属夏人，犹非夏人之所有，故尚足以分中国之寇。今举熙河兰会而弃之，则将为夏人之所有，是以中国之力而为西夏驱除，此大不同者也。而不弃之，则岁运府库之财，以填黄河之碛，又非中国长久安宁之策。……今熙河

1　《长编》，卷三百八十二，元祐元年七月癸亥条，页9310—9313。《皇宋十朝纲要校正》，卷十二《哲宗》，页339—340。

兰会制之于未取之前，则固无事。今已取之而复弃之，弃之之利如彼，其害如此。守之之利如此，其害如彼。则殆非遥度之所能尽，必有驰至河陇图上方略者然后可决。[1]

以范纯仁与毕仲游相知之深，范对熙河弃守的看法，很有可能受毕的影响。

次相吕公著最后一锤定音，认为先朝所取的地方，皆属中国旧境，而兰州乃西蕃地，并非属于夏人，而今哲宗继位，守先帝境土，岂可轻易予人，况夏人无厌，与之适足以启其侵侮之心，且中国严加守备，西

1　毕仲游字公叔，郑州管城人，出身名门，曾祖父毕士安（938—1005）是真宗朝名相，他与兄毕仲衍在熙宁三年同科登第，历任县令。他曾随高遵裕西征，并运粮有功。元祐初年召试学士院，为苏轼擢第一名，加集贤校理，任开封府推官，后出任河东路提刑，到八年六月加职方员外郎。他文集中除了为范纯仁的家人所写的书启、墓志或诗文外，直接写给范纯仁或代范写的有数十篇，如卷三的三十一篇表，全是为范纯仁代作，另卷六《通慧禅院移经藏记》，也是代范写的，而卷八也收有他一封上范纯仁的书信，而卷九又收有代范纯仁贺李肃之（1006—1089）、苏轼等人的书启十五通以及状两篇，又卷十收有他给范的书信十七封，又卷十七收有他祭范纯仁的文两篇，以及代范撰写的祭文三篇，卷十八与十九收有他写给范纯仁的挽诗及代范写的挽诗共十首，可见他与范的深厚亲密关系。《宋史》称他早受知于司马光及吕公著，而范纯仁尤知之，惜范当国时他居母丧而未及用。他这篇议论，撰于何年何月不详。笔者认为当是在元祐初年他任职集贤校理开封府推官时。参见毕仲游：《西台集》，《前言》，页1—2，卷三《表》，页28—44；卷五《议·熙河兰会议》，页65—66；卷六《记·代范忠宣撰通慧禅院移经藏记》，页82—83；卷八，《书·上范尧夫龙图书》，页109—111；卷九《启·十五篇，状两篇》，页135—141、148—149；卷十《尺牍·上范尧夫相公》，页168—173；卷十七《祭范忠宣公文、又祭范忠宣公大葬文》《代范忠宣祭伯庸文、代范忠宣祭提刑张师民文、代范忠宣祭蔡浚明文》，页277—278、282—284；卷十八《五言古诗·从范龙图月下泛舟》，页287；卷十九《五言律诗·挽范丞相忠宣公六首、代范忠宣挽中散某公三首》，页317—318、321。《宋史》，卷二百八十一《毕士安传附毕仲游传》，页9523—9526。《长编》，卷四百八十四，元祐八年六月甲子条，页11514。

夏也不足为患。最后二府定议，只归还四寨而保留兰州。[1]

七月乙丑（初十），夏主秉常卒，由其子乾顺（1083—1139，1086—1139在位）嗣位。宋夏归地交涉之争稍得缓和。值得一提的是，旧党言官这时对于应否归还城寨予西夏却是意见分歧，是月甲戌（十九），右司谏苏辙上言仍主张弃地，但有分痛劾李宪的殿中侍御史林旦却引韩琦的先例，认为："积年经营之功，因其一请而与之，似亦太率易也。"他又说："第恐边臣姑息苟安，趣了目前之患，幸无近忧，不恤后患，又疏远之人，妄意朝廷都弛边备，遂以必弃为说。此言先入，上误圣听，反使西戎得计，边民失所，可不虑耶？况守之以困敌，与之以资敌，一损一益，利害明甚，此诚不可以不察也。"宋廷中反对弃地之论稍占上风。[2]

需要一提的是，自宋廷罢熙河兰会路经制财用司后，就按刘昌祚的原议，由孙路以陕西转运判官措置熙河兰会路经制财用司的名义兼管其职。另外，据《曲洧旧闻》所载，在是年七月，大半年前被委相度措置熙河兰会路经制财用司事的穆衍，向宋廷覆奏，他所取到元丰八年最近年份五州军实费，计三百六十八万三千四百余贯，他称现时随

1　《长编》，卷三百八十二，元祐元年七月癸亥条，页9312—9313。

2　《长编》，卷三百八十二，元祐元年七月乙丑条，页9316；甲戌条，页9318—9320。《宋会要辑稿》，第十六册，《方域十九·给赐四寨》，页9656。《宋史》，卷十七《哲宗纪一》，页322—323。据《宋会要辑稿》所记，绍圣元年（1094）九月甲子（廿六），知苏州吴居厚（1039—1114）上言，元祐初年西夏再入贡时，臣僚上章请弃神宗所建城寨，中外不一。只有本州（苏州）前殿中侍御史林旦上疏，极言城寨之不可弃者凡十事，惟当时朝廷恶其异论，遂罢他御史，他现已物故，请官其一子。吴居厚所言林旦上言，当指此事。

事相度加以裁减，共约一百八十九万七千多贯。孙路接任后，就要按宋廷节约的政策来处理赵济留下的大量工作。据苏辙在八月丁亥（初二）奏劾多名不称职监司的人中，其中被点名的就有"孙路奴事李宪，贪冒无耻"。孙路曾通判兰州，是李宪的僚属。他只是服膺长官的正确决定，骂他奴事李宪，可能只是苏辙的偏见。他任职熙河，实很用心办事。他在七月丁丑（廿二）报告宋廷，熙河路五州军谷价甚贵，以军兴之后，旧田或废，新田未辟，地产全少。他请惩治客商邀求厚利及银、绢、盐钞、公据，以省经费。宋廷从之。壬午（廿七），他又上奏叫苦，说本路五州军皆在极边，难于和籴，常苦客旅邀价。他请诏茶场司，不得于并边州军博籴斛斗，另茶场司应供应熙河路钱九十万贯，听于本路五州支拨。宋廷也从其议。[1]

言官王岩叟生性好斗，自许疾恶如仇，似乎每隔一段日子，就要找一些人来奏劾一番。八月丁酉（十二），他又找上了被责降的内臣宋用臣，捡拾他的罪过，照例劾他"操持利柄，侵夺民财，欺罔朝廷，冒辱恩赏，求之近世，少见其比"，然后提出他与几个心腹，包括木工出身而累官至西京左藏库副使杨琰等数人，朋比敛财，要求将他治罪。[2]

同月己亥（十四），苏辙也不让王岩叟专美，上奏严劾李宪与王中正，他说近日李宪以宣州观察使提举明道宫，王中正以嘉州团练使提举太极观，实在便宜了他们。他说二人贪黩骄横，败军失律，罪恶山

1　《长编》，卷三百八十三，元祐元年七月丁丑条，页9325。壬午条，页9340；卷三百八十四，元祐元年九月丁亥条，页9354。《栾城集》，中册，卷三十九《右司谏论时事十五首·论差除监司不当状·八月二日》，页872—873。朱弁《曲洧旧闻》，卷六，页54。
2　《长编》，卷三百八十五，元祐元年八月丁酉条，页9377—9379。

拓地降敌

积，虽死有余责。以圣恩宽贷，都置之于善地，而说二人首乱国宪，假以使命。他请追还旧恩，以存旧典，而使有罪之人知有惩戒。[1]这次李宪无端给苏辙痛劾一番，其实他并没做错什么事，只是文臣对他们的憎恶，有机会就借题发挥。李宪当权时大概确是恃宠骄横，但他有否贪黩就没确实罪证。他可从来没有败军。说他罪恶山积，死有余责，就说得过了头。苏辙似乎没有乃兄的厚道，而有失公道。

旧党的领袖司马光在九月丙辰（初一）病逝，自高太后以下无不伤悼。丁卯（十二），宋廷擢升了一批旧党的少壮分子，苏轼自中书舍人为翰林学士，其弟苏辙为起居郎，而王岩叟就擢为侍御史。王升官后，就更可顺理成章弹劾他不喜的人。值得一提的是，王岩叟与他的长官御史中丞刘挚以及其他言官，在九月辛未（十六）及壬申（十七），却为了打倒中书侍郎张璪，就指刚拜中书舍人的林希交结张璪，而张为了交结林希弟、殿中侍御史林旦，就推荐林希妻弟陆长愈馆职。王、刘等不顾林旦是他们同路人，就危言林希兄弟交结张璪，结为一党，于朝廷不利。高太后听了他们的话，就罢林希中书舍人职，将他出知苏州。林旦一再劾奏李宪以下的新党臣僚，他却给刘、王两个上司出卖。他在十月丙戌（初二）便被出为淮南路转运副使，要到一年半后才得以还朝，而有分劾其兄的监察御史孙升（？—1099）就代为殿中侍御史。[2]

1　《长编》，卷三百八十五，元祐元年八月己亥条，页9382。《栾城集》，中册，卷四十《右司谏论时事十七首·言责降官不当带观察团练状·十四日》，页886—887。

2　《长编》，卷三百八十七，元祐元年九月丙辰条，页9415—9417；丙寅至丁卯条，页9422—9426；辛未条，页9427—9428；卷三百八十八，元祐元年九月壬申至癸酉条，页9431—9436；卷三百八十九，元祐元年十月丙戌条，页9449；卷四百十二，元祐三年六月丁酉条，页10021；卷五百四，元符元年十一月乙巳朔条，页11997。考林旦到（转下页）

九月己卯（廿四），孙路再奏上修筑兰州西关堡（在州城东西一条线上的西二十里，即西固城，今甘肃兰州市西固区）的利害。宋廷诏熙河经略安抚使刘舜卿研度其措置是否合宜，并令他具其图上奏。[1]自赵济罢去，幸而孙路继任，李宪辛苦经营的熙河尚可维持。不过，宋廷却将赵济另外两员得力的助手胡宗哲及张太宁调走，胡宗哲徙知遂州（今四川遂宁市），张太宁徙知汉州（今四川德阳市广汉市）。二人的制文均由刚任权中书舍人的苏辙撰写，苏辙是客气，一方面称许胡宗哲是家世公卿（按指他是前枢密使胡宿族子），习于吏事，而张太宁是苏轼的同乡蜀人，生于蜀汉知其风俗，就只含蓄说遂州和汉州都是名郡，皆是东西蜀的重地，他们"苟能平心正身，首治县事，以宽民力，则太守之职举矣"。至于李宪另一僚属马申，据《宋故职方员外郎任府君妻仁寿县君马氏墓志铭》所载，他在元祐五年（1090）十月十八日为马氏题墓盖时，任知临江军事。他可能也在元祐初年调离西北。[2]

　　十月乙酉（初一），熙河路奏上三省，请于本路五州军每年岁支官

（接上页）元祐三年六月丁酉（廿二），才得以回朝，自朝请郎迁右司郎中，后知苏州。据《宋史》所记，他后迁秘书少监、太仆卿，终河东转运使。大概卒于绍圣元年前，惟其具体年月不详。又他死后，曾布在元符元年十一月对哲宗议事，因反对彰信节度推官方天若出任秘书省正字，就引述林豫的话说，说闽中有二凶人，一在馆阁，乃是林旦，另一就是方天若，得中高科。林希依附曾布，但曾布对他已死之弟，却在哲宗前不留情地斥为福建两大凶人。

1　《长编》，卷三百八十八，元祐元年九月己卯条，页9440。
2　《栾城集》，中册，卷二十七《西掖告词六十一首·胡宗哲遂州张太宁汉州》，页573。孔凡礼：《苏辙年谱》（北京：学苑出版社，2001年6月），页340—341。钱长卿：《宋故职方员外郎任府君妻仁寿县君马氏墓志铭》，收入李伟国编《中华石刻数据库》（2016—2018）。按苏辙在是年九月丁卯（十二）拜起居郎、权中书舍人，后真除舍人。苏辙撰写这篇制词当在真除之后。

钱二千五百缗来建水陆道场，追荐汉蕃阵亡将兵。三省上奏，熙河每州僧道不及三十，请予以裁减。宋廷诏岁支五百缗办道场。朝中无人，熙河就得不到以前的优待。值得一提的是，神宗宠信的内臣自李宪四人相继被贬后，高太后则擢用她亲信的内臣。翌日（丙戌，初二），高太后以服侍她近二十年而累有勤绩的内侍押班梁惟简现转出外任，就特加他遥领刺史，但马上招致升任权中书舍人苏辙的反对，以梁惟简旬月之间三度超擢，现时再领刺史，实在过分。苏辙不肯撰写制文，而执政韩维又当面奏论，高太后拗不过，只好收回成命。[1]苏辙等显然怕高太后又像神宗一样宠信内臣。

被视为熙丰旧臣的同知枢密院事安焘在十月壬辰（初八），继中书侍郎张璪于是月戊子（初四）罢知郑州后，自请罢枢补外郡，他是执政中坚决反对弃地的，他也知朝中言官对他充满敌意，故自请罢枢。但高太后不许。御史中丞刘挚上言，假惺惺地说安焘与李清臣皆常才，当蔡确、章惇与张璪朋奸结党害政时，安、李二人身为丞辅却无所救正，以顺随人，以保禄位，诚非大臣之节；不过比起蔡确等，其罪有别，故一直没有劾去二人。刘说并不认为二人宜在庙堂，不过借二人在位，以全国家大体，以成就太后不忘旧臣之意，以解天下之疑。右司谏王觌也附和刘之意见，认为可留下安、李二人，以他们无害于政。旧党言官把安焘及李清臣几乎评得一文不值，却同意宋廷在丙申（十二）复用已致仕多时而行动不便、当年反对用兵西北的宿将左屯卫大将军

1　《长编》，卷三百八十九，元祐元年十月丙戌条，页9449—9452。《栾城集》，中册，卷四十一《中书舍人论时事三首·论梁惟简除遥郡刺史不当状》，页896—897。

郭逵知潞州。[1]总之,宋廷的言官对于用人,只看政见是否相同。

十月壬寅(十八),熙河经略司请将新收复呕累川一带土地,依旧令定西城招置弓箭手耕种,宋廷从之。是时熙河帅臣刘舜卿仍准备固守兰州。癸丑(廿九),宋廷诏西夏,宣告在元丰四年用兵所得的城寨,除原属中国及青唐旧地外,等到西夏送回陷没的汉人后,就委边臣勘会归还。[2]

十一月戊午(初四),刘舜卿上奏,以熙河路冗员稍多,他请相度后减省关堡官员数目。宋廷自然乐闻裁员的建议。刘再奏阿里骨为进奉所得回赐物色减少,请依旧例。但枢密院认为所赐已比元丰四年以前的旧例多,又以早已在进奉物估价外添二分支赐,并无裁减给阿里骨的赏赐。宋廷于是命刘舜卿将此委曲详细晓谕阿里骨。宋廷却不知阿里骨早存异心,宋廷不能满足他的请求,他就另有打算。同日,宋廷擢升一直严劾李宪的御史中丞刘挚为尚书右丞,而晋尚书左丞吕大防为中书侍郎,吏部侍郎兼侍读的傅尧俞(1024—1091)则继任御史中丞。这番高层人事任命,除了吕大防的晋升外,刘、傅的晋升,都对李宪不利。[3]

早在十月庚子(十六)获委为祭奠吊慰夏国使的穆衍,在十一月戊寅(廿四)上奏询问祭奠的安排礼仪。就在同日,另一名李宪的僚

1　《长编》,卷三百八十九,元祐元年十月戊子条,页9454—9455;壬辰至丙申条,页9464—9467;卷四百一,元祐二年五月戊辰条,页9766。考郭逵到元祐二年五月戊辰(十七)以左屯卫大将军、知潞州迁庆州观察使,改知河中府。

2　《长编》,卷三百九十,元祐元年十月壬寅条,页9486;癸丑条,页9496。

3　《长编》,卷三百九十,元祐元年十一月戊午条,页9506。

属，曾被李宪救过一命的权陕西转运副使、朝奉大夫叶康直加直龙图阁职，调知秦州，出任秦凤路的帅臣。但权中书舍人曾肇反对这一任命，痛陈叶康直"不闻有可用之材，就令小有材能，不过便佞捷给，欺诞傅会，至于应变将略，必非所长。平居应接，犹恐失其机会，一旦缓急，岂免败事"？曾肇把叶评得一无是处后，又翻他的旧账，说："闻昨日兵兴，康直为转运使，调发刍粮，一路骚然，至今疮痍未复，则康直之材略可见矣。先帝以其措置无状，又随军入界，失亡为多，尝命械系，意欲诛之，而康直谄事李宪，卒赖以免，则其人又可知矣。"[1]总之，凡是跟随过李宪的文臣，言官都以他们必定奴事、谄媚李宪，而痛加抨击。

因曾肇不肯为叶康直草制，宋廷便诏另一中书舍人苏辙草制。苏辙同样缴还词头，坚决不肯写。苏在十二月庚寅（初六）上言，一方面说他不认识叶康直，亦不知其人贤愚；另一方面却引述曾肇及左谏议大夫鲜于侁（1018—1087）所劾叶之罪过为言。其中鲜于侁提到叶与李宪的关系，称："先帝以其处置乖方，欲深置于法，康直素奴事李宪，宪密加营救，遂得无事。"苏辙以明知曾肇及鲜于侁曾上言指叶的罪恶，

---

1 曾肇：《曲阜集》，文渊阁《四库全书》本，卷四《附录·行状》，叶五下至六上。杨时（撰），林海权（校理）：《杨时集》（北京：中华书局，2018年2月），第二册，卷二十九《曾文昭公行述》，页753；《长编》，卷三百四十六，元丰七年六月丁丑条，页8309；卷三百六十，元丰八年十月己卯条，页8609；卷三百九十二，元祐元年十一月戊寅条，页9532—9533；卷四百二十九，元祐四年六月乙卯条，页10373；卷四百三十三，元祐四年九月乙亥条，页10441。考叶康直在元丰七年六月时仍以陕西转运副使担任永兴军路管勾保马事务，后来在元丰八年十月己卯（十八）获迁一官再任。另穆衍在元祐四年六月乙卯（十六）任户部郎中，其上司权户部侍郎范育后来出任熙河帅。九月乙亥（初八），他获得旧党的御史中丞傅尧俞及侍御史朱光庭推荐为台察官。他似乎未被视为新党。

他就无由草制，除非二人所言不实。考叶康直被《宋史》列入《循吏传》，若他真的像苏辙说得那样坏，那《宋史》或《宋国史》的编者就一定瞎了眼。[1]苏辙当然相信叶素来巴结李宪，而的确是李曾救过叶一命。不过苏辙对于李宪的部属的态度有时又有区别，当出身公卿世家的胡宗哲在是年底调知宿州时，当制的苏辙就称道："以尔宗哲，临事必办，才力有余，往因其民，以立新政，使富而不溢，贫而不怨，以称朕意。"[2]

当宋廷已决定保留兰州时，侍御史王岩叟仍喋喋不休，继续反对。他在十二月庚子（十六）再请放弃葭芦、吴堡等寨，云："自开熙河兰会，于国家有何所益？惟见耗竭生灵，供馈不已。从来已费用者千百万，今更不可言，悔已无及。"[3]幸而熙河的守臣没有受这些不思进取的书生影响，继续做好守御兰州的工作。丙午（廿二），熙河帅刘舜卿因九月己卯（廿四）的诏令，做了研究后覆奏，称兰州的西关堡合行修筑。宋廷从之，并令驻守的禁军于防托人兵内轮番和雇，等候于翌年二月底兴修，仍然专委原议人陕西转运判官孙路提举是

---

1 《长编》，卷三百九十三，元祐元年十二月庚寅条，页9553—9554。《栾城集》，中册，卷四十一《中书舍人论时事三首·不撰叶康直知秦州告状》，页898。《宋史》，卷四百二十六《循吏传·叶康直》，页12707。

2 《栾城集》，中册，卷二十八《西掖告词六十一首·刘淑苏州胡宗哲宿州》，页590。《苏辙年谱》，页348—350。考苏辙此制在其集中排在《曾肇中书舍人制》之后，在《曹诵遂团知保州制》前，按前者撰于十一月戊寅（廿四），后者撰于十二月庚子（十六）。而他缴还叶康直词头在十二月庚寅（初六），则此制当在十二月初六至十二月十六日前撰写。

3 《长编》，卷三百九十三，元祐元年十二月庚子条，页9561。

　　　　　　　　　　　　　　　　　　　　　　　　　　　拓地降敌

项工作。[1]

被廷臣斥为熙丰内臣四凶之一的内臣石得一，在十二月戊申（廿四）以左藏库使管勾崇福宫上卒。他早死也就逃过了文臣对他进一步清算。[2]

元祐二年（1087）正月乙丑（十二），西夏以秉常的遗物遣使进贡，宋廷即诏授其子乾顺为夏国主，遣使臣册封并赐器币。西夏暂时息兵。惟宋廷之旧党内部这时又起纷争，从辛酉（初八）至辛未（十八），御史中丞傅尧俞、侍御史王岩叟及左司谏朱光庭（？—1091后）攻击深受高太后器重的翰林学士苏轼，指责他所拟的试题涉嫌议论祖宗，还批评首相吕公著包庇苏轼。苏轼与其支持者王觌不甘示弱，加以反击。高太后认为不应小题大做，既让宰执召三人谕旨，又召他们入对，傅、王、朱三人却公然顶撞高太后，并以辞职来抗议。甲戌（廿一），殿中侍御史孙升上言请留三人。乙亥（廿二），高太后在三省进呈傅、王论苏轼札子时一度不满，要将苏、傅四人并逐，执政力争不可。翌日（丙子，廿三），高太后从吕公著之议，令四人均复职。同知枢密院事范纯仁一言道出言官因小事而交相攻讦，流弊渐大，不是朝廷置谏官之意。可惜他的好意并不为自以为是的言官接受，孙升继续攻击苏轼，而以傅、王为是。[3]

不知是否要找人出气，刚跌了一跤的王岩叟在二月乙未（十二）又

1　《长编》，卷三百九十三，元祐元年十二月丙午条，页9574。

2　《长编》，卷三百九十三，元祐元年十二月戊申条，页9579。

3　《长编》，卷三百九十四，元祐二年正月辛酉至辛未条，页9588—9601；甲戌至丙子条，页9606—9609。

严劾早已罢知州而任管勾中岳庙祠职的赵济，罪名仍是赵知熙州日，与僚属博戏，今次再加他受钱一宗罪名。赵济朝中没有人为他说话，就自奉议郎再被降为通直郎、监唐州酒税务。王岩叟的《朝论》记他在二年四月己亥（十八），对延和殿，弹劾赵"济险薄佞邪，卑污贪猥，为帅守无仪法，将佐僚吏皆苦其蒲博之戏，不称陛下分阃之宠。谄事李宪，宪为帅府日，宪之床箦溷厕皆亲阅视，不可不罢黜"。王说来说去，赵的罪名只是与僚属博戏，要把赵济打倒的真正理由，是赵谄事他讨厌的李宪，而且一直推行新政。当制的刘攽在制词中把赵济说得一无是处，说他"因缘材选，得任边寄，力不能强毅威敌，廉不能清白率下。而耽恣博戏，牵强僚佐，自处必胜，众莫敢校责其偿，进过于夺取，无耻至此辱己，甚宜贬秩之罚，以肃慢官之咎，酒榷市征之繁足以效力，克己悔过，尚能自返"。可惜赵济这一个良吏，却被心胸狭窄而无识之辈害得大志不酬。赵济以后的事迹待考，他大概在绍圣以前已卒。[1]

　　二月戊戌（十五），宋廷的言官又将打击的矛头指向已罢相知陈州的蔡确。右谏议大夫梁焘（1034—1097）、右司谏王觌及御史中丞

---

[1]　《长编》，卷三百九十五，元祐二年二月乙未条，页9632；卷三百九十八，元祐二年四月己酉条，页9718。刘攽：《彭城集》，卷二十二《制诰·赵济可降一官差唐州酒税制》，页619。按李焘认为王岩叟《朝论》所记奏劾赵济的月日有误，不应是四月己亥（十八）。因赵济于二月乙未（十二）已被责监唐州酒税制。考赵济《宋史》无传，他在元祐二年的事迹不详。考在元祐元年至四年任中书舍人的刘攽曾写过一篇赠赵济祖父赵贺赠司徒的制文，以赵济叔父朝散大夫致仕赵宗诲之恩而授。赵济族人的事迹在元祐以后待考。参见刘攽：《彭城集》，卷二十二《制诰·朝散大夫致仕赵宗诲故父任给事中赠司空贺可赠司徒制》，页624—625。

傅尧俞，以蔡确弟军器少监蔡硕（？—1120）盗用官钱，而牵连蔡确，劾他"位居宰相，窃弄威福，放纵其弟，养成奸赃"。己亥（十六），蔡硕被除名，韶州（今广东韶关市）编管，而蔡确也落观文殿大学士职，守本官，知亳州。辛亥（廿八），给事中顾临（1028—1099）、梁焘及王觌意犹未尽，再加严劾。高太后讨厌蔡确，就借言官的手，再将蔡确移知安州（今湖北孝感市安陆市）。相较之下，李宪的属下叶康直的遭遇就微不足道了，宋廷在同日，收回叶除直龙图阁、知秦州的任命，改由知瀛州（今河北沧州市河间市）、龙图阁直学士吕公孺徙知秦州。但言官对他的能力颇有微言，吕很快便去职。[1]

三月戊辰（十六），西夏进奉使祝能野乌裕实克等入见于延和殿，并进马及骆驼二百七十头匹，称谢宋廷之册封及赏赐。是月宥州牒送还陷蕃汉民三百十八人。宋廷依照协议，诏陷蕃汉民回到宋境后，就归还葭芦、米脂、浮图、安疆等四城寨。其余不属可归还的城寨地，就各委官员画定界线，开立壕堑。在归还四寨之事上，左司谏王岩叟最热心，屡次上奏主张尽快施行，以撤回驻军，节省边用。[2]宋廷又在三月底，将之前调往鄜州的熙河老将康识真除其任，这间接地表示不会

---

1 《长编》，卷三百九十五，元祐二年二月戊戌至己亥条，页9636—9637；辛亥条，页9642—9643；卷四百，元祐二年五月癸丑条，页9742。吕公孺在秦州才三个月，就以病请辞。五月癸丑（初二）他罢为秘书监，知秦州一职改由知永兴军曾孝宽代之。宋廷不肯用叶康直知秦州，所用的吕公孺却被殿中侍御史孙升评得一无是处。不过，宋人对吕公孺的整体评价都很正面，孙升的看法有偏见之嫌。参见199页注1。据宋人笔记所载，顾临字子敦，为人伟仪干而好谈兵，刘郇视之为"顾将军"，而又好以反语呼之为"顿之姑"，他也是那种刚猛好强的人。参见魏泰：《东轩笔录》，卷十一，页125。
2 《长编》，卷三百九十六，元祐二年三月戊辰条，页9653；卷三百九十七，元祐二年三月辛巳条，页9671—9674。

将康调回熙河。当制的苏辙解释这次决定，是"朝廷急于用人，故士有以资未应格进摄事者。尔以才智足用，擢守郿畤，岁月既久，治办有闻，俾正阙官，益思所报"。[1]

旧党朝臣大概认为不需要再在熙河投放兵财，故不需将熙河作为国防前线。不过，他们对敌人退让妥协的政策，以致轻易弃地的主张，对于康识这些以鲜血千辛万苦夺取四寨的将士来说就不是滋味。

宋廷弃地消极的边防政策，在四月马上发生恶果。是月丙戌（初五），洮东沿边安抚司即上报，一向对宋廷恭顺的青唐大酋鬼章派其子结瓦龊（？—1099）率兵入寇。宋廷即诏熙河兰会路经略使刘舜卿相度此事，查究这次鬼章所派的兵马次第，若只是在边境屯泊，未深入为寇，就速用蕃字书差人送与鬼章，委曲开谕安抚，并据理索回掳去的人口和孳畜，务求他退兵。若鬼章已深入宋境，料难和解，就速选派将领统制近便蕃汉精兵，并谕赵醇忠、包诚、包顺等得力蕃官，依向来之制驱策之，于青唐兵马来路近便处屯泊，以张大声势，坚壁清野以待。若在外有需保护的蕃部帐族，则随事应敌，不得失却机会。宋廷指示刘舜卿，务在持重，不可先举，亦不得轻易追逐，致落入奸计。宋廷又称，根据探到情报，称一旦鬼章在南边侵犯，邈川青唐与西夏就相应来援入侵。为此，现正修筑的兰州西关堡及定西城一带，尤其要设防备，不可只注意洮州而不虑东北方的敌兵行动。宋廷嘱刘舜卿每

1　《栾城集》，中册，卷二十九《西掖告词六十一首·康识权发遣郿州今落权发遣》，页611。《苏辙年谱》，页357、360。按此制文在《黄好谦知濮州制》之后，在《李清臣资政殿学士知河阳制》前，前者撰于三月戊寅（廿六），后者撰于四月戊申（廿七），疑康识此制撰于四月中。

　　　　　　　　　　　　　　　　　　　　拓地降敌

事要深究利害，不要误国生事。于包诚等得力蕃官，就预先告谕，若能勠力捍贼，使无侵掠，或自立其功，就优与推恩。宋廷对此一边警，实在措手不及，没有想到宋廷愿与夏谈和而不惜弃边防要地时，青唐鬼章却联夏犯边。这时首相吕公著又屡表求罢，并实时归私第。高太后多方挽留，吕才肯暂时留任。[1]

当旧党主政者一厢情愿以为与西夏议和，归还土地就可息兵，又以为只要向阿里骨晓谕一番，就可令鬼章退兵，却情报不灵兼严重失实，不知夏人暗中聚兵天都山。而阿里骨自立后，见宋廷对他轻慢，疑心宋廷对他不利，就暗中与西夏国相梁乙逋（？—1094）通款，约以熙、河、岷三州归青唐，兰州、定西城归西夏，而鬼章又暗中以印信文字结纳汉界属户为内应。宋廷收到洮东经略司奏报的翌日（丁亥，初六），鬼章已奉阿里骨之命攻占洮州，掳蕃官赵醇忠，杀属户大首领经斡穆等数千人，驻兵常家山，分筑洮州为两城以居。北城周四里，楼橹十七，南城周七百步，楼橹七，跨越洮州为飞桥；并命其子结瓦龊入寇洮东。[2]

刘舜卿却不知洮州已失守和赵醇忠被掳之事。他大概在四月辛卯（初十）前后向宋廷报告军情，宋廷要到在是月癸卯（廿二）才收到他的奏报。刘的报告还只说鬼章领人马于洮州生熟户杂居地以东一带，

1 《长编》，卷三百九十八，元祐二年四月乙酉条，页9699—9700。《宋会要辑稿》，第十六册，《蕃夷六·吐蕃》，页9919。

2 《皇宋十朝纲要校正》，卷十二《哲宗》，页342。《宋史》，卷十七《哲宗纪一》，页324；卷三百四十九《刘舜卿传》，页11063。《长编》，卷四百，元祐二年五月癸丑条，页9743。

打掳顺汉人户和牲畜。刘说这亦是羌人常事，并说已令遵博斯吉赟蕃字书谕阿里骨，要他约束鬼章放散人马，归还掳劫人户和孳畜。阿里骨如肯听从，边事便会止息。刘舜卿如此轻描淡写地奏报边情，宋廷就只诏要他小心审度鬼章情势，如鬼章敢深入，就令刘舜卿伺机而行，不要令敌势猖獗。[1]刘舜卿于熙河人地生疏，又没有做好情报工作，他麾下也没有得力的助手，故并不清楚青唐蕃部的情势。不幸的是，宋廷却据他的奏报而对青唐及西夏的入寇掉以轻心。

刘对敌情估计不足，幸而熙河老将、知兰州兼管勾兰会路沿边安抚司公事王文郁未有轻慢，他在四月丁未（廿六）上言，以刘舜卿以牒催促，令他赴兰州西关堡催促未了工役，他已部领将兵前去修筑。宋廷怕兰州有失，于是诏刘舜卿别选择将官往西关修筑，替代王文郁回守兰州，并令于禁军六千人内只留下二千人服役，另别募一千五百人代替，其余四千人就遣归兰州。若西夏侵犯兰州，等敌军逼近城下，就急报总领官孙路结成阵队，往西南依险避敌，或由小路退往河州，或往熙州权驻泊，不得东迎敌锋，落入敌人奸计。[2]宋廷此番布置，给人被动与只做消极防御的印象。与李宪当年采主动渡河出击，实有很大的差别。真有将军一去，大树飘零之感。宋廷把李宪在熙河得力的部属赵济、李浩及康识等罢去，现时就遇上刘舜卿不知敌情之危机。幸而刘也算颇有勇智，后来还能挽回危局。

宋廷言官从御史中丞傅尧俞、侍御史王岩叟、监察御史上官均

1　《长编》，卷三百九十九，元祐二年四月癸卯条，页9721。

2　《长编》，卷三百九十九，元祐二年四月丁未条，页9731。

（？—1101后）到右谏议大夫梁焘并不知西北局势大变，在四月乙巳（廿二）开始，他们还不断上奏，痛劾其视为依附新党的尚书左丞李清臣，说他尸位素餐，无所建明，请高太后将李罢免。其实李清臣并非毫无识见，他在西北事务有所建言，他与安焘见解相近，反对轻率弃地。李最后受不了言官的压力，于四月戊申（廿七）自请补外，宋廷就授他资政殿大学士，出知河阳。[1]数天后（五月癸丑，初二），鬼章引步骑七万人围河州南川寨（今甘肃临夏回族自治州临夏县新集镇），焚庐舍二万五千区，发窖粟三万斛，胁从杓、羊家二族六千口，并引导西夏军数万人攻定西城，败宋军，杀定西城监押吴猛而去。[2]

　　宋廷仍未收到鬼章围攻河州南川寨及夏军攻定西城的战报，五月乙卯（初四），枢密院上言，按照四月丁未（廿六）的诏旨，本来怕西夏大军进逼兰州，负责修城的宋军须要往西回避。现时既然探报必无大兵深入，那就等有敌马渐逼役所，以及在众寡不敌的情况下，宋军才可退往要地，据险御敌，并宜入侧近堡寨并力守御，而不退返熙州和河州，免得被敌军追袭。至于在役所和雇的禁军一千五百人，亦需要桩留甲仗器械，准备迎战。宋廷从之，诏刘舜卿依此及原降的诏旨施

1　《长编》，卷三百九十九，元祐二年四月乙巳条，页9727—9729；戊申条，页9734。考李清臣曾为李宪大将苗授撰写步军都虞候制，又为苗授母宋氏撰写墓志铭，他与时任步帅在京统率禁军的苗授的交往待考。

2　《长编》，卷四百，元祐二年五月癸丑条，页9743—9744。《皇宋十朝纲要校正》，卷十二《哲宗》，页342。《宋史》，卷十七《哲宗纪一》，页324。考李焘对于鬼章掳赵醇忠及杀经幹穆的月日并未确定，他以刘舜卿在四月癸卯（廿二）上奏宋廷，仍未提到此事，而疑此事当在四月末。

行。[1]宋廷料想不到，情势的恶化，已超乎诏旨所说的那样。

五月戊辰（十七），枢密院终于收到熙河兰会路经略司的奏报，晓得青唐与西夏联结，并犯定西城，杀监押吴猛，以及犯泾原路蔺家堡，及于汉界掳掠人畜、焚毁屋舍的事。但枢密院仍以西夏去年乞和，颇见恭顺，恐怕是边臣生事所致，枢密院请令鄜延帅赵卨广募向来信实的人，厚予金帛，令深入西夏，直至兴州、灵州，密访西夏侵犯之由，审实急奏以闻。高太后从之。宋廷所委的赵卨对熙河的防务却不热心，赵于是日上言，说兰州西关城，请宋夏画界后才进筑。枢密院即澄清熙河兰会路新复的城寨，并不属于归还的城寨，现时要修的西关只是修葺旧堡，并非新建。日前西夏移文，只争议朱梁川曾有开耕土地，而不及西关。而且刘舜卿奏西关已毕工，并诫约诸路，务令静守。宋廷即将枢密院之言抄予赵卨，并重申旧令，以诸路闻知熙河及泾原曾有夏军出没，实为邀功请赏的人乘势张皇，造作边事。令帅臣常应切实弹压持重，不要轻动，滋长边患，若敢有违，虽有立功，不但不赏，还会量罪降黜。[2]

宋廷中枢及赵卨对青唐西夏联手入寇一事的态度，不是认识错误，就是漠不关心，真让人啼笑皆非。就在翌日（己巳，十八），刘舜卿奏上一通教人丧气的报告，他劾兰州蕃兵将韩绪不审察虚实，误报提举修西关堡孙路等停止修筑，请将他贬降，并委皇城使、鄜延路第九将郝贵代其职。宋廷从之。同日，宋廷才收到洮西缘边安抚司报告，

1　《长编》，卷四百，元祐二年五月乙卯条，页9745。
2　《长编》，卷四百一，元祐二年五月戊辰条，页9766—9767。

拓地降敌

说青唐兵围南川寨已八日。宋廷诏刘舜卿多设方略救援，所有供应河州屯聚并经略司各次派去的军马合用粮草，就令本路漕臣孙路就近供应。为了应付夏军进攻泾原，宋廷诏以鄜延路钤辖兼第一将吕真权发遣泾原路副总管。[1]

枢密院在同月乙亥（廿四）奏上青唐兵马围攻河州南川寨的战况，说熙河每州军现屯的汉蕃兵马当暑暴露，请行体恤，并请下诏刘舜卿需躬问士卒劳苦以及粮食多寡，仍依旧例从宜抚恤，随时资助，使士卒无愁苦而乐于赴敌，以符朝廷抚士之意。枢密院又请质问熙河帅司，为何南川寨自初二被围，日夕望救，王光祖、王瞻、姚兕、种谊（？—1096后）诸将各统领所部军马前去会合牵制，至今多日，为何未奏解围情况？宋廷令刘舜卿严谕权泾原钤辖王光祖等，体认南川寨人力粮储有限，现时已围闭多日，势孤力弱，务要尽速应援，不得以伺机为由，任敌攻陷，玩寇损威，误国大事，以致师老粮匮，坐取困乏；并请厚给金帛，招募死士，许以重赏，取闲道去南川寨投下文字予守军，使知救兵已到，安心守御。等到敌军退却，其守城及出战的人等自当优赏。高太后对枢密院所请均准奏施行。[2]

今次青唐联合西夏入寇的事，宋廷前松后紧，当收到南川寨被围的消息，宋廷中枢就像热锅中的蚂蚁，不知如何应变。宋廷所以进退失据，其实就像神宗长期面对的死结：因无法收到确切和及时的战报，故不能对和战攻守作出准确的判断。神宗后期委李宪以军政大

1　《长编》，卷四百一，元祐二年五月己巳条，页9768—9769。

2　《长编》，卷四百一，元祐二年五月乙亥条，页9771。

权，许他便宜行事，正是补救信息不通的致命伤。李宪被罢后，陕西诸路各自为政，帅臣对他路的防务基本上漠不关心，若帅臣对本路情况了解不深，就易出乱子。熙河新帅刘舜卿虽非庸才，但他显然对本路的情况及下属的能力认识不深，于是问题丛生。李焘对鬼章如此猖獗，有很好的分析，他认为元祐初年，朝臣专务安静，罢李宪的制置府，减熙河戍卒，削去冗官，原来李宪麾下的握兵将官相继以罪罢去，于是鬼章有窥觎故土之心，与西夏暗中联结，约分其地，并自领兵攻南川寨，城洮州，使其子结瓦龊往宗哥城请阿里骨增兵来援。而阿里骨以鞍马报聘甚厚，派人卖马汉界，结属羌为内应，凡受邀约的以垩本族蕃塔为验，结果自熙河五郡，以至秦、渭、文、龙、阶、成等州，及镇戎军、德顺军两军，垩蕃塔而应的人十已七八，而宋人不知。当时只有种谔幼弟、知岷州种谊刺得其情，以为不除鬼章，边患不能息，于是暴其奸状，并条具攻取鬼章的好处，申报经略司凡十余状，但刘舜卿却不予理会。因为刘疏于职守，才发生青唐与西夏联合入寇的事。[1]

据《长编》的记载，种谊见刘舜卿不理他的建议，于是直接报告宋廷，宋廷下其议于经略司，但刘依旧辄加沮抑。宋廷开始生疑，择可使者与刘商议。执政推荐军器监丞游师雄（1037—1097），宋廷即命

1　《长编》，卷四百二，元祐二年六月甲申条，页9777—9778。种谊字寿翁，是种谔的幼弟，初举进士，后因种古的入对而得补三班奉职，继而在高遵裕的部下，参预取洮、岷州的行动，后来转投李宪的麾下，任左军副将，参与兰州渡河的作战。他以战功累迁西京左藏库副使、熙河路第七副将。他在元丰五年出使青唐，并认识鬼章，识破他的诡计。他后来担任熙河路都监。他的生平事迹及其一战成名的元祐二年八月洮州之战始末，可参阅曾瑞龙：《北宋种氏将门之形成》（香港：中华书局，2010年5月），附录四，《种谊洮州之战始末》，页172—181。

拓地降敌

他为熙河兰会路勾当公事，游以军情紧急，不能等候朝廷中复，请求给他专决之权。宋廷从之。他的勾当公事身份，有一点像当年李宪所带的勾当公事的权力。[1]

青唐的兵马攻围南川寨多日不克，终于解围而去。宋廷收到报告后，于五月己卯（廿八），令所有应援的汉蕃军，由刘舜卿以劳逸轻重等第给赏。南川寨的守城汉蕃军兵及妇女，如昼夜捍御有劳效的，亦依则例轻重支给赏赐，其立战功及守捍有劳与受伤的人，皆以等第保明以闻。[2]

游师雄在五月底或六月初奉命前往熙河，六月甲申（初四），鄜延帅赵卨上言，说闻得兰州进筑西关城，又闻说欲增展康古寨，他认为此两处都是西夏必争之地，请宋廷降约束诸路各守旧疆，不宜再有侵占。在边臣中，赵卨是力主弃地一派，他对兰州的防守并不关心。宋廷收到其奏后，作出回应，命曾两度任他机宜文字的新任熙河兰会勾当公事的游师雄，会同刘舜卿研究应否修筑二城，并该如何措置而不生

1　《长编》，卷三百七十八，元祐元年五月戊辰条，页9173；卷四百二，元祐二年六月甲申条，页9778。游师雄字景叔，京兆人。他先后任赵卨和范纯仁的机宜文字，深受二人的赏识。他反对放弃四寨，因进《分疆语录》二卷，但主政大臣不听，卒弃四寨。早在元祐元年五月戊辰（十二），当他为宣德郎时，获已升任同知枢密院事的范纯仁举荐，宋廷令中书省记其姓名。大概是范纯仁之荐，以他熟知西事，故命他为熙河兰会勾当公事。他的生平可参见张舜民（?—1101后）：《画墁集·附补遗》，《丛书集成初编》本（北京：中华书局，1985年新一版），补遗《墓志·游公墓志铭》，页73—80；另载曾枣庄、刘琳（编）：《全宋文》（上海：上海辞书出版社，2006年8月），第八十三册，卷一八二〇《张舜民八·游公墓志铭》，页361—368。
2　《长编》，卷四百一，元祐二年五月己卯条，页9773。

事。[1]幸而宋廷找对了负责熙河事务的人，而李宪的部将种谊等又十分得力。

六月戊子（初八），刘舜卿上奏宋廷，称缘边安抚司状报，访查得蕃部温溪心并兀征齐延等以次首领部落，都有投诚之意，请派人侦伺敌情，庶缓急之间，不失机会。宋廷即诏刘详加审察此事，若他们果真归顺，就应加赐官职请受。他们若要整部来归，就未可轻许，只防有诈。同日，游师雄上奏，请在他往熙州时赐一向效力的蕃部首领包顺、赵醇忠和李奇尔华等。宋廷准奏，令他宣示朝廷存抚之意，并令刘舜卿审度合赐的礼物等第，于随军库索取，由刘以经略使名义谕旨给赐。壬辰（十二），刘舜卿上奏宋廷，请抚恤在定西城战死的权监押守将吴猛。宋廷诏吴猛及死事兵校等推恩加赐，其轻重受伤人，令经略司依条格施行。就在同一天，刑部上奏，分属责降人的李宪，以延福宫使、宣州观察使、提举明道宫的身份，现到了检举牵叙的时候。宋廷却诏再等一期才取旨决定李宪可否牵复旧官。[2]

宋廷到了闻鼙鼓思良将的时候，仍不肯放下对李宪的成见。看到刘舜卿的进退无方，边帅如赵卨自扫门前雪，宋廷应至少找人问一下李宪的意见。有谁比李宪更清楚熙河的事？李宪遗憾的是，当年神宗要他购鬼章之首，他无法达成，如今眼看鬼章成为宋廷的大患，他却无计可施。

宋廷复用的老将郭逵在是月甲午（十四）以言语謇缓，步履艰难，

1　《长编》，卷四百二，元祐二年六月甲申条，页9777。

2　《长编》，卷四百二，元祐二年六月戊子条，页9781—9782。

终被罢为左武卫上将军、提举崇福宫。他早在知潞州时已被河东转运使论其不能任事。郭逵原来的河中府遗缺，在元祐二年六月戊申（廿八），就由叶康直以权陕西转运副使、朝奉大夫加直龙图阁替补。中书舍人刘攽撰写制书，称许叶康直"尔将漕陕服，历年于兹。金谷之用无乏，羌戎之警鲜上。结课之最，朕用嘉之。惟蒲中之要藩，居三河之胜地。择守之慎，得人攸艰，付虎符之优寄，增龙马之峻秩，宠勤休逸，并以赉汝。勉服休命，益图来效"。承认叶康直是称职的边臣。[1]宋廷旧党主政者不用李宪，而用郭逵，纯以喜恶用人。

六月辛丑（廿一），不为言官所喜的同知枢密院事安焘终擢为知枢密院事。安焘处事审慎，他怕鬼章不久再大举，在甲辰（廿四）便上言，对熙河路裁军之安排作出修订，他以本来熙河路戍兵较多，原议年满二千余人就节次抽减归营，而现时本路所管戍兵比原额还多一千三百人。现在朝旨令熙河兰会路都总管司，遇本路缓急缺人，就许于秦凤路勾抽一将应付。但本路在是月发生事故后，怕向秋缺人防守，就请熙河路都总管司遇到本路缓急缺人，就全抽调秦凤路九将应付差使，并从京师差步军五指挥往永兴军、商州（今陕西商洛市商州区）、虢州（今河南三门峡市灵宝市）等地权驻扎，以备秦凤路勾抽。宋廷从之。[2]

1　《长编》，卷四百二，元祐二年六月甲午条，页9784；戊申条，页9791；卷四百十八，元祐三年十二日丙戌条，页10137。刘攽：《彭城集》，卷二十三《制诰·陕西转运副使叶康直可直龙图阁知河中府制》，页672—673。按郭逵于元祐三年十二月丙戌（十四）卒。
2　《长编》，卷四百二，元祐二年六月辛丑条，页9785；甲辰至丙午条，页9789—9790。

同月丙午（廿六），孙路奏上宋廷，为时三月的修筑兰州西关堡的工程完成，请嘉奖负责是项工作的知兰州、客省使、荣州团练使王文郁。宋廷诏孙路及王文郁各支银绢一百两匹，降敕书奖谕。走马承受以下，各以等第减年磨勘，而敢勇壕寨均各赐银绢有差。当制的苏轼在两天后（廿八），分别为孙路和王文郁撰写两道制文以表扬之。另在同日，宋廷以邈川首领结药为三班奉职，结药在青唐位次于温溪心，拥众五千。他曾派人往汉界密报鬼章筑城洮州事，但其密使为阿里骨所获，他怕谋泄漏，就领妻子归宋，故宋廷授他此职。[1]

西夏为配合鬼章，于七月辛亥（初二）入寇镇戎军诸堡。[2]戊辰（十九），因边防吃紧，宋廷诏李宪麾下勇将、熙河兰会路钤辖苗履从速起程赴本任。而李宪另一旧僚叶康直也在翌日（辛未，二十），因边帅难求，宋廷终于委他自河中府徙知秦州。这次又是刘攽当制，承认叶康直"以某前奉使，指临安陕，服智之所及，事乃无旷。至其摄莅汉阳，颇历时序，士服熟其训练，民便安其简便，审羌虏之情伪，解山川之要害，因而任之，成效宜速。俾以蒲中之寄，以究陇上之治"。[3]

1　《长编》，卷四百二，元祐二年六月丙午条，页9789—9790。《宋会要辑稿》，第十六册，《蕃夷六·吐蕃》，页9919。《苏轼文集》，第三册，卷四十一《内制敕书·赐权陕府西路转运判官孙路银绢奖谕敕书·元祐二年六月二十八，为筑兰州西荆堡成，下同》《赐知兰州王文郁银绢奖谕敕书·元祐二年六月二十八日》，页1180—1181。苏轼在制词中称许孙路"宣力计台，悉心边政。相视袥要，缮完保郭。讫用有成，不怒于素。使虏无可乘之便，民有足恃之安。乃眷忠勤，不忘嘉叹"。苏对王文郁的制词则云："汝以御侮之才，当专城之寄。百堵皆作，三月而成。非威服民夷，身先士卒，则安能一时之役，成无穷之利。达于朕听，良用嘉叹。"
2　《长编》，卷四百三，元祐二年七月辛亥条，页9800。
3　《长编》，卷四百三，元祐二年七月戊辰至辛未条，页9820。刘攽：（转下页）

知岷州种谊在八月戊戌（十九），以奇袭的方式收复洮州，并擒获李宪多年不能擒到的青唐大酋鬼章。这一场漂亮的胜仗，既为种谊本人及种家将，也为熙河将士挣了很大的面子。种谊首先以金帛收买了鬼章的部下卦斯敦什宁，使他伺探鬼章的动静。卦斯敦什宁果然使人密报种谊，鬼章正驻洮州，而其部巴罗桑、阿克衮等军马已放返本族，鬼章身旁只剩下密叠、强扬等数族军马万人。种谊马上禀告于七月壬子（初三）赶到熙河的游师雄和主帅刘舜卿，请以熙河蕃汉军及通远军蕃兵五将合岷州兵马，直趋洮州。游师雄同意他的方案，但刘舜卿犹存观望，不愿出兵，仍以坚壁清野之计待之。游师雄多方劝谕，又请立赵醇忠代替阿里骨，刘仍不从。未几夏主乾顺尽召十二监军兵，屯于会州天都山西南，由夏国母梁氏及其相梁乙逋统之，营于兰州及通远军外，打算与鬼章合谋入寇。这边阿里骨发河北兵十万，由讲珠（朱）城桥渡河，进围河州，又发廓州兵五万余人，与夏军会于熙州城东的王家平。游师雄谍知此事，就迫刘舜卿当机立断，说事已危急，不能再待奏禀朝廷才行动，应由种谊出兵，急装轻赍，向洮州而进。刘仍以敌众我寡为辞，不肯出兵。游认为成功在谋不在众，此机若失就后悔莫及，他许诺若不成功，他愿授首。经游三夕不停劝说，刘才不得已从之。

刘舜卿会合诸将，命熙河总管姚兕部洮西，领武胜正兵合河州熟户，攻讲珠城，胁取伦布宗部族，并派人走闲道焚河桥，以绝西夏之援。种谊部洮东，以岷州蕃将包顺为先锋，由格隆谷会通远寨蕃兵，

（接上页）《彭城集》，卷二十一《制诰·新知河中府叶康直可知秦州制》，页564。

夜渡巴凌川。两军在八月甲午（十五）出师。姚咒部在乙未（十六）破伦布宗城，百里内焚荡无孑遗，斩首千余级，丙申（十七）攻讲珠城，杀伤相当。早上勇将赵隆率众先至，毁其飞桥，以绝其援。不久，羌兵十万赶至，但不得渡而溃。丁酉（十八）夕，种谊军至洮州，壁于青藏峡，会夜间大雨。及旦，重雾晦冥，种谊乘机围城，宋军部署刚毕，雾忽然散。羌兵以为宋军从天而降，马上登城拒守，宋兵四面攻之。羌兵城守未备，遇上宋兵士气高昂，皆奋勇鏖斗，呼声震天而一鼓破洮州城，擒获鬼章及其大首领九人，斩首一千七百级，获牛羊、器甲、刍粮数万。城中守军万余人遁入洮水而溺死者半。游师雄以槛车将鬼章送京师。宋军大获全胜，此战是李宪在六逋宗之役大破青唐冷鸡朴后，另一场意义重大的大捷。[1]

宋廷首先奖赏不从鬼章犯边及密报军情的西蕃首领、伊州刺史心牟钦毡和礼宾副使温溪心。庚子（廿一），前者加银州团练使，后者迁瓜州团练使，并各增茶彩及赐银绢有差。翌日（辛丑，廿二），泾原路报夏军寇三川诸寨，但很快又退去，大概知道鬼章兵败之事。[2]

1　张舜民：《游公墓志铭》，页363—364。《东都事略》，卷六十一《种世衡传附种谊传》，叶六下至七上。《长编》卷四百二，元祐二年六月甲申条，页9778—9779；卷四百四，元祐二年八月戊戌条，页9840—9843；卷四百九十九，绍圣四年七月丁巳条，页11610。《皇宋十朝纲要校正》，卷十二《哲宗》，页343。《宋史》卷十七《哲宗纪一》，页325；卷三百三十二《游师雄传》，页10688—10689；卷三百三十五《种世衡传附种谊传》，页10748—10749；卷三百四十九《刘舜卿传》，页11063；卷三百五十《赵隆传》，页11090。曾瑞龙：《北宋种氏将门之形成》附录四，《种谊洮州之战始末》，页172—175。按游师雄在绍圣四年七月丁巳（初六），以朝奉郎直龙图阁卒于陕州任上。
2　《长编》，卷四百四，元祐二年八月庚子至辛丑条，页9843—9844；（转下页）

拓地降敌

宋廷在是月丁未（廿八）收到刘舜卿的捷报，早一天，翰林学士苏轼上言，称他已知擒获鬼章，说以偏师独克敌，固亦可喜，然闻说宰相想第二天便要朝贺，实在太快，因必续有奏报。他认为："若捷奏朝至，举朝夕贺，则边臣闻之，自谓不世之奇功，或恩遇太过，则将骄卒惰，后无以使。"然而宰臣已等不及，于翌日（庚申，廿九）便以复洮州俘获鬼章，率百官表贺于延和殿。宋廷太需要一场像样的胜利，以扫去弃地而未能获得和平的耻辱。宋廷诏令刘舜卿告谕羌人免罪，愿率众归汉的收纳。又谕鬼章子结瓦龊限五日内同首领入汉地，则其父可免死，而也会给他官禄，其余各赐银绢有差。[1]

苏辙与其兄一样，并不为洮州之胜利而雀跃，他还上书论鬼章入寇的原因，其中仍称宋廷忽命熙河点集人马，大城西关，并声称来年当筑宄谷，是引起敌人不安而致入寇的原因。他又批评宋廷近日添兵屯将，增广边储，议绝和市，使熙河使臣招徕阿里骨、鬼章、温溪心等的方法不妥。他更认为册封阿里骨是致寇的原因。[2]像苏辙这些朝臣，他们对御边的想法与边臣常常南辕北辙，谁也说服不了谁。他们对李

（接上页）卷四百二十一，元祐四年正月戊戌条，页10196。《宋会要辑稿》，第十六册，《蕃夷六·吐蕃》，页9919。周密：《云烟过眼录》，卷上，页30。据周密所记，温溪心在元祐三年闰十二月辛酉（十九）进名马照夜白，宋廷嘉他恭顺，亦为进一步笼络他，在元祐四年正月戊戌（廿七），接受熙河帅刘舜卿的建议，诏封温溪心妻辖索诺木布摩县君，月给茶绢有差。

1　《长编》，卷四百四，元祐二年八月丙午至戊申条，页9850—9853。《宋会要辑稿》，第十六册，《蕃夷六·吐蕃》，页9920。《苏轼文集》，第二册，卷二十八《奏议·论擒获鬼章称贺太速札子》，页797。

2　《长编》，卷四百四，元祐二年八月戊申条，页9852—9858。《栾城集》，中册，卷四十一《户部侍郎论事八首·论西事状》，页904—909。

宪等之恨恶，很大程度是不同意其进取的主张。

九月辛亥（初二），宋廷赐熙河兰会路种谊以下将兵银合、茶药有差，以赏他们讨荡西蕃犯塞部族，焚夺河桥得胜回塞。有趣的是，宋廷却命反对厚赏的苏轼撰写口宣。苏轼只好简要地写："有敕。汝等受成元帅，问罪种羌，既俘凶渠，备见忠力。各加犒赐，用示眷怀。"高太后又特遣中使赐宰臣及执政酒果，并黄金三百两，犀带两条，并谕旨他们不得辞免。吕公著等与苏轼兄弟一样，怕这场胜利会让西边将帅未来贪功生事。吕公著只是以小牍将他的想法告诉文彦博，苏轼却是在丁巳（初八）正式上书大谈他对擒获鬼章后，宋廷对西夏与青唐应采的政策。他所论的似乎比乃弟高明和合理一点，他说"朝廷之间，似欲以畏事为无事者，臣窃以为过矣。夫为国不可以生事，亦不可以畏事，畏事之弊，与生事均"。不无讽刺的是，苏轼在三日前（初五），还得奉旨撰写《生擒西蕃鬼章奏告永裕陵祝文》，他记述："自嘉祐末，兀征扰边，至熙宁中，董毡方命。于赫圣考，恭行天诛。"他特别强调神宗"非贪尺寸之疆，盖为民除蟊蟊。遂建长久之策，不以贼遗子孙"。在祝文的结尾，还特别说："谨当推本圣心，益修戎略。务在服近而来远，期于偃革以息民。"苏轼尚在侃侃而谈如何与西夏息兵时，泾原路又在两天后奏夏人犯镇戎军。[1]

1　《长编》，卷四百五，元祐二年九月辛亥至己未条，页9861—9866。《苏轼文集》，第二册，卷二十八《奏议·因擒鬼章论西羌夏人事宜札子》，页798—800；第三册，卷四十一《内制口宣·熙河兰会路赐种谊已下银合茶药及抚问犒设汉蕃将校以下口宣·元祐二年九月二日》，页1199；卷四十四《内制祝文·生擒西蕃鬼章奏告永裕陵祝文·元祐二年九月五日》，页1291。

拓地降敌

靠部下奋战而得胜的刘舜卿在九月辛酉（十二）上言，请削夺阿里骨官爵，令归顺多年的木征弟巴毡角遥领青唐。宋廷这次处置审慎，诏刘先抚纳河南生羌，若讲珠城未能下，就先以祸福晓谕阿里骨，其属朗格占（毡）仍许以诸司使，令诱致磋藏、丹贝、叶公诸族，其首领即可次第补授一官。若朗格占能招抚鬼章旧部族地土，即视鬼章官禄推赏。另外，宋廷在两天后（癸亥，十四）也赐刘之部将、熙河路副总管姚兕等银合、茶药。这回撰写口宣的又是苏轼，纵使他不同意宋廷命将出兵，但职责所在，也得称许姚"武略过人，忠义思报。焚荡虏境，宣明国威。特示宠颁，以观来效"。[1]

因环庆路经略使范纯粹指挥得当，入侵泾原的西夏军在两天后（乙丑，十六）被环庆路副总管曲珍率军出境三百里，在横山之曲六律掌挫败。而知兰州王文郁也遣兵掩击于西关堡及讲珠城的夏军，斩获千级。夏军两路受挫，就解泾原之围而去。宋廷赏功，曲珍在是月丙寅（十七）加果州团练使。[2]因宋军奋战，这一场由青唐联合西夏的寇边危机得以化解。

当边庭的将士正因连番得胜而雄心勃勃时，朝中的文臣却持反调。苏轼在九月丙子（廿七）再上言，他说神宗当年西北用兵，本在吊伐，他指责"贪功生事之臣，惟务杀人争地，得尺寸之土，不问利害，先筑城堡，置州县，使敌人憎畏中国，以谓朝廷专欲得地，非尽灭我族

1　《长编》，卷四百五，元祐二年九月辛酉条，页9868。《宋会要辑稿》，第十六册，《蕃夷六·吐蕃》，页9920。《苏轼文集》，第三册，卷四十一《内制口宣·赐熙河路副总管姚兕等银合茶药口宣·元祐二年九月十四日》，页1202。

2　《长编》，卷四百五，元祐二年九月乙丑至丙寅条，页9869—9871。

类不止，是以并力致死，莫有服者"。他虽没有点李宪的名字，而所指责的却都是神宗命李宪等做的事。他又忧虑"今日新获鬼章，威震戎狄，边臣贾勇，今欲立功，以为河南之地指顾可得，正使得之，不免筑城堡，屯兵置吏，积粟而守之，则中国何时息肩乎"？他批评当年王韶取熙河，若他有远虑，只诛其叛者，而易以忠顺之豪酋，现时就不会有事。他认为现时兵连祸结，罢敝中国者，是以其地置郡县所致。他反对边臣取讲珠城之议，又主张释放鬼章，诏边臣与他相约，若能使其部族讨阿里骨而纳赵醇忠，就给他生路，避免其子与阿里骨联合报复，甚至联结西夏。[1]

　　十月乙酉（初六），苏轼再申前议，主张以蛮攻蛮之计，利用鬼章与温溪心及心牟钦毡等对付阿里骨。他既反对刘舜卿削夺阿里骨官爵之议，也反对接纳阿里骨输诚之请。[2]东坡之论是否书生之见，见仁见智，但他所论只怕不为边臣所认同，尤其是被投闲置散的李宪及其熙河僚属。

　　宋廷在是月便由中书舍人刘攽撰写褒奖种谊等制书，称美众将功劳：

　　　　敕具官某等：羌虏桀黠，犬羊相聚，倍负恩义，恣肆蜂虿。

　　　　尔等董帅精锐，齐一心虑，内则参预谋画，外则奋励筋力，或保

1　《长编》，卷四百五，元祐二年九月丙子条，页9872—9875。《苏轼文集》，第二册，卷二十八《奏议·乞诏边吏无进取及论鬼章事宜札子》，页800—802。
2　《长编》，卷四百六，元祐二年十月乙酉条，页9881—9882。《苏轼文集》，第二册，卷二十八《奏议·乞约鬼章讨阿里骨札子》，页803—804。

护辎重，坚固根本。以是生致酋首，荡平区落，执讯效级，仍为战多。盖赏不逾月，所以示劝，进爵增秩，国有常典。各膺殊渥，益图来效。可。

同月庚子（廿二），宋廷便厚赏收复洮州一役有功将校：功劳最高的种谊自庄宅使超擢横班的西上阁门使，并领康州刺史；供备库副使傅遵道为西京左藏库副使；宫苑使彭保为皇城使，领茂州刺史；宫苑使韦万为左藏库使；内臣皇城使、阶州防御使、带御器械、权本路钤辖李祥擢宣政使，落带御器械而除正钤辖；左藏库副使马用诚超授为左藏库使；蕃官包顺自西上阁门使、阶州防御使为四方馆使；另一蕃官包诚自皇城使、登州防御使擢为横班的东上阁门使。各赐银绢各五百。蕃官赵醇忠自皇城使、通州防御使也擢为横班的西上阁门使。自种谊至赵醇忠，都以收复洮州及俘获鬼章而赏功。另果州防御使姚兕擢四方馆使，皇城使王光祖领威州刺史，供备库副使杨和减磨勘一年，宫苑使王文振领嘉州刺史，皇城使、开州团练使王赡转一资，皇城使秦贵领昌州刺史，皇城使杨进领忠州刺史，蕃官西上阁门使、雄州防御使李忠杰为东上阁门使，余赏赐有差。自姚兕至李忠杰，以讨羌人有功受赏。丙午（廿八），游师雄自宣德郎擢奉议郎，充陕西转运判官并赐绯章服，主帅刘舜卿也自龙神卫四厢都指挥使超授马军都虞候，遥领的高州刺史也迁团练使，表扬二人议边事之劳。[1]这一份长长的赏格，

---

1 按刘攽还撰有表扬蕃官赵醇忠等及勇将秦贵等之制文。参见刘攽：《彭城集》，《补编》《制语·种谊等制》，页1039；《蕃官赵醇忠等制》《秦贵等制》，页1040；《长编》，卷四百六，元祐二年十月庚子条，页9886；丙午条，页9890。（转下页）

除了刘、游二人外, 受赏的蕃汉将校, 包括内臣李祥, 泰半是李宪当年的熙河旧部, 他们得胜而受厚赏, 自然大受鼓舞。据《陇右金石录》所载的《平洮州诗碑》, 不少陕西边臣, 包括秦凤路提点刑狱、朝散郎喻陟, 新差权通判岷州、承议郎王纯臣, 监岷州铸钱、监孟州泛水县主簿刘禹卿, 以及游师雄本人, 均纷纷撰诗歌颂祝贺特别是立下奇功的种谊。[1]至于朝中那些从未任官边地的言官高论与妙论, 大概只成为自刘舜卿以下的熙河将校僚属的笑柄。

苏轼主张释放鬼章的妙论, 幸而同知枢密院事范纯仁和首相吕公著均不认同, 范纯仁上言列举众多理由反对, 特别指出若将战士几经辛苦才擒获得来的鬼章轻易释放, 甚至授以官爵, 置之于秦凤, 那怎向自神宗朝以来被杀的宋军将士及蕃汉人民交代? 又怎样安抚今次立功将士? 范以为将鬼章戮于京师, 既可震慑又想妄起事端的交趾, 又上可伸神宗之怒, 其次可正朝廷之法, 使四方知畏, 并可雪踏白城及南川寨之仇, 增战士之勇, 快神人之愤, 另可以使阿里骨知宋廷果于诛恶, 不敢侮慢邀求, 早日纳贡。吕公著更痛斥议者所谓熙河克捷、泾原守御之功皆不足赏之歪论, 他向高太后表示鬼章为边患二十年,

---

（接上页）《宋史》, 卷四百六十八《宦者传三·李祥》, 页13649。按在这一条,《长编》又将李祥再讹写为"李详"。宋廷这次赏功, 九年后, 监察御史常安民（1049—1118）在绍圣三年（1096）为种谊当年所得的升赏太薄而抱不平, 他力数当年鬼章将景思立的头作漆为酒器示人, 教宋军愤恨不已。他又说神宗曾下重赏购鬼章, 命李宪图之十余年不可得。而今种谊亲冒锋镝, 立此奇功, 应功居第一, 游师雄功应居次, 刘舜卿不过心存观望, 勉从出兵, 功宜居下, 刘却擢为马军都虞候, 就实在对种谊不公平。参见《宋朝诸臣奏议》, 下册, 卷九十七《刑赏门·赏罚·上哲宗奏为种谊生擒鬼章未称功·绍圣三年上》（常安民）, 页1049—1050。

1 张维:《陇右金石录》,《宋上》,《平洮州诗碑》, 页784—785。

神宗欲生擒他而不可得,今日高太后与哲宗不杀他已是厚恩,还授他什么官?吏怎可释放他?他说将士在疆场立功,虽然不可过分赏赐,但有劳不报,又如何使人效命?他这番淋漓尽致的话自然获得高太后的接受。宋廷于十月丙午(廿八),诏将鬼章换槛车,护送到大理寺劾治其罪以闻。[1]宋廷这番处置,李宪这些被贬的熙河前守臣也是乐见的。

宋廷在十一月丙辰(初八),按吕公著的宗旨,首先对西夏采比前强硬的立场,诏鄜延路经略司,如西夏要通和,即令赵卨等告谕,要他们先具谢表及交回所在陷没的宋人,待分画边界后,才可奏请通贡。四天后(庚申,十二),宋廷再诏将鬼章献俘于崇政殿,诘问他犯边之状,而论其罪当诛死。宋廷令他招其子及部属来归以自赎。鬼章满口应允,就释其缚而系于狱。壬申(廿四),赏泾原路守臣御西夏之劳,帅臣刘昌祚自马军都虞候擢殿前都虞候,权泾原路兵马钤辖张之谏自皇城使擢西上阁门使。[2]

枢密院在十二月庚辰(初二)及壬辰(十四)两度上言,继续建议用以夷制夷的策略,招揽以父母妻子及族兵七百人,妇女老幼万人渡河南内附的西蕃齐暖城首领兀征声延,请宋廷密令他据城壁为宋廷固守,若他能与温溪心合力以拒青唐阿里骨,就授以爵命,并指令刘舜卿办理此事,先赏给兀征衣带仪物,以安其心,并时给粮食,又许他招

1　《宋会要辑稿》,第十六册,《蕃夷六·吐蕃》,页9920。《长编》,卷四百六,元祐二年十月丙午条,页9890—9893。

2　《宋会要辑稿》,第十六册,《蕃夷六·吐蕃》,页9920。《长编》,卷四百六,元祐二年十一月丙辰至庚申条,页9898;壬申条,页9903。

谕未附旧族，听他将部族过河北，主领旧地。宋廷均从之。范纯仁又上言，请求从宽厚赐今次立功将士，包括出兵牵制的诸路蕃汉使臣。他又说最近刘舜卿引用李宪之例，支赐金带与银器与立功将校，却误支与走马承受，而受到枢密院与平章军国重事的文彦博及三省同议降旨戒约。但他以为如今既委刘舜卿经营阿里骨并讲珠城及河南一带的生羌事宜，就不宜为此小事责怪他，让他放心办事。[1]值得注意的是，这一次是李宪被贬以来，宋廷枢臣第一次提及他的名字及其治军的先例，事实上宋廷在洮州之役后沿用李宪昔日在熙河的策略。

因枢密院及环庆帅臣范纯粹上言为这次出兵牵制的诸路将校请赏，宋廷除了在是月庚子（廿二）给环庆路曲珍部予银合、茶药之赐外，到元祐三年（1088）正月乙卯（初七），也以李宪的旧部、现任河东路副总管李浩及太原府路钤辖兼第一将、管勾麟府路马军司訾虎（？—1092后）二人，出兵牵制泾原路夏军，多所斩获之功，诏赐二人以下银合及茶药有差。不过，太原府路钤辖皇城使、荣州刺史张世矩，却以漏失西夏入寇之过，在是月丙子（廿八）责落荣州刺史，惟免勒停任职。[2]

刘舜卿于正月庚午（廿二）奏上宋廷，说收到阿里骨的蕃字书，请释放鬼章回去。刘建议只让鬼章在熙州与其亲属见面。宋廷即在翌日（壬申，廿三）诏刘，说阿里骨已纳款谢罪，并派人进奉，令他不要出

1　《长编》，卷四百七，元祐二年十二月庚辰至壬辰条，页9905—9907。

2　《长编》，卷四百七，元祐二年十二月庚子条，页9909—9911；卷四百八，元祐三年正月乙卯条，页9920；丙子条，页9924；卷四百五十八，元祐六年五月庚午条，页10960。考訾虎至元祐六年五月庚午（十二），仍以皇城使、康州刺史充本路钤辖。

　　　　　　　　　　　　　拓地降敌

兵并暂罢招纳其他蕃部。[1]

二月癸巳（十六），宋廷初赏曲珍等讨荡西夏曲六律掌之功，曲珍加领忠州防御使，走马承受李元嗣减磨勘五年。新党领袖蔡确是日复职为观文殿学士，并自安州改知邓州，章惇亦自提举洞霄宫改充资政殿学士，知越州（今浙江绍兴市）。高太后这时对熙丰旧臣的处理较前宽大，也许是打了胜仗，边患暂息所致；不过，言官仍不放过蔡、章二人。庚子（廿三），因给事中赵君锡（1028—1099）的反对，蔡、章二人的帖职又被罢去。[2]

赏功之后，宋廷继续处理西边的善后工作。二月乙巳（廿八），宋廷先委担任陕西转运判官的孙路前往赈济镇戎军被伤及被劫掳民户，然后在两天后（丁未，三十）奖赏一大批擒获鬼章有功的汉蕃将官，包括汉官三人及蕃官十二人。[3]枢密院两员执政安焘与范纯仁又在三月戊午（十一）上奏，以陕西、河东路边民，因夏军屯集境上，往往不敢耕种，宋廷以前提到对付西夏的挠耕之策，反而被夏人所用，于边民为患不浅，因请令赵禼等按实情以闻，仍要边臣讲护耕之策，以为破夏人之计。宋廷从之。乙丑（十八），他们再请于兰州及通远军沿边水陆田募人充弓箭手，他路的旧人听带旧地交换，并依例给田，自买马者

1　《长编》卷四百八，元祐三年正月庚午至壬申条，页9923。《宋会要辑稿》，第十六册，《蕃夷六·吐蕃》，页9920。

2　《长编》卷四百八，元祐三年二月癸巳条，页9937、9939—9940。

3　《长编》卷四百八，元祐三年二月乙巳条，页9941；丁未条，页9942—9943；卷四百十五，元祐三年十月庚寅条，页10081。孙路在十月庚寅（十八）以劳自朝请大夫加考功郎中。

加五十亩，仍官借钱粮，三年后才令应役。宋廷从之。[1]宋廷于陕西、河东诸路，这时其实大体恢复了李宪当日的屯田政策。

四月辛巳（初五），因首相吕公著告老，宋廷调整中枢人事，吕改任平章军国重事，吕大防和范纯仁擢首相及次相。壬午（初六），孙固及刘挚分任门下侍郎及中书侍郎，安焘留任知枢密院事，试御史中丞胡宗愈（1029—1094）擢尚书右丞，试户部侍郎赵瞻（?—1090）为签书枢密院事，吏部侍郎孙觉（?—1090）为御史中丞。本来初时拟召入赵卨为同知枢密院事，后来改用赵瞻，而只将赵卨加职为枢密直学士。右正言刘安世（1048—1125）上言批评赵卨治鄜延无功，说他守边无状，不应晋升，又批评胡宗愈之任不符公议。[2]刘挚与孙固都是十分憎恶李宪的人，刘安世则是新进的言官，言辞激烈，李宪以后就难得安宁。

四月丁酉（廿一），阿里骨派人入贡。宋廷方庆青唐纳款，夏军却在三天后（庚子，廿四）进攻鄜延要塞的塞门寨，守将皇城使、鄜延路第五将米赟及副将西头供奉官郝普、右班殿直吕惟正战死。无法进入枢府的帅臣赵卨，令西路将刘安及李仪突袭夏人据点洪州（今陕西榆林市靖边县南），斩掳五百余，焚荡族帐万二千，获孳畜铠仗万三千。赵气定神闲，不怕夏军自塞门寨来袭，果然夏军见后路的洪州失守，就退兵而去。刘安世批评赵卨在鄜延无功，此事可证这些言官多是信口开河之辈。是月壬寅（廿六），熙河暂时失去在洮州大战的英雄种

1　《长编》，卷四百九，元祐三年三月戊午条，页9953；乙丑条，页9955。

2　《长编》，卷四百九，元祐三年四月戊寅至壬午条，页9962—9968。刘安世：《尽言集》，《丛书集成初编》本，卷七《论赵卨无名进职等事》，页89。

拓地降敌

谊，因他与主帅刘舜卿有嫌隙，宋廷怕出事，就将种谊调为秦凤路钤辖兼第一将，在李宪旧部叶康直麾下，而以皇城使、昭州刺史郭绍忠充熙河路钤辖，知岷州，并管勾洮东沿边安抚使司公事兼第四将。[1]

　　同日，刘安世又将矛头指向被认为是李宪党羽的前泾原帅卢秉，卢以父丧去职，丧满获授知荆南府（今湖北荆州市）。当制的中书舍人刘攽还官样文章地称他"早以才华，参于法从，联龙马之秘邃，总戎阃之会繁"。他大概知几而以疾辞，宋廷改任他提举万寿鸿庆宫。但刘安世并不放过他，连上四章劾他在熙宁间推行两浙盐法之惨刻，宋廷于是将卢自龙图阁直学士降为宝文阁待制。五月辛亥（初六），给事中赵君锡及刘安世再度痛劾卢秉，他们要穷究卢秉，其中一个原因，是卢属于李宪推荐过的人。[2]

<hr>

1　《长编》，卷四百九，元祐三年四月丁酉条，页9972；庚子至壬寅条，页9976—9978；卷四百十，元祐三年五月辛亥至癸丑条，页9992；卷四百十四，元祐三年九月癸亥条，页10063；卷二百一，元符元年八月壬寅条，页11943。《宋史》，卷四百八十六《外国传二·夏国下》，页14016。宋廷在五月辛亥（初六），赐鄜延路第三及第六将与塞门寨守御军兵特支有差，以其在西夏入寇时，出兵牵制及守御有功。阵亡的米赟等三将各优赠官及取索其子名字以备恩恤。癸丑（初八），诏赵高若夏人再来请和，就要小心查察其真伪，录其所言上奏。九月癸亥（二十），宋廷特别恩恤米赟子侄三人官职。又种谊当在刘舜卿离任后，范育到来时重返熙河。据《长编》记载，种谊与总领蕃兵将的内臣李祥，在元祐中曾上言，称青唐二十三头项兵马，十九头项欲归汉，其首领皆带信旗和银笏子赴兰岷州安抚司为质信，当兰、岷、河三州及邈川来告急时，范育欲出兵援之。可知种谊返熙河是范育出知熙州后。

2　《长编》，卷四百四，元祐二年八月甲辰条，页9849；卷四百九，元祐三年四月壬寅条，页9978—9979；卷四百十，元祐三年五月辛亥条，页9990—9992。刘攽：《彭城集》，卷二十三《制诰·龙图阁直学士朝奉大夫卢秉可知荆南府制》，页675；刘安世：《尽言集》，卷五《论卢秉责命不当事·第一至第四章》，页63—65。早在元祐二年八月甲辰（廿五），新任京西转运副使吕陶上疏论用人，便点名批评卢秉当日任两浙提刑，创兴盐法，虚害东南，说至今疮痍未复，更指他在渭州处置边事时，但求合（转下页）

与李宪并列四凶的内臣王中正和宋用臣，在六月己卯（初四），本来到叙用之期，但宋廷依李宪的例，令他们再展一期才议叙。[1]

　　言官对李宪等的连串打击，这时略教李宪安慰的是，因殿帅燕达于七月丙午（初二）病逝，宋廷于丙辰（十二）依次升任三衙管军：泾原帅殿前都虞候刘昌祚升任步军副都挥使，熙河帅马军都虞候刘舜卿迁殿前都虞候，太原府副都总管李浩升马军都虞候，差遣依旧。捧日天武四厢都指挥使、兼权马步军司姚麟升授步军都虞候，永兴军路马步军副都总管和斌为龙神卫四厢都指挥使。翌日（丁巳，十三），李宪的头号大将苗授依次自步帅升任三衙之首的殿帅并拜武泰军节度使。[2]苗授、李浩都是李宪在熙河得力的部将，而刘昌祚及姚麟也曾在李的麾下。李宪麾下诸将能被选任三衙管军，亦见他麾下人才济济。

　　宋廷在七月辛亥（初七）赐诏阿里骨，安抚他一番，并容许他派人往来买卖及上京进奉。[3]与此同时，宋廷探到夏军又有异动。癸亥（十九），枢密院上言夏军点集人马，声言欲入寇泾原和熙河两路，但忧虑夏军其实会入寇秦凤。因秦凤前不久被寇，近里城寨户口稍多，若遇夏军侵犯，要靠诸路兵力应援。宋廷即诏秦凤帅叶康直详加措

（接上页）李宪之意，说他曲意奉迎李宪，有如尊亲，而李宪就曾荐之，认为卢秉服除，绝不可用，宜置于散地。在廷臣言官眼中，卢秉是李宪的一党。

1　《长编》，卷四百十二，元祐三年六月己卯条，页10017。

2　本书附录二《苗授墓志铭》。《长编》，卷四百十二，元祐三年七月丙午条，页10024；丙辰至丁巳条，页10027；卷四百三十，元祐四年七月甲戌条，页10381；卷四百三十八，元祐五年二月庚申条，页10565。按姚麟于四年七月甲戌（初六）以步军都虞候权殿前司公事，他兼领的马军司及新旧城巡检职务，就由次官分领。又和斌后升任步军都虞候，在元祐五年二月庚申（廿五）卒于任上。

3　《长编》，卷四百十二，元祐三年七月戊子条，页10020；辛亥条，页10025—10026。

置，做好防备，并令刘昌祚与刘舜卿于本路各选兵将，泾原路出兵万人，德顺军及熙河路五七千人，于通远军及接近秦凤路处堡寨驻扎，以为掎角之势。丙寅（廿二），刘舜卿便上报宋廷，夏军寇康固寨，本寨及东关堡巡检使臣等阵亡百九十人，没有损失人口与孳畜。宋廷即诏刘仔细研究夏军入侵情况及数量。八月乙酉（十二），环庆帅范纯粹又奏上他所探知的夏军情况和环庆路的部署。他判断夏军今年不会入寇。[1]

宋廷在多次讨论后，终于在八月丁酉（廿四）对鬼章作出处置，命为九品武阶的陪戎校尉。当制的刘攽撰写制词，责他"向以强梁，寇犯边圉，稔恶盈贯，系絷来献，朝廷隆好生之德，广柔远之略。被以厚恩，贷其万死。分其种姓之息嗣，部族之党类。既知服罪，咸愿乞恩。宜崇盛典，以收来效。俾脱藁街之戮，仍赐汉官之命。膺沾殊渥，毋贰乃心"。不过，范纯仁并没有宋廷那么一厢情愿，他多次据理力争，认为授鬼章一小校尉，不足收其心，鬼章实在一直并不屈服，而且也不能让其子来归，也没能令阿里骨更恭顺。现时阿里骨等只将一切罪过推在鬼章头上，范纯仁反对让青唐使者李赊罗抹见鬼章，但宋廷接受文彦博的意见，许李赊罗抹使者见鬼章。[2]

1　《长编》，卷四百十二，元祐三年七月癸亥至丙寅条，页10030—10031；卷四百十三，元祐三年八月乙酉条，页10037—10038；《宋史》，卷四百八十六《外国传二·夏国下》，页14016。

2　《长编》，卷四百十三，元祐三年八月丁酉条，页10042—10043；辛亥条，页10059—10060。刘攽：《彭城集》，卷二十二《制诰·西番大首领鬼章可陪戎校尉制》，页622—623。文彦博却是支持让阿里骨使者见鬼章的，他在八月丙午（廿七）连上两章论此事。宋廷接受他的意见。参见《文彦博集校注》，下册，卷廿九《奏议·奏鬼章事·其一、其二》，页799—803。

宋廷的边患因西夏暂时未能入寇，而青唐阿里骨表面向宋廷入贡而止息。然宋廷于这年十二月，因苏轼曾举荐的江宁府司理参军、郓州州学教授周穜（？—1098后）上书，请以王安石配享神宗庙廷而引起一场风波。刘安世上言痛责周以疏远微贱小臣竟怀奸邪观望之志，陵蔑公议，妄论典礼。他批评王安石"辅政累年，曾无善状，残民蠹国，流弊至今，安可侑食清庙，传之万世"？在他眼中，王安石就是大奸臣。苏轼没有刘安世那样狂吠王安石，只说："以安石平生所为，是非邪正，中外具知，难逃圣鉴。先帝盖亦知之，故置之闲散，终不复用。"不过，他对熙丰时期用事诸臣，就斥为小人，当中也点了李宪两次的名。他所担忧的是，若王安石得配享庙廷，那就是变相肯定新党所为，新政所做都是对的，而他所斥的小人终有一天得以复用，不幸的是他所言竟成事实：

> 臣观二圣嗣位以来，斥逐小人，如吕惠卿、李定、蔡确、张诚一、吴居厚、崔台符、杨汲、王孝先、何正臣、卢秉、蹇周辅、王子京、陆师闵、赵济，中官李宪、宋用臣之流，或首开边隙使兵连祸结，或渔利榷财为国敛怨，或倡起大狱以倾陷良善，其为奸恶，未易悉数，而王安石实为之首。今其人死亡之外，虽已退处闲散，而其腹心羽翼布在中外，怀其私恩，冀其复用，为之经营游说者甚众。皆矫情匿迹，有同鬼蜮，其党甚坚，其心甚一，而明主不知，臣实忧之。……朝廷日近稍宽此等，如李宪乞于近地居住，王安礼抗拒恩诏，蔡确乞放还其弟，皆即听许；崔台符、王孝先之流，不旋踵进用，杨汲亦渐牵复，吕惠卿窥见此

　　　　　　　　　　　　　拓地降敌

意，故敢乞居苏州。此等皆民之大贼，国之巨蠹，得全首领，已为至幸，岂可与寻常一眚之臣，计日累月，洗雪复用哉？今既稍宽之，后必渐用之，如此不已，则惠卿、蔡确之流必有时而用，青苗、市易等法必有时而复。何以言之？将作监丞李士京者，邪佞小人，众所嗤鄙，而大臣不察，稍稍引用，以污寺监，犹能建开壕之议，为修城之渐。其策既行，遂唱言于众，欲次复用臣茶磨之法。由此观之，惠卿、蔡确之流何忧不用，青苗、市易等法何忧不复哉？[1]

苏轼上面所列的小人名单中，除李宪本人外，与他一党的内臣有宋用臣，受他推荐而成为他得力助手的帅臣有赵济和卢秉，当日奉

---

[1] 《长编》，卷三百九十六，元祐二年三月庚午条，页9658；丙子条，页9662；卷三百九十八，元祐二年四月丙戌条，页9700—9701；卷四百三，元祐二年七月庚午条，页9820；卷四百六，元祐二年十月丁亥条，页9883；卷四百八，元祐三年二月丁未条，页9944—9955；卷四百十八，元祐三年十二月甲午条，页10138—10141；卷四百二十二，元祐四年二月癸丑条，页10215—10218。《苏轼文集》，第三册，卷二十九《奏议·论周穜擅议配享自劾札子二首》，页831—834。刘安世：《尽言集》，卷九《论周穜不当乞王安石配享事》，页114。考王孝先在元祐二年三月庚午（十八）又以降授朝散大夫授都水使者，右司谏王觌在三月丙子（廿四）上奏反对，说他尝任水官，是前日以锻炼而为大理卿者，又揭他自作长安问录时，已著暗缪之名，关中士人传以为笑，他既任水官，未闻善状，担任大理卿时就惟务刻深。王觌在四月丙戌（初五）再上一奏，但反对无效，王孝先依旧做都水使者，故苏轼说他不旋踵进用。惟王孝先以都水使者治河决，却在元祐二年十月丁亥（初九）被河北都转运使顾临等批评无功。到元祐三年二月丁未（三十），中书舍人曾肇再劾王孝先开孙村口减水河，调发河北及邻路人夫以应付工程，实在无功。王在元祐四年二月癸丑（十二）命知曹州，但为中书舍人曾肇反对，封还词头，另一中书舍人彭汝砺也严词反对，十天后宋廷将他改知濮州。至于崔台符就已在元祐二年七月庚午（廿一）自正议大夫知相州任上卒。

神宗之命为他脱罪的有杨汲。在东坡眼中，李宪等无疑是一党。他说"开边隙使兵连祸结"，这条罪名于李宪而言就舍我其谁。姑勿论苏轼对新法的看法是否存有偏见，他这番观察是准确的，高太后与哲宗一念之间，就可以复用这些人重推新政。事实上许多熙丰时期的措施，又慢慢以别的形式恢复，在西北推行的政策，其实许多是李宪曾推行过而证明有效的。就以李宪而言，他在元祐三年不过四十七岁，尚在精壮之年，若宋廷重行对外扩张政策，他随时会被委以大任。不过，李宪知几，知道像苏轼等朝臣对他可能复出心存疑忌，他就在闰十二月戊申（初六）以提举明道宫任满而请告老。宋廷允其请，除他右千牛卫上将军，分司南京，在陈州居住。[1]

1　《长编》，卷三百七十三，元祐元年三月己卯条，页9024；卷三百八十一，元祐元年六月甲寅条，页9267—9271；卷三百八十三，元祐元年七月癸未条，页9338—9339；卷三百八十五，元祐元年八月壬辰条，页9372；卷三百八十六，元祐元年八月丁未条，页9396；辛亥至壬子条，页9408—9410；卷三百九十三，元祐元年十二月丙午条，页9574；卷四百十九，元祐三年闰十二月戊申条，页10147；卷四百四十八，元祐五年九月乙酉条，页10772。《东都事略》，卷一百二十《宦者传·李宪》，叶六下。《宋史》，卷四百六十七《宦者传二·李宪》，页13640。按《东都事略》及《宋史》李宪本传均没有弄清楚是李宪自请告老而授右千牛卫上将军，不算贬降。又苏轼提到的，早在元祐元年三月己卯（廿二），杨汲以疾而由户部侍郎为宝文阁待制，出知庐州。六月甲寅（廿八），杨汲却被监察御史上官均两度上书痛劾，指他与崔台符及王孝先三人，先后为大理卿，"每有内降公事，不能悉心持平推考情实，专务刻深，高下其意。虽知所告不实，事或微末，不度是非，一切徇报者之语，委成狱吏，不复亲听。而报者所闻，往往得于仇怨之人，巧谮诬陷，无所不至。一人犴狱，如落槛穽，锻炼罗织，必致以罪，三木所加，何求不得！又于元报事状外，曲行推劾，至有罪薄罚轻，又妄为论奏，乞行编管，陷害善良，不可胜计。"上官均又说他们三人，"元丰以后，相继为大理卿，承勘内探公事，不能悉心持平，推考情实，专为观望傅会，欺罔圣明，陷害善良，不可胜计，乞特行黜罢。"宋廷从言官之请，同日就将杨汲落宝文阁待制，自庐州徙知黄州，崔台符自刑部侍郎出知相州，王孝先自大理寺卿出知濮州，三人并降一官。而时任中（转下页）

　　　　　　　　　　　　　拓地降敌

李宪的熙河故吏仍然克尽厥职，元祐四年（1089）正月乙未（廿四），刚升为考功员外郎的孙路因负责修兰州附近城堡，发现龛谷寨新踏寨基未便，理由首先是该处地形侧峻，南带高阜，戎马可以下临；另外该处土脉干燥夹砂，不可加板筑；第三是寨基内新开四井，只是质孤河内渗水，别无泉源，缓急时必定缺用。他奏上宋廷此种情况，宋廷即命刘舜卿研究其利害以闻，若边情事力未便可修筑，就计量人力，派人守御质孤和胜如两堡，以示此为中国边地，不要让敌人他日以此无人守御而称它不属汉地。[1]

二月甲辰（初三），深得高太后敬重的前首相、平章军国重事吕公著病逝。同月己巳（廿八），新党领袖前首相蔡确复授观文殿学士。旧党言官大概同意苏轼之前上奏的看法，怕蔡确会有机会重新掌权，右

（接上页）书舍人的苏轼就恰是草三人贬官制之人，苏轼就斥他们"岂有数年之间，坐致万人之狱"。时任右司谏的苏辙在元祐元年七月癸未（廿八）也上奏反对曾与杨汲共事甚久的刑部郎中杜纮迁官为右司郎中，认为杨汲等治狱枉滥，杜作为他们的属下也有责任。八月壬辰（初七），苏辙再劾杜纮当日与杨汲及崔台符同在刑部，所断刑狱冤枉过半。他说杨崔二人以此得罪，杜不应以此获得擢升。同月丁未（廿二），刑部郎中王振擢为大理少卿，但右正言王觌及御史中丞刘挚、监察御史上官均先后在辛亥（廿六）及壬子（廿七）上奏反对，指王振为大理丞时，最为杨汲及崔台符所爱信，他憸巧刻深。杨汲及崔台符锻炼之狱，王振之力为多，应该黜退他。总之在元祐言官眼中，崔杨王三人均是酷吏，而杨汲当年为李宪脱罪，自然是揣摩神宗之意而为之。考王振做不成大理少卿，在十二月丙午（廿二）还被降为司封员外郎知莱州。杨汲在元祐五年九月乙酉（廿四）却自知庐州加集贤殿修撰，稍后改知徐州。

1　《长编》，卷四百二十一，元祐四年正月乙未条，页10194。《苏轼文集》，第三册，卷四十一《内制敕书·赐殿前都虞候宁州团练使知熙州刘舜卿进奉贺冬马敕书·元祐三年闰十二月十八日》，页1185。考刘舜卿在元祐闰十二月十八日，因进奉贺冬马而获宋廷命苏轼撰敕书奖谕。

正言刘安世马上借蔡确求徙颍昌府之事，上奏严劾蔡一番。[1]刘安世在三月戊寅（初七）前后，又连番上奏二十一道弹劾尚书右丞胡宗愈，翌日（己卯，初八），胡宗愈被罢为资政殿学士，出知李宪致仕后闲居的陈州。二人有否同病相怜，就不得而知。[2]

是月甲申（十三），中书侍郎刘挚上书，顺着苏轼、刘安世之前上奏的思路，除了痛陈青苗、助役由富国变为聚敛之法，保马、保甲由强兵变为残扰之政外，更危言："前者二三大臣之朋党皆失意，怏怏自相结纳，睥睨正人，腹非新政，幸朝廷之失，思欲追还前日之人，恨不能攘臂于其间也。今布列内外搢绅之间，在职之吏，不与王安石、吕惠卿，则与蔡确、章惇者，率十有五六，此臣所以寝食寒心，独为朝廷忧也。"他的矛头更指向他多次严劾的蔡确。[3]

苏轼其实是挑起这次攻击蔡确的始作俑者，他却在是月丁亥（十六）顶不住压力，自请离开朝廷。宋廷允准，授他龙图阁学士，出知杭州（今浙江杭州市）。他后来在四月丁巳（十七）便上言承认："因任中书舍人日，行吕惠卿等告词，极数其凶愿，而弟辙为谏官，深论蔡确等奸回，确与惠卿之党，布列中外，共仇疾臣。近日复因臣言郓州教授周穜，以小臣而为大奸，故党人共出死力，构造言语，无所不至。"

1　《长编》，卷四百二十二，元祐四年二月甲辰条，页10210—10211；己巳条，页10222—10223。刘安世：《尽言集》，卷六《论蔡确不合陈乞颍昌府》，页77—78。

2　《长编》，卷四百二十三，元祐四年三月戊寅至己卯条，页10232—10238。刘安世：《尽言集》，卷三《论胡宗愈除右丞不当·第一至第十二》，页29—44；卷四《论胡宗愈除右丞不当第十三至第二十一》，页45—53。

3　《长编》，卷四百二十三，元祐四年三月甲申条，页10239—10246。《忠肃集》，附录一《刘挚奏议·上哲宗论因革》，页543—550。

拓地降敌

那时蔡确之狱已发生。[1]

旧党大臣言官清算蔡确的行动，由一个投机小臣朝散郎、知汉阳军（今湖北武汉市汉阳区）吴处厚（？—1089后）挑起。没人料到此一政治事件也会造成旧党及言官的互斗与分裂。吴在四月乙巳（初五）上言，指控蔡确在知安州日，作《夏中登车盖亭》绝句十篇，以武则天（624—705）比高太后。右司谏吴安诗、左谏议大夫梁焘、右正言刘安世马上奏痛劾蔡确怨望不臣之罪。高太后没有实时听一面之词，她令蔡确开具因由，实封闻奏，给他一个自辩的机会。时在杭州的苏轼这时倒头脑清醒，他大概察觉言官的做法，与当年他所受乌台诗狱的情况无异，故在四月辛亥（十一）请求高太后从宽处理此案。当年参奏过李宪的直臣、中书舍人彭汝砺也支持苏轼的意见。这时台谏分为两派，戊午（十八），梁焘上疏坚持蔡确罪状明白，便当下狱，不须更下安州取索原本及令蔡自辩；但御史中丞李常（1027—1090）和侍御史

1　《长编》，卷四百二十四，元祐四年三月丁亥条，页10251—10253；卷四百八十九，绍圣四年七月戊辰条，页11612；卷四百九十七，元符元年四月丁亥条，页11819；癸巳条，页11831。《苏轼文集》，第三册，卷二十九《奏议·乞将台谏官章疏降付有司根治札子·四月十七日》，页838—839。刘成国：《王安石年谱长编》，第六册，卷七"元丰七年（1084）"，页2161—2162。这个引起轩然大波的小臣周穜，据刘成国的考证，字仁熟，泰州人。父周涛，庆历六年进士。他与弟周秩在熙宁九年同中进士，授江宁府右司理。他早便受知于王安石，他还是王安石的远房表亲。元丰七年他曾往金陵，拜见已罢相的王安石。他与王安石有很深的渊源。他后来在绍圣四年（1097）七月戊辰（十七）以著作佐郎、国史院编修官充崇政殿说书，但殿中侍御史陈次升（1044—1119）劾他"贪污卑猥，迹状甚明，奸佞倾险，清议不与。自去年屡有进擢，不协公议"。起初哲宗不听，当陈次升再上奏论之，终于罢说书之职，他到元符元年（1098）四月丁亥（初九），仍以国史编修官的身份重修《熙宁日历》，但所进的熙宁夏季日历差错重复，被罚金八斤。他又曾负责到王安石家取《王安石手记》，以供修史参考之用。

盛陶（1033—1099）却上疏维护蔡。五月辛未（初二），安州奏上蔡确所作的诗初题于牌，后来蔡移知邓州，行了一驿就使人将牌取去，并尽洗其诗，将牌归还公使库。换句话说，安州找不到物证。同日，高太后正式表态，她相信刘挚等人的指控，谕执政说蔡确党多在朝。范纯仁仍辩说蔡实无党，但吕大防却附和太后之说，而文彦博就不表态。见到三员宰臣意见不一，高太后慨言若司马光在，蔡确的事就不会如此无人定断。范、吕二人后来各自上疏，但太后留中不发。其实，若吕公著尚在，也许亦能控制局面。癸酉（初四），高太后罢去维护蔡确的台官李常和盛陶，而以傅尧俞及朱光庭分任御史中丞和侍御史。[1]

宋廷正在山雨欲来的时候，远在熙州的刘舜卿在是月癸酉（初四）上奏，称廓州的蕃首鲁尊遣使立章来，愿焚拆河桥归宋。刘以宋廷既许阿里骨依旧管勾部族，应等他不守约才可图之。现时鲁尊已与阿里骨成隙，疑惧祸及，他必定再派立章来。枢密院说刘的措置虽极当，但羌人性忿暴，既已露嫌隙，就会来归。然宋廷既与阿里骨通和，接受鲁尊来降就有纳叛之名。若不受，则河南的诸羌会怨宋廷拒己。宋廷考虑后，诏刘舜卿除依所奏外，若他日鲁尊真的来归，就派人抚谕，以阿里骨已通贡，难以收留，但会谕阿里骨不得加害他们。[2]其实宋廷上下正为蔡确一案而烦心，哪有心思理会化外之事。

1　《长编》，卷四百二十五，元祐四年四月壬子条，页10270—10279；戊午条，页10282—10285；卷四百二十六，元祐四年五月辛未条，页10297—10299。《苏轼文集》，第三册，卷二十九《奏议·论行遣蔡确札子·四月十一日》，页837—838。刘安世：《尽言集》，卷九《论蔡确作诗讥讪事·第一至第七章》，页103—107。
2　《长编》，卷四百二十六，元祐四年五月癸酉条，页10299—10300。

蔡确在五月戊寅（初九）呈上他的申辩书。但刘安世、梁焘及吴安诗继续攻击他，并主张参照仁宗时丁谓（966—1037）贬崖州（今海南三亚市）之例，将蔡远贬。庚辰（十一），彭汝砺再上言，指出"蔡确言所非宜，固自有罪，大臣废置，事所系重"，但今次蔡确出事，独谏官攻之，意或不同，即指为党，这是要深察的。可是刘安世在入对时竟含血喷人，说彭朋附蔡确。辛巳（十二），宋廷诏责授蔡确为左中散大夫，守光禄卿、分司南京。当彭汝砺请宽大处理蔡确时，却马上被梁焘三人指控与曾肇一起营救蔡确。彭不肯写蔡的制词，高太后就让新任权中书舍人的王岩叟来写。王在制词中把蔡骂得狗血淋头。高太后又将维护蔡的几员御史盛陶、翟思、王彭年及赵挺之（1040—1107）贬出朝廷。尚书右丞王存（1023—1101）认为盛陶等不该被责，他以今日以不言责御史，恐怕后来者就不择而言，益增可厌。但高太后正想假言官来排除她不喜的人，就说他们"言之多何害，但要朝廷与辨是非耳"。高太后的私心，就助长了那些新进投机的言官，以攻击人博取富贵。这些元祐旧党言官，其实与熙丰时的依附王安石的言官并无大分别。梁焘等三人以蔡确所责为轻，于是在丙戌（十七）又发动御史中丞傅尧俞、侍御史朱光庭再论蔡确之罪。后来连右谏议大夫、众人以为贤者的范祖禹（1041—1098）都加入攻蔡之行列。执政中，范纯仁和王存都不同意再责蔡确，范纯仁更语重深长地指出："方今圣朝，宜务宽厚，不可以语言文字之间，暧昧不明之过，诛窜大臣。今日举动宜与将来为法式，此事甚不可开端也。"他又指出吕大防说蔡确党人甚盛，希望高太后留意分别，范认为朋党难辨，却恐误及善人。可惜，高太后之意已决，是月丁亥（十八），诏贬蔡确为英州别驾，新州（今广东云浮市新兴县）安置，令差承务郎以上官伴送前去。刘挚没想到太后如此了断，他与吕大防以蔡母老，请求不要将他贬过岭。但高太后却决绝地言山可移，此州不可移。吕大防等不敢再说。范纯仁不肯放弃，请求留身并揖王存进说，请高太后收回成命，高太后却一意孤行。老成谋国的范纯仁对吕大防预言说，“此路荆棘七八十年，奈何开之，吾侪正恐亦不免矣。”正当范纯仁等料到这样不公正地处置蔡确的后果严重时，王岩叟却得意洋洋地在制词上狂吠蔡确。高太后诏从入内内侍省差内臣一名，并下吏部差三班使臣一名押解蔡确至新州。所派的内臣裴彦臣提出尽快将蔡押往新州，不管他沿途称病也不得停留。梁焘、范祖禹、吴安诗、刘安世及傅尧俞、朱光庭觉察这会送了蔡的命，他们想救蔡却恐与初论相戾，就不敢说话。范纯仁知道太后的心意，就表示无能为力，只有忽然醒觉的刘挚表示要向太后申理。高太后显然狠了心，要置蔡于死地，同日，梁焘与吴安诗入对，她称奖二人，说他们于此事极有功。她存心利用这些挟私怨而讨好自己的言官充当马前卒。高太后稍后召见执政，解释她这样重贬蔡确，是为了杜绝蔡确他日以定策立哲宗之功而得复用，她说哲宗年少，不能制他，故行此着。高太后随后又将李常、彭汝砺及曾肇贬逐出朝。[1]

1　《长编》，卷四百二十六，元祐四年五月戊寅至庚辰条，页10301—10311；卷四百二十七，元祐四年五月辛巳至丁亥条，页10314—10330；卷四百三十六，元祐四年十二月甲子条，页10508。刘安世：《尽言集》，卷九《论蔡确作诗讥讪事·第八至十一章》，页107—110；《论曾肇知邓州不当事一首》，页112。曾肇在是年十二月甲子（廿八），又因左谏议大夫刘安世的劾奏，宋廷将他自颍州改知邓州、兼京西南路安抚使。但刘安世仍不放过他，继续上奏劾他。元祐五年正月丁丑（十一），他再徙知齐州（今山东济南市）。

那些自以为得胜的言官并未罢手,五月丁酉(廿八),刘安世又指蔡确、章惇、黄履(1032—1101)及邢恕为死党,请求将其他三人废黜。傅尧俞和朱光庭也上言附和。是日,邢恕落职降授承议郎、添差监永州(今湖南永州市)在城盐仓兼酒税务。戊戌(廿九),范祖禹又劾知枢密院事安焘朋比蔡确与章惇,要求罢免他。而梁焘与刘安世又将矛头指向范纯仁和王存,说他们阴庇蔡确,要求罢免二人。六月甲辰(初五),旧党中较开明而温和的范纯仁与王存均罢政,范出知颍昌府,王出知蔡州。[1]为时两月多的一场政治风暴以蔡确被远贬,朝臣互攻,中枢的开明派多人罢政,换上激进的人秉政而结束。诚如金中枢(1928—2011)所考,当哲宗亲政后,新党回朝,借为蔡确申冤而对旧党大肆报复,其后患深远。[2]

在这场文臣的内斗中,内臣或武臣反而置身事外,李宪及其部属未受牵连,一方面彼等已无权势,另一方面他们已是被排斥的次要目标。宋廷元气大伤之际,枢密院在同日收到诸路奏报,称谍报夏界又

1　《长编》,卷四百二十八,元祐四年五月丁酉至己亥,页10338—10355;卷四百二十九,元祐四年六月庚子至甲辰条,页10357—10358;丙午条,页10363。刘安世:《尽言集》,卷九《论蔡确作诗讪事第十二章》,页110—112。宋廷在六月丙午(初七),以许将(1037—1111)和韩忠彦(1038—1109)分别为尚书左右丞,赵瞻为同知枢密院事,替补王存等之遗缺。

2　台湾前辈学者金中枢早在1975年即撰文《车盖亭诗案研究》,详考此一诗狱的始末,认为蔡确在元丰末年争取建储之功,失败后为高太后所憎恶而被贬,高太后为铲除新党势力而借此诗狱将蔡确置诸绝地。旧党激进分子迎合太后之意而对蔡确落井下石。金氏也详考哲宗亲政后新党为蔡确伸冤所牵起的"同文馆之狱"。金文并附有《元祐党人与其缘诗案所受处置概况表》,值得参考。参见金中枢:《车盖亭诗案研究》,原载《成功大学历史学报》,第二期(1975年7月),后收入宋史座谈会(主编):《宋史研究集》,第二十辑(台北:"国立"编辑馆,1990年9月),页183—216。

有动员迹象。枢府怕边臣见西夏遣使而疏于防备，宋廷即诏陕西及河东各路经略司，密切伺察敌军去向，做好防备。刚在政争中得胜的御史中丞傅尧俞却说他忧"今边防未丰，士气未振，民力未全，赏罚不明，将帅难倚。其尤可虑者，议论不齐"。他似乎还算头脑清醒，看到了政争的后遗症。[1]

宋廷这时对西夏的归还土地要求尚无分歧，是月戊申（初九），仍诏维持原来的协议：兰州及塞门两处土地，不容再议。而永乐城陷没人口，仍要据数清楚交割，计口食与赏绢，而合归还的四塞都要立定边界，不容更相侵越。丁巳（十八），宋廷即赐诏夏主乾顺，重申宋廷的决议，以还四寨交奏换兰州及塞门，及取回永乐城失陷人口。同日，宋廷本来以知瀛州蔡京为宝文阁直学士、知成都府，但梁焘等四名言官御史皆反对，指蔡京在蔡确党中最为凶健阴险，说他利诱群小，助为虚声，心怀奸罔，勇为非义。范祖禹虽承认他有才能，但说他年少轻锐，非厚端之士。结果宋廷诏蔡京为江淮荆浙路发运使，罢宝文阁直学士及知成都府的任命。值得一提，蔡京与李宪颇有渊源，他当日奉旨审讯皇甫旦一案，却没有随路昌衡往熙州鞠问李宪，似乎他是迎合神宗之意，没有怎样加罪李宪，后来他又听李宪的推荐，以童贯当重开西边之任。这时李宪所居的陈州，遇上各地大雨之水涌入陈州沙河及蔡河，成为泽国。知州胡宗愈于是月乙丑（廿六）紧急报上宋廷，请派府界提刑罗适并项城县令治水患。[2]

1　《长编》，卷四百二十九，元祐四年六月甲辰条，页10362。
2　《长编》，卷四百二十九，元祐四年六月戊申条，页10370；丁巳至乙丑条，页10373—10376；卷四百三十，元祐四年七月丙申条，页10397。蔡京于七月丙申（转下页）

七月乙亥（初七），被言官视为眼中钉的知枢密院事安焘以母丧去职。翌日（丙子，初八），宋廷因殿帅苗授以足疾求罢，再将三衙管军依次擢升，并将两名帅边将的职务做了调动：熙河帅刘舜卿晋升为步军副都指挥使；徐州观察使徙知渭州，而以本来任为枢密都承旨的光禄卿、直龙图阁范育代知熙州。李浩以马军都虞候、晋黔州观察使移任永兴军路总管。步军都虞候、成州团练使姚麟真除殿前都虞候，皇城使、果州团练使、带御器械吕真擢为捧日天武四厢都指挥使加卫州防御使，留任鄜延副总管。皇城使、廉州团练使刘斌（？—1090后）授龙神卫四厢都指挥使，迁信州团练使。己卯（十一），殿帅苗授罢为保康军节度使，出知潞州，遗缺就由步帅刘昌祚依次替补并加武康军节度使。苗授以足疾罢职，一半是真，一半大概是知几而退。[1]

刘舜卿担任熙河帅前后共三年零三个月，至此时调知渭州，他任熙河帅可说毁誉参半：他废弃了不少李宪所立之政，而差点给青唐和西夏有机可乘，幸而靠诸将奋战，才有点因人成事保住熙河和兰州。李宪的旧部多不喜他。不过新党的左谏议大夫梁焘却对他有很高的评价，是月癸未（十五）上言，"风闻刘舜卿知熙州，威信行于羌虏，边部赖之以安，盖今日之良帅也"。梁说刘调知渭州，渭州固然是帅府，

（接上页）（廿八），又徙知扬州。

1　本书附录二《苗授墓志铭》。《长编》，卷四百二十九，元祐四年六月丙午条注，页10366—10367；卷四百三十，元祐四年七月乙亥至己卯条，页10383—10385；丁酉条，页10405。考范育在元祐四年六月十六日仍奉命往户部检会旧日三司并榷货务己行法，他到七月才授命出知熙州。又殿中侍御史孙升在七月丁酉（廿九）上言劾苗授治军不严，相承习为姑息以收恩，于是诸军骄惰自肆，无所忌惮。这番描述和他在熙河时作战英勇的作风很不吻合。苗授以足疾请罢殿帅职，相信只是借口。

但不及熙河之冲要。他说用才在先，蕃汉人素服刘的威名，"况今黠羌款寨，变诈不易窥测，舜卿思虑深密，皆得贼人虚实，必有擒纵谋画，以夺其奸心"，认为现时不宜调动他的职务。[1]

刘舜卿是否值得如此高的评价，见仁见智。宋廷宁用文臣范育守熙河，也不肯将熙河老将李浩调回，不知是否认为边事已宁，不用武臣再任帅臣，还是认为李浩是李宪旧人，不予任用。

1　《长编》，卷四百三十，元祐四年七月癸未条，页10394。

第九章

李规范随：高太后垂帘后期范育治下的熙河

　　本章主要讨论范育在元祐四年七月出任熙河帅后，宋廷对于弃守熙河兰州的政策转变。本章以元祐七年六月李宪逝世，未几范育内召为户部侍郎为断限，至于高太后垂帘最后一年宋廷内外的政局，会在第十章续论。

　　范育是元祐后期熙河兰州得以保存的关键人物，他大体上依从李宪所立的规模而有所发展，包括努力推动当年李宪筑城汝遮谷的建议。绍圣四年（1097）八月壬辰（十一），泾原路经略安抚使章楶（1027—1102）上言表扬范育的功绩，便说"故范育任熙河经略使日，于元祐弃地画疆之时，独能抗朝廷意指，反复敷陈利害，又尝陈进筑之策，持论坚确，人莫能夺"。而知枢密院事曾布在元符元年（1098）八月辛丑（廿六）引述范育所言的"熙河一路动摇，则陕西一路动摇，陕西动摇，则天下安危所系也"，正正打动了不少宋廷朝臣的心弦，而最终支持他坚守熙河的意见。[1] 以下先略谈他的家世与生平经历。

1　《长编》，卷四百九十，绍圣四年八月壬辰条，页11625；卷五百一，元符元年八月辛丑条，第11943页。

范育是邠州三水（今陕西咸阳市旬邑县）人，字巽之，其父范祥（？—1060）是仁宗朝著名的边臣及盐法专家，《宋史》有其父子的合传。范祥举进士及第，庆历三年（1043）十月前以太常博士通判镇戎军，是年十月率部力抗西夏军来犯，获徙知汝州赐五品服。他后来又请筑刘璠堡（今宁夏中卫市海原县西南）及定川寨获接纳。他晓达财利，精通陕西盐法，庆历四年（1044）春，请变两池盐法，诏范祥乘传陕西，与都转运使共议，因议不合，他亦因丧而去。到庆历八年（1048）十月，他再申前议，宋廷以他自屯田员外郎提点陕西路刑狱、兼制置解盐。他为户部副使包拯（999—1062）称许备至。包拯在皇祐元年（1049）十月覆奏，称许范祥前后所奏，事理颇甚明白。包拯到陕西与转运使商议，力赞范祥所建的盐法。包回朝后，更力主范祥所建之通商法。惟宋廷当时仍有争议，到皇祐三年（1051）十月，宋廷召范祥回朝，与三司判磨勘司李徽之（？—1090）及两制共议，议者皆以范所议为是，于是宋廷下诏三司解盐听通商。他在皇祐五年（1053）三月，在陕西转运使任上，又力主筑古渭寨以通秦州。但他未得宋廷同意便兴役，结果蕃部惊扰，青唐族羌攻破广吴岭堡，围哑儿峡寨，杀宋守军千余人。同月丁巳（十八），宋廷命秦凤路部署刘涣（998—1078）领兵讨之，但仍命范祥专主馈粮，不得预军事。四月庚午朔（初一），宋廷将范祥自度支员外郎降为屯田员外郎，以他擅兴古渭之役，并命陕西转运使李参专制置解盐事，取代范祥。到嘉祐三年（1058）七月壬辰（廿四），因三司使张方平及御史中丞包拯的推荐，范祥再以度支员外郎制置解盐。他在嘉祐五年（1060）八月丁巳（十九）卒于任上。宋廷在十一月戊子（初三），因权三司使言范祥建议通陕西盐法之劳，录其孙范景为郊社斋郎，子太庙室长范褒在服阙后与堂除差遣。十二年后，在熙宁五年十二月己亥（廿五），因秦凤经略使张诜上奏，以范祥曾经制古渭寨，而拓土临洮实自古渭寨开始，请宋廷褒之。宋廷特赠范祥秘书监，并录子或孙一人为太庙斋郎。范祥所订的盐法，元祐元年十月丁亥（初三），户部仍以之为参考，当时陕西制置解盐司奏，以庆历八年朝旨，范祥所擘画更改解盐事，内延、庆、渭、原、环、镇戎、保安及德顺八州军乞禁榷客盐，官方自立额一万五千五百席货卖，许客旅将解盐于指定的上面八州军折博务入纳，依立定的盐价并加饶钱算给交引。而所纳盐货，就令逐州军相度立额，分擘与外镇城寨出卖。户部请将八州军官卖解盐，依照范祥旧法，许本司判给公凭，召客人自用财本指射入纳，据合支还客人盐价钱数，将转运司籴买年额盐钞纽算支给，至于出卖到的盐钱，都供应转运司籴买。户部又奏，检准嘉祐二年朝旨，范祥所奏的方法，请依他当年的方法办理，得到宋廷的准许。元祐二年三月戊寅（廿六），陕西制置解盐司上言，表示遵从本司奏请，将沿边环、庆等八州军依范祥的旧法。元祐六年七月乙丑（初八），宋廷复制置解盐使时，给事中范祖禹引述旧事，称在庆历中范宗杰为制置解盐使，行禁榷法，公私大受其弊，于是范祥请变法，到八年，乃以范祥为陕西提点刑狱兼制置解盐事，尽革范宗杰之弊，课入亦增加。范祥得到韩琦及包拯的支持，任陕西转运使，而范祥之盐法，至今仍称之。可知范祥的盐法到元祐时一直为宋廷所称许并采用。另外，在宋人笔记中，范祥在陕西推行的钞法也受到好评。[1]

---

1 《长编》，卷一百四十四，庆历三年十月甲辰条，第3479页；卷一百六十五，（转下页）

范育和其父一样，举进士入仕，据张舜民（？—1112后）在元祐年间所撰《十二月二十五日行次沛渭原走寄熙帅范巽之》七律称"今夕帐中拼一醉，同年贤帅是乡人"，张是范的同年兼同乡，二人交情深厚。张除了赠范诗外，后来又撰文祭范之第七子。据栾贵明所考，张舜民在治平二年（1065）登第，则范育亦在是年登第。范先任陕州陕县（今河南三门峡市陕县）令，以养亲解职，而从张载（1020—1078）学，志在立功。他与张载师弟之情颇深，他在元祐初年遵苏昺之嘱，为亡师遗集撰《正蒙序》。据林乐昌所考，《张载集》收有张答他的书三通。考张载集收有《庆州大顺城记》一文，记范仲淹在庆历二年筑大顺城始末，另有《边议》一文，从固守、省戍、固民、讲实、择帅、择守、足用、警败七方面，详论边臣守城的经验得失。另文集又收有《与蔡帅边事画一》《泾原路经略司论边事状》《经略司画一》三章，评说治平年

（接上页）庆历八年十月丁亥条，第3970页；卷一百六十七，皇祐元年十月壬戌条，第4016—4019页；卷一百七十一，皇祐三年十月己卯朔条，第4111页；卷一百七十四，皇祐五年三月乙卯至丁巳条，第4202—4203页；四月庚午朔条，第4204页；卷一百七十五，皇祐五年闰七月庚辰条，第4224—4226页；卷一百八十七，嘉祐三年七月壬辰条，第4517—4518页；卷一百九十二，嘉祐五年八月丁巳条，第4639页；十一月戊子条，第4648页；卷二百四十一，熙宁五年十二月己亥条，第5887页；卷三百八十九，元祐元年十月丁亥条，第9452—9454页；卷三百九十六，元祐二年三月戊寅条，第9665页；卷四百六十一，元祐六年七月乙丑条，第11024—11025页。《宋史》，卷三百三《范祥传附范育传》，第10049—10050页。王巩：《清虚杂著三编·随手杂录》，第26条，"范祥钞法"，第304页。龚鼎臣（1010—1086）（撰），黄宝华（整理）：《东原录》，收入戴建国（主编）：《全宋笔记》，第八编第九册（郑州：大象出版社，2017年7月），第192页。关于范祥筑古渭寨所引发的问题，及刘涣击破蕃部，建成古渭寨的经过，可参阅何冠环：《北宋保州保塞刘氏外戚将门事迹考》，载《北宋武将研究续编》，上册，第97—99页。

拓地降敌

间宋夏交兵之始末，均充分反映张载甚有见地的守边谋议。[1]范育后来出任边臣，进取而稳重，看来得自乃师的启迪甚多。

考范育在熙宁二年（1069）十月底为其舅母、苏通妻王氏（1010—1068）撰写墓志，他自署为"外甥前陕州陕县令范育"。[2]到熙宁三年七月获荐而得神宗召见，他进《复田役书》，神宗又以转对的章疏三十篇给他看详，他条奏称旨，是月癸丑（廿五）（按《温公日录》作七月十七日）特授光禄寺丞、崇文院校书郎。神宗曾问执政范育如何。王安石评他言地制事不全为迂阔。八月癸亥（初六），他与时任著作佐郎、同管勾淮南常平事林旦，一同除太子中允、权监察御史里行。他颇得神宗与王安石的赏识。当西夏入侵环庆路，他曾奉神宗命守边，又在熙宁四年正月己亥（十三）使河东，体量韩绛筑啰兀二寨之得失。但他在同月甲寅（廿八），却前后七章奏劾王安石的鹰犬集贤校理李定（?—1087）不服母丧，当他出使河东时又向神宗面劾李定。他出使河东，

1　张载：《张载集》（北京：中华书局，1978年8月），《苏昞·正蒙序》《范育·正蒙序》，第3—6页；《文集佚存》，《答范巽之书》，第349页；《庆州大顺城记》，第353—354页；《边议》，第356—359页；《与蔡帅边事画一》《泾原路经略司论边事状》《经略司画一》，第359—365页。《宋文鉴》，中册，卷九十一《范育·正蒙序》，第1284—1286页。《宋史》，卷三百三《范祥传附范育传》，第10049—10050页。栾贵明（辑）：《四库辑本别集拾遗》（北京：中华书局，1983年10月），下册，其他版本四库辑本别集六十九种拾遗，张舜民《画墁集》八卷，《十二月二十五日行次渭原走寄熙帅范巽之》，第576页；《祭范七宣德文（巽之子）》，第587页。林乐昌：《张载答范育书三通与关学学风之特质》，《中国哲学史》，2002年第1期，第71—76页。按范育的研究不多，目前只有林乐昌的一篇略言及范的生平与张载的交往。

2　何新所（编著），赵振华（审订），晁会元（统筹）：《新出宋代墓志碑刻辑录》（北京：文物出版社，2019年1月）第五册，（北宋卷五），《一八八·苏通妻王氏墓志（1069）》，第81页。

在二月覆奏时，批评韩绛的宣抚司率麟府兵万人攻啰兀城不能取胜，而致三十万民转饷于道，致资费五六百万，又奏河东民夫送材木至麟州，留月余转运使不使之纳。他又反对在此时增修四寨。他的回奏自然与王安石意违。他知道开罪了王安石，于是自请解台职，神宗允许，将他落监察御史里行。他这番行径显示他并不完全依附新党。值得注意的是，他一再反对在河东筑四寨，没想到他后来在熙河，就一反以前的立场。他从河东回来，四月壬戌（初七），授检正中书户房公事，但他批评中书法度政令，矫枉过正，从权失正，立本不一，故他力辞新命，不给王安石面子。五月辛卯（初七），因开罪了王安石，给王诋他一味谈张载与程颢（1032—1085），而他也在论心术为治之本的地方忤了神宗之意，被降为光禄寺丞出为韩城县（今陕西渭南市韩城市）知县，离开朝廷，稍后又调知同州澄城县（今陕西渭南市澄城县）。是年十二月辛亥（初一），他又奉命往鄜延路议画地界，他辞行前又上奏论鄜延路如何处理蕃汉两耕地的问题，他根据实地考察所得，认为不应轻率地以封堠界壕的方法来画界，认为那会引来纷争，并引《周礼》为言。王安石自然甚为不满，反对派他出使。枢密院于是另派人代替他。他稍后被责降，到熙宁七年十二月甲戌（十一），才以著作佐郎获复合入的差遣。他被视为不支持新法的人。[1]

1　《长编》，卷二百十三，熙宁三年七月癸丑条，第5180—5181页；卷二百十四，熙宁三年八月癸亥条，第5199页；卷二百十九，熙宁四年正月己亥条，第5323页；甲寅条，第5331页；卷二百二十，熙宁四年二月壬戌条，第5343—5345页；癸酉条，第5354页；乙酉条，第5363—5364页；卷二百二十一，熙宁四年三月壬辰条，第5374页；卷二百二十二，熙宁四年四月壬戌条，第5400页；卷二百二十三，熙宁四年五月辛卯条，第5418—5419页；卷二百二十八，熙宁四年十二月辛亥条，第5547—5551页；卷二百五十八，（转下页）

　　　　　　　　　　　　　　　　　　　　　拓地降敌

他在熙宁九年四月获南征交趾的主帅郭逵辟为安南道掌管机宜，但他到潭州时，见宋军病死相属，而郭逵与赵禼意见不合，就上奏反对劳师动众征交趾。当宋廷不从其议时，便辞疾而归。他和李宪本来都奉旨从征交趾，却都中途而返，无缘相见。本来知永兴军罗拯想奏补范育任永兴军掌管机宜，但宋廷以永兴军在内地，不须设此职，于是范就去不成永兴军。他在熙宁十年三月辛酉（十一），当王安石罢相后，获神宗委为权检详枢密院兵房文字。元丰元年正月己巳（廿三）复为崇文院校书。神宗在四月辛未（廿八），以他数次受命按事，都能以直道自持，不为党势所屈，而敢揭发奸恶，于是将他自秘书丞崇文院校书郎擢为直集贤院。五月，他又奉派往庆州劾蕃部之事，他请求初问不承认即摄事。神宗批宜改作再问。六月庚申（十八），再迁太子中允、检详枢密院兵房文字。元丰二年二月乙巳（初六），他再兼开封府推官。是年五月己巳（初二），他还以枢密院检详官奉命审讯权环庆帅高遵裕失职事，他没有因高为外戚而维护他，高结果被降二官徙知淮阳

（接上页）熙宁七年十二月甲戌条，第6298—6299页。《宋史》，卷三百三《范祥传附范育传》，第10049—10050页。司马光（撰），李裕民（整理）：《温公日录》，收入戴建国（主编）：《全宋笔记》，第八编第十册（郑州：大象出版社，2017年6月），卷二，第35页。考范育大概在熙宁三年七月授校书郎后，为己在至和二年（1055）七月辛的舅父苏通（1010—1055），以及己在至和元年（1054）正月辛的苏通子苏昕妻张氏（1025—1054）书写墓志，均自署"试秘书省校书郎范育书"。另据《金石萃编》所载，范育在熙宁四年六月二十三日，在知澄城县时，曾往州治的同州（今陕西渭南市大荔县）与雷寿民、崔君授、李裦同观同州府学的褚绪良（596—659）所书的唐太宗雁塔圣教序碑，该碑现存西安碑林博物馆。参见《新出土宋代墓志碑刻辑录》（北京：文物出版社，2019年1月），第五册（北宋卷五），《一五六、苏通墓志（1055）》《一五七、苏昕妻张氏墓志（1055）》，第69页。王昶（1724—1806）（辑）：《金石萃编》，卷一百三十七《宋十五·观褚书圣教序碑题名七段》，现载《宋代石刻文献全编》，第三册，第293页。

军。神宗见范办事得力，于六月戊申（十一），又命他主领编录西北边事的各项讼案。神宗对他信任有加，再委以重任，九月癸巳（廿八），他与枢密都承旨韩缜与副都承旨张诚一奉命合编的《诸路清野备敌法》毕功上呈神宗，诏颁行之。他后来历知河中府，迁朝奉郎、直集贤院、权发遣凤翔府。他在元丰六年五月后曾为种谔兄永兴军兵马钤辖种诊撰写墓志铭（按种诊卒年不详，《长编》记种诊事最后在元丰六年五月廿三日）。到元丰八年八月丁卯（初六），高太后临朝时，终于担任陕西边帅，以直龙图阁知秦州。中书舍人钱勰（1034—1097）当制，称许他"才猷智略，凤膺器任，选众揆材，往临帅阃"。他在秦凤帅任上，留意防务，特别是秦州的粮草供应问题。他在元祐元年十一月己未（初五），又上言申明知州是都总管、安抚使、都钤辖，其将下公事请不许通判同管。宋廷从之，而确立了路帅的权力。同月戊寅（廿四）他以朝奉郎、直龙图阁被召入为太常少卿。他在元祐二年因母病逝而守制，大概在四年初起复，宋廷于正月丁酉（廿六）改授他光禄卿，六月辛亥（十二）再命他兼权户部侍郎，并命他在一月内看详旧三司及榷货务已行之法是否合宜。七月丙子（初八），本来廷议认为范育权领户部办事尽心，将他擢为枢密都承旨，但右正言刘安世却劾范在知河中府时，曾有阙行，说他用任人用事，干扰刑政，而他闺门不肃，子弟失教，丑声流闻道路。宋廷于是收回成命，在是月己卯（十一），将他出知熙州，替代调知渭州的刘舜卿。[1]

1　《长编》，卷二百七十四，熙宁九年四月丙午条，第6710—6711页；卷二百八十一，熙宁十年三月辛酉条，第6883页；卷二百八十七，元丰元年正月己巳条，第7019页；卷二百八十九，元丰元年四月辛未条，第7072页；五月丁酉条，第7080页；（转下页）

　　　　　　　　　　　　　　　　　　　　　　　　拓地降敌

我们可以看到，范育从家世、学术及历练，都很不平凡。他和其父一样，都是有武干的儒臣，且通晓财赋，善于治郡。他历任内外，既任职枢密院，又权户部侍郎，又出知河中府及凤翔府，并担任秦凤帅，他的资历全面，担任熙河帅是胜任有余，本来他还是难得的枢臣人才。他在神宗朝，以其办事能力及刚直不阿的作风为神宗所知，但他并不依附新党。故此，当高太后临朝时，旧党大臣愿意重用他。在元祐元年六月获任平章军国重事的文彦博便举荐他，称许"知秦州、直龙图范育，曾为言事官，颇有学识，议论不屈"。而刘挚也推荐他，说他"深有器略"。吕公著曾孙吕本中（1084—1145）所撰的《官箴》，也称许他

（接上页）卷二百九十，元丰元年六月庚申条，第7090页；卷二百九十六，元丰二年二月乙巳条，第7205页；卷二百九十八，元丰二年五月己巳条，第7240—7241页；卷二百九十八，元丰二年六月戊申条，第7255页；卷三百，元丰二年九月癸巳条，第7304页；卷三百二十，元丰四年十一月辛丑条小注，第7720—7721页；卷三百三十五，元丰六年五月戊戌条，第8072页；卷三百五十九，元丰八年八月丁卯条，第8579页；卷三百七十五，元祐元年四月己亥条，第9089页；卷三百九十一，元祐元年十一月己未条，第9510—9511页；卷三百九十二，元祐元年十一月戊寅条，第9531页；卷四百二十一，元祐四年正月丁酉条，第10195页；卷四百二十九，元祐四年六月辛亥条，第10371页；乙卯条，第10373页；卷四百三十，元祐四年七月丙子条，第10383—10384页。张载：《张载集》，《范育·正蒙序》，第4—6页。毛滂（1056—1124）：《东堂集》，文渊阁《四库全书》本，卷五《承议郎直集贤院范育可权发遣凤翔府制》，第一叶下。刘安世：《尽言集》，卷七《论范育除枢密都承旨不当》，第89—90页。《宋文鉴》上册，卷四十《诰·钱勰·范育直龙图阁知秦州》，第606页。《宋史》，卷三百三《范祥传附范育传》，第10049—10050页。据范育自述，在元祐丁卯岁（即二年），他居太夫人忧，苏子（即苏轼）又以张载遗集嘱他写序。他称泣血受书，却三年不能为一辞。现在守丧毕而不死，于是就动笔为亡师遗集写序。据此，范育为母守制三年，然后大概在四年初复官。又考毛滂所撰的制文，称凤翔是蜀陇通秦之控地，异时商贾辐辏，狱市繁多，故最为关中之剧郡。毛代表宋廷称许范育"能以儒学润饰吏治，而又风俗习焉，固以命汝，勉服训辞，务修循绩"。

做库务官时，将随从的箱笼只置于厅上，以防疑谤，是守臣的表率。[1]

另外，范育与吕大防的三弟吕大钧（字和叔，1031—1082）、四弟吕大临（字与叔，约1046—1092）均为张载弟子，他后来还为吕大钧撰写墓铭。因他与吕家关系匪浅，吕大防就全力举荐及支持他。[2]

范育虽属旧党，但他有丰富的边事经验，并不墨守成规，更不会

1　《文彦博集校注》，下册，卷三十七《辞免·奏状一、奏状二》，第902—903页；卷四十《举官·举楚建中等》，第939—940页。《长编》，卷三百九十四，元祐二年正月辛未条，第9603页。吕本中（撰），阎建飞（点校）：《官箴》，收入《宋代官箴书五种》（北京：中华书局，2019年4月），第76页。《忠肃集》，卷六《奏议·荐人才疏》，第129页。按刘挚上此疏称他"今月四日奏事延和殿，因论人才，伏蒙圣语询问，臣即具奏"。惟具体年月待考。又顺带一提，在元祐六年七月，西蕃温溪心差人以著书诣范育，欲以骗骝马一匹送宋廷。不知是范育还是高太后的主意，此马后来赐给在洛阳致仕的文彦博，但文彦博上两奏婉谢所赐。

2　参见《宋文鉴》，下册，卷一百四十五《墓表·范育·吕和叔墓表》，第2028—2030页。吕大临等（撰），陈俊民（辑校）：《蓝田吕氏遗著辑稿》（北京：中华书局，1993年11月），《附录·范育·第611—613页，宋文鉴吕和叔墓表》。朱熹（编），戴扬本（校点）：《伊洛渊源录》，载《朱子全书》（上海：上海古籍出版社，2010年9月），第十二册，卷八《蓝田吕氏兄弟宣义·行状略》，第1028—1032。吕大钧与张载是同年进士，据姜国柱的研究，他与弟吕大临可说是张载关学的传人。又考吕大防于元丰二年四月在知永兴军任上，为其故人都官员外郎张穆之（字子和，1016—1079）撰写墓志铭时，时知河中府的范育便负责篆写墓盖，可见吕与范的亲密关系。范育这时所署的官职差遣是"直集贤院权发遣河中军府兼管内劝农事兼提举解州庆成军兵马巡检公事骑都尉借紫范育篆盖"。又考张穆之在熙宁八年夏任权发遣秦凤等路转运副使公事，任职时值河洮兴师旅之后，军粮不足以支月计，而米斗钱数百。张穆之以常法不足以应此，就上奏宋廷请行劝籴之令，预先贷钱与民，而以期使入粟于官，于是诸边郡颇能供给军粮。但他的权宜做法却为言者所劾，夺两官免归。吕大防将此事记于张的墓铭，显然是同情他，认为他没有做错。参见姜国柱：《张载的哲学思想》（沈阳：辽宁人民出版社，1982年9月），第九章第二节《张载的传人——吕大钧与吕大临》，第184—194页；郭茂育、刘继保（编著）：《宋代墓志辑释》，第一三一篇，《宋故朝奉郎尚书都官员外郎轻车都尉赐绯鱼袋张君（子和）墓志铭并序》，第294—295页；《新出宋代墓志碑刻辑录》，第五册，北宋卷五，《二三八、张穆之墓志（1083）》，第106—107页。

拓地降敌

盲目听从朝廷的指令,而是根据实际的情况制定治理熙河的政策,而非像不少旧党大臣,不分青红皂白否定熙丰之政。

从目前可见的资料来看,范育与李宪并无渊源,可能李宪在熙宁四年任太原路走马承受时,与是年初出使河东的范育有过短暂的公事合作。二人当时在河东筑城问题上有相同的看法,多年后范育也同意李宪在熙河的政策。李宪被废黜,熙河初时本来出现人去政息的现象,却幸运地有范育的到来而初步扭转不利的局面。

元祐四年八月己亥(初二),在范育出任熙河帅不久,宋廷就将熙河兰会路改为熙河兰岷路,兰州知州兼管兰会路缘边安抚司改为兰州缘边安抚司,将仍未收复的会州排除于外。宋廷以熙河不再如前的吃重,是月己酉(十二),就诏陕西解盐司于熙河路每年合得年额盐铁数内,从来年开始,拨二十万贯付陕西转运使以供应秦、延等九州军。[1]

顺带一提,在是月辛丑(初四),宋用臣也获得少许宽贷,自监滁州酒税改管勾舒州灵仙观,许本处居住。也许高太后觉得处理蔡确的事上过了头,她除了没听从梁焘等在七月庚辰(十二)进言责降章惇外,也对宋用臣等宽大处理。[2]

1　《长编》,卷四百三十一,元祐四年八月己亥条,第10407页;己酉条,第10418页。

2　《长编》,卷四百三十,元祐四年七月庚辰条,第10392—10393页;卷四百三十一,元祐四年八月辛丑条,第10407页;卷四百三十六,元祐四年十二月丁酉条,第10499页。《萍洲可谈》,卷二,第147页。《夷坚志·丁志》,卷十七"瑠璃瓶"条,第365—366页。徐乃昌(1869—1946)(纂):《安徽通志稿》,《金石古物考十二》,"叶祖洽等题名",载《宋代石刻文献全编》,第二册,第510页。考章惇最终在是年十二月丁酉(初一),以除丧服故,自正议大夫降为通议大夫,提举杭州洞霄宫,这已算是薄责。又据宋人笔记《萍洲可谈》及《夷坚志》所载,宋用臣在舒州(今安徽安庆市潜山县)时,郡守作一甚大的乐鼓,饰以金彩,但其旁的一环脚断裂。宋实时献计以最(转下页)

对于初到贵境的范育，宋廷在十一月甲申（十八）便依枢密院议，以兰州下临黄河，怕冬深结冰，诏范育须详检历年黄河结冰时间，差兵将往兰州及定西城守御。还是久历边任的帅臣较为得力，是月己丑（廿三），殿帅刘昌祚奏请根括陇山地一万九百九十顷来招置弓箭手人马五千二百六十一人。[1]

青唐阿里骨及温溪心的进奉使大小首领软驴脚四等于十二月戊戌（初二）抵京，宋廷给他们补职名及赏赐，三天后（辛丑，初五），西夏遣使来贺哲宗生日兴龙节。边庭暂时无事。[2]

不过，范育大概在这年冬，却向宋廷详细报告了青唐的真实情况，他说温溪心察知阿里骨要杀他们，故加以防备。阿里骨知悉宋廷善待温溪心，及封巴乌凌斡及巴桑多尔济二人官职，故稍缓其行动，但其谋愈深，而多派质户来邈川换易旧住人户，意图除去温溪心等人的心腹及羽翼，又使巴乌阴制其内，使温溪心父子势益孤危。温溪心以目疾，多不管事，而巴乌亦以看经为说，阿里骨多次召唤都不去。范育称青唐人往来多凌辱邈川人户，故邈川人情极不安，而阿里骨又密派人与西夏结和，并不由邈川，只近北往来，有共杀温溪心，并吞邈川之谋，但羌酋并不省悟。他又分析青唐若与西夏共取邈川，西夏就会更强，青唐就会削弱，其势必不两存。他以邈川存，则西蕃可作为西夏

（接上页）便宜方便的方法将之修补，人称他多有此技艺。而据《安徽通志稿》所载，宋用臣在元祐五年四月初十，曾随同属新党的淮西提点刑狱叶祖洽（1046—1117）与唐坰等人同游潜山县牛石洞。

1　《长编》，卷四百三十五，元祐四年十一月甲申至己丑条，第10487—10489页。

2　《长编》，卷四百三十六，元祐四年十二月戊戌至辛丑条，第10499页。

拓地降敌

的障蔽，邈川亡，西蕃就必为西夏所并，西夏就会坐大，故他以为邈川不可不存，温溪心不可不救。他又向宋廷引述岷州都总领蕃兵内臣李祥以及洮西安抚王光世关于阿里骨起兵攻温溪心的谍报。他已向温溪心告谕，若阿里骨来攻，速来告急。他请宋廷许他量发蕃汉兵马以助温溪心声势，让他知有宋援，敢出兵抗阿里骨；并且让他联结诸酋，相应举事，并送赵醇忠过界，宣告阿里骨之罪，以赵醇忠当立为辞。范育是想利用青唐诸酋的矛盾，以夷攻夷。[1]

元祐五年正月中，范育又上言，以宋廷诏本路与夏人分画疆界，非所赐城寨外，以二十里为界。而通远军、定西城、通西寨、榆木寨等城寨，据宋廷指挥画界，夏人坚持以逐寨外取二十里。现时兰州的质孤及胜如堡，前日宋廷令其作守据之计，本路按视合取二堡外立界。但夏人指它们并非旧堡寨，要从龛谷寨打量计算。他认为此二事，若朝廷从夏人之请，则对熙河路边面形势有无穷之害。若不从，夏人必起兵争占，有害今日的和议，而西兵未有可息之期。故此，他建议定西城北与夏人接境，而通西、榆木二寨，则夏境在东，若皆取二十里，则今日所弃边面，多者已二三十里，所需徙的弓箭手已数千百户，失膏腴之地数千亩；另外，这会造成定西城孤绝，敌兵可从中断其归路，其势绝不可守，则通远军之边面所蹙的又不啻数十里，而夏兵每出，可至通远军。当通远军受敌，熙河一路就有扼吭不通之患。兰州一向借质孤和胜如川地五十余顷的膏腴上土，有水泉可以灌溉，其收入每亩有数

1　《长编》，卷四百四十四，元祐五年六月辛酉条，第10680—10683页。按范育此奏不详月日，李焘认为当在四年秋或冬间。

斛，可以安置弓箭手三千人。当日堡障未立，不敢就耕，但以名目占坐不去的已千余人。假若按夏人之意从龛谷寨二十里为界，则二堡之地皆不可耕。兰州没有此地，北距黄河，南隔山，东西境壤则无余，其耕种之地既不足以自食，其州粟便日贵，费用益广。若敌兵一出，则马上至兰州西野，增兵严备，无时而已，兰州就危险了。他又说访闻定西城一带，川原广阔，夏人置仓以积谷，质孤与胜如川夏人称为御庄。自宋廷收复此地后，其土人皆走天都山及会州之境，该处地瘠人贫，故他们常想夺回，而夏人不会顾及和议而罢手。他认为不与则用兵虽速而患小，因宋边有易守之形，与之则用兵虽缓而患大。总之，范育不主张应夏人要求放弃质孤与胜如之地，而主张联合温溪心等对付阿里骨，从而防止西夏与青唐联合。[1]

宋廷尚未决定应否采纳范育的意见时，是月庚寅（廿四），旧党当政者又将新党大将、河东路经略使、龙图阁学士曾布降一官，以他处置本路将官宋整不公，而宋自尽之过责之。旧党的王岩叟、梁焘乘机劾奏，要将曾布严办。宋廷尚未处置曾布，他们挤走的李常已在二月丁酉（初二）卒于成都府任上。丁巳（廿二），宋廷以知陈州胡宗愈代知成都府。据《皇宋十朝纲要》等记载，范育在二月癸卯（初八），已开始修筑质孤和胜如两堡。他要比其前任刘舜卿积极进取得多。[2]

1　《长编》，卷四百四十四，元祐五年六月辛酉条，第10683—10687页。《宋朝诸臣奏议》，下册，卷一百三十九《边防门·辽夏十一》，《范育·上哲宗论御戎之要·元祐五年正月上，时知熙州》，第1573—1575页。

2　《长编》，卷四百三十七，元祐五年正月庚寅条，第10546—10548页；卷四百三十八，元祐五年二月丁酉条，第10553页；庚戌至丁巳条，第10564—10565页。《皇宋十朝纲要校正》，卷十三《哲宗》，第353页。文彦博在是月庚戌（十五）获准致仕。

才任同知枢密院事八个月的赵瞻在三月丙寅（初一）卒于任上。宋廷于壬申（初七）以尚书左丞韩忠彦（1038—1109）继为同知枢密院事，而以翰林学士承旨苏颂（1021—1101）补尚书左丞。二人都是旧党的温和派。辛巳（十六），被刘安世等挤走的曾肇又自齐州徙陈州，补胡宗愈之缺。他与居于陈州的李宪可说是同病相怜。[1]

三月癸未（十八），鄜延帅赵卨向宋廷报告与西夏画界的进展，他遵照枢密院的指示，除塞门寨于东西北三面各取二十里为界外，兰州界及定西城堡寨，及本路义合寨与河东吴堡寨比接诸城边面齐截去处，于城外打量二十里，照直为界，择地竖立封堠，修建堡铺。宋廷同意，诏他令保安军牒告宥州夏人。宋廷此时仍坚持原先的协议，保留塞门寨与兰州。夏人除了塞门寨的画界尚有争议外，其他各处都接受宋方的意见。唯兰州质孤、胜如两堡的画界仍在争议中。[2]

四月戊戌（初三），宋廷接受范育的请求，命城寨使臣招募少壮堪耕战的人刺充弓箭手。每员使臣招三百人，他们能从事其业达一年，就减负责的使臣磨勘一年，若百人就减半。至于提举官，每及六百人就各减一年磨勘，三百人就减半。这是李宪当年定下的制度。三天后（辛丑，初六），宋廷为安抚青唐，授鬼章之子苏南结右班殿直，并月

1　《长编》，卷四百二十三，元祐四年三月戊寅至己卯条，第10232—10238页；卷四百三十九，元祐五年三月丙寅条，第10568页；壬申条，第10574页；辛巳条，第10581页。考胡宗愈为胡宗哲族兄，在元祐四年三月己卯（初八），自尚书右丞上被言官刘安世连续上奏二十一道严劾，而被罢右丞以资政殿学士出知陈州。参见342页注2。

2　《长编》，卷四百三十九，元祐五年三月癸未条，第10581页；卷四百四十，元祐五年三月甲午条，第10588页。

给茶彩，赏他能抚帖其部族。[1]

是月甲辰（初九），一向不喜李宪的知枢密院事孙固卒。值得一提的是，曾参李宪幕、性素豪迈的李靖兵法专家郭逢原，在是月癸丑（十八）原本新任通判岷州，宋廷忽将他徙权通判河北的磁州（今河北邯郸市磁县），将他调离熙河。据载是给事中郑穆（？—1092）及范祖禹的意见。据其墓志所载，他在元祐以后被视为元丰党人，一直闲居，他有否与故主李宪往来，惜史所未载。[2]

宋廷继续与西夏在画界上讨价还价，是月壬戌（廿七），应西夏之问，宋廷令保安军牒报宥州，关于兰州的质孤及胜如堡的建置年月。宥州又牒兰州，所管至第三寨取直。宋廷又令保安军回牒，兰州的地界问题要知会熙州。[3]

宋廷在五月丙寅（初二），认为边事已宁，就将罢相出知颍昌府的范纯仁徙知延安府（即延州），而将知延州多年的赵卨调知太原府。但御史中丞梁焘极力反对，认为于制不合。给果宋廷改命范知太原府，而赵卨留任。[4]宋廷却未想到西夏又借胜如及质孤两寨的存废再起争

1　《长编》，卷四百四十一，元祐五年四月戊戌条，第10610页；辛丑条，第10619页。

2　《长编》，卷四百四十一，元祐五年四月甲辰条，第10619页；癸丑条，第10621页。黄裳：《演山集》卷三十三《朝散郭公墓志铭·元符二年九月》，第七叶下至九叶下。据黄裳所记，郭逢原在元丰七年以丁父忧解职，到他释服后，回朝的司马光以他是元丰党人，不肯用他。他闲居许久，才以监仓迁朝奉郎，稍后除磁州通判。其墓志铭没有记他曾获委权岷州通判，以及范祖禹等反对他这项任命的理由。按是时知岷州是武臣郭绍忠。他后来任通判镇戎军，乃得以返回西北。

3　《长编》，卷四百四十一，元祐五年四月壬戌条，第10623页。

4　《长编》，卷四百四十二，元祐五年五月丙寅条，第10630—10631页；戊子条，第10639页；卷四百四十三，元祐五年六月己未条，第10675页。宋廷将原知太原府（转下页）

拓地降敌

端。是月丙子（十二），赵禼上奏收到保安军转来宥州的牒文，西夏请宋人废兰州胜如等堡。宋廷想息事宁人，就诏熙河，密勘胜如与质孤两堡内现屯的蕃汉兵马及巡检使臣等人数，以及两堡的城壁楼橹守御之具的状况，另查询两堡在元丰五年修筑后，有何事迹或文据可给西夏照验，又询问熙河应以何辞回复西夏的质问，以及夏人所称的广割岭究是何处，令范育绘图以闻。壬辰（廿八），宥州又牒保安军，称兰州地界应如前月所订。宋廷于是令保安军知会熙州。[1]

正如宋廷前诏所言，质孤与胜如两堡都是李宪在元丰五年以后修筑来防御兰州的要塞，夏人当然想要取回。宋廷言官对此意见不一，殿中侍御史上官均在六月辛丑（初八），便上言指出西夏现时所争的兰州要塞，都是控扼戎马要路，若以目前无事，就轻易付之。中外就会担心夏人会乘虚长驱，熙河数郡就孤立难守，为害不浅。他说朝中大臣无非想安静无事，所以曲从其请。但他担心他日夏人无厌，求取熙河故地，就不知以何辞拒绝。他说曾访问曾任边地而替代回朝的官员（可能正是范育），他们都以为戎狄之情，骄则愈横，若今日给以边塞要地，就自去屏障，长夏人强悍之势，等于借寇以兵，不但无益，而且有害。他主张今日宜治兵积谷，选将厚赏，画地而守，切勿给予尺寸之地。他建议若夏人以故地疆界为言，就谕边将答以灵州也是宋朝故土，若夏人归还灵州，宋朝就偿以故土，这样亦可以折其无厌之请。他又说前日朝廷轻信边臣之计，放弃四寨，论者深以为恨，今日又捐割

（接上页）的龙图阁直学士滕元发（1020—1090）徙知扬州，而原知扬州的蔡京就代知颍州。蔡京在六月己未（廿六）又徙知郓州。

1　《长编》，卷四百四十二，元祐五年五月丙子条，第10636页；壬辰条，第10645页。

边地，徒增西夏之气势。他将弃四寨之责任，归于延帅赵卨，说他想脱身归朝，望入为执政。[1]

宋廷本来在六月辛酉（廿八）将范育召入为户部侍郎，而以知秦州叶康直代知熙州。但范育尚未离任，西夏不满宋人不肯更改质孤及胜如二堡的画界，就出兵犯二堡。[2]

早在五月壬辰（廿八）擢为龙图阁直学士、御史中丞的苏辙，也在六月辛酉（廿八）上言论质孤、胜如二堡的事。他一如既往，认为应该对西夏让步，接受其画界要求，以免再起边衅。他不同意上官均及范育等寸土不让的意见。他说熙河路近日创修质孤及胜如二堡，侵夺夏人御庄良田，又于兰州以北过河二十里议筑堡寨，以广斥堠，于是造成夏人猜疑，不受约束，而怨毒边吏，不信朝廷，就是宋朝岁赐至厚，和市至优，只是勉强修臣节，其实并未感激。总之，过错都在宋朝。他又批评熙河帅臣与其将史，不明宋廷之心，只求尺寸之利，妄求功赏，以害国事。他又引述宋廷当年因熙河筑西关城，又声言次筑龛谷，于是招致鬼章疑惧而入侵，以至一路疮痍至今未复。他说今日筑城质孤与胜如，其势必及于龛谷，夏人必会像鬼章那样疑惧而出兵。他认为今次夏人入侵，曲在熙河，而非西夏。他又说兰州之为患，所从来远矣。他再一次点了李宪的名，说当年神宗分遣诸将攻夏，李宪应会兵灵武，却"畏怯不敢深入，遂以此州塞责，自是以来，筑城聚兵，完械积粟，劳费天下，动以千万，为计议者患之久矣"。他批评李宪种下祸根，

1　《长编》，卷四百四十三，元祐五年六月辛丑条，第10656—10662页。
2　《长编》，卷四百四十四，元祐五年六月辛酉条，第10679、10687页。《皇宋十朝纲要校正》，卷十三《哲宗》，第354页。

拓地降敌

于是后来"好事之臣，因此讲求遗利，以为今城本汉屯田旧地，田极膏腴，水可灌溉，不患无食，患在不耕，不患不耕，患无堡障，凡西关、龛谷、质孤、胜如与过河筑城，皆所以为堡障也"。他认为从来熙河派兵侵耕此地，皆被夏人所杀，何况筑堡，必定致寇。他以为不耕兰州，比夏人入侵更为有利。他又以宋廷以点检熙河弓箭手为名，派孙路商量熙河画界事，而痛斥孙路昔日在熙河，随李宪等造作边事，由此得到擢用。他说怕孙路和以前一样，不以夏人逆服利害为心，而妄图兰州小利，而失国家大计。[1]苏辙在这篇奏议上，先后点了李宪两次名，他说李宪畏怯会师灵州，而取兰州以塞责，后来引致开拓兰州而劳费千万。这本是旧党朝臣加给李宪的标准罪名，而苏辙因袭其说。至于苏辙之论是否合理，就见仁见智。从儒家不侵夺别人土地、不穷兵黩武的立场，弭兵息战以安民，不能说是错的；但从国防守御，以备战而震慑敌人不敢犯境的现实考虑，苏辙之论又似是书生之见，连他任边吏的文臣同僚也不能认同。

苏辙意犹未尽，稍后再上一奏，他点了范育的名，劾他与将吏种谊与种朴等妄兴边事，东侵夏国，西挑青唐，二难并起，请将三人责降。他说熙河的边衅本自种氏二将狂妄，觊幸功赏而发动，现时范育虽已离职，但二种仍在，而新除的熙河帅叶康直又人才凡下，说他不免观望朝廷意向，而为二种所使，若不将他们一齐调职，熙河之患就未可知。苏辙再一次点李宪的名，说神宗当初开熙河，本来没有包括

<hr />

1 《长编》，卷四百四十二，元祐五年五月壬辰条，第10642页；卷四百四十四，元祐五年六月辛酉条，第10687—10689页。《栾城集》，中册，卷四十三《御史中丞论时事札子十二首·乞罢熙河修质孤胜如等寨札子》，第946—948页。

兰州，初并不为患，是李宪违命创筑兰州城，并说无兰州，熙河绝不可守。因取兰州已十余年，现时想要筑质孤和胜如堡，以侵夏国良田，就说若无质孤和胜如，兰州亦不可守。他批评范育等其实"展转生事，类皆浮言。盖以边防无事，将史安闲，若不妄说事端，无以邀求爵赏"。他又批评种氏一门从种谔起，多是妄生事端以邀功，而认为范育等联合青唐诸酋对付阿里骨并无果效。他再批评新除的熙河帅叶康直昔为权贵所荐而为秦凤帅，其实为人能力未足倚仗，他又力数叶在秦州之过失，再一次说他多次事李宪，而靠李宪营救而免获罪。他请另派熟事老将担任熙河帅。[1]总之，苏辙对李宪及和李有关的人均无好评，而认为应向西夏妥协退让。

宋廷在七月戊辰（初五），为了平息廷臣对熙河画界事的争议，特命熟悉熙河边事的秦凤路提点刑狱游师雄前往按视定西城等处疆界，以及城寨相去地里以闻。乙亥（十二），宋廷因言官反对，将新任熙州的叶康直改任宝文阁待制、陕西都转运使，而重新以范育知熙州。同日，熙河经略司奏上，就在熙河帅频频易人之际，夏人攻毁质孤和胜如两堡，宋廷即命移牒宥州质问夏人。苏辙见连上两章，虽然罢叶康直知熙州，最后却由范育还领熙河，于是再上一章，说闻知夏人已破荡两寨，足见二寨不应城守，他仍请熙河另委新帅。不过，他自承本是儒生，不习军旅，只以人情揆度此事。宋廷不报。丁亥（廿四），苏第四度上奏，认为范育和种谊不可留在熙河，因夏人不信他们。他们因惧

1　《长编》，卷四百四十四，元祐五年六月辛酉条，第10689—10693页。《栾城集》，中册，卷四十三《御史中丞论时事札子十二首·再论熙河边事札子》，第956—959页。

愤, 耻功不遂, 必妄生事端。他们既结阿里骨之怨, 二隙交遘, 危险就更大。[1]

苏辙要撤换范育等边臣边将, 但边臣难寻, 种谊这种立有大功的边将更不是随便可换的。苏辙上奏的同日, 宋廷诏游师雄仍旧兼提举催促兰州、通远军招置弓箭手。[2]

相较之下, 久任边帅的环庆路经略使范纯粹的意见就中肯得多, 远比毫无边臣经验的苏辙更令人信服。他在七月壬辰(廿九)上言, 一针见血指出:

> 臣伏见熙、延两路与夏国所画封疆, 至今未决, 外议谓朝廷务在息兵, 失于欲速, 故狂寇要索, 日益滋彰。虽圣朝怀来四夷, 固为上策, 若边臣不究利害, 但务委随, 则国体事机, 不无亏失。……朝廷既许以陷寇之众易新造之垒, 人有品色多寡之异, 地有形势远迩之差, 约当素明, 谋当素定, 必皆著见于书, 然后受人、割地, 交相付与, 则彼尚何所能为乎? 今谋不素定, 约不素明, 彼以疲残百余人塞命而已, 我乃不复较问, 亟以四垒付之, 则彼计固已行矣。闻四垒既付, 即已平彻, 而熙、延二境, 始议画疆, 顾不晚乎? ……如闻夏贼于塞门、金城之地, 重有

1　《长编》, 卷四百四十五, 元祐五年七月戊辰条, 第10711页; 乙亥条, 第10715—10716页; 丁丑条, 第10718—10719页。《栾城集》, 中册, 卷四十三《御史中丞论时事札子十二首·三论熙河边事札子》, 第961—962页; 卷四十四《御史中丞论时事札子十首·四论熙河边事札子》, 第966—967页。
2　《长编》, 卷四百四十五, 元祐五年七月丁亥条, 第10722页。

要求，又声言与西邻为合从之谋，将以重我。外议恐朝廷不以为重，而轻弃之。信如是，则欲速亦已甚矣！夫朝廷所以谓金城、塞门为不可弃者，非以两孤垒之为利也，谓其形势险阻，足以藩篱边徼，土田沃壤，足以瞻给边兵也。利害所系，他垒莫比，故独不在给赐之限。今画疆之议，乃欲安目前之小休，弃形势之要地，舍数千户已耕之土地，断数百里斥堠之要冲，屏蔽无余，出门遇敌，道路梗涩，运饷艰虞，孤垒仅存，我将安用？譬犹欲保一身，而损去四体，是大不可也。然则前日诏旨所不予之地，徒虚名耳。且彼之所求，我必与之，臣不知真足以厌其所欲而不为他日之患乎？失要害之地，济无厌之求，亏国体势，堕贼奸谋，养虎开端，不可不慎。……臣愿朝廷舍其浅近，计于久长，其所取乎，并以元颁诏书从事。如其偃蹇，置而不问，但诫饬边吏，严备如昔。希功造事则固所不可，护边待敌则宜无甚难。以区区内乱之小羌，尚能与中国久抗乎？期以岁年，决可竟事，在朝廷不惑而已。[1]

苏辙的文名及后来的官位，自然比范纯粹高很多，但观乎二人对边情及外敌的认识，可说是高下立判。幸而宋廷中枢没有轻信苏辙的话，才不致造成更大的损失。

宋廷在八月甲午（初二），因言官对孙路的不信任，就改命户部员外郎穆衍往熙河兰岷路措置弓箭手土田事宜，另相度画界的事。据

1　《长编》，卷四百四十五，元祐五年七月壬辰条，第10724—10726页。

《长编》引穆衍的墓志所记，穆衍往熙河还，以质孤和胜如据两川美田，是汉蕃必争之地，自西关失利，遂废不守。他请在两堡之间，更城李内彭（即李诺平），以控要害，并说纳克密、努札、浅井、隆诺特，都宜起亭障，以通泾原之援。宋廷于来年筑城李内彭，赐名定远城。可见穆衍完全赞同范纯粹、范育以至孙路等人的筑城守御策略，反对放弃兰州等地。[1]

　　苏辙见请罢范育及种谊之议不见施行，而宋廷又派孙路及穆衍往熙河按视，心有不甘，乃在八月庚子（初八）上奏，再申前议，认为胜如两堡不应再修，定西、通西及通渭三寨二十里以上界至，亦无必取于夏。他请将范、种二人移去他路，别择名将，谨守大信，并修边备；不过，苏辙也明白宋廷不会听他的。[2]

　　八月庚申（廿八），宋廷为表示宽大，就特许鬼章往秦州居住。[3]一个月后，宋廷却在九月丙戌（廿五），将在西边多立功劳的永兴军总管李浩，坐任熙州副都总管时，买诸路军交旁入中等过失，自黔州观察

1　《长编》，卷四百四十六，元祐五年八月甲午条，第10728—10729页；卷四百四十九，元祐五年十月癸卯条，第10792页。《宋史》，卷三百三十二《穆衍传》，第10691—10692页。考穆衍在元祐五年十月癸卯（十二）迁右司员外郎，十二月丁巳（廿七）又迁郎中，赏出使之劳。他在绍圣初年，以直秘阁为陕西转运使，后加直龙图阁知庆州，又徙延安府（即延州），再徙秦州，未行而卒，得年六十三。宋廷以他当日主张不弃兰州之功，而官其一子。穆衍是介乎新旧党的人物，他力主保有兰州，但旧党的人并不排斥他。

2　《长编》，卷四百四十六，元祐五年八月庚子条，第10734—19737页。《栾城集》，中册，卷四十四《御史中丞论时事札子十首·论前后处置夏国乖方札子》，第973—975页。

3　《长编》，卷四百四十六，元祐五年八月庚申条，第10757页。

使降为忠州防御使，虽会赦仍照旧责降。[1]

是月己丑（廿八），枢密院奏上游师雄往质孤、胜如二堡的实地考察报告。游报告宋廷，夏军五千人在六月底攻毁两堡，当日因烟雾之故，故不见烽火。幸而胜如堡内有横空地道，故守兵多得以保全，只有三人受伤，而缘边巡检计守义又擒得夏军四人。至于质孤堡守兵四人皆被杀。巡检王亨已知会守卒若势力不敌，即许回避，惟管当东关堡的白遇及刘文珪二人却不预行提防，颇涉轻慢。宋廷即诏王亨降一官，展一期叙，白、刘二人各展二年磨勘。胜如堡因擒获夏军四人，特免责罚。而熙河帅范育及知兰州种谊就免罪。[2]

十月甲辰（十三），苏辙上言论新升任管军的人选，他对李宪麾下诸将倒没有偏见，他同意高太后所提议的王文郁与姚兕两人。高太后、吕大防及许将（？—1100后）都称许王文郁有边功，堪任军职，最后王文郁以熙河兰岷副总管除沂州团练使，拜捧日天武四厢都指挥使，并升为本路副都总管，晋身管军之列，惟姚兕就不获晋升，改由张守约拜龙神卫四厢都指挥使，任鄜延路副都总管。[3]李宪熙河旧部中，已先

1　《长编》，卷四百四十八，元祐五年九月丙戌条，第10773页。

2　《长编》，卷四百四十八，元祐五年九月己丑条，第10774页。

3　《长编》，卷四百四十九，元祐五年十月甲辰条，第10792页；卷四百五十，元祐五年十一月壬戌条，第10807页；卷四百五十三，元祐五年十二月甲寅条，第10870页；卷四百五十四，元祐六年正月壬申条，第10883页。《栾城集》，中册，卷四十五《御史中丞论时事札子八首·乞定差管军臣僚札子》，第1001—1002页。范祖禹：《范太史集》卷二十九《赐捧日天武四厢都指挥使沂州团练使充熙河兰岷路马步军副总管王文郁进奉贺南郊礼毕马敕书》，第六叶上。宋廷在十二月甲寅（廿四）正式发出擢升王文郁与张守约管军的任命。另鄜延路副都总管吕真召入为马军都虞候、权管勾步军司，秦凤路副都总管刘斌为步军都虞候调任高阳关路副都总管。王文郁获擢升后，（转下页）

后有苗授、李浩及王文郁升任管军。

李宪在元祐五年的各次政治风波中都未受影响，苏辙在数次奏疏上点他的名，算他的旧账，都没有令他再被责降，反而在十二月壬辰（初二），不知是何恩典，他从致仕的右千牛卫上将军分司南京，再任班官之首的延福宫使，恢复宣州观察使和提举明道宫的遥领官及祠职。李焘也弄不清何故，李宪能恢复致仕前的职位。为李宪撰写制文的是权中书舍人丰稷（1033—1107），其中有"宜叨旧物"之言，意谓他应得回此旧职，但此言后来却被不喜李宪的苏辙评为不得体，说丰无学。[1]

李宪复职的同日，知熙州范育奏上详细的画界报告及建议，他说按照差官的按视及依以前绥州画界的先例，他以本路的新疆界有难依绥州的地方，他请兰州以黄河外二十里为界，其余城寨，于现在弓箭手已开的崖巉口铺耕种地土外，以二十里为界。另依朝旨，于定西城以北二十里，相照拶边堡寨接连取直，合立界至，兼参照枢密院所降的甲、乙、丙、丁图子，及回答夏国诏书所示许一抹取直的原则，内定西城以东，合与秦州隆诺特堡一抹取直。范说已依朝旨条画逐件利害及以彩画地图奏闻。他说在十一月辛巳（廿一），有夏人首领允稜举特且来本路石硙子谈判，他已差第五副将李中和他会谈，并不依应近降朝

（接上页）就进奉马，贺刚举行的南郊大典。宋廷命中书舍人范祖禹撰写敕书奖之，称他有"御侮之任，爰有修贡之仪，言念恪勤，不忘嘉叹"。至于不获晋升管军的姚兕在元祐六年（1091）正月壬申（十二），以通州团练使、环庆路总管徙泾原。

1　《长编》，卷四百五十二，元祐五年十二月壬辰条，第10843页；卷四百五十四，元祐六年正月丙戌条，第10891页。

旨，而执宥州牒要逐个城壕外打量。他又分析，夏人力争地界之意，并不以尺寸之壤为彼利，而以熙河形势控其右胁，临制其国，意欲削毁宋的藩篱，使宋边常危，西夏就有常安之计。范育又以本路地势，质孤、胜如、努札三堡，实是控扼夏人咽喉之地，宋人得之足以制夏，夏得之则足以困宋。他认为没有质孤和胜如堡，则兰州必危，无努札则定西必危。兰州和定西危，则熙河常有动摇之忧，而夏军就势更强，可以肆为边患。他又说宥州昨日来牒称，纳叶经且将克节修筑堡子，有耕种处并驻人骑，请权行毁废。由此观之，夏人窥伺三堡并非一日之事。他又指出宋廷有二十里的指挥，想起自东关，至毫谷、定西以北各二十里为界，即三堡皆在夏人熟地之内，并要自定西熨斗平第三寨接连取直，若如此，蟾羊山、吓累州、聚卜结隆一带亦为西夏所有。若再与之西寨，请以二十里为界就从之，若请留生地十里亦从之。他请宋廷将先降二十里及一抹取直的指挥，许他在本路难行处随宜处分，他说契勘后，二十里指挥行于延、河东及本路的智固（即质孤）及胜如则可，行于定西城则不可。他再具体言明哪处应用什么指挥处理画界。而努札方面的利害，也先后经王篯、姚雄（？—1100后）申陈事状，而由以前的孙路及刘舜卿相度处理。[1]这是北宋中叶一宗很重要的宋夏画界的案例，范育站在宋方的立场，尽量争取于宋有利的画界方案。不过，苏辙对范育的方案却严厉批评，说大臣狃于小利，贪图西夏便利田地，又把穆衍也骂上，又说夏人不忿，必会出兵，又说我曲彼直，何以御之？他又骂大臣皆一时儒者，而背弃所学，贪求苟得，为国生事，

1　《长编》，卷四百五十二，元祐五年十二月壬辰条，第10844—10847页。

　　　　　　　　　　　　　　　　　　　　　　拓地降敌

一至于此。他又说前后计划皆出于种谊，而种谊本小人，安知大虑，不知数年，此患必见。另外，苏辙又责备在十二月甲辰（十四）罢殿中侍御史的上官均反复，苏不满他的一个原因是上官均力主范育不可罢。[1]苏辙对于熙河弃守的评论有点流于意气，而不是以事论事。

元祐六年（1091）正月辛未（十一），元老彰德军节度使、知河阳冯京告老，宋廷本来将他徙往陈州，但当他入见而过国门时，就辞以疾甚。翌日（壬申，十二），就改任左银青光禄大夫、观文殿学士，兼侍读，充中太一宫使。他与在陈州闲住的李宪就缘悭一面。是日，支持对西夏退让的鄜延帅赵卨上言，称熙河路所占夏人良田极多，请宋廷酌中处置。枢密院上言西夏现已通常贡，岁时的恩赐已如旧，只是分界的事未毕。若赵所言属实，夏人就是心存观望，难以驯服。宋廷于是诏赵卨根据历来朝旨，命其出使的长子赵偲悉心讲究，等夏人再来界首，就尽理折难，务令夏人听伏。宋廷并未因赵的上言而妥协。[2]

与赵卨意见相反的范育在是月甲申（廿四）奏上宋廷，称阿里骨逼逐温溪心父子离开邈川往青唐。对于此一事态，枢密院建议以阿里骨子溪邦贝昌除授团练使，同时除温溪心子溪巴温刺史，官号与温溪心同，令管勾邈川一带部族，明示宋廷恩顾，以羁縻之。宋廷诏范育秘密相度此事以闻，继续以温溪心等人牵制阿里骨。[3]

1　《长编》，卷四百五十二，元祐五年十二月壬辰条，第10847—10849页；甲辰条，第10852、10855—10856页。《栾城集》，中册，卷四十六《御史中丞论时事札子十三首·论西边商量地界札子》，第1018—1021页。

2　《长编》，卷四百五十四，元祐六年正月辛未至壬申条，第10882页。

3　《长编》，卷四百五十四，元祐六年正月甲申条，第10886页。

苏辙在二月辛卯（初二）自御史中丞拜尚书左丞，而王岩叟则自权知开封府拜枢密直学士、签书枢密院事，二人虽同为旧党言官出身而晋身执政，但他们对弃地的看法现时却南辕北辙。是月癸卯（十四），熟知边事的环庆帅范纯粹召入为户部侍郎，而以同样有才识的左司郎中章楶为直龙图阁、权知庆州。[1]宋廷在中枢及地方掌权的还是以务实的人为主。

宋廷在二月丁巳（廿八），根据范育的密奏：一方面任阿里骨子都军主溪邦彪篯为化外庭州团练使；另一方面又以温溪心子溪巴温为化外胜州刺史，同管勾邈川部族，月给茶彩有差；并令范育告谕阿里骨及温溪心，让他们知道宋廷的恩典，尤其让后者知道宋廷助之以对付阿里骨。就在同日，次相刘挚在延和殿入对时，却劾苏辙刚很自任，又劾他弃质孤和胜如二堡，并和赵卨互为表里。又说他日苏必会像王安石之乱法度。放弃兰州二堡，竟成为旧党大臣互相倾轧的借口。[2]

赵卨因连续檄文宥州无应，于是厚予金帛，命擒得的蕃人乙吴麻往西夏谕夏相梁乙逋，表达宋廷愿就疆土议和之意。据说梁方集数万众于密木关，将于某日寇熙兰。乙吴麻来到，梁就暂缓出兵，并马上派

1　朱熹、李幼武（?—1172后）（编）李伟国（点校）：《朱子全书》，第十二册，《八朝名臣言行录·三朝名臣言行录》（上海：上海古籍出版社，2010年9月），卷十二之二《枢密王公》，第774页；《长编》，卷三百九十四，元祐二年正月辛未条，第9603页；卷四百五十五，元祐六年二月辛卯条，第10901页。考章楶在元祐初年一度不见容于言官。元祐二年正月辛未（十八），当他自成都府路转运副使、朝奉大夫迁吏部郎中时，曾被御史孙升劾他任荆湖北路提点刑狱司时，奉承及纵容内臣甘承立在本路贪暴不法，残虐人命数千。他在同年四月癸卯（廿二）出知越州。
2　《长编》，卷四百五十五，元祐六年二月丁巳条，第10912—10913页。

亲信㪍名麻胡和乙吉凌丁来延安府。赵禼于三月乙亥（十六），奏上宋廷，询问夏人来商议分画熙兰地界，若坚持要宋朝归还时，应如何回复。他不知道宋廷态度已转强硬，他与苏辙已被批评。宋廷即诏他据以前的指挥委婉应答，若夏人坚不听从，便欲回国，就以需奏上宋廷寻求指挥来回应。总之不可随便应承夏人的要求。[1]

宋廷一方面对夏人索取旧地毫不妥协，另一方面对青唐使用怀柔手段。四月癸巳（初四），范育上奏称阿里骨以蕃字书来求赐熟铜五十斤，宋廷就诏如其请赐之，但要谕告他，熟铜于汉法是禁品，因他恭顺才特赐之。是月丁酉（初八），大概是范育的推荐，曾在李宪麾下的内臣熙河兰岷路钤辖李祥，升任本路都钤辖。同月辛丑（十二），西夏入寇熙河及鄜延两路，被宋军击退。甲辰（十五），范的大将知兰州种谊以功自西上閤门使升东上閤门使。苏辙一直劾范、种二人，要将他们移去他路，但宋廷却对二人倚重不替。[2]

是月庚戌（廿一），投闲多年的王中正以再任宫观年满，请求任便居住。本来首相吕大防及次相刘挚都同意，但签书枢密院事王岩叟反对，怕他会以此而来京师居住，让他在外还可。吕、刘及苏辙也表示同意。[3]

五月己未（初一），三省与枢密院一同进呈熙河与延安府在四月辛丑（十二）击退西夏的捷报。宰执大臣又争议质孤、胜如两堡弃留的

1　《长编》，卷四百五十六，元祐六年三月乙亥条，第10922—10923页。

2　《长编》，卷四百五十七，元祐六年四月癸巳条，第10937页；丁酉条，第10939页；甲辰条，第10942页。《宋史》，卷十七《哲宗纪一》，第332页。

3　《长编》，卷四百五十七，元祐六年四月庚戌条，第10944页。

问题，苏辙支持鄜延帅赵卨的意见，主张归还。吕大防反对，认为每年已给西夏二十五万银绢，怎可任其侵侮，应恩威并行。王岩叟也表示两堡乃形势膏腴之地，失之则兰州与熙河遂危，岂能轻议放弃。他以两堡自元丰用兵已为宋所有，现时讲和画界，当在宋方之立场。真的给了，如何保证将来不再要求？高太后听了，就表态说夷狄无厌。刘挚与王岩叟实时附和。在执政中只有韩忠彦支持苏辙，但拗不过多数人的意见。[1]

翌日（庚申，初二），枢密院奏上熙河鄜延路详细的战报，说西夏杀掳人畜，攻毁烽火台，但被经略司兵邀其归路，已生擒其首领及斩获首级。宋廷即诏诸路要诫约边城寨的兵将，更要严斥堠做好防御。如夏军再来犯，就审时度势，出奇设伏，乘便掩击，但勿贪功为敌所诱，亦不得妄称犯塞，引来边患。又要考虑敌军声东击西，而在别路寻隙。宋廷诏环庆等各路亦依此指挥行事。值得一提，就在同日，宋廷又特诏李宪任便居住。不过，宋廷却没有打算询问李宪如何防御西夏的意见。[2]宋廷在此气氛下，当然不会放弃两堡。是月己巳（十一），阿里骨居然派他的死敌温溪心入贡，[3]这让宋廷觉得，青唐

1　《长编》，卷四百五十八，元祐六年五月己未条，第10952—10953页。《朱子全书》，第十二册，《八朝名臣言行录·三朝名臣言行录》，卷十二之二《枢密王公》，第775—776页。

2　《长编》，卷四百五十八，元祐六年五月庚申至甲子条，第10954、10957页。宋廷在是月甲子（初六），再命元老中太一宫使、观文殿学士、左银青光禄大夫兼侍读冯京为检校司空，充宣徽南院使，判陈州。他在同月辛巳（廿三）辞免判陈州之任，他与在陈州的李宪到底缘悭一面。

3　《长编》，卷四百五十八，元祐六年五月己巳条，第10959页。《皇宋十朝纲要校正》，卷十三《哲宗》，第356页。

拓地降敌

终于听命。

是月甲戌（十六），两名李宪旧部叶康直和李察都主动要求调任闲职。叶康直本来在正月壬午（廿二）以宝文阁待制、陕西都转运使除潭州，他以疾辞免，这时就改知亳州。李察原本在正月丙戌（廿六）知亳州，现在就以右朝奉郎管勾仙源县景灵宫太极观，许他任便居住。[1]苏轼则在是月丁丑（十九）上书表白其屡遭人挤压之情后，受知于高太后，获从杭州召还任翰林学士承旨兼侍读。苏轼兄弟一直受高太后看重，但他们许多意见都不与主流廷臣相同。苏辙所支持的鄜延帅赵卨却在是月戊子（三十）卒于任上。王岩叟虽然在弃地事上与赵意见不同，但仍在高太后前说赵久在边，累求归不得，请厚恤之。王的请求得到吕大防等的支持，也获高太后同意。就在赵卨离世前不久，宋廷收到熙河及鄜延的报告，说夏人又入侵汉界，已派兵邀击并擒其首领各一名。宋廷诏将他们释放，并令他们面谕夏人，虽然疆界事尚未毕，但夏人安可侵边，本来要将他们斩首，现为好生之德才放回。西夏现已纳常贡，要他们回去对梁乙逋等说，不得再放纵人马犯境。早在力主弃地的赵卨卒前，宋廷已改持强硬态度，不轻易放弃李宪等辛苦得来之地。[2]

1　《长编》，卷四百五十八，元祐六年五月甲戌条，第10963页。

2　《长编》，卷四百五十八，元祐六年五月丁丑至庚辰条，第10965—10968页；甲申条，第10971页；丙戌至戊子条，第10971—10972页。《苏轼文集》，第三册，卷三十二《奏议·杭州召还乞郡状》，第911—914页。关于赵卨之死，据宋人笔记所载，赵卨在元祐初年出帅延州后岁余，忽染疾，数月方愈而复起视事。他显然是一直带疾从公的。他亡故的一天的辰巳间，令厅吏向他报告午时到临。俟午时，他便命左右取公服穿上，并秉笏正身，端坐于府中，似有所待。他又命吏出望北方，有紫云到便来报。（转下页）

西夏不识抬举，仍派数万人寇定西城及通渭寨，攻毁近边崖巉，杀守巉人甚众，又寇泾原，大掠开远堡及得胜寨而去。六月癸巳（初五），执政聚议，本来打算绝西夏岁贡，但以高太后生辰坤成节快到，夏使已差不多抵达，就暂搁置停西夏岁贡之议。宋廷在是月丙申（初八）以主张对西夏强硬、刚内召为户部侍郎不久的范纯粹代为鄜延帅，枢臣中尤以王岩叟力主用范纯粹，这回苏辙没有反对。[1]

六月壬寅（十四），范育为提高士气，请宋廷再恩恤在永乐城死难的东上阁门副使景思谊的三女，宋廷从之，诏其三女之夫各授三班借职。[2]

范育在六月中，又呈上一篇详细的奏议，析论为何要保留质孤、胜如两堡，以及保有熙河兰州对国防之重要。他说宋廷诏本路与西夏议分界，自定西城以北二十里，与秦州陇诺堡界一抹取直，另质孤与胜如堡外亦打量二十里，而本路再陈努札形势及一抹取直等处，曾请依本路的利害分画，已获宋廷许与西夏商量。但西夏在六月中却举兵攻质孤和胜如二堡，宋廷容忍而令西夏往延安府会议，惟西夏却拒赴会，称延安府无可断之理，西夏所差之官已令赴熙河兰岷路就六处城寨界首相会，批评延安府所差官就质孤胜如等堡及陇诺堡取直等事，斥宋廷反复和昏赖，宋廷若有议和之意，就不要再提质孤二堡及陇

（接上页）当真的有紫云自北来将临公署而吏急报时，赵就离座而逝于私室。参见李献民（?—1127后）（撰），储玲玲（整理）：《云斋广录》，收入戴建国（主编）：《全宋笔记》，第九编第一册（郑州：大象出版社，2018年3月），卷一，赵密学条，第284页。

1　《长编》，卷四百五十九，元祐六年六月癸巳至丙申条，第10982—10984页。《皇宋十朝纲要校正》，卷十三《哲宗》，第356页。

2　《长编》，卷四百五十九，元祐六年六月壬寅条，第10988页。

拓地降敌

诸堡之事。范育指夏人言词简慢不逊，宋廷方下指挥令遣官往熙河商量，夏人却举兵十余万入寇。他说先前已遣走崖巉的老小孳畜，为清野之计，并戒诸寨坚壁以守。当姚雄出兵奔冲要路，夏军就驻兵蟾牟山、卜结陇川一带，攻毁近边崖巉，杀守巉人。当闻知熙河岷州兵已集，就一夕遁去而野无所掠。他说该处的弓箭手已复业，但崖巉既毁，弓箭手未有所归，未毁者亦未得安居。他说虽委官员与姚雄察视旧巉，又择要便之地重行修葺，但他以崖巉虽成，终非御敌之计。

范育认为夏人这次所毁的诸巉都在一抹取直之内。夏人之谋，是以其地系现时争执之处，肆行毁坏以示必争之心。像去年毁质孤与胜如两堡，就望宋廷不与之计较，若本路更不重修，就自以为得计。他指出质孤二堡内无居住人户，外无耕种地土，只是差弓箭手留宿，及巡检往来巡逻，为守御之计，夏人既攻毁，就未可兴工起兵，马上修筑。现时定西城以东一带崖巉均是弓箭手居住，其傍土地都是弓箭手耕种，各已着业而岁月既久，所赖以衣食者千余家达数千口，孳畜万计，固不可不再修复，以保边面。他以为如今修复之计，与其开崖巉，不若即建堡寨，计其人工，而使边势获安。他指出夏人虽再来犯，但无复前日可毁之地，则为上策。他料夏人本为争占此地，故行攻毁，若今日修复，夏人就必萌犯边之计，怕乘此秋因粮入寇。若崖巉规模仍旧，势可复毁，就怕数千生聚不能保居，而遂资敌手。故他认为修寨之利，正在今日而不可缓。西夏以言词来争，我则以御扞应之，岂可惮之而不为？西夏毁我二堡，我就修李内彭及汝遮堡以御其来，西夏毁定西以东崖巉，我就修数堡寨，这并非生事。

范育又重申本路边防利害，并非特为熙州之重，是实系西边一方之重，西方一边实系天下之重。夏已据有西凉，开右厢之地，其势加大。幸而宋廷收复熙河，断其右臂，又得到兰州之险固，定西之形胜。而据其上游，可以控其腹背而临制其国。他强调质孤与胜如之于兰州，定西以东川谷之于定西，足以全其形而壮其势。兰州北临黄河，西边之地逼隘，南有皋兰、马啣山之阻，惟龛谷、质孤和胜如土地平沃，且有泉水可以灌溉，古称榆中，土地肥沃。至于定西以东，平原大川皆膏腴上田，其收亩有十余斛，这都是朝廷之前遣官按视证明的事实。他又指出熙河数郡之地，以前都是属国所占，其在宋廷者十无一二，故民兵未众，垦土未广，谷未甚积，兵未甚强。现时二堡及定西之田，近一二万顷，可置弓箭手近万人，以布列二边。自从占其地，二州就有金汤之固，而熙河一路亦可减屯戍。另岁得谷近数百万斛，人食其半，官籴其余，则价益贱，内馈亦省。西夏本身闲田甚多，要取二堡只为毁宋藩篱，使兰州和定西城难守。他重申无质孤、胜如则兰州必危，无定西以北之地，则定西城必危。兰州危则熙州有奔冲之虞，定西危则通远军有扼亢之患。二州危则河岷难守，熙河一路危则宋无临制之形，西夏就有跋扈之势。最后，范育申言当初神宗以天下富强之势来开熙河，当初不无劳民费财之患，但经过二十年之经营，熙河诸州既已雄盛，人民既已富庶，法令既已整备，边势既已盛强，兵日益减，费日益省，谷日益贱，其规模之宏远，可以保万世之安，然二州藩篱未有安者，辅成之策，修葺之计，正在今日。没有理由徇夏人之意，弃其地而不与之争。[1]

1　《长编》，卷四百六十，元祐六年六月丙午条，第10995—10999页。

乙巳(十七)，宋廷宰执在都堂讨论范育此奏。苏辙一如前议，认为范育之议会引来与夏作战，兵祸连结，三五年不得休。他批评从来大言会断送用兵，指范育与姚雄都是狂生。他指夏军压境，姚雄引兵于榆木垒堡中藏避不出，而王文郁拥兵三万人于通远军，闭城三日，虽强弱不敌，亦足见熙河军并非能以少击众而可以制敌。他又严厉批评熙河帅臣竟敢生事乞奏，不守诚信，乘夏人抽兵之际，移筑堡寨。方今就是堡寨可筑，夏人在秋高马肥时来争又如何？吕大防及刘挚觉得应准备有用兵之时，却一时拗不过苏辙，加上高太后表态说边防忌生事。二人于是妥协，不纳范育之请。苏辙本来还要切责范育，但王岩叟坚持不肯，以职官论列职事，有何恶意，强敌在境，上又沮之，教下如何作。只肯轻轻一句说范所奏"显属生事"。[1]

六月甲寅(廿六)，苗授自请罢知潞州之任，宋廷允准，授他右卫上将军，提举崇福宫(按《苗授墓志铭》称他提举凤翔府上清太平宫)，苗随后迁居洛阳。次相刘挚对他批评一番，仍记得他是李宪部下，说他昔日在西边，"诏事李宪，以军功欺罔浸贵，遂授节钺，领殿帅。然諰諰常惧人摘其恶"。又说他家富甲于洛阳，家业已成，居于洛阳的甲第，所谓"史馆园"。又说他为官，官穷但家富，故时以去官为念，不复有报效朝廷之意，故前年托疾出知潞州，现时求宫观祠职，却不放弃其节度使之名衔，故得此除授。以金吾卫与左右卫，异于诸卫，俸有六千，而品级与节度使同，却班在其上，实在是优命。[2]客观而

1　《长编》，卷四百六十，元祐六年六月丙午条，第10999—11001页。《朱子全书》，第十二册，《八朝名臣言行录·三朝名臣言行录》，卷十二之二《枢密王公》，第776页。
2　据苗授的部属通判潞州李众(1037—1090)的墓志铭所记，苗授到潞州(转下页)

论，刘挚对苗授这番评论，并不公允，苗在李麾下，多立战功故得授殿帅，绝非是靠谄李宪而得，他所以自请罢军职以及求祠职，并非无报效之心，并非只为了享受个人的荣华富贵。他大概看到旧党回朝，对异己痛下杀手，他的上司李宪及熙河同僚多被贬黜，与其给人责降，不如自行告退。据宋人笔记所载，苗授倒是很知足的人，他曾说："平生无大过，惟于熙河多得官为恨。"大概以边奏例以虚功而受厚赏之谓。这也看到李宪对下属的厚待，连苗授也觉得赏得太厚。苗授对边事颇有识见，他指出议者重辽而轻夏，却不知辽人衣服饮食，以中国为法，但夏人不慕中国，习俗自如，不可轻视。他又提到为泾原总管时，曾雪夜巡边，看到有马迹，他派人逐得之，原来是夏之巡逻四更的人。他说夏人逐更而巡，是中国防御所不及的。《苗授墓志铭》、《东都事略·苗授传》及《宋史》本传记他"平居侃侃若儒者，至遇事则持议不

（接上页）后，"至则卧阁自养，吏敢慢，文移阅月不省，动盈几格"。幸而靠通判李众在他告假时，代他把公事处理好。又关于苗授洛阳这个"史馆园"，属于旧党的邵博（？—1158）曾有详细的描述，称苗授既贵，欲找天下佳处以居，找到洛阳（河南府），而洛阳的园宅又号称最佳居所，最后他购得太祖宰相王溥（922—982）故园。园既古，景物皆苍然，于是他出全力以装饰之，意欲凌驾洛阳诸园。园旧有七叶二树，对峙高百尺，春夏天望之如山高，而创堂之北有竹万竿，大满有两三围，疏密琅玕，如碧玉椽。创亭之南，东有水，来自伊水，可浮十石舟，建亭压其溪。有大松树七株，现引水浇之，有池适合种莲荷，令造水轩，板出水上。对轩有桥亭。邵博称园中所制甚雕侈，然犹未尽说。邵博又提到在丞相故园（不详指唐宋丞相何人）水东，为直龙图阁赵氏所得，亦大造宅第园林。这个直龙图阁赵氏，是否赵济？待考。参见本书附录二《苗授墓志铭》；《长编》，卷四百六十，元祐六年六月甲申条，第11003页；李昭玘（？—1103后），《乐静集》，文渊阁《四库全书》本，卷二十八《李奉议墓志铭》，第六叶上至九叶上；邵博（撰），刘德权、李剑雄（点校）：《邵氏闻见后录》（北京：中华书局，1983年8月），卷二十五《苗帅园》，第196—197页。

拓地降敌

苟"，又记他曾从大儒胡瑗（993—1059）学于太学，并曾补国子生。在李宪麾下的大将中，他是少数颇具儒士气质涵养的人。他的为人行事绝非刘挚所说那样。幸而旧党在绍圣元年失势后，他仍有复出报效朝廷的机会。[1]

范育的请求虽不被宋廷接受，但也没有被责降。七月己未（初二），他上奏宋廷，说阿里骨以蕃字书来求遣回鬼章。鬼章已病死，宋廷以阿里骨尚算恭顺，而鬼章子结瓦龊代其父管勾部族亦见宁静，就从其请，诏西京焚鬼章尸，而将其骸骨付阿里骨的进奉人带回，其鞍马分物的也命归还，仍命范育谕之。范在是月癸亥（初六），又奏上宋廷，称与鬼章一同被擒的蕃酋心牟温鸡等四人，其中巴朗古卓斡也已病死，心牟温鸡二人现在留在熙州。今日阿里骨既然通和恭顺，就请释放他们以示恩信。宋廷从之，并命范育谕之遣还之意。[2]

七月甲申（廿七），三省与枢密院再会都堂，商议西界分画之事。执政间分成两派：王岩叟仍力主必守质孤、胜如和兰州，而苏辙则力主弃二堡，韩忠彦在可否之间。通远军之定西城、熨斗平堡、通西寨、榆木坌堡，夏人都想逐城打量二十里为界，苏、韩二人竟以夏人的要求为是，并主张把七崖嶬被毁之地尽与夏人。范育上奏坚持二堡不可弃，而熨斗等三城寨当初未在议地之内，夏人想并三堡直南北打界

1　参见本书附录二《苗授墓志铭》；《东都事略》，卷八十四《苗授传》，第四叶上（第1283页）；《宋史》，卷三百五十《苗授传》，第11067页；陈师道（1053—1102）（撰），李伟国（点校）：《后山谈丛》（与《萍洲可谈》合本）（北京：中华书局，2007年11月），卷六，第81、84页。按《后山谈丛》将苗授写作苗绶，李伟国考证当为苗授之讹写。

2　《长编》，卷四百六十一，元祐六年七月己未条，第11015页；癸亥条，第11019页。

至，就会南逼通远大路，如予之，通远军一带就难保。据说知边事者都认同范育的看法，只有苏、韩二人接受夏人的说法。当西夏以五万众大举入寇定西之东，通远之北，毁七崖巉而去，又以十万众大掠开远堡、兰家堡、得胜及隆德寨时，范育就累疏请乘机进筑堡寨，照定西而东至隆诺特大城努札，王岩叟深主范议，并力争若顺从夏人之议，则夏人胁迫之计得行，宋廷就会被夷人所轻。因意见不一，最后首相吕大防决定派王岩叟所荐的枢密院编修官蔡骃往熙州与夏人商议，王又请蔡就便点检催促熙河粮草五年之蓄。[1]

王岩叟一派在这场争议中明显占了上风，苏辙的退让政策并不得人心。八月己丑（初二），侍御史贾易（？—1093后）攻击苏轼和苏辙兄弟，其中苏辙罪名之一是"陕西地界，识者皆知不与为是，辙则助其蜀党赵卨，徼幸私己之邪议，力非忧国经远之公言"。最后宋廷在壬辰（初五）将苏轼出守颍州，将贾出知庐州以平息这次风波，苏辙虽然仍留在政府，但他已成众矢之的。[2]苏辙的立场始终不变，甚至后来在元符二年被贬龙川（今广东河源市龙川县）时，仍重提旧事，指责宋夏边境不宁，是熙河将佐范育及种谊等违背前约，侵筑堡寨而致夏人来犯。又批评范育和姚雄是狂生，一味主张出兵，然夏人入寇时，姚雄及王文郁却拥兵不敢出。他一再指责是边臣贪功生事而败坏疆议。[3]

1　《长编》，卷四百六十二，元祐六年七月甲申条，第11042—11044页。

2　《长编》，卷四百六十三，元祐六年八月己丑至壬辰条，第11054—11060页。

3　苏辙（撰）、俞宗宪（点校）：《龙川略志》（与《龙川别志》合本）（北京：中华书局，1982年4月），卷六《西夏请和议定地界》，第35—38页。考苏辙晚年对元祐时期宋夏议和画界的反复争议的记述，与他所上的奏议所记大体相同，部分内容亦为李焘采入《长编》。苏辙始终不改的弃兰州主张，曾瑞龙称这是一种以华丽词语（转下页）

因正值防秋之时，宋廷又宽大处理李宪另一旧部知岷州康识。是月癸卯（十六），枢密院上言，以康识前知鄜州时，失入死罪，有诏特差替停职。现念他久在熙河，现系本路钤辖知岷州，值防秋之时，请予开恩。宋廷诏只将他的磨勘展两年，其差替谪命不行。[1]因范育之故，许多原为李宪旧属的将校，又回归熙河。他本人也在是月己酉（廿二）加宝文阁待制，再任熙河帅。[2]

范育升职再任不久，在八月癸丑（廿六）便向宋廷奏报，兰州沿边安抚司申报，有西界水贼数十人浮渡过河，射伤伏路人，但与宋军相斗而被擒九人。宋廷诏熙河经略司将所获人虏派人押往鄜延路经略司，令保安军移牒宥州，并派人送至界首交割后奏。同日，在陈州的李宪，方庆熙河继任有人时，便自请致仕。宋廷再授他武卫上将军致仕，和其旧部苗授所授的官相同。然中书舍人孙升却反对，孙在乙卯（廿八）上言，以李宪方在罪责之中，却加恩礼，让他致仕自便。他说若开此一例，今后有罪之人就以疾请致仕。宋廷于是又收回前命。[3]

（接上页）包装的现实主义（Realist Rhetoric），认为是缘于苏辙的儒家价值观加上其纵横家的思维，主张以民为本，讲正道。与其在远方行险用兵，他宁可采防御的保守政策，以守护中国内地为先。参见Shui—lung Tsang, "Song—Tangut Territorial Dispute over Lanzhou: A Legitimation Issue", pp. 63—65.

1 《长编》，卷四百六十四，元祐六年八月癸卯条，第11083页。李贤（1408—1466）等（纂）：《明一统志》，文渊阁《四库全书》本，卷三十六，第四十一叶上下。据《明一统志》的记载，康识守鄜州日，曾摘唐诗句建尘玉亭。似乎他颇附庸风雅。

2 《长编》，卷四百六十四，元祐六年八月己酉条，第11086页。

3 《长编》，卷四百六十四，元祐六年八月癸丑条，第11091—11092页。苏辙与王岩叟在是日又为兰州派人深入夏界查探而杀十余人之事而争吵，苏辙以这样做是生事，但王岩叟却认为敌兵在境，若不远探，如何得知。他更向高太后申理。

值得一提的是，苗授虽退下来，但其子苗履仍在西边效命。他调离熙河后，在是月乙卯（廿八），以知镇戎军、东上阁门使、吉州防御使，因击退夏军来犯功获赐银绢百匹两。[1]

闰八月壬戌（初六），枢密院上奏，称诸路探报夏相梁乙逋将统领河南北人马扬言犯边。宋廷诏陕西河东诸经略司严备，惟不得张皇生事。因服除的前枢臣安焘出任知郓州，宋廷在是月甲子（初八），将原知郓州的蔡京徙知永兴军。据称最初想用蔡京知渭州，将刘舜卿召还宿卫，但王岩叟认为蔡不更西事，不可任夏骑出没的泾原，最后才委知永兴军。据陆游（1125—1210）的记载，蔡京在徽宗朝为相，准备用兵西北，当考虑用何人时，蔡就对人说曾旧闻李宪言，"宪辈已老，西事当得信臣，有童贯者，虽年少，奇才也"。[2]依陆游所记，似乎蔡京见过李宪，请教过西边的事。笔者以为蔡京很有可能在快要徙知永兴军时，就从郓州往陈州，登门请教李宪有关西事的问题，而已老疾退休的李宪就推荐他的门人童贯。

是月庚辰（廿四），宋廷将被贬降的另一内臣宋用臣叙用为忠州刺史。本来吕大防还建议用宋用臣管辖鸿庆宫，措置重修南都（即应天府）的宫阙，但刘挚及王岩叟极力反对。到宋用臣叙官忠州刺史，也

1　《长编》，卷四百六十四，元祐六年八月乙卯条，第11094—11095页；卷四百七十七，元祐七年九月戊子条，第11359页。苗履在元祐七年九月戊子（初八）再摧泾原路都钤辖仍知镇戎军。

2　《长编》，卷四百六十五，元祐六年闰八月壬戌至甲子条，第11101—11102页。陆游（撰），孔凡礼（点校）：《家世旧闻》（与《西溪丛语》合本）（北京：中华书局，1993年12月），卷下，第206页。据陆游所记，他这则记载得自其父陆宰（1088—1148），陆宰又得自两宋之交的著名内臣邵成章（？—1129后）。

　　　　　　　　　　　　　　　　　拓地降敌

马上招来给事中范祖禹的反对，封还诏书，以宋用臣"凡所建置，莫非害民，大兴土木，无时休息"。宋廷终收回宋除忠州刺史之命。[1]这和李宪授右卫上将军致仕的恩命却被收回一样。宋廷文臣对于他们眼中的内臣四凶仍是不肯宽容。

西夏军果然在闰八月壬午（廿六）以十五万众入寇，包围麟州及神木等寨，李宪的旧部知麟州孙咸宁以下诸将不敢战，蕃汉居民多为其杀掠，夏人又焚荡庐舍，掳掠畜产甚多。时知太原府的范纯仁，早前还多次上奏，请宋廷答应西夏熙河画界的要求以息兵。今次他管辖的河东路被西夏入侵，就显得他先前的想法是一厢情愿，他于是引罪自劾，请赐责降并移知河南府（即洛阳）。枢密院在九月丁亥（初二）收到麟州被犯的报告，即令河东路做好应变的方法，并令鄜延帅范纯粹依牵制策应之诏择机进兵。范纯粹可不像乃兄那样"君子可以欺其方"，他主张强硬对付已入侵的西夏，不让西夏年年入侵，残害生灵。而秦凤帅吕大忠及环庆帅章楶的覆奏，均同意绝其岁赐，吕建议于熙河路近定西城北石峡子外、秦凤路相近浅井、泾原路相近没烟峡口各置一大寨。范纯粹还批评范育先前以兰州通远军地界分画的方案是下策。章则力主防御至上，"宜戒敕诸路，休养兵民，修严警备，事事整办，毋妄作轻举"。范纯粹又提出给路帅权力，让他们据实际情况而作出的防御措施，并厚赏出塞军民。范纯粹在是月辛亥（廿六）再奏上一篇御夏的策略。[2]因西夏的入侵，宋廷主张退让的声音就不再。

1　《长编》，卷四百六十五，元祐六年闰八月庚辰条，第11114页。宋用臣的任命最后在九月初四收回。

2　《长编》，卷四百六十五，元祐六年闰八月壬午条，第11115—11117页；（转下页）

宋廷在九月甲寅（廿九），首先处分了知麟州孙咸宁，以他斥候不明，让夏军攻扰，令先次冲替。[1]十月丁巳（初二），被召还京师的孙路被任为徐王府侍讲的闲职。孙稍后却被御史中丞郑雍（？—1099）列为刘挚之党。三天后（庚申，初五），宋廷收到泾原路探报的好消息，西夏国相梁乙逋及其党梁阿革被杀。西疆暂得安宁，而西夏也无由再向宋索地。宋廷也在癸亥（初八）为提高士气，诏管军帅刘昌祚、姚麟以及陕西、河东各路安抚使、总管，秦凤路钤辖，兰、岷、河、环知州，镇戎军、德顺军知军，河东路及鄜延路钤辖，各举奏大使臣有材武谋略或曾立战功勇于临敌，可以统众出入的人二员至五员以闻。[2]

言官以御史中丞郑雍、殿中侍御史杨畏（1045—1113）为首，在十月癸酉（十八）借王巩（1048—1117）的事牵连刘挚与苏辙，猛烈攻击二人朋党，其中孙路被指为刘党。高太后尚未有定夺之时，枢密院则于甲戌（十九）建议招纳夏将仁多凌丁之子仁（或作"人"）多保忠，说他久据西南部落，素来桀黠，又与邈川首领温溪心邻境相善。说已令温溪心委曲开谕，许除节度使，令保守旧土自为一藩。因他为梁乙逋猜忌而事中辍，现梁已死，枢密院认为可以利用他来制西夏。宋廷即命

（接上页）卷四百六十六，元祐六年九月丁亥至壬辰条，第11126—11132页；辛亥条，第11135—11139页。宋廷又在是月辛亥，封赏阿里骨的进奉使多人官职，旨在继续笼络西蕃各部。

1　《长编》，卷四百六十六，元祐六年九月甲寅条，第11140页。考孙咸宁到绍圣三年（1096）前又复知麟州。

2　《长编》，卷四百六十七，元祐六年十月丁巳至庚申条，第11145—11146页；癸亥条，第11148页；癸酉条，第11151—11152页。

拓地降敌

范育与刘舜卿乘此机会密切措置。[1]

1　《长编》，卷四百三十九，元祐五年三月辛卯条，第10582—10583页；卷
四百五十七，元祐六年四月癸丑条，第10948—10949页；卷四百五十八，元祐六年五
月庚午条，第10960页；丙戌条，第10971页；卷四百六十二，元祐六年七月辛未条，第
11033—11034页；卷四百六十三，元祐六年八月壬辰条，第11062—11063页；癸卯条，
第11082—11083页；卷四百六十七，元祐六年十月癸酉至甲戌条，第11151—11153页；
卷四百六十七，元祐六年十月癸未至甲申条，第11160—11164页。刘安世：《尽言集》，
卷十二《论杨畏除御史不当·第一至第五》，第137—139页。《宋史》，卷三百五十五
《杨畏传》，第11183—11184页。刘成国：《王安石年谱长编》，第五册，卷五《熙宁六
年（1073）》，第1692—1693页。杨畏：《宋故银青光禄大夫检校太子宾客兼御史大夫
右领军卫将军致仕骑都尉罗公墓志铭》《宋中散大夫致仕吴公墓志铭》，载何新所（编
著），赵振华（审订）：《新出宋代墓志碑刻辑录》（北宋卷），第六册，《二五九·罗承
嗣墓志》《二六三·吴执中墓志》，第121—122、123—124页。按宋廷招纳仁多保忠的
事终不成。又奏劾刘挚与苏辙的殿中侍御史杨畏值得注意。杨畏字子安，洛阳人。《宋
史》卷三百五十五有传。他是一个投机分子，据刘成国的考证及新出土由杨畏所撰的
《罗承嗣墓志》及《吴执中墓志》所记，他幼孤，事母考。登进士第后，不急于求官，刻
志经术，到熙宁六年以所著书谒王安石与吕惠卿，于是获除郓州教授。自此尊王安石之
学，以为得圣人之意，后除西京国子监教授，他在元丰年间议论与新党合，获荐为监
察御史。大概在元祐初年被贬闲职，他在元祐二年（1087）十月及三年（1088）三月为
边将右领军卫将军致仕。罗承嗣（999—1072）及旧党吴执中（1004—1088）撰写墓志
时，官承议郎、武骑尉、管勾西京嵩山崇福宫。到元祐五年（1090）三月辛卯（廿六），
就获旧党执政起用，自永兴军提点刑狱擢为监察御史。但旧党的言官左谏议大夫刘安
世、右谏议大夫朱光庭、御史中丞梁焘一齐上奏反对，说他从王安石之学，议论驳杂，
到吕惠卿用事，又倾心附托，后得舒亶之荐，用为御史。又说观其所主，固已刻薄，考
其素履，尤为乖异。宋廷在五月丙戌（廿二）罢他御史之职。但到元祐六年（1091）四
月癸丑（廿四），因御史中丞赵君锡讨好时任次相的刘挚，就举荐他自户部员外郎为殿
中侍御史。当日反对他任御史的言官全部去职，只得时任签书枢密院事的王岩叟移简
诘问刘挚，但刘不听。杨畏在五月庚午（十二），以母老辞殿中侍御史之任，宋廷从之，
并要御史中丞赵君锡别举官一员以闻。不过，杨似乎只是作态。同月丙戌（廿八），赵
君锡再举荐杨畏，他就接受殿中侍御史之职，并在七月积极地上奏论两浙水灾，八月
壬寅（十五）连上札子两道，论侍御史贾易不当出知庐州。刘挚这时才看出杨畏反复的
面目，后悔不听朱光庭之言，责怪赵君锡推荐他。据李焘所记，杨畏起初讨好刘挚，
刘这时与首相吕大防争权，结果二人都想得杨畏之助。杨畏就讨好二人，（转下页）

当廷臣言官仍为刘挚及苏辙的去留的权力斗争而互攻时，远在熙州的范育仍为西疆的防御奏上他的计划。他以其所统的兰州至定西城，从定西城至秦州隆诺堡，三百里之间只有一城，故夏人无所限隔，通谷大河，可长驱而入。前日夏军曾攻兰州，又攻定西，幸而夏人未为深入之计，只顿兵于坚城之下才无功而还。若夏军懂得深入，就不知如何抵御。他以朝廷诏城李诺，并敕熙河路图上定西以东及讷迷诸堡，他以此功一成，或更先据汝遮堡之利，则东西三百里间，就会城障相望，屹然有金汤之势，宋军移兵屯聚，就可以制敌。他又说宋方可借其傍膏腴之地，可置弓箭手不少于万人，依山据险，悉为崖巉，以便耕作，生利财贿。过去曾置近垒，敌小至则避崖巉，大至则入保城郭。伺其归去，就乘机邀击，使敌进无所得，退有所失。他说待诸堡兴修毕，兵力少休后，可将一番兵将，分作数番，每番不过三五千人，屯要塞以伺敌。他请岁分二番，春秋止三两月，三岁乃遍使，就可使兵力不劳。[1]

十一月乙酉（初一），刘挚罢相出知郓州，当年痛劾苏轼和蔡确的给事中朱光庭被御史中丞郑雍指为刘的同党，结果也在壬辰（初八）被出知亳州。原知亳州的叶康直就召入为兵部侍郎。同日，宋廷也将麟州的几员守将责罚：皇城使、嘉州防御使、管勾麟府路军马张若讷降一官，充鄜延路兵马钤辖；皇城使、太原府路都监、知麟州孙咸宁降两官冲替；皇城使、象州防御使、知府州折克行（1050—1110）罚金

（接上页）依违其间，也讨好苏辙。刘挚后来没想到，杨畏最后帮助吕大防打倒他。王岩叟在十月癸未（廿八）及甲申（廿九）两度上奏为刘挚辩护时，便直指杨畏是吕惠卿门人，并受张璪知遇最深，王力斥杨的话不可信。杨的投机恶行见下文。

1　《长编》，卷四百六十七，元祐六年十月甲申条，第11164—11165页。

　　　　　　　　　　　　　　　　　拓地降敌

二十斤；御史中丞郑雍以责薄，于是孙咸宁降监临差遣，张若讷充鄜延路兵马都监，折克行降一官。[1]

当年力攻苏轼与蔡确的另一言官，后擢至中书侍郎的傅尧俞在十一月辛丑（十七）卒。他曾推荐的右司郎中穆衍，于翌日（壬寅，十八），因王岩叟的极力推荐，被任为权陕西路转运使，负责按视各路备御的情况，凡与经略司有关的，而必欲向经略使面陈己见的，亦得听候穆的回奏。[2]范育曾任他在户部的上司，而他们守御西边意见没有很大的分歧，王岩叟举荐他为专使，也志在意见统一。

就在穆衍出发不久，环庆路打了一场胜仗，章楶派本路都监张存、第二将张诚（？—1104后）、第三将折可适（1051—1110）统兵出界，以浅攻的战法，在是月己酉（廿五），攻讨韦州辣韦疆、安州川霄、柏州及延州祖逋领不经掌等多处夏军据点，获首级一千一百四十八人，生擒二人。[3]

1　《长编》，卷四百六十八，元祐六年十一月乙酉至壬辰条，第11167—11170页；卷四百七十三，元祐七年五月甲申条，第11279页；戊申条，第11287—11288页；卷四百七十五，元祐七年七月乙巳条，第11322页。折克行在元祐七年五月甲申（初二），以战功复为西上阁门使。但张若讷及孙咸宁在五月戊申（廿六）再被贬降，张罢分路都监，添差鄜延第一将，孙贬为泾原路准备差使。七月乙巳（廿四），又因御史之劾，孙咸宁再降添差监邵州（今湖南邵阳市）酒税。

2　《长编》，卷四百六十八，元祐六年十一月辛丑至壬寅条，第11172—11173页；卷四百七十八，元祐七年十一月癸卯条，第11395—11396页；卷四百七十九，元祐七年十二月庚戌条，第11400页。顺带一提，穆衍获授权陕西路转运使同日，当年顺从神宗之意，开脱李宪之罪的酷吏杨汲，亦自知徐州任为江淮荆浙等路发运使。杨汲在元祐七年十一月癸卯（廿四），再自知襄州、集贤殿修撰徙知越州，到十二月庚戌（初二），再复知襄州加集贤殿学士。

3　《长编》，卷四百六十八，元祐六年十一月己酉条，第11175页；卷四百六十九，（转下页）

十二月丙寅（十二），才获内召任兵部侍郎的叶康直卒。一个多月后，前任熙河帅、现任步帅兼泾原帅的刘舜卿，本来奉召回京统领禁军，却在元祐七年（1092）正月己酉（廿六）卒于道。宋廷赠奉国军节度使谥毅敏。叶、刘二人比李宪还早过世。[1]

诚如李华瑞所言，宋廷在元祐六年底已放弃先前对夏的妥协退让政策，而改用环庆新任帅臣章楶在正月壬子（廿九）奏上的积极防御方略。他提出浅攻扰耕之策，对西夏而言，只是皮肤之患，不能病其心腹，而坚壁清野，足以御寇而未足以制寇。他提出多项更进取的方案，特别是进筑夏人腹心之地横山之议。执行这项计划，他就特别推许本路总管李浩之才，说他"久经战阵，在熙河兰岷屡尝出塞，动有成功，其人果敢有谋，不妄举动，汉蕃之人，素所信服。臣累与李浩谋议，皆与臣合。亦尝持此奏示浩，以谓皆可施行"。章请朝廷特降指挥，如将来遣师出击，就专委李浩统制二路兵众，攻计进止，并听李浩处分。[2]章楶再在二月辛酉（初八）再上一奏，详细论析在环庆路山

（接上页）元祐七年正月乙巳条，第11203页。宋廷在元祐七年正月乙巳（廿二）赏功，张诚以环庆第七将内圆使特迁两官，权发遣本路都监。张存加遥郡刺史。

1　《长编》，卷四百六十八，元祐六年十二月丙寅条，第11183页；壬申条，第11185页；卷四百六十九，元祐七年正月己酉条，第11207页；卷四百七十，元祐七年二月丁卯条，第11225页；辛未条，第11226页。宋廷在十二月壬申（廿四），已委直龙图阁、知凤翔府谢麟权知渭州。刘舜卿当已于是日前离泾原往京师。宋廷因刘舜卿猝逝，宿卫乏人，就在七年二月丁卯（十四）召入步军都虞候、定州路副都总管刘斌，命权同管勾马军司。同月辛未（十八），殿前都虞候姚麟升任步军副都指挥使加定州观察使。

2　《长编》，卷四百六十八，元祐六年十二月壬申条，第11185—11186页；卷四百六十九，元祐七年正月壬子条，第11208—11214页。李华瑞指出，范纯仁在元祐六年十二月壬申（十八）上言，承认早前御戎失策而累上章待罪，宋廷只将他罢太原帅移知河南府。范怕未符公议，而自请再降职。宋廷因此将他自太中大夫降为（转下页）

拓地降敌

谷深阻的形势下使用坚壁清野战法的利弊, 他并具体说明在本路各州包括帅府庆州他可以使用的汉蕃兵力, 而当环庆沿边近里城寨共三十余处, 遇上夏兵并力入侵时应采的防御方案。[1]

章楶是哲宗朝文臣中难得的将才, 他敢攻能守, 进筑横山之谋议, 虽然并不发自李宪, 但他倚重执行此计划的, 却是李宪的爱将李浩, 使李宪有知, 他也应引以为慰的。庚辰 (廿七), 章便派环庆路第七将折可适统兵八千九百余出界, 讨荡韦州监军司的夏军, 而获斩级七十, 获马牛等二千余口的战果。[2]

范育也不让章楶专美, 当游师雄和穆衍先后到来按视, 游相度熙河修筑堡寨十一处后, 便请在兰州李诺平抵定西城及通渭寨间, 建汝遮、纳迷、结珠龙三寨及置护耕七堡, 而穆请于质孤与胜如二堡之间建李诺平城, 以控要害, 并言纳迷、汝遮、浅井、隆诺皆宜起亭障, 以通泾原。范育就应宋廷之诏, 复议游、穆二人的建言。他提出与二人略有不同的意见外, 又具体指出所议修之堡寨的先后缓急, 而本路修堡之原则有四: 一据要害, 二护居民, 三相接应, 四守信约。其中他以为首应修汝遮堡, 因将来要扫天都, 复会州, 定河南, 就需城汝遮。王岩叟由始至终都支持范育, 于是说服吕大防, 主张先修汝遮, 次纳迷等诸堡。然吕大防很快又改变主意, 而得到苏颂、苏辙及韩忠彦的支持,

(接上页) 中大夫。李华瑞认为对夏妥协政策的始作俑者范纯仁被贬, 是元祐妥协退让政策的正式破产。而宋廷不得不改图他策, 于是采用章楶浅攻之策。李氏所论大概正确。不过, 章楶所提出的策略, 不限于浅攻扰耕之策。参见李华瑞:《论宋哲宗元祐时期对西夏的政策》, 第148页。

1　《长编》, 卷四百七十, 元祐七年二月辛酉条, 第11219—11223页。

2　《长编》, 卷四百七十, 元祐七年二月庚辰条, 第11228页。

王以一敌三，仍坚持熙河修堡，不是开拓，而是据险自全。宋廷中枢仍务保守，惟在边的帅臣却进取。同日，鄜延帅范纯粹便覆奏论析诸路出兵牵制以备御的利弊，他指出诸路出兵就是掌握主动权，让敌人看不清宋军的动向，而不敢贸然进犯，他又引述以前应援成败的例子，说明采此策利多弊少。[1]

章楶又在三月丙戌（初三），奏报新获的敌情，他特别提到宋廷可以考虑联络在西夏东北的塔坦，可以在河东或邈川界求访间道，遣使至塔坦，以金帛厚结之，使攻西夏，并以邈川相为犄角。宋廷对此议则不置可否。[2] 按章楶所指的塔坦，相信就是八年前李宪派皇甫旦尝试出使的鞑靼。章的建议这次并不很现实。他在是月甲午（十一）上奏分析折可适出界攻略韦州监军司获胜的原因，虽有点自吹自擂，但也看到章用兵既果断又谨慎。他的用兵颇有当年李宪的影子。李浩在他麾下，难怪得到赏识。[3]

范纯粹也不甘后人，是月庚子（十七），他奏上奉旨往汉地生界内，选择形势要害堪作守御寨基的去处，研究修建城寨。范纯粹并不只说中听的话，还提出宋廷要乘时进筑，令各路恢复进取之策，会有四忧：一是诸路中必有元丰五年的永乐城之祸，二是它日无息兵之期，三是人力不足，四是支费难以负担。[4]

1　《长编》，卷四百七十，元祐七年二月辛巳条，第11229—11235页。

2　《长编》，卷四百七十一，元祐七年三月丙戌条，第11238—11239页。

3　《长编》，卷四百七十一，元祐七年三月甲午条，第11244—11246页；卷四百七十八，元祐七年十月辛酉条，第11383页。李浩在是年十月辛酉（十二），以官复观察使，兵职就复为环庆路副都总管。

4　《长编》，卷四百七十一，元祐七年三月庚子条，第11249—11251页。

范育在四月丁巳（初五），以边事未宁，又请在蕃兵五将各添管押蕃兵使臣二员，他说依条令，本将可选择谙晓蕃情使臣，而申本司审察奏差，等边事息日减罢。宋廷从其请。[1]

就在章楶、范育和范纯粹几位有为的边臣积极谋议御边时，年事已高的高太后，大概觉得来日无多，就在四月己未（初七）为哲宗册立孟皇后（1073—1131）。[2]

范育等用了二十四日修好了定远城（即李诺平），宋廷诏奖谕经略使范育、副总管王文郁和钤辖、知兰州种谊。范育随即上奏，再请宋廷下指挥让他尽快修汝遮堡，他说乘土消日舒、工役可兴之际，而夏人草枯马瘠，敌兵难集时动工。[3]可惜，范在朝中最大的支持者王岩叟却因侍御史杨畏的严劾，在是月丙午（廿四）罢枢出知郑州。而他的同志穆衍在按视边备，并筑城定远后，就被复召为左司郎中，不再权陕西转运使。[4]

1　《长编》，卷四百七十二，元祐七年四月丁巳条，第11263页；甲子条，第11268—11269页。范育在是月甲子（十二）又因阿里骨之请，请宋廷释放囚于岷州包顺处羁管的鬼章部陇逋乞安。宋廷从其请。

2　《长编》，卷四百七十二，元祐七年四月己未条，第11267—11268页。

3　《长编》，卷四百七十三，元祐七年五月甲申条，第11279—11282页。据《长编》引《种谊墓志》所记，修定远城由种谊独力负责，故宋廷赐他银绢各百五十。又范育在元祐五年至七年争取修筑汝遮城的努力，尚平一文亦有讨论。参见尚平：《北宋女遮谷、西市新城位置考辨》，第51—55页。

4　《长编》，卷四百七十三，元祐七年五月丙午条，第11285—11286页；卷四百七十，元祐七年二月丁巳条，第11217—11218页；卷四百七十一，元祐七年三月丁亥条，第11239页；庚寅至辛卯条，第11242—11243页；丁酉条，第11246—11248页；卷四百七十四，元祐七年六月甲戌条，第11311页；卷四百七十五，元祐七年七月壬辰条，第11320页；卷四百七十七，元祐七年九月戊子条，第11361页；甲午条，第11371页；（转下页）

范育又为兰州诸族蕃官以亲人为质户，置之城中的问题与宋廷讨

（接上页）卷四百七十八，元祐七年十月乙丑条，第11385页；卷四百八十一，元祐八年二月己酉条，第11435页；乙卯条，第11442页；卷四百八十一，元祐八年二月丙寅条，第11448—11449页；辛未条，第11451页；卷四百八十四，元祐八年五月辛卯至丙申条，第11495—11505页；甲辰条，第11509页；六月己未条，第11512—11513页。考攻倒刘挚的杨畏在元祐七年以后很活跃，不断言事，也不断获要要差。他在元祐七年二月丁巳（初四）上奏反对左朝议大夫魏广任徐王府侍讲，说魏广行治不著，碌碌无可言。三月丁亥（初十），他又劾左朝奉大夫、前权知和州孙贲初闻弟丧，却仍用女优饮宴，又说他交结权贵。宋廷就责孙差替。三天后（庚寅，十三），他又与御史中丞郑雍共劾知绛州安鼎到任表语涉诬毁，又说他与刘挚朋比，请行黜责。宋廷从其奏，翌日（辛卯，十四）将安鼎差知高邮军。同月丁酉（二十），他又与郑雍一同上奏反对左朝奉郎王雍除利州路转运判官，说他治事非有足取之处，只为他是翰林学士梁焘表弟，以及王岩叟的表叔。宋廷从之，将王雍改知遂州。杨畏在六月甲戌（廿二）再擢为侍御史。七月壬辰（十一），他又上奏论在京刑狱奸弊之情。九月戊子（初八），他又奉诏与吏部侍郎范纯礼、刑部侍郎曾肇以下朝臣二十二人共议即将举行的南郊典礼。同月甲午（十四），他又上言吏部铨量官员职位姓名，应依三省及枢密院奏除人例，而关报他所管的御史台，以凭考察。宋廷诏铨量到人依条闻奏外，仍关吏部，置簿籍记，倒没照他的建议，关报御史台。十月乙丑（十六），他又为自请出知徐州的刑部侍郎曾肇说话，说曾近以论天地不当合祭，因其言不从，故自请罢去，不算被斥，请宋廷审察。到元祐八年二月己酉（初二），他又与监察御史来之邵上言，以张利一素无实望，兵机将略皆非所长，反对任他知渭州。宋廷又从其议，罢张利一渭州之任，乙卯（初八），改以新知庆州的孙览代知渭州。杨畏在二月丙寅（十九），又借次相苏颂稽留贾易知苏州诏命二十余日之事，与监察御史来之邵严劾苏颂。苏颂受不了，也许看到高太后老病，朝局不稳，就在三月甲申（初七）自请罢相而去。吕公著子、兵部员外郎吕希哲在二月辛未（廿四），辞任左司谏时，就对范祖禹讽刺杨畏说："若辞不获命，当以杨畏为首。"时人以杨畏方在言路，以险诈自任，故吕希哲这样说。五月辛卯（十五），监察御史董敦逸和黄庆基劾苏轼、苏辙兄弟援引党与，徇私不法。但苏轼反击，连上章自辩。高太后本来一向欣赏他，就将董、黄二人罢御史职出为荆湖北路及福建路转运判官，这时的杨畏看出高太后心向苏轼，就转风使舵反过来与御史中丞李之纯攻击董、黄二人诬害忠良，请再将二人重贬，结果二人再责知临江军与南康军。杨畏之险诈可见一斑。当董、黄二人被罢，宋廷命两省各举台官两员时，杨畏又在是月甲辰（廿八）上奏，认为御史与执政最为相关之地，不宜由宰相举荐御史。高太后从其议。六月己未（十三），高太后骤召知颍昌府范纯仁回朝拜相，杨畏知悉后，就上表攻击范纯仁守太原的过失，又说范师事程颐，暗狠不才，于国无补。当范纯仁（转下页）

拓地降敌

论。因有言者指这些质户自归宋后，颇安其业，请留在质院，如愿归本族的亦听便。知兰州种谊认为如都许他们归族下，因兰州与夏人隔河相对，每年冰合后，又许他们入城，就会增加疑惑，他请扩大质院，其他依旧。他又称得到其首领准觉斯之状，说质院各有自置房屋，每日有蕃客安泊，足以自资，愿且于质院居住。范育奉旨研究这问题，他请依准觉斯所求，仍置质院，至于有提议修蕃市，他以工程浩大，又怕引起西夏疑虑，就请缓办。宋廷再诏他切实斟酌事宜以闻。与此同时，章楶又申前议，请进筑洪德寨（今甘肃庆阳市环县洪德乡）西北的白马川，地名灰家嘴者，又请修复大顺城（今宁夏固原市中河乡大营村硝河西北岸黄嘴古城）和废安疆寨（今甘肃庆阳市华池县紫坊乡高庄行政村郭畔自然村之城子山古城），但宋廷在王岩叟罢枢后，在六月辛酉（初九）晋位执政的范百禄（1029—1094）、梁焘、郑雍及刘奉世（1041—1113）均无人支持章的进取计划。值得注意的是，梁焘获擢尚书左丞时，曾一度请辞，又上疏高太后推荐范育，以今边事为急，范育治边有功，宜先用他为执政。可见范育治理熙河之成绩，也得到朝中大臣的认同。[1]

范育又在是月甲戌（廿二）申报宋廷，称西蕃洗纳等族叛阿里骨，投奔西夏与回纥。他们两界往来，谋取董毡的侄儿溪巴温（？—1099

（接上页）抵京后，杨又劾他自颍昌府被召，未入见而张盖过内门为不恭。幸而这次高太后没听他妄言。当时有论者说，杨畏与苏氏兄弟都是蜀人，他前击刘挚，后击苏颂，都是暗中为了苏辙拜相。当高太后觉得杨有私心，就在外召回范纯仁。这时杨畏又说苏辙不可大用。杨畏在哲宗亲政后的投机恶行在下一章再有论述。

1　《长编》，卷四百七十四，元祐七年六月辛酉条，第11301—11302页；庚午至壬申条，第11307—11311页。

后）之子董菊（即陇拶或拢拶，赐名赵怀德，？—1108后）为主。另兰州沿边安抚司又探到董毡另一侄瞎养兀儿从西海率吐蕃与回纥人马，往青唐城二百里驻兵，已有洗纳、心牟及陇逋三族归之。阿里骨见状，即派其弟扶麻、侄结叱兀等率兵追捕，却为瞎养兀儿所败。范又称，闻说瞎养兀儿，是洗纳等三族所召，欲以继承董毡。以阿里骨承袭以来，因他本非青唐元种，故部族颇不服。范奏称尚不知瞎养兀儿与董毡是何亲属，青唐部族是否信服他。他说若瞎养果是董毡亲人，就会人心归属，渐次招集不顺，而阿里骨部族势须持久。他又称近日青唐不与西夏通婚，怕西夏乘机援助瞎养，窥伺青唐，于边防非便。他以阿里骨若势弱而求援于宋，若拒而不纳，可他是朝廷封袭之人，不帮助他说不过去，而怕他反顺西夏就不妥。若加以援助，倘瞎养果是董毡亲人而为部族信服者，又道理讲不过去，他就请宋廷指示如何措置。宋廷也无主意，只叫范育再探明事实，精心讲虑方略以闻。[1]

就在范育筹议如何利用青唐各族的矛盾，以寻求熙河最大的利益时，熙河的开创人李宪就在六月戊寅（廿六）以宣州观察使、提举明道宫的职位卒于陈州，得年五十一。[2]他逝世时，宋廷主政的文臣认为他是戴罪之身，故没有给他什么恩恤。因李宪的墓尚未发现，墓志铭或行状一类史料并未传世，故他是否归葬开封不详。

1　《长编》，卷四百七十四，元祐七年六月甲戌条，第11312—11313页。

2　《长编》，卷四百七十四，元祐七年六月戊寅条，第11313—11315页；卷四百七十九，元祐七年十二月乙卯条，第11402页。《东都事略》，卷一百二十《宦者传·李宪》，第六叶下。《宋史》，卷四百六十七《宦者传二·李宪》，第13640页。顺带一提，李宪死后半年，同年十二月乙卯（初七），当年追随他的前泾原帅而在元祐三年被责降罢守宫祠的卢秉，以龙图阁直学士、大中大夫、提举洞霄宫卒。

范育在是年十月乙亥（廿六）内召为给事中前，他在熙河克尽厥职，尽他边臣的责任，他曾向宋廷提出七项建议，以管治西蕃各部，防止他们与西夏联结，特别是处置鬼章子结瓦龊、阿里骨与包顺的问题。在他的保荐下，大将东上阁门使、知兰州种谊加领保州团练使再任。他继续在洮州等处修城寨，并向宋廷实时报告阿里骨与其敌人邈川温溪心的动向，另也紧密注意西夏的动向，在通远军界屯兵为备。他也向宋廷请旨，若西夏进攻青唐，熙河应采何策援助。[1]

接替范育任熙河帅是曾任陕西转运使，审理过李宪属下过失的户部侍郎、宝文阁待制蒋之奇。值得一提的是，蒋之奇的故交吕陶以五言古诗一首相送，除了说蒋之奇为人"强裕清敏，得奇家法外"，又惜他"还朝才几时，何时又补外"，另又描述蒋之奇接任时熙河的情况：

> 河湟复古地，形势壮且大。册府图籍存，充国城垒在。临洮建都府，节制中机会。守之扼喉吭，动则攻腹背。西羌辄犯顺，种落异向背。呼嗟秦雍间，氛祲恐未艾。连年困飞挽，何日

1　《长编》，卷四百七十五，元祐七年七月癸巳条，第11321页；卷四百七十六，元祐七年八月丁巳至己未条，第11340—11341页；己卯条，第11350—11351页；卷四百七十七，元祐七年九月辛巳条，第11353页；丙戌至戊子条，第11358—11359页；癸亥条，第11374—11375页；卷四百七十八，元祐七年十月乙亥条，第11389页。范育在七年七月癸巳（十二）向宋廷报告于阗进奉使密告，中途被青唐首缅药所掠之事，他请宋廷发兵攻灭缅药。宋廷不置可否，只命他选使臣押于阗使赴阙。八月丁巳（初六），范育又上奏，批评枢密院在处理河南蕃族利害的事上未尽事理，他提出七项全面的建议，以解决各样可能发生的问题。他也在九月戊子（初八），上奏宋廷关于青唐聚兵一公城（即循化城，今甘肃甘南藏自治州夏河县甘加乡斯柔村）的事，他认为事有可疑，宋廷就命他密谕康识与王克平详细查探以闻。

贮仓廥。一病费调养，已甚其可再。绥怀与剪荡，黑白灿利害。

吕陶当然希望蒋之奇不要大事更张，"吾君鉴勤远，静制六合内，仁如天地心，万类悉容贷，不矜灵旗伐，未奏短箫凯"[1]。

苏轼与秦观（1049—1100）也有诗相送。有趣的是，秦观送蒋之奇的第二首诗却说："莫许留犁轻结好，便令瓯脱复游魂。要须尽取熙河地，打鼓梁州看上元。"与吕陶不同，秦主张蒋进取。据徐培均的考证，蒋之奇当是在元祐八年始赴熙河任，据施元之注苏轼诗所记，蒋抵达后，夏人请画疆界，却伏兵于山谷。幸而蒋也以兵自卫，而令其属下至定西城会议。宋夏会议往来两年，议卒不合，宋廷知夏人诈而罢之。事实上，蒋任熙河帅之时日不长，他在任也没有改范育之政。《宋史·蒋之奇传》记他出知熙州后，夏人议和，请画界，但蒋看出夏人并非诚心，他务修守备，谨斥堠，常若敌至。[2]

---

1 《长编》，卷四百七十八，元祐七年十月乙亥条，第11389页。《宋史》，卷三百四十三《蒋之奇传》，第10916页。吕陶：《净德集》，卷三十《五言古诗·送蒋熙州》，第317页。

2 蒋之奇在徽宗继位后再拜翰林学士，擢同知枢密院事。建中靖国元年知院事。但在崇宁元年罢枢出知杭州，并以弃河湟事而夺职，由正议大夫降中大夫。因以疾告归，提举灵仙观。崇宁三年（1104）卒，年七十四。徽宗后以其尝陈绍述之言，尽复其官职。顺带一提，据知相州刘航（？—1093后，刘安世父）在元祐八年十月为通直郎、太子中舍、知平定军乐平县事（今山东聊城市西南）韩应（1019—1076）撰写墓志铭所记，负责书写墓铭的是左承议郎、前管勾熙河兰岷路都总管、经略安抚司机宜文字、武骑尉安师文（？—1103后）。安师文当是范育的机宜文字，他随范的离任而去职。而据汪藻所记，蒋之奇就奏用他的幼子寿州司户参军蒋璯（1063—1138）为书写机宜文字。当夏人来议疆事，蒋之奇就命儿子馆待夏使。这时夏人以重兵屯山谷。使者援例以为宋方必会让步。蒋璯对夏使陈以祸福，不以少屈，夏人无计。蒋之奇召还，蒋璯也罢（转下页）

对李宪来说，他十多年来苦心经营的熙河兰州，在元祐后期，幸得"李规范随"，而继任的蒋之奇，加上王文郁诸将的捍卫，仍能维持其原来所定之规模，并且有所发展，不致人亡政息，这当是值得他欣慰的。

值得一提的是，李宪在熙河的事业继承人范育，在元祐七年十月罢熙河帅入为给事中后，八年三月癸卯（廿六）迁户部侍郎，他上表辞免，当制的范祖禹代宋廷诏不允范所请，也公允地称许范育"分阃于外，捍边有劳，以治军旅之余，而当金谷之问，足以优裕，副兹简求"。而据《宋会要辑稿》所记，宋廷在绍圣二年（1095）四月，特赠他宝文阁直学士，表扬他在元祐中"议独与众异"，坚持不可弃守熙河和兰州。他大概在这年四月前已逝。《大清一统志》所记，他与其父范祥之墓在邠州，当地且建有范学士祠以祀之。又据哲宗时人张礼（？—1086后）所记，他在熙宁中（三年至四年）任侍御史（当是监察御史里行）时，曾向尚书郎胡拱辰购入在长安原属唐杜佑（735—812）的别墅，因号范公庄，俗称御史庄，中有溪柳、岩轩、江阁、圃堂及林馆，故又称为"五居"。该处大概是范育晚年所居。[1] 诚如上文所述，他与李宪似乎

（接上页）为保宁镇南两军节度推官。参见《宋史》，卷三百四十三《蒋之奇传》，第10916—10917页；汪藻（1079—1154）：《浮溪集》，《丛书集成初编》本（北京：中华书局，1985年新一版），卷二十七《志铭·徽猷阁待制致仕蒋公墓志铭》，第341—343页；郑茂育、刘继保（编著）：《宋代墓志辑释》，第一五四篇，《宋故通直郎守太子中舍知平定军乐平县事兼兵马都监赠右承议郎韩府君（应）墓志铭》，第350—351页。

1 《长编》，卷四百八十二，元祐八年三月癸卯条，第11473页。《宋会要辑稿》，第四册，《仪制十一·从官赠职》，第2537页。《范太史集》卷二十九《赐新除守户部侍郎范育辞免不允诏》，第二叶下至三叶上。穆彰阿（1782—1856）（纂）：《大清一统志》，文渊阁《四库全书》本，卷一百九十四《邠州·宋范祥范育墓·范学士祠》，（转下页）

并无什么交往，但二人在开拓熙河的事上却是同心的。

最后宜一谈李宪与童贯的关系。据前引陆游《家世旧闻》的说法，李宪在晚年曾向蔡京推荐童贯，说他知兵。而《东都事略》及《宋史》都多处载童贯少从李宪，是李宪的门人，又说徽宗用李宪故事，命童贯为监军，而《东都事略·夏国传》更说童贯后来的开拓西北行动，都依从李宪的谋略：

> 种谔谋取横山，故兴灵州之师。及王师失利，李宪始献进筑之议。神宗厌兵不克行。童贯旧常从李宪，得其仿佛，故献议进筑，遂领六路边事，将诸路兵。六七年进筑军垒，建立堡砦，遂得横山之地，夏人失所恃，遂纳款。夏国自是少衰矣。[1]

群书均没有记载童贯在何时何地追随李宪，李宪历次战役从征的将校都没有童贯的名字，按童贯生于至和元年（1054），熙宁五年（1072）李宪副王韶开边时，他年十九，而元丰八年（1085）李宪解兵职时，他已三十一。他这十多年大概随侍李宪，作他的亲信侍从。据《宋史·童贯传》所记，崇宁二年（1102）蔡京举荐童贯辅王厚出兵重夺青唐时，蔡就说童曾十次出使陕右，最清楚陕西五路事宜与诸将的

（接上页）第十六叶下至十七叶上。张礼（撰），史念海（1912—2001）、曹尔琴（校注）：《游城南记校注》（西安：三秦出版社，2003年6月），复涉滴水游范公五居条，第128—129页。

1 陆游：《家世旧闻》，卷下，第206页。《东都事略》，卷一百二十一《宦者传·童贯》，第一叶上；卷一百二十八《附录六·夏国传二》，第四叶下。《宋史》，卷四百六十八《宦者传三·童贯》，第13658页。

能否。[1]因资料不足，暂未能确定童贯十次出使陕右，是在李宪掌军时，抑罢职后。由于童贯在钦宗靖康元年（1126）身败名裂，他的生平被选择地删削，为此，他早年从征的事迹得不到保留，是故他与李宪的交往只留下一麟半爪的记载。他师承李宪，而在徽宗朝长期执掌军政大权，这对李宪在徽宗朝的评价与形象有重要的影响。

1　《宋史》，卷四百六十八《宦者传三·童贯》，第13658页。

第十章

虎父犬子：李彀事迹考

　　李宪在元祐七年（1092）六月卒后，旧党主政者并没有给他什么恩恤；但一年多后哲宗亲政，李宪很快便获宋廷赐谥追赠官职，而且在重修的神宗实录中获得很高的评价。影响李宪身后评价的因素有三：第一是新旧党势力的消长，即宋廷对他执行神宗开拓西北策略或路线的态度。第二是他的子弟门生故吏在朝内朝外的势力。第三是官方所修的实录和国史对他的评价。而第一和第二点又影响了第三点。本章主要考论李宪养子李彀在哲宗亲政以后在宋宫地位的升降，以及其行事为人与朝臣对他的评价。另外也论及从元祐末年以迄建炎初年宋廷的政局。

　　李彀自元丰八年四月被调出宫外后，事迹不详，相信是随侍李宪于陈州。继元祐六年三月修毕元祐本的《神宗实录》，就在李宪死后一月，宋廷在七年七月癸巳（十二），诏以翰林学士范祖禹、枢密直学士赵彦若修《神宗皇帝国史》，并由首相吕大防提举，著作佐郎张耒（1054—1114）编修，限一年毕功。宋廷稍后再诏范为翰林侍讲学士兼修国史。[1]由旧党中坚范祖禹负责编修的神宗国史，自然不会对李宪有什么好话。据绍圣本的《神宗旧录》所记，李宪家（可能在开封，也可能在陈州）藏有神宗给他的诏书三百篇及他所上的奏议七十卷、经制财用三十卷。[2]李毂当然不会在这时献上作修史之用，而会奇货可居，等待有利时势才呈上。与其父李宪并列四凶的宋用臣本来在八月获叙遥郡刺史，许外州任便居住，但中书舍人孔武仲（？—1098）却缴还词头，其令不行。而王中正在元祐八年（1093）正月本来已复叙文州刺史、昭宣使，但一样被延两期才再取旨叙官。[3]不过，李毂出头，已是指日可待。

熙河路自从范育在元祐七年十月内召为给事中，到元祐八年初由蒋之奇接任熙河帅后，历任的熙河帅都没有改动李宪、范育之政策（事见下文）。值得一提的是，李宪大将熙河兰岷路钤辖康识，曾在元祐八年初，与其麾下诸将率兵出塞牵制夏军于打绳川。二月己酉（初二）获得宋廷赐银合、茶药有差，以赏其功。[4]

1　《长编》，卷四百七十五，元祐七年七月癸巳条，第11320—11321页。

2　《长编》，卷四百七十四，元祐七年六月戊寅条注，第11315页。

3　《长编》，卷四百七十六，元祐七年八月己卯条，第11351页；卷四百八十，元祐八年正月庚寅条，第11418页。

4　《长编》，卷四百八十一，元祐八年二月己酉条，第11435页。王明清（1127—1204后）：《挥麈录》（上海：上海书局出版社，2001年8月），余话卷之二，第238页。考康识卒年不详，绍圣元年之后之事迹亦不载。他的儿子康倬（？—1131），字为章，以父补右班殿直，少时不羁，后折节读书，易文资，官至朝奉大夫、知临江军，据说有名于世。据李裕民所考，康倬却在绍兴元年（1131）二月庚午（初三），当鄱友犯临江军（今江西宜春市樟树市）时，他弃城遁去，宋廷在五月丁酉（初二）将他贬秩一等并冲替，他当于半年后卒。康倬有子名康与之，事迹不详。参见李裕民：《宋人生卒行年考》（北京：中华书局，2010年9月），卷三，第199页。

宋廷很快便变天，高太后大概在是年七月得疾，她在七月丙子（初一）召回旧党的温和派范纯仁任次相。八月辛酉（十六）高太后病重，延至九月戊寅（初三）崩。哲宗随即在十月戊申（初四）亲政，准备绍述神宗之政。中书舍人吕陶（1028—1104）看到哲宗召回元丰旧臣，于是在哲宗亲政前两天（丙午，初二）便上奏谏止，他解释高太后为何罢废神宗的新政，以及贬逐熙丰之臣。他在奏中还点了已死的李宪的名，说他邀功生边事，罪不容诛：

　　昔元祐之初，臣任台官，尝因奏事帘前，恭闻德音宣谕云："朝廷政事，若果于民有害，即当更改，其他不系利害者，亦不须改。每改一事，必说与太后，恐外人不知。"臣深思此语，则太皇太后凡有更改，固非出于私意，盖不得已而后改也。至如章惇悖慢无礼，吕惠卿奸回害物，蔡确谤毁大不敬，李定不持母丧，张诚一盗父墓中物，宋用臣掊敛过当，李宪、王中正邀功生边事，皆事积恶盈，罪不容诛。若败露于先帝之朝，必须不免窜逐，若暴扬于陛下之手，亦合正以典刑。以此而言，则太皇太后所改之事，皆欲生民之便，所逐之臣，尽是天下之恶，岂可以为非乎？[1]

1　吕陶：《净德集》，卷五《奏乞察小人邪妄之言状》，第八叶上下。《长编》卷四百八十四，元祐八年六月甲寅条，第11509页。杨仲良（?—1184后）：《通鉴长编纪事本末》，收入赵铁寒（1908—1976）（主编）：《宋史资料萃编第二辑》（台北：文海出版社，1967年11月），第六册，卷一百一《哲宗皇帝·逐元祐党人上·编类章疏附》，第一叶上至二叶上（第3113—3115页）。《皇宋十朝纲要校正》，卷十三《哲宗》，第359页。《宋史》，卷十七《哲宗纪一》，第336—337页。按吕陶在元祐八年（转下页）

哲宗并不纳吕陶之谏，还在十月庚午（廿六），命入内都都知张茂则传旨，要替换内廷旧人，而由转出的内臣中的大使臣内抽取数人，令他们寄资充宫中差遣。苏辙向张茂则表示异议，认为要谨慎用人，张奉命宣旨，只能唯唯而退，向哲宗复命。哲宗并不理会苏辙的反对意见，十一月丙子（初二），即令枢密院出内臣刘瑗等十人姓名，诏他们并换入内供奉官。吕大防等仓促之间无法细审，除了将查出有过犯的冯景和黄某二人，以及尚在持服守制的刘瑗与李毂剔除外，其余六人就召入，当中还包括王中正子。苏辙在戊寅（初四）入见哲宗，婉转表示哲宗的做法不妥，但哲宗不理，甲申（初十），枢密院又出哲宗批示，以他的随龙人内侍刘惟简除内侍押班权入内押班，梁从政除内侍都知，吴靖方带御器械。命下，中书舍人吕希纯（？—1106后，吕公著子）即封还词头。在苏辙等力争下，哲宗暂收回成命。[1]

素恶李宪的翰林学士兼侍读范祖禹连上两奏，提出哲宗召入李毂及王中正子会引来朝臣的忧虑，他论古今内臣之害，而一再点了李宪的名，痛陈其过恶：

（接上页）六月甲寅（初八）自起居舍人擢中书舍人。

1　苏辙：《龙川略志》，卷九《议除张茂则换内侍旧人》，第55—57、60页。《通鉴长编纪事本末》，第六册，卷一百一《哲宗皇帝·逐元祐党人上·编类章疏附》，第二叶上下（第3115—3116页）。《皇宋十朝纲要校正》，卷十三《哲宗》，第359页。《宋史》，卷十七《哲宗纪一》，第337页。佚名（撰），汪圣铎（点校）：《宋史全文》（北京：中华书局，2016年1月），第三册，卷十三下《宋哲宗三》，第875页。考《通鉴长编纪事本末》及《宋史全文》等书所记哲宗甫亲政即擢用亲信内臣之事，当是沿用苏辙的说法。又《龙川略志》将李毂写为"李悫"。该书的点校者俞宗宪称傅增湘本《龙川略志》写作"李毂"，他据其他版本改作"李悫"。而考《宋史全文》亦将李毂讹写为"李毂"。

至熙宁、元丰间，内臣之中，李宪、王中正、宋用臣三人最为魁杰。宪总兵熙河，兼领三路，中正总兵河东，兼领四路，其权势震动中外。自陕以西，人不敢斥言宪名。中正口敕募兵，州郡不敢违，师徒冻饿奔溃，死亡最甚。宪陈再举之策以诱夏贼，致永乐陷没，在熙河僭拟不法。用臣兴土木之役，无时休息，榷舟船，置堆垛，网市井之微利，夺细民之衣食，专用刻剥，为国敛怨。此三人者，虽加诛戮，未足以谢万姓。朝廷止从宽典，量加废黜。惟宪独死，中正、用臣犹存，陛下近召内臣十人，续又召数人，而李宪、王中正之子皆在其中，又除押班二人，带御器械一人，中外无不骇愕。既而闻二人以执政言其有过先罢，三人以舍人缴词头且辍，然前来旨挥，首违故事。又李宪、王中正之子既得入侍，则中正、用臣亦将进用，人心不得不忧，故臣敢极言之，陛下与太皇太后同听政之初，外逐蔡确、章惇、吕惠卿等及群小人，故朝廷肃清；内逐李宪、王中正、宋用臣等及群小人，故宫禁肃清。内外皆无凶人，故天下安静。……自闻近日两次旨挥以来，外议汹汹，皆云大臣不能争执，陷陛下于过举。[1]

可哲宗一意孤行，没有理会范的劝谏，照样任用刘惟简等心腹内

1　范祖禹：《范太史集》，卷二十五《论召内臣札子》，第十五叶下至十六叶上；卷二十六《论宦官札子》，第四叶下至五叶下。《宋朝诸臣奏议》，上册，《百官门·内侍下·上哲宗论自古及今用内臣之害·元祐八年十一月上》（范祖禹），第700—701页。《通鉴长编纪事本末》，第六册，卷一百一《哲宗皇帝·逐元祐党人上·编类章疏附》，第三叶上下（第3116—3117页）。《宋史》，卷三百三十七《范祖禹传》，第10798—10799页。

拓地降敌

臣。¹同月，侍御史杨畏上奏求讲法制，成绍述之道。哲宗召见，问熙丰之臣谁可用。杨推荐章惇、安焘、吕惠卿、邓温伯及李清臣等人，而特请相章惇。哲宗接受其议。十二月，即恢复章惇为资政殿学士，吕惠卿除中大夫。给事中吴安诗及中书舍人姚勔反对无效。²

1　刘惟简在绍圣三年三月戊午(廿八)以入内押班卒，赠昭化军留后。他应该在绍圣元年底或二年初除入内押班。他在元符二年(1099)八月丙申(廿六)再获追赠节度使。梁从政后来并没有擢为内侍都知，他在绍圣三年九月时仍为入内押班。参见《长编》，卷五百十四，元符二年八月丙申条，第12230页；《皇宋十朝纲要校正》，卷十四《哲宗》，第369页。

2　《通鉴长编纪事本末》，第六册，卷一百一《哲宗皇帝·逐元祐党人上·编类章疏附》，第三叶上至四叶上(第3117—3119页)。《皇宋十朝纲要校正》，卷十三《哲宗》，第360页。《长编》，卷四百七十六，元祐七年八月丁巳条，第11340页。《宋史全文》，第三册，卷十三下《宋哲宗三》，第876、880、884、887页；卷十四《宋徽宗》，第930页。据《宋史全文》所载，起初吕大防想用杨畏为谏议大夫，范纯仁反对，说杨倾邪不可用；但吕大防不听，以杨敢言，又密约他助己，并许擢杨为礼部侍郎。却不料杨竟背叛吕大防，上疏哲宗请复用章惇等人。据载当吕大防超擢杨畏时，杨以章惇必将获复用，就私下见章惇妻侄张扩，向章惇输诚，表示他审度时势轻重后，就借吕大防与苏辙之手逐去刘挚与梁焘，然后再找机会逐去吕、苏二人，但其后为二人所言而被罢去言职。他自陈迹在元祐而心在熙丰，愿首先为章惇开路。绍圣元年五月己未(廿五)章惇回朝时，百官郊迎，杨畏单独见章，向章输诚，语多斥吕大防，再申他"迹在元祐而心在熙丰"。据说当时有直省官闻之，就叹曰："杨侍郎前日谄事吕相公，亦如今日见章相公也。"章惇相信其言，就在五月己未(十九)擢他吏部侍郎。右正言孙谔(?—1099后)后来在绍圣三年翻杨畏的旧账，称他是投机小人，指他在元丰年间议论与新党合，到元祐末年又讨好刘挚与苏辙。刘挚与吕大防争权，杨畏又帮助吕大防打倒刘。当哲宗亲政，他又叛吕大防而迎合哲宗，天下人称他为三变。杨畏后来又阴附与章政见不同的李清臣和安焘，而为章惇所察觉，于是在绍圣二年正月丙午(初九)授他宝文阁待制，出知成德军，将他逐出朝。考孙谔在元祐七年八月丁巳(初六)以太常丞权利州路转运判官，是时杨畏正任侍御史，不断劾奏朝臣。到绍圣三年正月庚子(初九)，他因孙谔之言先被贬知河中府，落宝文阁待制，再以盛陶之言，移知虢州。崇宁元年(1102)九月丁未(廿五)，宋廷颁下元祐奸党名单，杨畏名列待制以上官。到崇宁三年(1104)六月甲辰(初三)，宋廷再诏元符末奸党并通入元祐籍，杨畏依然(转下页)

哲宗在翌年（1094）改元绍圣，宣示要绍继神宗之政。正如杨小敏的分析，绍圣绍述，在内政上恢复熙丰新法，在对外关系上恢复神宗时的拓边政策。在人事上，哲宗就尽罢元祐旧党，而复用新党。二月丁未（初五），哲宗首先授新党的李清臣和邓润甫为中书侍郎及尚书右丞。三月乙亥（初四），罢首相吕大防为观文殿大学士，知颍州（后改永兴军）。丁丑（初六），哲宗诏自今举行御试仍要试策论。在外久不得志的李清臣就在拟进策问题时，迎合哲宗之意，首倡绍述之论，而邓润甫附和之。李清臣所拟之题略曰："复词赋之选，而士不加劝；罢常平之官，而农不加富；可差可募之说杂，而役法病；或东或北之论兴，而河患滋；赐土以柔远也，而羌夷之侵未已；弛利以便民也，而商

（接上页）名列其中，而不获出籍。据其妻王氏（1059—1024）的墓志铭所载，他后来请求宫祠，退居洛阳二十年，到政和三年（1113）才获召，但未获复用已卒。参见《宋会要辑稿》，第八册，《职官六十八·黜降官五》，第4877页；郭茂育、刘继保（编著）：《宋代墓志辑释》，第二一九篇，《宋故硕人王氏（杨畏妻）墓志铭并序》，第492—494页。值得注意的是，在宣和六年（1124）十月，杨畏的夫人硕人王氏之兄中奉大夫、直龙图阁王纯（？—1124后），为其妹撰写墓志铭时，就为已死的妹夫杨畏的生平作了很正面的记述，称"至元丰末，杨公初自御史出提点夔州路刑狱，开府（指王氏父王宗望）时领转运使，以杨公风度凝远，问学高妙，甚器之。逮元祐间，杨公再擢为御史，以太夫人年高，有再醮意。闻硕人有贤行，来求之，曰：是必能事吾母而母吾子也。及归，姑果称其孝，而子爱其慈"。墓铭又记杨畏的政治取态，说"杨公自昔立朝，志在裕陵。会元祐更法，公为御史，明目张胆，推明国是，多所排击，时论称之。绍圣间，谋在北帅，自吏部侍郎以宝文阁待制守常山，其后进退逡巡，请宫祠居洛，垂二十年，处之裕如，而硕人亦未尝以出处为欣戚。……政和癸巳，朝廷亟召，方将大用，而遽以疾不幸矣，士论惜之。硕人于侍郎公之出处向背，皆能析其是非"。当然，王纯说杨畏死，时论惜之，似不可信，只是亲人溢美之词，杨畏在宋人的评价不高。又张晨光近期曾对杨畏及其两名妻子的墓志作出考论。其中杨畏墓记仅有33字，只有他的姓名别字，最后之职及赠官以及下葬日期，甚为罕见。参见张晨光：《北宋杨畏夫妇墓志记发覆》，载《宋史研究论丛》，第二十一辑，第221—228页。

贾之路不通。可则因，否则革，惟当之为贵，圣人何有固必焉？"其中拟题令哲宗动容的，就有批评元祐臣僚"赐土以柔远也，而羌夷之侵未已"的失计。到考试时，初考官本来取赞成元祐之政的人，但已升任礼部侍郎、一意迎合哲宗的杨畏复考，就悉反之。哲宗亲试举人，赐毕渐以下及第，所取的尽是主熙丰之政的人，于是国论大变，士大夫争相陈绍述之议而元祐之人相继被黜。苏辙两度上疏论御试策题有复熙丰之政之意，却开罪了哲宗。哲宗声色俱厉地责备苏辙不该以汉武帝比神宗。范纯仁为苏辩解无效。丁酉（廿六），苏辙罢门下侍郎知汝州。四月壬子（十一），哲宗再将苏轼贬知英州（今广东英德市）。甲寅（十三），以王安石配享神宗庙庭。同日追复蔡确为右正议大夫。壬戌（廿一），以章惇为首相，而罢范纯仁知颍昌府。戊辰（廿七），同修国史的蔡卞请重修《神宗实录》。闰四月甲申（十四），被黜多时的安焘为门下侍郎。丙申（廿六），章惇获命提举修《神宗国史》。五月己酉（初九），曾布请以《王安石日录》载入《神宗实录》。六月甲戌（初五），吕大防及刘挚落职，吕改知随州，刘挚自青州改知黄州，苏辙降官知袁州，苏轼再贬惠州安置。癸未（十四），曾布拜同知枢密院事。七月丁巳（十八），又将已死的司马光、吕公著及王岩叟赠官夺去，另将吕大防、刘挚、苏辙、梁焘、刘安世、吴安诗、韩川（？—1104）及孙升等旧党宰执及言官贬官落职。十一月壬子（十四），哲宗特追赠蔡确观文殿大学士。十二月甲午（廿七），范祖禹、赵彦若及黄庭坚（1045—1105）坐修神宗实录诋诬，责授散官安置远州：范安置永州，赵澧州（今湖南常德市澧县东南），黄庭坚黔州（今重庆市彭水苗族土家族自治县）。另吕大防也在绍圣二年（1095）二月乙亥（初九）以监修史事失实贬秩，分司南京，安州居住。[1]

据《挥麈录》所载，黄庭坚及秦观在绍圣初年被贬，也与李宪的熙河旧部胡宗哲有关。胡宗哲在元祐期间被贬后，在绍圣初年获复用为两浙转运副使。哲宗要整肃元祐旧党，秦观坐党籍出通判杭州，御史刘拯论他修神宗实录时有所增损，再贬监处州（今浙江丽水市西）酒税。《宋史·秦观传》记："使者承风望指，候伺过失，既而无所得，则以谒告写佛书为罪，削秩贬郴州，继编管横州，又徙雷州。"这个使者就是胡宗哲，《挥麈录》说他"观望罗织，劾其败坏场务，始送郴州编管"。至于黄庭坚，就给胡宗哲的女婿、湖北转运判官陈举，为了迎合上司赵挺之，举报黄含怨谤讪，结果黄被编管宜州（今广西河池市宜州市）。[2]胡宗哲翁婿二人迎合朝中新党，也挟怨报复秦、黄二人。

1　杨小敏在考论蔡京与蔡卞兄弟在哲宗亲政获得重用时，谈到哲宗绍述新政的背景，引述王曾瑜教授的研究，指出哲宗本是个非常有性气和心胸狭隘的人。可惜高太后及多数元祐诸臣（除了苏颂少数人）均不懂得因应他的个性导之向善，不懂得尊重他的帝王意志，反而过度约束他。哲宗因长期受到抑压，就造成他日后对祖母的逆反与不满心态。参见杨小敏：《蔡京、蔡卞与北宋晚期政局研究》（北京：中国社会科学出版社，2012年3月），第二章第一节《哲宗绍述新政》，第53—62页。关于哲宗罢免元祐旧党大臣，起用新党的经过，参见《通鉴长编纪事本末》，第六册，卷一百一《哲宗皇帝·逐元祐党人上·编类章疏附》，第四叶上至十五叶下（第3119—3142页）；《皇宋编年纲目备要》，下册，卷二十四，绍圣元年正月至六月，第581—587页；《皇宋十朝纲要校正》，卷十三《哲宗》，第360—363页；《宋史》，卷十八《哲宗纪二》，第339—342页；佚名（撰），汪圣铎（点校）：《宋史全文》，第三册，卷十三下《宋哲宗三》，第876—878页。按邓润甫在二月丁未（初五），拜右丞，五月乙丑（廿五）便卒于任上。

2　《挥麈录》，余话卷之二，第236—237页。《宋史》，卷三百五十一《赵挺之传》，第11093—11094页；卷四百四十四《文苑传六·秦观》，第13113页。王明清说陈举迎合"中司赵正夫"而举报黄庭坚，赵正夫即新党的赵挺之，他当年以维护蔡确被高太后贬降。赵当时的官职是权吏部侍郎除给事中，他的本传没有记载。

也许胡认为，当年旧党也是罗织罪名，打击他们，现时一报还一报。胡宗哲在元符元年（1098）被右正言邹浩（1060—1111）劾他在处置两浙盐赋上只言其利，不言其弊。他是李宪熙河的属下中，到哲宗亲政后唯一还能复出并掌管地方财赋的人。[1]

值得一提的是，秦观虽是苏轼门人，在政见上属于旧党，但在熙河弃守的事上，他与苏轼兄弟的看法可不一样。除了前文所记，他给出守熙州的蒋之奇赠诗中，表明他反对弃地的立场外，他在元祐三年九月应贤良方正试所上的几篇进策，便有相当进取的看法，例如他在《进策·边防上》便说：

> 狄道枹罕，五泉会宁，皆中国故地，自汉唐以至国初，不闻苦其难守，以灵武内属故地也。今置灵武于度外八十余年，蕃汉地形相错如绣，耕凿则有蹂践之患，馈运则有钞夺之虞，是以苦其难守也。若遂取横山，次复灵武，则兰会熙河自为内地，尚安有数百万之费乎？……为今计者，独有取横山而复灵武耳，羁縻不绝之说可复道哉？……横山、灵武，亦兰会、熙河之手足，而兰会、熙河，亦横山、灵武之龈齿也。功成于彼，则患纾于此也。[2]

1　《长编》，卷五百十一，元符二年六月壬午条，第12162页。按李焘在注中称邹浩此奏上于元符元年二月后。考胡宗哲在元符以后的事迹不详，据《天台续集》收录他七律一首，云："昔人亭榭久荒残，今复高轩峙翠峦。眺望可周千里景，宴游非止一时欢。楼台远近看如画，日月高低转似丸。最好使君登览罢，夕阳群骑簇离鞍。"参见林师蒇等（编）《天台续集》，文渊阁《四库全书》本，卷上，第三十二叶下。

2　秦观：《淮海集笺注》，上册，卷九《送蒋颖叔帅熙河二首》，第355—356页，注一；中册，卷十八《进策·边防上》，第655—657页；下册，徐培均：《秦观年谱》，（转下页）

秦观又在另一篇进策中很有信心地指出:"我之胜势已具,彼之败形未成者,元丰之初是也。我有必胜之势,彼有必败之形者,今日是也。且时难得而易失,一日纵敌,数世之患。奈何不议取横山而复灵武哉?"值得注意的是,秦观提出:"愿陛下择大臣知兵者一人统帅,尽护诸将之军,使之毋顾小利,毋急近功,而专以横山、灵武为事,不过三年,河南之地复归于中国矣。"[1]关于委任将帅的问题,他在另一篇论将的进策上主张:"西北二边,宜各置统帅一人,用大臣材兼文武,可任天下之将者为之。凡有军事,惟以大义上闻,进退赏罚,尽付其手,得以便宜从事,如此则虽有边警,可以不烦庙堂之论。而豪杰之材,得成其功矣。"[2]秦观可没有想到,徽宗后来便委用李宪的门人童贯,担任全权统帅专取横山。

正如上述,哲宗在亲政的第一年,便罢黜旧党大臣,复用新党的章惇等。据马力的研究,就在绍圣元年四月,哲宗便与章惇等筹划恢复对西夏开边,到绍圣二年八月即开展大规模的军事行动,以进筑堡寨、浅攻挠耕和各路策应的战术,夺取横山之地。[3]哲宗要宣示复行神

(接上页)第1690页。秦观这篇进策撰写的年月不详,据徐培均所撰的《秦观年谱》所考,此策论应撰于元祐三年九月,他应贤良方正试时。但秦观被人诬以过恶,他这次应试不成,没有获官。

1　秦观:《淮海集笺注》,中册,卷十八《进策·边防中》,第661—663页;《进策·边防下》,第670—672页。按秦观在《边防下》再提出以秦凤等五路之兵,与兰会相表里,约以兵万人,岁各一出,而扰夏人。他又说为:"今之策,莫若兴屯田,而置使者一人专领其事,凡要害之地,尽发吏卒屯之,浚沟洫,缮亭障,频出骑士以为田者游兵,积粟数百万斛,则灵武在吾掌股中矣。"他的想法与熙河边臣并无不同。

2　秦观:《淮海集笺注》,中册,卷十六《进策·将帅》,第608—609页。

3　马力撰于1987年的专文,概述了哲宗亲政的绍圣、元符时期开边西北,(转下页)

　　　　　　　　　　　　　　　拓地降敌

宗之政，自然表扬及彰显助神宗推行新政诸臣，执行神宗开拓西北有功的李宪终于在此时得以恢复名誉。他在绍圣元年便自宣州观察使获追赠两官为武泰军节度使，谥敏恪。与李宪齐名而硕果仅存的宋用臣也在是绍圣元年底复为宣政使，并获委主持导洛入汴的工程。[1]

　　群书均未载李宪获追赠节度使的月日，是谁为他请命及乞恩？相信是他的家人，包括其弟李宇，特别是获得召用的李毂。考李宇在绍圣三年（1096）七月丙辰（廿九），以礼宾使充抚谕使，往青唐晓谕阿里骨等。他应该在绍圣元年已任此职。[2]而李毂在元符元年（1098）九月前已担任入内供奉官，勾当东门司的近要职务。他大概在绍圣初年已任此一近职。[3]相信李宇及李毂在哲宗重修神宗实录时，即献上神宗批示李宪的诏书三百篇，以及李宪历年论边事的奏稿。他们大概在这时乘机请哲宗还给李宪公道，并请予李宪赠典。哲宗嘉纳，于是给

（接上页）夺取大片疆土，迫使西夏妥协，从而确立元符宋夏新疆界的过程。惟马氏没有讨论哲宗君臣在开边策略上，其实继承了神宗与李宪在元丰时期的做法。该文只在注24（第150页）略提及李宪诸人当年请筑汝遮川，而绍圣时期哲宗定西城的关联。参见马力：《宋哲宗亲政时对西夏的开边和元符新疆界的确立》，载邓广铭、漆侠等（主编）：《宋史研究论文集》（一九八七年年会编刊）（石家庄：河北教育出版社，1989年5月），第126～154页。

1　《长编》，卷四百七十四，元祐七年六月戊寅条注，第11313页。《宋会要辑稿》，第四册，《仪制十三·内侍追赠·赠节度使》，第2570页。《东都事略》，卷一百二十《宦者传·李宪》，第六叶下。《宋史》，卷四百六十七《宦者传二·李宪》，第13640页。《通鉴长编纪事本末》，第六册，卷一百十二《哲宗皇帝·回河下·导洛》，第十九叶上（第3561页）。考宋用臣于绍圣二年正月戊戌（初一）已自宣政使上言关于导洛入汴之事，他应在绍圣元年已复任宣政使。

2　《宋会要辑稿》，第十六册，《蕃夷六·吐蕃》，第9924页。

3　《长编》，卷五百一，元符元年九月癸卯条，第11945页。

李宪赠官赐谥。至于李宪获赠官的日期，按哲宗在绍圣元年闰四月下诏重修《神宗实录》，五月诏修神宗国史，而在五月后基本上已将元祐旧党贬逐出朝，故李宪很有可能在是年五月后获得追赠。

值得注意的是，哲宗在绍圣元年正月庚寅（十八），因殿帅刘昌祚病逝，出人意表地重新起用李宪的头号大将，在元祐六年自请罢知潞州而提举凤翔府上清太平宫、年已六十五的前殿帅苗授，第二度出任殿帅并加保康军节度使。武臣两度担任三衙管军之首的殿帅，在整个宋代只有太宗朝的戴兴（？—999）、仁宗朝的许怀德（978—1061）及苗授三例。宋廷赐苗授的制文，除了称许他"为时虎臣，学古兵法"外，就特别重提他"智略发于洮陇，威名震乎边庭"[1]，哲宗擢用苗授二度出掌殿帅重任，就很有象征意义，他要绍述神宗之政，对祖母高太后之政，就要"送旧迎新"，重用仍然在世的新党或新政执行人，李宪获得平反，那就很顺理成章了。曾依附旧党后来投靠新党的权吏部尚书、兼侍读、同修国史林希（1034—1101），在绍圣二年九月，奉哲宗之命为苗授撰写墓志铭时，除了夸奖苗授"披荆棘，冒矢石，攻坚陷

1　参见本书附录二《苗授墓志铭》；邵伯温：《邵氏闻见录》，卷八，第84页；《东都事略》，卷八十四《苗授传》，第四叶上（第1283页）；《宋史》，卷三百四十九《刘昌祚传》，第11055页；卷三百五十《苗授传》，第11067页；《宋会要辑稿》，第四册，《仪制十一·武臣追赠·管军节度使》，第2540页；不著撰人（编），司义祖（点校）：《宋大诏令集》，卷一百二《军职八·苗授殿前副都指挥使保康军节度使制·绍圣元年正月庚寅》，第376页。按刘昌祚在绍圣元年正月在殿前副都指挥使武康军节度使任上卒，年六十八，赠开府仪同三司，谥毅肃。关于苗授两任殿帅的事，新出土的苗授墓志铭、《东都事略》及《宋史》的苗授本传，以及邵伯温的《邵氏闻见录》都有言及。而林希所撰的《苗授墓志铭》，更特别指出苗授是继戴兴及许怀德之后的第三人，再任殿帅。关于戴兴及许怀德两任殿帅的事，可参见《宋史》，卷二百七十九《戴兴传》，第9475—9476页；卷三百二十四《许怀德传》，第10477页。

敌，挺身弗顾，复境拓土，论功居多"，并誉之为名将外，更迎合哲宗绍述之意，借为苗授表功而为哲宗说出其欲重新开拓西边的政策：

> 臣读实录，伏见神宗皇帝既考正百度，遂立武事以威四夷，谋臣猛将争效智力，材官卫士，一艺必赏。天下府库皆利器，郡县皆精兵，以战则克，以计则服，而河湟之功尤为俊伟。[1]

1 关于苗授的卒年，《宋会要·礼四十一》系于绍圣二年九月，惟《宋会要·仪制十一》则系于绍圣三年九月。因《长编》缺绍圣二年及三年，而群书亦无记载。幸而新近出土的《苗授墓志铭》清楚记载苗授卒于绍圣二年九月戊戌（初六），而其子苗履于同年十一月庚申（廿八）将他葬于卫州共城县卓水原。故可知《宋会要·仪制十一》一条所记，错将二年九月讹写为三年九月。林希大概在是年九月初六至十一月廿八前撰写苗授墓志的。又据《景定建康志》卷廿六的《侍卫马军司题名记》所载，李宪另一员大将姚麟在绍圣元年正月除马军副都指挥使，二年九月改差。按该记所谓改差，多半指迁职。据《宋史·姚麟传》所记，姚麟在绍圣三年，本来自马帅建武军留后出知渭州，知枢密院事安焘请将他留在京师，虽曾曾布反对，但韩忠彦为姚说话，故"寻拜武康军节度使、殿前副都指挥使"。据此可知苗授殿帅的职位，后来由姚麟继任。笔者怀疑《宋史·姚麟传》所记的绍圣三年，可能又是绍圣二年的笔误。苗授以保康军节度使检校司空卒，年六十七，宋廷念其功，优赠开府仪同三司，谥庄敏。据他的墓志铭所记，他官至上柱国，爵封济南郡开国公，又据苏颂的制文，苗的食邑初时为三千三百户食实封五百户，后增至四千一百户食实封九百户。虽然苗授的孙子御营统制苗傅（?—1129）在高宗建炎三年（1129）三月发动苗刘之变，失败后被诛，苗家被列为逆臣，但苗授墓在金人控制的卫州，宋人无从将之毁坏，而金人也似没有将之破坏，故到清代仍有苗授墓的记载。据清初修纂的《河南通志》的记载，他的墓在河南辉县（今河南新乡市辉县市）城北阁社村。据辉县网2011年4月27日的报道，1990年5月初，辉县市火电厂在施工时于大门东侧100米处发现一座宋墓，经新乡市文物管理委员会和辉县市博物馆共同发掘，确定该墓是苗授及其夫人刘氏的合葬墓。墓壁似有盗洞，墓底全用大块精致青石铺成。出土碗、板、环以及锥形器和龙首形器等铁器，还有苗授及刘氏两合墓志铭。据报道墓志铭的内容较《宋史》所记丰富。该墓所在为辉县市也和《河南通志》所记吻合。笔者从2011年开始，便留意苗氏夫妇墓志有否公开发表，在2017年8月初，获河南大学历史文化学院全相卿教授来邮相告，（转下页）

故此，李宪旧部仍存的就获重新任用，李宪麾下的内臣大将、已升任宣庆使、阶州防御使、熙河兰岷路都钤辖、总领岷州蕃兵将的李祥，哲宗以他已历五任十一年，累有功，就特加他内侍省押班，仍令他久任熙河。[1]至于已殁的人，包括支持李宪开边政策的人便获得追封。在绍圣二年四月病逝的前熙河帅范育，哲宗又以他在元祐中议与众异，将他自户部侍郎、宝文阁待制特赠宝文阁直学士。所谓议与众独

（接上页）苗授的墓志铭拓片，原来早已在1996年刊于辉县市政协辉县市委员会文史资料委员会编的《百泉翰墨》刊出，仝教授并随即订购此少为人注意的地方文献，并扫描苗授墓志铭电邮予笔者。笔者随即将此一珍贵出土文献录读，并附于本书的附录。此墓志由权吏部尚书兼侍读同修国史林希奉哲宗命撰写。对研究苗授以及李宪的事迹甚有帮助。惜《百泉翰墨》未有同时刊出苗授夫人永嘉郡君刘氏的墓志，暂不知刘氏的家世。参见《宋会要辑稿》，第三册，《礼四十一·辍朝·管军节度使》，第1665页；第四册，《礼五十八·群臣谥》，第2064页；《仪制十一·武臣追赠·管军节度使》，第2540页；第十四册，《刑法四·狱空》，第8494页。《宋史》，卷三百四十三《林希传》，第10913—10914页；卷三百四十九《姚麟传》，第11059页；卷三百五十《苗授传》，第11068页。苏颂：《苏魏公集》，上册，卷二十一《内制·保康军节度使苗授加食邑制》，第284—285页；马光祖（修）（？—1269后），周应台（？—1275后）（纂）：《景定建康志》，收入王晓波、李勇先、张保见、庄剑（点校）：《宋元珍稀地方志丛刊·甲编》（成都：四川大学出版社，2007年6月），卷二十六《官守志三·侍卫马军司题名记》，第1245页。王士俊（1683—1750）（纂）：《河南通志》，文渊阁《四库全书》本，卷四十九《陵墓·卫辉府·宋苗授墓》，第十七叶下；辉县网，2011年4月27日，《"文物古迹"考古发掘之四——宋代苗授墓》；《苗授墓志铭》。林希，字子中，福州人，他是林旦之兄，《宋史》有传。关于林希的生平事迹，特别是他在神宗哲宗朝的投机作风，可参考李华瑞：《林希与〈林希野史〉》，载云南大学中国经济史研究所、云南大学历史系（编）：《李埏教授九十华诞纪念文集》（昆明：云南大学出版社，2003年11月），第44—57页。

1　《宋史》，卷四百六十八《宦者传三·李祥》，第13649页。《宋会要辑稿》，第七册，《职官三十六·内侍省》，第3898页；第八册，《职官六十·久任官》，第4676页。按李祥一直任职熙河二十年，至绍圣三年四月仍任宣庆使、阶州防御使、内侍押班，他以后的事迹不详，疑在绍圣四年卒。

议，就是泾原帅章楶在绍圣四年（1097）八月壬辰（十一）为他请追赠时所说的"范育任熙河经略使日，于元祐弃地画疆之时，独能抗朝廷意指，反复敷陈利害，又尝陈进筑之策，持论坚确，人莫能夺"。当宋廷在绍圣二年四月追赠范育官位，而再于四年八月接受章楶的请求，特赠范育子或孙一名郊社斋郎时，于熙河开拓有大功的李宪，在绍圣元年及四年先后获追赠恩典及赐谥，在时间上是很有可能与范育之追赠互相引例而成。另外，正如御史中丞邢恕在四年十一月癸酉（廿三）上言所说，宋廷所以赠范育宝文阁直学士，另又官其一子，是为了"罪元祐弃地而育独为国家惜地不忍弃，故赏育，所以劝忠也"。李宪加谥"忠敏"，正是表扬其为国取地之忠。[1]

因《长编》散佚了元祐八年七月到绍圣四年三月的记载，加上李毂在《东都事略》及《宋史》均无传，故他在这段时期的事迹，仅有《通鉴长编纪事本末》保留的一条，记在绍圣三年四月丙戌（廿七），三省同呈上李毂来自熙河的报告，言及熙河籴给蕃官米粮斛斗事等。[2]可知李毂这时出使熙河。他大概也以出使而获迁官。其父李宪在

1　《宋会要辑稿》，第四册，《仪制十一·从官赠职》，第2537页。《长编》，卷四百八十九，绍圣四年七月癸丑条，第11609页；卷四百九十，绍圣四年八月壬辰条，第11625页；庚子条，第11638页；卷四百九十三，绍圣四年十一月癸酉条，第11702页。《宋史》，卷三百三《范祥传附范育传》，第10051页。按绍圣四年八月庚子（十九），因委朝奉郎安师文为提举泾原路沿边新弓箭手，曾布对哲宗说范育在西边，论边事多中理，而安师文此时就在他幕府。哲宗只评说范育是吕大防的亲党，这时哲宗对刚在四月贬死虔州的吕大防心存怜惜，对范育也没有恶感，就同意用安师文。高宗绍兴中，宋廷奖范育抗论弃地及进筑之策，再赠他宝文阁学士。

2　《通鉴长编纪事本末》，第七册，卷一百三十《徽宗皇帝·久任曾布》，第八叶下（第3936页）。按文中的李毂讹写作"李毂"。另《续资治通鉴长编拾补》的（转下页）

在绍圣四年，获得改谥忠敏更高的谥号，相信与李彀的求请有关。[1]

据宋人笔记所载，宋代文臣谥忠敏的有高宗朝的知枢密院事沈与求（1086—1137）和徽宗初年的旧党言官的任伯雨（1047—1119）。武臣则只有李宪的部将姚麟，而内臣惟有李宪获此美谥。[2]

李彀所属的入内内侍省的最高主官入内都都知张茂则死于绍圣元年，在绍圣年间至元符元年担任入内副都知的先后有刘有方（？—1100后）、冯宗道和梁从政，入内押班则有冯世宁（1051—1117）和蓝从熙（？—1119后）。他要晋升押班，既要累积年资及建立功绩，还要看上述这些都知、押班与他父子的交情，肯否加以提拔推荐。值得注意的是，当年与其父并列四凶而尚存的宋用臣在元符二年（1099）初已复为皇城使。[3]

（接上页）点校本，在此条下仍沿用《通鉴长编纪事本末》的错误，仍将李彀讹写为"李彀"。参见黄以周（1828—1899）等（辑注），顾吉辰（点校）：《续资治通鉴长编拾补》（北京：中华书局，2004年1月），第二册，卷十三《哲宗绍圣三年》，四月丙戌条，第507—508页。

1　《长编》，卷四百七十四，元祐七年六月戊寅条注，第11313页。《宋会要辑稿》，第四册，《礼五十八·群臣谥》，第2065页。《东都事略》，卷一百二十《宦者传·李宪》，第六叶下。《宋史》，卷四百六十七《宦者传二·李宪》，第13640页。

2　《挥麈录》，后录卷之五，第107、109—110页。按在元符三年卒的宋用臣则谥僖敏，没有李宪所得到的忠字美谥。

3　《长编》，卷四百九十七，元符元年四月庚子条，第11834页；卷四百九十九，元符元年六月丙戌条，第11876页；卷五百十三，元符二年七月甲寅条，第12199页。曾布（撰），顾宏义（校点）：《曾公遗录》（北京：中华书局，2016年3月），卷七，第24页。刘有方是哲宗召入的内臣刘瑗之父，他在元符二年七月位景福殿使，是资格最老的入内副都知。梁从政与冯宗道都是哲宗的随龙人。梁从政在元符元年四月庚子（廿二），自宣庆使荣州、防御使、入内押班擢为入内副都知，惟入内都知宣政使冯宗道则于是年六月丙戌（初九）卒。又宋用臣在元符二年四月乙未（廿三）已复任皇城使。

李觏在元符元年八月癸亥（廿八），本来以入内供奉官、勾当内东门司的职位获委按阅开封府界及京东路将兵。不知何故，宋廷改命内侍押班阎安（？—1105后）代替其差遣。可能宋廷觉得他没有按阅兵将的本事。[1]值得一记的事，厌恶李宪父子的范祖禹在是年十月甲午（二十）卒于化州（今广东化州市）贬所。而与李宪同贬的王中正也在元符二年三月己巳（廿六）以昭宣使、嘉州团练使、提举太清宫任上卒。[2]

李觏在元丰八年二月离开熙河，到元符二年闰九月癸酉（初四），相隔十四年后终于重返熙河。宋廷给他一项优差，命他往熙州照管向宋投降的青唐主拢拶。早在元符二年七月，李宪旧部皇城使、荣州防御使、熙河兰会都监、知河州、兼管勾洮西沿边安抚司公事兼第三将王赡，与王韶子、熙河兰会路经略安抚司勾当公事王厚率兵收复邈川（改名湟州）。九月己未（二十），二人再复青唐（宋廷改名为鄯州，以为之陇右节度），招降了青唐主瞎征（？—1102）和拢拶，以及所属的心牟钦毡、青归论征结、鬼章子结瓦龊、鬼章孙边厮波结（？—1099后）等及大小首领。宋廷令心牟等人令随溪巴温、拢拶父子与瞎征作两番赴阙朝见。宋廷诏在元符元年八月丙子（初一）已复名为熙河兰会路经略司的熙河帅胡宗回，等到拢拶到熙州，就馆舍供帐，优加礼待。宋廷命瞎征为一番，由入内供奉官黄经臣（？—1126）陪同，而拢拶的一番就由李觏负责，宋廷指示要务从优渥。宋廷又制订了在宣德门受

1　《长编》，卷五百一，元符元年八月癸卯条，第11945页。
2　《长编》，卷五百三，元符元年十月甲午条，第11981页；卷五百七，元符二年三月己巳条，第12090页。

降，引见瞎征的仪注。[1]

李夔来到熙州，可说已是人面全非。与其父对敌多年的青唐第三代主阿里骨早在绍圣三年九月己亥（十三）卒，瞎征是阿里骨子，拢拶则是董毡之侄，溪巴温则是其父。至于与其父交战多年的鬼章子孙则仍在。[2]而熙河帅从元祐七年十月乙亥（廿六）范育召还，改以蒋之奇继任后，[3]其后担任熙河帅的，在绍圣四年四月壬辰（初九）前先有李宪的大将殿前都虞候王文郁，然后是直龙图阁张询，再到李宪旧部龙

1　《长编》，卷四百九十四，元符元年正月癸酉条，第11736页；卷五百十六，元符二年闰九月癸酉条，第12267—12268页；丙子条，第12272页。《宋史》，卷十八《哲宗纪二》，第350、352—353页。《宋会要辑稿》，第十六册，《蕃夷六·吐蕃》，第9927页。附带一谈，郭声波在2010年出版的点校本《宋会要辑稿·蕃夷道释》在此一条却将本来没有写错的李夔，据下文多条误写作李夔，而错校为李壳。参见郭声波（点校）：《宋会要辑稿·蕃夷道释》（成都：四川大学出版社，2010年10月），《蕃夷六》，第497—498页。又考王瞻早在绍圣四年四月自皇城使领荣州防御使，出任熙河兰岷路都监知河州，并管勾洮西沿边安抚司公事兼熙河第三将。宋廷在元符元年正月癸酉（廿四），诏他在任满后再续任。另考黄经臣在靖康之难中，就比献纳军库予金人以求生的李夔强得多，据其子黄彦节所述，黄以不忍见失守之辱，于京师积薪于庭，自焚而卒。参见洪迈：《夷坚志补》，载《全宋笔记》，第九编第七册，卷一，续鄞都使条，第11页。

2　《长编》，卷五百五，元符二年正月壬戌条，第12037—12038页。《宋史》，卷十八《哲宗纪二》，第345—346页。瞎征于绍圣三年九月继位，翌年（绍圣四年）正月庚寅（初五），宋廷正式承认他的地位，授他河西节度使、邈川首领。宋廷再在元符二年正月壬戌（十九）特授他金紫光禄大夫，仍为西蕃邈川首领，以安其心。关于瞎征的生平事迹，以及瞎征继位前后的情况，最近期的研究，可参阅齐德舜：《唃厮啰家族世系史》（兰州大学博士学位论文，2010年3月），第八章第五节《阿里骨去世，瞎征执政》，第128—130页；齐德舜：《〈宋史·瞎征传〉笺证》，《西藏研究》，2013年第3期（2013年6月），第17—26页。又大小拢拶在青唐政权崩溃前的作为，可参见齐德舜：《唃厮啰家族世系史》，第九章《陇拶、小陇拶继立——唃厮啰政权的崩溃时期》，第131—139页。

3　蒋之奇继任熙州的事迹，可参见404—405页注1和注2。

图阁直学士孙路，最后由胡宗回接任。值得注意的是，在取青唐事上，同是李宪旧部的王赡与孙路却意见不合，最后章惇等支持王赡，罢免了孙路。[1]李宪的熙河旧部，李浩与复任殿帅的苗授已先后于绍圣二年（1095）正月及九月逝世，而王文郁也在及元符二年（1099）六月卒。到李毂重来时，亡父的旧部尚在的，除了王赡外，还有引进使、吉州防御使、知兰州苗履、熙河总管王愍、四方馆使、熙河兰会路兵马都监、知会州姚雄以及蕃官包顺、李忠杰、李蔺毡纳支等。而李宪当年未取得的会州，终于在是年八月攻取，宋廷并诏依兰州规模修筑城池。另外哲宗又对宰执表明："元祐之人云穷天下之力，以奉熙河之路，又以为可弃。此言皆不当，莫不足取。"间接肯定李宪开熙河之功。[2]

1　《长编》，卷四百七十八，元祐七年十月乙亥条，第11389页；卷四百八十五，绍圣四年四月壬辰条，第11522页；甲午条，第11527页；卷五百一，元符元年八月壬寅条，第11941页；卷五百四，元符元年十二月己卯条，第12013页；卷五百五，元符二年正月庚戌条，第12028页；卷五百七，元符二年三月己丑条，第12085页；卷五百十一，元符二年六月辛巳条，第12161页；卷五百十四，元符二年八月丙戌条，第12217—12218页。《宋会要辑稿》，第四册，《仪制十一·武臣赠遗·观察使追赠·赠留后》，第2545页。《宋史》，卷三百五十《王文郁传、李浩传》，第11075、11079页。李浩在担任环庆路副都总管后，最后以马军都虞候、黔州观察使再知兰州，于绍圣二年正月卒于任上，宋廷赠他安化军留后。王文郁大概在这时接李浩知兰州，他在绍圣四年四月壬辰（初九），以殿前都虞候、秦州防御使、权发遣熙河兰岷路经略安抚司事上，以目疾请罢军政，宋廷许之，命权提举崇福宫。同月甲午（十一），以筑金城关毕功，王文郁除正任观察使，赐银绢各五百匹两。王在元符二年六月辛巳（初十）以冀州观察使、提举崇福宫卒。至于接替王文郁的张询，在元符元年八月壬寅（廿七）却以熙河路经略判官钟传出师却虚报战功坐罪罢任，由时庆州的孙路接替。孙路在元符二年八月丙戌（十六）以措置邈川事乖错罢，宋廷即以宝文阁待制知庆州胡宗回移知熙州。胡宗回当是胡宗哲的族兄弟。

2　《长编》，卷四百八十六，绍圣四年四月戊申条，第11558页；卷四百九十一，绍圣四年九月癸丑条，第11649页；乙丑条，第11656页；丁丑条，第11662—11666页；（转下页）

李毂尚在往熙河途中，与他同召入的内臣刘瑗，已比他快一步，在闰九月戊寅（初九），自入内供奉官、寄皇城使、遥郡刺史升一级为昭宣使寄资。同日，本无降宋之意的蕃酋心牟钦毡等，却与城外羌兵里应外合重夺青唐。而在青唐不远的邈川稍后也受到数千羌人及来援的夏人十余万攻击。王赡把心牟钦毡、结瓦龊等九人诛杀于城中后，就率兵与麾下蕃官李忠力战，加上邈川守将熙河路都钤辖王愍坚守十六日，兰州苗履、秦凤姚雄以及泾原李忠杰的援兵及时赶到，而蕃官熙州总领蕃兵将高永年（？—1105）所部奋战，十月己酉（十一），羌兵终解围而去。这一役宋军化险为夷，还是靠李宪几个旧部作战英勇。[1]

李毂大概在十月中已抵熙州，他在是月丙辰（十八），奏请厚待瞎征妻契丹公主。宋廷诏令优加待遇。丁巳（十九），宋廷又诏奖助平羌

（接上页）卷五百一，元符元年八月壬寅条，第11941—11943页；卷五百十，元符二年五月庚午条，第12150页；七月丙寅条，第12203页；卷五百十四，元符二年八月己卯条，第12212—12214页；辛巳条，第12216页；丁亥至戊子条，第12220—12221页；卷五百十六，元符二年闰九月乙亥条，第12271页；卷五百十七，元符二年十月乙巳条，第12296页。《宋史》，卷三百五十《苗授传附苗履传》，第11069页。考苗履在绍圣三年以事被窜房州，到四年初才起为西上阁门副使熙河都监，但不知何故，又被责右清道率府率监峡州酒税。同年九月丁丑（廿七）才以依敕及出塞立功授授四方馆使、遥郡团练使，并升本路钤辖。惟有记载称他出师失利却遇过于人。苗履在元符元年八月壬寅（廿七），由哲宗亲自提名，自四方馆使、吉州防御使、权鄜延路都钤辖、权熙河兰会路都钤辖兼知兰州，代替虚报战功的知兰州王舜臣。同日，宋廷亦以孙路代替张询知熙州。元符二年五月庚午（廿八），苗履以进筑天都山之劳，自四方馆使迁引进使。同日，姚雄也自泰州刺史、知镇戎军迁四方馆使。八月丁亥（十七），姚再徙知会州、兼管勾沿边安抚使，充熙河兰会路兵马都监。

1　《长编》，卷五百十六，元符二年闰九月戊寅条，第12274页；壬辰条，第12286—12289页；卷五百十七，元符二年十月癸卯至丁未条，第12296—12297页；己酉条，第12299页。《曾公遗录》卷八，第126—128页。

乱的蕃部边厮波结为供备库使、遥郡刺史, 妻尊麻特支赐银绢各三百匹两, 长子钦波结为供备库副使, 充讲朱等四城巡检, 次子角蝉为东头供奉官充本族巡检。他们在庚申(廿二)赴阙受赏, 宋廷即令李毂负责照管。[1]

就在李毂准备赴京时, 权熙河兰会路钤辖、兼知河州、管勾洮西沿边安抚司公事种朴(?—1099)在十月己未(廿一), 却意外地中了羌人郎阿克章的埋伏, 战殁于一公城(今甘肃甘南藏族自治州夏河县甘加乡斯柔村)外。蕃官李蔺毡纳支及李世恭亦阵亡, 宋军惨败, 大大打击了熙河宋军之士气。[2]

宋廷在十一月己巳(初一)收到熙河奏报, 知种朴阵亡。远在熙州的李毂却并不知种朴阵亡的消息, 他这一次来熙河, 做的是押送蕃部首领的工作, 他在是月癸酉(初五), 向宋廷奏报他的工作, 称奉旨照管瞎征、拢拶、边厮波结及角蝉等赴阙, 请赐忠顺等旗, 让他们知宋廷恩宠。其中瞎征、拢拶等以忠勇及心白为三等, 仍等第推恩, 赐以银帛袍带, 并贷其罪, 令赴阙朝见, 他又请选现留的诸族首领, 自归顺及曾立功的人, 权补管勾部族及带巡检, 给予俸, 将来与正补管勾, 宋廷从其请。[3]

1　《曾公遗录》, 卷八, 第130页。《长编》, 卷五百十七, 元符二年十月丁巳条, 第12303页。

2　《长编》, 卷五百十七, 元符二年十月己未条, 第12303—12304页; 戊辰条, 第12313—12314页。种朴是种谔子, 种谊侄。他担任乃父的机宜文字出身, 是出色的参谋人才。他的戎马生涯及战死一公城的始末, 可参阅曾瑞龙:《拓边西北——北宋中后期对夏战争研究》, 第五章《参谋作业与拓边战争——种朴的军事活动》, 第165—212页。

3　《曾公遗录》, 卷八, 第134、143页。《长编》, 卷五百十八, 元符二年(转下页)

十一月乙亥（初七），枢密使曾布向哲宗报告种朴阵亡及鄯州事宜。哲宗依从曾布的建议处置。哲宗又令王赡军回，而护送辽、夏、回鹘三公主来阙之任务，就特命由李彀相度。如三公主已有来期，就和瞎征、拢拶一同起发；如三公主未有来期，就先管押拢拶等赴阙。丙子（初八），宋廷又诏赠种朴防御使，与十资恩泽，母特封郡太君。辛巳（十三），宋廷除命令熙河经略司勘查苗履、姚雄及种朴下的亡失使臣及士卒人数外，又命李彀因便犒设将士，密切勘查阵亡人数闻奏，以言官李夷行奏苗履在青唐奏功不实，而经略司不奏故。甲申（十六），哲宗又命李彀体量青唐、邈川河南事宜以来前后覆没的兵将情况闻奏。[1]

李彀在同月辛卯（廿三）奏上瞎征、拢拶等一行赴阙人数。甲午（廿六），他又上奏请早令王赡返回湟州并焚毁青唐巢穴。他在奏中连番攻击熙河帅胡宗回，并夸大青唐危急之状。然他才具有限，更非亡父得君之专。他才出使熙河便想借议事邀宠，还以为哲宗真的让他做打探边情的耳目。哲宗收到他的奏报后，却马上给他一记耳光，诏熙河经略司不得辄有焚毁，更不可焚毁青唐城，以朝廷方议将青唐还给董毡后人。哲宗又对曾布等说："此辈所言，未可尽信。"宰执难得哲宗这样斥骂李彀，自然一致附和，说诚如圣谕。哲宗又说内臣好货，及作气焰，凡所好恶，就毁誉过实。又说内臣中，利珣喜欢奏事，却又

（接上页）十一月己巳条，第12317页；癸酉条，第12323页。《宋会要辑稿》，第十六册，《蕃夷六·吐蕃》，第9928页。

1　《曾公遗录》，卷八，第135、140页。《长编》，卷五百十八，元符二年十一月乙亥至丙子条，第12324—12326页；辛巳条，第12331页。

好货。章惇回答说利珣最贪财。曾布再对,哲宗即论及李致等之过。曾布自然又满口恭维,说哲宗察见内臣之情况,真是天下之福。[1]

李致不识好歹,又上奏说这次拢捘赴阙,若沿路官吏懈慢,就以违制论,并以此劾之。曾布在丙申(廿八)收到李的奏报后,就对哲宗批评李致所陈未成文理,说他已就拢捘赴京事别草定文字,请依此行下。哲宗不但同意曾布的意见,还指着李致奏章所写的恩"雠"字错写作"酬"字,讥笑他不学。[2]

十二月庚子(初三),李致再上奏说青唐已送到契丹公主,称公主年六十四,颇能汉语,并自言是辽兴宗耶律宗真(1016—1055,1031—1055在位)之女,辽道宗耶律洪基(1032—1101,1055—1101在位)之妹。她说愿早到京师向辽使询问辽廷的现况。哲宗向宰执表示,胡宗回也这样回奏,可见今次李致所奏属实。[3]在这件小事上看出哲宗并不完全相信李致。

辛亥(十四),胡宗回等请立溪巴温于鄯州,并令他招诱迭州首领。翌日(壬子,十五),李致却再一次上奏说他在青唐探报得危急之事,又攻击胡宗回为避弃地之责,就不肯依朝旨令王赡退保湟州。[4]

癸丑(十六),枢密院以曾布为首,反对立溪巴温或其子拢捘,认为应立唃厮罗(997—1065)在河州已归顺的嫡长曾孙左骐骥使赵怀

1　《曾公遗录》,卷八,第147—148页。《长编》,卷五百一十八,元符二年十一月甲午条,页12338。

2　《曾公遗录》,卷八,第150页。

3　《曾公遗录》,卷八,第151页。

4　《曾公遗录》,卷八,第153—154页。

义。哲宗却决定当拢捘抵京，就授他河西节度使差、知鄯州军州事，充西蕃都护，并依府州折氏之例，世袭知鄯州，管辖其部族。至于赵怀义就除廓州团练使、同知湟州军州事，兼本州管下部族同都巡检使。若溪巴温肯返鄯州与其子拢捘同处，或愿同其幼子小拢捘在溪哥城同住亦听从便。王赡就授鄯湟等州都护，依旧熙河钤辖、陇右缘边安抚使、都巡检，与拢捘同管勾军马司。李敤在乙卯（十八）又上奏论青唐事，仍请立溪巴温，又说王赡是一罪魁不足惜，称一行的将佐何辜，请早令大军返湟州。哲宗收到此奏，犹豫不已，当初的如意算盘落空，青唐的蕃部并不听命于宋廷，在省章峡的叛羌，拥立小拢捘与宋军对峙其势甚炽，拢捘不可能作青唐主。而在鄯州的王赡部，随时陷入羌人的围攻中。己未（廿二）到庚申（廿三），王厚与胡宗回均催促王赡率兵返回湟州。[1]在这事上，李敤的判断似乎正确，不过他在熙河，恃着自己是哲宗派来的内臣，就一再与帅臣胡宗回及王赡意见不合，他的行事远不如李宪的老练。他的气焰也为宋廷执政侧目，却不自知。哲宗似乎并不像神宗信任李宪般信任他。他的表现可说是虎父之犬子。

在是年十二月已病情不轻的哲宗，虽挨过了年，却终在元符三年（1100）正月己卯（十二）崩。在向太后（1046—1101）一力扶持下，皇弟徽宗继位，由向太后垂帘听政。[2]

徽宗继位第二天（庚辰，十三），宋廷委任入内副都知吴靖方、入

1　《曾公遗录》，卷八，第154—156、159页。《长编》，卷五百十九，元符二年十二月癸丑至乙卯条，第12348—12350页；己未至庚申条，第12351—12352页。
2　《曾公遗录》，卷九，第171—174页。《长编》，卷五百二十，元符三年正月己卯条，第12356—12358页。

内押班蓝从熙、入内押班冯世宁、内侍押班阎安及已恢复内侍押班之职的宋用臣负责为哲宗修陵诸事。因哲宗突然去世，宋廷命押拢拶赴京的李瑴暂留在京西待命，故不预修陵事。宋用臣还在三天后（癸未，十六），自宣庆使、瀛州防御使、内侍押班升任入内副都知。他是神宗朝"内臣四凶"中尚存而且能恢复高位的幸运儿。另徽宗的随龙人刘瑗也在七天后（庚寅，廿三）自昭宣使、遥郡刺史特授宣政使、遥郡团练使。相较之下，李瑴虽也算是徽宗的随龙人，但他要升迁就要看有否立功了。[1]

向太后在二月壬戌（廿五）斥逐哲宗宠信的内臣刘友端和郝随，以二人在禁中的修造，侈华太过。李瑴这时又获得另一份差事，奉命与太常少卿孙杰，逐一勘查郝随和刘友端所领后苑造御前生活所、翰林书艺局造御生活所、修万寿观本命等殿所收支官物。向太后又命李瑴先往逐处查封现在官物的簿历，以及拘收有关系的人。因这三所，前后所费甚大。李瑴这份差事当然是一份肥缺，李瑴等于接收了原属刘、郝二人的地盘。[2]

李瑴负责押送的青唐贵人包括拢拶、瞎征、契丹公主、西夏及回鹘公主一行人等终于在三月乙酉（十八）入见徽宗及向太后。他在翌日（丙戌，十九）上奏，称他沿路及到驿，得到拢拶、瞎征及三公主送上土物，但他未敢收下。他这番表态后，向太后就命他可以收下这些礼

1　《曾公遗录》，卷九，第185—186页。《长编》，卷五百二十，元符三年正月庚辰条，第12370—12371页；丙戌条，第12377—12378页；庚寅条，第12381页。
2　《皇宋编年纲目备要》，卷二十五《哲宗皇帝》，第620—621页。《皇宋十朝纲要校正》，卷十四《哲宗》，第379页。按《皇宋编年纲目备要》仍将李瑴讹写为"李壳"。

物。据曾布的记载，这些礼物都是珠玉、犀、牛黄之类。曾布早就在哲宗前说李𪩘好货，此事又多一证明。也许向太后觉得李𪩘办事仍算得力，就在庚寅（廿三），命他裁定山陵车马人从的食钱等事。四月庚子（初四），宋廷以李𪩘照管拢拶赴阙之功，给他转官及减磨勘，另赐缣，这次他大概获授遥郡刺史。他总算给向太后及徽宗以良好印象。[1]而温溪心家族自此归顺宋廷，李𪩘也算有一点功劳。[2]

1　《曾公遗录》，卷九，第228—230、232、239页。《宋会要辑稿》，第三册，《礼二十九·历代大行丧礼上·哲宗》，第1361页；第十六册，《蕃夷六·吐蕃》，第9929—9930页。按《宋会要·礼二十九·历代大行丧礼上·哲宗》一条，将李𪩘之名讹写为"李遇"，大概"李遇"与"李遘"的字形相近，而李𪩘与李遘读音相同，才有此失。

2　关于温溪心家族后来的历史，高宗、孝宗朝屡任成都府官属的蜀人李石（1108—1181），曾为温溪心孙赵怀恩（?—1162）撰写墓志铭，记温溪心最后官至瓜州团练使，其子溪巴温在元祐六年授胜州刺史，封西平王。长子赵怀德［即拢（陇）拶］封安化郡王。幼子赵怀恩本名益麻党征（亦译作尼玛丹津），崇宁间请以其世有之地内属，赐名赵怀恩。他归宋后，授武功大夫留京师。钦宗即位加右武大夫、恩州观察使。西夏乘金人入侵，联合诸羌攻西宁府（今青海西宁市），宋廷于是派他往西边安抚蕃部。建炎元年（1127）六月乙酉（廿七），高宗以他素为蕃部推服，将他自恩州观察使、右武大夫，主管西蕃部族晋封陇右郡王。他起初率府从熙河入蜀，依阆州宣抚司。后宣抚司废，他徙居成都府。绍兴六年（1136）十一月乙酉（十一），宋廷命四川制置大使司月支供给他钱百千。他以后居于成都。二十三年（1153）九月癸巳（初七），宋廷以他自熙州观察使、都总领河南蕃兵将为鼎州观察使，充成都府兵马铃辖，二十七年（1157）六月壬戌（廿九）再添差成都府兵马铃辖。他约卒于绍兴三十二年（1162）。据洪迈的记载，他的孙袭爵为安化郡王，后入蜀，曾任成都路兵马铃辖。此人天性横霸，占了大慈寺四讲院屋宇并居之。他之行为，殊为一邦之患苦。不过寺内保福禅院西堂僧智则，却和他常往来，多有点化他。不过，智则死后才一年，他却开罪了西川制置使曹庭坚，将他父子下狱，查得他许多不法事。最后他死于狱中。赵怀德这支后人大概就没落。参见李心传（撰），辛更儒（点校）：《建炎以来系年要录》（上海：上海古籍出版社，2018年12月），第一册，卷六，建炎元年六月乙酉条，第171页；第四册，绍兴六年十一月乙酉条，第1792页；第七册，卷一百六十五，绍兴二十三年九月癸巳条，第2855页；卷一百七十七，绍兴二十七年六月壬戌条，第3102页；《宋会要辑稿》，（转下页）

拓地降敌

四月庚戌（十四），李彀大概收了三公主的厚礼，就上奏代她们求请，容许其青唐旧使留下侍奉。辛酉（廿五），徽宗因庆祝长子（即钦宗）出生，就给所有随龙人推恩，御药刘瑷寄资延福宫使、晋州观察使，阎守懃遥郡刺史，李彀加遥郡团练使，另更减二年半磨勘。连曾布都认为恩典太高，前所未有。[1]

李彀仕途得意，可王厚及王赡则被宋廷重责，将失去鄯州的责任归罪二人。五月丁卯（初一），王赡贬右千牛卫将军，安置房州（今湖北十堰市房县），王厚监随州酒税。[2]己丑（廿三），向太后令复司马光、吕公著、文彦博及韩维等官职。九月辛未（初八），首相章惇罢知越州。十月丙申（初三），章再责散官潭州安置。翌日（丁酉，初四）向太后复用旧党韩忠彦为首相，而以新党的知枢密院事曾布为次相。十一月庚午（初八），再贬蔡卞及蔡京兄弟。[3]

徽宗在翌年（1101）改元建中靖国，正月甲戌（十三），已还政的向太后崩。在旧党韩忠彦主政，而主张放弃青唐的情况下，三月壬午（十五），宋廷再诏王赡除名勒停，配昌化军（即儋州，今海南儋州市西北）。王赡怨气难平，不久自缢于穰县（今河南南阳市邓州市）。王

（接上页）第十六册，《蕃夷六・吐蕃》，第9932页；李石：《方舟集》，文渊阁《四库全书》本，卷十六《赵郡王墓志铭》，第二十六叶上至三十叶下；《夷坚志・支丁》，载《全宋笔记》，第九编第五册，卷六，成都赵郡王条，第355—356页。

1　《曾公遗录》，卷九，第246、253页。《宋史》，卷二十三《钦宗纪》，第421页。按钦宗于元符三年四月己酉（十三）出生。

2　《曾公遗录》，卷九，第256页。《皇宋十朝纲要校正》，卷十四《哲宗》，第379页。《宋史》，卷三百五十《王君万传附王赡传》，第11072页。

3　《曾公遗录》，卷九，第274页。《皇宋十朝纲要校正》，卷十四《哲宗》，第380—381页。

厚则责授贺州别驾，安置郴州。[1]李宪部将中，以王赡下场最悲惨。若他不寻短见，他当会被复用。因为徽宗其实和哲宗一样，主张开拓西北，收复鄯州和湟州。[2]

徽宗翌年（1102）再改元崇宁，表明崇奉熙宁之政。二月甲午（初九），以蔡确配享哲宗庙廷。五月庚申（初六），罢韩忠彦。庚午（十六），将司马光等官职降等或夺去。庚辰（廿六），擢蔡京为尚书左丞。闰六月壬戌（初九），罢去曾布后，七月戊子（初五），再任蔡京为次相。十月戊寅（廿七），以蔡卞为知枢密院事。在崇宁元年（1102）一年内，徽宗尽贬罢旧党大臣，任用同意他开边政策的臣僚。[3]

因《长编》散佚了徽宗朝的记载，李彀在崇宁年间的事迹不详。《宋会要辑稿·职官六十八》记在崇宁元年七月庚寅（初七），宋廷"降授皇城使、秦州居住李彀责授单州团练副使，秦州安置，以议弃河湟地故也"[4]。从此人的名字"彀"与"彀"的字形相近，以及其官皇

1　《皇宋十朝纲要校正》，卷十六《徽宗》，第430—431页。《宋史》，卷十九《徽宗纪一》，第360—361页。《宋会要辑稿》，第十六册，《蕃夷六·吐蕃》，第9930—9931页。

2　徽宗的西北政策的改变，以及开边的效果，近年郑炜有专文论述，参见郑炜：《从弃守湟鄯到继述开拓——论宋徽宗西北边策》，《敦煌学辑刊》，2015年第3期，第92—103页。

3　《皇宋十朝纲要校正》，卷十六《徽宗》，第433—437页。《宋史》，卷十九《徽宗纪一》，第363—366页。

4　《宋会要辑稿》，第八册，《职官六十八·黜降官五》，第4876页。《通鉴长编纪事本末》，第七册，卷一百二十二《徽宗皇帝·禁元祐党人下》，第七叶上（第3687页）。考《通鉴长编纪事本末》载崇宁三年四月甲辰（初一）所列出臣僚被除名勒停编管人中，淮南路泰州被编管的即有落观察使降授皇城使提举鸿庆宫的"李谷"其人。疑他就是《宋会要》所记"降授皇城使、秦州居住李彀责授单州团练副使，秦州安置"（转下页）

城使以及他会议论弃或守河湟的背景，笔者怀疑这个被责降的李毅，很有可能就是李毂的讹写。他可能在向太后临朝时，投机地附和旧党朝臣弃守河湟的主张，这时给政敌或言官翻旧账，而受到贬官安置秦州（或泰州）的处分。

值得注意的是，李宪曾向蔡京称许不已的门人童贯，当徽宗在元符三年在杭州置明金局，访求古法书和图画，即命童贯以入内供奉官主之。当时蔡京尚在谪中，就刻意与童交游，蔡善书，就自书屏障、扇带由童贯献给徽宗。徽宗于是在崇宁元年召他自永兴军还朝，从翰林学士承旨拜尚书左丞再拜次相。[1]蔡京兄弟执政后，就赞成复取青唐，蔡卞举荐王厚，而蔡京就力荐童贯。王厚因上次欠内助而失败，这回他除了力荐蕃官大将知岷州高永年从征外，也请徽宗命内臣随军。于是徽宗命童贯用李宪的故事监其军，崇宁二年正月丁未（廿七）王厚等率兵十万出征青唐。[2]徽宗为何不用李毂而用童贯从征？李毂完全有蔡京称道童贯的资历：多次出使西边而且熟悉亡父麾下将校的能

（接上页）同一人。泰州和泰州字型相近，而李毂和李谷也和李毂字型相近。疑就是李毂。

1　《皇宋十朝纲要校正》，卷十六《徽宗》，第433页。《东都事略》，卷一百二十一《宦者传·童贯》，第一叶上。《宋史》，卷十九《徽宗纪一》，第360、364页；卷四百六十四《宦者传三·童贯》，第13658页。考《皇宋十朝纲要校正》记童贯在崇宁元年三月往杭州经办御用物品，惟据《东都事略》及《宋史》，童贯往杭州办事，应早在元符三年十月前。据《通鉴长编纪事本末》所记，蔡京在元符三年十一月中提举杭州洞霄宫，到建中靖国十二月离开杭州徙知定州。蔡与童贯在杭州交游，当在这时。参见《通鉴长编纪事本末》，第七册，卷一百二十《徽宗皇帝·逐惇下党人·复用附见》，第十五叶上下（第3629—3630页）、十八叶下（第3636页）。

2　关于徽宗再取青唐的决定，以及王厚复用始末，可参阅何冠环：《北宋绥州高氏蕃官将门研究》，第454—455页。

力。他没被徽宗委以重任，一方面如上文所述，他在崇宁元年七月曾主张放弃收复河湟而失宠被责，另一方面很可能是蔡京向徽宗引述李宪当年大力举荐童贯的话，还有一方面大概徽宗有知人之明，知道李彀的军旅本事，比其父李宪差得太远，李宪是虎，李彀最多只是犬。另一可能原因是李彀这时仍入元祐党籍，尚未被赦。据《通鉴长编纪事本末》卷一百二十二所记，崇宁三年四月甲辰朔（初一），"尚书省勘会党人子弟，不问有官无官，并令在外官住，不得擅到阙下，令具逐路责降安置编管等臣僚姓名下除名勒停编管人"，在淮南路下，编管泰州（今江苏泰州市）的有"李彀，落观察使，降授皇城使，提举鸿庆宫"。疑这个"李彀"也是李彀的讹写。若所疑属实，则李彀这时仍被贬责泰州，故未获任用。[1]

李彀什么时候被召回朝？据岳珂（1183—1243）的《宝真斋法书赞》所记，大概在政和元年（1111）初，时为太子的钦宗曾手书四行并加押赐李彀，命他向内藏库支钱一万贯，支给徽宗郑皇后（1079—1130）作修造使用。李彀因这差使乃与钦宗亲近。据此，李彀大概在大观年间已获召还并复得徽宗宠信。[2]

<hr>

1　《通鉴长编纪事本末》，第七册，卷一百二十二《徽宗皇帝·禁元祐党人下》，第一叶上（第3675页）、叶下至叶上（第3686—3687页）。

2　岳珂：《宝真斋法书赞》，文渊阁《四库全书》本，卷二《钦宗皇帝御押内藏御笔·行书四行》，第十一叶下至十二叶上。《宋史》，卷二十《徽宗纪二》，第385页；卷二十一《徽宗纪三》，第398页；卷二百四十三《后妃传下·徽宗郑皇后》，第8639页。据岳珂所记，这幅钦宗手书李彀的四行行书帖，是他在嘉定癸未（十六年，1223），因遣间者至燕京境，遇到使者苟梦玉还，他得之于宣德州（今河北张家口市宣化县）民间。岳珂考出帖中的内臣李彀，是在中兴（即南渡）后更名李志道，以避高宗讳改。考帖中的道君皇后即徽宗郑皇后，徽宗在大观四年（1110）十月丁酉（初二）诏册（转下页）

　　　　　　　　　　　　　　　　　　　拓地降敌

政和二年（1112）四月甲午（初八），徽宗宴复相的蔡京于太清楼，据蔡京所作之记，诏他赴宴的是童贯子四方馆使童师敏，总领其事的高级内臣有内客省使、保大军留后谭稹（？—1126），同知入内内侍省事［按崇宁二年五月丙戌（初八）由入内副都知改］杨戬（？—1121），内客省使、保康军留后贾祥，引进使、晋州观察使、勾当内东门司梁师成（？—1126）等人，而以西上阁门使、尚药局典御邓忠仁等十三人掌内谒者职。赴宴的除蔡京外，还有宰执大臣郑绅（？—1123后）、吴居厚（1039—1114）、刘正夫（1062—1117）、侯蒙（1054—1121）、邓洵仁（？—1135）、郑居中（1059—1123）、高俅（？—1126）及童贯。[1]李毂的名字没有出现这张名单中，他可能在在邓忠仁的十三人内，也可能因地位不够高，没有随侍。

徽宗朝出任中书舍人的翟汝文（1076—1141），曾撰一制文《熙河奏李宪立庙推恩李构等制》，很有可能是当熙河路向宋廷请求为李宪立庙，而李毂就向徽宗求恩典，而得到徽宗的允许。这篇制文是宋朝官方继绍圣元年及三年追赠李宪节度使，赐谥敏恪和忠敏，另在绍圣本神宗实录称许李宪功绩后，第四次肯定了熙河开拓功臣李

（接上页）贵妃郑氏为皇后，政和元年二月壬寅（初九）行册礼。据其本传所记，她将受册，有司要创制冠服，她说国用不足，冠珠费多，请命工改制为贵妃时旧冠。大概徽宗接受她请求后，就命钦宗从内藏库支钱一万贯给她改制冠服。又徽宗在政和七年（1117）四月庚申（初二）自号道君皇帝。这帖的道君皇后的称号是后来追加的，还是这帖书于政和七年后，待考。

1　《宋会要辑稿》，第七册，《职官三十六·内侍省》，第3899页。《宋史》，卷二十一《徽宗纪三》，第389页。《挥麈录·余话》，卷一，第213—214页。按徽宗在崇宁二年五月丙戌（初八），诏改入内内侍省都知为知入内内侍省事，副都知为同知入内内侍省事，押班为签书入内内侍省事。

宪的功绩：

> 昔我神考，疆理西夏，有信臣宪，戮力机事，实着显庸，肆
> 推余泽，施及其后。盖君子听鼓鼙则思将帅之臣，而《春秋》之
> 义，善善及子孙。增尔爵秩，称朕念功怀人之意。[1]

李彀在这次的恩典中迁什么官？其父李宪在熙河立庙的情况又如
何？可惜均文献无证。翟汝文撰写这篇制文于何年月不详，似乎是政
和年间，多半是政和三年（1113）前后。[2]而制文所提及的李构，笔者

1　翟汝文：《忠惠集》，文渊阁《四库全书》本，卷四《熙河奏李宪立庙推恩李构等
　　制》，第十一叶下。《宋史》，卷一百五《礼志八·诸祠庙》，第2562页。关于李宪在熙河
　　立庙的问题，据《宋史·礼志八》的记载，这是宋廷允许的做法，新立庙的既有以有
　　功一方者的，也有以政有威惠的，有以为人除患的，有死于乱贼的，而好像王韶于熙
　　河，李宪于兰州，刘沪（1000—1047）于水洛城（今甘肃平凉市庄浪县城），郭成（？—
　　1130）于怀庆军，折御卿（958—995）于岚州（今山西吕梁市岚县），王吉于麟州神堂砦
　　（今陕西延安市吴起县西北前城子沟），都各以功业建庙。大概李宪的庙建于兰州，惟
　　后来情况如何，就不可考。王道鹏论宋代西北边臣神的塑造一文，也留意李宪一例，
　　但他以为宋廷由上而下令地方祠奉宦官李宪，民间应该很难接受。这是他不大了解李
　　宪在经营熙河以至兰州多年的功绩，大概王氏认为李宪为宦官，不应受到供奉于祠神
　　的待遇。参见王道鹏：《神为人用：宋代西北边臣祠神的塑造与演变》，载姜锡（主
　　编）：《宋史研究论丛》，第十九辑（保定：河北大学出版社，2016年12月），第553、
　　559、563页。
2　翟汝文字公巽，润州丹阳（今江苏镇江市）人。元符三年登第，他在大观二年
　　（1108）八月以起居郎任时为太子的钦宗的侍讲。但言官说他从苏轼与黄庭坚游，不
　　宜任太子的赞书，他后出知襄州、济州、唐州、陈州，然后召拜中书舍人，人称他的外
　　制典雅。他在政和三年七月已任中书舍人，这篇制文大概是政和三年前后写的。他后
　　来又获命同修《哲宗国史》。参见徐梦莘（1126—1207）：《三朝北盟会编》（上海：
　　上海古籍出版社影印清光绪三十四年许涵度刻本，1987年10月），下册，卷二百四十八
　　《炎兴下帙一百二十八》，绍兴三十一年五月二十二日条，第五叶下（转下页）

怀疑是李敬的讹写。考《建炎以来系年要录》记建炎元年（1127）十二月庚午（十五），本来被除名勒停的李敬，高宗特复他职为内客省使、保庆军承宣使、添差入内内侍省都知。李心传注明他是李宪养子，又说他的名犯上（指高宗）嫌名，故以字志道行。这说明李敬在高宗即位后改名李志道，是因犯了高宗的名讳而改。按敬、彀、构及遘四字同音或同形，群书往往将这四字混淆或误书，经宋元以后辗转抄录，于是李敬有时被误写为"李彀"（影印本《宋会要辑稿》多处及《旧闻证误》都是），或写成"李构"，甚至误写或别写成"李遘"。王曾瑜先生谈徽宗朝宦官一文提到金兵破开封时，引《三朝北盟会编》的记载，有宦官李遘向金人献上"黑漆皮马甲二万副，太祖平唐火箭二万集，金汁火炮样、四胜弩"。这个李遘其实就是李敬的讹写或别写，考《宋会要辑稿·刑法六》记：

> （宣和）六年四月二十一日，责授岳阳军节度副使致仕李遘，可特从宽贷，降充团练副使，依旧致仕，免除名安置，坐令京东窑务监官收买木植并不依价支钱，又支官钱买卖求玉入家。法寺奏除议减外，徒三年，合追见任并历任两任文字。诏以遘被遇神考及累立战功，故有是旨。

再参考《宋会要辑稿·职官六十九》的记载：

（接上页）（第1638页）；《宋史》，卷三百七十二《瞿汝文传》，第11543—11544页。徐干学（1631—1694）（编）：《资治通鉴后编》，文渊阁《四库全书》本，卷九十八《宋纪》，第十四叶上。

（宣和五年八月）十三日，检校少保、安德军节度使、醴泉观使李毂责授岳阳军节度副使致仕。以言者论其子雍奏乞析居，而毂遂逐之，不以为子、慈孝两失故也。雍亦追毁出身以来文字，放归田里。[1]

我们从这两条记载可以确定李遘与李毂是同一人。至于李毂是否在大观五年前本名李构或李遘，到大观元年（1107）五月乙巳（二十）高宗出生后才改名李毂？最后到高宗即位后又以其字行作李志道，那就需更多史料详考。

王曾瑜先生据《旧闻证误》所考，李毂在政和三年（1113）当徽宗建延福宫时，李毂与内臣何欣（？—1118后）和蓝从熙等五人提举，谓之延福五位，位居高级内臣"巨珰"之列。[2]

1　李心传（1167—1224）（撰），崔文印（点校）：《旧闻证误》（与《游宦纪闻》合本）（北京：中华书局，1981年1月），卷三，页43。《建炎以来系年要录》第一册，建炎元年十二月庚午条，第262页。《宋会要辑稿》，第八册，《职官六十九·黜降官六》，第4904页；第十四册，《刑法六·矜贷》，第8544页。《三朝北盟会编》，卷九十七《靖康中帙七十二·诸录杂记》，第五叶下（第715页）。《宋史》，卷二十四《高宗纪一》，第439页。王曾瑜：《宋徽宗时的宦官群》，第171、179页。按王氏据《三朝北盟会编》引夏少曾《朝野金言》的记载，称金兵破开封后，有宦官"李遘"向金兵献上军器。按王氏失考《宋会要辑稿·刑法六》这一条，不知这个熟悉宋军武器库的珍藏，当非寻常内侍的李遘，就是李毂，按李毂在金兵围城时曾提举京师防御（事见下文），他一向提举军器所，当然知道宋军武器库所在。又李毂在宣和六年四月再降团练副使，并非王先生所说的复职。

2　《皇宋十朝纲要校正》，卷十七《徽宗》，第480、484页。《旧闻证误》，卷三，第43页。王曾瑜：《宋徽宗时的宦官群》，第171页。考《皇宋十朝纲要》记徽宗在政和二年八月始大增造延福宫，命杨戬等五内侍提举。到政和四年八月，新延福宫成，徽宗自作记。

李彀位列高级内臣，他的儿子李雍也受荫获官。翰林学士慕容彦逢（1067—1117）大概在政和年间所撰的一道迁升十三名入内内侍省的内臣的制词，便有李雍的份儿。不过，李雍是个不长进的人，后来便因分家财而与李彀反目（事见下文）。[1]

据《宋会要辑稿·后妃四》的记载，政和四年（1114）七月丁丑（初四），徽宗诏于宫城西北隅创建馆宇，专充掖庭宫人养疾之所，以"保寿粹和"为馆名。徽宗差同知入内内侍省事李彀提举。[2]这个李彀应该也是李彀的讹写。

李彀在大观、政和年间除了在宫中当差外，据上引《宋会要辑稿·刑法六》的记载，徽宗本来要在宣和六年责降他，但念在他"被遇神考及累立战功"，就放过了他。讽刺的是，"被遇神考及累立战功"一语，用来形容李宪才恰当，李彀有何累立的战功？

据慕容彦逢在政和年间所撰的另一道制文《宣政使金州观察使李某可宣庆使依前金州观察使制》云：

> 敕：朕远励庶工，协济万务，凡以劳列闻于朕者，虽在疏逖，赏不淹时。矧官省近臣，克有勤职，耳目所及，其可弭忘。具官某，赋材敏明，迪巳庄慎，业履之美，朕所眷知。曩资其能，

---

1 慕容彦逢：《搞文堂集》，文渊阁《四库全书》本，卷七《入内内侍省官朱佑之、石瑾、张补之、李雍、陈思恭、王尧臣、张正夫、贾蒙、江咨、张钦若、许佃、容谊、赵赞可各特转一官制》，第九叶下至十叶上。考慕容彦逢在政和元年任翰林学士，七年（1117）卒。他这道制文疑撰于政和五年前后。

2 《宋会要辑稿》，第一册，《后妃四·内职杂录》，第329页。

总按戎器，制作犀利，工用不怠，宜锡恩章，昭示嘉奖。宣庆置使，品峻秩隆，往其钦承，勿替忠恪。可。[1]

慕容彦逢笔下这个宣政使、金州观察使李某，笔者认为正是李毂，可能后来为了避高宗讳，就以"某"代替他的本名。制文说李某获迁宣庆使的原因，是他"总按戎器，制作犀利，工用不怠"，完全吻合下文谈到他执掌军器库的能力。而李某的宣政使、金州观察使官位，也与李毂在政和年间应得的职位接近。至于他制作军械之功，算不算战功？而他有否其他平乱之战功，则暂无记载。

据李心传所述，在政和、宣和年间，徽宗打破真宗以来内臣只授遥郡承宣使（即留后）的成例，授童贯、杨戬、梁师成、谭稹、李毂及梁方平（？—1126）等十余人为节度使。[2]可知李毂最晚在宣和年间已建节，惟具体年月及他建节的理由不详。他在宣和五年（1123）八月已官至检校少保、安德军节度使、醴泉观使，名位已在其父之上。李宪一生百战功高，碍于文臣的反对，一直得不到节度使的官职。李毂无才无德，只为徽宗朝滥封内臣为节度使，而他办差事为徽宗满意，于是鸡

1　慕容彦逢：《摛文堂集》，卷四《宣政使金州观察使李某可宣庆使依前金州观察使制》，第十九叶下至二十叶上。按这道制文的撰写年月不详，据443页注1所考，慕容彦逢任翰林学士在政和元年至七年，前注所引卷七一道制文似撰于政和五年前后，则卷四这道制文应早于政和五年，可能在政和四年前后。

2　李心传（撰），徐规（1920—2010）（点校）：《建炎以来朝野杂记》（北京：中华书局，2000年7月），上册，甲集卷十二《宦官节度使》，第240页。据李心传所记，当钦宗即位后，就把童贯等人的节度使官尽贬夺之。钦宗且诛童贯、梁师成及梁方平等三人。又李心传在这一条仍将李毂讹写作"李毂"。

犬皆仙般擢领节度使,纵使文臣如何不满也无可奈何。不过,是年八月癸巳(十三),如上文所述,他的儿子李雍要求分家,他不但不允,还将儿子赶走。这给言官找着他的把柄,劾他此举失父慈子孝之意。他大概渐失徽宗宠信,就被贬为岳阳军节度副使致仕,李雍也追毁出身文字,放归回乡。不过,他的贪婪性格不改,宣和六年(1124)四月戊辰(廿一),再给言官劾他向京东窑务监官收买木植,却不依价支钱,又支官钱买卖玉器入己家。御史台奏上徽宗,定他的罪责,除议减刑外,徒三年,应追其现任及历任两任文字。徽宗总算念旧,考虑他受神宗知遇,又屡立战功,就特从宽贷,只将他从节度副使降团练副使,依旧致仕,免除名安置。[1]

翌年(宣和七年,1025)十二月戊戌(初一),金人以宋败盟,两路南侵。是月庚申(廿三),徽宗禅位钦宗。壬戌(廿五),大赦天下。李彀大概在这时获得复职。[2]

李彀在徽宗一朝的表现如何?当他在建炎元年(1027)十二月庚午(十五)议复官时,右谏议大夫卫肤敏(1081—1129)给他的恶评是:"志道在上皇朝用事最久,其弄权怙宠,势可炙手。一时达官贵人,

<hr />

1 《宋会要辑稿》,第八册,《职官六十九·黜降官六》,第4904页;第十四册,《刑法六·矜贷》,第8544页。杨时:《杨时集》,第三册,卷三十六《志铭七·周宪之墓志铭》,第891页。据杨时所记,有份奏劾李彀的朝臣是徽猷阁直学士周武仲(1076—1128),杨时在周的墓志铭称:"宦官李某之子李雍,奏乞与某析居,某遂奏令雍认姓。公(按指周武仲)谓雍之悖德乱常,其罪固不容诛,而某为近臣,闻其子妄有奏陈,不能顿首谢,乃敢肆为忿戾,上渎君父,故某亦降秩。"杨时笔下这个内臣李某,显然就是李彀。
2 《皇宋十朝纲要校正》,卷十八《徽宗》,第538—539页。

多出其门，挠法害政，以乱天下，其恶不在童贯、谭稹、梁师成之下。"而据黄震的说法，当时便有两宋之际颇有诗名的朝士韩驹（1080—1135）谄附李彀，献赋入仕。[1]

徽宗为何一直眷宠这个恶评如潮，却未见有何功绩的内臣？可能一方面李彀与童贯等朋比为奸，童、梁等人为他掩饰罪过，另一方面可能是徽宗的帝王术，刻意用廷臣切齿的内臣为心腹，刺探外情，为他做事，而不计较他的品德，只要对徽宗忠心就行。

李彀在徽宗朝长期得宠，加上徽宗实行开边政策，并令李宪门人童贯执行。童贯掌军政二十多年，他一日当权，李宪的评价就不会负面。李宪当年所开的熙河兰会路，在崇宁四年（1105）正月庚午（初一），因收复湟州而改为熙河兰湟路，并在同月丁酉（廿八），一如神宗任李宪，授童贯为熙河、兰湟、秦凤路经略安抚制置使。到宣和元年（1119）三月乙卯（初九）又以取得廓州，再改为熙河兰廓路。这都肯定了李宪的功劳。徽宗在崇宁三年（1104）六月壬寅（初一）命图熙宁、元丰功臣于显谟阁，当中有否李宪的分儿，因文献无证，暂难确定，笔者以为李宪有颇大的机会入选。在这对李宪有利的政治环境下，李宪自然能维持自哲宗亲政以来的正面评价，何况李彀在徽宗朝的权势，士大夫自然不会也不敢批评李宪。[2]当然，李彀为士大夫所痛恨，当他

1　《建炎以来系年要录》，第一册，卷十一，建炎元年十二月庚午条，第262页。黄震：《黄氏日抄》，载《全宋笔记》，第十编第九册，卷四十一《读本朝诸儒理学书九·龟山先生文集》，"奏议"条，第252页。按黄震引述大儒杨时的奏议，提到宣和年间朝臣都依附众内臣。其中李彀讹写作"李毂"。

2　《宋史》，卷十九《徽宗纪一》，第369页；卷二十《徽宗纪二》，第373页；卷二十二《徽宗纪四》，第405页。

　　　　　　　　　　　　　　　　　　　　　　拓地降敌

在钦宗朝失势后，也影响廷臣对李宪的评价。

李毂并无亡父一点像样的战功，却获授节度使的高位。徽宗破坏制度，任用宠信的内臣占据高位而败坏政治，这是不可原谅的失政，这也是南渡后文臣痛恨内臣的原因。

钦宗继位后翌年（1026）正月，改元靖康。宋廷政局大变，朝臣将金兵入侵归罪于徽宗所宠信之臣僚及内侍败政，钦宗顺应朝议，将他们一一贬逐甚至诛杀。正月己巳（初三），名列所谓"宣和六贼"的内臣安德军承宣使李彦（？—1126）首先被赐死，家财被籍没。同日，导致花石纲弊政的宁远军节度使朱勔放归田里，力主联金灭辽而已罢相的王黼（1079—1126）责散官安置永州。庚寅（廿四），王在途中被刺客杀于雍邱县城南永丰乡。太学生陈东（1086—1127）在四天后（甲午，廿八）上书请诛蔡京等六贼。翌日（乙未，廿九），另一权势熏天的内臣淮南节度使梁师成被赐死于八角镇。宣和六贼中的四人，在靖康元年正月便三人被诛一人被贬，只剩下蔡京与童贯尚未被贬逐。同月，另一内臣谭稹也被远贬。[1]

令人切齿的是，从正月癸酉（初七）到二月丙午（初十），京师被金兵围困的三十二日期间，李毂不但没被治罪，还获得复用勾当御药院，并负责守城及监造楼橹守御。时任国子祭酒的大儒杨时（1053—1135）两度上书钦宗，切论不可复用内臣。在他第二通书奏，他点了李毂及另一内臣之名，严厉指出：

1　《皇宋十朝纲要校正》，卷十九《钦宗》，第560—561页。汪藻（1079—1154）（撰），王智勇（笺注）：《靖康要录笺注》（成都：四川大学出版社，2008年7月）上册，卷一，第171、191页；卷二，第265页。

梁平、李毅之徒，皆持权自若，气焰复炽，未识陛下亦尝察其所以然否乎？臣谨案梁平尝为大理寺、开封府承受，结为阴狱，杀无罪之人不可数计。罪盈恶贯，人所切齿，陛下之所知。今复处之御药院，果何意邪？李毅尝管干京城，监造军器，奸欺侵蠹，无所不至。近兴复濠之役，调夫数万，减克口食，残虐百端，役夫至于殍踣，逃亡亦不可胜计。近在国门之外，陛下其亦闻之乎？[1]

李毅能获得钦宗任用，除了之前受到钦宗委用支钱给郑皇后之渊源外，可能的原因是他管理军器所颇有一套方法。高宗在绍兴六年（1136）六月戊申（十二）与宰相赵鼎（1085—1147）讨论军器所时，便称许内侍中亦有动人的，好像军器所初因李志道（李毅）措置得法，至今整齐。高宗又说李毅在夜间每着帽而寝，半夜起来治事，可以左手运筹，右手书计而不差毫厘，真是妖人。赵鼎不喜欢李毅，就加一句评说："惟其精敏如此，便非国家之福。"[2]

李毅守城的工作做得如何？朝臣李光（1078—1159）在二月奏上《乞修京师守御之备札子》就指出：

---

1 《宋朝诸臣奏议》，上册，卷六十三《百官门·内侍下·上钦宗论不可复近奄人·第二状·靖康元年正月上》（杨时），第704—705页。

2 《建炎以来系年要录》，第四册，卷一百二，绍兴六年六月戊申条，第1722页。熊克（撰）（1118—1190），顾吉辰、郭群一（点校）：《中兴小纪》（福州：福建人民出版社，1985年9月），卷十九，第232页。熊克：《皇朝中兴纪事本末》（北京：北京图书馆出版社，2005年3月），下册，卷三十四，绍兴五年七月壬申条，第一叶上下（第681—682页）。按熊克将高宗论李毅之事系于绍兴五年七月壬申（初一）条。现从《要录》。

拓地降敌

臣访闻朝廷专委李毂开撩城濠，日役万人，而将作监分管东壁、樊家冈一带六十八万余工，比之别壁，工料最为浩大。见役本监并步军司人兵不满千人，兼闻本监长贰未差正官，张元乾书生不足倚办。欲望圣慈特降指挥，令李毂将所辖兵夫，与将作监就城东驻扎，并力先从东壁开掘，兼新除少监井度见在蜀中，未有到任之期。乞逐急选任有材干官，同共管干，所役兵夫逐日兴工放散，各依时刻，仍日轮从官及台谏官一员，躬诣检察，庶几早得办集，敌人闻之，有所忌惮，不胜幸甚。[1]

据《三朝北盟会编》卷六十五的记述：

先是中官李自四月间领京城所修治橹楼城壁，唯备北壁，不备南壁，修西水门而东水门犹不为备。十日间上炮于封邱门外。祖宗以来大炮数百座皆在门外。官司令民清野而独不收炮座，为金人所得用为攻城之具。[2]

这个做事有疏职守的李姓中官，显然就是李毂。

李光当日没有怎样批评李毂开挖城壕的工作，但到五月壬申（初七），监察御史胡舜陟（1083—1143）便上奏痛劾李毂玩忽职守的罪

1　杨士奇（1364—1444）：《历代名臣奏议》，文渊阁《四库全书》本，卷二百二十三《兵制》，第十六叶下至十七叶上。按李光此札子未收入其《庄简集》内。

2　《三朝北盟会编》，卷六十五《靖康中帙四十》，靖康元年十一月三十日辛卯条，第十五叶上下（第492页）。

过，而且历数李彀在徽宗朝种种的过恶，说他是徽宗朝的内臣十恶之一，甚至把他比作唐朝的权阉仇士良（781—843），又说他还安插其子李宣在内廷：

窃观陛下远鉴汉唐，近法祖宗，痛抑宦官之权，而有罪者斥之，此实祖宗之福庇。然犹有小人尚蒙任使，李彀是也。按彀暴悍惨酷，尤于虎狼，冒于货贿，恣为不法，与童贯、谭稹、梁方平辈世号为十恶。昔置东庄北宅，穷奢极侈，令翟佑之等盗官筏巨材以营堂室，厮役兵匠，计工数万，又磨河堤取水为池，又盗官玉，令陈宗妙等造带及器物，强买人户刘宗愿屋产，而抵偿其值，于军器所前后盗用官钱，不计其数。其甚则窃弄权柄，自作威福，上皇御笔放逐使臣史义，彀辄追还，以一时私怨，勒停翟通，责降晁敏中等，人皆侧目，恐遭毒螫。上皇以其罪大，尝尽褫其官，尽没其别业。陛下弃咎录用，是为隆恩，宜其改行，仰副委任。访闻提举京城，肆行残鸷，给予不时，而广固、广备指挥，逃者过半，招填者不至，壕寨官不胜其苦，有致仕者。董役使臣皆以其家画工充之，未尝督役，而虚窃廪禄，以城兵私用日不减百人。其妄作如此，必至误事。复闻彀屡献花果及献钱于禁中，多为钓具，以奉游幸。此皆前日内侍应奉之具，今日复启其端，原其用心尤为可恶。唐仇士良教中人事主之术曰："天子不可令闲暇，暇必观书，见儒臣则又纳谏，智虑深远，减玩好，省游幸，吾属恩且薄而权轻矣。为诸君计，莫若殖财货，盛鹰马，日以球猎声色蛊其心，极侈靡，使悦不知息，则必斥经

　　　　　　　　　　　　　　　　　拓地降敌

术,暗外事,万机在我,恩泽权力欲焉往哉!"毂欲以士良之术
荧惑陛下,窃恩宠而据权势。殊不知陛下素俭寡欲得于天纵,纷
华盛丽不入圣心,虽有士良之巧计,不能惑也。毂之用心如此,
罪莫大焉。今虽罢睿思殿职事,而其子亶在内,与之传导语言,
时乞宣唤。万一使之亲近,为害可胜言哉!此奸人之雄,国之巨
贼,伏望睿断,特行窜斥,与贯、积等同科,天下幸甚。[1]

胡舜陟这番掷地有声的劾章代表廷臣言官对李毂的极端痛恨和
不信任,但李毂并未马上失宠。至于胡提到的内臣十恶之一的梁方平早
在二月辛酉(廿五)以黄河失守被诛,而童贯也在八月丙辰(廿三)被诛
于南雄州(今广东韶关市南雄市),而蔡京也早在七月乙酉(廿一)卒于
潭州贬所。至于另一内臣谭积也在九月癸酉(初十)安置昭州(今广
西桂林市平乐县西南),并被籍没家财。[2]在廷臣言官们的眼中,李
毂成为奸恶内臣的漏网大鱼,然钦宗宠信他如故,言官无可奈何。

在八月己未(初二)拜少宰的唐恪(?—1127),据监察御史胡舜
陟在闰十一月壬辰(初一)所言,唐恪只知交结内侍卢端和王若冲,而
每当召李毂至中书议事,听到李毂发言就徐以手握李之腰带,说由他
处置,怎么会有错?胡劾唐恪百端谄奉李毂等,为吏所耻笑。[3]从胡这

---

1 《靖康要录笺注》,上册,卷五,第742—743页。
2 《皇宋十朝纲要校正》,卷十九《钦宗》,第563—569页。《宋史》,卷四百六十六
《官者传三·童贯》,第13661页。《三朝北盟会编》,卷五十二《靖康中帙二十七》,靖
康元年八月二十三日丙辰条,第一叶上下(第390页)。
3 《皇宋十朝纲要校正》,卷十九《钦宗》,第567页。《靖康要录笺注》,下册,卷
十三,第1321页。

番话来看，李彀依旧为钦宗信任，而那些软骨头的宰执却去奉迎他。

因钦宗及其宰执处事无方，和战不定，几番派兵援救太原均失利，当金兵在九月丙寅（初三）攻破太原后，钦宗却一点退敌的方法都拿不出，连迁都避敌的主意也拿不定。十一月乙酉（廿四），东西两路金兵会师京城下。[1]是岁深秋，李彀再次获委治兵械负责城守，钦宗命他阅兵城外的刘家寺，他因取兵器、炮架、炮石置于寺中，却不点明数目。闰十一月庚子（初九），金兵急攻善利及通津两门，尽夺刘家寺所藏的兵器和炮石。钦宗于是将李彀除名勒停，并下旨待金兵解围后将他远贬。金兵却在同月丙辰（廿五）攻陷京师。[2]

靖康二年（即建炎元年，1127）正月甲午（初四），徽、钦二帝尚未被掳北迁前，侍御史胡舜陟再度上奏力数徽宗朝的宦祸，他既严斥已诛或已死的四大内臣，也痛责其他弄权的内臣，包括获罪却被赦免的李彀：

> 童贯握兵柄于外以坏军政，梁师成执国政于内以坏朝政，李彦括克之害民，杨戬营缮以伤财。此则内侍之渠魁者。其他营求声色，创造游晏，更新侈靡，市花木禽兽以荧惑人主之心术者，如王仍、张见道、邓文诰之徒，不可悉举。赏罚生杀，出自其口，所喜则致之青云，所怒则挤之陷穽，差除举措，悉由中出，

---

1 《皇宋十朝纲要校正》，卷十九《钦宗》，第568—571页。

2 《靖康要录笺注》，下册，卷十三，第1347—1348页。《皇宋十朝纲要校正》，卷十九《钦宗》，第571页。《建炎以来系年要录》，第一册，卷十一，建炎元年十二月庚午条，第262页。

宰相充位，奉行文书。至政和、宣和间，其势尤盛，各立门户，公受货贿，以贩鬻官爵。凡驵侩小流，奴隶庸材，皆引以为公卿侍从、牧守使者，故政和、宣和所除宰执，尽出其门。当时大臣与梁师成书，显称门生，略无羞愧。士大夫相习成风，皆以附丽内侍为荣。自大臣以至州县小吏，皆汲汲贪狗财利，以为致身之资，礼义廉耻，荡然不复张矣。是以今日人才极乏，风俗极弊，生灵极弱，而夷狄凭陵，莫之能御，职此之由也。……但陛下仁恕有余，而罪或纵释，隆宽广问，而言或听从，故使势御尚循故态。臣何以言之？盖臣尝论李彀奏状至详，谓彀不可提举京城所，其词痛切，不蒙施行。臣又尝论彀于京城所拘占店宅物业，沮上皇罪己之诏，乞赐废斥，不蒙施行。[1]

从胡舜陟的沉痛陈词，可以看到钦宗虽然处死了徽宗朝的几名内臣渠魁，但他依然宠信李彀一班内臣，直至城破仍然不悟。[2]

---

[1] 《靖康要录笺注》，第三册，卷十五，靖康二年正月初四条，第1519—1521页。据王曾瑜教授的考证，京城所是修缮开封城的机构，熙宁八年置，以厢军广固军四指挥两千人隶之，到徽宗时不变，全称为提辖修完京城所，后改提举。从神宗至哲宗，先后有宋用臣及蓝从熙任提辖修完京城所和提举京城所，其经费有自售度牒料二十万缗，后来又主管茶利之税收超过百万缗，以供徽宗挥霍。它是一个有权有势的大肥缺。王氏一文也引述胡舜陟这篇奏章，言及李彀提举京城所有相当权势。参见王曾瑜：《宋徽宗时的诸局所钱物》，《北京大学学报（哲学社会科学版）》，第51卷第2期（2014年3月），第115—116页。

[2] 胡舜陟字汝明，自号三山老人，徽州绩溪人。他虽逃过靖康一劫，高宗继位后，却因先后奏劾李纲（1085—1140）与秦桧（1091—1155）而被贬出朝，后来更被秦桧党羽诬陷受赃及诽谤朝廷，下狱而死。他的生平事迹，台湾前辈学者程光裕（1918—2019）曾有文详考，可参见程光裕：《读宋史胡舜陟传》，原刊《第二届国际（转下页）

三月丁酉（初七），金人立张邦昌（1081—1127）为楚帝。四月庚申（初一），金人掳徽、钦二帝及皇后、皇太子及宗室三千人北去。五月庚寅（初一），逃出开封的高宗即位于南京（应天府），改元建炎。[1]

如上文所说，李彀为了保命，在兵荒马乱的时候，竟向金兵献上军器库所藏的珍贵武备，献上"黑漆皮马甲二万副，太祖平唐火箭二万集，金汁火炮样、四胜弩"。[2]他的做法已是叛国行为，当时却没有人检举他。

李彀居然没被金人带走，是年十二月，他竟然可以去到高宗所驻的行在扬州（今江苏扬州市）。高宗大概并不清楚李彀的秽史，而宫中欠缺资深的内臣使唤，居然在是月庚午（十五），将李彀（已改名李志道）复职为内客省使、保庆军承宣使、添差入内内侍省都知。正如上文提到，右谏议大夫卫肤敏立刻上言反对，历数李彀在徽宗朝的过恶，称其罪不在童贯、梁师成及谭稹之下，即不将他远贬，也不应用赦典复用他。另外殿中侍御史张浚（1097—1164）也力言李彀误国为深，不应引赦典叙复。高宗这次从善如流，就没有复用李彀。[3]

（接上页）华学研究会议论文集》，1992年5月，现收入宋史座谈会（编）：《宋史研究集》，第二十五辑（台北："国立"编译馆，1995年11月），第315—337页。

1　《宋史》，卷二十三《钦宗纪》，第436页。

2　《三朝北盟会编》，卷九十七《靖康中帙七十二·诸录杂记》，第五叶下（第715页）。

3　《建炎以来系年要录》，第一册，卷十一，建炎元年十二月庚午条，第262页。汪藻：《浮溪集》，文渊阁《四库全书》本，卷二十五《尚书礼部侍郎致仕赠大中大夫卫公墓志铭》，第十四叶下。《朱熹集》，第八册，卷九十五上《行状·少师保信军节度使魏国公致仕赠太保张公行状上》，第4805页。《宋史全文》，第四册，卷十六上《宋高宗一》，第1073页。《宋史》，卷二十四《高宗纪一》，第449—451页；卷二十五《高宗纪二》，第453—459页；卷三百七十八《卫肤敏传》，第11663页。考高宗（转下页）

　　　　　　　　　　　　　　　　　　　拓地降敌

李彀及其家人的事迹，除了上文提到，高宗在绍兴六年（1136）六月戊申（十二）与宰相赵鼎讨论军器所时，言及以前李彀措置得法，及他迹近人妖的做事方法外，[1]就没有相关的记载。高宗君臣也没有言及李是否仍在世。考李彀于熙宁十年（1077）已出仕，到建炎元年（1127）已五十年，若李彀在熙宁十年时十八岁，他到建炎元年已达六十八岁，到绍兴六年若他仍在世，则已七十七岁。笔者倾向他应在绍兴初年或更早已殁，因他并未复职，故他不像亡父获得赐谥的恩典。他活得比李宪长，但一生建功有限，恶评却极多。他被斥为徽宗内臣十恶之一，虽说可能出于文臣的偏见，但除了高宗称许他管理军器所有方法及勤奋有效率外，实在找不到他有什么像样的功绩。当然他侍候哲宗、徽宗以至钦宗都很成功，一直都为君主信任不替。亦以此故，在哲宗亲政到钦宗继位初期，李宪的评价并没有下滑。但李彀在钦宗末年失势，到高宗继位后，文臣就不留余地攻击他，不让他复职。岳珂在嘉定十六年（1223），因评说钦宗的御笔而提到李彀，便形容李彀"彼李志道亦一城狐，亟升亟从，俱不敢计"。[2]已经是很厚道了。李彀的不长进，也影响到李宪的官方评价从南宋开始走向负面。

（接上页）在十月丁巳（初一）已至扬州，至建炎三年（1129）初一直以扬州作为行在。

1　《建炎以来系年要录》，第四册，卷一百二，绍兴六年六月戊申条，第1722页。

2　岳珂：《宝真斋法书赞》，卷二《钦宗皇帝御押内藏御笔·行书四行》，第十二叶下。

第十一章

知人论世：李宪身后评价迥异缘由考

　　李宪在元祐年间屡被贬责，故在元祐六年三月癸亥（初四）由旧党吕大防领衔、屡劾李宪的范祖禹主要负责修成的《神宗实录》（墨本），自然不会对他有好的评价。七年癸巳（十二），宋廷诏修《神宗正史》，仍由范祖禹主修，吕大防提举，著作佐郎张耒编修。基本上以墨本《神宗实录》为基础，由同样的修史班子负责其事。诏一年修毕。[1]

　　哲宗亲政后，正如上一章所述，尽罢旧党而复用新党章惇、曾布等人，为以蔡确为首的新党诸臣平反。哲宗再在绍圣元年四月戊辰（廿七），应中书舍人蔡卞之请，下诏重修《神宗实录》。另再在闰四月

1　《长编》，卷四百五十六，元祐六年三月癸亥条，页10918—10919；卷四百七十五，元祐七年七月癸巳条，页11320。《宋史》卷十七《哲宗纪一》，页332、334。关于神宗实录多次纂修的本子的称呼，蔡崇榜称元祐本为墨本，绍圣进呈内廷的为朱墨本，后来修正的另一本子为"新录"，按李焘《长编》引用的《神宗新录》殊非此两种和绍圣本，而是高宗重修的绍兴本。蔡书所引《建炎以来系年要录》卷一百十一（页93）已具言范冲（？—1141）所修的绍兴本为"新录"。至于李焘所引用的绍圣本，则称为《旧录》。参见蔡崇榜：《宋代修史制度研究》（台北：文津出版社，1991年6月），第六章第三节《神宗实录五修说》，页82—98。

丙申（廿六），令新任首相、左仆射章惇提举编修《神宗国史》。五月己酉（初九），又从翰林学士曾布请，以《王安石日录》载入新修的《神宗实录》。[1]李宪在哲宗肯定神宗新政的新情势下，于是年五月以后获追赠武泰军节度使，赐谥敏恪。绍圣三年十一月丁未（廿一），被称为朱本的《神宗实录》修成。[2]这本被称为朱墨本或绍圣本的《神宗实录》（又称《旧录》），站在新党的立场评述神宗一朝的史事与人物功过。它到旧党后人在南宋初重修《神宗实录》后被废弃，幸赖《长编》的保存，我们仍能看到章惇、曾布等在《旧录·李宪传》对李宪所作甚为正面的评价，将他誉为名将：

> 神宗以英睿不世之略，当中国全盛时，愤远人鸱张，思有惩艾，患将帅乏材，当食太息。宪以中人侍帷幄，备闻谟训，俾临制阃外，遂能恢斥疆土，降其渠率。置阵行师，有名将风烈。至于决胜料敌，虽由中覆，皆中机会，诏书具在，凡三百篇。宪奏议七十卷，经制财用三十卷，藏于家。[3]

1　《皇宋十朝纲要校正》，下册，卷十三《哲宗》，页361。《宋史》，卷十七《哲宗纪一》，页340。《长编》，卷四百九十七，元符元年四月癸巳条，页11831。当年上书请将王安石配享神宗的小臣周穜，这时被任为国史编修官，由他负责往王安石家取《王安石日录》以作修史之用。据《宋史全文》所记，绍圣四年十月辛巳（初一），时任侍读的蔡京向神宗说，《王安石日录》一集内有神宗与王安石反复论天下事及熙宁改更法度之意，本末备具，请略行修纂进御。哲宗却说宫中自有一本，他且已详阅数次。参见《宋史全文》，第三册，卷十三下《宋哲宗三》，页895。

2　《皇宋十朝纲要校正》，卷十四《哲宗》，页370。《宋史》，卷十八《哲宗纪二》，页345。

3　《长编》，卷四百七十四，元祐七年六月戊寅条注，页11315。《宋史全文》，（转下页）

从上述的李宪传赞，我们得以知道，章惇等重修《神宗实录》，显然参考了相信是李彀所献的神宗赐李宪的诏书三百篇与李宪的奏议百卷，乃对李宪的功绩作出肯定。为此，李宪再在绍圣四年，改谥更高的"忠敏"。[1]

元符元年四月丙戌（初八），章惇等进《神宗皇帝正史纪》二册。丙申（十八），哲宗又诏建显谟阁以藏神宗御集。[2]宋廷在新党主政下，所修的官史莫不推崇神宗的新政及执行新政的臣僚。[3]

另一方面，哲宗从绍圣元年至元符二年重新开边西北，攻取邈川（建为湟州，今青海海东市乐都县）与青唐（建为鄯州，今青海西宁市）的行动中，参预者从文臣的孙路、钟传，到武将的苗履、王赡、赵隆、王愍、姚雄到蕃将李忠杰、包诚等均是李宪的熙河旧部。[4]他们

（接上页）第三册，卷十三下《宋哲宗三》，页886。按绍圣三年十月，秘书省正字邓洵武（1057—1121）被任为《神宗皇帝正史》编修官。

1　考绍圣四年四月丁酉（十四），章惇等进编臣僚章疏一百四十三帙，内中有否李宪的奏议，待考。参见《宋史》，卷十八《哲宗纪二》，页347。

2　《长编》，卷四百九十七，元符元年四月丙戌条，页11817；丙申条，页11832。《宋史》，卷十八《哲宗纪二》，页350。

3　香港大学的梁思乐博士最近期的一篇专文曾从党争的角度，特别是新旧二党对神宗的评价的问题，考论元祐、绍圣及绍兴各本神宗实录修纂的立场与观点，梁氏指出元祐本以神宗晚年追悔开边，归咎于于王安石等，绍圣本却大书特书熙丰年间的政绩。此论可取。参见梁思乐：《北宋后期党争与史学——以神宗评价及哲宗继位问题为中心》，载包伟民、曹家齐（主编）：《10—13世纪中国史国际学术研讨会暨中国宋史研究会第十七届年会宋史研究论文集（2016）》（广州：中山大学出版社，2018年7月），页122—135。

4　关于哲宗在绍圣四年至元符二年进攻青唐的行动的始末，可参阅何冠环：《北宋绥州高氏蕃官将门研究》，页444—453。其中钟传在绍圣四年至元符元年还出任熙河帅。钟传的战绩，可参阅曾瑞龙：《拓边西北——北宋中后期对夏战争研究》，附录二：《兰州堡寨群与泾原路战线的联接问题：钟传的浅井作战》，页257—286。

拓地降敌

继续在西北建功立业，也就维持着李宪的名声。言官陈并在绍圣四年九月上奏批评获委为熙河帅的钟传，是"江外书生，始为阉人李宪门客，因缘得官，素号轻浮，今以一方事重事委之，又以馆职诱之。可攻可战，有进有退，不能临事，而惧好谋而成，不惟无功，恐辱国命"[1]。陈并这番批评正好从侧面反映在绍符时期的西北边臣，多绍继着李宪足迹。

李宪的正面评价一直维持至徽宗一朝。哲宗于元符三年正月己卯（十二）崩。徽宗即位，在向太后短暂听政的一年，旧党一度回朝，曾议再修《神宗实录》，调和元祐本及绍圣本的偏颇。但徽宗亲政后奉行父兄的政策，二度重修的《神宗实录》观点上仍沿用绍圣本。而且在大观三年（1109）十一月由蔡京主修、完成于大观四年（1110）四月的《哲宗实录》，以及徽宗在宣和元年（1119）十月甲戌（初一）布告天下的《绍述熙丰政事书》，及宣和二年（1120）二月甲午（廿三）诏别修的《哲宗史》，都是一面倒扬新党贬旧党的观点。[2]

自然，李宪子李毂在徽宗朝继续得宠，而李宪门人童贯执掌军权二十年，并奉李宪的策略再开边西北，宋廷自然对李宪称扬备至。上文曾提到，宋廷大概在政和三年前后批准熙河为李宪立庙，而徽宗朝官方另一次肯定李宪功绩的，当是在宣和元年徽宗命尚书右丞王安中

---

1 《宋朝诸臣奏议》，上册，卷四十四《天道门·灾异八·上哲宗答诏论彗星陈四说·绍圣四年九月上》（陈并），页461。

2 《宋史》，卷二十《徽宗纪二》，页383。考《长编》所引的《旧录·李宪传》是指章惇修的神宗旧录抑蔡京所修的哲宗旧录，李焘没有说得清楚。按李宪卒于元祐七年，他的传应附于神宗实录抑是哲宗实录，因二书已佚，暂难确定。因范冲有《新录辨》，针对神宗旧录而撰，故笔者倾向《旧录·李宪传》是神宗旧录所载的李宪传。

（1076—1134）所撰写的《定功继伐碑》。碑文纪述自神宗熙宁以至宣和元年，宋廷开疆僻土的辉煌历史，其中就提到元丰四年，"李宪出熙河……诸将战比有功，夏人痍伤者什七八，余众跳遁。明年，大筑横山之要，楼橹相望，浅攻扰耕，贼不敢复留塞下，其经理控驭之略，甚远且备"。这一番话虽没有明确指出是李宪的功劳，但考诸史实，元丰五年以后李宪经略熙河的策略，正与王安中这番话同。[1]

　　李宪的评价与形象逆转，是在南宋初年。宋室南渡，高宗君臣将北宋亡国的罪责归于新党，下令重修神宗实录。由首相赵鼎领衔，实际上由范祖禹子范冲（?—1141）主持的新修神宗实录，在绍兴六年（1136）正月修竣，成为宋朝官方最后定稿的绍兴本《神宗实录》，即李焘所称的《新录》，否定了哲宗绍圣时期至徽宗朝所修纂的《神宗实录》的主要观点。范冲并在绍兴五年（1135）二月上《神宗实录考异》，这一考异即李焘所称的《新录辨》。另范冲也是绍兴八年（1138）九月重修《哲宗实录》的主要负责人，他也同样写了一部《辨诬录》。[2]

1　王安中：《初寮集》，文渊阁《四库全书》本，卷六《定功继伐碑·奉敕撰文、御笔赐名》，叶二下。

2　关于范冲修史的背景与评价，台湾宋史前辈王德毅教授早年一篇详考范祖禹史学与政论的专文其中一节也附论范冲的史学。参见王德毅：《范祖禹的史学与政论》，原刊《幼狮学志》第5卷第2期，1966年12月，现收入王著：《宋史研究论集》（台北：台湾商务印书馆，1968年11月），第一篇《范祖禹的史学与政论》，页32—38。关于《神宗实录》多次修纂的背景、经过和负责人员的问题，以及新旧党争导致神宗、哲宗实录的诬诬，最近期而详尽的论述，可参阅谢贵安：《宋实录研究》（上海：上海古籍出版社，2013年10月），第一章第三节《〈神宗实录〉、〈哲宗实录〉的修纂》，页47—81；第二章第三节《神宗、哲宗实录的修纂者》，页143—176；第七章第二节《新旧党争致神哲实录的诬诬》，页405—454。

拓地降敌

范冲所撰的《新录辨》，除了考辨《旧录》中表扬李宪功绩的七事外，还否定了《旧录》对李宪的正面评价，他大概继承了亡父在元祐八年十一月批评李宪的观点，他指责李宪：

> 宪劳民伤财以取不毛之地，灵武之期，永乐之援，以逗遛败事，不诛幸矣，而云恢斥疆土，降其渠率，置阵行师，有名将风烈，欺诞为甚，今并删改。[1]

另外，范冲也针对《神宗旧录》对王中正的高度评价加以反驳。按《神宗旧录》称许王中正"其资忠义，有大略，读经史，通古今，尤知兵，天文历数无不通，如是则为天下之才矣"。范就痛言："中正元丰中将兵败事，其罪至大，刘挚尝同章论中正及李宪、宋用臣、石得一，比之四凶，以中正为称首。《旧录》所载其无忌惮，大率如此，今据事实删改。"[2]值得一提的是，徽宗即位不久，因王中正子之请，宋廷就给王平反，追复他遥郡防御使。政见倾向旧党、当制的中书舍人邹浩（1060—1111）还给王中正写了一道颇正面的制文，称许王"早奋边陲，晚罹废黜，奄其渝谢，倏有岁年。用伸孝子之情，追复遥防之旧。营魂不昧，服我休光"。[3]范冲痛陈《旧录·王中正传》所论王中正之不实，就是要推翻从哲宗到徽宗朝对王中正的正面评价，这和他逐点反驳《旧录·李宪传》的不可信同出一辙。

1　《长编》，卷四百七十四，元祐七年六月戊寅条注，页11315。
2　《长编》，卷五百七，元符二年三月己巳条注，页12090。
3　邹浩：《道乡集》，卷十五《王中正追复遥郡防御使制》，叶六下。

在新旧党轮流上台而无情打击对方的背景下，多次重修的神宗及哲宗实录，其所记载有关李宪的事功及评价乃如上所论的截然不同。幸而李焘撰写《长编》时，并没有以党派偏见，将《旧录》所载的李宪功绩删去不记，也没有全盘接受范冲的观点，才能让后人自行考证新、旧《录》所记谁更可信。

李焘列出神宗新、旧《录》七处有关李宪事功不同的记载：[1]

第一，熙宁五年八月，据《旧录·李宪传》，"木征退保山西，收叛亡，稍立文法，众谓可袭而取。宪曰：未可图，须其势分众溃，可不战而下。遣间招其弟延正降，与王韶进取河州，斩九十级，加东染使。《新录》辨曰：按《王韶传》，击木征于观凌城（巩令城），木征败走，弟结吴延正（征）举族二千余人降，即非宪谋遣间，今删去"。

第二，熙宁七年四月，《旧录》记："木征请降，或献款曰：'疑我师也。'宪即解金带遣使授之，木征径至麾下。捷闻，帝与诏褒美，加昭宣使、嘉州防御使。"《新录》辨曰："按木征降事，与《神宗实录》（按指元祐墨本）不同，今删去。"

第三，熙宁八年十二月，《旧录》云："冬，交州叛，以宪为安南招讨，副赵卨。宰相王安石曰：'中人监军，此唐叔世故事，不可蹈，罢之。'《新录》辨曰："按《神宗实录》，宪缘与赵卨纷争而罢，非安石以中人监军为言而罢，今删去，以《实录》改修。"

第四，《旧录》云："元丰四年，谍言夏国有内变，诏五路出师问罪。宪领熙河兼秦凤，建大将旗鼓以节制诸军，仿部队奇正李靖六花

1　《长编》，卷四百七十四，元祐七年六月戊寅条注，页11314—11315。

阵，蕃汉各为一法。前锋遇敌，败之，斩首三千级，获首领一十一人，马二千匹。复攻喀木族，讨平之。翌日北下兰州，三日至擦珠川，攻楚陇堡、卜宗二城，拔之，斩千余级，获首领十三人，余党赴水死，降者三万七千人。宪以兰州古金城地，土壤衍沃，美水草，《汉书》所谓皋兰下者最为河湟要害，奏请城之。版筑方兴，羌人隔河而寨，宪募死士绝河，夜斫其营，旦辄引去。宪谓诸将曰：贼盛兵而来，不战而去，必有谋也。彼见吾具舟筏，声言渡河，欲入凉州，必引兵由会州渡盘泊，设伏于铁毛山，将麾我师。今第行，堕其策中，可以有功。行次汝遮山，获生口，问之果然。檄王文郁总行营事。贼以轻兵迎战，我乃先设伏于北上下，战才接，我师伪遁，贼纵骑薄之，伏发，贼之先锋歼焉，斩千余级，转战累日，下一州两城，斩获万计。士马罢极，恐无以自还，遂奏班师。是时，四路出师皆不至所期，诸将无功，相继罪去，而宪独免。复上攻守之策，及进筑五利。"《新录》辨曰："按五路出师一段，与《神宗实录》所载不同。今删去，以《实录》改修。"

第五，元丰六年正月，《旧录》又云："贼入兰州，乘冰渡河，守将王文郁纵骑击之，冰陷，贼溺死。余兵忿攻破西关，杀官兵将吏，降宣庆使。"《新录》辨曰："按贼入兰州一段，与《神宗实录》所载不同，今删去二十一字。"

第六，元丰六年七月，《旧录》又云："宪籍本路蕃兵五都，各为一将，以汉官都同统领，部曲麾帜，族分户别，援桴鼓之，勇怯尽应。具数以闻，诏著为令。"《新录》辨曰："诏著为令，不见于《实录》。今删修。此事当考。"

第七，《旧录》又云："哲宗即位，会台劾皇甫旦，狱具，宪坐奏事异同，罢内省职事，降永兴路都总管。先是，神宗委宪招纳董毡，断夏人右臂，宪遣皇甫旦使毡，毡犹豫，且报不实，故连坐责，自请提举西京嵩山崇福宫。言者不已，降宣州观察使、提举亳州明道宫。又除右千牛卫将军，分司南京，居于陈。未几，复观察使，提举明道宫，卒，年五十一。"《新录》辨曰："按皇甫旦事与《神宗实录》所载不同，今以《实录》删修。"

考上述七事，第一事范冲力辨木征弟之降，不是李宪之功，第三事李宪之罢安南招讨副使，是他与赵卨不和而神宗罢之，第二、四、五、七事，范冲都以其与元祐本《神宗实录》所载不同，而将之删去不录，只有第六事待考。范冲的取态是凡表扬李宪用兵的地方就加以否定，连李宪在其部队仿李靖奇正六花阵的战例都要删去。范冲为了反驳李宪"有名将风烈"的说法，就说李宪所攻取的兰州是不毛之地而劳民伤财，他又咬住李宪在灵州之役及永乐之役没有应援，是逗留败事，不诛他已幸。范冲对李宪的偏见，于此可见一斑。因他负责重修的绍兴本《神宗实录》及《哲宗实录》，后来成为宋朝官方的定本，并影响了重修的《神宗国史》及《哲宗国史》的观点，李宪负面的评价就无从扭转，后出的《东都事略》及《宋史》都沿袭了范冲重修的神宗实录的观点，[1]若非《长编》保存了大量《神宗旧录·李宪传》的史料，以及

1　《宋史》的编者沿袭了南宋史官在神宗及哲宗新录的意见，除了在李宪的本传中批评他"罔上害民，终贻患中国"外，也在《食货志》中批评李宪所设立的熙河兰会经制财用司为剥剥害民，生事敛怨，说宋廷在元祐时将之罢去，而将李宪"正其罪"是合宜的。另又说李宪在元丰二年擅自榷本路商货为非法。参见《宋史》，卷一百七十八《食货志下一·会计》，页4358；卷一百八十六《食货志下八·商税》，页4543；卷四百六十七《宦者传二·李宪》，页13640。

李宪本人的百卷奏议及神宗给他的诏书三百篇的珍贵史料，我们恐怕不能看到李宪可以称得上名将风范的一面。

南宋的士大夫大部分都受范冲一派的影响，对王安石以下的熙丰诸臣都抱负面的看法，绝少有李焘良史之才与识见。许多评史论史的著作，都因袭了神宗新录的观点，把李宪看成如同童贯祸国害民的宦官。

宁宗（1168—1224，1194—1224在位）朝官至显谟阁直学士的刘光祖（1142—1222），在撰写赵汝愚（1140—1196）墓志铭时，也提到赵汝愚在孝宗（1127—1194，1162—1189在位）朝反对内侍陈源任添差浙西副总管，就以"王中正、李宪所以基童贯开边祸，如陈源者，望今解去总管，以为万世子孙无穷之法"。[1]同样将李宪与童贯相提并论，认为他总一路戎任，就开边构祸。

南宋后期吕中（?—1264后）所撰的《类编皇朝大事记讲义》，多处批评了李宪。谈到宋代内臣督战时，吕中就引申道："至李宪、童贯，则预政矣。"然后又慨叹："一星之火，至于燎原，一窦之水，至于滔天，可不谨哉？可不戒哉！"他在注中又特别说明李宪与童贯，是神宗、徽宗朝宦者，典兵权，预政柄。在讨论神宗开边耗费大量兵费时，也点了李宪取兰州之事，间接批评了他。而在论述神宗开边事上，更罗列了李宪从熙宁五年任河北缘边安抚到元丰四年经制熙河的过程，并且严词批评王安石因兴利而导致开边，而李宪开边，就带来徽宗朝的祸

1　《全宋文》，第二百七十九册，卷六三一八《刘光祖六·宋丞相忠定赵公（汝愚）墓志铭》，页90。

患。他说:"兴利之罪,大于变法,开边之罪大于兴利。变法者,所以为兴利之地,而兴利者,又所以为用兵之地。自李宪而后,童贯之徒出兵矣,自熙河用兵而后,章、皆从事于湟、鄯之地矣!西事粗定,北事踵起,宣和起衅于燕云,自安石取予之说启之,此岂非遗祸于后日哉?"另外在讨论徽宗黜陟大臣时,也评说:"用童贯、梁师成,即命李宪经制之意而甚之也;复湟州,复燕山,即开横山、熙河之意而甚之也。"总之,童贯后来所有的过错,都与李宪有关。[1]

朱熹也与吕中持相同的看法,反对给内臣太大的权力,在评论太宗反对授平蜀乱有功的内臣王继恩宣徽使的事上, 他也举出后来李宪的反面事例以论:

> 宣徽亚执政,遂创宣政使处之。朝臣诸将中岂无可任者,
> 须得用宦者?彼既有功,则爵赏不得吝矣。然犹守得这些意思,
> 恐起宦官权重之患。及熙丰用兵,遂皆用宦者,李宪在西,权任
> 如大将。驯至后来,遂有童贯、谭稹之祸。(宦者其初只是走马
> 承受之类,浸渐用事,遂至如此。個)[2]

1　吕中(撰)、张其凡(1949—2016)、白晓霞(整理):《类编皇朝大事记讲义》(与《类编皇朝中兴大事记讲义》合本)(上海:上海人民出版社,2014年1月),卷二《太祖皇帝·四七·平盗贼》,页84—85;卷十五《神宗皇帝·三一·浚河》,页285—287;卷十四《神宗皇帝·十五·兵费》,页271;卷十五《神宗皇帝·三三·开边自此始》,页287—289;卷二十一《徽宗皇帝·二·黜陟大臣》,页362。吕中在论神宗浚河时,却指出后来童贯与梁师成浊乱天下,人们以为始于李宪用事有误,他认为实起于王安石用程昉治河。

2　黎靖德 (1227—1277) (编)、王星贤(点校):《朱子语类》(北京:中华书局,1986年3月),第八册,卷一百二十八《本朝二·法制》,页3077。关于黎靖德的 (转下页)

对于神宗开边的决策，朱熹也与元祐诸臣一样，认为神宗开边得不偿失，而执行是项政策的人，从王安石、王韶到李宪等人，都受到他点名或不点名的指责。他说王安石等人，轻动干戈，最终就是罔上害民，甚至祸至宋朝倾覆：

> 只管好用兵，用得又不善，费了无限钱谷，杀了无限人，残民蠹物之政，皆从此起。西蕃小小扰边，只是打一阵退便了，却去深入侵他疆界，才夺得鄯州等空城，便奏捷。朝廷不审，便命官发兵去守，依旧只是空城。城外皆是番人，及不能得归朝廷，又发兵去迎归，多少费力！熙河之败，丧兵十万，神宗临朝大恸，自得疾而终。后来蔡京用事，又以为不可弃，用兵复不利，又事幽燕，此亦自神宗启之，遂至中朝倾复。反思郑公之言，岂不为天下至论！（义刚）[1]

同样，南宋中后期的林駉（？—1232）论古今源流，谈到宋代宦官时，便引述邓润甫、周尹、范祖禹、司马光、刘挚等评论李宪的话，而慨言：

> 熙河用事，非无人也，乃使李宪专之。大而将帅皆听节制，次而官吏悉由废置，募兵用师，敕于其口，威福柄令，出于其手，

（接上页）生平事迹，可参阅顾宏义：《黎靖德事迹考略》，载龚延明（主编）：《宋学研究》，第一辑（杭州：浙江大学出版社，2017年4月），页197—202。

1　《朱子语类》，第八册，卷一百二十七《本朝一·神宗朝》，页3046。

而祖宗不许预政典兵之法安在哉？[1]

晚宋的刘克庄（1187—1269）在评论刘攽的《咏史诗》时，对于刘诗所云："自古边功缘底事，多因嬖幸欲封侯。不如直与黄金印，惜取沙场万髑髅。"就解读所谓"嬖幸"实指王韶与李宪等人。[2]

文天祥（1236—1283）在宝祐四年（1256）五月所应之御试策，在论宋代的直臣时，就举出："国朝君子气节大振，有鱼头参政，有鹘击台谏，有铁面御史，军国之事，无一不得言于君子。是以司马光犹得以殛守忠之奸，刘挚犹得以折李宪之横，范祖禹犹得以罪宋用臣，张震犹得以击龙太渊、曾觌。"其中李宪也榜上有名，被文天祥列为奸臣之一。[3]

不过，对于李宪为神宗开边西北，南宋人也不是全面否定，叶适在宋廷讲求收复失土的环境下，对于神宗的作为，就有一番辩说：

1　林駉：《古今源流至论续集》，文渊阁《四库全书》本，卷八《宦官下》，叶十上下。丘濬（1421—1495）：《大学衍义补》，文渊阁《四库全书》本，卷一百三十一《万世之法》，叶十八上下。林駉又引述李舜举批评王珪的话，慨言李舜举也是内臣，也任边事，却能责王珪以内臣不当任将帅。他以李舜举之贤反讽李宪不知进退。不过，明儒丘濬却认为李舜举之言，"盖有所激而云，未必其本心也，但所谓内臣止宜供禁庭洒扫之职，岂可当将帅之任，则天下之名言也。内臣而能为此言，岂但贤于其类而已哉？"依丘濬的看法，李舜举此言，有扬己抑人之嫌，他不幸很快死于永乐城之役，宋人怜之，就更称许他对王珪所说的这番话。丘濬代表明代主流士大夫的看法，自然以内臣任将帅之事为非。

2　刘克庄：《后村诗话》，文渊阁《四库全书》本，卷二，叶五上。

3　文天祥：《文山先生全集》（北京：中国书店，1985年3月），卷三《对策·御试策一道·有题》，页41—42、52。

　　　　　　　　　　　　　　　　　　　　　　拓地降敌

以神宗之励志有为，终于举措衡决，变法则为伤民，开边则为生事，力图灵武，遂以失利，亦悔用兵之无益者，不知改弱势而为强势，而欲因弱势以为强势也。[1]

叶适虽然没有直接肯定李宪等于熙丰开边的功劳，但指出神宗的作为是宋廷反弱为强的必需选择。

事实上，南宋官方对于元祐时期反对弃地并力主进筑之策的人如范育，便以加赠他宝文阁学士予以肯定。[2]南宋文臣即使痛责李宪以内臣专兵为非，但他开疆拓地之功是不能全盘否定的。

与叶适同时、吕祖谦（1137—1181）师从的福州人林之奇（1112—1176），在他的《拙斋文集》收有一篇跋文，题为《跋高公题李宪遗事传》，给我们对李宪的事迹一点线索：

> 甥林某于乾道壬辰八月十二日己酉，读《高公遗事》所载，慨然太息而言曰：今有人寄物于邻，明日取之，其偿与否，特未可必也。何则？在他人者诚不可必，必其不可，必是岂可以常理期邪？而余之舅氏不然，力耕数耘，负谤厄穷，以待难知之天道，于数十年之后，无一毫怨，尤意今其子孙诜然彬彬然，殆将亨而奋矣。后之太史有考靖康之阙，遗于金匮石室之藏，欲求其实而不可得，殆有考于斯言。[3]

1　叶适：《叶适集》，第三册《水心别集》，卷十四《外告·纪纲三》，页815。

2　《宋史》，卷三百三《范祥传附范育传》，页10051。

3　林之奇：《拙斋文集》，文渊阁《四库全书》本，卷二十《跋高公题李宪遗（转下页）

林之奇这篇奇特的跋文让我们知道，南宋初年有他的舅父高氏所撰的《李宪遗事传》，是高氏（名字不可考）不惜负谤穷尽心力而写成的书。然此书已佚，林之奇的集子又没有其他相关的记载，我们就不清楚高氏所撰的《李宪遗事传》内容如何。考林之奇曾奉命预修《神宗宝训》，也许这份差事让他对神宗的宠臣李宪的事迹有较大的兴趣。[1]不过，从他的跋文也可以看到，南宋还有人访寻李宪的事迹，要寻求真相，还给他公道。当然，李焘在这方面做得最好。

南宋一直为金人及蒙古人交侵而失地辱国，宋臣对李宪以内臣而能拓地降敌，虽仍存偏见，但对其功绩是难于否定的。是故终南宋之世，宋廷并没有追回在哲宗时给予李宪的追赠与谥号。文臣对李宪仍耿耿的，不过是李宪以卑微的内臣而竟出任将帅，至于因痛斥童贯误国而牵连李宪，就有欠公道了。

元明以降，不少文臣士大夫仍以李宪等以内臣领军掌兵为非，宋末元初的尹起莘的《续资治通鉴纲目发明》论及李宪统领熙河秦凤诸军时，便痛言：

> 呜呼！宦者之蠹至是深矣。宦者之权至是极矣。书以李宪节制熙河秦凤诸军，是举秦凤熙河之大，皆节制于一阉宦之手，使之措置边事，使之节制诸将，合数镇之兵权而归之，他时徽宗用贯，卒覆天下。是岂一朝一夕之故哉？大书于册为后鉴也。[2]

（接上页）事传》，叶八上。《宋史》，卷四百三十三《儒林传三·林之奇》，页12861。

1　林之奇：《拙斋文集》卷十《谢进书改官启·预修神宗宝训》，叶三上。

2　参见爱新觉罗·弘历（清高宗）（1711—1799）：《御批续资治通鉴纲目》，（转下页）

　　　　　　　　　　　　　　　　　　　　拓地降敌

尹起莘对李宪灵州之役的表现也痛责不止,以神宗不罪李宪不至灵州为非。他更咬着李宪不至灵州之过不放,他对内臣的偏见溢于纸上:

> 荀况曰:公生明,偏生暗。王者之论,无德不贵,无能不官,无功不赏,无罪不罚,朝无幸臣,民无幸生。遵裕等失律无功,法固当黜;然李宪既为首将,众至灵州,违命不往,推原其心,厥罪已甚,而反置之不问。不惟不问,而又加之以官,则是神宗知有李宪而不知有国法也。宪乃无知刑人,而使之经略,使之安抚,使之制置,泾原之事在其掌握,是岂建官惟贤之义哉? 据事详书,其失自见。[1]

另外,明人何乔新(1427—1502)在论太宗以王继恩领兵平蜀乱时,也借题发挥,以抒他对本朝内臣横行之不满:

> 堂堂大宋,顾使赳赳武夫听命于刑臣;啴啴王旅,屈膝于阉竖,犹为国有人乎? 其后李宪帅师以伐夏,童贯专兵以伐辽,启之者太宗也,岂非万世之永戒乎? [2]

(接上页)文渊阁《四库全书》本,卷七,叶三十九下。按尹起莘之《续资治通鉴纲目发明》收入是书各卷。

1　《御批续资治通鉴纲目》,卷七,叶五十七上。

2　何乔新:《椒邱文集》,文渊阁《四库全书》本,卷四《李顺陷成都诏以宦者王继恩为两川招安使帅师讨之》,叶二十四下至二十五下。

又如陈全之（1512—1580），在其《蓬窗日录》中，也在论太宗命王继恩平蜀之事上，引用朱熹之论，称神宗用李宪掌兵，在西权任如大将，于是后来就有童贯、谭稹之祸。[1]

明末毛一公（？—1620后）撰写《历代内侍考》，对李宪的事迹并未认真考究，只全抄《宋史·宦者传》，而将李宪与王中正等四人视为四凶而相提并论，他说：

> 论曰：夫开边衅作威福，人臣之大戒，而王法所必绳者也。神宗锐志启霍疆，遂以将权委之阉宦，而李宪、王中正攘臂师中，借口受诏，恣意驿骚。灵州之会，并以观望失期，罪在罔赦矣。用臣、得一，威福自擅，论者目为四凶，而卒免于窜殛，此宋所以终于不竟也。[2]

清初大儒王夫之（1619—1692）在其《宋论》中，虽没有责李宪以内臣领军，却贬低李宪的能力，说宋廷"所恃以挑敌者，王韶已耳，徐禧已耳，高遵裕已耳，又其下者，宦者李宪已耳。以兵为戏，而以财为弹鹊之珠"。其偏见在于不知李宪的战功，实在胜王韶等人多矣，也不审李宪有复兰州之功。[3]

---

1 陈全之：《蓬窗日录》，明嘉靖四十四年（1565）刻本，卷四，页494—495。

2 毛一公（撰）：《历代内侍考》，载《续修四库全书》（上海：上海古籍出版社据浙江图书馆藏清抄本影印，2002年），第517册，《史部·传记类》，卷十一，页119。

3 王夫之（撰），舒士彦（点校）：《宋论》（北京：中华书局，1964年），卷六《神宗》，页120。

拓地降敌

不过，纂修历史地理典籍的人，特别是编修地方志的人，尤其兰州及其属县的地方志，对于李宪复兰州之功，则有正面的评论。宋末元初人所修的《大元混一方舆胜览》，记述兰州的地理时，不但提到李宪收复兰州的事实，更将他及其部将种谊列为宋代两名兰州名宦。[1]清初顾祖禹（1631—1692）所撰的史地学经典《读史方舆纪要》提到李宪收复兰州，虽没有大书特书其功，但也就宋人论兰州不可弃及综论兰州自古以来为西北要地，间接肯定了李宪之功。[2]清中叶《乾隆皋兰县志》的编者便认为："兰州自唐肃宗广德元年陷于吐蕃垂二百年，始得李宪收复，有功于兰非小，旧志以中人而不列名宦，其严乎？"就为李宪抱不平。[3]

知人论世，李宪的评价，就像后人对王安石评价一样，既随时代时势的改变而变易，也在乎后人有否认真细致检视其生平事迹，撇除对内臣的偏见，而作出公允客观的评价。

1　刘应李（？—1307后）（原编），詹有谅（？—1312后）（改编），郭声波（整理）：《大元混一方舆胜览》（成都：四川大学出版社，2003年8月），上册，卷上《陕西等处行中书省·兰州》，页202—204。
2　参见本书结论。
3　吴鼎新（？—1778后）（修），黄建中（纂）：《乾隆皋兰县志》，清乾隆四十三年刻本，卷十一《边绩》，叶十五下至十六下。按该方志先引王道成转述《宋史》对李宪的评语，说"宪以中人为将，虽能拓地降敌，而罔上害民，贻患中国"。然后就加上按语，称许李宪复兰州之功。

结论

神宗推行新政，重用王安石等变法，以求富国强兵，进而开疆辟土，最终平夏克辽，成就不世帝业。这是我们研究神宗熙丰之政显而易见的事实。赵涤贤早年的一篇论文，充分肯定变法派军事改革的成功，虽然元丰五路伐夏及进筑永乐城两役宋军惨败，但他认为宋军的战斗力却大大加强，只为神宗用人不当才致败。黄纯艳则认为就神宗恢复汉唐旧疆的目标而言，熙丰开边以全面失败告终，只有熙河一役得到胜利，黄氏认同王曾瑜的意见，熙河的胜利并未达到断西夏右臂的效果。[1]

以上学者所论，均着眼于神宗变法的成败；然神宗的施政以及其

1　赵涤贤：《试论北宋变法派军事改革的成功》，《历史研究》，1997年第6期，页142
—160；黄纯艳：《宋神宗开边的战争责任与政治解说——兼谈古代东亚国际关系研
究中的历史逻辑与现代话语》，《厦门大学学报（哲学社会科学版）》，2016年第6期
（总第238期），页41—49。按黄纯艳在2016年初另发表一篇文章，讨论神宗开边的政
治话语：恢复汉唐旧疆。该文从这个视角论神宗开边的背景，其中第二节也认同曾瑞
龙所论，宋廷要到熙宁十年，当李宪取得六逋宗之役的胜利，才大致稳定在熙河地区
的统治。参见黄纯艳：《"汉唐旧疆"话语下的宋神宗开边》，《历史研究》，2016年第1
期，页24—39。

帝王术，就较少为人注意。李裕民教授精辟地指出王安石变法的消极影响之一，就是他鼓吹神宗搞独裁的做法，结果造成神宗处事越来越独断，不断越过政府，以不经过监督的御笔手诏随便发号施令。李氏据《长编》的统计，神宗以手诏及上批下达的命令共1260件，平均每年84件，是前五帝的80多倍。事无巨细，神宗什么都管。在对外战争中事事独断，处处干预，结果连遭惨败。李氏也指因神宗的独裁统治，出现大量由神宗主导的诏狱，包括著名的乌台诗狱。而皇帝独裁的强化，也为宦官及大臣假借皇帝名义弄权创造可乘之机。[1]陈朝阳2012年的博士学位论文《北宋熙丰时期的两府研究》，便进一步指出神宗的独裁，一方面体现于他任用的宰执，务须执行他的图强开边的政治抱负；另一方面他不让某一派势力独大，并且利用台谏为耳目加以钳制。[2]事实上，南宋名臣楼钥（1137—1213）早便指出："神宗作兴，凡事多由圣裁，虽边徼细故，亦烦亲洒。"而他特别提及神宗"经略西事，纤悉周密，万里风烟，俱入长算"。沈括任鄜延帅才十六个月，便承密诏至二百七十三道。[3]诚如李裕民教授以上之论，神宗事无大小都管的作风，自然是神宗朝内臣权力膨胀的背景，也是李宪等内臣得以任事的机遇。笔者以为神宗的帝王手段，其实是宋代帝王一贯沿用的

1 李裕民：《从王安石变法的实施途径看变法的消极影响》。《乌台诗案新探》，载李裕民：《宋史考论》（北京：科学出版社，2009年1月），页18—34。

2 陈朝阳：《北宋熙丰时期的两府研究》，首都师范大学中国古代史博士学位论文，2012年4月，第二章《神宗与两府》，页16—42；第三章《股肱与耳目》，页43—71。

3 楼钥：《攻媿集》，卷二十二《奏议·雷雪应诏条具封事·任国子司业日上》，页328；卷六十九《题跋·恭题神宗赐沈括御札》，页927—928。

祖宗心法，即真宗所云："且要异论相搅，即各不敢为非。"[1]神宗重用王安石之余，一方面对其政敌司马光等眷宠不替，以收牵制平衡之效；另一方面，他又任用一大批外戚及内臣亲信，作为他在朝中及军中的耳目。例如，外戚枢密都承旨、东上阁门使李评，便是王安石在熙宁中非要逐出宋廷不可的心中刺。[2]

在神宗所宠信的内臣中，最为他信任和赏识的就是李宪。从神宗所给李宪的大量手诏中，我们看到神宗对李宪的亲信程度，远过于其他内臣以至多数朝臣。神宗晚年给李宪的最后一道手诏，向李宪道出他毕生的心愿。从字里行间，我们可以看出神宗与李宪的关系，既为主仆，又似知己，而非寻常的君臣。《长编》所引用神宗在熙丰年间给李宪的手诏及御批至少共有三十二道，普通的诏书就更多。据李裕民教授的考证，只有沈括获得比李宪更多的手诏，然考李焘引《神宗旧录》所记，神宗给李宪的诏书多达三百篇，似乎总数又比沈括多。[3]《宋大诏令集》、《长编》及《宋会要辑稿》保存了大量神宗赐予李宪的诏书，特别是手诏及御批，以及李宪向神宗的奏报。[4]有时候神宗一日数

1　《长编》，卷二百一十三，熙宁三年七月壬辰条，页5168—5169。

2　神宗最宠信的外戚是李评，他的家世与事迹可参阅何冠环：《北宋中后期外戚子弟李端懿、李端愿、李端悫、李评事迹考述》，载何冠环著：《北宋武将研究续编》，中册，页253—376；有关李评在神宗朝的事迹，见页299—339。

3　李裕民：《从王安石变法的实施途径看变法的消极影响》，页21。据李氏所考，沈括在元丰四至五年一年半中获神宗的手诏共273条之多。

4　考《宋大诏令集》在卷二百一十三《政事六十六·备御上》及卷二百一十四《政事六十七·备御下》，共收有神宗赐李宪诏十三篇。而《长编》除了有多篇以李宪名义的上奏外，还有大量以李宪前后所辖的熙河经制司、泾原制置使司、熙河兰会安抚制置使司等机构的名义所上的奏报。

诏给李宪。神宗对李宪的请求差不多是有求必应，李宪要开发兰州及熙河，需要大量物资人力，神宗都能满足他的请求。李宪在熙河所定的规模制度，基本上为神宗所接纳，而李宪麾下的熙河兵团之文臣武将，都很稳定地任职，神宗甚少更动其职位。李宪在西北事务上可说得君之专。蔡京之子蔡絛说宋朝宦者之盛，莫盛于宣和间，其源于嘉祐及元丰间，他并点出："而元丰时有李宪者，则已节制陕右诸将，议臣如邓中司润甫力止其渐，不可，宪遂用事矣。"[1]

神宗委以兵权的内臣本来还有王中正、李舜举等人，但二人在元丰四年到五年伐夏之役一兵败一身死，只有李宪前助王韶取熙州，后破青唐，最后从西夏手上夺取兰州，正如江天健所说，李宪还招降了不少部族，而且李通过筑城兰州沿线堡寨，巩固降羌之心。结果归顺者达数万帐，络绎不绝。[2]李宪不但能攻城取地，还能久守之，他是熙丰时期内臣统兵惟一成功者。神宗对他的信任，可说是用人不疑，初时碍于朝中大臣及言官的反对，还不敢委以大任。到熙宁后期，神宗就不理朝臣反对，授予李宪经制西北特别是熙河路的全权。神宗晚年病

1　蔡絛：《铁围山丛谈》，卷六，页109。蔡絛又提到徽宗在崇宁时效元丰任李宪的故事，命童贯监王厚军下青唐，后来童贯才是尽取陕右兵权。但蔡絛没有说，其父与李宪有旧，而也是蔡京令童贯有机会执掌兵权。考陈峰教授也引用蔡絛这一条记载，注意到李宪在神宗朝从担任监军到成为陕西两路主帅的事实。陈氏在其专文提出北宋后期文臣与宦官共同统军体制的流弊；不过，他并没有批评李宪统军产生什么流弊。参见陈峰：《论北宋后期文臣与宦官共同统军体制的流弊》，载朱瑞熙、王曾瑜、蔡东洲（主编）：《宋史研究论文集》，第十一辑（成都：巴蜀书社，2006年8月），页95—98。
2　江天健：《北宋对于西北沿边蕃部的政策》，原刊《"国"立新竹师范学院学报》，第六期，1993年5月，现收入宋史座谈会（编）：《宋史研究集》，第二十六辑（台北："国立"编译馆，1997年2月），页85。

中，仍不断力疾手诏李宪，商讨攻伐西夏的进一步行动，而李宪在兰州之役后连番打败西夏，也给神宗很大的安慰和加强他继续进取的决心。当然，诚如宋代史臣评论神宗所说，神宗于"李宪、张诚一辈，虽甚亲用，然未尝一日弛其御策，无不畏上之威明，而莫敢肆"[1]。神宗与李宪，始终是主仆的关系，李宪一直知道没有主子的宠信及支持，他就是有何等的才干也成不了事。

将从中御的做法始于太宗，而太宗军事上的失利，后人都认为正是将从中御所致。[2]事实上，从宋人到后人一直批评怀疑神宗将从中御的成效；不过，从李宪的事例，却看到神宗将中从御的做法，也不是全无效果。神宗旧录的编者称许李宪"以中人侍帷幄，备闻谟训，俾临制阃外，遂能恢斥疆土，降其渠率。置阵行师，有名将风烈。至于决胜料敌，虽由中复，皆中机会"，就点出李宪的本事在于"决胜料敌，虽由中复，皆中机会"，那就是说李宪一方面行军的决策由神宗决定，然另一方面他又能够随机应变地执行主子之决策而"皆中机会"，于是他成为不败将军而能成功开疆降敌。神宗在各场对外征战中，均以内臣充任监军。李宪起初也出任监军，成为主帅后，神宗却没有委任其他内臣充监军来掣肘他。这是李宪与其他神宗朝将帅的不同处。李宪凭恃神宗的无比信任，以及他对主子脾气性格的深刻了解，而能巧妙地响应主子的要求，既满足主子将从中御的虚荣心，又能实实在在地在沙

---

1 《长编》，卷三百五十三，元丰八年三月戊戌条，页8457。

2 关于太宗将从中御政策施行的流弊，最近期的究可参考田志光：《宋代政治制度史研究》（北京：人民出版社，2017年6月），《上编·政治与军事》，《宋太宗朝"将从中御"政策施行考——以宋辽、宋夏间著名战役为例的分析》，页34—47。

场与麾下文武部属建功立业。神宗将从中御的做法，唯有李宪的巧妙配合方能有成。可惜的是，神宗与李宪这样的配搭太少，而文臣言官也容不下这样的配搭。

李宪不能成就更大的功业，也与神宗始终不敢过度违逆朝臣的反对意见，把李宪放在更高更重要的位置上有关。神宗可不像其子徽宗那样，以童贯为枢密使，将军政大权交御他，让他统率大军开拓西边二十年。也许我们只能这样解释：神宗的君主权威与帝王术不如其子，而神宗朝的文臣多敢正色立朝，力抗内臣，不似徽宗朝的文臣多奉承谄媚得势的内臣。当然，神宗任用内臣统兵，特别以李宪担任方面，总揽熙河兰会一路的军政大权，就给徽宗后来任用童贯统兵的先例。后来宋人痛批童贯破坏制度，独揽军权，也就自然算到李宪的账上。

李宪的战功及事功，特别他在神宗一朝收复及开发治理熙河兰会的贡献，却因文臣对内臣的偏见而被淡化，没有在其传记中着墨。是故当代学者研究北宋熙丰时期对陇中地区的经济开发，以及对原属吐蕃居地的土地开发，并没有注意李宪的作用与贡献。[1]有学者论及北宋与西夏关系史中的宦官群体时，只轻轻提到王韶开熙河，神宗元丰五路伐夏，李宪曾预其事，而没有注意他的战功。对李宪的总体评价

1　参见雍际春：《论北宋对陇中地区的经济开发》，《中国历史地理论丛》，第三期（1991），页97—118；柳依：《宋代对吐蕃居地的土地开发》，《甘肃社会科学》，1991年第4期，页85—90。按柳文很详细地指出从熙丰时期透过根括闲田、开垦荒地等十种方式取得屯田土地，而生产劳动力又透过招募弓箭手、选知农厢军等八种形式取得。

则只说褒贬不一，却欠具体的说明。[1]诚如前节提到，研究李宪及此段历史的人，似乎没有注意《长编》在记李宪逝世一条的小注里，引用了《神宗旧录》及《哲宗旧录》对他所作相当正面的评价，而与《神宗新录》和《哲宗新录》所作的迥然不同。众所周知，南宋时由旧党后人主持重修的《神宗新录》及《哲宗新录》，对新党人物罕有好评。李宪执行神宗开边之策，被视为新党，自然难有好评。元祐大臣刘挚且将李宪称为神宗内臣四凶之一。从《神宗新录》《哲宗新录》到沿袭其说的《东都事略》与《宋史》，李宪在史臣笔下，被斥为罔上害民之人。他被斥为迎合神宗，就不惜民力，鼓吹用兵西边。他多次建议神宗再举兵伐夏，也被斥为不顾百姓死活，幸而神宗最终没有依其议。

从南宋以降，史臣或儒臣对新党人物包括李宪等，都带着强烈的偏见，认为他们误国误民，身为内臣而竟预军政的李宪更是罪加一等。宋人当然不敢公开批评神宗不惜代价以收复失地，甚至开拓疆土的行为属不智，更不敢议论神宗所为实属穷兵黩武和好大喜功（朱熹在《朱子语类》中私下对门人评论神宗之个性与政策之失是少有之例子）。他们只说元丰四年五路伐夏和元丰五年永乐城之役宋军是劳而无功。然而不少学者认为这两役总的来说，宋朝其实也大有收获，那就是在横山地区修筑了大量城寨，成为后来进击西夏的基石。而收复兰州，更使宋朝在战略上处于更有利的地位。[2]考诸史实，李宪忠实且

1　罗煜：《北宋与西夏关系史中的宦官群体浅析》，《湖南第一师范学报》，第7卷第3期（2007年9月），页99、101。

2　周伟洲教授甚至认为神宗五路攻夏及永乐城失陷两役，从表面上看宋朝处于失败的地位，而损失巨大，然从总的方面来看，宋朝这时已在陕北修筑了许多（转下页）

成功执行神宗这一进筑政策,特别是取得兰州这一战略要塞。从其战功、武略及帅才而言,他在整个宋代的内臣中,无疑是最杰出的内臣名将和百胜将军,连宋人都承认他以中人为将,能拓地降敌。对他有恶感的文臣,一直指责他在元丰四年五路攻夏之役,没有依照宋廷的指示会师灵州,认为他失律当诛。然客观公道而说,他趁着西夏着意防守灵州,西边防守空虚时,就乘隙以偏师攻取并不属于西夏而形势险要的兰州沃土,并设险防守。这就像太宗雍熙三年(986)伐辽之役,潘美(925—991)与杨业的西路军,田重进(929—997)的中路军,正是趁曹彬(931—999)的东路主力军牵制辽军主力,而能得以夺取山后诸州的辉煌战果。李宪与杨业等不同之处,在于他能固守好不容易取得的兰州,而在他的卓越指挥下,不但多次击退夏军大举进攻,为神宗永乐城之败挣回面子,还能数次派精骑渡过黄河突击夏军。李宪取兰州的果断与明智,这是后来反对他的文臣也得承认的事实。徽宗政和时人欧阳忞(?—1118后)修地理志时也承认,兰州自唐代宗(726—779,762—779在位)广德元年(763)陷于吐蕃,"皇朝元丰四年收复",是很大的成就。后来宋末元初王应麟的《玉海・地理志》及

(接上页)城砦,已逐渐进据横山之半,而这一形势正不断扩大。到元祐时期,宋廷仍然采筑城砦的策略,步步向西夏进迫。到哲宗亲政时,更取强硬政策,停止划分地界,加紧修筑城砦,浅攻进逼。到哲宗末年,宋军已占上风。江小涛也认为宋军一度取得银石诸州,使陷没百年之地一度复归版图,横山之利,宋有其半,这对西夏是很大的损失。而收复的兰州与会州,为熙河、秦凤北面的屏障,使宋朝在战略上处于更有利的地位。参见周伟洲:《五代至宋陕北的党项及宋夏在陕北的争夺战》,载李范文(主编):《首届西夏学国际学术会议论文集》(银川:宁夏人民出版社,1998年11月),页81—83;江小涛:《元丰政局述论》,页156。

元末所修的《宋史·地理志》也将李宪复兰州视为神宗朝开疆的一大成就。[1]至于兰州在西北国防的重要性，清初顾祖禹所撰的史地学巨著《读史方舆纪要》便清楚指出：

> 州控河为险，隔阂羌、戎。自汉以来河西雄郡，金城为最。岂非以介戎、夏之间，居嗌喉之地，河西、陇右安危之机，常以金城为消息哉？晋元康而降，河陇多事，金城左右，求一日之安不可得也。隋唐盛时，驰逐河湟，未尝不以兰州为关要。及广德以后，兰州没于吐蕃，而西凉不复为王土。大中间兰州亦尝顺命，而仅同羁属矣。宋元丰四年李宪败夏人，始复城兰州。元祐初夏人救复得之，朝议欲割以畀敌，孙路言："自通远至熙州才通一径，熙之北已接夏境。今自北关濒大河城兰州，然后可以扞蔽，若捐以与敌，则一道危矣。"穆衍言："兰州弃则熙州危，熙州危则关中震动。唐失河湟，西边一有不顺，则警及京都。今若委兰州，悔将无及。"遂不果弃，明时自州以北常为寇冲，往往设重兵驻此，保障西垂，州诚自古扞围之地矣。[2]

是故神宗在灵州之役后，不接受孙固力主重责李宪之请，而以李

1　欧阳忞（？—1118后），李勇先、王小红（校注）：《舆地广记》（成都：四川大学出版社，2003年8月），上册，卷十六《陕西秦凤路下·下兰州》，页451—452。关于《玉海》及《宋史》对复兰州的记述，参见496页注2。
2　顾祖禹（撰），贺次君、施和金（点校）：《读史方舆纪要》（北京：中华书局，2005年3月），第六册《陕西、四川》，卷六十《陕西九·兰州》，页2871。

宪实有功，倒不全因李是他宠臣之故。至于宋廷文臣批评李宪为保存本部实力，自私地不救永乐城，也是苛责李宪。检诸史实，永乐城之败来得突然，连神宗也想不到徐禧会做出如此愚蠢的行为，李宪要远道来援也来不及。将此作为李宪之罪，就有欲加之罪之嫌。文臣士大夫爱发议论，好纸上谈兵，却常昧于事实，他们的评论不见得客观公允。

因为宋代文臣对内臣的偏见，李宪那几篇出色的军事奏议，包括李宪在元丰五年所上的泾原进筑方略，以及他在元丰六年所上如何在熙河路使用蕃兵的建议，并没有为宋代及后代所编的各种名臣奏议所收录。今日有赖《长编》和《宋会要辑稿》的保存，我们乃得窥他过人的军事谋略。李宪善于用兵，其特点是不打无把握之仗，粮运后勤不配合时，他从不冒险轻率出兵。他善守而能攻，他常将部队编为前、后、左、中、右五军互相配合照应机动作战，他更认识蕃将蕃兵的重要作用。对于青唐诸部，采拉拢政策，避免他们投向西夏，而使宋军腹背受敌。他敢以位于前敌的兰州一度作为帅府，正是考虑北上进攻西夏，兰州比熙州有更便利的交通条件，[1]故他竭尽心力将人力物力严重缺乏，百废待举之新土兰州，经营为宋军未来前进的基地，并作为捍卫熙河路的门户。他对属下能知人善用，与他不和的种谔也能重用，

1　按宋廷后来多番考虑，特别是若将兰州最终建为熙河路的帅府，就要花更多的人力物力去扩建兰州城，在元丰七年九月，因王安礼等人的极力反对，神宗最后放弃以兰州为本路帅府的打算，仍将帅府移回熙州。李宪也就没有坚持。关于宋廷以兰州为熙河帅府的始末，可参李新贵：《北宋神宗朝西北边疆拓边方向变化研究》，《军事历史研究》，2013年第3期，页113—115。

对立功的将士除极力向宋廷争取厚赏外，在他们犯过时又加以保护，故甚得军心。

值得一提的是，在绍兴九年（1139）协同名将刘锜（1098—1162）守顺昌府（今安徽阜阳市），大破来犯金兵的知顺昌府陈规（1072—1141），他所撰的《守城录》卷一《靖康朝野佥言》，评论靖康元年（1126）宋军几番援救太原失利的原因，在于主帅不晓得大军的配置与调用，他说：

> 河东宣抚使统兵十七万以援太原，又招河东义勇兵五万，共二十二万，皆败绩，致太原陷于敌。非兵不多，盖用兵失也！其所以失者，兵二十二万直行而前，先锋遇敌者有几？一不胜而却，与其后大兵皆却，宜乎不能援也！有识者观之，不待已败，而后知其不能援。殊不知攻城者，分攻城兵、备战兵、运粮兵、扼援兵，若兵不多，则攻必不久而速退，又不待其援也。假使当时往援者将良得计，虽无兵二十二万，只十万亦可以必援；又无十万，只五万亦可以优为之援也；又不五万，至其下亦有可援之理。且以五万为率，若止分为五十将，留十将护卫大军，兼备策应，内分三两将诣扼援兵前，广将兵势，牵制扼援之兵。以二十将分地深入敌境，绵亘可布三五十里，不知虏人用兵多少，便能尽害。以二十将周围行偏僻小路，寻求乡导，多遣远探，向前设伏，伺望敌人打粮兵，多则退藏，少即擒之，但只绝其粮道，不必深入，直抵城下，其贼自退。又且兵既分遣，则人力并用。假令数将失利，其大兵必不至于一齐败衄，溃散为盗。京城之难，

其源在于援太原之失利也！[1]

我们比较李宪一生用兵之道，与陈规所论的多有相合。李宪所统之兵从来在五万上下，不超过十万。他用兵谨慎而攻守有方，配置兵力也很得当，麾下从未有因军纪不严而溃败，故一生未尝一败。我们暂时不知陈规所学的兵略，与李宪有何渊源。但从南宋人实事求是的议论，我们可以判断李宪用兵实在高明。

李宪知兵，那是宋人所承认的。据《宋史》所记，当蔡京奉徽宗之命要用童贯为制置使时，蔡卞言不宜用宦者。尚书右丞张康国（1056—1109）迎合君相，就引李宪的先例，但蔡卞却说，用李宪已非美事，而李宪"犹稍习兵，贯略无所长，异时必误边计"。就是对李宪有意见的蔡卞，也承认他长于兵略。[2]

李宪的过人韬略从何学得？他的《宋史》本传甚为简略，而其墓志铭尚未发现，另其他史料也没有相关的记载，故我们无从得知他研

1　陈规、汤璹（？—1193后）（撰），林正才（注释）：《守城录注释》（北京：解放军出版社，1990年11月），《前言》，页1—5；卷一《靖康朝野佥言》，页8—12。陈规（撰），储玲玲（整理）：《守城录》，收入戴建国（主编）：《全宋笔记》，第九辑第一册（郑州：大象出版社，2018年3月），《靖康朝野佥言后序》，页242—244。考林正才的《守城录注释》用1933年商务印书馆据墨海金壶丛书版本排印本作底本，而储玲玲整理本用《永乐大典》本为底本，以文渊阁《四库全书》本为校本。两本所引陈规之文略有出入，本条引文主要参考储玲玲本，而参林正才的注释。又宋末元初人罗璧（？—1280后）所撰的《识遗》也引述陈规这番精辟的议论，而且慨言后来张浚（1086—1154）在建炎四年（1130），合六路兵惨败于富平，正是因环庆一路兵溃而致诸军尽溃，也正是张浚用兵无方所致。参见罗璧：《识遗》，收入戴建国（主编）：《全宋笔记》，第八辑第六册（郑州：大象出版社，2017年7月），卷四，分数明条，页77。
2　《宋史》，卷四百七十二《奸臣传二·蔡卞》，页13730。

习过什么兵书。北宋内臣研习兵书，至少有李宪的前辈及同乡、仁宗朝官至内侍右班都知的杨守珍（？—1030后）。史称杨"为入内黄门，习书史，学兵家方略，善射，家僮过堂下，一发贯髻"。[1]这大概是宋宫一些知书又习武的内臣的风习。李宪大概继承了这一传统。至于他所习的兵书，按他曾奉诏检视及操演过禁军所演练的李靖阵法，他后来上奏神宗论蕃兵，也引用过李靖"蕃落自为一法"的典故。考仁宗朝编纂及在元丰三年四月乙未（初二）诏校定并镂板正式颁行的兵学巨典《武经七书》（即《孙子》、《吴子》、《六韬》、《三略》、《尉缭子》及《李靖问对》）与《武经总要》，而据《神宗实录》旧录所载，他在元丰四年出师讨西夏夺兰州一役，更"仿部队奇正李靖六花阵，蕃汉各为一法"。[2]李宪甚有可能在宫中阅读这些兵书并自学兵法，特别是离

1　《宋史》，卷四百六十七《宦者传二·杨守珍》，页13631—13632。《宋会要辑稿》，第七册，《职官四十八·巡检》，页4390；第九册，《选举十七·武举一》，页5587。《长编》，卷七十五，大中祥符四年三月戊子条，页1717；卷八十五，大中祥符八年九月己未条，页1950；卷八十七，大中祥符九年五月戊申条，页1989；七月甲子条，页2001；卷八十八，大中祥符九年九月丁巳条，页2017—2018；卷八十九，天禧元年二月辛巳条，页2041—2042；卷一百九，天圣八年六月癸未朔条，页2540。杨守珍从真宗朝开始，便屡任西北，先后任环庆路走马承受、镇定高阳关行营同押先锋，后徙真定府、保州及赵州等地驻泊都监。他在大中祥符四年（1011）三月及大中祥符八年（1015）九月，以入内供奉官奉使往京东及陕西督捕贼，而主张用极重之刑。他在大中祥符九年（1016）七月以入内供奉官为宜、融等州权同巡检兼安抚都监管勾溪洞公事，从东染院使知辰州（今湖南怀化市沅陵县）。曹克明降抚水蛮，天禧初年又擒盗于青灰山，历任永兴军、真定路及邠宁路兵马钤辖，擢内侍押班提点内箭军器库，最后进内园使、右班都知领端州刺史。他是典型的武官，武艺精通，天圣八年（1030）六月癸未（初一），仁宗还命他试武举人弓马于军器库。而他素习兵书，也是他累立战功的凭借。［按《宋会要·选举十七》将此事系于天圣八年六月丙戌（初四），另将杨守珍写作"杨珍"，他是时的职位正是内园使内侍右班都知］
2　早在熙宁七年三月乙丑（廿八），知制诰王益柔（1015—1086）上言，称试（转下页）

宋代不远而引用甚多战例的《李靖问对》（现称《李卫公问对》）。按曾任李宪幕僚的郭逢原是李靖兵法专家，李宪要学习李靖兵法，当能得到郭的帮助。而以知兵闻名的沈括也对李靖的六花阵素有研究，曾奉神宗命检视详定六宅使郭固等所上的营阵法。[1]李宪与沈括志同道

（接上页）将作监主簿麻皓年曾注《孙子》及《吴子》两书及《唐李靖对问》，说麻颇得古人意旨，而他又自撰《临机兵法》，甚精当。请求准进麻所注书，或可采录。神宗从之。李焘在是条称《李靖兵法》当时世无全书，略见于《通典》，称《唐李靖对问》出于阮逸（?—1054后）家，有人认为是阮逸增益《通典》而成。李焘又记在元丰六年十一月丙辰（十五），权国子司业м服（?—1098后）上言，称他承诏校定《孙子》《吴子》《司马兵法》《卫公对》《三略》《六韬》。诸家所注《孙子》互有得失，未能去取，它书虽有注解，浅陋无足取者。他请宜去注，行本书，以待学者自得。神宗诏《孙子》只用曹操（155—220）之注。余不用注。李焘在此条再一次说《卫公问对》者，出于阮逸家，认为是阮逸仿杜佑所载李靖兵法而为之，而非李靖之全书。据李焘所记，早在熙宁七年时，宋宫当已藏有《唐李靖对问》一书，可供李宪阅读，而此书的注解不佳，靠阅读的人的领会。考在熙宁八年五月丁卯（初七），太学进士杨偰（?—1076后）以撰述李靖兵法并上图议，宋廷特录他为武学教授。熙宁九年六月壬子（廿八），再以他所献兵说可采，由舍人院试策又中等，授山阴县尉。杨氏所献之书，大概是朱服所评的浅陋无足采的一种。另在元丰元年闰正月丁亥（十二），大名府元城县主簿吴璋上所注的《司马穰苴兵法》三卷，神宗诏送武学看详。后来武学言该书有可采之处，就诏吴璋候武学教授有阙，就试其兵机及时务策各一道取裁。据此可知宋宫藏有不少关于李靖兵法及其他兵学书刊，李宪当能加以阅读参考。顺带一提，北宋著名理学家明道先生程颢（1032—1085）曾在元丰二年二月丁未（初八）至甲寅（十五）以太常丞判武学八天，只为御史何正臣劾他学术迂阔而趋向僻异而被罢。同知枢密院事吕公著为程说话，可知新旧党人均重视兵学。参见《长编》，卷二百五十一，熙宁七年三月乙丑条，页6138；卷二百六十四，熙宁八年五月丁卯条，页6459；卷二百七十六，熙宁九年六月壬子条，页6752—6753；卷二百八十七，元丰元年闰正月丁亥条，页7030；卷二百九十六，元丰二年二月丁未条，页7206；甲寅条，页7208—7210；卷三百三，元丰三年四月乙未条，页7375；卷三百四十一，元丰六年十一月丙辰条，页8198。

1 沈括：《梦溪笔谈》，《补笔谈》卷三，页309—310。按吴以宁据《长编》怀疑沈括所云的六宅使郭固其实是郭逢原之误。然郭固实有其人，是一位通晓兵学的文臣，据《长编》所载，早在庆历四年（1044）八月乙巳（十六），时任陕西河东宣抚使（转下页）

合，为神宗拓边，他们长期同事，既在朝也在西边，李宪时向沈括请教李靖兵法的问题，甚有可能。故笔者相信唐初名将李靖大有可能是李宪学习的对象，心理上李宪也会认同与他同姓的李靖。我们翻看今本《李卫公问对》，其中反复谈作战时奇正之灵活使用、蕃兵蕃将使用之术、以夷攻夷之谋略，出征时军队各兵种的配置、五军八阵之变法，与及行军需知。我们再看李宪在熙丰时期多次的用兵谋略，似乎许多地方都与《李卫公问对》所说的暗合。[1]

（接上页）的范仲淹（989—1052）便请以泾原路参谋郭固随行，以教习军阵。可知郭固是通晓阵法的文臣。另据《长编》及《宋会要辑稿》所记，在至和二年（1055）二月壬辰（初四），郭固以汾州团练推官进战车式，为时知并州韩琦所荐，说他曾造车阵法而将之擢为卫尉寺丞。到嘉祐六年（1061）四月丙子（廿三），因大臣言郭固兵法，宋廷就命他以大理寺丞编校秘阁所藏兵书。他初以选人换武阶为六宅副使，到治平四年（1067）六月，以编书毕迁内藏库副使，而他在熙宁五年五月癸未（初四），以内藏库副使知仪州（太平兴国二年自义州改，辖华亭、安化、崇信三县，熙宁五年十月废州，并入渭州），因枢密使文彦博请置局编修《经武要略》，命他同修（按：该书功未毕而罢，到元祐七年二月乙丑（十八），宋廷诏编修枢密院条例官再续编此书。六月乙亥（廿七），郭固又以内藏库副使被命名为新恢复的武学同判。熙宁六年十月丁亥（十八），神宗命他与殿前司各为一李靖结队法，与殿帅贾逵（1010—1078）各试其可为。他稍后大概迁六宅使，可知沈括不误。参见吴以宁：《梦溪笔谈辨疑》（上海：上海科学技术文献出版社，1995年1月），页250；《长编》，卷一百五十一，庆历四年八月乙巳条，页3685；卷一百七十八，至和二年二月壬辰条，页4306—4307；卷一百九十三，嘉祐六年四月丙子条，页4666；卷二百三十三，熙宁五年五月癸未条，页5647；卷二百三十四，熙宁五年六月乙亥条，页5689—5690；卷二百四十八，熙宁六年十二月庚辰条，页6056—6057；卷四百七十，元祐七年二月乙丑条，页11224；《宋会要辑稿》，第五册，《崇儒三·武学》，页2803—2804；《崇儒四·勘书》，页2819；第九册，《选举十七·武举一》，页5591；第十五册，《兵二十六·兵械·兵车·陷阵车》，页9173；《皇宋十朝纲要》，卷八《神宗·废置升政州府》，页273。
1　《李卫公问对》是否宋人阮逸伪托，李焘称在熙宁时已有人以此书是阮逸增益《通典》所载而成（参见486—487页注2）。当代学者对此问题意见不一。孙继民在1986年及陈亚如在1990年所刊出两文，均认为诚如不少宋人所说，此书（转下页）

需要指出的是，在前代各种兵书中，宋人对李靖兵法尤其看重。南宋中叶堪称武痴，在宁宗庆元五年（1199）考中武状元的兵学奇才华岳（？—1221），在他所撰的《翠微北征录》的结语自述学习兵事，便得到李靖不传之妙：

（接上页）并非是李靖或其部下门下所作，孙继民提出此书有些内容与《通典》所载《李靖兵法》相反，有的与唐制不合，有的与唐代史实不符，有的则是假托前代已佚之书。认为唐前期人也不会出现如此的错误。故它当是后人如阮逸所伪托，唯该书仍是一部很有见地和很有借鉴意义的古代军事著作。吴如嵩及王显臣在《李卫公问对》的校注本前言（2016年5月重订）则认为伪托说不确，认为阮逸所传的，不尽是他个人的杜撰，而是据《通典》所录的李靖兵法改写。今本《李卫公问对》卷上第一至第八节均论及奇正之道。第九节谈及世传的八阵法。第十二节则谈到唐太宗往灵州回，问李靖使用蕃汉军的方法，李靖建议蕃汉军应"自为一法，教习各异，勿使混同"，那与李宪所建议分开使用蕃汉军，不要混编的做法不谋而合。而第十四节则谈到汉兵与蕃兵之所长：蕃兵长于马，马利乎速斗；汉长于弩，弩利乎缓战。第十五节则记太宗论李靖用蕃将之术，连太宗也说："蕃人皆为卿役使，古人云：以蛮夷攻蛮夷，中国之势也。卿得之矣。"另中卷第一节再论奇正与虚实的关系，第二节记太宗问到蕃汉之兵如何处置时，李靖便提出择汉吏有熟蕃情者，散守堡障，遇有警才调动戍于内地的汉卒。这也近似李宪所采的御边手法。第三至第四、第六至十一节均论及编队与结阵之法。卷下第四至第五节论进攻防守之道。参见陈亚如：《〈李卫公问对〉与〈李卫公兵法〉》，载中国历史文献研究会（编）：《历史文献研究》（北京新一辑）（北京：北京燕山出版社，1990年10月），页287—299；孙继民：《李卫公问对辨析》，原刊于武汉大学历史系魏晋南北朝隋唐史资料室（编）：《魏晋南北朝隋唐史资料》第三期（1986年），现收入孙（著）：《中古史研究汇纂》（天津：天津古籍出版社，2016年12月），页334—345；吴如嵩、王显臣（校注）：《李卫公问对校注》（北京：中华书局，2016年7月），前言，页1—28；卷上，页1—25、32—35、37—41；卷中，页42—51、53—62；卷下，页76—80。又考清人汪宗沂所辑的《卫公兵法辑本》，其中辑自《通典》卷148、150、157、159共十多条，其中如论及若大将率军二万人为算，宜分为七军，并极为详列出战斗时各兵种的配置序列，并提到将帅所宜及所不宜之事。这都应是李宪值得学习而甚为实用之行军指南。参见邬锡非（注释）：《新译李卫公问对》（台北：三民书局，1996年1月），《附录》，汪宗沂《卫公兵法辑本》选译，页132—148、152—157、160—185。

自丱角至今，日诵兵家之书，日习兵家之事，日求兵家秘妙之术，日访兵家先达子孙，名将后嗣家传世袭之论。凡事之有系于兵者，无不遍考；地之有关于兵者，无不遍历。器用服食、行阵衣甲之制有资于兵者，无不旁搜远采，以尽其底蕴；山林遗逸，英雄豪杰之士有精于兵者，无不端拜师承，以益其寡陋，以故一步一跬，皆有定制；一分一毫，皆有成法。耳闻目见者。非众所读之文；口授心传者，非人所同得之学。卫公、武侯不传之妙，臣得其真；韩信、曹公不著之书。臣得其秘。[1]

我们有理由相信，李宪比华岳更有条件在宋宫内外阅读兵书，钻研兵学，而因有机会读到李靖兵法秘本，而和华岳一样得到李靖不传之妙。他比华岳优胜的是，因神宗的宠信，委以大任，于是能付诸实践，建功立业。

当然，我们不排除李宪的军事知识可能得于家学，然由于其墓志铭不传，他的家世不详，我们暂无法确定其韬略是否家传。香港的年青学者邱逸年前曾撰专著论宋廷自仁宗开始，大力修纂兵书，提倡兵学。[2]他却没有注意，内臣如杨守珍及李宪等即受益于阅读这些兵书，

1 华岳（撰），吴子勇、兰书臣（注译）：《翠微北征录浅说》（北京：解放军出版社，1992年2月），（一）《平戎十策·结语》，页137—138。按华岳在这篇结语还再提到李靖，说："李唐之将兴，故李靖不死于马邑之难。"他心仪卫公可见。
2 邱逸：《兵书上的战车：宋代的孙子兵法研究》（香港：中华书局，2012年10月），第一章《绪论》，页1—9；第二章《宋代兵书的整理与崇文抑武的政策》，页11—60；第三章《两宋的兵书政策与兵学发展》，页61—191。该书除绪言外，第二及第三章概述两宋整理及修纂兵书的状况，搜罗资料颇全，值得参考。

拓地降敌

并且有机会实践于战阵中。

据《长编》所载，李宪留下奏议一百卷于其家，虽然今日已不传，但仍是一个值得注意的特例。宋代内臣能有奏议百卷，似乎除了李宪外并不多见。虽然他的奏议很可能多是他的幕僚如郭逢原、钟传等代笔，但也反映出他对开发熙河及用兵西夏的意见。群书均言童贯师承李宪，除了获李宪亲自传授外，相信童贯也从李宪的奏议中获益良多。

最后要谈的是李宪与文臣及武将的关系。李宪麾下的汉蕃武将多能征惯战，他们受李宪的提拔庇护，从苗授、苗履父子、王君万、王赡父子、姚麟、李浩、康识到王文郁、种谊、赵隆、王恩等，都得以在神宗以至徽宗朝拓边西北的战事中建功立业。诸将中除了种谔外，都不载与李宪有何嫌隙。事实上李宪治军公正严明，对下推恩，麾下都对他没有意见，乐为其用，不因他内臣身份而有何不平。范学辉在其《宋代三衙管军制度研究》论及内臣干预用将时，也公正客观地指出李宪有相当的军事才能，称："他主持熙河路时在与西夏以及地方蕃部势力激烈的军事较量当中，多能稳占上风，确有相当的建树，称其有名将风烈亦不为太过。"范氏并指出宋神宗、哲宗两朝的三衙管军，出于李宪麾下者，颇不乏其人，例如苗授予姚麟。指出李宪的保举、推荐，对苗授予姚麟的晋升，当然发挥了极为重要的作用，而不只是苗与姚，李浩等名将亦然。[1]

1　范学辉：《宋代三衙管军制度研究》，第十六章《三衙管军的选任制度》，页1015—1016。

考诸事实，宋代武臣常为文臣所歧视，李宪以内臣统军，反而不被武臣视为异类。另外，李宪麾下也有不少内臣从征，如曾多立功勋的李祥、张承鉴、徐禹臣等，李宪对他们也一视同仁，没有区别对待，这也是李宪得军心的原因之一。[1]苏轼记彭孙曾为李宪濯足，甚至肉麻地说"太尉足何香也"。据说李宪以足踏其头，说："奴谄我不太甚乎？"[2]然考彭孙在李麾下的时间极短，他没有在熙河任职，苏轼这番说法真实性成疑。这与刘挚批评苗授"昔日在西边，谄事李宪，以军功欺罔浸贵，遂授节钺"一样，带有浓重的偏见，[3]而不审苗授等对李宪的知人善任及不次提拔，是心悦诚服。整体而论，李宪与武将的关系良好。

文臣与李宪的关系较不一样。在朝中掌权或在地方上担任帅臣或漕臣的文臣，大都对内臣包括李宪得宠任事及统兵不满，而在朝中的言官尤其激烈地反对李宪统兵及担任方面。他们有机会就捡拾李

1　邹浩曾为一个名李详的人撰写转官制，称他"率众以摧贼势为梁，以济援兵"之功，但转什么官没说。而《宋会要辑稿·蕃夷四》又记在徽宗大观元年正月辛亥（廿四），枢密院奏上皇城使、康州刺史李祥等状，称先差李祥押新通路于阗贺恩人使赴阙，但知凤翔府王吉甫及通判王仰并不供应排办。按邹浩笔下转官的李详，与《宋会要辑稿》所记的皇城使李祥，似乎不是已任宣庆使、内侍押班的李祥。李祥在徽宗即位时似已逝。参见邹浩：《道乡集》，文渊阁《四库全书》本，卷十六《李详转官制》，叶十一下至十二上；《宋会要辑稿》，第十六册，《蕃夷四·于阗》，页9777。

2　《苏轼文集》，第六册，卷七十二《杂记·彭孙谄李宪》，页2284。彭孙字仲谋，福建汀州连城（今福建龙岩市连城县）人。出身山贼，后受招安。他一生之军旅生涯，反而曾由内臣王中正平定廖恩之乱，而没有直接属于李宪熙河麾下。关于彭孙的军旅生涯及战功，可参见籍勇：《能力与声望的偏差：北宋中期招安武将彭孙研究》，《福建师范大学学报（哲学社会科学版）》，2010年第4期（总第163期），页108—113。

3　《长编》，卷四百六十，元祐六年六月甲申条，页11003。

宪的过失，上章痛劾，要将他治罪，而无视李宪所建的功勋和他在熙河开拓之贡献。当维护李宪的神宗逝世后，他们就说服了高太后，将李宪加上许多夸大而有争议的罪名，将李贬官降职，只差没有将他置诸死地。至于在李宪熙河麾下任职的文臣僚属，包括为他治理地方，管理财政或参议军务的文臣，从赵济、马申、胡宗哲到钟传、孙路、叶康直、穆衍，就和上述的文臣取态很不一样，因他们与李宪利害一致，同荣同枯，加上李宪对他们都尽力保护并信任，故他们都克尽厥职，同心开发治理新复的土地，建功立业。在现存的史料并没有见到他们对李宪有何不满。值得注意的是，赵济与胡宗哲都出身公卿世家，他们却没有歧视刑余之人的李宪；相反，他们都无例外地被指责谄事李宪。其中被指谄事李宪的叶康直，《宋史》却将之列为循吏。苏轼曾说："方李宪用事时，士大夫或奴事之，穆衍、孙路至为执袍带。"[1]但考诸他们一生为官行事，他们都是有能力、有执守的人，绝非旧党中人所说那样不堪。另有一部分与李宪没有直接利害关系的文臣，包括赠他诗的强至，以及问他拓边方略的蔡京，并不见对李宪有何恶感，反而是欣赏他的武干。当然也有不少文臣包括官至宰相的王珪，为迎合神宗，对李宪曲意逢迎，这些势利投机的文臣就不足论了。

　　李宪在神宗熙丰时期与在高太后临朝的元祐时期的遭遇迥异，肇因于宋廷最高统治者对外政策的重大差异。神宗对外采扩张政策，志在制辽平夏，开疆辟土。李宪是他亲信的内臣，又甚有将才，故神宗

1　《苏轼文集》，第六册，卷七十二《杂记·彭孙谄李宪》，页2284。苏轼在此条也记王中正盛时，文臣俞充甚至令其妻执板而歌，以劝王中正饮。

不理文臣的反对，委以经略西北的重任，于是李宪如鱼得水，成就不凡的将业。然到高太后临朝，重用旧党，就一改神宗之政，改行退让妥协的对外政策，甚至要将神宗辛苦收复的西北要塞，归还西夏，以换取和平，以求息兵安民。神宗朝有开拓之功的李宪，马上变成黩武害民的罪人，而受到文臣特别是言官的无情打击。到哲宗亲政，恢复神宗之政，重新开拓西边时，李宪便获得平反，获得厚恤追赠。李宪仕途的大起大落，见证了北宋中后期对外政策的反复。

李宪有弟李宇，有子李毂，都随他经略西北多年，他事业的真正继承人却是他的门人童贯，《东都事略·夏国传》便记：

> 种谔谋取横山，故兴灵州之师。及王师失利，李宪始献进筑之议。神宗厌兵不克行。童贯旧常从李宪，得其仿佛，故献议进筑，遂领六路边事，将诸路兵。六七年进筑军垒，建立堡砦，遂得横山之地，夏人失所恃，遂纳款。夏国自是少衰矣。[1]

《皇朝编年纲目备要》也说：

> 李宪始献进筑之议，神宗厌兵不克行。童贯本出李宪之门，欲成宪志。政和以来，合诸路兵出塞进筑，遂得横山之地。夏国失所恃，乃因辽人纳款请和，以誓表进。许之，前所未

1　《东都事略》，卷一百二十八《附录六·夏国传二》，叶四下。

有也。[1]

宣和元年六月，西夏被迫向宋称臣入贡。童贯完成了李宪取横山的事业，若非徽宗、童贯君臣后来贪胜不知输，轻启燕山之役，也许童贯不致后来身败名裂，并连累李宪负上祸国之名。我们要研究宋代名声最著的权阉童贯，就首先要认识他师承的李宪。[2]

中国历代内臣中，长期执掌军旅，开拓疆土，并建立不凡的事业，我们会马上想到明初统领强大海军七下西洋的三保太监郑和（1371—1433）。郑和得到好大喜功的明成祖（1360—1424，1402—1424在位）无比信任与支持，故能建立及开拓中国少有的海权时代。但成祖死后，明廷主政的儒臣放弃进取的国策，而以收缩防守及退让作为对外政策，郑和的海上事业也就人亡政息，甚至连相关的数据文件也不知所踪，直至后代才重新被史家所发现。李宪的情况与郑和有点相似，他也是得到神宗的信任才能在西北建功立业；但神宗死后，在高太后临朝的元祐时期，由旧党主政的宋廷全面改变对外政策，他就被投闲置散，甚至成为文臣攻击的目标，而一再被降黜。可幸的是当哲宗亲

1　《皇朝编年纲目备要》，下册，卷二十八，页727—728。

2　近年来探究徽宗诸内臣以童贯为首的恶行，除了前引的王曾瑜教授的大文外，汪圣铎教授在2016年也发表了一文，论徽宗朝的阉祸。汪氏的文章便以首五页的篇幅论北宋末年军事上的失败与宦官的关系，而以童贯当负最大的责任。汪氏文章一开始便提及童贯早年曾随"宦官大帅李宪到过西部边疆"，汪氏也在论徽宗内臣时，略提及李毅的名字，不过，有两处讹写为"李穀"（页122），也不知李毅是李宪的儿子。参见汪圣铎：《北宋灭亡与宦官——驳北宋无"阉祸"论》，《铜仁学院学报》，第18卷第1期（2016年1月），页115—126。

政,恢复神宗进取政策的绍圣元符时期,他便获得平反。正如罗家祥教授所指出,在绍圣以后一系对夏战争中,宋廷就主要采用李宪在元丰时期所提出"浅攻"和"进筑"的方略,而连连得手,获得较大的战果。到徽宗亲政,李宪的门人童贯在宋廷重整拓边西北大业而得到重用时,他未竟的事业得以毕功,宋廷基本上掌握了横山一带的控制权。[1]然而,当童贯在燕山之役失败,导致金人南侵,童贯被宋人指为亡国祸首时,李宪又被牵连,从此备受南宋的士人朝臣所痛斥,并背着罔上害民的骂名,著于史册,他的才具功业反而被淹没了。虽然,宋人谈到北宋从神宗开始开疆辟土的辉煌历史时,并没有抹杀李宪取兰州之功。[2]

从李宪的遭遇,我们可以看到宋廷士大夫议事论人常有失客观公正。政治立场倾向旧党的吕陶,在建中靖国元年(1101),为知渝州王任(1052—1101)撰写墓志铭时,即沉痛地指出元祐、绍圣时期朝臣只问权势而不问是非的恶劣士风:

> 元祐绍圣间,天下之事再变,士大夫奔溺势利,视时可否,
> 从而离合。虽姻戚僚友,闲辄向背,甚者至自相鱼肉,以取宠邀

---

1 罗家祥:《北宋哲宗"绍述"简论》,原载《漆侠先生纪念文集》(保定:河北大学出版社,2002年),现收入罗家祥:《宋代政治与学术论稿》,页398—402。
2 《玉海》,卷十四《地理·祥符州县图经》,叶三十四下至三十五上。《宋史》卷八十五《地理志一》,页2095—2096。考《宋史·地理志》沿《玉海》的说法,将神宗开疆的过程,由种谔取绥州,韩绛取银州,王韶取熙河,章惇取懿、洽,谢景温取徽、诚,熊本取南平,郭逵取广源,最后李宪取兰州,沈括取葭芦、米脂、浮图、安疆等砦,虽然曾以河东边界七百里地与辽人,但总的认为是开地多于失地。

遇。苟得毫发，则悻悻市权，有厌饱充满之色，不啻商侩然。[1]

讽刺的是，其实吕陶在元祐元年十月及元祐二年正月，也为权势利害，两度猛攻同属于旧党阵营的国子司业黄隐，为的是黄隐党附洛党首领程颐，攻击其蜀党魁首苏轼，而吕也想其党的盛侨取代黄隐执掌太学。[2]考诸史实，新旧党人其实在追逐权势，打击异己，迎合帝王好恶方面，并无本质上的差别。

宋室经历靖康之难的惨祸后，南渡君臣评论熙丰及元祐人物时，大多倾向贬抑前者而哀怜后者，以前者多为小人而后者率为君子。高纪春指出，朱熹虽然在道德修养学问才识方面都称许王安石，但论到他主持的变法，就从道学的立场非议之。对于元祐诸臣，虽亦讥其见识浅陋，政术拙劣，但仍称他们为贤者，朱的立场鲜明，站在旧党方面立论。[3]

讽刺的是，当朱熹等后来被指为道学朋党，时任宗正丞的名臣楼钥上言论事时，便指出："本朝元祐党籍，始于二三士夫不得志之徒，事之初生，若不足忧，横流不止，害不可言。"他引述唐代牛李党争，便说："虽曰李党多君子，牛党多小人，然德裕一闻御史大夫之除，则流涕寄谢，至其不然，则遂为仇敌。呜呼！非竞而生厉阶者乎，元祐绍圣

1　吕陶：《净德集》，卷二十三《墓志铭·知渝州王叔重墓志铭》，页258—261。按吕陶在志言及在元祐戊辰岁（即元祐三年，1088）为王任（字叔重）之父王仲符撰写墓铭，十三年后，王任亦卒。以此推算，王任即卒于徽宗建中靖国元年（1101），而吕陶撰写此墓铭亦当在此年。

2　参见张晓宇：《从黄隐事件再论元祐初期政局与党争》，页11—20。

3　高纪春：《论朱熹对王安石的批判》，《晋阳学刊》，1994年第5期，页71—77。

之事又可知矣。"他指出："若唐之朋党，元祐之党籍，则士夫自相倾轧，使人主莫知适从，为害尤甚。"楼钥于新旧党争的起因，难得持平论事，没有偏袒哪一方。[1]

而与朱熹齐名的陆九渊（1139—1193），更是少数能秉持公道，为王安石等熙丰之臣说话的人。陆在孝宗淳熙十五年（1188）正月，撰写《荆国王文公祠堂记》时，便深刻地指出元祐诸君子之蔽：

> 熙宁排公（王安石）者，大抵极诋訾之言，而不析之以至理。平者未一二，而激者居八九。上不足以取信于裕陵，下不足以解公之蔽，反以固其意，成其事，新法之罪，诸君子固分之矣。元祐大臣一切更张，岂所谓无偏无党者哉？所贵乎玉者，瑕瑜不相掩也。古之信史直书其事，是非善恶靡不毕见，劝惩鉴戒，后世所赖。抑扬损益，以附己好恶，用失情实，小人得以借口而激恶，岂所望于君子哉？绍圣之变，宁得而独委罪于公乎？熙宁之初，公固逆知己说之行，人所不乐，既指为流俗，又斥以小人，及诸贤排公，已甚之辞，亦复称是。两下相激，事愈戾而理益不明。元祐诸公，可易辙矣，又益甚之。六艺之正，可文奸言，小人附托，何所不至。绍圣用事之人如彼其杰，新法不作，岂将遂无所逞其巧以逞其志乎？反复其手，以导崇宁之奸者，实元祐三馆之储。元丰之末，附丽匪人，自为定策，至造诈以诬首

---

[1] 楼钥：《攻媿集》，卷二十《奏议·论道学朋党·任宗正丞日上》，页310—311。

相，则畴昔从容问学，慷慨陈义，而诸君子之所深与者也。[1]

陆九渊上述的分析可以说一针见血，点出熙丰以来新旧党争的非理性处。王安石在南宋这样气氛环境下尚且身负恶名，[2]李宪自然难逃儒臣们的道德批判。人们觉得元祐诸贤痛斥李宪等内臣是合情合理和无可置疑的。然而当我们今日客观细心地审视李宪及其属下的功绩及作为，以及批评者的理据，我们或会诧异人们一向崇敬的司马光、范祖禹及苏轼、苏辙兄弟，为何在讨论弃守兰州事上时会如此消极被动而近于迂腐？他们攻击李宪及其属下时，为何如此不讲证据道理，只凭主观的好恶行事。

彭文良近年在考论苏轼与章惇的恩怨的一篇甚为精到的专论中，就从人物个性的缺点入手，指出元祐时期党争激化，苏轼兄弟难辞其咎。彭氏批评他们兄弟在元祐初年，连番攻击章惇在熙宁时期平定湖南溪洞蛮乱，与王韶取熙河，熊本（？—1091）平泸州夷，是造成

1　陆九渊（著），钟哲（点校）：《陆九渊集》（北京：中华书局，1980年1月），卷十九《记·荆国王文公祠堂记》，页231—234。据刘成国的研究，陆氏对此文相当自负，以为可以断百年未了的公案。陆氏在其《与林叔虎》及《与钱伯同》文中，便重申祠堂记的看法，为王安石辩护。参见刘成国：《王安石年谱长编》，第六册，卷八《谱余》，页2260—2264。

2　南宋大儒黄震读毕陆九渊此文，便不同意他回护王安石的观点，仍然以"荆公之行事，人人所知，岂文法之奇所能使之易位哉？熙宁无诸贤之力争，则坐视民生之荼毒，而喋无容声，国非其国矣。元祐无大老之力救，则民生不复知我宋之恩"。黄震又评说："荆公新法之行，天下骚然，盗贼群起，夷狄祸结，甚至神考因丧师十万，临朝大恸，遂及于臣子所不忍言。向非元祐力救，人心几不再合，我宋何以中兴？"黄的看法仍代表南宋道学家抑熙丰扬元祐之观点。参见黄震：《黄氏日抄》，卷四十二《读本朝诸儒书·陆象山文集》，王荆公祠堂记条，载《全宋笔记》，第十编第九册，页291—295。

"兵祸连结，死者数十万人"的祸首，实是歪曲事实的指控。彭氏证诸史实，章惇用兵五溪是取得成效的。苏轼兄弟显然是对人不对事，只为要将章惇劾至下台。彭氏认为从个人友情而论，苏轼对布衣之交，又于他在熙丰时期遭难而不避嫌疑帮助他的章惇，这样不公正地攻击章惇是有负故人的。后来难怪章惇在哲宗亲政而重新当权后，与苏轼反目成仇，对苏轼兄弟痛加报复。[1]苏轼对本属好友的章惇尚且如此只讲利害，李宪在他们眼中不过是刑余之人，自然毫不留情也不讲理地加以攻击。

　　政治立场本来倾向旧党，并曾批评李宪掌兵之弊的南宋大儒朱熹，也一语中的地指出元祐诸贤的盲点及致命伤，朱熹以下一番话，同样值得我们深思：

　　　　温公论役法疏略，悉为章子厚所驳，只一向罢逐，不问所论是非。却是太峻急。（德明）神……元祐诸公大纲正，只是多疏，所以后来熙丰诸人得以反倒。（杨）元祐诸贤议论，大率凡事有据见定底意思，盖矫熙丰更张之失，而不知其堕于因循。既有个天下，兵须用练，弊须用革，事须用整顿。如何一切不为得！又曰："元祐诸贤，多是闭着门说道理底。后来见诸行事，如赵元镇意思，是其源流大略可睹矣。"（儒用）[2]

_____

1　彭文良：《〈宋史·苏轼传〉补证——以苏轼、章惇关系为中心》，《史林》（上海），2016年第6期，页43—50。
2　按朱熹也与元祐诸人一样，认为神宗开边得不偿失，而间接批评了王韶及李宪等执行人。他说神宗信王安石，只管好用兵，用得又不善，费了无限钱谷，（转下页）

　　　　　　　　　　　　　　　　　　　拓地降敌

南宋人经历靖康之难，痛定思痛之余，好像朱子这样深切反思问题所在，便能抛开主观的情感，而能看出元祐大臣囿于党派私见，排斥异己，却盲目自信以为所定之政策利民谋国，而不自省实在昧于边事，疏于举政之弊。朱子明白元祐政治路线后来被熙丰诸人否定，不全是哲宗本人的好恶所致，而实在是元祐大臣才疏识浅的缺点造成。然而，要士大夫放下对内臣的成见，重新审视李宪辈的功过，贤如朱子，也不易做到。

后人评论神宗推行新政的熙宁和元丰时期，以及高太后废除新政的元祐时期的得失，每多着眼于其所带来的党争之祸害。[1]然若从人事的角度而论，熙宁、元丰、元祐时期其实人才辈出，政治改革家首推王安石，史学家自然是司马光和范祖禹为翘楚。文学家自是苏轼独领风骚，以及其弟苏辙与其门下秦观诸人。而科学家当推沈括与

（接上页）杀了无限人，残民蠹物之政，皆从此起。西蕃小小扰边，只是打一阵退便了，却去深入侵他疆界，才夺得鄯州等空城，便奏捷。朝廷不审，便命官发兵去守，依旧只是空城。城外皆是番人，及不能得归朝廷，又发兵去迎归，多少费力！熙河之败，丧兵十万，神宗临朝大恸，自谓疾而终。后来蔡京用事，又以为不可弃，用兵复利，又事幽燕，此亦自神宗启之，遂至中朝倾覆。参见《朱子语类》，第八册，卷一百三十《本朝四·自熙宁至靖康用人》，页3105。

1　张劲与方诚峰近十多年来，曾从不同角度剖析元祐政治的种种问题及引发的恶果，以及元祐路线被哲宗全盘否定的原因。张劲的专论比较具体论述元祐旧党上台后尽罢新法的经过，以及剖析元祐更化时期的政治困局，包括旧党主政者无法消弭党争，无法解决内政的困弊，而对夏采取的退让妥协政策终归无效。方城峰的专著则侧重于以宏观的角度，析述元祐以至绍符时期的政治体制与形成的政治文化，并评估它的得失与成效。他指出绍符政治与元祐政治最大的不同地方，就是前者恢复新法与开边。参见张劲：《从更化到绍述——宋哲宗朝的时代与政治》，第二至第四节，页339—428；方城峰：《北宋晚期的政治体制与政治文化》（北京：北京大学出版社，2015年12月），第一章至第三章，页1—144。

苏颂，书家除东坡外，米芾（1051—1107）、黄庭坚及蔡京都称雄于时，至于理学家自以北宋五子的周敦颐（1017—1073）、邵雍（1011—1077）、张载及程颢、程颐（1033—1107）兄弟并驾齐驱。然此时有谁可膺军事家、战略家之名？神宗及哲宗时期，有儒将之风的王韶及章楶，而堪称勇将而战功彪炳的苗授苗履父子、王君万王赡父子、种谔种谊兄弟、燕达、林广、李浩、刘昌祚、刘舜卿、姚麟、王文郁等，他们谁可当名将之誉？《神宗旧录》称许李宪有名将风烈，撇除宋人的偏见，证诸李宪在熙丰时期的战功，及其战略战术的运用与表述，以及其治军的本领，笔者认为他当是神宗及哲宗朝最有代表性的军事家。以传统的说法，称之为宋代第一内臣名将，应是较公允的评价。李宪在元祐以后投闲置散，多番受文臣的严劾而贬官降职，闲居陈州七年，郁郁以终。不过，他总算善终，且有子有孙在堂，比起他的门人童贯风光一时无两，却大起大落，最后被诛抄家，担负恶名，始终不获平反，李宪又算得上是幸运了。

附录一

北宋中期西北边将苗授早年生平事迹考

一、前言

从仁宗（1010—1063，1022—1063在位）朝开始，因西夏连番入侵，西北边庭需大量将士守边，许多武略、武技不凡的豪杰得以时势造英雄，建功立业，如仁宗朝的一代名将狄青（1008—1057），另外，也兴起了不少以西北为根据地的将家，如种氏将门。[1]到神宗（1048—1085，1067—1085在位）推行新政，并志切开边西北，武臣更有用武之地，其中潞州上党苗氏将家也乘时崛起。本文所论述的，便是苗氏将家的真正起家人，在神宗朝随后来拜枢副的儒将王韶（1030—1081）与甚有武略的内臣李宪（1042—1092）攻取河州（今甘肃临夏回族自治州临夏市）、洮州（今甘肃甘南藏族

---

[1] 种氏将门由仁宗朝的种世衡（985—1045）起家，经历第二代的种谔（1027—1083）、种诊（?—1083后）、种诂（约1024—1093）、种谊（?—1096后）兄弟，第三代的种朴（?—1099）、种师道（1051—1126）和种师中（1059—1126）兄弟，到南宋初年第四代的种湘（?—1135后）、种浤（?—1138后）、种洌（?—1127后）、种滠（?—1160后）而绝。有关种氏将门的兴起，可参阅曾瑞龙（1960—2003）：《北宋种氏将门之形成》（香港：中华书局，2010年5月）；曾瑞龙：《拓边西北——北宋中后期对夏战争研究》（香港：中华书局，2006年5月），第三章《被遗忘的拓边战役：赵起〈种太尉传〉所见的六逋宗之役》，页79—123。

自治州临潭县）、岷州（今甘肃定西市岷县）、熙州（今甘肃定西市临洮县）及兰州（今甘肃兰州市），并在神宗及哲宗（1077—1100，1085—1100在位）朝两度出任三衙管军之首的殿前副都指挥使苗授（1030—1096）。

苗授是苗氏将门的第三代，却以将家子而进国子监随大儒胡瑗（字翼之，993—1059）学习。据其墓志铭及《宋史》本传所记，他随胡瑗学习后，"平居侃侃儒者"。为此，他以一介武臣而被清初大儒黄宗羲（1610—1695）所著的《宋元学案》列入胡瑗的门人中，称他为"庄敏苗先生授"。这似乎是宋代武臣不多的例子。[1]他的军旅生涯始于仁宗后期，他以三班使臣被派担任并州（今山西太原市）多个低级兵职，并先后追随仁宗及英宗朝（1032—1067，1063—1067在位）多位名臣、重臣，包括曾任宰相的庞籍（988—1063）、韩琦（1008—1075）、梁适（1001—1070）、文彦博（1006—1097）、陈升之（即陈旭，1011—1079）、担任枢密副使的孙沔（996—1066）、任宣徽北院使的王拱辰（1012—1085）及后来任参政的唐介（1010—1069）。苗授在神宗、宣仁高太后（1032—1093）临朝及哲宗亲政时期，因宋廷对开边政策的反复而有起跌：他在神宗朝仕途得意，备受重用，出任知熙州重任并擢升管军，他在元丰六年（1083）九月，还获召回京执掌禁旅。到高太后垂帘旧党回朝时，虽然在元祐三年（1088）七月还依次晋为殿前副都指挥使，但未几便自请罢职出外，此后被投闲置散。到哲宗亲政，新党回朝掌权，在绍圣元年（1094）正月，在六十五之龄，却又重获召，再任殿帅之职，直到翌年九月卒于任上。他的经历可以反映宋廷开边政策的反复。

1　黄宗羲（著）、全祖望（1705—1755）（补修），陈金生、梁运华（点校）：《宋元学案》（北京：中华书局，1986年12月），第一册，卷一《安定学案》《安定门人·庄敏苗先生授》，页48—49。按黄宗羲所记苗授的生平，全录自《宋史·苗授传》。

拓地降敌

苗氏将门继续由苗授长子苗履（1060—1100后）延续，苗履自幼随父转战西北，多立战功，在哲宗及徽宗（1082—1135，1100—1125在位）继续在西北开边的战役上绍继父业，最后也和乃父一样，擢任管军。但他的儿子御营前军统制苗傅（？—1129）却在建炎三年（1129）三月癸未（初五）与副统制刘正彦（？—1129）发动兵变，迫高宗（1107—1187，在位1127—1162）退位，禅位予只有三岁的皇长子魏国公赵旉（1127—1129，谥元懿太子），请隆佑孟太后（1073—1131）听政，并杀签书枢密院事王渊（1077—1029）及内侍康履等百余人，史称"苗刘之变"或"明受之变"。苗傅受封武当军节度使及淮西制置使，但到是年五月却被勤王的御营左军统制韩世忠（1089—1151）所败及擒获，六月癸丑（初六）［按《宋史》作七月辛巳（初五）］，苗傅及刘正彦被斩于建康（今江苏南京市）。关于这场失败的兵变，虞云国教授所撰之《苗刘之变之再评价》，对苗、刘二人发动兵变的动机予以正面评价，比之为宋代的西安事变。认为所产生的后果与影响也有正面的意义。[1]但苗傅却以此被列为叛臣，子弟被杀，家族被牵连，经历五代的苗氏将门也就此没落。[2]

1　李埴（1161—1238）（撰），燕永成（校正）：《皇宋十朝纲要校正》（北京：中华书局，2013年6月），下册，卷二十一《高宗》，页614—616。脱脱（1314—1355）：《宋史》（北京：中华书局点校本，1977年11月），卷四百七十五《叛臣传上·苗傅刘正彦附》，页13802—13809。关于这场失败的兵变，虞云国教授比之为宋代的西安事变，对其性质、发生及结果与影响有很精辟的论述。唯虞氏没有考究苗傅是五代将门的家世。虞氏一文原载何忠礼（主编）：《南宋史及南宋都城临安研究》（北京：人民出版社，2009年11月），上册，页111—122。现收入虞云国：《两宋历史文化丛稿》（上海：上海人民出版社，2011年4月），页183—196。

2　按《宋史》将苗、刘二人列为叛臣，其事迹收入《叛臣传上》。刘正彦也是将家子，父刘法（？—1119）是西边名将，在宣和元年（1119）以熙河路经略使战死西边。又苗傅被杀前，其弟苗瑀、苗翊及其二子均被杀。参见《宋史》，卷四百七十五《叛臣传上·苗傅刘正彦附》，页13802—13809。

苗氏将门在没落前，曾经有甚为显赫光辉的日子，尤其苗授建节封公，两拜殿帅。研究北宋中叶开边西北的历史，苗授、苗履父子的戎马生涯殊有参考价值。考苗授在《东都事略》及《宋史》均有传。[1]值得一提的是，苗氏虽在苗刘之变后被宋廷列为叛臣之家，但苗授死后所葬之墓在金人控制的卫州（今河南卫辉市）共城县卓水原，故宋人无从将之毁坏，而金人也似没有将之破坏，故到清代仍有苗授墓的记载。据清初修纂的《河南通志》的记载，他的墓在河南辉县（今河南新乡市辉县市）城北阁社村。据《辉县网》2011年4月27日的报道，1990年5月初，辉县市火电厂在施工时于大门东侧100米处发现一座宋墓，经新乡市文物管理委员会和辉县市博物馆共同发掘，确定该墓是苗授及其夫人刘氏的合葬墓。墓壁似有盗洞，墓底全用大块精致青石铺成。出土碗、板、环以及锥形器和龙首形器等铁器，还有苗授及刘氏两合墓志铭。据报道，苗授墓志铭所记的内容要比《宋史·苗授传》丰富。[2]

　　苗授的墓志铭《宋保康军节度使赠开府仪同三司苗庄敏公墓铭》（以下简称《苗授墓志铭》）由朝请大夫、权吏部尚书兼侍读、同修国史林希（1034—1101）于绍圣二年（1095）九月奉哲宗命撰写，[3]墓志拓片原来早

1　王称（？—1200后）：《东都事略》，收入赵铁寒（1908—1976）（主编）：《宋史资料萃编第一辑》（台北：文海出版社，1967年1月），卷八十四《苗授传》，叶三下至四上（页1282—1283）。《宋史》，卷三百五十《苗授传附苗履传》，页11067—11069。

2　王士俊（1683—1750）（纂）：《河南通志》，文渊阁《四库全书》本，卷四十九《陵墓·卫辉府·宋苗授墓》，叶十七下。辉县网，2011年4月27日，《"文物古迹"考古发掘之四——宋代苗授墓》。按苗授墓所在为辉县市，也和《河南通志》所记吻合。

3　墓志铭的作者林希，字子中，福州人，进士登第。他在熙宁至元丰年间一直担任史官，颇有文才，他为宰相王珪（1019—1085）门人，受王的提拔。他在元祐初年虽然依附韩缜（1019—1097）与李清臣（1032—1102）而获得任用，但韩、李去职后便不受重用，唯其弟林旦（？—1091后）却成为旧党打击新党的言官鹰犬，但林旦不久也给其他言官打倒。林希在哲宗亲政获得重用，他既依附章惇（1035—1105），又暗中（转下页）

　　　　　　　　　　　　　　　　　　　　　　　　　　　　拓地降敌

由辉县市政协所编的《百泉翰墨》刊于1996年9月。唯笔者一直不知，2018年8月得河南大学历史文化学院仝相卿博士相告，始知苗授墓志铭早已刊出，仝博士稍后便寄赠苗授墓志铭拓片的影印本。[1]《百泉翰墨》一书所刊印出来的苗授墓志铭拓本，缩细至几不可读，但仝博士电邮来的拓片扫描本，在计算机上放大后，即使字体仍模糊不清，但笔者据《宋史》《续资治通鉴长编》等文献推敲，仍能认读出大部分的内容，录写出来，并将之附于本书后。

　　笔者即据此珍贵的墓志铭，结合《续资治通鉴长编》、《宋史》、《东都事略》、《宋会要辑稿》及宋人文集笔记相关记载，考述苗授的军旅生涯及他处于新旧党相争的夹缝的境况。因篇幅所限，本书先考述其家世及其早年仕历，其在神宗朝以后的显赫不凡的军旅生涯将另文考述。

（接上页）投靠章的对手曾布（1036—1107）。他在绍圣四年（1097）闰二月终于自翰林学士拜同知枢密院事，成为执政。但在元符元年（1098）四月因与御史中丞邢恕（?—1104后）相争，互相攻击而被双双罢免，林希出知亳州（今安徽亳州市），再没有回朝，徽宗建中靖国元年（1101）四月卒。林希《宋史》有传。关于林希的生平事迹，特别是他在神宗哲宗朝的投机作风，可参考李华瑞：《林希与〈林希野史〉》，载云南大学中国经济史研究所、云南大学历史系（编）：《李埏教授九十华诞纪念文集》（昆明：云南大学出版社，2003年11月），页44—57。

1　笔者从2011年4月底开始，便一直留意苗氏夫妇墓志有否公开发表于有关的文物期刊，但一直无所获。因研究李宪之故，乃着意访寻苗授此一墓志铭，在2017年6月更请前来香港参加学术会议的中国宋史研究会会长包伟民教授帮忙访查。2017年8月初，即获仝相卿博士来邮相告，苗授的墓志铭拓片，原来早已在1996年刊于辉县市政协辉县市委员会文史资料委员会编的《百泉翰墨》刊出，仝博士乃随即订购此少为人注意的地方文献，并扫描苗授墓志铭电邮予笔者。笔者稍后再购得该书，随即将此一珍贵出土文献录读。此墓志由时任权东部尚书兼侍读同修国史林希奉哲宗命撰写。惜《百泉翰墨》未有同时刊出苗授夫人永嘉郡君刘氏的墓志，暂不知刘氏的家世。参见林希：《苗授墓志铭》，载政协辉县市委员会文史资料委员会（编）：《百泉翰墨》（辉县市：政协辉县市委员会文史资料委员会，1996年9月），页12。该碑文附有苗授及林希简史。

二、苗授家世考

苗授原籍潞州上党壶关（今山西长治市），据《苗授墓志铭》所载，苗授是唐肃宗（711—762，756—762在位）、唐代宗（727—779，762—779在位）朝宰相韩国公苗晋卿（685—765）的十世孙。墓志铭作者林希据《苗氏之谱》说："苗猷生袭夒，袭夒生殆庶，殆庶生晋卿，晋卿生寿安令向，向生丹阳令绰，绰生巫山令墀，墀生定海尉保兴，保兴生太常寺奉礼郎鲁，鲁生辉，辉生珂，是为公曾祖。"然后记："公之曾祖珂，赠太子少保，姚王氏，普宁郡太夫人。祖守忠，如京使，赠太子太师，姚任氏，安康郡太夫人。皇考京，左领军大将军致仕赠太尉，姚朱氏，庆国太夫人。"这份苗氏之谱是否附会之作，暂难确定。据叶国良教授的《唐代墓志考释八则》所附的苗晋卿的族谱，从苗猷、苗夒、苗殆庶、苗晋卿到苗向五代，都吻合《苗授墓志铭》的记载，惟从苗绰以下到苗授曾祖苗珂就不详。苗授曾祖苗珂在宋人其他文献没有其他记载，其祖如京使赠太子太师苗守忠，名字也不见载于宋人文献，惟《长编》卷五十二，记在咸平五年（1002）九月丙申（初四），宋廷"遣如京使苗忠等四人率兵往河北、京东提点捕贼"。而《宋会要辑稿·职官四十九》又记在景德三年（1006）六月，宋廷"诏以六宅使康继英、如京使苗忠、右领军卫将军潘璘、右司御率府率刘文质充升、洪、杭、福逐州驻泊都监，各提举本路诸州军马巡检公事。仍于四州各选置都监、巡检使，量益驻泊兵甲"。另《宋会要辑稿·兵十一》也与上面《长编》引述同一事，记咸平五年九月四日，"遣如京使苗忠、入内高品石廷福提点河北捕贼，如京使栗仁环、入内殿头高品李怀岊提点京东捕贼，并率兵以往"。笔者以为《长编》与《宋会要辑稿》所提到的如京使苗忠，很有可能就是苗授的祖父苗守忠。苗授父苗京（?—1052后）在《宋史》无传，只在《宋史·苗授传》提及他在"庆历中，以死守麟州抗元昊者也"。《苗授墓志铭》则记他的事迹较详（事见下文），若推论不差，苗氏将门到苗授已是第三代，不过苗守忠

　　　　　　　　　　　　　　　　　　　　拓地降敌

及苗京官职不高，将业也远逊苗授，若论上党苗氏将门的真正起家人，仍属苗授无疑。[1]

据《苗授墓志铭》所记，苗授父苗京在庆历中守麟州（今陕西榆林市神木县）。"属赵元昊入寇，陷丰州，进围州城，其危。太尉（按即苗京）誓将士以死守。闻谍者曰：'城中水竭，不三日渴且死。'乃取沟中泥污弹堄，虏仰视曰：'城中犹积污，谓渴死者绐我也。'斩谍而去。时自将相大臣皆谓宜弃河西，仁宗曰：'顾守者如何耳。'及闻其能坚守却贼，召见叹奖，录其功擢之，由是河西卒不弃。"[2]

麟州的风土人情如何？据曾在大中祥符七年（1014）随知府州折惟中巡边，到过麟、府州的上官融（995—1043）所记，麟府二州在黄河西，是古云中之地，与蕃汉杂居，"黄茆坵高下相属，极目四顾，无十步平坦。廨舍、庙宇覆之以瓦，居民用土，止若棚焉。架险就平，重复不定，上引瓦为沟，虽

<hr />

1　附录二：《苗授墓志铭》。李焘（1115—1184）：《续资治通鉴长编》（北京：中华书局点校本，1979年8月至1995年4月），卷五十二，咸平五年九月丙申条，页1150。徐松（1781—1848）（辑），刘琳、刁忠民、舒大刚、尹波等（校点）：《宋会要辑稿》（上海：上海古籍出版社，2014年6月），第七册，《职官四十九·都监、监押》，页4403；第十四册《兵十一·捕贼一》，页8819；第十六册《方域十七·水利》，页9611。《宋史》，卷三百五十《苗授传附苗履传》，页11067。叶国良：《唐代墓志考释八则》，《台大中文学报》，第七期（1995年4月），页51—76（苗氏族谱见页20）。按《宋会要辑稿·方域十七》记于端拱元年（988），"供奉官阎文逊、苗忠言，开荆南城东漕河至师子口，入汉江，可通荆峡漕路至襄州；又开古白河，可通襄汉漕路至京。诏八作使石全振往视之"。这个供奉官苗忠，当与前述的如京使苗忠为同一人。又编成于宋初的《太平寰宇记》对苗晋卿的记述，附在潞州人物志，记："唐苗晋卿，潞州壶关人。为吏部侍郎，河北采访使，归本县，下门过县门，以父母之乡故也。事亲以孝闻。官至侍中、韩国公。"按《苗授墓志铭》也称苗授曾祖父苗珂以上的墓都在壶关，与此记相合。参见乐史（930—1007）（撰），王文楚等（点校）：《太平寰宇记》（北京：中华书局，2007年11月），第二册，《河东道六·潞州》，页937。

2　附录二：《苗授墓志铭》。《宋史》，卷三百五十《苗授传附苗履传》，页11067。

大澍亦不浸润，其梁柱榱题颇甚华丽，在下者方能细窥。城邑之外，穹庐窟室而已。人性顽悍，不循理法，事公为吏，稍识去就，降兹而卜，莫我知也。俗重死轻生，侮法忘义"。[1]据上官融的记载，麟州地险，民风强悍，守臣只要得到蕃汉军民的协力，就可守得住。

考《苗授墓志铭》及《宋史·苗授传》均记苗京守麟州在庆历中。按庆历共有八年，所谓庆历中，大概指庆历三年（1043）到庆历六年（1046）。但证诸群书，夏主李元昊（1004—1048，1032—1048在位）进攻王氏所世守的丰州（今内蒙古准格尔旗五字湾镇二长渠行政村内），并攻陷之，在庆历元年（1041）八月乙未（十八）。至于夏军进攻及包围麟州及府州（今陕西榆林市府谷县）在同年八月。据《长编》所记，宋廷早在庆历元年八月戊寅（初一），以西夏入寇，诏鄜延路部署许怀德、驻泊都监任守信、刘拯、巡检黄世宁以兵万人援救麟州与府州。己卯（初二），宋廷又赐麟州及府州守城军士缗钱。庚辰（初三），又诏河东路，元昊入寇麟州与府州，所过城寨有能出奇设伏掩击者，量功优奖之，军马或致伤折，亦不加罪。戊子（十一），麟州上奏宋廷（按此条不提麟州守臣名字），报告元昊进攻麟州及府州的情况。称元昊在前月戊辰（即七月廿一）攻围麟州城。本月乙酉（八月初八）越过屈野河（今陕西境窟野河）西山上白草坪白草寨（按在今陕西榆林市绥德县东东南焦石堡村古城寨有白草寨，疑白草坪就在附近），距麟州城十五里按军。丙戌（初九），破宁远寨（今陕西榆林市府谷县西南杨家湾村），寨主侍禁王世亶、兵马监押殿直王显均战死。夏军焚烧仓库楼橹皆尽。夏军又转攻府州。府州城中有官军六千一百余人，居民亦习于战斗，加上城险且坚，东南各有水门，崖壁峭绝，下临黄河。夏军曾缘崖腹

1　上官融（撰），黄宝华（整理）：《友会谈丛》，收入戴建国（主编）：《全宋笔记》，第八编第九册（郑州：大象出版社，2017年7月），卷下，页21。

小径，鱼贯而前，却被城上矢石乱下，杀伤无数。夏军转攻城北，而宋军亦力战，夏军伤千余人而退，改纵兵四掠，刈禾稼，发窖藏，然后徙围丰州。[1]

麟州守军有多少？据神宗在熙宁五年（1072）十二月壬午（初八）所言，"庆历中，麟府不过万人"。上文所述府州有官军六千余人，则麟州仅有兵四千多。[2]不过，麟州最严重的问题是缺水。《长编》在庆历元年八月戊子条又记麟州"城中素乏水，围既久，士卒渴乏。或劝知州苗继宣取污沟之泥以饰埤，元昊仰视曰：谍谓我无庸战，不三日，汉人当渴死。今尚有余以圬堞，谍绐我也。斩之城下，解围去"。李焘考证此事，以《实录》记元昊解围而去，为州有积粟可久守，城中有备。他认为麟州被围两旬所以得解，实元昊疑城中尚多水之故，并不因有积粟。他称参考了李清臣（1032—1102）所作的《苗继宣妻宋氏墓铭》及魏泰（1050—1110）的《东轩笔录》，又记司马光（1019—1086）《涑水记闻》所云"敌见泥涂积稿，遂解围"之说，与李、魏之记略同。[3]

<hr />

1 《长编》，卷一百三十三，庆历元年八月戊寅至庚辰条，页3160；戊子条，页3163；乙未至庚子条，页3168—3169。

2 《长编》，卷二百四十一，熙宁五年十二月壬午条，页5878。

3 《长编》，卷一百三十三，庆历元年八月戊子条，页3164。李焘在此一节又交代麟州所以有积粟可守，是河东转运副使文彦博（1006—1097）的功劳，说他继承其父文洎之志，开通银城之粮道，令麟州有粮可守。李焘又在是条的小注考证李清臣称苗继宣忤贵臣，功不得录，其实不确，苗继宣稍后便领资州刺史，以朝廷录其功故也。不过，李焘若看到《苗授墓志铭》，就会知道仁宗看重苗京守城之功。另李焘在小注也称，夏军围麟州二十七日乃去之说待考。又考李焘所引《东轩笔录》一条，见于是书卷八，记曰："麟州据河外，扼西夏之冲，但城中无井，惟有一沙泉，在城外，其地善崩，俗谓之抽沙。每欲包展入壁，而土陷不可城。庆历中，有戎人白元昊云：'麟州无井，若围之，半月即兵民渴死矣。'元昊用以兵围之，数日不解，城中大窘，有军士献策曰：'彼围不解，必以无水穷我。今愿取沟泥，使人乘高以泥草积，使贼见之，亦伐谋之一端也。'州将从之。元昊望见，遽诘献策戎人曰：'尔言无井，今乃有泥以护草积何也？'即斩戎人而解去。此时虽幸脱，然终以无水为忧。"魏泰所言，大概为（转下页）

我们比较《苗授墓志铭》所记苗京守麟州一节，何其相近，连元昊以为谍者所报麟州缺水不实而将之斩杀的事，都完全相同。这教人怀疑，《长编》这里所记的礼宾副使知麟州苗继宣，很有可能是苗京本来的名字。[1]另李焘所引述的《苗继宣妻宋氏墓铭》又与《苗授墓志铭》所记苗京妻为庆国太夫人宋氏（？—1080）相合。李焘在这条注中没有说他看过及参考林希所撰的《苗授墓志铭》，故没有考证辨明苗京与苗继宣是否同一人。

考《苗授墓志铭》曾记："时自将相大臣皆谓宜弃河西，仁宗曰：'顾守者如何耳。'"证诸《长编》所记，确是事实。李焘称元昊破丰州后，引兵屯琉璃堡，纵骑抄掠麟府州间，二州闭驻不出。州民乏水饮，有至黄金一两易水一杯的情况。这时"朝廷议弃河外，守保德军，以河为界，未果。因徙（张）亢使经度之"。仁宗在九月庚戌（初四）以勇将、鄜延都钤辖兼知鄜州、西上阁门使、忠州刺史张亢（994—1056）为并代钤辖，专管勾麟府军马公事，代替东染院使封州刺史康德舆（？—1055后）。[2]仁宗所称的守者，

（接上页）《长编》所本，只是魏没有记麟州守将为何人。至于李焘所引的《涑水记闻》，见于是书卷十二，记："庆历初，赵元昊围麟州二十七日。城中无井，掘地以贮雨水，至是水竭，知州苗继宣拍淤泥以涂稿积，备火箭射。贼有谍者潜入城中，出告元昊："城中水已竭，不过二日，当破。'元昊望见涂积，曰："城中无水，何暇涂积？'斩谍者，解围去。"司马光这条记载，与魏泰所记略同，惟准确地称元昊围麟州在"庆历初"，又点出麟州知州是苗继宣。参见魏泰（1050—1110）（著），李裕民（点校）：《东轩笔录》（北京：中华书局，1983年10月）卷八，页94；司马光（撰）、邓广铭（1907—1998）、张希清（校点）：《涑水记闻》（北京：中华书局，1989年8月），卷十二，354条，"元昊围麟州"，页243。

1　按苗继宣在庆历元年五月己酉朔（初一），已任知麟州并管勾招抚属户事。参见《长编》，卷一百三十二，庆历元年五月己酉朔条，页3122。此条是苗继宣名前缀次著录。

2　《长编》，卷一百三十三，庆历元年九月庚戌条，页3172；卷一百四十二，庆历三年七月庚寅条，页3405；卷一百四十四，庆历三年十月丁酉条，页3478；卷一百五十一，庆历四年七月己卯条，页3668。康德舆先调知保州（今河北保定市），庆历三年七月庚寅（廿五），再徙为真定府（即镇州，今河北石家庄市正定县）、定州路兵马钤辖。（转下页）

就是张亢。张亢在庆历二年（1042）便一改康德舆被动死守的做法，主动获取水源及加强练兵，又收复琉璃堡，并在柏子寨和兔毛川伏击夏军，并将之击退。并赶修五处堡寨，打通麟府的通道。张亢在庆历三年（1043）七月甲戌（初九）再擢为引进使并代州副都部署。他一度被贬，到庆历四年（1044）七月己卯（二十），复为引进使并代副都部署兼知代州（今山西忻州市代县）兼河东缘边安抚事。[1]不过，宋廷内外，仍有主张弃守麟州府州的。在庆历三年十月，刚自河北都转运按察使徙为河东都转运按察使的施昌言（?—1056后），便上奏反对张亢等所请于麟府两州立十二寨以拓境的主张，以麟府在河外，于国家毫无收益，而批评至今馈守的，徒以畏蔑国之虚名，而不当以事无利之寨，以重困财力。仁宗从其奏。到庆历四年四月己亥（初八），仁宗以朝臣上奏，称河东粮运不继，多次请废麟州。他向辅臣询问利害如何。宰相章得象（978—1048）却以麟州四面蕃汉之民，皆为元昊所掠，以今野无耕民，故此一路困于馈运。他请降麟州为寨，徙其州治稍近府州的合河津，并废其五寨，以省边民之役。但仁宗坚称麟州不可废，唯可徙屯军马靠近府州，而另置一城，稍舒其患。并命右正言知制诰欧阳修（1007—1072）往河东，与转运使议之。五月丁丑（十六），欧阳修从河东回来覆奏，他反驳章得象等所提出的废州为寨，移麟州近河，抽兵马以减馈粮，以及张亢提出添城堡以招集蕃汉之四议。他认为麟州一移，则五寨

（接上页）他在十月丁酉（初三）再徙为并代钤辖兼知代州（今山西忻州市代县），位在张亢之下。庆历四年七月己卯（二十），张亢以并代副都部署兼知代州，康德舆当于此时去职。

1　《长编》，卷一百四十二，庆历三年七月甲戌条，页3398；卷一百五十一，庆历四年七月己卯条，页3668。关于张亢的生平及战功，可参见陈峰：《宋朝儒将的角色与归宿——以北宋张亢事迹为中心考察》，原载《邓广铭教授百年诞辰纪念论文集》（北京：中华书局，2008年11月），现收入陈峰：《宋代军政研究》（北京：中国社会科学出版社，2010年9月），页207—218。

势亦难存，而府州自顾不暇，夏军就可以入据宋人城堡，耕牧田地，夹河对岸，为其巢穴。他又提出如何让五寨卒可以就粮，而不必减去寨数目。最后他又提出委土豪守麟州，他特别提出麟州将王吉便是合适人选，说他材勇素已知名，其官序已可为知州，建议一二年间，视其功效，若他能善其守，可以世任之，使为捍边之臣。[1]

苗京守麟州有功，《苗授墓志铭》记仁宗"及闻其能坚守却贼，召见叹奖，录其功擢之，由是河西卒不弃"。苗京擢任何官？《长编》就记在庆历元年九月壬申（廿六），宋廷以知府州如京使折继闵（1018—1052）为宫苑使领普州刺史，而知麟州、礼宾副使苗继宣就超擢为礼宾使领资州刺史，并以城守之劳赏之。很显然，"录其功擢之"的苗京就是苗继宣。[2]

《苗授墓志铭》记："皇祐中，闻胡瑗在太学，挟策归之，补国子生，中优等。以父老而去从仕。"则苗京在皇祐中仍在世。唯苗京以后的事迹及卒年不详，只知他最后以左领军大将军致仕，因苗授之故后赠太尉，其妻宋氏赠庆国太夫人。《长编》及宋人笔记对苗继宣后来的事迹倒有多一点的记载。司马光便记苗继宣在麟州被围时，便募吏民有能通信援于外者。当时通引官王吉应募，苗问他须几人随行。王回答夏骑百重，无所用众。苗接受他的意见，让他髡发衣胡服，挟弓矢带干粮，扮作胡人夜缒而出。王碰到夏人诘问，就以胡语答之。历两昼夜，走出夏人堡寨，走诣府州告急。府州遣将兵援救，王吉又间道入麟州城，城中皆呼万岁。夏军解围后，苗奏上王

1　《长编》，卷一百四十四，庆历三年十月庚戌条，页3483；卷一百四十八，庆历四年四月己亥条，页3582；卷一百四十八，庆历四年五月丁丑条，页3610—3612。朱熹（1130—1200）、李幼武（?—1172后）（编），李伟国（校点）：《八朝名臣言行录·三朝名臣言行录》，收入朱杰人、严佐之、刘永翔（主编）：《朱子全书》，第十二册（上海：上海古籍出版社，2010年9月），卷二之二《参政欧阳文忠公》，页412。
2　附录二：《苗授墓志铭》。《长编》，卷一百三十三，庆历元年九月壬申条，页3179。

吉之功。宋廷除王吉三班奉职、本州指使。王吉就是上文欧阳修大力推荐可继为麟州知州的麟州土豪。[1]此则记载具见苗继宣知人善任。

据《长编》所载，苗继宣在庆历五年（1045）二月丙申（初九），以资州刺史升任并代钤辖，并兼知忻州（今山西忻州市）。[2]他调知忻州，可能因前

1　《涑水记闻》，卷十二，354条，"元昊围麟州"，页243。按此条为《长编》所采用，见《长编》卷一百三十三，庆历元年九月壬申条，页3181；卷一百四十三，庆历三年九月丙子条，页3449；卷一百四十八，庆历四年二月丙申条，页3535；卷一百五十七，庆历五年十二月癸丑条，页3811；卷一百六十八，皇祐二年二月乙丑条，页4033。按王吉后来升任麟州都监，以击西夏有功，在庆历四年（1044）二月丙申（初三）获赐器币。宋廷在皇祐二年（1050）二月乙丑（初八），遣内侍赐当时已升任河东沿边巡检使、北作坊使的王吉金创药。因河东路安抚使王拱辰上奏，表奏王吉前与夏人作战，为流矢所中，现疾发且甚。故宋廷特赐药以抚之。惟王吉始终没有获委知麟州之职。苗继宣麾下立下战功的将校，除了王吉外，还有麟州指使殿侍李宣。据《长编》载，麟州飞骑指使吴友等四十九人陷夏军包围时，李宣力战而将他们援救出险。河东路经略司又奏上宋廷，称李宣屡与夏人战而身中流矢，宋廷在庆历三年九月丙子（十二），特擢李宣为右班殿直。

2　《长编》，卷一百二，天圣二年四月辛酉条，页2355；卷一百四十四，庆历三年十月丁酉条，页3478；卷一百四十六，庆历四年二月丙申条，页3535；卷一百五十一，庆历四年七月己卯条，页3668；卷一百五十五，庆历五年四月丁亥朔条小注，页3767；卷一百五十六，庆历五年七月己亥条，页3788；卷一百五十八，庆历六年正月癸巳条，页3818。考康德舆在庆历三年十月丁酉（初三），以北作坊使、封州刺史为并代钤辖兼知代州。惟庆历四年七月己卯（二十），张亢以并代副都部署兼知代州，当是取代康德舆之职。考王凯（996—1061）也在庆历四年二月丙申（初三）以并代钤辖获宋廷赐器币，赏其击破夏军之功。他在庆历五年七月己亥（十六），以并代钤辖管勾麟府军马、西京作坊使，领资州刺史，因河东经略使明镐（989—1048）奏上宋廷，以王在河东九年，屡有功，于是宋廷将他留任。按并代钤辖可同时委任两人以上。康德舆去职后，苗继宣在庆历五年二月当是接康之职，任并代钤辖兼知忻州。按内臣如京副使内侍押班石全斌（?—1070）在庆历六年正月癸巳（十二）也获委为并代钤辖，随判并州夏竦（985—1051）领亲兵巡边。即是说，在庆历六年正月，任并代钤辖同时有苗继宣、王凯和石全斌三人。又按李焘在是条小注里提到，因名字相近，怀疑苗继宣是嫔御之属苗继宗的兄弟。仁宗之嫔妃姓苗的是仁宗苗贵妃（?—1091），据明人《姑苏志》的说法，苗继宗是她父亲。又据宋人所记，苗继宗在真宗天禧末年娶被谮而出宫（转下页）

任处理庆历三年（1043）五月及庆历四年（1044）五月连续两年发生的地震的善后工作不力，于是宋廷在地震后九月便将守麟州有善政的苗继宣调知忻州。[1]继任知麟州的当是礼宾副使张继勋。[2]苗继宣在庆历五年以后的事

（接上页）的仁宗乳母许氏（？—1039），许氏在天圣二年（1024）四月辛酉（初四）向仁宗自陈，于是月丙寅（初九）获封为临颍县君，苗继宗获授右班殿直。苗妻许氏寻晋高阳郡夫人，复入宫。最后晋魏国夫人。她在宝元二年（1039）三月卒，仁宗诏辍视朝三日，并为她制服发哀。参见《宋会要辑稿》，第一册，《后妃三·乳母》，页319；王鏊（1450—1524）：《姑苏志》，文渊阁《四库全书》本，卷三十五，叶九下。按苗继宗与仁宗有多重的戚属关系，也许苗继宣不想人觉得他与苗继宗有关，就改名苗京。

1　苗继宣知忻州的前任是谁人不详。考忻州在庆历三年五月乙亥（初九）奏报发生地震，仁宗即指："地道贵静，今数震摇，得非兵兴劳民之象乎？"他诏河东路转运使及经略使，要安恤百姓，但不得辄弛边备。而庆历四年五月乙酉（廿四），忻州奏报再发生地震，有声如雷。故仁宗要派能吏处理地震灾情。另忻州因民内徙，废田甚多，一直都未能募人开垦。参见《长编》，卷一百四十一，庆历三年五月乙亥条，页3373—3374；卷一百七十八，至和二年二月丙午条，页4317；《宋史》，卷十一《仁宗纪三》，页216，218。

2　据《长编》所记，庆历五年十二月癸丑（初二），麟州上言夏军人马至屈野河西，守臣令麟州指使殿侍魏智等引兵令夏军返回，但魏智遇伏，为夏人所执。麟州知州率众逐夏人至银川寨，夏人遁去。但宋廷并无奖赏，反而诏河东经略司，说应遵守誓诏，说夏人本无斗意，而宋军以兵迫逐为边生事，其边吏并劾罪以闻。按此处未记知麟州是谁。又《长编》记，宋廷在皇祐二年（1050）二月乙丑（初八），遣内侍赐河东沿边巡检使、北作坊使王吉金创药。因河东路安抚使王拱辰上奏，表王吉前与夏人作战，为流矢所中，现疾发日甚。故宋廷特赐药以抚之。《长编》在卷一百八十五，嘉祐二年二月壬戌（十六）条，述及宋夏屈野河边界，就记："初，麟府西南接银州，西北接夏州，皆中国地也。庆历中，元昊既纳款，知麟州、礼宾副使张继勋奉诏定界至而文案无在者，乃问州人都巡检王吉及父老等，皆云继迁未叛时，麟州之境，西至俄枝、盘堆及宁西峰，距屈野河皆百余里。"考元昊向宋称臣在庆历四年五月丙戌（廿五）。宋廷在是年十二月乙未（初八）始遣使册他为夏国主。元昊到庆历五年二月壬辰（初五）才遣人贺正旦。则元昊纳款，张继勋奉诏查察及定界，最早当在庆历五年二月。时间上吻合苗继宣在五年二月自麟州调知忻州。而是条提到麟州人都巡检王吉，也吻合王吉前述的记载。故可判定，继苗继宣知麟州的是张继勋。不过，据载张继勋不久坐事而去，由王亮继任，之后知麟州的有西上合门使张希一。到嘉祐二年五月屈野河之役，知麟州为六宅使武勘。参见《长编》，卷一百五十七，庆历五年十二月癸丑条，（转下页）

拓地降敌

迹不详。考皇祐元年（1049）三月丁酉（初五），当时知忻州已是英州刺史、西上阁门使郭咨（？—1060后）。则苗继宣在皇祐元年前已不再知忻州。[1]可惜李清臣所撰的《苗继宣妻宋氏墓铭》不传，而苗授妻刘氏之墓志铭也未公开，我们无法进一步确定苗继宣与苗授的关系。

苗授之祖苗守忠（苗忠）与其父苗京（苗继宣）均属武臣，苗京更是守麟州有功的边将。苗授除了是将家子外，更是苗氏将门的第三代传人，苗氏到他就发扬光大。

三、苗授早年仕历

苗授字受之，他卒于绍圣二年九月，得年六十七，以此上推，他当生于天圣八年（1030）。据《苗授墓志铭》所记，他"少以父任三班奉职，为人颀秀而沉敏，喜读书属文，皇祐中，闻胡瑗在太学，挟策归之，补国子生，中

（接上页）页3811；卷一百六十八，皇祐二年二月乙丑条，页4033；卷一百八十五，嘉祐二年二月壬戌条，页4469—4471、4476—4477；卷一百八十六，嘉祐二年八月癸亥条，页4488；《宋史》，卷十一《仁宗纪三》，页218—220；卷四百八十五《外国传一·西夏上》，页13999；《皇宋十朝纲要》，卷六《仁宗》，页203—204。

[1] 《长编》，卷一百六十六，皇祐元年三月丁酉条，页3991；卷一百七十二，皇祐四年三月丙寅条，页4140；卷一百八十，至和二年八月癸丑条，页4366；卷一百九十，嘉祐四年七月甲辰条，页4578；卷一百九十一，嘉祐五年五月己丑条，页4623—4624。按郭咨所进独辕冲阵无敌流星弩，到皇祐四年（1052）三月丙寅（廿一），获河东及陕西都部署司上奏称许，可以备军之用。宋廷诏弓弩院如样造之。至和二年（1055），郭咨获擢为鄜延路钤辖，大概亦不再兼知忻州。接任知忻州可能是四方馆使李中吉（？—1059后）。按李中吉在嘉祐四年七月以过自知忻州降为汝州钤辖，他可能在至和二年后继知忻州。按郭咨在至和二年八月癸丑（廿八）以西上阁门使英州刺史任契丹祭奠副使，出使辽国。后来出知潞州，他在嘉祐五年五月己丑（初二）既献所造拒马车，又陈奏他所创车弩可以破辽人坚甲，制辽骑奔冲，他说若多设之，加以大水之助，可取幽燕，稍后他又上《平燕议》。仁宗壮其言，寻命他同提点在京诸司库务，及宋廷拣内军器库兵仗，又命他提举。郭是当时的兵器专家。

优等。以父老而去从仕"。按苗京（继宣）在庆历元年已擢礼宾使，领资州刺史，五年升并代钤辖知忻州。以他的官位，其子苗授乃可以荫补授小使臣次低一阶的三班奉职。胡瑗是北宋中期著名的经学家和教育家。按胡瑗在皇祐四年（1052）十月甲戌（初二）为光禄寺丞入为国子监直讲。皇祐五年（1053）九月庚寅（廿四）迁大理寺丞。嘉祐元年（1056）十二月兼管勾太学，至嘉祐四年（1059）正月戊申（十三）以疾自太子中允、天章阁侍讲请致仕，宋廷授太常博士，同年六月卒于杭州（今浙江杭州市）。则苗授入国子监补国子生当在皇祐五年后。苗授在皇祐五年二十四岁，他在国子监学习多久不详，他试中优等，应该在监中至少学习一两年。他以父老而弃学出仕，相信在至和二年（1055）后。[1]

苗授为将家子，却"喜读书属文"，又随名师在国子监学习，考得优等生。文臣士大夫也为他这番特别的资历而称美他"平居侃侃若儒者"，他的文化素养显然帮助他后来出任常要和文臣打交道的殿帅职务。[2]他在国子监，学到什么与他的军旅生涯有助？据方震华的研究，胡瑗在庆历年间，以其所撰的《武学规矩》上呈仁宗，请求再在国子监设武学，他主张武学以《论语》及《孙子》为主要的教材，兼顾培养学生的德行与谋略。《五朝名臣言行录》引《吕原明记》（疑即吕希哲《吕氏杂记》，惟该书现存的版本

1　附录二：《苗授墓志铭》。《东都事略》，卷八十四《苗授传》，叶三下（页1282）。《宋史》，卷三百五十《苗授传》，页11067。《长编》，卷一百七十三，皇祐四年十月甲戌条，页4175；卷一百七十五，皇祐五年九月庚寅条，页4234；卷一百八十九，嘉祐四年正月戊申条，页4548。胡鸣盛：《安定先生年谱》（原载《山东大学文史丛刊》第1期），现载吴洪泽、尹波（主编）：《宋人年谱丛刊》，第二册（成都：四川大学出版社，2003年1月），页669—689。关于胡瑗近年的研究，可参见黄富荣：《胡瑗抄袭孙复经说与孙胡交恶——由胡瑗的春秋学佚文说起》，载姜锡东（主编）：《宋史研究论丛》，第十二辑（保定：河北大学出版社，2011年12月），页461—479。
2　附录二：《苗授墓志铭》。《东都事略》，卷八十四《苗授传》，叶四上（页1283）。

未载此条）即云："今国子监直讲内，梅尧臣曾注《孙子》，大明深义，孙复而下，皆明经旨。臣曾任边陲，颇知武事，若使尧臣等兼莅武学，每日只讲《论语》，使知忠孝仁义之道，讲《孙》《吴》，使知制胜御敌之术，于武臣子孙中有智略者三二百人教习之，则一二十年之间，必有成效。臣已撰成《武学规矩》一卷进呈。"虽然"时议难之"，他的意见当时未被宋廷接受，但到皇祐四年后胡瑗主持国子监，相信他会重申当年的武学主张。而苗授正是武臣子孙中有智略者，相信当受胡这方面的教导，将儒学与兵学融而为一。[1]

据《邵氏闻见录》所载，苗授为小官时，"客京师逆旅中，未尝出行，同辈以为笑"[2]。考苗授以小官而客旅京师，疑即指他在国子监受业时。大概他专心学习，也谨慎自持，故未尝出游。

苗授正式出仕第一份差遣，是监并州在城药蜜库。大概宋廷体恤其父任职并代钤辖，就给苗授一份并州的差事，方便他奉养父母。药蜜库的职能和管理，《宋会要辑稿·食货五十二》有详细的记载，药蜜库在京师"宣义坊，掌糖蜜、药物供上医，以京朝官、三班三人监管。太宗淳化五年（994）三月，诏药蜜库今后诸州交纳到药蜜，其盛贮物，若本处明有公文称是纳人自备者，实时给付。真宗景德四年（1007）八月，诏药蜜库支诸班军啖马药，每马上槽时，将样逐月一次上殿进呈讫散。大中祥符七年（1014）三月，诏自今蜜库祗差京朝官各一员监掌，其监官、专、副，一年一替，候守

---

1 参见方震华：《文武纠结的困境——宋代的武举与武学》，原刊于《台大历史学报》三十三期（2004年6月），2006年3月修订，现刊于宋史座谈会（主编）：《宋史研究集》，第三十六辑（台北：新文丰出版股份有限公司，2006年7月），页74—75、116；《八朝名臣言行录·五朝名臣言行录》，卷十之二《安定胡先生》，页318。

2 邵伯温（1056—1134）（撰），李剑雄、刘德权（点校）：《邵氏闻见录》（北京：中华书局，1983年8月），卷八，页84。

附录一｜北宋中期西北边将苗授早年生平事迹考

519

支满底，别无少欠，即监官发遣归班"。"熙宁三年（1070）三月十四日，诏并在京瓷器、药蜜两库入杂物库，留药蜜库官一员管勾，杂物库官别与合入差遣。"《文献通考》亦记载，"药蜜库，监官二人，以京朝官充，掌受糖蜜药物，以供马医之用"。又据《吕氏杂记》所载，"治平初，某监药蜜库，出黄蘖供染纸处，其色甚鲜"。在宋人文集中，多有记载文臣出任监在京药蜜库。惟记载以三班使臣充监官，以及监并州在城药蜜库，目前就只有苗授一例。[1]

苗授监并州在城药蜜库时，他的上司知并州是谁？考知并州兼河东路安抚使，在皇祐五年五月前至和二年（1055）二月是韩琦。韩琦任知并州时，在皇祐五年七月庚申（廿三）推荐勇将赵滋（1008—1064）为庄宅副使、兼阁门通事舍人、权并代钤辖。他在至和元年五月戊寅（十五），请自今河北、陕西和河东兵每春秋大阅，其武艺绝伦者，就免军中诸役，如本军将有阙就先补之。从以上可知韩琦一直识才爱才，他任知并州时，是否遇上苗授，暂未可考。苗授出仕获委监并州在城药蜜库，也许是韩琦离开并州后。

1　附录二：《苗授墓志铭》。苏颂（1020—1101）（撰），王同策等（点校）：《苏魏公集》（北京：中华书局，1988年9月），卷五十七《光禄卿葛公墓志铭》，页873；卷五十九《职方员外郎郭君墓志铭》，页905。王安礼（1035—1096）：《王魏公集》，文渊阁《四库全书》本，卷七《贾圭墓志铭》，叶二上下。吕希哲（1039—1116）（撰），夏广兴（整理）：《吕氏杂记》，收入朱易安等（主编）：《全宋笔记》，第一辑第十册（郑州：大象出版社，2003年10月），卷下，页288。《宋会要辑稿》，第六册，《职官二十七·太府寺》，页3712；第十二册，《食货五十二·药蜜库》，页7176。马端临（1254—1323）（撰），上海师范大学古籍研究所暨华东师范大学古籍研究所（点校）：《文献通考》（北京：中华书局点校本，2011年9月），第三册，卷五十六《职官考十·太仆卿》，页1645。据苏颂所记，官至光禄卿的葛阂（字子容，1003—1072），在出仕不久被罢官，复出后即任监在京药蜜库。另官至职方员外郎的郭源明（字潜亮，1022—1076），也曾监在京药蜜库。另王安礼也记仁宗朝宰相贾昌朝子贾圭（1028—1072），也在早年以殿中丞国子博士，被谪监在京药蜜库。

考韩琦在至和二年二月乙巳（十七）以疾请罢知并州，宋廷将韩徙知他家乡的相州（今河南安阳市），而以另一重臣观文殿学士、户部侍郎、知河阳（今河南焦作市孟州市）富弼（1004—1083）为宣徽南院使、知并州。但富弼在是年六月戊戌（十一）即被召还拜相。继任判并州的是宣徽北院使王拱辰，但因言官反对，同月己亥（十二）王改知永兴军（今陕西西安市），而由原调知永兴军的前任宰相庞籍为昭德军节度使改知并州。据上推论，苗授大概是富弼判并州时被委监药蜜库的。[1]

庞籍在至和二年六月出任知并州后，苗授获辟监较药蜜库重要的甲仗库，管理军械。当时通判并州的是殿中丞、集贤校理司马光，同在庞籍麾下，二人大概认识。庞籍在并州两年半，在嘉祐二年（1057）十一月戊戌（廿六），因五月庚辰（初五）宋军兵败于断道坞，他被劾匿隐司马光曾上之议而被罢，徙知青州（今山东潍坊市青州市）。继知并州首先是前枢密副使孙沔，孙在嘉祐四年五月丙午（十三）徙知寿州（今安徽六安市寿县）后，继任的是另一旧相梁适。而在嘉祐四年十月癸酉（十二），在韩琦的主张下，并州升为太原府。梁适奏荐苗授出任在庆历年间修复，在府州府谷县的安丰寨（今陕西榆林市府谷县北城圪博村）兵马监押，当在嘉祐四年五月后。梁适大概在嘉祐末年徙知河阳，宋廷以前宰臣文彦博判太原府，但文不久以丁母忧去职，改由前枢密副使、资政殿学士陈升之继任知太原府。苗授大概在陈升之到来时再迁安丰寨主。[2]

1　《长编》，卷一百七十四，皇祐五年二月癸卯条，页4207；卷一百七十五，皇祐五年七月庚申条，页4221；卷一百七十六，至和元年五月戊寅条，页4262；卷一百七十七，至和元年十二月庚子条，页4295；卷一百七十八，至和二年二月乙巳至丙午条，页4316—4317；卷一百八十，至和二年六月戊戌至甲辰条，页4353—4354；七月戊辰条，页4358—4359。

2　庞籍、孙沔及梁适二人均在罢相及罢枢先后出知并州。庞籍在皇祐五年（转下页）

（接上页）闰七月壬申（初五）罢相，以户部侍郎本官出知郓州（今山东菏泽市郓城县）。至和二年六月徙知永兴军，未行改知并州。庞籍在嘉祐二年十一月戊戌（廿六）罢知青州。继任的是观文殿学士、礼部侍郎孙沔。孙在嘉祐四年二月乙亥（初十）以河东经略安抚使请废府州及麟州十二堡塞使臣，河东经略安抚使例兼知并州，则孙沔已于嘉祐四年二月前知并州。他当是接庞籍之任。孙在同年五月丙午（十三）调知寿州后，就由梁适继任。梁适在皇祐五年闰七月壬申（初五）继为次相后，在至和元年七月戊辰（初七）因言官所劾罢相出知郑州（今河南郑州市），八月丙午（十五）徙知秦州。嘉祐二年八月徙知永兴军，梁适当在孙沔调任后，在嘉祐四年二月后继知并州。据欧阳修所记，梁适在嘉祐五年六月甲戌（十七）已自定国军节度使知并州。据《宋史·梁适传》所载，梁在收复野河失地六百里后以风疾请离边郡，于是徙知河阳府，以太子太保致仕，熙宁二年十二月（1070）卒。据李之亮及申利的考证，文彦博大概在嘉祐七年（1062）以左仆射判太原府，八年（1063）二月他以继母申氏辛酉守制去职，相信稍后就由资政殿学士陈升之继知太原府。按陈升之在嘉祐六年（1061）四月庚辰（廿七）罢枢副出知定州（今河北保定市定州市），《宋史·陈升之传》记他知定州后再徙知太原府。考《长编》与《宋会要辑稿》记他在治平元年（1064）六月癸丑（十九）以知太原府上言，以母老请徙知扬州（今江苏扬州市）、越州（今浙江绍兴市）或湖州（今浙江湖州市）以便奉养。则陈当早在嘉祐末年已自定州徙知太原府。考宋廷不允他所请，以边臣当久任，难于屡易。参见《长编》，卷一百七十五，皇祐五年闰七月壬申条，页4223；卷一百七十六，至和元年七月戊辰至己巳条，页4264—4265；八月丙午条，页4272；卷一百八十二，嘉祐元年六月庚午条，页4412—4414；卷一百八十五，嘉祐二年五月庚辰条，页4476—4478；七月丁酉条，页4486；卷一百八十六，嘉祐二年十二月戊戌条，页4494—4495；卷一百八十九，嘉祐四年二月乙亥条，页4551；卷一百九十三，嘉祐六年四月庚辰条，页4666；卷一百九十五，嘉祐六年十月壬午条，页4726；卷二百二，治平元年六月辛亥条，页4892；《宋会要辑稿》，第八册，《职官六十·久任官》，页4675；第十六册，《方域十八·安丰寨》，页9632；《方域二十一·边州·府州》，页9699；附录二：《苗授墓志铭》；欧阳修（撰），李逸安（点校）：《欧阳修全集》（北京：中华书局，2001年3月），第四册，卷八十九《内制集卷八·赐定国军节度使知并州梁适进奉谢恩马诏·嘉祐五年六月十七日》，页1304；王珪（1019—1085）：《华阳集》，文渊阁《四库全书》本，卷五十八《梁庄肃公适墓志铭》，叶七上；《宋史》，卷二百八十五《梁适传》，页9624—9625；卷三百十二《陈升之传》，页10237；卷三百十三《文彦博传》，页10261；申利：《文彦博年谱》（成都：巴蜀书社，2011年5月），页131—132；李之亮：《宋河北河东大郡守臣易替考》（成都：巴蜀书社，2001年5月），"并州太原府"，页282。

（初四）复用为枢密副使。谁继知太原府?《长编》记宋廷以翰林学士权知开封府冯京（1021—1094）为陕西安抚使代替陈升之，似乎陈升之召还前已调任陕西安抚使，而非河东安抚使知太原府。据李之亮所考，继陈升之知太原府的是权御史中丞、龙图阁学士唐介。唐在治平二年任河东路经略安抚使知太原府，任职三年。到治平四年正月神宗立不久，召还任三司使。据《苗授墓志铭》所记，苗授任安丰寨主后，擢忻代都巡检使。未行，而韩琦经略陕西，将苗另有任用。以此推论，苗授大概在治平四年初，唐介尚未召还前被擢为忻代都巡检使。[1]

　　苗授尚未就任新职的忻代都巡检使，在治平四年九月辛丑（廿六）自请罢政的首相韩琦，先出判相州，再在十一月，改判永兴军兼陕府西路经略安抚使，全权处置因种谔擅兴兵取绥州（今陕西榆林市绥德县）引发的问题。韩琦一直任职至熙宁元年（1068）七月，才以疾求罢，神宗挽留不果，将韩琦复知相州。当韩琦经略陕西时，就奏移苗授为陕西经略司准备差使，并把他从河东徙往陕西的原州（今甘肃庆阳市镇原县），任驻泊都监，稍后再将他调为镇戎军三川寨主兼西路缘边同巡检使，考三川寨（今宁夏固原市彭堡乡隔城子古城）是镇戎军所辖之要塞，与定川寨（今宁夏固原市中河乡大营村硝河西北岸黄嘴古城）与刘璠堡（今宁夏中卫市海原县西南）等堡寨在镇戎军西北。而镇戎军接夏界天都山只有百余里，其与石门堡（塔子嘴，今宁夏固原市黄铎堡乡西寺口子）前后峡连接，据泾原安抚使王尧臣

1　王珪:《华阳集》，卷五十七《推忠佐理功臣正奉大夫行给事中参知政事上护军鲁国郡开国公食邑二千三百户食实封四百户赐紫金鱼袋赠礼部尚书谥质肃唐公墓志铭》，叶十五上至十六上;《长编》，卷二百五，治平二年五月辛亥条，页4963—4966;《宋史》，卷三一六《唐介传》，页10328—10329;李之亮:《宋河北河东大郡守臣易替考》，页282;考陈升之在治平元年六月求调离太原不允，他在什么年月离开太原，待考。考唐介在熙宁元年正月以权三司使为给事中、参知政事，熙宁二年四月卒，他在治平四年何日召还任权三司使，王珪所撰之墓志亦未言明。待考。

（1003—1058）在庆历三年（1043）正月丙子（初七）上奏所言，该地最为夏骑奔冲之路。他指出三川寨地势据险，可以保守，而定川与刘璠两寨，新经修筑，而定川城壁不甚完整，要增葺及添置兵马粮草之备。他更指出三寨之寨主和监押，当令本路主帅举辟材勇班行出任。韩琦委任苗授为三川寨主，与王尧臣当年之意同。苗授的本官，在熙宁初年已从三班使臣累迁至诸司副使最低一阶的供备库副使。[1]

四、小结

苗授在神宗继位前，已具备丰富的行阵经验与出任边将的资历，加上他有良好的家世与文臣人脉，他出人头地与建功立业是指日可待。神宗在继位后，即锐意推行新政，谋求富国强兵，更大的宏图是克辽破夏，开疆辟土。王安石在熙宁二年（1069）二月庚子（初三）自翰林学士拜参政，再在熙宁三年（1070）十二月丁卯（十一）拜相。王获神宗重用推动新政。而深为王安石赏识，早于熙宁元年（1068）上《平戎策》，请开西边的河湟以制西夏的计议而受神宗赏识的王韶，便在熙宁三年四月获委经略西边。苗授未几获王韶任用，从此成为西征军一员猛将，开启了他不凡的军旅生涯。

按本文曾在2018年8月于兰州中国宋史研究会第十八届年会宣读。

1　《宋史》，卷十四《神宗纪一》，页266。韩琦（撰），李之亮、徐正英（笺注）：《安阳集编年笺注》（成都：巴蜀书社，2000年10月），下册，附录三：宋佚名（撰）：《韩魏公家传》，卷六，页1826—1830；卷七，页1830—1836；附录二：《苗授墓志铭》；《长编》，卷一百三十九，庆历三年正月丙子条，页3338—3339；卷一百四十，庆历三年四月己未条，页3366；卷二百四十三，熙宁六年三月丁未条小注，页5912。

附录二

宋保康军节度使赠开府仪同三司苗庄敏公墓铭

宋故殿前副都指挥使保康军节度房州管内观察处置等使持节房州诸军事房州刺史管勾指挥使公事检校司空上柱国济南郡开国公食邑四千一百户食实封玖伯户赠开府仪同三司苗公墓志铭并序

朝请大夫权吏部尚书兼侍读同修国史护军福清县开国男食邑三伯户赐紫金鱼袋臣林希奉　圣旨撰并书

绍圣二年九月戊戌，殿前副都指挥使保康军节度使苗公薨，年六十有七。天子震悼，赐尚方龙脑水银以殓。辍视朝一日，赠开府仪同三司，谥曰庄敏。十一月庚申，其孤履葬公于卫州共城县卓水原。公讳授，字受之，唐相韩公晋卿十世孙。世居潞州之壶关。自公皇考太尉始葬共城，故公亦从葬。初公尝以武泰之节，入长宿卫，岁余以疾辞职。上不得已，听徙节保康，出守于潞。未几又请还节，听以右卫上将军退居于洛。公虽去，上察其忠可复用也。后五年乃以旧节起公于家，翊戴扈从，不懈益虑。及感疾，遣中贵人挟国医诊视相继。讣闻，车驾趋临其丧，关旧旌勤，恩礼加等。将葬，又命史臣希论次本末，以志其墓。谨按苗出于芊，姓自贵望，去楚适晋，食于苗。后以邑氏，常为晋人。而家上党者，仕唐家显。公之曾祖珂，赠太子少保，妣王氏，普宁郡太夫人。祖守忠，如京使，赠太子太师，妣任氏，安康郡太夫人。皇考京，左领军大将军致仕，赠太尉，妣宋氏，庆国太夫人。庆历中，太尉守麟州，属赵元昊入寇，陷丰州，进围州城，甚危。太尉誓将士以死守。闻谍者曰："城中水竭，不三日渴且死。"乃取沟中泥污弹垸，虏仰视曰："中犹积污，谓渴死者绐我也。"斩谍而去。时自将相大臣皆谓宜弃河西，仁宗曰："顾守者如何耳。"及闻其能坚守却贼，召见叹奖，录其功擢之，由是河西卒不弃。

公少以父任三班奉职，为人颀秀而沉敏，喜读书属文，皇祐中，闻胡瑗在太学，挟策归之，补国子生，中优等。以父老而去从仕，初监并州在城药蜜库。故相庞公籍为并州，辟监甲仗库。梁公适至，又奏为府州安丰寨兵马监押。迁寨主，徙忻代都巡检使。未行，韩公琦经略陕西，奏为准备差使。徙原州驻泊都监、镇戎军三川寨主兼西路缘边同巡检使，累迁供备库副使。

熙宁五年，朝廷新复镇洮。明年，公以兵从王韶为先锋，破香子城，进拔河州。贼新溃尚锐，去围香子以迎归师。韶遣裨将回师救之，斗死，乃以五百骑属公，夜驰往。公勒所部百骑到帐，令曰：晨当破贼，皆贾勇听命，奋击大败之。休卒二日，贼犹要我于架麻平，注矢如雨，众惧，公声言曰："第进无虑，毡排五百且至。"前驱者传呼，响震山谷，贼惊乱散逸，凡力战者数十，斩首四千级，获器械等以数万计。居数月，又破贼牛精谷，斩首三百级，遂取珂诺城。城之，赐号定羌，又城香子，赐号宁河寨。始尽得河湟故地。奏至，百官入贺。徙知德顺军，又破郎家族，以功三迁至西上阁门使。自开熙河邈川，董毡将鬼章与瞎木征，岁常内扰。景思立自河州以兵出击，死于踏白城，贼复围河州，诏公往救。始虑洮西将士，皆欲径趋河州，公曰："南撒宗城甚近，有伏兵，若捣我则奈何？当先袭之，一战而克。"遂通道破贼，斩首四百余级。贼平，公于诸将功第一。擢拜四方馆使、荣州刺史，遂知河州兼管勾洮西缘边安抚司事，以兵三千从燕达复取银川、踏白城，斩首八百级。木征窘，使告李宪曰："愿得信使道我降。"宪问孰可使，公曰："授惟一子履，不敢惜。"履行至赵家山，果以木征及其母弟妻子部属等来，传于京师，迁公引进使、果州团练使，擢履阁门祗候，又官其亲属一人。徙泾原路都钤辖、缘边巡检使、兼知镇戎军。未至，召为大辽生辰国信副使。神宗劳之曰："曩香子围，几败吾事，非勇而有谋者，安能以寡击众？"公顿首谢。刘舜卿、黄琮尝荐公，上称其知人，皆诏奖之。还为秦凤路马步军副总管，又徙泾原路兼第一将。召见，上曰："吾求可守河州者，无以易授。闻尔心计过人，军事巨细皆有备。昔高崇文练兵五千，常若寇至，为将不当尔耶？羌人反侧者，为吾安之。"还，以为熙河路马步军总管，复知河州，副李宪为中军总管，击生羌露骨山，斩万余级，获吐蕃大首领冷鸡朴等，蕃族十万七千余帐皆来附，宪表公功居右，拜昌州团练使、龙神卫四厢都指挥使、熙河路副都总管。公既威震诸羌，乃以恩信抚董毡，约使许赏，董毡惶恐，即遣景青宜党令支入朝谢罪。新辟边弓箭手艰食，出屯田储四千斛赈之。

元丰元年，徙知雄州，迁捧日天武四厢都指挥使。明年，又迁侍卫亲军步军都虞候。两属户给虏役，因甚以饥来告，公曰："此吾民，其可不恤？"即发常平粟。僚吏请俟报，不听，乃自劾。朝廷亦释不问。徙知熙州权发遣熙河路经略安抚、马步军都总管司兼同经制边防财用事。道丁母夫人忧，累请辞官终丧，不许。迁马军都虞候。

四年秋，王师西讨。公与宪出古渭路，取定西城，尽荡禹藏花麻诸帐。降其众五万户，还城兰州，号熙河兰会路，次女遮谷，遇贼数万，公前涧后山而陈，逆战自午至西，贼退伏对垒交射，中夜贼遁。逾天都山，焚南牟贼巢，屯没烟。会师行凡百日，转战千里，遇泾原师还自灵武，乃振旅护之入塞。

迁沂州防御使、殿前都虞候。

公平居侃侃儒者，遇事持议不苟合，初在德顺，有议城饯南，经略使以问公，曰："地阻大河，粮道不济，非万全之计。"朝廷为罢其役。

是冬，诏复趣公趋灵武，援高遵裕。公止通渭，条上进退利害，其言切至，会有诏班师。以疾求罢。召公还朝。七年，迁容州观察使、侍卫亲军步军副都指挥使、兼权马军司公事。修宽京城，以公护其役。

今天子即位，进威武军节度观察留后，后作永裕陵，公为都护。元祐三年七月，拜武泰军节度、殿前副都指挥使。明年，以足疾请出知潞州。六年，提举凤翔府上清太平宫，遂家河南。自唐盛时，将相有后可传于今者无几，而苗氏之谱曰：苗猷生袭夔，袭夔生殆庶，殆庶生晋卿，晋卿生寿安令向，向生丹阳令绰，绰生巫山令墠，墠生定海尉保兴，保兴生太常寺奉礼郎鲁，鲁生辉，辉生珂，是为公曾祖。考其葬，皆在壶关。公建旌钺归故乡，躬扫先墓，加封植，大具牢酒会父老，出金帛遍遗疏属数百家。潞民多不葬，暴田野表，得公田数顷为茔，以瘞之。

公既用才武显，履亦学兵法，自少从公，出入行陈，以战功累擢四方馆使、吉州防御使。公在熙，履知通远军，隶节制，法当避，请以自随书写机宜文字。上弗许，特命履为本路兵马钤辖。于是父子同主兵一道。国朝惟戴兴、许怀德再至殿前都指挥使，与公三人而已。公积勋上柱国，爵济南郡开国公。夫人刘氏，永嘉郡君，先公卒。子男三，长履，次渐，左班殿直，次蒙，未仕。女七，长适左班殿直萧允中，次适进士宋益，次适朝奉郎赵兑，次适大名府军巡判官马光，次许嫁承事郎高公绂。余在室。孙谌，西头供奉官阁门祗候。

臣读实录，伏见神宗皇帝既考正百度，遂立武事以威四夷，谋臣猛将争效智力，材官卫士，一艺必赏。天下府库皆利器，郡县皆精兵，以战则克，以计则服，而河湟之功尤为俊伟。公于此时，披荆棘，冒矢石，攻坚陷敌，挺

　　　　　　　　　　　　　　　　　　　　　拓地降敌

身弗顾，复境拓土，论功居多，遂蒙主知，束拔不决，而能遇自畏警，勇于静退，理行平易，故为上所亲信，勋在太史，为宋名将，犹书史所称。方虑卫霍，皆应书法，至于克全功名，保有富贵，子孙世其秩禄，终始之际，有荣耀焉。此刻，天子优宠待臣之恩也，是宜有铭，铭曰：

罴熊之裔，世为晋望，有相于唐，今显以将，其将维何，仪同保康。奋躬逢时，我绩戴扬。在昔熙宁，臣韶献策，帝用从之，河湟以开。公统戎行，号令指麾，刻剖腥臊，攘批崄峨。疾风震霆，荡动皋随，来袭冠裳，锐纵纰羁，长戈西往，种落晏怡。天子曰嘻。予嘉汝勋。为予爪牙，出征入卫，言念尔考，有功河西，麟危卒保，仁祖之知，奕世显名，外挌夷灰，嗣继忠勤，抑自阴德，天子之褒，公拜稽首，惟国威灵，臣愚何有，在汉营平，先零是图。即赞于学，有雄之辞，加惠保康，式长厥庆，史臣作铭，惟天子命。

河南张士宁、翰林祗应孙德明刻

参考文献

史料

（1）吴如嵩、王显臣（校注）：《李卫公问对校注》（北京：中华书局，2016年7月）。

（2）乐史（930—1007）（撰），王文楚（点校）：《太平寰宇记》（北京：中华书局，2007年11月）。

（3）文彦博（1006—1097）（撰），申利（校注）：《文彦博集校注》（北京：中华书局，2016年2月）。

（4）张方平（1007—1091）（撰），郑涵（点校）：《张方平集》（郑州：中州古籍出版社，1992年10月）。

（5）韩琦（1008—1075）（撰），李之亮、徐正英（笺注）：《安阳集编年笺注》（成都：巴蜀书社，2000年10月）。

（6）赵抃（1008—1084）：《清献集》，文渊阁《四库全书》本。

（7）［日］僧成寻（1011—1081）（撰），王丽萍（校注）：《新校参天台五台山记》（上海：上海古籍出版社，2009年11月）。

（8）龚鼎臣（1010—1086）（撰），黄宝华（整理）：《东原录》，收入戴建国（主编）：《全宋笔记》，第八编第九册（郑州：大象出版社，2017年7月）。

（9）韩维（1017—1098）：《南阳集》，文渊阁《四库全书》本。

（10）曾巩（1019—1083）（撰），陈杏珍、晁继周（点校）：《曾巩集》（北京：中华书局，1984年11月）。

（11）曾巩（撰），王瑞来（校证）：《隆平集校证》（北京：中华书局，2012年7月）。

（12）王珪（1019—1085）：《华阳集》，文渊阁《四库全书》本。

（13）司马光（1019—1086）：《资治通鉴》（北京：中华书局点校本，1956年）。

（14）司马光（撰），邓广铭（1907—1998）、张希清（校注）：《涑水记闻》（北京：中华书局，1989年8月）。

（15）司马光（撰），李文泽、霞绍晖（校点）：《司马光集》（成都：四川大学出版社，2010年2月）。

（16）司马光（撰），李裕民（整理）：《温公日录》，收入戴建国（主编）：《全宋笔记》，第八编第十册（郑州：大象出版社，2017年6月）。

（17）张载（1020—1077）：《张载集》（北京：中华书局，1978年8月）。

（18）苏颂（1020—1101）（撰），王同策、管成学、颜中其（点校）：《苏魏公文集》（北京：中华书局，1988年9月）。

（19）王安石（1021—1086）：《临川文集》，文渊阁《四库全书》本。

（20）强至（1022—1076）：《祠部集》，文渊阁《四库全书》本。

（21）刘敞（1022—1088）（撰），逯铭昕（点校）：《彭城集》（济南：齐鲁书社，2018年9月）。

（22）张师正（?—1086后）（撰），张剑光（整理）：《括异志》，收入戴建国（主编）：《全宋笔记》，第八编第九册（郑州：大象出版社，2017年7月）。

（23）王存（1023—1101）（撰），魏嵩山、王文楚（点校）：《元丰九域志》（北京：中华书局，1984年12月）。

（24）杨杰（1024—1093）（撰），曹小云（校笺）：《无为集校笺》（合肥：黄山书社，2014年12月）。

（25）范纯仁（1027—1101）：《范忠宣集》，文渊阁《四库全书》本。

（26）吕陶（1027—1103）：《浮德集》，文渊阁《四库全书》本。

（27）徐积（1028—1103）：《节孝集》，文渊阁《四库全书》本。

（28）刘挚（1030—1097）（撰），裴汝诚、陈晓平（点校）：《忠肃集》（北京：中华书局，2002年9月）。

（29）沈括（1031—1095）（撰），金良年（点校）：《梦溪笔谈》（北京：中华书局，2015年11月）。

（30）程颢（1032—1085）、程颐（1033—1107）（撰），王孝鱼（校点）：《二程集》（北京：中华书局，1981年7月）。

（31）张礼（？—1086后）（撰），史念海（1912—2001）、曹尔琴（校注）：《游城南记校注》（西安：三秦出版社，2003年6月）。

（32）林希（1034—1101）（撰），黄宝华（整理）：《林文节元祐日记》，收入戴建国（主编）：《全宋笔记》，第八编第十册（郑州：大象出版社，2017年7月）。

（33）王安礼（1035—1096）：《王魏公集》，文渊阁《四库全书》本。

（34）王得臣（1036—1116）（撰），俞宗宪（点校）：《麈史》（上海：上海古籍出版社，1986年10月）。

（35）曾布（1036—1107）（撰），顾宏义（点校）：《曾公遗录》（北京：中华书局，2016年3月）。

（36）苏轼（1037—1101）（撰），孔凡礼（点校）：《苏轼文集》（北京：中华书局，1986年3月）。

（37）苏辙（1039—1112）（撰），曾枣庄、马德富（校点）：《栾城集》（上海：上海古籍出版社，1987年3月）。

（38）苏辙（撰），俞宗宪（点校）：《龙川略志》（与《龙川别志》合本）（北京：中华书局，1982年4月）。

（39）范祖禹（1040—1098）：《范太史集》，文渊阁《四库全书》本。

（40）黄裳（1044—1130）：《演山集》，文渊阁《四库全书》本。

（41）吕大临（约1046—1092）等（撰），陈俊民（辑校）：《蓝田吕氏遗著辑校》（北京：中华书局，1993年11月）。

（42）黄庭坚（1045—1105）（撰），刘琳、李勇先、王蓉贵（校点）：《黄庭坚全集》（成都：四川大学出版社，2001年5月）。

（43）张舜民（?—1103后）：《画墁集·附补遗》，《丛书集成初编》本（北京：中华书局，1985年新一版）。

（44）李昭玘（?—1103后）：《乐静集》，文渊阁《四库全书》本。

（45）曾肇（1047—1107）：《曲阜集》，文渊阁《四库全书》本。

（46）毕仲游（1047—1121）（撰），陈斌（校点）：《西台集》（与《贵耳集》合本）（郑州：中州古籍出版社，2005年4月）。

（47）王巩（1048—1117）（撰），张其凡（1949—2016）、张睿（点校）：《清虚杂著三编》（与《王文正公遗事》合本）（北京：中华书局，2017年7月）。

（48）刘安世（1048—1125）：《尽言集》，《丛书集成初编》本。

（49）朱彧（?—1148后）（撰），李伟国（点校）：《萍洲可谈》（与《后山谈丛》合本）（北京：中华书局，2007年11月）。

（50）秦观（1049—1100）（撰），徐培均（笺注）：《淮海集笺注》（上海：上海古籍出版社，1994年10月）。

（51）魏泰（1050—1110）（撰），李裕民（点校）：《东轩笔录》（北京：

中华书局，1983年10月）。

（52）陈师道（1053—1102）（撰），李伟国（点校）：《后山谈丛》（与《萍洲可谈》合本）（北京：中华书局，2007年11月）。

（53）杨时（1053—1135）（撰），林海权（校理）：《杨时集》（北京：中华书局，2018年2月）。

（54）毛滂（1056—1124）：《东堂集》，文渊阁《四库全书》本。

（55）邵伯温（1056—1134）（撰），李剑雄、刘德权（点校）：《邵氏闻见录》（北京：中华书局，1983年8月）。

（56）邹浩（1060—1111）：《道乡集》，文渊阁《四库全书》本。

（57）赵令畤（1064—1134）（撰），孔凡礼（点校）：《侯鲭录》（与《墨客挥犀》《续墨客挥犀》合本）（北京：中华书局，2002年9月）。

（58）慕容彦逢（1067—1117）：《摛文堂集》，文渊阁《四库全书》本。

（59）孔平仲（？—1102后）（撰），杨倩描、徐立群（点校）：《孔氏谈苑》（与《丁晋公谈录》等合本）（北京：中华书局，2012年6月）。

（60）欧阳忞（？—1118后）（撰），李勇先、王小红（校注）：《舆地广记》（成都：四川大学出版社，2003年8月）。

（61）佚名（？—1125后）（撰），俞剑华（注释）：《宣和画谱》（南京：江苏美术出版社，2007年6月）。

（62）李献民（？—1127后）（撰），储玲玲（整理）：《云斋广录》，收入戴建国（主编）：《全宋笔记》，第九辑第一册（郑州：大象出版社，2018年3月）。

（63）郭思（？—1130）（撰），储玲玲（整理）：《林泉高致集》，收入戴建国（主编）：《全宋笔记》，第八编第十册（郑州：大象出版社，2017年7月）。

　　　　　　　　　　　　　　　　　　　拓地降敌

（64）罗从彦（1072—1135）：《豫章文集》，文渊阁《四库全书》本。

（65）陈规（1072—1141）、汤璹（?—1193后）（撰），林正才（注释）：《守城录注释》（北京：解放军出版社，1990年11月）。

（66）陈规（撰），储玲玲（整理）：《守城录》，收入戴建国（主编）：《全宋笔记》，第九辑第一册（郑州：大象出版社，2018年3月）。

（67）王安中（1076—1134）（撰），徐立群（点校）：《初寮集》（与《李清臣文集》《李忠愍集》合本）（保定：河北大学出版社，2017年4月）。

（68）翟汝文（1076—1141）：《忠惠集》，文渊阁《四库全书》本。

（69）汪藻（1079—1154）（撰），王智勇（笺注）：《靖康要录笺注》（成都：四川大学出版社，2008年7月）。

（70）汪藻：《浮溪集》，《丛书集成初编》本（北京：中华书局，1985年新一版）。

（71）彭乘（?—1136后）（辑撰），孔凡礼（点校）：《墨客挥犀》（与《侯鲭录》《续墨客挥犀》合本）（北京：中华书局，2002年9月）。

（72）陈长方（?—1138后）（撰），许沛藻（整理）：《步里客谈》，收入戴建国（主编）：《全宋笔记》，第四编第四册（郑州：大象出版社，2008年9月）。

（73）朱弁（?—1144）（撰）、张剑光（整理）：《曲洧旧闻》，收入戴建国（主编）：《全宋笔记》，第三编第七册（郑州：大象出版社，2008年1月）。

（74）吕本中（1084—1145）（撰），阎建飞（点校）：《官箴》，收入《宋代官箴书五种》（北京：中华书局，2019年4月）。

（75）江少虞（?—1145后）：《宋朝事实类苑》（上海：上海古籍出版社，1981年7月）。

（76）范公偁（?—1147后）（撰），孔凡礼（点校）：《过庭录》（与《墨庄漫录》《可书》合本)(北京:中华书局,2002年8月)。

(77)张邦基(?—1148后)(撰),孔凡礼(点校):《墨庄漫录》(与《过庭录》《可书》合本)(北京:中华书局,2002年8月)。

(78)朱彧(?—1148后)(撰),李伟国(点校):《萍洲可谈》(与《后山谈丛》合本)(北京:中华书局,2007年11月)。

(79)邵博(?—1158)(撰),刘德权、李剑雄(点校):《邵氏闻见后录》(北京:中华书局,1983年8月)。

(80)苏籀(1090—1164):《栾城先生遗言》,收入戴建国(主编):《全宋笔记》,第三编第七册(郑州:大象出版社,2008年1月)。

(81)蔡絛(1097—1158后)(撰),冯惠民、沈锡麟(点校):《铁围山丛谈》(北京:中华书局,1983年9月)。

(82)徐度(约1106—1166)(撰),朱凯、姜汉桩(整理):《却扫编》,收入戴建国(主编):《全宋笔记》,第三编第十册(郑州:大象出版社,2008年1月)。

(83)李石(1108—1181):《方舟集》,文渊阁《四库全书》本。

(84)熊克(1111—1189)(撰),顾吉辰、郭群一(点校):《中兴小纪》(福州:福建人民出版社,1985年9月)。

(85)熊克:《皇朝中兴纪事本末》(北京:北京图书馆出版社,2005年3月)。

(86)林之奇(1112—1176):《拙斋文集》,文渊阁《四库全书》本。

(87)李焘(1115—1184):《续资治通鉴长编》(北京:中华书局点校本,1979年8月至1995年4月)。

(88)杨仲良(?—1184后):《通鉴长编纪事本末》,收入赵铁寒(1908—1976)(主编),《宋史资料萃编第二辑》(台北:文海出版社,1967年11月)。

（89）魏齐贤（？—1190后）等（编）：《五百家宋播芳大全文粹》，文渊阁《四库全书》本。

（90）楼昉（？—1193后）：《崇古文诀》，文渊阁《四库全书》本。

（91）洪迈（1123—1202）（撰），李昌宪（整理）：《夷坚志》，载戴建国（主编）：《全宋笔记》，第九辑第三册至第七册。

（92）陆游（1125—1210）（撰），李剑雄、刘德权（点校）：《老学庵笔记》（北京：中华书局，1979年11月）。

（93）陆游（撰），孔凡礼（点校）：《家世旧闻》（与《西溪丛语》合本）（北京：中华书局，1993年12月）

（94）周辉（1127—1198后）（撰），刘永翔（校注）：《清波杂志校注》（北京：中华书局，1994年9月）。

（95）王明清（1127—1204后）：《挥麈录》（上海：上海书店出版社，2001年8月）。

（96）章如愚（？—1205后）：《山堂先生群书考索》，文渊阁《四库全书》本。

（97）佚名（编）：《皇宋中兴两朝圣政》（北京：北京图书馆出版社，2007年9月）。

（98）朱熹（1130—1200）（撰），郭齐、尹波（点校）：《朱熹集》（成都：四川教育出版社，1996年10月）。

（99）朱熹、李幼武（？—1172后）（编），李伟国（校点）：《八朝名臣言行录·三朝名臣言行录》，载朱杰人、严佐之、刘永翔（主编）：《朱子全书》，第十二册（上海：上海古籍出版社，2010年9月）。

（100）朱熹（编），戴扬本（校点）：《伊洛渊源录》，载《朱子全书》第十二册（上海：上海古籍出版社，2010年9月）。

（101）吕祖谦（1137—1181）（编），齐治平（点校）：《宋文鉴》（北京：中华书局，1992年3月）。

（102）彭百川（？—1209后）：《太平治迹统类》（扬州：江苏广陵古籍刻印社影印适园丛书本，1999年12月）。

（103）赵汝愚（1140—1196）（编），邓广铭、陈智超等（整理）：《宋朝诸臣奏议》（上海：上海古籍出版社，1999年12月）。

（104）华岳（？—1221）（撰），吴子勇、兰书臣（注译）：《翠微北征录浅说》（北京：解放军出版社，1992年2月）。

（105）李心传（1167—1244）（撰），崔文印（点校）：《旧闻证误》（与《游宦纪闻》合本）（北京：中华书局，1981年1月）。

（106）李心传（撰），徐规（1920—2010）（点校）：《建炎以来朝野杂记》（北京：中华书局，2000年7月）。

（107）李心传（撰），辛更儒（点校）：《建炎以来系年要录》（上海：上海古籍出版社，2018年12月）。

（108）林师蒇等（编）：《天台续集》，文渊阁《四库全书》本。

（109）王称（？—1200后）：《东都事略》，收入赵铁寒（1908—1976）（主编）：《宋史资料萃编》，第一辑（台北：文海出版社，1967年1月）。

（110）徐梦莘（1126—1207）：《三朝北盟会编》（上海：上海古籍出版社影印清光绪三十四年许涵度刻本，1987年10月）。

（111）楼钥（1137—1213）（撰），顾大朋（点校）：《楼钥集》（杭州：浙江古籍出版社，2010年12月）。

（112）陆九渊（1139—1193）（撰），钟哲（点校）：《陆九渊集》（北京：中华书局，1980年1月）。

（113）赵彦卫（1140—1210）（撰），傅根清（点校）：《云麓漫钞》（北京：中华书局，1996年8月）。

（114）叶适（1150—1223）（撰），刘公纯等（点校）：《叶适集》（北

拓地降敌

京: 中华书局, 1961年12月）。

（115）林駉（?—1232）:《古今源流至论续集》, 文渊阁《四库全书》本。

（116）李埴（1161—1238）（撰）, 燕永成（校正）:《皇宋十朝纲要校正》（北京: 中华书局, 2013年6月）。

（117）陈均（1174—1244）（撰）, 许沛藻等（点校）:《皇朝编年纲目备要》（北京: 中华书局, 2006年12月）。

（118）岳珂（1183—1243）:《宝真斋法书赞》, 文渊阁《四库全书》本。

（119）吴曾（?—1162后）:《能改斋漫录》（上海: 上海古籍出版社, 1979年11月新一版）。

（120）释普济（?—1252后）（撰）, 苏渊雷（1908—1995）（点校）:《五灯会元》（北京: 中华书局, 1984年10月）。

（121）黄震（1213—1280）（撰）, 王廷洽（整理）:《黄氏日抄》, 收入戴建国（主编）:《全宋笔记》, 第十编第六至十册（郑州: 大象出版社, 2018年4月）。

（122）黎靖德（1227—1277）（辑）, 王星贤（点校）:《朱子语类》（北京: 中华书局, 1986年3月）。

（123）吕中（撰）, 张其凡（1949—2016）、白晓霞（整理）:《类编皇朝大事记讲义》（与《类编皇朝中兴大事记讲义》合本）（上海: 上海人民出版社, 2014年1月）。

（124）刘克庄（1187—1268）（撰）, 辛更儒（校注）:《刘克庄集笺校》（北京: 中华书局, 2011年11月）。

（125）马光祖（?—1269后）（修）, 周应台（?—1275后）（纂）:《景定建康志》, 收入王晓波、李勇先、张保见、庄剑（点校）:《宋元珍稀地方志丛刊·甲编》（成都：四川大学出版社，2007年6月）。

（126）不著撰人（编），司义祖（点校）：《宋大诏令集》（北京：中华书局，1962年10月初版，1997年12月二版）。

（127）佚名（撰），汪圣铎（校点）：《宋史全文》（北京：中华书局，2016年1月）。

（128）王应麟（1223—1296）：《玉海》（上海：上海书店据光绪九年浙江书局刊本影印，1988年3月）。

（129）周密（1232—1298）（撰），黄宝华（整理）：《云烟过眼录》，收入戴建国（主编）：《全宋笔记》，第八编第一册（郑州：大象出版社，2017年7月）。

（130）文天祥（1236—1283）（撰），刘德清、刘菊芳、刘菊萍（点校）：《文天祥全集》（南昌：江西人民出版社，2020年12月）。

（131）马端临（1254—1323）（撰），上海师范大学古籍研究所暨华东师范大学古籍研究所（点校）：《文献通考》（北京：中华书局点校本，2011年9月）。

（132）罗璧（？—1280后）：《识遗》，收入戴建国（主编）：《全宋笔记》，第八辑第六册（郑州：大象出版社，2017年7月）。

（133）刘应李（？—1307后）（原编），詹有谅（？—1312后）（改编），郭声波（整理）：《大元混一方舆胜览》（成都：四川大学出版社，2003年8月）。

（134）脱脱（1314—1355）（纂）：《宋史》（北京：中华书局，1977年11月）。

（135）杨士奇（1364—1444）：《历代名臣奏议》，文渊阁《四库全书》本。

（136）李贤（1408—1466）等（纂）：《明一统志》，文渊阁《四库全书》本。

（137）何乔新（1427—1502）：《椒邱文集》，文渊阁《四库全书》本。

王夫之（1619—1692）（撰），舒士彦（点校）：《宋论》（北京：中华书局，1964年）。

（139）徐乾学（1631—1694）（编）：《资治通鉴后编》，文渊阁《四库全书》本。

（140）丘浚（1421—1495）：《大学衍义补》，文渊阁《四库全书》本。

（141）陈全之：《蓬窗日录》，明嘉靖四十四年（1565）刻本。

（142）毛一公（?—1620后）（撰）：《历代内侍考》，载《续修四库全书》（上海：上海古籍出版社据浙江图书馆藏清抄本影印，2002年），第517册，《史部·传记类》，卷十至十二，页98—129。

（143）顾炎武（1613—1682）（编）：《求古录》，载国家图书馆善本金石组（编）：《宋代石刻文献全编》，第二册（北京：北京图书馆出版社，2003年3月）。

（144）顾祖禹（1631—1692）（撰），贺次君、施和金（点校）：《读史方舆纪要》（北京：中华书局，2005年3月）。

（145）王士俊（1683—1750）（纂）：《河南通志》，文渊阁《四库全书》本。

（146）何焯（1661—1772）（撰），崔高维（校点）：《义门读书记》（北京：中华书局，1987年6月）。

（147）王昶（1724—1806）（辑）：《金石萃编》，载《宋代石刻文献全编》，第三册（北京：北京图书馆出版社，2003年3月）。

（148）武亿（1745—1799）：《授堂金石文字续跋》（上海：上海古籍出版社，1995年据上海辞书出版社图书馆藏清道光二十三年刻授堂遗书本影印）。

（149）吴鼎新（?—1778后）（修），黄建中（纂）：《乾隆皋兰县志》，清乾隆四十三年刻本。

（150）爱新觉罗·弘历（清高宗）（1711—1799）：《御批续资治通鉴纲目》，文渊阁《四库全书》本。

（151）穆彰阿（1782—1856）（纂）：《嘉庆大清一统志》，文渊阁《四库全书》本。

（152）郭声波（点校）：《宋会要辑稿·蕃夷道释》（成都：四川大学出版社，2010年10月）。

（153）徐松（1781—1848）（辑），刘琳、刁忠民、舒大刚、尹波等（校点）：《宋会要辑稿》（上海：上海古籍出版社，2014年6月）。

（154）吴广成（?—1850后）（撰），龚世俊等（校注）：《西夏书事校证》（兰州：甘肃文化出版社，1995年5月）。

（155）陆增祥（1816—1882）（编）：《八琼室金石补正》，载国家图书馆善本金石组（编）：《宋代石刻文献全编》，第一册（北京：北京图书馆出版社，2003年3月）。

（156）黄以周（1828—1899）等（辑注），顾吉辰（点校）：《续资治通鉴长编拾补》（北京：中华书局，2004年1月）。

（157）徐乃昌（1869—1946）（纂）：《安徽通志稿·金石古物考》，收入国家图书馆善本金石组（编）：《宋代石刻文献全编》，第二册。

（158）张维（1890—1950）（纂）：《陇右金石录》，收入国家图书馆善本金石组（编）：《宋代石刻文献全编》，第四册。

（159）栾贵明（辑）：《四库辑本别集拾遗》（北京：中华书局，1983年10月）。

（160）陈柏泉（编著）：《江西出土墓志选编》（南昌：江西教育出版社，1991年4月）。

（161）傅璇琮（1933—2016）（编）：《全宋诗》，（北京：北京大学出版社，1992年7月）。

（162）政协辉县市委员会文史资料委员会（编）：《百泉翰墨》（辉县市：政协辉县市委员会文史资料委员会，1996年）。

（163）刘兆鹤、吴敏霞（编）：《陕西金石文献汇集·户县碑刻》（西安：三秦出版社，2005年1月）。

（164）曾枣庄、刘琳（编）：《全宋文》（上海：上海辞书出版社，2006年8月）。

（165）郭茂育、刘继保（编著）：《宋代墓志辑释》（郑州：中州古籍出版社，2016年2月）。

（166）赵济（撰）：《宋故银青光禄大夫检校太子宾客左骁卫将军兼御史大夫致仕上骑都尉河南郡开国侯食邑一千七百户林公墓志铭并序》，载《中华林氏（浙南）源流网·宋朝墓志》http://www.znls.net。

（167）钱长卿：《宋故职方员外郎任府君妻仁寿县君马氏墓志铭》，收入李伟国（编）：《中华石刻数据库》。

（168）何新所（编著），赵振华（审订），晁会元（统筹）：《新出宋代墓志碑刻辑录》（北京：文物出版社，2019年1月）。

（169）陕西省考古研究院（编）：《陕西省考古研究院新入藏墓志》（上海：上海古籍出版社，2019年4月）。

专书及博硕士学位论文

（1）王德毅：《宋史研究论集》（台北：台湾商务印书馆，1968年11月）。

（2）姜国柱：《张载的哲学思想》（沈阳：辽宁人民出版社，1982年9月）。

（3）谭其骧（1911—1992）（主编）：《中国历史地图集》第六册《宋辽

金时期》（北京：中国地图出版社，1982年10月）。

（4）宋衍申：《司马光传》（北京：北京出版社，1990年1月）。

（5）蔡崇榜：《宋代修史制度研究》（台北：文津出版社，1991年6月）。

（6）王天顺：《西夏战史》（银川：宁夏人民出版社，1993年10月）。

（7）吴以宁：《梦溪笔谈辨疑》（上海：上海科学技术文献出版社，1995年1月）。

（8）邬锡非（注释）：《新译李卫公问对》（台北：三民书局，1996年1月）。

（9）梁庚尧：《宋代社会经济史论集》（台北：允晨文化实业股份有限公司，1997年4月）。

（10）孔凡礼：《苏轼年谱》（北京：中华书局，1998年2月）。

（11）李华瑞：《宋夏关系史》（保定：河北人民出版社，1998年9月）。

（12）李昌宪：《司马光评传》（南京：南京大学出版社，1998年12月）。

（13）龚延明：《宋代官制辞典》（增补本）（北京：中华书局，2001年4月）。

（14）李之亮：《宋川陕大郡守臣易替考》（成都：巴蜀书社，2001年5月）。

（15）孔凡礼：《苏辙年谱》（北京：学苑出版社，2001年6月）。

（16）陈守忠：《宋史论略》（兰州：甘肃文化出版社，2001年12月）。

（17）冯俊杰（编著）：《山西戏曲碑刻辑考》（北京：中华书局，2002年1月）。

（18）祝启源（1943—1998）：《祝启源藏学研究文集》（北京：中国藏学出版社，2002年12月）。

（19）何冠环：《北宋武将研究》（香港：中华书局，2003年6月）。

（20）张云风（编著）：《中国宦官事略》（台北：大地出版社，2004年9月）。

（21）赵炳林：《宋代蕃兵研究》（西北师范大学硕士学位论文，2005年4月）。

拓地降敌

（22）汤开建：《党项西夏史探微》（台北：允晨文化实业股份有限公司，2005年6月）。

（23）张其凡（1949—2016）（主编）：《北宋中后期政治探索》（香港：华夏文化艺术出版社，2005年7月）。

（24）Xiao—bin Ji（冀小斌），*Politics and Conservatism in Northern Song China: The Career and Thought of Sima Guang（A.D. 1019—1086）*, Hong Kong: The Chinese University Press, 2005.

（25）曾瑞龙（1960—2003）：《拓边西北——北宋中后期对夏战争研究》（香港：中华书局，2006年5月）。

（26）陈守忠：《河陇史地考述》（兰州：甘肃人民出版社，2007年1月）。

（27）汤开建：《宋金时期安多吐蕃部落史研究》（上海：上海古籍出版社，2007年2月）。

（28）罗家祥：《宋代政治与学术论稿》（香港：华夏文化艺术出版社，2008年9月）。

（29）李裕民：《宋史考论》（北京：科学出版社，2009年1月）。

（30）齐德舜：《唃厮啰家族世系史》，兰州大学博士学位论文，2010年3月。

（31）曾瑞龙：《北宋种氏将门之形成》（香港：中华书局，2010年5月）。

（32）沈琛玲：《北宋神宗朝对西北的经略——以战略决策与信息传递为中心》，西北大学中国古代史硕士学位论文，2010年6月。

（33）李裕民：《宋人生卒行年考》（北京：中华书局，2010年9月）。

（34）方亚兰：《吕公著研究》，上海师范大学（人文与传播学院）古代史硕士学位论文，2011年2月。

（35）吕卓民：《西北史地论稿》（北京：中国社会科学出版社，

2011年3月）。

（36）陈朝阳：《北宋熙丰时期的两府研究》，首都师范大学中国古代史博士学位论文，2012年4月。

（37）邱逸：《兵书上的战车：宋代的孙子兵法研究》（香港：中华书局，2012年10月）。

（38）谢贵安：《宋实录研究》（上海：上海古籍出版社，2013年10月）。

（39）汤开建：《唐宋元间西北史地丛稿》（北京：商务印书馆，2013年12月）。

（40）范学辉（1970—2019）：《宋代三衙管军制度研究》（北京：中华书局，2015年4月）。

（41）方诚峰：《北宋晚期的政治体制与政治文化》（北京：北京大学出版社，2015年12月）。

（42）何冠环：《北宋武将研究续编》（新北：花木兰文化出版社，2016年3月）。

（43）汪圣铎：《两宋货币史》（修订版）（北京：社会科学文献出版社，2016年3月）。

（44）许玲：《宦官与宋神宗哲宗两朝政治研究》，山东大学历史文化学院中国古代史硕士论文，2016年5月。

（45）李华瑞：《宋夏史探研集》（北京：科学出版社，2016年6月）。

（46）孙继民：《中古史研究汇纂》（天津：天津古籍出版社，2016年12月）。

（47）王章伟：《近代社会的形成——宋代的士族与民间信仰》（新北：花木兰文化出版社，2017年3月）。

（48）田志光：《宋代政治制度史研究》（北京：人民出版社，2017年6月）。

拓地降敌

（49）李华瑞：《西夏史探赜》（兰州：甘肃文化出版社，2017年8月）。

（50）王道鹏：《殊方慕化：宋代西北蕃官的国家认同研究》，西北大学历史文化学院博士学位论文，2017年10月。

（51）刘成国：《王安石年谱长编》（北京：中华书局，2018年1月）。

（52）何冠环：《宫闱内外：宋代内臣研究》（新北：花木兰文化出版社，2018年3月）。

（53）陕西省考古研究院：《蓝田吕氏家族墓园》（北京：文物出版社，2018年9月）。

（54）孙家骅、邹锦良（主编）：《王韶研究文献集》（南昌：江西高校出版社，2018年10月）。

（55）王可喜（主编）：《王韶家族研究文献集》（南昌：江西高校出版社，2018年10月）。

期刊论文及论文集论文

（1）罗球庆：《宋夏战争中的蕃部与堡寨》，《崇基学报》，新刊号第6卷第2期（1967年），第223—243页，现收入罗著：《罗球庆学术论文集》（香港：新龙门书店，2023年1月），第90—117页。

（2）金中枢（1928—2011）：《车盖亭诗案研究》，原载《成功大学历史学报》，第二期（1975年7月），后收入宋史座谈会（编）：《宋史研究集》，第二十辑（台北："国立"编辑馆，1990年9月），第183—216页。

（3）邓广铭（1907—1998）：《论十一世纪七十年代中叶北宋王朝与交趾李朝的战争（未完成稿）》，收入《邓广铭全集》第七卷（石家庄：河北教育出版社，2005年7月），第362—385页。

（4）顾吉辰：《邈川首领董毡编年事辑》，《西藏研究》，1984年第3期，第31—43页。

（5）赵一匡：《宋夏战争中兰州城关堡砦的置建》，《兰州学刊》，1986年6期，第76—79页。

（6）赵一匡：《宋夏战争中北宋在兰州的军事措施》，《兰州学刊》，1987年1期，第79—88页。

（7）顾吉辰：《阿里骨编年事辑》，《青海师专学报》，1987年第二期，第26—35页。

（8）马力：《宋哲宗亲政时对西夏的开边和元符新疆界的确立》，载邓广铭、漆侠等（主编）：《宋史研究论文集》（一九八七年年会编刊）（石家庄：河北教育出版社，1989年5月），第126—154页。

（9）陈亚如：《〈李卫公问对与〈李卫公兵法〉》，载中国历史文献研究会（编）：《历史文献研究》（北京新一辑）（北京：北京燕山出版社，1990年10月），第287—299页。

（10）雍际春：《论北宋对陇中地区的经济开发》，《中国历史地理论丛》，1991年第三期，第97—118页。

（11）柳依：《宋代对吐蕃居地的土地开发》，《甘肃社会科学》，1991年第4期，第85—90页。

（12）程光裕：《读宋史胡舜陟传》，原刊《第二届国际华学研究会议论文集》，1992年5月，现收入宋史座谈会（编）：《宋史研究集》，第二十五辑（台北：“国立”编译馆，1995年11月），第315—337页。

（13）任树民：《北宋西北边防军中的一支劲旅——蕃兵》，《西北民族研究》，1993年第2期，第108—118页。

（14）霍升平、刘学军：《论熙河之役》，《固原师专学报》，第十四卷（总第46期），1993年第3期，第43—47、103页。

（15）江天健：《北宋对于西北沿边蕃部的政策》，原刊《“国立”新竹师范学院学报》，第六期， 1993年5月，现收入宋史座谈会（编）：《宋史研究集》，第二十六辑（台北："国立"编译馆，1997年2月），第59—130页。

（16）李昌宪：《宋代将兵驻地考述》，载邓广铭、王云海（1924—2000）等（主编）：《宋史研究论文集》（一九九二年年会编刊）（开封：河南大学出版社，1993年12月），第320—340页。

（17）高纪春：《论朱熹对王安石的批判》，《晋阳学刊》，1994年第5期，第71—77页。

（18）赵涤贤：《从宋元丰中灵州永乐两次战役宋军死者人数考》，《学术月刊》，1994年第6期，第82—83页。

（19）江天健：《北宋蕃兵》，原刊《"国立"新竹师范学院学报》第八期，1995年1月，现收入宋史座谈会（编）：《宋史研究集》第二十七辑（台北："国立"编译馆，1997年12月），第177—217页。

（20）赵涤贤：《试论北宋变法派军事改革的成功》，《历史研究》，1997年第6期，第142—160页。

（21）周伟洲：《五代至宋陕北的党项及宋夏在陕北的争夺战》，载李范文（主编）：《首届西夏学国际学术会议论文集》（银州：宁夏人民出版社，1998年11月），第70—85页。

（22）李华瑞：《论宋哲宗元祐时期对西夏的政策》，《中州学刊》，1998年第6期，第145—149页。

（23）郭振铎、张笑梅：《论宋代侬智高事件和安南李朝与北宋之战》，《河南大学学报》，第39卷第5期（1999年9月），第5—9页。

（24）梁若愚：《包顺事迹钩沉》，香港中文大学历史系本科学位论文（2000年，未刊稿）。

（25）林乐昌：《张载答范育书三通与关学学风之特质》，《中国哲学史》，2002年第1期，第71—76页。

（26）陈晓平：《论刘挚及其著作》，载刘挚（撰），裴汝诚、陈晓平

（点校）：《忠肃集》（北京：中华书局，2002年9月），附录四，第676—723页。

（27）董秀珍：《陕北境内宋与西夏缘边城堡位置考》，收入姬乃军（主编）：《延安文博》（西安：陕西旅游出版社，2003年10月），第45页。

（28）李华瑞：《林希与〈林希野史〉》，载云南大学中国经济史研究所、云南大学历史系（编）：《李埏教授九十华诞纪念文集》（昆明：云南大学出版社，2003年11月），第44—57页。

（29）刘建丽、赵炳林：《略论宋代蕃兵制度》，《中国边疆史地研究》，第14卷第4期（2004年12月），第30—39页。

（30）陈峰：《论北宋后期文臣与宦官共同统军体制的流弊》，载朱瑞熙、王曾瑜、蔡东洲（主编）：《宋史研究论文集》，第十一辑（成都：巴蜀书社，2006年8月），第92—108页。

（31）黄纯艳、王小宁：《熙宁战争与宋越关系》，《厦门大学学报》，2006年第6期（总178期），第69—76页。

（32）罗煜：《北宋与西夏关系史中的宦官群体浅析》，《湖南第一师范学报》，第7卷第3期（2007年9月），第98—101，154页。

（33）Shui—lung Tsang（曾瑞龙），"Song—Tangut Territorial Dispute over Lanzhou: A Legitimation Issue", in Philip Yuen—sang Leung（梁元生）（ed.）, *The Legitimation of New Orders: Case Studies in World History*, Hong Kong: The Chinese University Press, 2007, pp. 53—74.

（34）陈武强：《宋代蕃兵制度考略》，《西藏研究》，2008年第4期（8月），第48—55页。

（35）张蕴：《九泉之下的名门望族——陕西蓝田北宋吕氏家族墓地》，《中国文物报》（北京），2009年9月11日，第4版。

（36）籍勇：《能力与声望的偏差：北宋中期招安武将彭孙研究》，

　　　　　　　　　　　　　　　　　　拓地降敌

《福建师范大学学报（哲学社会科学版）》，2010年第4期（总第163期），第108—113页。

（37）齐德舜：《〈宋史·赵思忠传〉笺证》，《西藏研究》，2011年第2期（4月），第28—35页。

（38）张蕴、卫峰：《蓝田五里头：北宋"考古学家"的家族墓地》，《中国文化遗产》，2010年02期，第78—85页。

（39）张蕴、刘思哲：《陕西蓝田县五里头北宋吕氏家族墓地》，《考古》，2010年第8期（总718期），第46—52页，另图版12—14。

（40）《辉县网》，2011年4月27日，《"文物古迹"考古发掘之四——宋代苗授墓》http://bbs.huixian.net/thread-89119-1-1.html。

（41）方震华：《战争与政争的纠葛——北宋永乐城之役的纪事》，《汉学研究》，第29卷第3期（2011年9月），第125—154页。

（42）凌㬚：《关于宋神宗元丰用兵的几点辨析》，载李伟国、顾宏义（主编）：《裴汝诚教授八秩寿庆论文集》（北京：中华书局，2011年10月），第381—387页。

（43）陈晓平：《论刘挚及其著作》，载李伟国、顾宏义（主编）：《裴汝诚教授八秩寿庆论文集》，第427—457页。

（44）罗家祥：《北宋晚期的政局演变与武将命运——以王厚军事活动为例》，《学术研究》，2011年第11期，第98—106页。

（45）齐德舜：《〈宋史·阿里骨传〉笺证》，《西藏研究》，2012年第2期（2012年4月），第28—36页。

（46）陈朝阳：《熙宁末年宋交战争考述》，《中国史研究》，2012年第2期，第147—159页。

（47）高君智：《试论北宋经略河湟的汉法政策》，《青海民族大学学报（社会科学版）》，第38卷第3期（2012年7月），第103—105，147页。

（48）朱丽霞：《智缘及其与北宋熙河地区汉藏关系》，《世界宗教研究》2012年第3期，第51—57页。

（49）伍伯常：《苏缄仕宦生涯考述：兼论北宋文臣参与军事的历史现象》，《中国文化研究所学报》，第56期（2013年1月），第101—141页。

（50）李裕民：《宋代武将研究的杰作——〈攀龙附凤：北宋潞州上党李氏外戚将门研究〉》，《学术论丛》，2013年第6期（总一百三十八期），第60—64页。现收入李（著）：《宋史考论二集》（北京：科学出版社，2022年2月），第377—384。

（51）齐德舜：《〈宋史·瞎征传〉笺证》，《西藏研究》，2013年第3期（2013年6月），第17—26页。

（52）李新贵：《北宋神宗朝西北边疆拓边方向变化研究》，《军事历史研究》，2013年第3期，第110—116页。

（53）王曾瑜：《宋徽宗时的诸局所钱物》，《北京大学学报（哲学社会科学版）》，第51卷第2期（2014年3月），第111—124页。

（54）王路平：《宋神宗时期的八阵法与阵图》，《长安大学学报（社会科学版）》，第16卷第1期（2014年3月），第105—110页。

（55）齐德舜：《〈宋史·董毡传〉笺证》，《西藏研究》，2014年第3期（6月），第25—40页。

（56）张蕴：《古砚遗芳：记蓝田北宋吕氏墓出土文物》，《收藏家》，2014年第9期，第29—31页。

（57）廖寅：《传法之外：宋朝与周边民族战争的佛寺僧侣》，《中国文化研究》2014年第4期，第32—41页。

（58）雷家圣：《北宋后期的西北战争与军功世家的兴衰——以王韶、种谔家族为例》，《史学汇刊》，第三十三期（2014年12月），第67—92页。

（59）聂丽娜：《高遵裕与元丰四年灵州之战》，《宁夏社会科学》，2015年1月，第1期（总188期），第135—138页。

（60）王曾瑜：《宋徽宗时的宦官群》，《隋唐辽宋金元史论丛》，2015年，第141—186页。

（61）方震华：《和战与道德——北宋元祐年间弃地论的分析》，《汉学研究》，第33卷第1期（2015年3月），第67—91页。

（62）张蕴：《陕西蓝田吕氏家族墓园考古：北宋金石学家长眠之地》，《大众考古》，2015年第2期，第27—33页。

（63）郑炜：《从弃守湟鄯到继述开拓——论宋徽宗西北边策》，《敦煌学辑刊》，2015年第3期，第92—103页。

（64）Lina Nie（聂丽娜），"A Grand Strategy or a Military Operation? Reconsideration of the Lingzhou Campaign of 1081", *Journal of Song—Yuan Studies*, Vol 45（2015），pp, 371—385.

（65）汪圣铎：《北宋灭亡与宦官——驳北宋无"阉祸"论》，《铜仁学院学报》，第18卷第1期（2016年1月），第115—126页。

（66）张蕴：《蓝田墓地与北宋藏家吕大临的〈考古图〉》，《美成在久》，2016年1期，第6—19页。

（67）黄纯艳：《"汉唐旧疆"话语下的宋神宗开边》，《历史研究》，2016年第1期，第24—39页。

（68）聂丽娜：《北宋中期宦官官僚化一例：论李宪的拓边御夏》，载蔡崇禧等（编）：《研宋三集》（香港：香港研宋学会，2016年6月），第25—45页。

（69）雷家圣：《试论宋神宗熙宁时期的宋越战争》，载邓小南、范立舟（主编）：《宋史会议论文集2014》（北京：中国社会科学出版社，2016年7月），第293—321页。

（70）张多勇、庞家伟、李振华、魏建斌：《西夏在马啣山设置的两个军事关隘考察》，《石河子大学学报（哲学社会科学版）》，第30卷第4期（2016年8月），第1—5页。

（71）张向耀：《试述阿里骨抗宋战争》，《兰台世界》，2016年第4期，第94—96页。

（72）彭文良：《〈宋史·苏轼传〉补证》——以苏轼、章惇关系为中心》，《史林》（上海），2016年第6期，第43—50页。

（73）黄纯艳：《宋神宗开边的战争责任与政治解说——兼谈古代东亚国际关系研究中的历史逻辑与现代话语》，《厦门大学学报（哲学社会科学版）》，2016年第6期（总第238期），第41—49页。

（74）王道鹏：《神为人用：宋代西北边臣祠神的塑造与演变》，载姜锡东（主编）：《宋史研究论丛》，第十九辑（保定：河北大学出版社，2016年12月），第548—565页。

（75）顾宏义：《黎靖德事迹考略》，载龚延明（主编）：《宋学研究》第一辑（杭州：浙江大学出版社，2017年4月），第197—202页。

（76）朱义群：《北宋宰相吕大防研究》，载李华瑞（编）：《宋辽西夏金史青蓝集》（北京：中国社会科学出版社，2017年5月），第463—489页。

（77）乐玲、张萍：《GIS技术支持下的北宋初期丝路要道灵州道复原研究》，《云南大学学报（社会科学版）》，2017年第5期（2017年5月），第55—62页。

（78）江小涛：《元丰政局述论》，载中国社会科学院历史所（编）：《隋唐辽宋金元史论丛》，第七辑（上海：上海古籍出版社，2017年6月），第136—157页。

（79）朱义群：《"绍述"压力下的元祐之政——论北宋元祐年间的政治路线及其合理化论述》，《中国史研究》，2017年第3期（总155期）（2017

年8月），第121—140页。

（80）朱义群：《北宋宰相吕大防的政治生涯析论》，载姜锡东（主编）：《宋史研究论丛》第二十辑（2017年上半年刊）（北京：科学出版社，2017年9月），第51—77页。

（81）张向耀：《北宋时期唃厮啰政权名将鬼章述略》，载《边疆经济与文化》（黑龙江），2017年第9期（2017年9月），第57—58页。

（82）王化雨：《吕公著与元祐政局》，载姜锡东（主编）：《宋史研究论丛》，第二十一辑（北京：科学出版社，2017年12月），第3—23页。

（83）张晨光：《北宋杨畏夫妇墓志记发覆》，载《宋史研究论丛》，第二十一辑，第221—228页。

（84）张晓宇：《从黄隐事件再论元祐初期政局与党争》，《中国文化研究所学报》，第六十六期（2018年1月），第1—20页。

（85）曹杰：《品阶管理与内外秩序：宋代内臣寄资制度述论》，《文史》，2018年第1辑（总第122辑）（2018年4月），第171—193页。

（86）丁义珏：《宋代御药院机构与职能考论》，《中华文史论丛》，2018年第2期（总130期）（2018年6月），第223—253页。

（87）梁思乐：《北宋后期党争与史学——以神宗评价及哲宗继位问题为中心》，载包伟民、曹家齐（主编）：《10—13世纪中国史国际学术研讨会暨中国宋史研究会第十七届年会宋史研究论文集（2016）》（广州：中山大学出版社，2018年7月），页122—135。

（88）廖寅《北宋军事家王韶研究三题》，载《十至十三世纪西北史地国际学术研讨会暨中国宋史研究会第十八届年会会议论文集》（兰州：西北师范大学历史文化学院，2018年8月），第三组：军事与边疆，第165—178页。

（89）雷家圣：《王韶〈平戎策〉的理想与现实——北宋经营熙河路

的再探讨》，载《十至十三世纪西北史地国际学术研讨会暨中国宋史研究会第十八届年会会议论文集》第三组：军事与边疆，页179—188。

（90）雷家圣：《宋神宗时期的宦官与战争——以李宪、王中正为例》，载《辽宋金元军事史与中华思想通史·辽宋金元军事思想工作坊论文集》，（北京：中国社会科学院历史研究所宋辽金元史研究室，2018年11月），第46—54页。

（91）林鹄：《从熙河大捷到永乐惨败——宋神宗对夏军事策略之检讨》，《军事历史研究》，2019年第2期（第33卷，总第135期），2019年3月，第56—68页。

（92）方震华：《将从中御的困境——军情传递与北宋神宗的军事指挥》，载《台大历史学报》第65期（2020年6月），第1—32页。

（93）尚平：《一公城的地理、部族与北宋的河湟战事》，《湖北师范大学学报（哲学社会科学版）》，第40卷第5期（2020年9月），第38—43页。

（94）尚平：《北宋女遮谷、西市新城位置考辨》，《天水师范学院学报》，第40卷第3期（2020年6月），第51—55页。

后记

    笔者在20世纪70年代修读业师罗球庆教授的"宋辽金元史"及"宋史专题研究"时，罗老师已多次指出神宗宠信并在元丰四年命其率军收复兰州的内臣李宪，实在不容忽视。精研宋夏战争的同门亡友曾瑞龙教授，便受到启发，先后写过两篇考论李宪击破西蕃及开拓兰州的杰作。我们同门常言及，要研究李宪及他的门人童贯的事迹，非瑞龙莫属，我与瑞龙等同门2002年8月参加在兰州举行的第十届中国宋史年会，会后我们登上兰州旧关城门时，也以此项工作相属。瑞龙在宋代军事及宋夏关系的非凡造诣，当能写出精彩的李宪及童贯传来，然天道无情，瑞龙竟不幸在翌年5月过早离开。2018年8月中旬我们旧地重游，再访金城，却雁行折翼。回顾前尘，能不怅然。

    2017年蒙花木兰文化事业有限公司总编辑杜洁祥先生与董事长高小娟女史不弃，允诺出版笔者的宋代内臣论文集《宫闱内外：宋代内臣研究》，该书刚于2018年3月出版。笔者在2017年修订该论文集的同时，又兴起撰写李宪研究之念。缘起于两年一度的中国宋史研究会第十八届年会在2018年8月中旬在兰州举行，作者在2017年夏，即拟以李宪收复兰州为题，作为会议宣读的论文。然在撰写过程中，发现李宪的史料远超起初的估计，而牵涉的史事亦甚广，加上更访得罕有的史料、李宪大将苗授的《苗授墓志铭》,估量之下,一篇数万字的论文实不足涵盖研究所得。于是改变计划,将李宪研究改写为专书。有幸的是,杜先生与高女史随即应允出版此书稿。

笔者在撰写本书的过程中,得蒙家师罗球庆教授与陶晋生院士的关注与鼓励,罗老师还仔细阅读本书的前言与结论,训示需改正改写的地方。罗老师还不时提醒,嘱我不要过劳。

罗老师与陶老师虽年过八十,但身体健康,精神甚佳。作者每次往台北谒见陶老师,都蒙老师赐茶赏饭,以及垂问生活及教研状况。罗老师每年秋都会从美国回港与我们畅聚,关注我们的生活。师恩浩大,当更努力以报。谨以此小书,芹献两位老师,以感谢多年来教导之大恩。

值得一记的是,2018年8月兰州之会,见到许多老朋友,他们都关注我的内臣研究,问及本书的进度。与会其间,又认识了不少青年朋友,他们的相关研究都对我修改补充这本书稿大有帮助,特别是我不熟谙的西北军事地理方面,蒙他们的允许,他们的最新的研究成果可以被本书引用。

爱女思齐于2018年夏天完成中学课程后,已继续升学。内子惠玲累年来持家并照顾女儿,劳苦功高,那是笔者所铭感的。今番她也愿意继续聆听我的"宋代李留后"的故事。

最后,笔者除了以此书呈献罗、陶两位恩师外,亦谨以此书,纪念已离我们十五年的瑞龙,希望他在天之灵,能垂顾此一续貂之作。

2018年11月15日谨识于香港惠安苑

新版后记

　　本书初版由台湾花木兰文化事业有限公司于2019年3月出版。因该系列的书主要售予图书馆，除了宋史研究同道外，一般读者不易购得。网上曾有读者表示想读而买不到。有见及此，笔者就接受好友河北师范大学谭徐锋先生的建议，将本书委托重庆出版社出版，冀以简体字版与内地读者见面。

　　本书出版以来，颇受港台及海外宋史研究同道注意，笔者在2020年1月17日在台北东吴大学出席家师陶晋生院士的"陶晋生教授讲座"成立大典，遇到台湾大学历史系方震华教授，他说正在研究宋神宗将从中御的问题，正想阅读本书。我刚好手上尚有一册，即送上方教授。同年8月即读到方教授新近发表一文《将从中御的困境——军情传递与北宋神宗的军事指挥》。[1]方文在多处地方引用了本书的论述，特别是李宪在元丰四年至五年的战绩。方文当是本书出版后，为宋史同道首次引用者。

　　好友河南大学程民生教授高弟、戴文嘉硕士，在最近一期的《唐宋历史评论》，发表了本书第一篇书评，读者不妨参阅，并赐予宝贵意见。

　　笔者也想趁这次出版简体版的机会，将初版的错字尽量改正，并在个

1　载《台大历史学报》第65期（2020年6月），页1—32。

别章节，补充初版漏引及新近出土的碑志数据。尤其是李宪熙河的继任人范育，以及其不肖子李毅，在这一版增补较多资料。另外，于引用的史籍，新版也尽量采用较新的点校本。至于本书主要内容和观点，并未有大的改动。

顺带一提的是，笔者在完成李宪的研究后，又在2020年9月出版了李宪的门人，更为人所知的北宋权阉童贯的传记《功臣祸首：北宋内臣童贯事迹研究》，此书也在修订中，希望很快有机会与读者见面。

2022年11月8日识于香港惠安苑蜗居

拓地降敌